国家"985工程"(二期)哲学社会科学创新基地重大成果
第三届中国出版政府奖图书奖　第三届三个一百原创图书出版工程奖

学术版

中国佛教通史

第十五卷

赖永海　主编

江苏人民出版社

图书在版编目(CIP)数据

中国佛教通史. 第十五卷/赖永海主编.
—南京：江苏人民出版社,2010.9(2021.10 重印)
ISBN 978-7-214-06479-0

Ⅰ.①中… Ⅱ.①赖… Ⅲ.①佛教史—中国
Ⅳ.①B949.2

中国版本图书馆 CIP 数据核字(2010)第 185018 号

书　　　名	中国佛教通史(第十五卷)
主　　　编	赖永海
策 划 编 辑	府建明
责 任 编 辑	张蕴如　朱晓莹
装 帧 设 计	吴赵铎　许文菲
责 任 监 制	王娟
出 版 发 行	江苏人民出版社
地　　　址	南京市湖南路 1 号 A 楼,邮编:210009
照　　　排	江苏凤凰制版有限公司
印　　　刷	江苏凤凰新华印务集团有限公司
开　　　本	652 毫米×960 毫米　1/16
总 印 张	549.25　插页 62
总 字 数	7100 千字
版　　　次	2010 年 11 月第 1 版
印　　　次	2021 年 10 月第 2 次印刷
标 准 书 号	ISBN 978-7-214-06479-0
定　　　价	2280.00 元(全 15 卷)

(江苏人民出版社图书凡印装错误可向承印厂调换)

本卷主要撰稿人(以姓氏笔画为序)

王月清

哲学博士。现为南京大学哲学系(宗教学系)教授、博士生导师,南京大学中华文化研究院副院长。主要著作有《中国佛教伦理研究》、《中国佛教文化艺术》等。

撰写内容:第十一章。

王建光

哲学博士。现为南京农业大学人文社会科学学院副教授。主要著作有《中国律宗通史》。

撰写内容:第八章。

朱丽霞

哲学博士。现为河南大学哲学与公共管理学院副教授。主要著作有《宗喀巴佛教思想研究》、《佛教与西藏古代社会》等。

撰写内容:第九章。

刘立夫

哲学博士。现为中南大学公共管理学院教授、博士生导师,湖南省佛教协会船山佛教文化研究中心秘书长。主要著作有《〈弘明集〉研究》、《佛教与中国伦理文化的冲突与融合》等。

撰写内容:第七章。

李　勇

哲学博士。现为辽宁大学哲学与公共管理学院教授。主要著作有《三论宗佛学思想研究》。

撰写内容:第六章。

陈永革

哲学博士。现为浙江省社会科学院哲学研究所副所长、研究员,杭州师范大学双聘教授、博士生导师。主要著作有《法藏评传》、《晚明佛学的复兴与困境》、《阳明学派与晚明佛教》。

撰写内容：第四章。

陈　坚

哲学博士。现为山东大学哲学系(宗教学系)教授、博士生导师，山东大学佛教研究所所长。主要著作有《无明即法性——天台宗止观思想研究》、《心悟转法华——智顗"法华"诠释学研究》。

撰写内容：第五章。

张　华

哲学博士。现为江苏省民族宗教研究中心副主任。主要著作有《杨文会与中国佛教近代思想转型》、《晚明佛教与中国士绅社会的形成》。

撰写内容：第一、二章，第三章第一节，第十章。

程恭让

哲学博士。现为首都师范大学教授、博士生导师，政法学院副院长，宗教与文化研究中心主任。主要著作有《欧阳竟无佛学思想研究》、《抉择于真伪之间：欧阳竟无佛学思想探微》等。

撰写内容：第三章第二、三、四节。

目 录

导言 1

第一章 民国时期的佛教与社会 6

第一节 民国佛教的社会文化背景 7
一、尊孔复古思潮和新文化运动 8
二、反宗教运动及破除迷信 11
三、庙产兴学风波再起 18

第二节 民国时期佛教政策的演变 26
一、《临时约法》中的"信教自由" 27
二、北洋政府保护与管理寺庙的例令 29
三、南京国民政府寺庙管理条例：从管理到监督 33

第二章 民国佛教的革新和改良运动 38

第一节 民国初期的佛教复兴 39
一、革命思想浸入佛教 39
二、佛教组织蓬勃兴起 44
三、佛教文化事业复兴 64

第二节 民国佛教的整理改良活动 97
一、30年代前后的佛教形势 97
二、江浙佛教界组织整理僧伽委员会 101

三、熊希龄倡议设立整理宗教委员会　104
　　四、中国佛教会的成立及整理　107
 第三节　抗战时期的佛教界　113
　　一、奔走世界，呼吁和平　113
　　二、抗日救国，共赴国难　117
　　三、抗战胜利后的佛教组织　123

第三章　欧阳竟无与民国时期唯识学复兴思潮　128
 第一节　民国时期佛教的薪火相传　128
　　一、续石埭未竟之志　129
　　二、竟玄奘未竟之业　140
　　三、唯一宗趣在无余涅槃　145
 第二节　欧阳中兴唯识学的思想理念　151
　　一、欧阳佛教思想的来源和分段　151
　　二、简别体用的原则　159
　　三、从法相学格局到转依学格局　164
　　四、"存真求是"之精神　168
 第三节　欧阳的法相、唯识分宗之说　170
　　一、法相、唯识分宗说的提出　172
　　二、"法相大道有径有门"　184
　　三、"法相之体即三自性"　187
　　四、法相和法性是一种学　190
　　五、法相广于唯识，非一慈恩宗可涵盖　194
 第四节　欧阳法相、唯识学思想的影响　199
　　一、太虚的驳议：法相必宗唯识　199
　　二、熊十力、印顺的有关回应　208
　　三、吕澂对分宗思想的继承和发挥　212

第四章　月霞与民国时期的华严宗　217
 第一节　民国初期华严典籍的搜集与刊刻　217
　　一、杨文会与华严典籍的搜集　218
　　二、徐蔚如与华严典籍的刊刻　224
　　三、《重编华严经疏钞》的刊印　226

第二节　民国时期弘扬华严的著名学僧　230
　　一、月霞与佛教华严学　230
　　二、月霞门下的华严弘传　235
　　三、应慈法师的华严弘传　240
　　四、智光与霭亭等人的华严弘传　245
第三节　民国时期华严复兴的特点及影响　249
　　一、华严复兴的特点　249
　　二、华严复兴的影响　252

第五章　谛闲与民国时期的天台宗　254
第一节　龚自珍研治天台学　254
第二节　谛闲与民国时期天台的中兴　260
　　一、谛闲生平　260
　　二、创设观宗学社　261
　　三、弘扬天台学　262
第三节　倓虚弘化天台于北方　264
　　一、倓虚的宏法、建寺、安僧　265
　　二、倓虚与青岛湛山寺　267
第四节　斌宗法师传播天台于台湾　268
　　一、求法内地　269
　　二、弘法宝岛　272

第六章　印光与民国时期的净土宗　274
第一节　民国净土宗风　274
第二节　印光对净土宗的弘扬　276
　　一、印光生平　276
　　二、通途法门与特别法门　278
　　三、唯心净土与西方净土　280
　　四、老实念佛与敦伦尽分　283
　　五、了然对印光净土思想的弘扬　286
第三节　民国时期诸宗归净　292
　　一、禅宗归净　292
　　二、天台归净　295

三、华严归净 300
四、唯识归净 304
五、律宗归净 307
六、密宗归净 308

第七章 虚云与民国时期的禅宗 311

第一节 民国禅宗中兴 311
一、丛林禅的复兴 311
二、居士禅的发扬 319

第二节 近代禅宗泰斗虚云 322
一、弘演五宗法脉,振兴六大祖庭 322
二、潜心禅修,融通律净 327
三、坚守禅道,弘传佛法 332

第八章 弘一与民国时期的律学与律宗 337

第一节 民国时期的律学与律宗 337
一、民国时期的律学背景 337
二、民国时期的律学复兴 340

第二节 弘一对南山律学的弘扬 345
一、弘一的生平行历 345
二、弘一的律学活动 347
三、弘一律学思想的特点 369

第九章 民国时期的密宗中兴 373

第一节 日本密宗的回传 374
一、东渡学密之三师:大勇、持松、显荫 374
二、弘传密宗的居士王弘愿 378
三、东密衰落的原因 381

第二节 藏密在汉地的传播 382
一、藏密高僧弘法汉地 382
二、汉地僧人赴藏学密 384

第十章 太虚与民国时期的人生佛教 390

第一节 太虚生平及佛学思想特点 391
一、求学祇洹精舍 392

二、革新与融贯　398

　第二节　人生佛教的倡导及实践　408

　　一、人生佛教的理论建构　408

　　二、整兴佛教僧会的思考与实践　415

　第三节　太虚的遗愿及其影响　425

第十一章　明清民国时期的佛教文化艺术　431

　第一节　明清时期佛教彩塑造像及工艺造像　432

　　一、明代彩塑造像　432

　　二、清代雕塑造像　436

　　三、明清工艺造像　438

　第二节　明清民国时期的佛教绘画　441

　　一、寺庙壁画　442

　　二、文人画家的佛教绘画　447

　　三、僧人的佛家绘画　449

　　四、明代的佛教版画艺术　453

　第三节　明清时期的佛教书法　455

　　一、僧人书法　456

　　二、士人佛书　468

人名索引　476

参考书目　478

导　言

民国时期起自辛亥革命后的1912年,迄于1949年新中国建立。这个时期世界上发生的一系列重大事件深深地影响着中国的社会和佛教。一方面,西方列强的殖民主义势力进一步侵入亚洲,而日本军国主义势力的崛起及其在亚洲的扩张也极大地影响了亚洲地区乃至国际秩序;另一方面,1917年俄国革命的成功导致亚洲各国民族解放运动的蓬勃兴起,特别是两次世界大战的发生,对中国现代社会的变革产生了巨大而深远的影响。在亚洲各国被压迫民族解放运动的大背景下展开的中国近代佛教的复兴,既受到西方文化的强烈冲击,其实又是对民族文化觉醒和反思的结果。在日本,1868年开始的明治维新成了日本佛教复兴的前导。而19世纪70年代至民国初年几十年时间内居士佛教的崛起,特别是杨文会居士在金陵刻经处创立了"祇洹精舍",则成为近、现代中国佛教复兴的先声。

民国时期佛教复兴的迹象,主要表现于全国性佛教组织的创设和佛教文化教育事业的开展,以及世界佛教的新运动等等方面。它们表明这个古老的宗教在新的时代和社会中获得了新的生命和活力。就区域来讲,江苏、浙江的佛教都有了新的活动而且或多或少地向中国各地发展,民国时期的佛教新领袖亦大都来自这个地区。这个繁华富庶地区曾遭遇到太平天国时期战争的"蹂躏",不仅寺院经籍被兵火摧残,连一些城市也被烧毁。但就在这些地方,民国前后50年中又修建了不少寺院。例如苏州、杭州、宁波等地都进行过大规模的寺院重建工程。20世纪20年代的苏州资料报告说:"过去10年中,苏州出现了一个重修寺院的复兴运动,收效很大。"事实上,寺院重建不是局部的江浙地区而乃是全国性的现象。同一时期的福建建宁也报告说:"几年前,本城150多座寺院全部进行了不同程度的修缮,花了很多钱,这是辛亥革命后对寺院严重忽视的反弹。"北京、河南、江西等地也有重修寺院的报告。[①] 显而易见的事实是,民国时期重修寺院的款项并非来自国家支持或官给巨款,大都是群众认捐的。另一方面,这个时期的庙产兴学风潮和反宗教迷信运动也给佛教生存和发展带来危机。可以说,这两种互相关联的运动风潮从反面推进或迫使传统保守的佛教进行整理改良的革新。各地官绅勾结,侵占僧寺、攘夺寺产,并辱逐僧侣的报道和呼吁,在民国时期的官方档案和当时的佛教刊物中屡见不鲜。寺庙财产被无偿征拨,用来兴办教育。有不少寺院被军队占用或开办了医院。佛教界为了保护庙产而自动兴学,既兴办僧学,同时为了免讥或被充公又捐办一些社会学校。但真正有深远影响的僧学校并不简单出于转移或保存庙产的动机,而是为振兴佛教、培养僧才而兴办。这些佛学院中荦荦大者有支那内学院、武昌佛学院及闽南佛学院、汉藏教理院等。

民国时期,僧团的人数估计约为80万到100多万。受戒的僧伽人数则日渐增加,江苏、浙江和北京的寺院可能吸引了更多的受戒僧。民国佛教高僧大德多以倡导诸宗兼融、八宗平等为职志,但这并不意味着消除宗派的特点和个性,因此除太虚毕生致力于振兴佛教、宗派色彩不

---

① 参见中华续行委办会调查特委会编《中华归主》上册,第77—79页,北京,中国社会科学出版社,1987。下文有引用资料也出于此书关于佛教寺院的调查报告。

太虚明显外,中国传统佛教各大宗派都涌现了代表人物,以致诸宗皆呈现复兴的气象,如月霞、谛闲分别以弘扬华严、天台而知名,禅宗有虚云,净土宗有印光,律宗有弘一,密宗有法尊等,各擅胜场。甚至中断千有余年的唯识宗也因欧阳竟无等居士学者的研究而成为民国佛教的"显学"。一般都认为民国时期对佛学感兴趣的学者越来越多了。不少资料反映,民国年间社会名流和军政界要人对佛教产生兴趣并参与佛教事务者也越来越多,有的成为地方佛教协会或居士佛教组织的热心领导人。四川的资料报告说:"过去四川熊克武政府的邓将军和李秘书长都是佛教的热心领导人,但现在都兵败外逃了。"安徽资料报告说,有两名退职官员出家当了和尚。他们研究佛学的原因很多,佛教经籍文字精美,哲理深奥,可以用来消磨退职后的闲暇时光,并可使他们忘掉尘世的烦扰。民国年间的佛教资料显示,不少地方还成立了佛学研究小组。

佛教复兴的情况也可以从佛教报刊书籍的出版和销售量增加上看出来。北京、南京、上海、杭州、扬州、常州、宁波、济南、武汉、成都等地都有专门的佛教出版机构和佛教书籍流通处,不少寺院还有自己的印刷所。据报告,各佛学出版社的业务规模日益增大。为了满足佛学研究的需要,成立了一些专售佛学书籍的书店。北京和上海两地的佛学书店流通经销全国各大城市的上千种佛教书刊。南京、杭州、宁波、长沙、武昌等地也都设有佛学书店,销售量不断上增。这些书店一般都是佛教在家居士经营。中华书局和商务印书馆也曾出版过一些佛教经卷,除了大藏经和佛教词典之外,也有一些论述佛教和欧洲哲学关系的现代著作。除佛教书籍外,民国年间还涌现了许多以宣教为内容的佛教期刊,颇受社会大众和僧界新青年之欢迎。

除上述佛教文化教育事业外,民国时期最令人瞩目的佛教发展,就是出现了一些杰出的佛教领袖和社会活动家,他们致力于把各个分散的佛教团体联合起来。最著名的是1912年成立了中华佛教总会,总部设在上海,后来在北京设有办事处,全国各地都成立了支分会。中国佛教总会的成立,主要是为了适应共和国的新局面,维护佛教界合法的权益。但它的成立并不一帆风顺,其间经历颇多曲折,存在时间也不长。寄禅、太虚、圆瑛等法师都是具有远见卓识的佛教组织的领袖人才,印光法师在发动居士念佛修净的组织方面也是不可多得的领袖人才。虚云在不屈不挠地中兴禅宗道场方面也作出了很大贡献。全国性佛教组织乃至世界性佛教组织的成立,不仅有助于加强国内分散的佛教团体的联合,抵御外界对佛教财产的侵蚀,而且也是为了集中力量推动佛教在中国和世界的振兴。中国佛教组织在民国时期加强蒙藏边疆民族团结和共同抵御日本佛教有组织的侵略阴谋方面,发挥了不可替代的作用。

民国时期的有些佛教组织订有宏伟的规划。尽管很多地方的佛教会无所作为,但北京和江浙一带的佛教组织十分活跃。宁波的新佛教社按计划出版书籍杂志,建立小学、中学和大学,设立讲经师职位,进行研究工作;开设讲经堂、图书馆、佛教徒工厂、商店、农林实验站、孤儿院、医院、疗养院等。杭州的佛教哲学俱乐部经常利用假期举行讲座,教师们也能来参加,主讲的佛教典籍大致有《心经》、《金刚经》、《阿弥陀经》和《唯识论》、《起信论》等。北京的佛教会邀请月霞、谛闲和太虚等名僧北上讲经,春夏两季几乎每天晚上都有讲经会,参加者有来自全国各地的学者和官员;另外还设立了两个讲经堂,每周日举行讲经。各地佛学会还开展了一些其他形式的活动,如上海等地举办的演讲会、佛经研究会、暑期学校等。佛教徒也在红十字会担任工作。北京佛教会为赈灾募集的捐赠达数十万元。他们还到军队和监狱中去布教,曾经在监狱里散发佛经等小册子。为死者做经忏法事是很普遍的活动,这仍然是最能博取普通佛教信徒好感的途径。一些寺院僧人在战时组织僧侣救护队,还特别为在战场上阵亡将士念经祈祷或做水陆道场超度。这里的举例挂一漏万,但通过它们可大致反映民国时期佛教组织活动的面貌和内容。

民国时期佛学研究中还有一个值得注意的新动向,就是力图使佛教与现代精神相适应。这是一件困难而伟大的任务。这需要克服佛教不适应新时代社会的内在的保守主义和根深蒂固的教条主义、形式主义等等内容。以欧阳竟无为代表的唯识学研究,以释太虚为代表的人生佛学研究,都十分重视吸收采纳日本和欧美佛学研究的方法,融通内外学,致力于佛教与现代精神相贯通。日本有一流的佛学家研究佛教,使它适应新的时代精神。通过中日两国间的书籍交流、派遣留学生去日本,以及佛教徒的互相访问等工作,中国学者在使佛教适应新时代精神的努力方面不甘落后。民国年间各地佛学院的兴起不仅培养了佛教新运动的领袖,还造就了不少佛学研究人才。一些国立知名大学受到佛学研究之风影响,也开设了梵文、印度哲学和佛教方面的课程。这些都给民国时期佛教复兴和转型提供了组织上、思想上和人才上的有力支撑。

为了全面了解民国佛教发展情况,还应该讨论佛教整顿改良问题,了解哪些因素对佛教的整体发展是有意义的,哪些方面还可以继续努力。抗战胜利之后,随着国内战争的酝酿和升级,佛教阵营也开始逐渐分化,直至新中国建立,部分僧侣跟随国民党撤退,迁居台湾。整体说来,随着席卷全国的民族觉醒的浪潮和轰轰烈烈、影响深远的新文化运动的开展以及民主科学精神的深入人心等等一系列重大事件,对包括佛教在内的宗教发展有较大的冲击。但佛教历经挫折后得以重兴,一是佛教组织联合的精神和行动发挥了作用而挽狂澜于既倒,一是佛教文化教育事业蓬勃兴起而维佛教生命于不坠。这两点是我们研究民国佛教史时不可忽略的。

第一章　民国时期的佛教与社会

1911年辛亥革命推翻了清王朝统治,结束了中国两千多年的封建帝制,建立了民主共和国,从此中国进入了一个新的历史时期,即民国时期(1912—1949)。这个时期既是一个动荡不安、内忧外患的时期,又是一个革命运动不断高涨的时期,中国社会逐渐由半封建半殖民地社会向现代新社会过渡,政治、经济、文化等各方面都发生了很大变化,各种宗教也因摆脱了封建专制的桎梏而在民国社会中呈现出一些新的气象,它们为了适应新形势均发生了程度不同的变革,在民国年间的社会舞台上显得十分活跃。除此之外,还有以下两个事实是值得关注的:一方面,现代新社会的非宗教倾向或世俗化趋向无疑削弱了宗教在中国社会生活中许多重大方面的影响力,尤其是影响了一部分受教育的现代知识分子的宗教观。另一方面,我们也看到宗教在普通人民的生活中仍有着持久的影响力。

陈荣捷在《现代中国的宗教趋势》中对辛亥革命前以至民国时期的中国宗教形势作了如下陈述:"中国的宗教在许多方面都令人困惑不解。半个世纪以来,中国的政治、教育和文学都经历了一番彻底的革命,相形之下宗教方面就显得比较沉寂。整个说来,一般老百姓仍然和几个世纪以来一样,安静地过着他们日常的宗教生活。"接着他指出,"我们不该让这种表面的平静遮蔽了耳目,因而看不到中国正在发生巨大的变化",那种为了消除迷信而毁弃神像、破坏寺庙的反宗教运动,既是"反面的",在一定意义上说,"这个变化又是正面的、建设性的。因为中国的宗教有了一个新的生命。即使是中国宗教的批判者,都不得不承认中国宗教有了新的发展、新的觉醒和新的成长"。① 因此可以说,正是这些错综复杂甚至截然不同的方面,构成了民国时期色彩斑斓的宗教画卷,从中我们看到了民国时期形形色色的宗教运动和反宗教运动的相互交织,而佛教的革新和改良,适应新的时代和社会的现代化运动则成为其中重要组成部分。

第一节 民国佛教的社会文化背景

中华民国缔造,国体更新也促使佛教革新和僧团觉醒。孙中山先生担任南京临时政府大总统时,由于信教自由明载约法,取消了相沿一千多年的"僧官制度",鼓励佛教徒自行组织教会,谋求革新。于是,民国元年即有佛教组织之设立,并受到孙中山之嘉许。但是孙中山南京临时政府为时短暂,革命果实被袁世凯窃取。袁世凯为了做皇帝,在思想文化领域大力提倡尊孔读经,康有为、陈焕章等人也在此时积极开展孔教国教化的运动。而迫于清末以来的庙产兴学风潮,以袁世凯为首的北洋政府出台寺庙管理条例,对寺庙财产实施严格的管理政策。袁世凯复辟帝制开历史倒车失败后,1916年,北京发生了轰轰烈烈、影响深远的新文化运动,向一切保守的传统文化宣战;1919年,受新思想启蒙的青年知识分子们高举民主、科学的大旗发动了"五四"爱国运动,对他们来说,中国人应当摆脱一切旧的宗教和文化传统。在这种新文化运动的推动下,民主、科学日益成为社会文化的主旋律。同时他们倡导"破除迷信",这个运动在1922年北伐军的号角声中达到了高潮。而这风气逐渐在政治上

---

① 陈荣捷:《现代中国宗教的趋势》,廖世德译,第1—2页,台北,文殊出版社,1987。

形成一股暗潮,在北伐之际激起了汹涌的波涛,全国各地遂出现拆庙逐僧,征收"迷信捐"、"经忏捐"的现象。1928 年,南京国民政府内政部又提出庙产兴学的建议,1930 年"庙产兴学促进会"的成立表明情况更为严重。反宗教迷信运动和庙产兴学运动相辅相成,直至抗日战争爆发,救亡图存的民族矛盾上升为主要矛盾,僧侣积极投入抗战,这两种运动风潮才逐渐得以止息。

一、尊孔复古思潮和新文化运动

辛亥革命推翻了清王朝的封建统治,建立了资产阶级民主共和性质的中华民国,揭开了民国历史的第一页。但由于革命的成果被袁世凯窃取,这个民主共和国出现后不久,就名存实亡了。随后出现了以袁世凯、张勋为代表的帝制复辟和革命派反对复辟的斗争。这种政治状况对思想文化的发展产生了重要的影响。与之相应的是尊孔复古思潮的沉渣泛起,表面上看,尊孔复古思潮与佛教之生存和发展关系不大,但由此股思潮而激起的新文化运动,在拥抱"德先生"和"赛先生"的同时,也倡导破除宗教迷信运动,这不能不关涉到佛教的命运。在一定程度上说,破除迷信为民国时期进行新一轮庙产兴学运动推波助澜。

民国元年(1912)2 月 15 日,袁世凯经临时参议院选举,成为中华民国临时大总统,并开始了他从独裁统治走向复辟帝制的一系列活动。伴随袁世凯在政治上的反动倒退,思想文化领域也相应地出现了一股尊孔复古的思想潮流。辛亥革命民主共和政体的建立,从思想上极大地动摇了封建帝王的专制思想,使民主共和思想得到了广泛的传播。但是,作为一个有几千年封建专制制度历史的国家,根深蒂固的王权思想、封建的纲常礼教等等,并不是一次政治上的革命就能完全肃清的,一遇时机它仍会沉渣泛起。辛亥革命的失败,民国政权的旁落,就给封建思想的复起提供了一个机会。民国元年,康有为、陈焕章等人发起成立了孔教会。孔教会成立的目的,陈焕章说得很明白:"焕章目击时事,忧从中来,惧大教之将亡,而中国之不保也";"创立孔教会,以讲习学问为体,以救济社会为用。仿白鹿之学规,守蓝田之乡约,宗祀孔子以配上帝,诵读经传以学圣人";"创始于内国,推广于外洋,冀以挽救人心,维持国教,大昌孔子之教,聿昭中国之光"。① 同年12月,孔教会的一些发起人如张勋、麦孟华、陈焕章等上书袁世凯并教育部和内务部,请求准予立案施行。教育部很快批示:"该会阐明孔教,力挽狂澜,以忧时之念,为卫道之谋,苦心孤诣,殊堪嘉许。"次年1月,内务部也批复"准予立案"。

民国2年(1913)6月22日,袁世凯登上民国大总统的宝座不久,就发布尊孔令,宣称孔子"为万世师表",必须举行祀孔典礼,"以表尊崇"。他还派人参加孔教会举行的祀孔大会,表示支持。这表明民间的守旧心理和政府的统治需要在尊孔方面达成了一致。民国3年(1914)4月,康有为与袁世凯有几通往来电函,更可说明两者在尊崇孔教上达成共识。4月17日,康有为给袁世凯复电:"北京,大总统鉴:得阳电,深感明察,何以报公。昔承大告,大教凌夷,横流在目,问俗乩国,动魄惊心,许以大力赞仆,明教以培国本。仆方居庐,愧一未奉行,深负明公敬教盛意。顷闻内务部禁孔教会,并撤各学圣牌,果行,则败五千年政俗,失四万万人心。自公为之,未能媚外人,先以鼓内怒。夫禁教事大,专制所不敢,何况共和议院所无权,何况曹部? 且与公前电矛盾至极。国民惶惑,从未罔措。窃度必非公意,乞饬内务部勿发此令,已发收回,庶为公不失民心。窃用为报,望公翼教。仆病杜门,日咏德化。"袁世凯接电后连发二电回复,称"孔教会经部立案,断无禁理,各学圣牌,尤无撤理。大教凌替,只存几希,愧为昌明,何忍摧陷? 传闻失实,殆非其真。已饬部查究,先此行念"。紧接着,袁世凯又复电曰:"兹据内务部复称,尊崇孔道,为人民心理所同,本部于邪波横流之际,一以扶翼圣道为归。查孔道、孔教等会,凡经核准立案者,随时令行地方官保护,从无禁止之说。至撤销各学圣

---

① 《孔教会序》,《孔教会杂志》第1卷第1号。

牌,更无其事,自系伪传,用电再闻。"①

孔教会成立后,出版了《孔教会杂志》,宣扬尊孔读经,要求定孔教为"国教",载入宪法;并在大成节和"丁祭"日举行隆重的祀孔仪式。孔教会是当时全国性的孔教组织,它在全国各地和海外华侨中设有许多支会和分会。在孔教会的影响下,民国2年(1913)以后,国内一些报纸杂志相率表现出了尊崇孔子的思想倾向。它们把辛亥革命后社会不稳定的根源归咎于不尊孔教,要求定孔学为一尊。民国3年(1914)9月28日,袁世凯亲自率领文武诸官到孔庙行三跪九叩大礼,举行大型的祀孔活动。由此,尊孔读经活动愈演愈烈。袁世凯如此大力鼓吹、宣扬孔孟之道,无非是想利用封建时代的"伦理纲常"来维系人心,控制和阻止民主共和思想的深入传播,以达到其在政治上专制独裁。

辛亥革命后的复古倒退,引起人们的反思。一些目光敏锐、思想进步的知识分子意识到:单纯的政治革命尚不足以救治中国,原因在于多数国人思想守旧,迷信盲从,无独立性,无自觉心,"立宪政治而不出于多数国人之自觉、多数国民之自动",与封建政治、奴隶政治没有两样。② 因此,若想保住共和制度、实现真正民主,应该首先培养国民的自觉自动精神。而要做到这一点,就必须大力宣传现代文明意识,批判传统文化中的腐朽观念。民国4年(1915)9月15日,陈独秀在上海创办《青年杂志》(第二卷起更名《新青年》)。以此为主要阵地,一批新型知识分子发起了一场旨在更新民族文化、塑造新的国民性格的新文化启蒙运动。民主与科学是新文化运动中的两个最为响亮的口号。新文化运动的发动者着

---

① 中国第二历史档案馆编:《中华民国史档案资料汇编》第三辑《文化》,第58—59页,南京,江苏古籍出版社,1994。
② 陈独秀:《吾人最后之觉悟》,《青年杂志》第1卷第6号。陈独秀(1879—1942)自22岁赴日留学开始,十几年间他用心最多的是两件事:参与组织革命团体,从事民主革命运动;编撰报刊,传播新知,牖启民智,宣传爱国革命。正是这样的执著追求民主,勇猛无畏,使他成为在民国后政治、思想最黑暗的年代里奋起反击专制复古逆流,向千百年来封建文化发起挑战的急先锋,而民主与科学则是他用以启迪民智、反击传统的主要武器。

眼于民主、科学对塑造新的国民性格、改造民族文化精神所具有的意义。民主、科学与迷信、盲从相对立,因而是反对封建主义和专制迷信思想的有力武器。民主与科学都不是中国社会原有的概念,新文化运动的发动者把它们作为现代中国人和中国社会必须具备的观念大力宣传,极大地促进了中国社会的思想解放,推动了中国社会文化的变革。

在现代中国就像在西方世界一样,减弱宗教力量的主要因素是科学的冲击。近代以来向西方寻找救国救民真理的先进知识分子,经过半个世纪的集体性努力,破解西方力量和优势之奥秘,终于在第一次世界大战结束时,总结出科学和民主即为现代文明的两个关键。划时代的新文化运动给中国社会秩序提供了新的发展方向,它的整个主题就建立在科学和民主这两块基石上。① 20世纪20—30年代的新文化运动领袖试图解放人民,摆脱宗教枷锁,向一切保守的传统文化宣战。对他们来说,中国人应当摆脱一切旧的宗教和文化传统,从而使科学民主的呼吁和自由平等的呐喊成为五四运动的精神并日益成为社会文化的主旋律。这导致了民国时期新青年知识分子发动声势浩大的反宗教运动。

二、反宗教运动及破除迷信

对科学和民主的巨大热情,与正在兴起的民族主义思潮一起,成了1922年反宗教运动的思想基础和社会基础。尽管反宗教运动的背景较为复杂,但把基督教作为它的首要标靶,是因为当时基督教被当成了帝国主义文化侵略的工具。我们从以下的一份宣传材料中,可以闻到把基督教和文化侵略联系起来的浓浓的火药味和战斗气息:

> 近百年来,外人之觊觎我国,野心勃勃,因而阴谋诡计,层出不穷,政治侵略不已,益以经济侵略,经济侵略之不已,又益以文化侵略,种

---

① C. K. Yang(杨庆堃):*Religion in Chinese Society*, P. 363—364, Berkeley and Los Angeles, University of California Press, 1967.

种手段,直欲使我亡国灭种而后已。夫政治侵略,而我民心不死、民气未亡者则知反抗,经济侵略虽云无形中之剥夺,然所有损失,尚可约略统计,独文化侵略之害之烈有不堪设想者。盖文化侵略为灭人国家之莫大利器,其来也渐,其祸也深,种种诱导愚弄之伎俩,无非间绝我国民之爱国思想,使如俎上肉,以任彼野心家之宰割。北政府腐败不堪,畏外如虎,任人剥夺,不加顾问,彼以文化侵略之外人益横行无忌,为其走狗者遂假威作势,残同胞而媚异族,人必自侮然后人侮之。若辈甘为走狗而不辞,实属可杀。曩在北军阀淫威之下,是以爱国志士敢怒而不敢言,兹者孙总理先生精神不死,北伐胜利,凡我同胞,得立于青天白日旗帜之下,大可发挥爱国运动,故国中志士,组织反抗文化侵略大同盟,风声所树,若辈寒心,凡属国民一分子,均有反抗之必要。盖文化侵略,初则足以消我民气,久则足以亡我国家,岂可漠然视之乎!①

  1919年爆发的五四运动是彻底的反帝反封建的运动,它唤起了许多新青年知识分子的民族觉醒意识。这一运动最初直接反对列强和卖国的北洋政府,反对不平等条约,要求收回主权。而在不平等条约中包含着关于西方传教的条款、教会及传教士在华的特权,等等。因此可以说,反宗教运动不仅是五四运动开始的反帝反封建斗争的组成部分,还是这一运动深入发展的必然结果。1922年2月26日世界基督教学生同盟在北京清华大学召开第十一届大会,触发了新青年学生于3月初成立"非基督教学生同盟",点燃反对基督教的思想火炬,激发教育界、思想界和文化界共同掀起非基督教运动,迅速蔓延全国,持续六年之久。他们指出,基督教是帝国主义的侵略工具,外国传教士及其组织基督教会是西方资本主义国家对中国实施政治、经济、文化侵略的先锋队。他们提出,要与教会势力"决一死战"。3月11日,北京大学一批新青年学生宣布成

---

① 参见中国第二历史档案馆编《中华民国史档案资料汇编》第五辑第一编《文化》,第1101—1102页,南京,江苏古籍出版社,1991。安海二十四社团援助反抗文化侵略会同盟宣言(1927年9月)提出打倒帝国主义、打倒文化侵略、收回教育权、收回被占公地等口号。

立"非宗教大同盟"。3月21日,非宗教大同盟发表宣言,昭示反对宗教的理由:"我们自誓要为人类社会扫除宗教的毒害,我们深恶痛绝宗教之流毒于人类社会十倍于洪水猛兽……人类本是自由平等的,宗教偏要束缚思想,摧残个性,崇拜偶像,主乎一尊。人类本是酷好和平的,宗教偏要伐异党同,引起战争,仅以博爱为假面具骗人……好笑的宗教,与科学真理既不相容;可恶的宗教,与人道主义完全相背。"宣言强调说:"中国在世界上比较起来,是一片净土,算无宗教之国。无奈近数十年来,基督教等一天一天地向中国注射传染……回想我们人类所受过基督教的毒害,比其他诸教都重大些。他们传教方法,比较他教,尤算无孔不入。""我们组织非宗教大同盟,实属忍无可忍……凡不迷信宗教,或欲扫除宗教之毒害者,即为非宗教大同盟之同志。特此宣言,普告天下。"①

尽管该反宗教大同盟不到一年就消失了,但这个运动提出的宗教问题引起了国人的关注,他们准备着更进一步的反宗教运动。梁启超在《评非宗教同盟》中说:"一月以来,因基督教同盟在北京开会的反动,引起非宗教同盟的运动,我认为是一种好气象。"在该演说中他对非宗教同盟会中人提出一个积极要求,指出"现在弥漫国中的下等宗教",什么同善社、悟善社、五教道院等,实在猖獗得狠,其势力不知比基督教大几十倍,其"毒害是经过各个家庭侵蚀到全国儿童的神圣情感。我们多数人在这种信仰状态底下,实在没有颜面和基督徒争是非。我希望持非宗教主义的人,急其所急,先在这方面下一番讨伐的苦功,庶几不至贻基督徒以口实啊"。② 梁启超

---

① 参见张钦士辑《国内近十年来之宗教思潮》,第193—195页,北京,燕京华文学校,1927。
② 梁启超:《饮冰室合集》文集之三十八,第17、24页,北京,中华书局,1989。他对双方都有评论:"我觉得这回各处非宗教同盟发出来的电报,那态度有点不对,为的是客气太胜,把恳切严正的精神反倒淹没了。我以为许多'灭此朝食'、'铲除恶魔'一类话,无益于事实。徒暴露国民虚骄的弱点,失天下人的同情。至于对那些主张信教自由的人加以严酷的责备,越发可以不必。我希望非宗教同盟诸君对于这两点,有一番切实的反省";"我转个方面向基督徒说几句话。我希望他们因这次运动唤起一种反省。他们在中国办教育事业,我是很感激的,但要尊重各个人的信仰神圣,切不可不拿信不信基督教来做善恶的标准。他们若打算替人类社会教育一部分人,我认为他们为神圣的宗教运动;若打算替自己所属的教会造就些徒子徒孙,我说他先自污蔑了宗教这两个字"。

呼吁把非基督教的反宗教运动指引到破除"下等宗教"的迷信的路径上。

反宗教运动很快融入20年代中期的北伐战争的革命洪流中。"打倒迷信"与"打倒帝国主义"和"打倒军阀"一道成了北伐军的战斗口号。随着非基督教运动的发展和北伐战争的胜利进军,这一运动更进一步发展为行动,而主要集中在收回教育权和被侵占土地的斗争。由"五四"揭开序幕的20世纪20年代,民族主义运动成为中国政治的主旋律。非基督教运动伴随着反帝斗争迅速蔓延全国,教会大学由于完全隶属于外国教会,也就相应成为群众运动的主要攻击目标之一。既然教育权是基督教对华传教与帝国主义侵略的结果,故中国人应该收回教育权。所谓收回教育权是指收回外国传教士在华办学校的权利。因而,非基督教运动及收回教育权构成了对基督教在华的严峻挑战。在这些民间的呼声下,全国教育联合会于1924年年会上提出教育与宗教分离、取缔外国人所办学校的议案。北洋政府迫于压力,于1925年12月公布了《外人捐资设立学校请求认可办法》,要求教会学校向中国教育部门请求认可,学校不得以传布宗教为宗旨。当国民革命军1927年在南京建都时,他们的首项措施之一就是颁布宗教与教育分离的法令。尽管其目的是专门针对基督教教会学校,但这项措施遵循了1922年反宗教运动的基本主题,并加强了非宗教化的趋势。

各地风起云涌的反宗教运动,最后迫使国民政府不得不颁布"保护宗教"的训令。1928年2月23日训令原文如下:

> 据本府秘书处转陈中央执行委员会秘书处函开:案准贵处函,奉常务委员交下张委员之江,钮委员永建,为请求实行信仰自由,取消反对基督教及反对各教等口号提案一件。奉谕:送中央党部,转抄同提案,函达查照,等由。准此,查十六年(1927)五月十三日中央政治会议第九十三次会议,关于伍委员朝枢提出上海余日章等请求保护宗教一案,曾经决议咨国民政府训令,民众不可误解打倒帝国主义而为排外排教之性质,利用任何势力压迫或侵害中外人民信仰

之自由等语在案,是本党对于信教自由,已有明白之主张。凡关于宗教事件,自可查照该决议案办理,似无再行核议之必要。准函前因,除函复政治会议外,相应函复贵处,即希查照,转陈为荷,等由。理合转陈鉴核等情。据此,除分行外,合行抄发原稿提案,令仰查照办理,并转饬所属,一体知照,此令。①

保护宗教的法令早在 1927 年 5 月 13 日经最高决策机构中央政治会议第 93 次会议议决,并咨国民政府训令,民众不可把"打倒帝国主义"误解为"排外、排教",不得"利用任何势力压迫或侵害中外人民信仰之自由"。但事实上反宗教运动和非宗教化趋势不仅影响基督教在中国的传播发展,而且波及中国传统宗教信仰。例如,1928—1932 年,国民政府开展了废除神祠邪祀迷信活动,拟订了《取缔经营迷信物品办法》、《神祠存废标准》和《废除卜筮星相巫觋堪舆》等文件或法令。② 1928 年 8 月 8 日,国民党中央秘书处抄转浙江省富阳县党部呈请查禁寺庙药笺迷信活动函,经奉常务委员会批准,交国民政府照办。通令各省严予查禁,"以除迷信而维生命",函说:"窃吾国风气锢塞,民智未开,每遇疾病,只知拜神祷佛,不解延医诊治,甚且求签问方,药部妄投,每年病人淫祠丧命者不知凡几,言之股栗,思之寒心。查此等因袭的神权时代之思想,当此青天白日科学昌明之际,如仍任其留存,则所谓解除民众痛苦者岂非徒托空言!"1928 年 10 月 9 日,国民党中央执行委员会秘书处函据上海特别市党务指导委员会转呈:道院及悟善社两迷信机关,设乩开坛,谣言惑众,恳令内政部严禁。经奉常务委员会谕批,交内政部查办。函说:"查事涉宣传迷信,壅蔽民智,阻碍进化,自应查禁,以遏乱源。除分别函令各特别市、各省民政厅,将道院、同善社、悟善社一体查禁,并妥善处理其

---

① 参见中国第二历史档案馆编《中华民国史档案资料汇编》第五辑第一编《文化》,第 1097—1098 页。
② 同上书,目录第 15 页。

财产作为慈善公益之用。"①

由此而进一步扩大,用三民主义作为指导思想推进更广泛的宗教改良政策。1930年2月28日,在行政院致国民政府《取缔经营迷信物品办法》呈函中,内政部复称:"查现值训政开始时期,凡属社会不良习惯及其他迷信营业,亟应取缔,以纳正规。惟此种像生纸扎店及冥具冥币等营业,生活所寄,似非宽以时日,便得改营他业,以维生计,必致有失业之感。拟先通行各省市查有该项迷信营业者先行劝谕,限期于一年内一律改营他项事业,一年之后实行查禁。庶于破除迷信之中,仍寓体验下情之意。"然而此项办法施行仅一个月,"业此者已大起恐慌,社会因呈不安现象"。浙江省致国民政府呈说:"窃以为取缔此项迷信物品,依现时社会状况,似宜先由政府尽力提倡各项工业,使得有相当容纳之地,一面多方劝导,明白宣传,促其觉悟,而欲再分别种类,并酌量地方情形,随时改善,逐渐进行,庶室碍难免,推行自利,而于人民生计、社会安宁及文化进展,亦得兼筹并顾。"②

1930年4月30日,国民党中央执行委员会秘书处奉发《神祠处理标准》到各级党部,称:"我国先贤早知神权妨害人类之进化,固已先我而毁除淫祠,破除迷信,不遗余力矣。况值此科学昌明时代,而犹可一任好事之徒,假木偶泥塑,蛊惑人心,为患社会哉?"该标准参酌我国习俗,将神祠分为先哲类、宗教类、古神类和淫祠类。《标准》认为,"宗教者,以神道设教,而设立诫约,宗旨纯正,使人崇拜信仰之神教也。专祀一神为一神教,并祀多神为多神教。现在国民政府以党治国,而国民党党纲规定人民有信仰上之绝对自由,故属于宗教性质之神祠,一律应予保存。惟流俗假宗教之名,附会伪托之神,与淫祠同在取缔之列"。其中对佛道教的看法也进一步反映了当时国民政府对宗教与迷信的认知:"佛法以色即

---

① 参见中国第二历史档案馆编《中华民国史档案资料汇编》第五辑第一编《文化》,第490—492页。
② 同上书,第492—494页。

是空,空即是色,苟存心济世,不染尘埃,则尽人皆佛。佛固注重精神,不注重色相,世俗崇拜偶像之佛,而不能通晓佛理,遵奉佛旨,则殊失佛氏本旨。又,世俗于人死之后,延僧唪经,名曰超度,尤属不经";"道教为中国固有之宗教,唯以无人倡明,致为方士所混淆。其善者则从事于服饵修炼,其不善者则以符箓禁咒惑人,后世之白莲教……及最近之硬肚社、红枪会等,皆其流毒也,应即根本纠正。凡信仰道教者,应服膺老子《道德经》,其以服饵修炼或符箓禁咒蛊世惑人者,应一律禁止,以免趋入邪途。至世俗于人死之后,延请羽士唪经,一如延请僧人之唪经,尤为无稽"。

《神祠处理标准》根据当时各省所盛行之祠宇提出四条关于淫祠标准的规定:① 附会宗教,实无崇拜价值者;② 意图借神敛钱,或秘密供奉开堂惑众者;③ 类似依附草木,牛鬼蛇神者;④ 根据齐东野语、稗官小说、世俗传说,毫无事迹可考者。此外"尚有巫觋之流,假托木石鱼鳖等类,惑人敛钱,触处皆是,甚至开堂收徒,夤缘为奸,实属有害社会。应由各地方行政长官随时查考,如查有合于淫祠性质之神,一律从严取缔,以杜隐患"。末了,对于"祀神礼节应行改良之必要"一节,又作如下申说:"我国古代祀神……其礼节仪式,均甚简单,后此惑于邀福免祸之说,变本加厉,媚神之术,无所不至,以致迷信之风日炽,人心陷溺,几不可救。在神权或君权时代,袭人同兽争、人同天争之余毒,为野心家所利用,以迷惑民众,犹为贤者所不取;今则不仅神权已成过去之名词,即君权已为世人所诟病,我最优秀之神农华胄,若犹日日乞灵于泥塑木雕之前,以锢蔽其聪明,贻笑于世界,而欲与列强争最后之胜利,谋民族永久之生存,抑亦难矣! 现查旧日祭天地山川之仪式,一律不能适用;即崇拜先哲,亦重在钦仰其人格,宣扬其学说功烈。凡从前之烧香拜跪冥锭牲醴等旧节,均应废除。至各地方男女进香朝山,各寺庙之抽签礼忏,设道场放焰口等,尤应特别禁止,以蕲改良风俗。"①

---

① 国民党中央执行委员会秘书处档案《神祠存废标准》,参见中国第二历史档案馆编《中华民国史档案资料汇编》第五辑第一编《文化》,第 495—506 页。

三、庙产兴学风波再起

清末以来,以佛教为代表的中国传统宗教面临着严峻的生存危机,有人曾概括说:"区区佛门,寥寥寺庙,计三十余年来,一迫于戊戌维新,再挫于辛亥革命,三排于外教,四斥于新潮。"①这说明佛教的危机进入民国后,有增而无减。这种危机集中表现在从19世纪末期开始的由庙产兴学的动议而引发的一系列问题上。民国时期有一位佛教徒叙述了当时佛教的处境,说民国建立之前佛教所遭遇的是空前未有的"惨烈法难","当时迫害佛教的不再是少数帝王官僚,而是整个社会,佛教大有被连根拔起的可能,诚可谓面临生死存亡的最后关头"。②有学者研究说,清王朝灭亡后,中国的广大农村社会结构并未立刻改变,传统的中国文化仍然牢牢地占据着中国社会,大部分人的宗教观念和习俗也基本没有改变,民国政府除公开申明信教自由这一点为晚清政府所不能外,其对各种宗教的态度和政策基本上延续了晚清以来的现状。③这种现状反映了民国建立后宗教虽得到国家根本大法宪法之保护,但在现实的生活中,并没有任何落实信教自由的具体政策措施。因此民国年间,各地掠夺庙产仍然风波四起,寺产问题遂成为民国前后近三十年来困扰佛教的最大难题。

庙产兴学是晚清以来就已施行的宗教政策,庙产兴学并未随着民国的成立而停止,不管是北洋军阀把持的北京政府还是国民党执政的南京政府都持续利用庙产来兴学。但是因为民国体制的改变,政府在宗教问题和宗教政策上也产生了新的变化。这就是自北洋政

---

① 原文出于道阶法师为"佛化新青年世界宣传队"所发的电文。参见释东初《民国肇兴与佛教新生》,张曼涛主编:《现代佛教学术丛刊》之《民国佛教篇》,第50页,台北,大乘文化出版社,1978。
② 张曼涛主编:《现代佛教学术丛刊》之《民国佛教篇》,第2页。
③ 于本源:《清王朝的宗教政策》,第334页,北京,中国社会科学出版社,1999。

府开始制定法规来管理佛道教的寺庙,而佛教界也懂得利用约法中人民有信教自由的规定来维护自己的权益。尽管民国初期的各种寺庙管理条例并未得到有效的贯彻,但在政治势力的转移起伏之间,庙产兴学的思想在社会上呈现不同程度的影响。除了政治因素以外,庙产兴学的政策能在社会上得到普遍的推动,必定有与它相应的社会思潮支持。显而易见,民国年间,当伴随西方物质文明而来的科学思潮普及社会时,以科学审视中国各种宗教行为的新批判标准汇合清末民初兴起的反迷信思潮,给庙产兴学提供了有力的合理性支持。

北伐成功之后,建立了国民党执政的南京国民政府。南京国民政府的宗教态度和政策可以从其反迷信态度和三民主义意识形态下的教育宗旨来观察。从南京临时政府开始就颁布了许多革除旧习的政令,以推动社会风俗的改良,革除迷信是其中重要的一项目标。由宋教仁、蔡元培等人同时发起的社会改良会可以清楚体现这样的思想,在宣言中他们主张要"以科学知识去神权之迷信",章程中更规定会员要"戒除迎神、建醮、拜经及诸迷信鬼神之习,戒除供奉偶像牌位和戒除风水及阴阳禁忌之迷信"。[①] 1926年国民革命军誓师北伐,所到之地,不断喊出打破迷信的口号。1927年定都南京之后更公布多项有关破除迷信的法规。这种强烈的反迷信态度,在南京政府主政下的庙产兴学运动中,扮演非常重要的推动力量。除此之外,跟当时所处的"训政"时期推行义务教育和民众教育还有关系。训政时期以党治国的三民主义意识形态,可以说是支持邰爽秋等教育界人士推动庙产兴学运动的最大依靠。1928年,邰爽秋提出"打倒僧阀、解放僧众、划拨庙产、创办教育"之主张[②],其思想来源很重要的一点,就是立足于三民主义中的国计民生指导思想,要求僧侣释放大量的屋舍田产,遵循民生主义,以尽国民应有的

---

① 参见陈旭麓《近代中国社会的新陈代谢》,第323—324页,上海,上海人民出版社,1998。
② 邰爽秋:《庙产兴学——一个教育经费政策的建议》,《现代僧伽》1928年第5期,第11—14页。

义务。

南京国民政府成立后庙产兴学再起波澜,既有历史渊源,也有现实基础。从1927年至1937年,由庙产兴学引起的风波有三次,每次风波既加重了佛教界的危机意识,又使政教关系趋向紧张。而平息庙产兴学风波的过程,则成为政教之间相互调适的过程。① 第一次庙产兴学风波始于1928年4月,是围绕第一次全国教育会议有关庙产兴学的议案而展开的。1928年5月,中华民国大学院在南京组织召开了全国教育会议。出席这次会议的有各省区、各特别市和大学院当然会员及专家共78人,历时2个星期,收到议案402件。在提交会议的议案中,有不少涉及庙产兴学问题。如上海特别市教育局提交的《确定社会教育经费案》中就提出:"凡无业主的,或公共的庵观庙宇,一律移作教育款产,而社会教育占有其半。"湖南省教育厅在《普及全国教育计划案》中,要求划提"寺院祠庙祠产"作为教育经费。② 其时内政部提出的《实行民众补助教育案》,也有利用寺庙兴办各种学校的设想。这次全国教育会议上,南京特别市教育局提出的《全国庙产应由国家立法清理充作全国教育基金案》,格外引人注意。提案称:"查中国庙产为数甚多,据确实调查,只江苏丹徒一县,已有五千万之多。准此推计,全国庙产价值,何啻百万万。以偌大财产沦落于僧尼之手,宁不可惜?若以之变作兴学之资,则当今急务之义务教育、民众教育等问题,何虑无法解决?"③对于上述提案,全国教育会议决议,要求大学院会同内政部审核。涉及庙产兴学的议案,有些虽经大会审议通过,但也只是建议而已,并未写进大会的宣言之中,其用意在于促使各地佛教界自动兴学。6月12日,大学院院长蔡元培呈文国民政府时,对此说得十分清楚。他说:"信仰自由,为本党党纲所规定,此次全国教育会议,对于处分寺产各议案,决议分送内政部及本院参考,亦

---

① 参见陈金龙《从庙产兴学风波看民国时期的政教关系》,《广东社会科学》,2006年第1期。
② 中华民国大学院编:《全国教育会议报告》乙编,第235、301页,上海,商务印书馆,1928。
③ 中华民国大学院编:《全国教育会议报告》丙编,第4—5页。

仅为建议性质。现在各地僧人,如能自动兴学,各地方教育行政机关,自当加以指导,予以维持,断不至有擅行处分寺产之举,致违反本党纲领人民信仰自由之规定。"① 可见,全国教育会议对于庙产兴学的议案,仍持较为谨慎的态度。

1930年11月,邰爽秋在南京国立中央大学发起成立"庙产兴学运动促进委员会",并发表宣言,由此引发了南京国民政府成立后的第二次庙产兴学风波。《庙产兴学促进会宣言》列举了庙产兴学的五点理由,即:① 庙产兴学可以巩固党国基础;② 庙产兴学可以均平教育负担;③ 庙产兴学可以实现民生主义;④ 庙产兴学有久远的历史;⑤ 庙产兴学出自全国教育界公意。该《宣言》对庙产兴学是否妨碍人民自由信仰、佛理研究、人民所有权,庙产兴学是否剥夺僧尼生计、毁灭名山胜迹等问题,还作出了回答。② 而佛教界人士也立刻提出《庙产兴学促进会宣言驳议》,逐一加以驳斥。兹将理论上的驳议,择其要点如次:

一、宣言:党国根本在教育,要扩充教育的经费,全国达数亿元。如以庙产充之,则义务、民众两种教育的振兴……

驳议:兴学所以为巩固党国之基础,但兴学之费用,应求诸于正当之财源,诸如由军费之节约、边荒之开拓、中饱(贿赂)之严禁等求之。如仅以佛教庙产为兴学之资,殊不可解。

二、宣言:现在教育经费,大半由田赋及苛细杂捐所负担,影响劳苦大众的生计。僧阀徒拥巨资而无贡献,甚不平等。

驳议:教育经费应由何种财源支出是财政上的问题,至于如何负担分配,政府自有其整理方法。佛教寺院的财产,大部分是田地,缴纳田赋,已很长久。至如负担苛细杂捐,亦与一般人民负担,并无两样。

---

① 《蔡元培致国民政府呈》(1928年6月12日),中国第二历史档案馆馆藏档案,全宗号1(1),案卷号1765。
② 《中华民国庙产兴学促进会宣言》,《正觉杂志》第7期,第21—25页。

三、宣言：国民党的民生主义，并非使人民成为大资本家和大地主，其目的期望农工的圆满发展。僧尼屋千间田千顷，皆是大资本家大地主，实是实行民生主义的大障碍。

驳议：屋千间田千顷，果然个个均如此乎？假令有者，亦必有几千几百之僧尼居住。如有千人即是田一顷屋一间，果得称之为大资本家乎？全国僧尼数十万，其大多数都是茅屋数间，瘠地数亩，自种自食，而庙产并非僧尼所私有者。

四、宣言：庙产兴学原有久远之历史。宋绍兴间有毁寺院以充学费之诏。清张之洞努力庙产兴学。

驳议：自佛教入中国以来，历代帝王尚尊佛教。唐太宗、宋太祖、太宗、明太祖、成祖、清圣祖、世宗等英明君主无不信仰佛教，仅以宋绍兴之诏，不足以为法。孙总理在三民主义中盛称宗教，更以"研究佛理以补科学之偏"，党纲确定信教自由，安用提倡庙产兴学？民国十八年十二月公布《监督寺庙条令》确认以庙产之所有。如邰爽秋之言，徒为以俄国共产党之行为为通例，此不过是平地生波而已。

五、宣言：庙产兴学为全国之公意。如湖北、广东、山东、浙江之各省教育代表，均已议决以庙产为教育经费。

驳议：吾人今日之一切言动，应以党纲为标准。又教育界中亦有极多人反对此种掠夺主义。如仅以少数号声为中心舆论，实为我国教育界之耻辱。

六、宣言：释疑第一，庙产兴学与人民之信仰自由并非相反，庙产为其他转用，亦必非灭绝佛事。

驳议：此真强词夺理，一手欲掩尽天下人耳目。如欲以僧尼愚昧而以不知佛学为借口，欲夺其寺院之产，僧尼无知，寺院无罪。若夫一般无知民众亦同应受此四训否？不思促进僧众教育，却掠夺其产，则兴学永无希望。

七、宣言：释疑第二，庙产兴学并非妨碍人民所有权。庙产多为帝王之赏赐，十方施主之布施，或由僧尼之募化而来，其性质均属公有。按《监督寺庙条例》，以寺庙之财产法物为寺庙之所有……

驳议：民法中，物权关系之项内，赠与他人财产，一度受赠确定，受领者即确实取得其所有权，赏赐募化之类，亦得认为与赠与同一。果得言僧人无所有权乎？又寺庙具有十方僧人同住之性质，为僧界之公产，住持仅有有关正当收支之权利，不得私图不当之利润，侵犯股东之权利一样。论者以为僧团之公有误会矣，乃天下人之公有。

八、宣言：释疑第三，一般僧尼在僧阀的压迫下，如感境遇恶劣，得主张为之解决，援助其还俗，教习其技艺，施行教育，使之生活安全。

驳议：何谓僧阀？压迫之情况如何？出家人境遇艰苦，不待言矣。真心学僧，能耐一切劳苦，始许薙发。于受戒之时，当问其有否犯罪？家族同意否？年龄达到否？所授戒律能受持否？其资格虽缺一亦不得受戒。站在如此的僧尼立场，还敢欲求解放被援助还俗乎？

以上所举，是邰爽秋的庙产兴学促进会的主张和佛教方面对他反驳的概要。邰爽秋的意见得到许多人，尤其是教育界人士的赞同。当时，湖北省教育行政会议、广东全省教育行政会议、江苏全省教育局局长会议、山东全省教育局局长会议、中央大学区县督学教育委员会联合会议，都有庙产兴学决议案，南京市教育局局长也提议庙产兴学。1930年全国教育会议各省教育界代表，亦一致议决以庙产为教育经费。① 同年12月，中华学艺社年会也通过决议，呈请国民政府转令立法院规定庙产兴学办法，通令全国一体进行。1931年6月22日，庙产兴学促进会借中央大学致知堂开成立大会，有南京市党部代表、社会局代表等200余人出席，其标语为"人其人而不火其书，利其产而不毁其宇"。其组织章程规

---

① 《中华民国庙产兴学促进会宣言》，《正觉杂志》第7期，第23页。

定:中华民国庙产兴学促进会"以联合全国民众力谋划拨庙产、创办教育为宗旨"①。该会总部设南京,各地会员满10人以上,得组织分会。第二次庙产兴学风波的兴起,国民政府起了推波助澜的作用。庙产兴学促进会成立前后,国民政府并没有采取相应的措施予以制止。因此,对于第二次庙产兴学风波的兴起,南京国民政府负有不可推卸的责任。但是,庙产兴学促进会关于庙产兴学的提案,在内政部会议上未能获得通过,由此又可见,南京国民政府尚不敢公然支持教育界的庙产兴学行动。

　　1935年8月16日,《申报》又传出新的消息,江苏、山东、安徽、浙江、湖北、湖南、河南七省教育厅联名呈请"保障寺庙财产,办理各地方教育",并"将寺产收入充作民众小学或地方教育经费",由此引发了南京国民政府成立后的第三次庙产兴学风波。江苏省教育厅长周佛海、山东省教育厅长何思源、安徽省教育厅长杨廉、浙江省教育厅长许绍棣、湖北省教育厅长程其保、湖南省教育厅长朱经农、河南省教育厅长李敬斋,联名呈请教育部对于已经定案拨归学产之庙产,应予切实保障。他们提出:"凡以前拨用庙产,学校已经成立有案者,即应照常维持,不许破坏。至以后庙产,仍须遵照法令,不得擅自处理,俾于保障庙产之中,仍寓维护教育之意,教育前途,实利赖之。"七省教育厅厅长还向教育部提出另一项要求,即自1935年起,厉行《监督寺庙条例》第五、第八条的规定,实行登记及按期呈报,并遵照第十条的规定,另参酌佛教《寺庙兴办公益慈善事业规则》第五条所定出资标准,就各地寺庙情形及财产多寡,具体规定兴办公益事业之额数。此项公益事业,在实施义务教育期间,暂时悉数移办短期小学,或其他地方教育事业。②七省教育厅厅长的意见,得到了教育部的赞同。教育部认为,"业经拨充教育之资产,本不应重行收回,致启纠纷而妨教育。至今后地方公益事业之兴办,应注重教育,自属正当"。因

---

① 《中华民国庙产兴学促进会成立大会纪事》,《海潮音》1931年第12卷第8期,第22—23页。
② 《江苏山东等七省教育厅长致教育部呈》,中国第二历史档案馆馆藏档案,全宗号1(1),案卷号1768。

此,教育部请求行政院通令各省市政府,"在《监督寺庙条例》公布施行以前,所有业经拨充教育经费之庙产,均应照旧维持。在《监督寺庙条例》施行后,各寺庙自应照该条例第五条之规定,履行登记;其依同条例第十条之规定,充办公益事业之经费,并应着重于地方教育事业之扩充"①。

庙产兴学风波的兴起不是偶然的,从当时的环境和普及教育的角度来看,从对佛教界的警醒作用而言,庙产兴学有一定的积极意义。一方面,庙产兴学是当时环境下普及义务教育的一条路径,有助于解决部分学校校舍不够、资金不足的问题,庙产兴学也确实取得了一定的效果,促进了义务教育的普及。如当时南京设有义务学校30余所,借用庙宇者有五六处。另一方面,庙产兴学促进了佛教界的觉醒与联合,使佛教徒认识到了联合与整顿的必要。经历第二次庙产兴学的风潮之后,佛教界一致主张立即召开中国佛教会全体大会,实现佛教徒的进一步联合,并制定彻底整顿佛教的办法。因此,从佛教界的革新和整顿而言,庙产兴学有其积极效应。②

然而,庙产兴学的风波无疑使佛教面临生死存亡的危机。在庙产兴学影响之下,寺院所藏文物也难逃破坏之厄运。譬如1931年4月初,曾传闻山东掖县教育局以办"师范讲习所"为名,借用海南寺房舍,于藏经阁发现明代刻大藏经,因不知其珍贵,而视为故纸搬出焚毁大半。此事经报刊披露后,山东省教育厅乃派省立图书馆馆长王献唐前往勘查,得知后报告:该大藏经原为掖县福庆禅院所藏,民国19年(1930)时军队暂驻该院,不知宝重,任意损毁,故前掖县县长饬人检点丛残,移运海南寺存放;而后海南寺又为民团借住,直到掖县教育局借用海南寺房舍举办师范讲习所时,大

---

① 《教育部致行政院呈》,中国第二历史档案馆馆藏档案,全宗号1(1),案卷号1768。
② 本处叙述庙产兴学三次风波多参见陈金龙《从庙产兴学风波看民国时期的政教关系——以1927至1937年为中心的考察》。另据释东初说,民国以来,社会教育界人士始终不放弃以庙产为兴办教育的目标,一方面由于教育界的贫困,一方面由于中国佛教团体缺乏坚强组织及优秀领导人才,本身既缺乏雄壮的气魄,形成衰弱,予人以可乘之机。所谓"物必先腐然后虫生"。(释东初:《中国佛教近代史》,第177页)

藏经已零乱狼藉,不可名状。根据师范讲习所所长等面称,其不但未焚毁藏经,还将藏经整理,坯砌遮藏。姑且不论《大藏经》遭毁的究竟真相为何,在庙产兴学的实行下,寺院遭到外界势力的侵入,不但僧尼被迫流离失所,连寺内典藏的文物往往被破坏殆尽,损失惨重,这也是不争的事实。这可从当时国民政府颁布的文物保护法令看得出来。

1932年,考试院院长戴季陶(传贤)奉命考察西北军政,戴先生因洛阳白马寺等名胜古刹均有军队驻扎,故有重修白马寺的倡导,以恢复中原文化。为保护名胜古迹免遭破坏,遂有保护古物委员会成立,并经保管委员会呈请军政机关,出示保护。1935年,中央古物保管委员会接到西安办事处呈称"窃以寺观庙宇,为名胜古迹之一,其中时有古碑碣遗留及镌塑之精工者,故整理维护不可不力。乃查此诸建筑物中,往往有军驻扎,以是古物保存之地,遂一变而为牧马操戈之场。故整理修葺之工作方竣,而破坏损毁之行为随之,前功尽弃,后继为难,兴念及此,深用皓叹!又查各寺观中,有时竟附设富有爆炸性或震动力极大之物品制造工厂者,如炮弹制造厂、机器制造厂皆是。此等制造厂,在其工作之进程上,随时均有摧毁古代建筑物及其中所藏古物之虞,为此呈请钧会从速设法禁止。此后不得更在上述各寺观庙宇驻扎军队,并附设一切有爆炸性或震动力极大之物品制造场,以保古物而扬文化"等情。古物保管委员会以此转请内政部,内政部又上呈行政院,行政院则以第六一四号训令,军事委员会又以第六六三号训令转饬军政部遵行。1935年12月,军政部训令各军事机关部队学校,禁止各寺观庙宇驻军并附设爆炸性或震动力大之工厂,已驻入者速行设法迁移为要。①

第二节 民国时期佛教政策的演变

孙中山主持的南京临时政府把信教自由写入了《临时约法》,这对

---

① 参见释东初《中国佛教近代史》上册,第190—191页。

于包括佛教在内的所有宗教都是一个重大的福音，不求而得。而鉴于当时社会庙产兴学风潮给佛教带来巨大冲击的严峻形势，民国不同时期政府出台了一系列保护和管理寺庙的政策法规。在一定程度上说，用现代法规形式来依法管理宗教有进步意义，但在民国年间的社会现实中，这些管理寺庙条例的颁布施行并没有起到真正的保护作用。

一、《临时约法》中的"信教自由"

民国草创，百废待兴，开国会、定宪法，乃民主共和国的头等大事。孙中山1912年在南京宣誓就任临时大总统之后，不久给一位英国友人写信说："大清王朝诚然是一个'过去的遗物'，但满清的逊位，并非即是中国的完全得救。在我们的前面，尚有大量的工作必须完成，俾使中国能以伟大强国的身份与列国并驾齐驱……我高兴地告诉你，我们正在中国谋求宗教自由，而在此新制度下基督教必将昌隆繁盛。"[1]孙中山与中华民国的开国元勋们所谋求的宗教自由是资产阶级共和国的政治追求的组成部分，他们接受西方启蒙思想家信教自由是人人皆能平等享有的"天赋人权"的观点，因而把信教自由作为"文明共和国之通例"写进了《临时约法》中。[2]

《临时约法》，从法理上肯定了公民信教的自由。[3] 这是中国国家与宗教关系史上从未有过的事情。在中国历史上，历来是多种宗教共存，但明确地提出宗教信仰自由的政策，此为第一次。因此在中国宗教政策的历史上，信教自由载入约法具有划时代的意义，而信教自由当时是被中华民国开国元勋们当做"文明共和国之通例"来接受的。孙中山在《临时大总统宣言书》(1912年1月1日)中说："临时政府成立以后，当尽文

---

[1] 中国社会科学院历史研究所等合编：《孙中山全集》第二卷，第231页，北京，中华书局，1982。
[2] 同上书，第244页。
[3] 吴宗慈：《中华民国临时约法及其缘起》，第29页，台北，正中书局，1978。

明国应尽之义务,以期享文明国应享之权利。满清时代辱国之举措与排外之心理,务一洗而去之;与我友邦益增睦谊,持和平主义,将使中国见重于国际社会,且使世界渐趋于大同。"①几天后,在《对外宣言书》(1912年1月5日)中表示:"吾人当更张法律,改订民、刑、商法及采矿规则;改良财政,蠲除工商各业种种限制;并许国人信教之自由。"②

作为民主共和体制,从法理的观点来看,中华民国临时政府的运作,公民所享有的法律规定的权利和义务,都要以宪法为归依。1912年2月,参议院召集《临时约法》起草会议。3月10日,孙中山先生作为临时大总统正式宣布参议院议决《中华民国临时约法》公布。3月11日正式颁行约法,其中关于国家、宗教和公民之间的明确关系,《临时约法》第二章第五条规定"中华民国人民,一律平等,无种族、阶级、宗教之区别"。第六条第七款规定:"人民有信教之自由"。③ 信教自由被明确载入了宪法,这是以孙中山为首的开国元勋们创立的中华民国政府给予宗教的最大赠礼,它意味着不论是传统的中国宗教抑或是西方传来的基督宗教在法律上都享有平等的待遇和自由发展的空间。然而,信教自由要在实践中落实并不容易,还要经过许多努力。

1916年12月5日,北京基督教公会由徐谦(司法次长)发起,正式成立信教自由会,联合全国公教(即天主教)、基督教、东正教,及回、佛、道各教徒,依次加入,会中公举徐(谦)季龙先生为会长,基督教部主任为诚敬一(怡)牧师,合力请愿,删除天坛宪法草案中第十九条第二项,保存第十一条之完全信仰自由。释东初在《中国佛教近代史》中对此评论说:"徐谦以基督教在中国宪法上未取得宗教信仰自由的权利,开创历史上空前未有的先例,乃联合所有的信教人士,组织一信教自由总会,推举徐

---

① 《临时政府公报》第三十五号,参见中国社会科学院历史研究所等合编《孙中山全集》第二卷,第2页。
② 中国社会科学院历史研究所等合编:《孙中山全集》第二卷,第10页。
③ 中国第二历史档案馆编:《中华民国史档案资料汇编》第二辑,第106—107页,南京,江苏古籍出版社,1991。

谦任总会会长。参加入会的,则有佛教、回教、天主教、道教,由于这一浩大的声势,在宪法草案上卒被列入这一信仰自由的规定。""当时反宗教运动中,虽以基督教为对象,尚未殃及到佛教,因佛教未接受帝国主义支持。但基督教一旦被打倒,这对佛教,必然会发生重大不利的影响,所以佛教也参加了信仰自由的组织。此一组织,对佛教来说,也是非常重要的,日后政府每颁布有关佛教的法令,必要注意到这一点。信教自由这一口号,本出于西方社会,国人运用这一口号,却始自徐谦的倡导。"

释东初充分肯定了"信仰自由"这一口号对于佛教至关重要,可以起到"护身符"的作用。他认为,"佛教在这一个多灾多难风雨飘摇的国土中,未被消灭,虽有众多必然存在的因素,但亦有赖于这一信仰自由的口号帮助"。自此,每遇寺庙合法权利受到侵犯,或佛教事业遭到损害,"势必运用这一来自西方社会的'信仰自由'的口号,作为护身符。因此,尽管宗教间存有不少的歧见,张纯一的佛化基督教运动,固然对基督教有了不少帮助,但徐谦的信仰自由,也帮助了佛教不少的忙,所以佛教在中国近代史上始终屹然不动,这也是其中原因之一"[①]。

二、北洋政府保护与管理寺庙的例令

北洋政府时期,政局动荡,军阀割据,各届政府首脑似乎无暇顾及宗教,故所言宗教极少。但自中华民国成立到 20 年代初,却出台了当时政府保护与管理寺庙的不少例令,这在整个民国期间还是一脉相承的。[②]而用专门的法律规章来保护和管理宗教,这在民国史上是有一定开创意义的。此外,北洋政府还批准了佛教、伊斯兰教等不少宗教团体和宗教院校,这也在一定程度上表明,尽管北洋政府是军阀掌政,但在共和名义

[①] 释东初:《中国佛教近代史》,第 117 页。
[②] 中国第二历史档案馆编:《中华民国史档案资料汇编》第三辑《文化》,目录第 21 页。

下,作为民主共和体制的政府,毕竟比帝国专制政府不允许任何宗教组织的存在有了明显的进步。① 不过由于时局混乱,各地在有关宗教保护政策上却执行不力,屡起事端。② 早在民国初年,湖南、安徽等地就发生过"攘夺寺产、销毁佛像事件"。为解决此事,敬安法师曾应湘僧之请,约请各省僧长代表,赴北京请愿。至内务部陈情,主管官员态度蛮横,未获结果,敬安法师为此怀愤而逝。③ 可见这些例令名曰保护,只是纸上具文,实际上保护力极为有限。

现存北洋政府内务部档案可查找到当时政府保护与管理佛教僧众和寺庙财产的文件一共有七件,以时间为序,它们是:《关于保护佛教僧众及寺庙财产的令文》(1912年11月—1914年1月)、《内务部公布寺院管理暂行规则令》(1913年6月)、《内务部请明令保护佛教庙产致大总统呈》(1915年8月7日)、《内务部请饬属保护寺院各省巡按使、都统咨》(1915年8月20日)、《大总统公布修正管理寺庙条例令》(1921年5月20日)、《内务部制定著名寺庙特别保护通则致国务院法制局公函》(1921年11月)等。其中《关于保护佛教僧众及寺庙财产的令文》含有两件,一是《熊希龄为保护佛教僧众及在军中布道致大总统禀》(1912年11月),二是《国务院关于保护寺庙财产致内务部公函》(1914年1月7日),并有附件《中华佛教总会致国务院呈》。另外还有一件是《内务部为调查寺院及其财产致省长、都统咨》(1913年10月)。这些例令的共同内容和主旨

---

① 最著名的如中华佛教总会(1912年11月)、胡瑞霖等组织佛化新青年会(1923年1月)、王芝祥等组织世界宗教大同会(1923年1—3月)、廖容等组织龙华佛学会(1924年6月24日)、释太虚等组织世界佛教联合会(1924年8月)、田树海等组织蒙汉佛教联合总会(1925年4月15日)、全朗组织北京佛教联合会、白普仁组织中华佛教联合会(1925年6—7月)、徐鸿宝等组织三时学会(1927年1月27日)。佛教院校有释显珠创办中华佛教华严大学(1915年8月—1916年11月)、欧阳渐等创设支那内学院(1922年7—8月)、汤芗铭等创办佛学院(1922年6月)、释现明创设北京弘慈佛学院(1924年2月15日)。
② 参见《国务院关于保护寺庙财产致内务部公函》(1914年1月7日):"据中华佛教总会呈称:保护庙产一节,前蒙部先后通咨各在案。近据各省支分部报称,攘夺庙产,蹂躏僧徒之事,仍复时有所闻,地方官并不实力保护。"
③ 于凌波:《中国近现代佛教人物志》,第13—15页,北京,宗教文化出版社,1995。

都是保护佛教，包括僧众、寺庙及其财产。它们反映了清末庙产兴学的风潮，佛教所受到的来自各方的威胁和冲击，到了民国初年有增无减。而要求保护者所运用的法律依据，就是民国约法明载的信教自由。如熊希龄在致大总统禀中转述敬安的呼吁："求政府按照约法信教自由，力加保护，俾得改良佛教，敦进民德，以固共和基础。"透过这些例令，我们大致可以分析北洋政府对佛教的态度和政策，其实是清末佛教政策的延续。

辛亥革命后不久，国家政权为袁世凯所窃取，其称帝的野心失败而忧惧死亡以后，中国出现了军阀割据的局面，但表面上还有一个统一政府，史称北洋政府。这一时期不管是袁世凯还是其后的各大军阀政客，都代表着中国的封建势力或买办势力，他们的不少人原来就是清王朝的将军和阁僚官宦。他们的共同点是反对孙中山领导的资产阶级革命，为此他们除了在军事上围剿革命力量之外，还要在文化上对革命思想展开进攻，他们的武器就是设立孔教和尊孔读经。其次就是利用佛道教，采取康有为和张之洞等曾经提出的庙产兴学的"权宜而简易之策"。民国成立之后前清学部改为教育部，兴学的工作并没有停顿下来，但是国家的财政依旧无力给予地方以完整的支助，兴学的经费仍然要靠地方去筹措。以袁世凯为首的北洋政府在共和名义下延续了庙产兴学这个政策，如在《寺院管理暂行规则》和《管理寺庙条例》中都明文规定，为办理地方公益事业时，地方官可拨用庙产，这可以说是庙产兴学持续未停的重要原因。而这时期庙产兴学的思想已经除去清末张之洞等复兴儒家的色彩，转而出现新的争论是在宗教自由的概念下所引发出的庙产问题。庙产问题真正的焦点，其实是在对庙产的主导权争夺上。

1913年6月20日，北洋政府公布《寺院管理暂行规则》，全文总共只有7条，内容主要是针对庙产的处理作规范。其中有关寺庙财产之管理，由该寺住持司之；本院住持及关系者不得有将财产变卖、抵押或赠与等行为,任何人亦不得强占寺院之财产。① 让佛教界对当时政府保护寺产的美意感到落空的原因,主要还是在寺庙财产处理的主导权上。1915年(民国4年)10月29日,政府又公布更详细的《管理寺庙条例》,总共31条。主要内容为:取消中华佛教总会;寺产由住持管理,不得抵押或处分,但遇有公益事业之必要及得地方官之许可不在此限;住持违反管理义务,不遵守僧道清规,可由地方官训诫和撤换。此条例不仅明令取消中华佛教总会这一全国性佛教组织,而且将寺庙财产处置大权交予地方长官,开启了地方官与土豪劣绅勾结侵吞寺产之大门。此条例中关于《寺院管理暂行规则》的部分不变,即政府处理寺产的态度依旧。不过另一方面增加了对僧道的管理,地方官得以申诫或撤退不守教规之僧道或住持。袁世凯去世之后到北伐成功这段期间,北京政府在军阀的控制之下,分别在民国10年(1921)和13年(1924)对《管理寺庙条例》作了一些修正,但是主要的内容基本上没有改变,尤其在庙产的处理上未作大的更动。

这里再次提出寺庙的范围问题,也就是庙产兴学的适用范围。先将《寺院管理暂行规则》和《管理寺庙条例》中关于寺庙的定义分述如下。《寺院管理暂行规则》第一条:本规则所称寺院以供奉神像见于各宗教之经典者为限,寺院神像设置多数时以正殿主位之神像为断。第六条:一家或一姓独立建立之寺院,其管理及财产处分权依其习惯行之。《管理寺庙条例》第一条:本条例所称之寺庙,以属于下列各款为限:① 十方选贤丛林寺院;② 传法丛林寺院;③ 剃度丛林寺院;④ 十方传贤寺院庵观;⑤ 传法派寺院庵观;⑥ 剃度派寺院庵观;⑦ 其他习惯上限由僧道驻守之神庙。其私家独立建设,不愿以寺庙论者,不适用本条例。从上面的规定可知,不管其对僧道的限制规范如何,北洋军阀政府的态度在庙产的处理上是以寺庙为主,而这寺庙尽管有十方选贤制、传法派和剃度派上

---

① 释东初:《中国佛教近代史》上册,第105页。

的差别，但其适用范围显然是包括所有的佛道寺观乃至一般的神庙。若与清末相比较，我们可以发现其适用范围又回到张之洞当初所提议的。不同的是，北洋军阀政府用寺庙与僧侣分开的态度去处理。还有一点要提的是，前述两项法令都规定私家独立建立的寺庙不在此限，这有基于约法保护人民私有财产的意义，是共和与专制时代的另一差别。

民国以来，军队占据寺院之情形，可从民元释宗仰《致蔡子民先生书》以窥一斑。"军事既起，各省兵队编集移徙，莫不以就地兰若，张柳为营。其初乃义不容辞，其后或久假不归，或所至遗患，甚或通匪剽掠，蹂躏不堪，即今尚多有喧宾夺主者。如海上留云寺，素称热心公益，光复以来多尽义务，而浙军借驻至今，未闻迁让，佛刹清净，亦未免妨碍治安，使我佛不得享平等共和之福。"①从1924年起，各地废除庙宇活动已经十分活跃。参与废庙行动的主体不再是地方官绅，还有更多的军人、学生以及普通青少年。其中军人毁庙的主要目的是为了从中渔利，这在军阀混战时代并不稀奇。据记载，冯玉祥于1927年向开封相国寺派捐5 000元，被该寺方丈叙惠拒绝，冯玉祥当即派军警包围相国寺，没收寺产，捣毁佛像，将僧侣全部驱逐，后又下令将相国寺改为中山市场。②而学生及普通青少年加入废庙行列则明显是受了新文化运动中反宗教迷信思想的影响。太虚在《三十年来之中国佛教》一文中提到："民国十五六年间，社会起大变动，河南省等有毁灭僧寺之案，全国僧寺岌岌危殆。至十七年，在庙产业学呼声下，有内政部新订，管理寺庙条例公布……"③

三、南京国民政府寺庙管理条例：从管理到监督

南京国民政府对宗教寺庙的管理分为两个系统：一是对一般地区由僧道住持或居住的坛庙、寺院、庵观，归内政部及省县地方政权管理；二

---

① 参见《佛学丛报》第一期，《文苑》第3页，1912。
② 《海潮音》1931年第12卷第9期。
③ 参见张曼涛主编《现代佛教学术丛刊》之《民国佛教篇》，第321页。

是对西藏、西康、蒙古、青海、新疆等地的喇嘛寺庙,归蒙藏委员会管理。从 1929 年到 1949 年的 20 年间,南京国民政府对宗教人员及寺庙的监督管理,颁布了 20 多个法规,诸如:《寺庙登记条例》(1928 年 9 月)、《废除卜筮星相巫觋堪舆办法》(1928 年 9 月)、《神祠存废标准》(1928 年 10 月)、《寺庙管理条例》(1929 年 1 月)、《监督寺庙条例》(1929 年 12 月取代《寺庙管理条例》)、《令禁止幼年剃度》(1930 年)、《寺庙兴办公益慈善事业实施办法》(1932 年 9 月)、《佛教寺庙兴办慈善公益事业规则》(1935 年春取代《寺庙兴办公益慈善事业实施办法》)、《寺庙登记规则》及表格样式(1936 年 1 月取代《寺庙登记条例》)等等。其中有的法规注明不适用于其他宗教或边疆民族地区之寺庙。如《寺庙登记规则》就规定"本规则于天主、耶、回及喇嘛之寺庙不适用之"。《监督寺庙条例》也注明不适用于西藏、西康、蒙古、青海的寺庙(第十二条)。

  南京国民政府成立之后,面临的最急切的宗教问题还是风起云涌的庙产兴学运动。当时,一些热心教育的人士成立组织,发动舆论,要求以寺产兴办教育,不少国民党当权者也卷入了这一运动。河南、浙江、江苏、广东省相继发生没收寺产、驱逐僧尼事件。为维护自己的生存,佛教界一再吁请政府颁令保护。[①] 1929 年 1 月 25 日,国民党政府内政部颁布《寺庙管理条例》21 条。其中规定寺庙成立庙产保管委员会管理庙产[②],寺庙财产的处分或变更由庙产保管委员会公议定之;寺庙应按财产之多少,自行办理各级小学、补习学校、图书馆、公共体育场、救济院、贫民医院、贫民工厂、合作社等;寺庙废止或解散时,应将所有财产移归该

[①] 张宝海、徐峰:《南京国民政府(1927—1937)宗教法规评析》,《泰安师专学报》,2001 年第 5 期。
[②] 条例规定寺庙财产保管方法有三:一、有僧道住持者应由该管市县政府与地方公共团体以及寺庙僧道各派若干人合组庙产保管委员会管理之。二、无僧道住持者应由该管市县政府集合地方公共团体组织庙产保管委员会管理之。三、由地方公共团体住持者,呈请该管市县政府备案,归该团体组织庙产保管委员会管理之。前三款之庙产保管委员会,其人数至多不得过 11 人,至少不得下 7 人,第一款之保管委员会僧道不得过全体委员人数之半。

管市县政府或地方公共团体保管,并得酌量地方情形呈准兴办各项公益事业。因该条例窒碍难行,不久另行起草监督寺庙条例。1929年11月30日,立法院第六十三次会议通过《监督寺庙条例》13条,12月7日,南京政府重新公布《监督寺庙条例》,废止了《寺庙管理条例》。① 就如"监督"之名所显示的,在此条例中对庙产的处理已无强制的态度,首先它取消组织庙产管理委员会的规定;其次给予寺庙相当的自主权,如第七条规定"寺庙之不动产及法物非经属教会之决议并呈请该管官署许可,不得处分或变更"。先前南京政府处理庙产主导权的坚持立场,在《监督寺庙条例》作出了让步,只在第十一条规定寺庙住持在有违反本条例之规定时,官方有权革职,逐出寺庙或送法院究办。②

这两个条例是南京国民政府宗教法规方面的重要成文文献,其名称从"管理"到"监督"的变化,反映了政策制定者的微妙心态,当中也能透露南京国民政府宗教政策的一些重要信息。两个条例都颁布于庙产兴学运动兴起的大背景下,"事关处理寺庙财产",前者以管理的姿态介入,牵涉过多,管理起来反为不便,所以《监督寺庙条例》陈述自己的目的"系为监督寺庙的财产及法物等起见"③。在保护寺产问题上,该条例虽承认寺庙财产及法物为寺庙所有,但字里行间依然不相信寺庙有依法自我保护的能力,甚至怀疑寺庙监守自盗,故而授予政府全面监督寺庙财产的权力。寺庙内部的确有少数不肖之徒,盗卖寺产,但在庙产兴学运动期间,寺庙财产面临的最大威胁,还是来自一部分社会人士与政府当权者相结合,夺取寺产。有研究者认为,该条例将兴办慈善事业定为寺庙的应尽义务,不仅成为寺庙的"沉重负担",而且便利了"政府干预"。④ 从内政部的态度来看,虽然条例赋予它相当大的权力,但它主张从外部保

---

① 中国第二历史档案馆编:《中华民国史档案资料汇编》第五辑第一编《文化》(二),第1028页。
②《内政年鉴》第四册,第112页,上海,商务印书馆,1936。
③ 中国第二历史档案馆编:《中华民国史档案资料汇编》第五辑第一编《文化》(二),第1027页。
④ 参见徐峰《南京国民政府宗教政策研究(1927—1937)》,山东师范大学硕士学位论文,2001。

持强大的监督压力并不想全面介入寺庙内部事务,因为全面介入必然导致矛盾丛生,反而不利于政府的管理。①

由于《寺庙管理条例》专注寺庙,不涉其他,佛教界大为不满。1929年3月,四川省佛教会向国民政府提出:"基督教徒属于异国之人,遍布国中建宅置田,无处蔑有,何以政府不加以取缔,以此种条例限制之乎?总理三民主义所以扶弱小之民族,今对于强邻异类则宽待之,对于本国僧侣弱小则摧残之。"②1929年5月,太虚在上海佛教居士林演讲时也指出:"夫佛教与回教等同为宗教,彼教之教堂、礼拜寺等既无此等条例,独令佛教之僧寺与道教之道庙有此条例,殊为可怪"③。1929年6月中国佛教会成立后,即向立法院提出取消寺庙管理条例名称,另颁宗教法,以示各教平等。"宗教种类,除佛、道二教外,尚有回教、耶教,国家颁布条例,何竟为局部之谋而不及于回、耶二教?又蒙、藏、青海为佛教之重心地,是项条例能否适用于蒙藏等处?若仅为内地各寺庙而设立此条例,尤见立法之偏。"④因此,佛教界对于国民政府的宗教歧视,深感不悦。《寺庙管理条例》颁布不久即遭废止的命运,当然有诸多复杂的原因,但民国缔造以来信教自由和政教分离原则相抵触应是主因。

国民政府一方面要监督保护寺庙财产,另一方面又责寺庙按其财产情形,兴办公益或慈善事业,对于不履行义务者,更予以严厉之制裁。⑤

---

① 《内政年鉴》第四册,第113—122页。
② 《四川省佛教会为修改寺庙管理条例事致国民政府电》(1929年3月27日),台北"国史馆"馆藏档案,档案号0121—40000.01(1),微卷号323—1799。
③ 《太虚法师归国后在上海佛教居士林演讲词》,《海潮音》1929年第10卷第4期,"佛教讲坛"第10页。
④ 《呈国民政府立法院请另订宗教法文》,《海潮音》1929年第10卷第8期,"佛教史料"第2—3页。
⑤ 参见《监督寺庙条例》第十、十一条,中国第二历史档案馆编:《中华民国史档案资料汇编》第五辑第一编《文化》(二),第1029页。1929年6月,国民政府公布《监督慈善团体法》,共14条。规定慈善团体以济贫、救灾、养老、恤孤及其他救助事业为目的,除属于财团性质外,应有具名望素著等资格五人以上的发起人,其属于社团性质的每年应至少开会两次,由董事报告详细收支账目,并说明办务的经过情形。主管官署可随时检查慈善团体办理的情形及财产状况。

因条例规定过于简单,难以施行,1931年8月,内政部拟订《寺庙兴办公益慈善事业实施办法》,呈交行政院修正后,于9月12日以部令公布施行。后因佛教界群起反对,被迫暂缓施行。1934年9月,中国佛教会拟订《佛教寺庙兴办慈善公益事业规则》,经内政部修正后,呈交行政院核准,由内政部备案,并通行各省市。对于道教寺庙,内政部也批准用该规则办理。① 该规则规定了寺庙兴办慈善事业的出资比率:100元以下者1%,100—300元者2%,300—500元者3%,500—1 000元者4%,1 000元以上者5%。寺庙兴办慈善事业应受主管官署监督,并受当地佛教会指导。每年岁终,寺庙应将办理状况及收支情况向内政部备案,并由中国佛教会评定成绩,分别奖惩,呈报内政部备案。寺庙住持如不遵守出资比率规定,由当地佛教会请示主管官署协助令其出资,如再违抗,则按《监督寺庙条例》的规定,革除其住持之职。②

---

① 秦孝仪编:《抗战前国家建设史料——内政方面》,第291页,台北,中国国民党中央委员会党史委员会,1977。
② 《内政年鉴》第四册,第126页。

第二章　民国佛教的革新和改良运动

从1912年中华民国成立到1937年抗日战争的全面爆发,是中国社会急剧动荡不安的岁月,正当各种宗教进入复苏成长阶段的时期,中国社会本身也进入一个新阶段。一方面,二次革命、护国护法运动显示了辛亥革命的激流余波;另一方面,新文化运动和国民革命又直接启导了现代中国的社会变革,其间,五卅运动和抗战爆发将现代中国的民族解放运动推向了一个前所未有的峰巅,而国共两党的斗争又使得这一阶段显示出错综复杂的景象。明清以来中国传统宗教如佛教、道教等整体上日趋衰落,至民国时代由于帝制崩解而出现一些复兴的气象。外国宗教如天主教和基督教在鸦片战争后由于不平等条约的签订,受条约中保教条款的支持而发展甚快。尽管1900年的义和团运动使基督宗教受到较大挫折,但《辛丑条约》的巨额赔款又让其迅速恢复元气,在民国年间获得跳跃性的发展。整的说来,民国时期,中国社会逐渐由半封建半殖民地社会向现代新社会过渡,各种宗教也因摆脱了封建专制的桎梏而在民国社会中开拓出新的局面。尤其在辛亥革命后至二三十年代,各宗教为了适应新形势均发生了不同程度的变革。其具体表现为宗教团体和组织纷纷建立,宗教思想和活动比较活跃,宣教事业蓬勃发展,宗教和政府、社会之间的互动明显加强。

第一节　民国初期的佛教复兴

民国佛教复兴发源于清末名居士杨文会,其所创金陵刻经处并在该处所设祇洹精舍和佛学研究会等,均开近代学佛之新风,培养了一批佛学人才,如欧阳渐、释太虚等是其中最为杰出者,在民国年间佛教的复兴中发挥了中流砥柱的作用。杨文会在当时对维新变法运动十分同情和支持,认为"佛教济世之方"可与"世间法相辅而行"。著名维新人物如谭嗣同、梁启超、陈三立、汪康年等均与之相过从,且受其佛学影响。在辛亥革命前夕积极宣传革命思想的章太炎也深受杨文会佛学思想之影响。

一、革命思想浸入佛教

杨文会可称是晚清最早把革新思想输入佛教的先师,而积极用佛教宣传革命思想并投身革命运动的,有两个人物值得铭记,一个是章太炎,一个是支持孙中山革命的僧人宗仰法师。其他较为引人注目的革命僧还有华山、栖云、亚髡、铁岩、玉皇等法师,他们都在辛亥革命中立过不朽的功勋。因而,这些具有革命思想的僧人对民国佛教的开创新局面也有某种特别的贡献。故有评价说:"这些人物都是开风气之先、创一代楷模的,他们掀开了近代佛教史,也直接地诱导出(民国)开国期间佛教徒轰轰烈烈的行为,于国于教,俱有其贡献。"[①]

(一) 章太炎以佛教鼓铸革命道德

1903 年,章太炎因"苏报案"入狱三年,研读佛学著作,"私谓释迦玄言,出过晚周诸子不可计数,程朱以下,尤不足论"[②]。1906 年,他出狱东

[①] 参见书新《开国时期的佛教与佛教徒》,张曼涛主编:《现代佛教学术丛刊》之《民国佛教篇》,第5页。
[②] 转引自楼宇烈《佛学与中国近代哲学》,《世界宗教研究》1986 年第1期。

渡,在东京留学生欢迎会上提出,"用宗教发起信心,增进国民之道德",以达到"众志成城"。以后他在《民报》等刊物上发表一系列文章,发挥佛教"自贵其心,不依他力"的教义,提出"依自不依他"的思想,主张发扬"头目脑髓,都可施舍于人"的自我牺牲精神和"勇猛无畏"、"排除生死"的战斗气概。他提倡唯识学,主张"不执一己为我,因众生以为我","一切以利益众生为念",建立"无神的宗教"。① 显而易见,章太炎此处所说的宗教多指佛教。他的《建立宗教论》等著名篇章,鼓吹以佛教的无我和大无畏精神陶铸革命道德,使佛教在近代社会发挥了很大的积极作用。

章太炎为民国佛教开创新局面的另一特殊贡献,是他在清末佛教遭遇庙产兴学运动的危难之际挺身而出,"第一个出头为佛教呼吁"。他当时在日本担任同盟会的宣传工作,看到国内如火如荼的庙产兴学风潮,大为不安,发表一篇《告佛弟子书》,明白地指出:"时代不同了,中国佛教徒要拿出大方便、大智慧来弘化度生"。他概略介绍了日本维新后佛教徒的努力与成就,希望国人借镜。接着又发表一篇《告白衣书》,指出宗教信仰为人生所不可缺少的,佛教在中国已千余年,广得国人的信重,举世诸国也因我们在大乘佛法上的成就而信重我们;目前佛法不止是佛弟子所应爱护,每一中国人为着国家前途也应爱护它。以致有研究者评论说,这两篇文章具有划时代的意义,是中国近代佛教史中极为重要的文献,它们燃起许多青年佛子的求新护教的热忱,而开创出今日的新局面。②

晚清政府既准佛教自立学校、自保寺产,各省既有兴学的风气,经常接受社会知识的僧青年因而受到革命思想渲染,而革命思想便无形中浸入佛教僧青年脑海。由于佛教青年身虽出家,但其血管里所流淌的血液

---

① 章太炎研究佛学,乃以唯识名家。欧阳渐在杨文会传记中曾把他列为杨文会众多研究法相唯识的弟子之一。他本人也说过:"始窥大乘,终以慈氏、无著为主,每有所说,听者或洒然。"(汤志钧:《章太炎年谱长编》上册,第225页)参见史全生主编《中华民国文化史》,第74页,长春,吉林文史出版社,1990。
② 参见书新《开国时期的佛教与佛教徒》,张曼涛主编:《现代佛教学术丛刊》之《民国佛教篇》,第3页。

仍与中华儿女同一血源,在爱国不让人的热情鼓舞之下,追随先烈参加国民革命的僧青年不知凡几,兹举一二最显要者,简叙如下。

(二) 宗仰上人与孙中山交谊深厚

宗仰(1865—1921),字中央,法名印楞,别号乌目山僧,常熟人,俗姓黄。黄宗仰幼年就读于翁同龢氏,20岁旋依常熟三峰寺药龛禅师出家,受戒于金山寺。他精研三藏,兼通英、日文,善书画诗词。光绪十八年(1892),应上海富商罗迦陵居士之请,至沪上弘法,得与当时名流接触。1901年,宗仰目睹清廷腐败,受孙中山先生革命思想的启发,即参加革命,遂与吴敬恒、章太炎、蔡元培、蒋智田、邹容等组织中华教育会,后继蔡元培为第二任会长,兼任编《苏报》,鼓吹革命,启发青年思想。1903年,清廷查封《苏报》,章太炎、邹容被捕下狱。宗仰法师名列通缉令内。吴敬恒、蔡元培等已逃亡国外,宗仰得罗迦陵资助,亦相继逃亡日本。刚好孙中山先生自越南莅横滨,宗仰趋前晋谒,获识中山先生,因而建交,抵掌而谈,深荷器重,旋加入同盟会,革命大计,得参与密议。是年秋,孙中山欲赴檀香山,因绌于川资,宗仰倾囊资助,慷慨襄赞革命,深得孙中山赞扬。自此宗仰与孙中山书柬往来不绝,商策革命大业。

光绪三十四年(1908),宗仰自日本返沪,创办上海爱国女校,并主印《频伽大藏经》,得8 416卷。辛亥武昌起义,南京光复,孙中山自海外归来。国内革命同志云集沪上,迎接孙中山先生回国,就任临时大总统职务。宗仰亦寓行列,孙中山曾独与宗仰密谈,并约其同赴南京,参加政府辅助国事,宗仰竭诚婉谢。后隐居山林,于此期间,宗仰曾上书孙中山先生,邀游金山寺,其书云:"中山先生伟鉴:别来瞬经三稔,贼人肆虐,公游海外,仆隐山林。乃者,天相中华,神州再造,自由不死,幸福有归矣。前读沪报,敬悉公以国务余暇,漫游西湖南海,豪情逸兴,不减曩年,幸甚! 近躬何似? 金山亦系京口名蓝,仆谊属故人,曷勿杖策一游? 不惟可助逸兴,且得旧雨重欢,藉倾积愫。想公游兴未阑,当能慨允,惠然莅临,扫径以待。即请赐复。"

1919年(民国8年),宗仰法师住持南京栖霞寺,孙中山先生在经费极为困难情况下首捐银币一万元,助其修建之用,其与宗仰法师私谊之笃,于此益见。1936年,国民政府委员张继、于右任、戴传贤、吴敬恒、邵元冲、朱家骅、李烈钧、居正等,以宗仰法师有功于国家,夙著勋劳,乃联名呈请政府明令褒扬,文曰:

  自满州入主中夏,民族意志,久已消沉,我总理天亶聪明,沦胥是惧,大声疾呼,唤醒民众,一时革命思潮风起云涌不可遏抑,用集大勋,此在世之志士仁人凛兴亡有责之义,原不容弛。其负荷至方外,清修自可,无兴复大业,而竟有深明大义、竭智尽忠之同志出,其间如中央(宗仰)上人其人者,实为难能可贵。(按,上人少即祝发为僧,庚子以后,愤慨国事,屡从事于爱国运动。迨《苏报》案作,身遭名捕,东渡日本,适总理来自南洋,因而深见,倾心相事,输助资财。今总理在美洲檀岛所与手函二通,为言扫除皇党反动势力,及联络各地洪门情形,望其多通消息,多寄书报于各处机关。即知其在当时涵濡主义,参与密议,有非寻常所能仰企,函内并有许以归还用项,则其身非富有,急公好义,国尔忘私,亦可概见。)

  光复以后,在事同志,多致通显,上人独甘沉寂,不复与闻政治,遂与世隔。自民国八年,诸山推任江宁之栖霞寺,披荆斩棘,重整宗风。不幸于民国十年(1921)七月圆寂,葬于寺之附近。迹其生平,襟怀磊落,德性坚定,闻义必先,避名若浼,实佛门之龙象,亦吾党之瑰奇。中央崇德旌忠,宜有褒恤,拟请拨给款项,修其坟墓,以示表彰。嗣经中央政治会议决议,由政府拨国币伍仟元,交戴委员传贤、张委员继,主持修塔立碑事宜。

释东初在其著作中对宗仰法师十分推崇,其说:"宗师不独获孙中山倚重,患难称交,助襄革命,实为中华民国开国的元勋";"民国以来,沙门尊宿,获国家褒典者,宗师为第一人也"。[①]

[①] 本节关于宗仰上人事迹多参考释东初《中国佛教近代史》,第81—86页。

其实,宗仰对于民国佛教的贡献,不单在于他支持革命事业,更在于他把这种革命思想用来推进佛教的振兴。他在民国肇建、共和初立之时,发表论说,提出四项革新佛教的措施:① 复古清规;② 兴新教育;③ 裁制剃度;④ 革除赴应。他指出,佛教"欲与国民同谋幸福,挽狂澜而障之,疏浊流而清之,兹事体大,诚不易言,然提纲挈领,循分以求,亦自有其道,讵可操切从事乎?其道奚自?则复古清规与兴新教育,为不二之门。盖清规犹僧界之宪法,宗教所赖以成立也。教育者,尤为培植人材之元素,凡一教之兴衰隆替,胥视乎此!虽大雄复生,必且从事,斯语莫能易也"①。

宗仰其人在民国开创时之突出贡献,还表现在他主持刊刻了民国以来第一部大藏经,即在民国2年(1913)出版的《频伽藏》。此为宗仰上人在上海频伽精舍翻印日本弘教书院的缩刷藏经,全名为《频伽精舍校刊大藏经》,线装共414册,40函,为我国首次使用铅字排版的藏经。

(三)华山、栖云等革命僧

宗仰法师与孙中山关系密切,曾对同盟会宣传革命和经济资助贡献良多。而华山、栖云二法师则为同盟会员,常直接向僧青年宣传革命,受其影响者很多。栖云曾依八指头陀参学五六年,后留学日本上速成师范,并在日参加孙中山先生同盟会。其后与徐锡麟、秋瑾女士等回国潜图革命,在绍兴秋瑾所设学校任教员,又在僧侣中鼓吹革命。时以僧装隐居僧寺,亦时短发,西装革履,遂招人猜疑。约在光绪三十二三年(1906—1907)之间,被捕于吴江县。参加黄花岗起义失败后再被捕,至广东光复时才得获释。太虚于19岁时读到谭嗣同的《仁学》和章太炎的《告佛弟子书》,遂思想大变,华山、栖云革命思想之砥砺,更加激发了他有志于佛教革命。为了振兴佛教,太虚并受此二师的鼓励来到金陵祇洹精舍求学。

---

① 参见《佛学丛报》第一期,《论说二》第1—5页,《与佛教进行商榷书》,1912。

革命僧既支持或参加革命,同时又主张革新佛教。浙江有铁岩法师,亦与革命党人多有往来,他认定缔造民国与振兴佛教是一而二、二而一的工作。1911年武昌首义,各地纷起响应,僧侣参加光复者甚众。铁岩变卖寺产,以所得召集各寺僧众及在家信徒组织成浙江僧军,推戴南京回来的僧师范学堂长谛闲法师任统领,谛闲不就职,铁岩就暂代,拥有500余人,200余枪,这在当时的绍兴可谓首屈一指的革命武力。当准备进攻杭州时,因浙江光复,就暂驻绍兴,维持治安,不久解散。上海光复时,玉皇法师也组织一支上海僧军,有700余人,枪械齐全,纪律严明,受陈其美指挥,参加南京、上海光复之役,民元之后始行解散。西安光复时,亦有许多僧众与革命军并肩作战;湖南光复长沙之役则有僧侣组织救护队,支援前线。

这些青年革命僧,既具有高度宗教修养,"当仁时绝不退让,事成后长揖而退"。而民国一旦建立,僧军即散归山林。就连宗仰法师,也告别他十数年生死与共的革命伙伴,重新回到佛寺中,"元勋没有他的份,先烈也没有他的份,但他却心安理得"。①

二、佛教组织蓬勃兴起

民国初年一些旧知识分子把儒学宗教化和立孔教为国教的努力,严格说来并不是真正意义上的宗教运动,它只涉及较小的学者团体而未触及广大民众的生活,但是民国时期革新佛教的运动是一场真正的宗教运动。民国佛教革新运动虽然没有出现什么新的教义,也没有创造新的神灵、发明新的仪式,这也许说明了它同样缺乏更广大的群众基础,但是该运动在佛教组织上却有了划时代的新发展,因为这在以前是受到帝国政府严格控制的。

---

① 参见书新《开国时期的佛教与佛教徒》,张曼涛主编:《现代佛教学术丛刊》之《民国佛教篇》,第6—7页。

(一) 民初佛教组织如雨后春笋

为了适应共和国的新局面,佛教居士欧阳渐、李证刚等人以金陵刻经处的在家居士为主体,于民国元年在南京发起成立中国佛教会,晋见临时大总统,并呈章程给孙中山,得到孙中山大总统之嘉许并令在教育部备案。令文曰:

> 兹据佛教会李翊灼等函称:设立佛教会,以求世界永久之和平及众生完全之幸福为宗旨,并呈会章,要求保护前来。查近世各国政教之分甚严,在教徒苦心修持,绝不干与政治,而在国家尽力保护,不稍吝惜。此种美风,最可效法。民国约法第五条载明:中华民国人民一律平等,无种族、阶级、宗教之区别。第二条第七项载明:人民有信教之自由。条文虽简而含义甚宏。是该会要求者,尽为约法所容许,有行政之责者,自当力体斯旨,一律奉行。合将该会大纲发交该部,仰即查照批准立案可也。要求条件一纸并发。①

此为民国历史上第一个佛教组织。在得到孙中山批复和赞同后,他们便在南京设立佛教会办事处,又在上海创办一个佛教月刊(即《佛学丛报》),由濮一乘主持。于是他们提出一种改革主张,认为当时僧众大都在"争庙产、讲应赴"的传统中,"业已腐朽,不足应付共和国的新局面";接着,李证刚又发表措辞激烈的批评守旧僧尼的言论,认为今后佛教徒不论在家出家,"应以能者为上",激起诸山长老的不满和反对。以致有评论认为,他们"所指责的,无不正中佛门积弊;所建议的,也皆有高深的见地。可惜后来李证刚动了肝火,对人破口大骂,失却社会的尊重与同情,其会中的同志也多有退出他去者,不久'中国佛教会'也就卷旗偃鼓自告解散了"。②

---

① 参见《临时政府公报》第四十七号《令教育部准佛教会立案文》(1912 年 3 月 24 日)。
② 参见书新《开国时期的佛教与佛教徒》,张曼涛主编:《现代佛教学术丛刊》之《民国佛教篇》,第 8 页。按,《佛学丛报》并未因"中国佛教会"解散而停刊,先是月刊,办完 12 期后改为双月刊。参见《佛学丛报》第十二号"佛学丛报社启"。

稍后,太虚、仁山等僧青年在南京毗卢寺筹组中华佛教协进会,接着在镇江金山寺召开成立大会,主张改金山寺为佛教大学,以寺产充经费,结果也因多数保守僧侣反对"佛教革命",未几而解散。另外,还有谢无量在扬州成立"佛教大同会",存在时间也不长。

总之,不管民国时期佛教组织如何短命,有理由说,《中华民国临时约法》中关于"信教自由"的条款深入人心,有力地冲破了帝制时代政府对宗教严格管控的藩篱,使得大量的宗教社团如雨后春笋蓬勃兴起。诚如书新所说:"这时,局势虽然紊乱,却有一个显著的中心倾向,就是佛教要变,要新,要开创一个空前未有的新时代。"①

(二) 中华佛教总会成立一波三折

上述三派佛教组织,虽然不乏分歧,但都主张复兴和革新佛教,于是江浙诸山长老请出诗名满宇内的八指头陀寄禅法师出面组织统一的"中华佛教总会",提出"保护寺产,振兴佛教"的口号,号召各地僧教育会联合起来。全国各寺闻讯之下,纷派代表前来参加,并出动有力人士劝说欧阳竟无、谢无量等的佛教组织取消独立,以斯群策群力维护佛教。于是当民国元年(1912)4月,中华佛教总会在上海留云寺开成立大会时,太虚的佛教协进会并入佛教总会,欧、谢等人也致函拥护,宣告原有的佛教组织解散。

中华佛教总会是民国时期第一个全国性的佛教组织,计到谛闲、静波、铁岩、圆瑛、应乾及陆军部代表王虚亭(后出家名大严)百余人,公推寄禅敬安(号八指头陀)为会长,设总会本部于上海静安寺。该总会得到南京临时政府同意,乃依各省县原有僧教育会改组为分支部,拥有20多个省支部和400多个县分支部,可说为中国佛教前所未有的全国统一的团体。当时南京临时政府教育部关于中华佛教总

---

① 参见书新《开国时期的佛教与佛教徒》,张曼涛主编:《现代佛教学术丛刊》之《民国佛教篇》,第10页。按,《佛学丛报》并未因"中国佛教会"解散而停刊,先是月刊,办完12期后改为双月刊。参见《佛学丛报》第十二号"佛学丛报社启"。

会的批文如下:

> 据呈已悉。该僧敬安等联合全国僧团,组织中华佛教总会,意在昌明佛教,提倡教育公益等事业,深堪嘉赏,应即准予立案。佛说凌迟久矣,震旦积弱,此未必非一因。宗教改革刻不容缓,该僧等务须努力进行,将大乘精义广为传播,勿蹈旧日专事诵经礼忏,类似巫祝之陋习,本部有厚望焉。此批。①

这件批示表明临时政府对该总会寄予厚望,鼓励其进行宗教改革,改革过去"专事诵经礼忏"之陋习,而提倡多做教育公益等事业,甚至认为中国之积弱与佛教的衰微有一定关联。

中华佛教总会成立不久,孙中山让位给袁世凯,临时政府北迁,这时各地攘夺寺产、销毁佛像的情况依然十分严重,不仅是学校,就连军警社团也纷纷强占寺庙。1912年8月,中华佛教总会湖南支部等因军警及社团学校等仍纷纷占夺寺僧财产,派代表至总会请求制止,总会会长寄禅以会章尚未经北京政府批准,遂筹备赴京请愿。1912年10月,中华佛教总会在北京设办事处,以释道阶及文希主持之。文希前因办僧学被诬陷入江西石城县监狱,光复后出狱至北京,至是均促寄禅北上。为争取北京政府支持,敬安(寄禅)于11月北上至京,得熊希龄及道阶等助,集文希等草改会章并呈请北京政府立案。11月2日具文呈请大总统批准中华佛教总会,保护佛教财产。呈文曰:

> 中华佛教总会为呈请事:窃本会于今春在沪组织成立,由各省僧界代表公议会章,举定职员,呈请南京临时政府前总统孙(中山)、副总统黎(元洪)暨内务、教育部立案,均荷奖许。迨南北统一,改建政府于北京,复将本会开办缘由电呈大总统鉴核在案。现计各省支分部率皆开会,次第组织,刊发图记,照章办理。前奉国务院通咨各

---

① 《临时政府公报》第三十七号《教育部批僧界全体代表敬安等请创设佛教总会呈》。

省都督,按照《约法》,保护佛教财产,僧界正深庆幸。兹据湖南宝庆、安徽桐城、奉天义州等处报告,民间毁像逐僧,占夺寺产,信教转失自由,深为危惧。查日人之崇尚佛教也,国日以强。观于联络蒙藏,谓俄非佛教之邦。中华虽奉佛教,不能自广其势力范围。惟彼日本,内护外护,不遗余力,近数十年得大转法轮于欧美。前清末叶,浙江三十五寺僧亦曾航海皈依,嗣经自请办学,严与交涉,其事乃寝。今共和缔造,百政一新,无分种族、阶级、宗教,皆应有平等之观念。本会同人目击时艰,特恐民教相争,无识僧徒铤而走险,外人渔利,有失国权。爰于上月开通常会,召集全体共同讨论,修改会章,具文呈核,环恳准予通令全国人民,以政教并进,各自为谋,勿生相侵之弊害,永保完之和平。俾中华民国佛教徒苦心修持,不预政治,以视文明。各国政教之分甚严,国家尽力保护,不稍吝惜,传为美风。我大总统诚不多让也。全体僧众,祷祀以求,不胜待命之至。①

敬安曾前往内务部礼俗司会见该司司长杜关,要求政府下令禁止各地侵夺寺产,语多抵触,未果而身死②。时为1913年1月8日(农历壬子年十二月初二)。后经敬安诗友熊希龄(1870—1937)出面向袁世凯大总统说项,袁世凯乃命国务院转饬内务部核准中华佛教总会章程施行。熊希龄曾于1912年11月禀大总统,为敬安提出保护佛教僧众及在军中布道,禀曰:

> 窃维共和成立,各省秩序未尽恢复,争夺相乘,毫无人道。其故由于旧日社会腐败,道德堕落,教育未普,风俗日颓。今欲匡其不

---

① 《敬安、清海等致大总统呈》(1912年11月2日),中国第二历史档案馆编:《中华民国史档案资料汇编》第三辑《文化》,第705页。
② 参见释东初《中国佛教近代史》上册,第103页。当时杜某正下令调查僧产,分别官私诸目,提拨计划,并有布施为公、募化为私之说。因此,八指头陀理力辩分别说明:"在信徒为布施,在僧众即为募化,不论布施或募化,均属僧徒所有,非属政府或地方公产。"杜某因而理屈词穷,无以为对,辞色转厉,意在恫吓,八指头陀愤然而出。哪知八指头陀回到法源寺,是夜息宿法源寺,即因此气愤而死,死后面目发青,显系中毒而死。

及,惟须由宗教着手,乃足以济教育之穷。前因军队布道一事,曾经面陈钧座。兹有湘人八指头陀天童寺僧敬安,道行高洁,热心救世,以国人风气浇漓,思欲振兴佛教。又因各省攘夺寺产,日本僧人乘隙而入,虑及为渊驱鱼,求政府按照《约法》信教自由,力加保护,俾得改良佛教,敦进民德,以固共和基础。将来依照日本办法,军中亦设布教僧徒,稍弭残杀抢掠之心,实于世道有裨。龄因该僧宗旨相合,用敢代恳钧座饬交内务部及各省都督加以保护,勿任摧残,不胜待命之至。①

1913年3月,道阶护送寄禅灵柩经沪至甬(宁波),归葬天童寺之冷香塔院。寄禅圆寂后,北平及沪、甬均盛会追悼。5月,中华佛教总会依会章在上海静安寺召开第一次全国代表大会,云南释虚云、江西释大椿、浙江释圆瑛等出席,改举冶开及熊希龄为会长,清海副之,延文希为总务主任,太虚主编会刊《佛教月报》(因经费延误,出至第四期就停刊了)。至1914年1月,中华佛教总会因会长寄禅新逝,全国寺产渐趋稳定,会务废弛,文希等均离去。释东初的《中国佛教近代史》评论说,"中华佛教总会"能得合法产生,可谓是八指头陀以老命换来,佛教寺产亦赖此得以保存。八指头陀为保护寺产而牺牲,这给当时佛教界一个严重的警告,佛教非力求改革不能生存,几乎为全体僧徒所共认。

之后,因中华佛教总会会长冶开法师年迈,不能到会任事,函请辞职,于是选举清海法师继任,但过了两个月,"五月,清海删去总会之'总'字,以中华佛教会之名义召开全国代表大会,无莅会者"②。中华佛教会成了有名无实的全国性佛教组织,而且也未经过全国性代表大会通过,在佛教界内部来说,成了"非法"组织。中华佛教总会是因寄禅大和尚"殉教"后,袁世凯政府被迫批准的,但清海法师擅自改名后,

---

① 中国第二历史档案馆编:《中华民国史档案资料汇编》第三辑《文化》,第689页。
② 参见尘空《民国佛教年纪》,"民国3年(1914)"条,张曼涛主编:《现代佛教学术丛刊》之《民国佛教篇》,第170页。

从政府方面来说,同样成了非法组织。所以次年即遭袁世凯政府解散。

1915年10月29日,袁世凯签发大总统令第66号,公布《管理寺庙条例》,明令取消中华佛教总会,规定寺庙财产"遇有公益事业之必要及得地方官之许可"可以占用;寺庙住持违反管理之义务,或有不遵守僧道清规,情节重大者,亦可"由地方官训诫,或予撤退"。如此将寺庙财产置于地方官吏管理之下,不唯开启地方官绅互相勾结兼并庙产之路,而全国僧尼更感惶惶不安。

于是又有章嘉呼图克图、觉先及静波等联名上书北京政府,改"中华佛教总会"为"中华佛教会"①,以求变通,竟暂得延续,以期团结全国僧尼。1914年(民国3年)1月7日,章嘉呼图克图等曾在《中华佛教总会致国务院呈》中曰:

> 本会蒿目时艰,慨佛教之凌夷,感蒙藏之多事,特先邀聚全国僧众组成中华佛教总会,设立支分各部。曾蒙贵院咨行各省解释《约法》人民平等及佛教财产为佛教得有之原理,统由各该管官长切实保护在案。续又修订章程,呈请大总统鉴准发交贵院刷印,分行部、省查照保护各在案。唯是保护之先声,已风行海内,而内务部保护之咨文亦谆诫备至。并规定凡祠庙所在,不论产业之公私,不计祀典之存废,不问庑宇之新旧,均应一律妥为保存。盖当时臆造新学者,虽孔庙亦在觊觎之列,而于释、道两教为尤甚。

> 近据各省支分部报告,如奉天、吉林、黑龙江、直隶、山东、山西、四川、陕西、新疆等省,两湖、两广、河南、福建、云南、贵州、安徽、江苏、浙江等省,均纷纷攘夺庙寺,假以团体名义,毁像逐僧者有之,苛

---

① 参见方祖猷《谛闲法师二三事》。中华佛教总会原来在内务部注册登记,是合法的;被清海删去"总"字变成了中华佛教会,又未申请重新登记,结果由合法主动变为非法;此外,又为广大佛教徒所抵制。结果如太虚法师所说:"仅留存得清凉寺(中华佛教总会办事处)门口一铜招牌了。"

派捐项者有之,勒令还俗者有之,甚至各乡董率领团勇强行威逼,稍有违抗,即行禀所该管官厅严行拘捕,各僧道累讼经年,迄未得直。强半假托议会议决,并回护于抽提庙产者,盖肆行无忌,仍愿意继续勒捐,否则认为违法犯罪。凡有财产,均一律充公。去年湖南、奉天、安徽、吉林、河南、江苏、浙江各省僧徒,以此毙命者,均征诸事实。而各省僧徒流离失所相丐于道者,亦实属有徒。虚祸逆流,迭演成不可收拾之势,而暴烈分子犹觍然对怨。矧其两年,军兴之后,寻祸相仇,各庙一经军队驻扎,即可援例改为他项公所。一隅倡乱,全国骚然,讵影响所及,几邻于边省。喇嘛各庙亦有不能自保者。近如云南丽江、永宁、中甸、阿敦子、巴堂、西庄各分部报称,曾经土住汉人攘夺之庙产,虽迭由行政公署允与发还,而地方之抗罢依然如故,屡次呈请,仅发还数处,其未发还者均置若罔闻。黑暗潮流,纷然并起,虽周武紫皇时代,未有若是之甚也。

迭经分支部恳请转呈维持等情前来,查中国习惯,寺庙财产凡属于国家发帑建设,或个人与团体集资建造者,公缘信仰佛教起见,延僧管理,先已固定其财产不得作为他用。衡之民法,取与权本无稍差异。究其主从之分,仍以佛教为主,僧徒为从,其所有权已属于佛教之公团,故于处分权亦有连带之关系。前内务部咨江苏文内亦有施舍捐助,纯粹为宗教所有等到语。至理名言,实兹根据贵院前咨,互为解说。况蒙藏喇嘛各庙,多半由于国家与团体公同创建,前代利用宗教,已养成第二之天性,而专利跋扈之辈,率公因缘为奸,推翻旧制,毁庙毁像,勒捐夺产,并驱逐还俗,侵及喇嘛。种种违背人道之事,殆摘不胜屈。

章嘉呼图克图于本年五月呈请大总统,愿担任佛教总会会长,联合外蒙、西藏,箴厥迷罔。盖深知摧残佛教,蒙藏已援为口实,非于各蒙旗组立支分部,不足以维系人心,保全大局。今虽具有端倪,而争庙产风潮则有加无已,阻力横生,波旬靡既,甚非所以维持秩序,巩固国群者也。本会奉部令,有代表佛教所有权主体之资格,并有调查庙产之义务,行将实力进行,遵照法人财团兴办各项公益,以补行政之不逮,合并声明。为此,备文呈请鉴准咨行各省行政公署,罢除各项苛令,转饬所属一体查照保护。并发还喇嘛原产,以遏乱萌,而免侵夺,是为公便。此呈。①

1916年(民国5年),袁世凯做了83天皇帝迷梦,终因各方反对帝制,一气而死,但《管理寺庙条例》并未因袁世凯死而被取消。章嘉呼图克图等曾向众议院陈情,希望取消该管理寺庙条例,后经众议院议决通过请愿案,但到1917年国会解散,上项努力遂成泡影。1917年夏,内政部准章嘉、清海之请,修改前中华佛教总会章程,成立"中华佛教会"。而1918年,北京政府以查旧案与《管理寺庙条例》相抵触为词,竟又命令取消"中华佛教会"。1919年又重行公布《管理寺庙条例》一次。1921年,由程德全面请徐世昌总统一度稍加修改为24条,5月20日遂公布《修正管理寺庙条例》。至此,全国佛教完全陷入无组织状态中。然而此时佛教在社会各阶层弘法却有了一线生机。

(三)佛教居士社团与华北佛教革新

民国缔造以来,社会风气大开,佛教弘化的事业渐由山林走入社会,由寺内推到寺外。也即,由寺僧佛教逐渐转移于社会各阶层。于是社会上各种以讲经会为主要形式的弘法团体相继成立,吸收社会青年及新兴居士参加佛教活动,建立和拓展佛教新的社会基础。这对佛教来说,实是新序幕的开始。而其中以华北佛教的革新最为显著。前清时代,北京是政治、经济、文化的中心。民国肇兴,政治中心南移。未几,孙中山让位于袁世凯,政治的中心仍在北京。北伐以前,南北始终处于对峙状态。民国4年(1915),袁世凯为对抗日人要求来华传教的威胁,

---

① 北洋政府内务部档案《中华佛教总会致国务院呈》,中国第二历史档案馆编:《中华民国史档案资料汇编》第三辑《文化》,第690—692页。

乃邀请南方佛教硕德北上讲经。自此南北佛教思想得以沟通,而北方社会名流学者、名公巨卿相继皈依佛宗,研究佛学,揭开华北佛教革新的序幕。

1. 讲经会纷起

1915年5月,日本向中国提出"二十一条",其中有派遣日本僧人来华传布密宗和日本真宗等内容。其谓日本佛教虽传自中国,但中国密宗已绝,且日创之真宗为中国所无,故应传入。8月,袁世凯的亲信孙毓筠、杨度、严复等以日僧议中国不弘佛教,遂发起"大乘讲经会"①。9月,该讲经会为此特邀请南方高僧月霞、谛闲等北上讲经②。一时间,北方公卿名流纷纷皈依佛教,成为风气,试图以此抵制日本传教的要求。因此,世间许多事往往相反相成,袁世凯授意邀请月霞、谛闲二师北上讲经本意在抵制日人要求,哪知影响所及,社会名流学者、政界显要却由此皈信佛教,研究佛学,遂展开新时代社会群众学佛的风气。

1919年(民国8年),北京政府又借故压迫佛教,重新公布《管理寺庙条例》,激起全国佛教界反对。南方佛教复推举竹溪、太虚二师北上交涉,经月余奔走,虽未有结果,但太虚法师却能把握时机,而与京中学者名流,如胡适之、林宰平、梁漱溟、军惠康、殷人庵、梁家义、范任卿、黎锦晖等,广泛接触,叙谈佛法。张仲仁教授等遂发起"乙未讲经会",推庄蕴宽、夏寿康为会长,请太虚法师宣讲《维摩诘经》于象坊桥观音寺。9月,

---

① 据《太虚自传》卷八:"这一年,日本向中国提出二十一条,内有日僧来中国布教各条……因此,孙毓筠、杨度、严复等,请谛闲、月霞、道阶就北京讲经,表示中国亦崇信佛教,无待日僧的传入。"宝静法师在《谛公老法师年谱》中也说:"民国四年春……时以日人订约,要求加入传教自由一条,前大总统袁为地方民教计,不允所请,佥议自兴佛教,先从畿辅创立第一大乘讲习会,举师为主讲,飞电敦促。师虽年迈,为维护国权,发扬大法故,扬锡北上,开演《楞严》。"
② 1915年9月,北京讲经会请谛闲、月霞、道阶讲经。当袁世凯帝制自为的野心日益暴露,一些著名僧侣不甘附逆,纷纷托词回避或南下。道阶避而南下,月霞至京亦托病南归,唯谛闲留讲。蒋维乔《谛闲大师碑铭》说:"都中等安会正筹备帝制,授意各界劝进,且及方外,师语人曰:'僧人惟知奉持佛法,不知有君主、民主。'讲经期满,即振锡南归。"由此可见,谛老超然象外,定慧宏深,非趋炎附势、随波逐流者所能望其项背。

武汉士绅李隐尘、陈元白闻太虚在北京讲经，特自武汉来京听讲。自此，王虚亭、杨荦哉、马冀平、陶冶公、倪谱生、胡子笏、周秉清等都由此而对佛法发生信心，参加华北佛教革新运动。随后，吴璧华、熊希龄、李隐尘等发起，续请太虚讲《大乘起信论》，听讲者更多，法缘殊胜，不特揭开北方学佛风气，并将南方革命的思想亦带到北方，而且风气所及影响全国，遂多兴起讲经会及居士林等。

华北经月霞、谛闲、太虚三师先后宣讲化导，佛教对于社会文化影响日渐增大。佛学风气且传播到大学讲坛，各大学文学院哲学系中由印度哲学而讲佛学者，首为北大张克诚、邓伯诚、许季平（地山）、梁漱溟等，后有熊十力、汤用彤等。韩清净于1927年（民国16年）创立北京"三时学会"，专讲唯识学，学者教授入室执弟子礼者，颇不乏人。韩清净与南京以研究唯识学而著称的欧阳竟无居士，在唯识学成为显学的民国佛教界并称为"南欧北韩"。自此，华北佛教生气日渐雄壮，同时革命思想亦日渐深入民间，于是一致响应和平，拥护统一南北之呼声甚高。孙中山先生为和平统一而北上，因操劳过度不幸于1925年逝世。

1925年（民国14年）3月，北京学佛同人发起"仁王护国般若法会"，再邀请太虚法师北上讲经。太虚偕王森甫等一行30余人北上，驻锡慈因寺。3月14日，太虚法师于中央公园社稷坛，开讲《仁王护国般若经》，听众千人以上。法尊、法舫译语兼记录，成《仁王护国般若讲录》，传教士克兰佩、卫礼贤及藏僧多杰觉拔、贡觉仲尼亦来法会听讲。4月16日法会圆满。法会期中，适孙中山先生逝世，停灵社稷坛，太虚特以挽联凭吊之：

> 但知爱国利民，革命历艰危，屡仆屡兴成大业。
>
> 不忘悟人觉世，舍身示群众，即空即假入中观。①

以上仅举民国初期华北佛教讲经弘法相对显著者，其他如华北佛教

---

① 《太虚自传》卷十九。参见释东初《中国佛教近代史》，第247页。

居士林、北京佛学研究会、上海佛化教育社、上海菩提学会、庐山暑期讲习会、武汉中华大学暑期讲习会、杭州佛学研究会、镇江佛学研究会、湖南佛学会、成都佛学社、福州佛化社、济南佛学社、四川巴县爱道佛社、如皋佛教利济会、泰县佛教居士林,以及其他各省县佛学团体,如雨后春笋,蓬勃兴起,不胜枚举。它们以各种方式接引社会民众,使佛法深入社会各阶层,团结社会善信民众,维持社会善良风气。北伐前后,佛教团体各种弘法之活动,于此可见其一斑。

佛教的复兴和佛教社会影响的扩大,引起各地军政界人物的重视。1920年,唐继尧邀请欧阳渐至滇,赵恒锡邀请太虚赴湘讲经;1921年,总统徐世昌颁赠太虚"南屏正觉"匾额;1922年,浙江省督办卢永祥因水灾请谛闲主持息灾法会,并在西湖放生;1923年起,朱庆澜请僧在哈尔滨、长春、营口等地兴建寺庙,创办佛学院,复兴东北佛教。1925年,班禅九世因与达赖十三世不和,受排挤离藏,至京后则大受段祺瑞政府欢迎;班禅从此云游全国而滞留内地,在杭州、北京等地,常常应当政权要之请,讲经或祈祷。这些军政要人失意下野,也往往遁于佛门,如靳云鹏下台后组织天津居士林,杨度于洪宪帝制失败后钻研佛学达十余年,自号"虎禅师"。段祺瑞于直皖战争后下台,每日念经礼佛,后以临时执政再次下野,遂自称"正道居士"。

2. 佛化新青年会

由于受北京新文化运动影响,1923年(民国12年),宁达蕴、张宗载等在北京发起成立佛化新青年会,并发行《新佛化》旬刊,以接引社会青年从事佛化新运动,颇为各界所重视。1924年(民国13年),宁、张二人至武昌,又参与发起武汉佛化新青年会,在武昌佛学院内(一说武汉中华大学)召开成立大会。太虚法师、李隐尘、李慧空等于会上均有演说,武汉遂成为佛化新青年运动的重镇之一。该会初于北京发起时原名为"新佛教青年会",后经太虚指点改称"佛化新青年会"。故该会拥太虚为导师,推行革新佛教的主张,同时提出以"农禅工禅"服务社会、"自食其力"及"和尚下山"等口号,推行佛化新运动。① 兹将北京佛化新青年会组织纲要略录如下：

佛化新青年会章程

本会宗旨	以研究佛学真理,用以普化人类,使真理、自由、平等、慈悲完全实现为宗旨。	
本会应行事务	(1) 佛化新青年世界宣传队。 (2) 佛化新青年月刊社(编辑月刊,月出一册,每册八十余页,达十余万言。均为海内外佛学、哲学、社会学、文学专家投稿)。 (3) 书报室,佛书佛报代办处。 (4) 研究室(每星期举行一次,常请佛学、哲学、宗教、社会学、文学、教育学家出席,共同研究。凡会员均得参加)。 (5) 青年会念佛团(目下暂定每星期举行一次,由服务部委员长召集之)。 (6) 佛化新青年欢喜会(此会种种善巧方便,陈种种乐趣,音乐、图书、花木、玩器,种种运动,非会员不得享其利益)。 (7) 讲演会(请中外佛学大家随时讲演佛学)。 (8) 禅定室,圆文化主义讨论会,聚餐会。	
本会会员	责任会员	凡乐守居士五戒,实践"八大使命"、六波罗蜜,担负本会一切会务者,无论何界均得由本会会员一人以上之介绍或自具愿书入会为责任会员。但入会前均须缴本人四寸相片(半身全身均可,无照相地方亦可免此手续)一张,填明姓名别号年龄籍贯履历,暂时通信处(若有迁移须随时通知更改)及远久通信处,方为有效。
	随喜会员	凡赞成本会宗旨,实力扶助本会行各种佛化者,得由本会会员一人以上之介绍或自具愿函均可入会,如能照责任会员入会手续尤为至善。

---

① 印顺:《太虚大师年谱》,第153页,北京,宗教文化出版社,1995。据张宗载《三十自序歌》,张未到武昌佛学院就学时,在北平组织的佛教团体叫"新佛化青年团",非叫"新佛教青年会"。这个组织是由"北京平民大学新佛化青年团"蜕化改进而来的,1922年初"约集深明佛学的同志联络京津沪鄂各大学专门研究佛学、哲学的分子组织",在北京成立。当时虽颇得北京学生、名流如蔡元培、章太炎等之支持,但张宗载等人觉得尚未得到知名法师和僧团的支持,"新佛化青年团"基础并不稳固,于是到武昌佛学院就学,希望借此培养佛教人脉与声望。张宗载、宁达蕴到武昌佛学院后,于民国12年(1923),得到汉口佛教会与李时谙、周浩云、袁立斋等人赞同,成立"佛化新青年会",出版《佛化新青年月刊》。而陈维东等人成立的叫"世界佛化新青年会",二者是不同的。"佛化新青年会"于1923年5月移至北京象坊桥观音寺。而"世界佛化新青年会",后受"佛化新青年会"之影响,于民国13年(1924)5月,改名为"武汉佛化新青年会",奉太虚法师为精神导师。至于"佛化新青年会",是受中外各界团员之要求,参酌"基督教青年会"之意而取的。

续表

经费	本会会员以年龄分别之为三种捐,会费亦自各别: (一) 成人会员(二十岁以上者属此)每年捐助会费二元外,缴徽章费六角。 (二) 学生会员(现肄业各种中学大学者属此)每年捐助会费一元外,缴徽章费六角。 (三) 童子会员(二十以下者属此)每年捐助会费五角外,缴徽章费六角。 (附注)本会会员经本会调查委员调查确实无费捐助而能尽力为佛化运动有成绩可征者,亦得经本会许可,认为免费会员。本会经费除会员捐助于各股,各种事业发展上经费有不敷用时,得由护法部委员长、护法名誉委员长合力设法筹集或向外募捐补助之。但遇特别事业亦可特别募捐。本会对于大布施家之特别捐助,其鼓励表彰之法另章规定之。
会员利益	(a) 会员有参与本会佛学研究会、讲演会、俱乐部、念佛会、聚餐会,共修禅悦之利益。 (b) 会员有享受本会一切印刷传单小书之利益。 (c) 会员有享受本会图书馆、阅报室、欢喜堂之利益。 (d) 会员有与本会通讯讨论佛学之利益。 (e) 会员有佩带本会徽章之利益。 (f) 会员有请本会选任宣传佛化之利益。 (g) 会员有享受本会出版一切书报七折之利益。 (h) 会员有著作书籍由本会出版分布之利益。

资料来源:《佛化新青年》1924年第2卷第2号,第16—17页。

"佛化新青年会"初成立时人数就达三千,未几,获得政界显要、学者名流,若胡瑞霖、蔡元培、梁启超、章太炎、黄炎培、范濂源、李佳白、庄士敦等竭力支持,他们联名向社会各学校推介,显示了当时社会人士对该会充满期待。以致《海潮音》月刊称其"海内外明哲之士,莫不赞其宗旨正大,学理圆满";"而不及三年,全国青年男女入会者,已达万人之多。厦门、太原、上海、绥远、包头、武汉、泉州等地,皆成立分会,共与合作,其声势浩大,不可一世"。①

---

① 《海潮音》第5卷第8期。

该会之所以颇受各方重视,不仅因其对社会青年发生影响,更主要的是还能在国际文化交流中发挥独特作用。例如1924年,印度诗哲泰戈尔抵北京,4月26日,"佛化新青年会"专门在法源寺举行欢迎会,并由徐志摩传译,庄蕴宽等作陪。梁启超为泰戈尔取华名曰竺震旦。至武昌佛化新青年会欢迎席上,泰戈尔盛赞中国佛教,讲"数千年从印度传来的佛化结成的好果子",太虚会晤泰戈尔,有"希望印度老诗人变为佛化新青年"语。北京佛化新青年会后来出版《泰戈尔与佛化新青年会》宣传册。① 1925年,日本佛学界不少人来庐山参加太虚发起的世界佛教联合会议,北京佛化新青年会亦在中央公园社稷坛举行盛大欢迎会,由日本木村泰贤博士出席讲演《佛教与人生》,大意谓佛教为世界文化发源之大部分,其主义全为世界的、精神的,故有佛化可言。"佛化"二字,换言之亦可说文化,而现今文明各国所谓文化者,则有不然,"尽阳标文化之名,阴行帝国主义之实",以致全球纷争扰攘,迄无宁日,违反佛化太远。故世界真欲得和平,人类真欲了解人生观,非极力阐扬佛化不可,非今全世界人类共同阐扬之不可。②

"佛化新青年会"在致力以佛法救世和向世界宣传佛法方面更有实际行动,如1924年正月组织"佛化新青年世界宣传队",到各省市县宣传,放幻灯,以资鼓舞听众兴趣。于是引起全国佛教界重视,北方以法源寺的道阶法师为首,联合海内佛教硕德为该会发出通电,呼吁全国佛教徒众一致支持其向世界宣传进军,其电文如下:

> 中华全国丛林各大和尚慧照:盖闻至言绝相,大法无门。说空说有,徒滋尘劳;拈花指月,已嫌多事……欧化东来,世缘全变,科学哲理之精,驾风驭电,政教艺术所向,灭国亡家。不能通世界常识,全失发言资格;不加入文化团体,坐待他人支配。区区佛门,寥寥寺

---

① 释东初:《中国佛教近代史》,第308页。又参见张曼涛主编《现代佛教学术丛刊》之《民国佛教篇》,第185页。
② 《海潮音》第5卷第8期。参见释东初《中国佛教近代史》第十一章"世界佛教新运动",第293页。

庙,计三十年来,一迫于戊戌维新,再挫于辛亥革命,三排于外教,四斥于新潮。若无方便护持,将归天演淘汰,此固非面壁独修者所关怀,亦非玄谈业缘者所能救也。若六祖言道贵通流,云何却滞佛言?出世大事专为报恩,未有忍视法宝沦亡而尚视为佛子,未有隔绝世缘而能自圆功德者也。

佛化新青年会者,白衣中多善知识,青年界尤大发心,每应机以说法,必乘愿者再来。妙现俗谛,拥护三宝,发行杂志,畅行五洲,分设机构,渐遍行省。借科哲学理以转法轮,于社会文化而作佛事,诚浊世之稀有,卜末法之重兴矣!尔乃大宣弘誓,并被宗风,造全人类之幸福,向全世界以宣传,旁及蟹文灌输新知,加演幻灯,尤助多闻。计近数年中先历本国各省,数年以后,周游欧美各邦,务断大地惨杀,先成东方净土,可谓任大力弘,悲深智远者也。惟事属创举,情或隔膜,若历尽风雨关山,而失之交臂;抑误会名言宗派,而忘却圆言。既贻分河饮水之讥,殊失顺逆方便之旨。所望诸大长者居士大发慈悲,多所招待,或派人一致宣传,或托友辗转介绍,四众一家,百川汇海。明星普照,佛日光辉,行见观音不动而三十二相自圆满,善财一参而五十三会齐光明。敢渎根尘,皆大欢迎。①

由此可见,当时全国缁素,不独把振兴佛教,拯救众生,并把永断世界杀机,奠定人类永远和平,亦都寄望于该会。佛化新青年会既获得社会名流学者及广大青年的拥护,又得全国佛教长者居士有力的支持,于是鼓舞僧青年强烈要求革新佛教运动。武昌佛学院湖南籍学僧漱芳、严定、观空、会觉及居士唐大圆等,首先有《上书湖南省诸山长老暨诸檀护》,以兴办

---

① 原文出自《海潮音》第5卷第8期,参见释东初《中国佛教近代史》,第309—310页。当时海内19位著名高僧联合署名,支持佛教新青年世界宣传队,他们的名字是:释道阶、释转道、释觉先、释会泉、释太虚、释性愿、释现明、释转伏、释明净、释佛源、释圆瑛、释广福、释持松、释显荫、释辅仁、释大勇、释了尘、释空也、释诚修。

佛学院为请,复有武昌佛学院江浙同学《致江浙各丛林寺院启》,及《致江浙诸山长老书》,以组织"江浙僧界联合会"、办"有系统之佛学院"、设"慈儿院"三事为请。时有圆瑛、禅斋、仰西等,以"卫教心殷,利生心切,济世热情,佛化重兴,指日可待"等语句,回应覆之。

僧青年要求诸山长老兴办僧教育,培植僧材,情尚可原。唯佛化新青年会广发通电时,并提出改革佛教"八大使命",其中引起僧界新旧诸多误会。其第一件使命:"革除数千年老大帝国时代旧佛教徒的腐败习气,露出新世运非宗教式的佛教精神。"第二件使命:"打破一切鬼教神教,中西新旧偶像式铜像式的陋俗迷、圈牢式的物质迷。"此电发出,僧界多有深表震惊者,以为"打倒偶像、破除迷信"出诸唯物论者口吻犹可,竟出诸佛徒本身,宁非怪事。

佛化新青年会在厦门、太原、上海、绥远、包头、武汉、泉州、重庆等地都设立分会。各地佛化新青年会以武汉佛化新青年会最为出色。到民国13年底,佛化新青年会已是个颇具社会影响力的新兴佛教团体。这也是张宗载、宁达蕴在民国14年(1925)底,会被选入"中国代表",出席"东亚佛教大会"的原因①。资料记载,这次"东亚佛教大会"中国代表团的经费是由北京政府全额赞助的,这是由张宗载等人促成的。

张宗载、宁达蕴在"东亚佛教大会"中颇为活跃,大力宣扬"佛化新青年会"的理念,引起日本佛教界的注意,尤其是临济宗妙心寺派青年僧侣回响最大,后来还设"日本佛化新青年会",请张宗载指导。当时,与会的台湾代表觉力法师亦感受到"佛化新青年会"的活力,特在会后邀请他们二人与道阶法师到台湾参观访问。张宗载等人此行得到台湾官民及佛教界盛大的欢迎,除了报纸大篇报道外,台湾总督府亦下令各地优遇一行人。民国15年(1926),张宗载应新竹金刚寺之请莅台讲演,宣扬"佛化

---

① 民国14年(1925)11月,日本佛教界举行"东亚佛教大会","佛化新青年会"就以中国有力的新兴佛教团体之名,在19个代表中获得3个名额:张宗载、宁达蕴、刘仁航。

新青年会"之理念。访台结束后,张宗载等人在1926年1月3日抵达厦门,受到热烈欢迎。此后即留厦着手改革"闽南佛化新青年会",重新出版其机关刊物《佛音》,并以此为基地,向南洋扩展"佛化新青年会"的势力。1926年腊月,张宗载等由南洋讲学回国,在汉口发行《无畏》月刊,后接受唐生智之邀请,至湖南弘法。入湘之后,张宗载因被"佛痞"嫉妒诬陷,系长沙狱中六月有余,几乎被枪毙。

出狱时,张宗载犹豪气干云,说"此来受尽波旬毒,今去仍鸣觉世钟",即要继续宣扬"佛化新青年会"理念。但他也感觉到时势不同,若不向新兴的国民政府靠拢,是会遭到淘汰的。因此,与其说张宗载所主持的"佛教新青年会"是在遭到唐生智迫害下销声匿迹,不如说是被国民革命这大浪潮所吞噬。北伐以前,南北分治,各自为政,佛教于政局分裂中,为适应环境及时代要求,不得不有新的活动,争取生存发展,"佛化新青年会"即为一显著的例证。北伐军兴,声威震动全国,广大青年踊跃加入;北伐以后,全国统一,各种社会活动,亦都趋于正轨。于是,风靡全国之佛化新青年会,至此便寿终正寝了。

对于"佛化新青年会"在民国佛教史上的意义,太虚法师如是说:"佛化新青年会者,白衣中多善知识,青年界尤发大心……青年会对于护法事业成效卓著。此后世界潮流转变日亟,僧界活动范围狭,若无青年护法,行见益趋困难,如老干无梯,枯树无花,终于腐朽,安望新芽?"①

(四)世界佛教联合会成立

弘扬世界佛教,增加国际交往,也是民国初期佛教的一大新动向。1923年7月,太虚在庐山讲经,有日、美、英等国人士参加。1924年太虚与学界名流、政商耆宿五十余人共同发起世界佛教联合会,邀请世界各国佛教学者与会,借以增进世界佛教徒的友谊,促进世界佛教文化的交流,此实民国佛教史上开新之盛举。该会受湖北督军萧耀南之助,得以在内务部立

---

① 参见《通信》,《佛化新青年》第2卷5—6合号。

案和外交部备案,称其"事关宏扬佛化,于世道人心,裨益甚巨"。①

1924年夏季7月,太虚主持在庐山召开世界佛教联合会,是以沟通世界佛教学术及一切科哲学、宗教学为主题。中国佛教界出席代表有湖北了尘和赵南山、湖南性修、江苏常惺、浙江武仲英、上海张纯一、安徽竺庵、江西李政纲、四川王肃方等十余人,日本则有法相宗长佐伯定胤、东京大学教授木村泰贤博士和水野梅晓等,其余参加者有英、德、法、芬兰等国的佛教学者。

世界佛教联合会简章说明,本会以联合世界各国研究佛学之人士,讲演佛教,传布全球为宗旨。兹将简章附录于下:

世界佛教联合会简章

第一条
本会以联合世界各国研究佛学之人士,讲演佛教,传布全球为宗旨。
第二条
本会会所设于汉口佛教会。
第三条
本会每年开暑期讲演会若干日,由本会预约各国研究佛学之人士莅会轮流讲演。
第四条
暑期讲演会设于庐山牯岭西谷之大林寺,缘比年华洋人士憩暑牯岭者甚多,借此易于联合世界各国研究佛学人士。
第五条
本会发起人及由发起人介绍加入而志愿赞助本会之进行者,皆为本会会员。
第六条
本会会员内有担任常年经费者得为会董,由会董互选会董长一人,任期二年,

---

① 世界佛教联合会缮具简章呈请后,获湖北督军公署第2403号训令,令世界佛教联合会释太虚等:案查前据该会呈请组织世界佛教联合会一案,当经复准备卷,并咨送内务、外交两部各在案。兹准内务部咨开,准咨称释太虚组织世界联合会。事关宏扬佛化,于世道人心,裨益甚巨。除复准备案外,抄具原呈简章及批复,希酌核允予立案等因,并附送原呈简章前来。正核办间,并准外交部函同前。因查该释太虚组织世界佛教联合会,拟集合各国研究佛学人士,广事宣扬,查核简章,尚无不合,自可准予备案。除函复外交部外,相应咨复查照等因,准此,合亟令行该会,即便查照。此令。民国13年(1924)8月8日,督军萧耀南。

续表

> 以提议决议本会一切应办事宜。另由本会函推名誉会董,无定额。
> 第七条
> 本会讲演事宜,由会董公请主讲一人总持之。讲演员由主讲商推,无定额。
> 第八条
> 本会设坐办一人,由会董会员中公推之。文书、会计、招待、庶务各一人,由坐办商同会董长选任之,任期一年,连任无限。
> 第九条
> 本会会员皆有募集经常费及传布佛教之责任。
> 第十条
> 本会章如有未尽事宜,得于开会董事会时,提议修改之。

太虚发起成立世界佛教联合会之时,国内佛教尚未能联合,何况世界联合? 纵说佛教超越国界,但太虚的目的,主要是欲以世界性而达到中国佛教联合会组织。故经过该会数次会议,议决事项如下:拟于1925年筹备成立中华佛教联合会,并推选代表参加明年(1925)在日本东京召开的东亚佛教联合会,世界佛教会之名称仍然保持,待东亚各国佛教愿加入时再为开会。

太虚在会上发言说:"由佛教关系而起联合,既名世界佛教联合会,世界各国均可联合开会,故明年请由日本筹备开联合会,此为中日两国佛教徒及人民实行团结的开始。"是时,日本帝国提倡"中日亲善",故而日本木村泰贤博士说:"对明年在日本开会,当表接受,唯对世界名称,因没有西洋人加入,名实恐不相符,最好我们先由东亚各佛教国联合,故主张名东亚佛教联合会。倘西洋各佛教国愿加入,再名世界佛教联合会未晚,敝国人做事是一步一步地行去,若骤名世界而无世界各国加入,恐引起误会。"[①]于此又可知,世界佛教联合会虽以世界为目的,实际上也是欲借佛教关系,团结中日两国人民,安定亚洲,实现世界和平。

---

① 参见释东初《中国佛教近代史》第十一章"世界佛教新运动",第283页。

1925年11月,太虚等代表中国出席在东京举行的东亚佛教大会①,由此走上世界佛教新运动的道路,后往南洋群岛继续弘扬佛法。民国时期与太虚齐名的圆瑛法师也致力于推进世界佛教新运动,曾前往日本、朝鲜、菲律宾、新加坡等国开堂说法。太虚曾邀圆瑛参加东亚佛教联合会,圆瑛于1925年10月致书太虚法师曰:

> 本拟偕行……诸事如麻,实难抽身,此亦无奈之何。唯是此次联合,应对东亚佛教谋一光明之目的。两国僧界,因乃同种同教之人,当如何亲善,如何创造一种特别之事业,不仅与佛教有关,而且与两国社会、国家,均有莫大之利益。我意要与(日本)各寺管长商议,可否将日议院所议"亲善费"提拨一部分,在江浙闽诸省各地创办佛教大学、佛教医院、佛教日报。大学可以灌输,医院可以感化,日报可以发扬。此三者实是东亚佛教所应办之事业,望向会中提议。如表同情,再定办法。其手续当慎重,不可引起国际之交涉。我观世界科学之发达,得其利者固多,而受其害者亦不少。竞争愈烈,世界愈入漩涡,有识者早鉴及此。将来启救世道人心,自必重振佛教,而我佛教自应抖擞精神,以为一番预备。②

三、佛教文化事业复兴

民国初期,佛教的现代发展不仅表现在建立从全国性到地方性的佛教组织上,还反映在如火如荼的宣教和文化事业上。当国事日非、民生凋敝之时,当北伐前后庙产兴学风潮再起,佛教处于狂风暴雨之中,佛教借文化事业以维护生命于不坠。其于国家民族前途,以及中国文化宣

---

① 出席东亚佛教大会的名单,中国代表19人,出家众7人:道阶、太虚、持松、弘伞、佽虚、曼殊、佛智。在家众12人:胡瑞霖、王一亭、韩德清(即清净居士)、韩哲武、徐森玉、张宗载、宁达蕴、刘凤鸣(刘仁航)、李荣祥(李子筼)、杨鹤庆、冯超如、张景南。这19人大体是出自上海、北京、武汉地区,也是当时中国佛教较兴盛之区。
② 圆瑛:《致太虚法师书》,黄夏年主编:《圆瑛集》,第143页,北京,中国社会科学出版社,1995。

扬、社会人心的维护,亦有重大关系。

(一) 佛教院校的创办及推动

杨文会毕生致力于佛教事业,以其创办的金陵刻经处为中心不断发展,举凡流通佛教经论、培育佛教人才、提升佛学研究之风气等等,一一都成为民初佛教复兴之重要因素。其晚年在金陵刻经处先后兴办"祇洹精舍"与"佛学研究会",尤对民初佛教院校之创办和佛教教育之发展有示范推动作用。杨文会在民国建立前一年去世后,月霞在上海创华严大学,谛闲于宁波设观宗学社。杨文会门下欧阳竟无和释太虚二人,分别在民国 10 年(1921)后,成立支那内学院与武昌佛学院,形成遥相呼应的声势,成为我国近代佛教教育史上的"双璧",对当时佛教教育和佛学研究具有启发和引领作用。

1. 支那内学院

欧阳竟无继承杨老居士之遗志,主持金陵刻经处刻经兼讲学事业。为了培养佛学研究人才,欧阳竟无于民国 3 年(1914)在该刻经处成立佛学研究部,聚众讲学。其后要求来学者渐多,于是在民国 7 年(1918)时,欧阳竟无与名流学者蔡元培、梁启超等人共同发起筹建支那内学院。民国 10 年(1921)年底,内学院筹备处成立董事会,因得沈子培(曾植)、陈伯严(三立)、梁任公(启超)、熊希龄、蔡子民(元培)、叶玉甫(恭绰)诸君相助,谋益扩充。在筹备期间,曾刊布支那内学院简章,其中第一条即标明:"本内学院以阐扬佛法养成利世之才,非养成自利之士为宗旨。"前后经过四年的积极筹备,支那内学院于 1922 年(民国 11 年)7 月 17 日,在南京大中桥半边街正式成立,欧阳竟无任院长,吕澂任教务主任。并具文呈报内务部、教育部备案。7 月 24 日,内院院长欧阳渐有致内务部呈,呈为编缮简章、细则、图表、粘具印章,呈请备案,恳予维持,并乞分咨各省知照事:

> 窃以教育为立国根基,而佛学又教育肝髓,其慈悲平等足以息竞化偷,其洁白贞操足以廉顽立懦,其高超思想足以产特殊人才,其穷极性理足以通物质困碍,其因果警惕足以范一般愚庸,其方便行持足以破遁世执障,利益无边,汉唐有证。然不创设学校,计业课

程,则若存若亡,效力不显;更非中、大、预、特各科,次第并办,即不能成系统而资普及,乃千载绝响,全国无一,岂非可痛!

前清光绪间石埭杨仁山居士与沈曾植、陈三立等本此宗旨,已于金陵刻经处内办立佛教学校,名曰祇洹精舍,以无的款,悼惜解散。(欧阳)渐继其后,不忍遂尔寂然,现仍与办学旧侣沈(曾植)、陈(散原)等暨与新侣熊希龄、章炳麟、庄蕴宽、蔡元培等继起,而充扩之中学、大学、预科、特科,次第拟办,名曰支那内学院。凡是国内,不限籍贯……已于八年(1919)一月设筹备处于南京双塘巷,就地函请教育厅备案,借资保护。以历年筹款艰窘,未便率尔开办。近因求学者众,皆不远数千里而来,而旧学程度与资望俱一时佼佼,又未便抑机久闭,现于学科先设研究部,事科先设编刻处。办理经年,学科、事科均有微效,复欲续拓特科生,以广造就。然对外种种,动需公牍,非刻立印章不足以资信守。所有敝院成立启用图章、继续拟办事项各缘由,相应分别缮具简章、细则、图表并粘印章式样。除另呈教育部备案维持外,理合呈请钧部备案维持,并恳转咨各直省一体知照,实为公便。再,大小院章各一颗,于本年(1922)七月十八日启用,合并声明。

支那内学院职员一览表

职务	姓名	年岁	籍贯	到院年月
院长	欧阳渐	52	江西宜黄	7年7月
院董	周扬烈	55	江西宜黄	8年6月
教务主任	吕澂	28	江苏丹阳	8年6月
编校主任	邱晞明	39	江西宜黄	8年6月
校勘	聂耦耕	28	云南东川	9年7月
校勘	许誉鸾	22	云南石屏	9年7月
书记	王书龄	32	云南云龙	9年7月
书记	刘赣甫	22	湖南长沙	10年11月
会计庶务	许学荣	22	江西宜黄	11年6月

民国 12 年(1923)9 月支那内院正式开学,历时两年。初入学者 16 人,计有蒙(文通)尔达、韩孟钧、刘定权、谢质诚、李艺、邱仲、释存厚、释慕觉(蕙庭)、黄通、曹天任、陈经、黄金文、刘志远、释碧纯等。欧阳竟无、邱晞明、王恩洋、吕澂、聂耦庚、汤锡予(用彤)等分任教授,初讲法相唯识经论。除住院缁素外,并有名流学者时来听讲,入室执弟子礼,其接引社会名流学者研究佛学,启发颇大。民国 14 年(1925)7 月,扩设法相大学特科。其经费除由该院基金支出,并得熊希龄、梁任公、叶玉甫(公绰)诸院董支持,呈请当时北京政府拨助,经财政部会商教育部,咨得江苏省长训令江苏财政厅在国税项下拨 1 000 元,作为经常费用。政府另拨助基金 10 万元,以江苏国税项下每月拨交 1 000 元计算。内学院筹备过程中最为困难的经费一事,由此部分地获得解决。此为近代史上政府首次拨款补助研究佛学费用者。此外,并由僧俗共同发起劝募,若黄通如、冯超如、持松、仁山、竹庵、培安、观同、智光、范成、常惺、蕙庭、真常、宝筏、志西、存厚、又山、苇乘、彻空等。另外还得到台湾基隆灵泉寺善慧和尚及诸善信热心捐助,可谓群策群力支持此一学府。

内学院开办两年之后,政局发生变化,民国 16 年(1927)起,即告中辍。根据吕澂的回忆,内学院的发展可分为四期,其中第一期从民国 11 年到 16 年止(1922—1927),为内学院最辉煌的一期。除不断发表研究成果与编印《内学》年刊外,还曾于 1925 年一度成立法相大学,在韩(常)府街开辟第二院,可惜 1927 年夏天因军队进驻第二院而停办,第一院规模亦缩小。此后支那内学院在艰困的环境中,仍从事讲学研究和《藏要》的编印工作,直到 1943 年 2 月欧阳竟无去世时,在内学院研究的学者前后已达 200 余人。1937 年冬,因抗日战争全面爆发,欧阳率部分门人迁居四川江津,建成支那内学院的蜀院;1947 年,欧阳弟子吕澂等返回南京,恢复南京支那内学院;1951 年 8 月,支那内学院改名中国内学院;1952 年国内各大学院系调整,中国内学院自行宣布解散。

支那内学院(1922—1952)前后一共存在整整 30 年,其中的前 20 余年,是由欧阳竟无领导和指导的。内学院在弘扬佛教学术文化方面,尤其是在研究整理佛教法相唯识学方面的重要成果、诸多建树,大都是在前20年间取得的。后10年内院工作则由欧阳弟子吕澂主持。内学院初筹备时,吕澂就辞去上海美术专科学校教务长一职,来协助欧阳进行筹建工作。筹备处的另外一名得力弟子邱晞明,早年在宜黄家乡时就是欧阳的学生。原杨文会佛学研究会的成员之一周少猷居士,是浙江省的议员。他对欧阳的学问、人品十分敬重,当内学院发起筹备时,周氏辞去议员一职,亦进入筹备处襄助欧阳并任院董。

筹备处成立不久,发布了《支那内学院简章》及《支那内学院一览表》。《简章》分总纲、修业年限、学科课程等章目共36条。其中总纲6条:

支那内学院简章

第一条	本学院以阐扬佛教,养成弘法利世之才,非养成出家自利之士为宗旨。
第二条	本学院由同志之士组织之,呈报教育部备案。
第三条	本院院址设于南京城内(现正集款建筑,其筹备处暂设双堂巷十三号,移设大中桥半边街)。
第四条	本内学院分学、事二科。
第五条	学科设中学、大学、研究三部。大学部内设法相、法性、真言三大学。又,各设预科、共同补习科及特科。
第六条	事科先设行持、编刻、阅经、讲演四项,其译经、传教诸端,一俟机缘纯熟,即行添设。细则另见。

内学院分学、事二科,其中,学科设中学部、大学部及研究部三部,大学部内设法相大学、法性大学、真言大学三个专科大学,三个大学内部又相应设有预科、共同补习科及特科的架构。事科则设行持、编刻、阅经、讲演及译经、传教等等。从简章可以看出,这是一个希望将佛教研究、教学、行持以及佛教文化的传播集于一身的庞大的建校计划。虽然由于各种客观条件的限制,支那内学院日后的实际规模远远没有实现创始者的

本意,但贯穿于简章中的佛教学院的现代因素,则确实给这个学院带来了新生命。

2. 武昌佛学院

太虚在佛教教育方面,成就卓然、广为称誉者,则首推其所创立的武昌佛学院,并与支那内学院同为当时全国知名的佛教学府。1922 年(民国 11 年)春天,太虚在汉阳归元寺讲《圆觉经》,武汉居士参与踊跃,此时,太虚已有创办新式佛学教育以培养佛学研究人才的志愿,故于讲经之际,与陈元白、李隐尘、王森甫等人多次商议,决定设立佛学院,广培师范人才。遂成立董事会,举梁任公为院董长(陈元白代),李隐尘为院护,聘太虚为院长。4 月初,在武昌通湘门内觅得黎少屏的住宅可作为院址,而黎君也欣然廉让,于是中旬即在院内成立筹备处。章程由创办人呈湖北军政长官及内务、教育两部备案。

经过五个月的筹备与招生后,9 月 1 日,武昌佛学院即正式开学。入学青年,僧俗兼收。僧众方面,则有漱芳、能守、默庵、会觉、观空、严定、法尊、法舫、量源、显教、象贤等。在家众方面,则有程圣功、陈善胜(后出家为净严)、宁达蕴、张宗载等。共收学生六七十名。这期所聘教授,则有空也、史一如、陈济博等。民国 13 年(1924),暑期第一届毕业。是年秋又招新生,则有寄尘、机警(大醒)、亦幻、墨禅、虞佛心、苏秋涛等。武院声望日隆,遂与内院并称,成为当时国内佛教两大学府。其对日后僧教育之发展,实富有启发与领导作用。武院还附设女众佛学院,未几即停办。

太虚在成立武昌佛学院时即指出,佛学院之名为其创始,课程参取日本佛教大学,而管理参取丛林规制。太虚创办佛学院的理念是为培养振兴整个佛教的人才,而不是要某宗某派的讲经法师。而事实也证明了武昌佛学院的创办,在当时佛教界独树一帜,令人耳目一新,不久即蜚声海内。据武昌佛学院第一期毕业的释法舫所记述,该院从开学到北伐的五年间,具有相当规模,成为名震全国、闻风向往的第一佛教学院。有人

69

称为"佛教的黄埔",也并不过誉。

在民国佛教史上佛学院之设立相当众多,这些佛学院虽办的时间有长有短,成就也有大有小,但多数都与武昌佛学院有直接或间接的关系,因为其创办人或聘请的教师大都曾是武昌佛学院的教师或学生。而从武昌佛学院出来的一些名僧及其弟子辈,至今仍有部分在海内外主持名山大刹和各类佛学院。由此可见,武昌佛学院不仅对民国以来的僧伽教育有重大之贡献,而且对近现代佛教文化事业的发展亦有相当深远的影响。

民国15年(1926)秋季,北伐军攻至武汉,院中职员与学僧逃离星散,而武昌佛学院屋舍十之八九为军队所占据,仅由释大敬和释法舫等人驻守余屋和设备,佛学院形同停顿。直到民国21年(1932)夏天,武昌佛学院经院护与院董的积极交涉,院中驻军终于全部迁走,房屋全部收回。此时太虚即与法舫、李子宽、王森甫等人商议,决定将武昌佛学院改为世界佛学苑,特别是将原有图书馆加以整理扩充,改制为"世界佛学苑图书馆"。此后,武昌佛学院即迈入一个新的阶段。

世界佛学苑图书馆不仅储藏大批经典图书,并设有专门研究员,住馆从事研究。其研究工作,分为"考校"与"编辑"二部。考校,即就整个佛教原有之经典,依照各种译语经典,作分门别类考校。编辑,即将各种文字佛典互相翻译编制,依现代化科学方法,编辑各种丛书,使佛学适应现代学者阅读与研究。该馆研究人员致力于这两种工作,均颇有成效。兹将世馆成员名称录之于后:

世界佛学苑图书馆职教馆员履历表

任　　职	法名	年龄	籍贯	略　　历
馆长	太虚	46	浙江	
代理馆长兼考校室主任	法舫	30	河北	武院第一届及北平藏文学校毕业,曾任北平教理院训育主任兼教授及《海潮音》编辑。

续表

任 职	法名	年龄	籍贯	略　历
前任编译主任	芝峰	33	浙江	武院第一届毕业,曾任闽南佛学院教务主任,《现代佛教》编辑,《海潮音》编辑。
编译系主任	大醒	35	江苏	武院肄业,曾任闽南佛学院训育主任及代理院长。
图书馆管理员补习班教师	谈玄	36	湖南	日本密宗学院肄业,曾任闽南佛学院图书馆管理员。
图书管理员	尘空	25	湖北	本馆研究部毕业,北平教理院毕业。
事务员	慈舫	29	江苏	闽南佛学院毕业。
事务员	正安	28	江苏	闽南佛学院毕业。
文牍员	周观仁	25	湖北	文化学院毕业,曾任汉口《冷报》编辑,汉口正信会《正信》编辑。
附小学校长流通处经理	李有秋	67	湖北	日本宏文师范毕业,曾任德安府农业中等预科校长。
流通处助理员	李子初	40	陕西	
研究员兼补习班教师	华舫	28	江苏	法界学院毕业,北平教理院毕业。
研究员	洪林	20	北平	北平教理院毕业,闽南佛学院肄业。
研究员	力定	26	江苏	法界学院毕业。
研究员	印顺	29	浙江	闽南佛学院毕业,曾任鼓山佛学院教师。
研究员	心月	29	湖北	河南省佛学院助理教师。
研究预习班学员	慧敏	21	湖北	闽南佛学院肄业。
研究预习班学员	道屏	21	湖南	南岳佛学讲习所毕业,闽南佛学院毕业。
研究预习班学员	雨堃	29	安徽	天宁一年,龙池四年。
研究预习班学员	常根	28	江苏	龙池二年。
研究预习班学员	心彝	25	江苏	天宁四年,宜兴二年。
研究预习班学员	智定	25	浙江	宁波观宗寺学社肄业。
研究预习班学员	肇启	24	江苏	超岸三年,龙池半年,高旻一年,天宁二年。

续表

任　职	法名	年龄	籍贯	略　　历
研究预习班学员	敏智	26	江苏	超岸三年,龙池二年,光孝半年,天宁一年半。
研究预习班学员	明性	30	湖南	湖南第三师范毕业。
研究预习班学员	养波	26	江苏	竹林佛学院肄业,闽南佛学院毕业。
研究预习班学员	永学	22	浙江	闽南佛学院毕业。
研究预习班学员	雨昙	22	江苏	镇江玉山佛学院毕业。
研究预习班学员	澄光	23	河北	
研究预习班学员	洗凡	22	河南	河南省佛学院毕业。
研究预习班学员	俨然	19	河南	河南省佛学院毕业。
前任书记员	绍燊	26	河南	法界学院毕业,曾任南洁佛学院教授。
前研究员	本光	25	四川	观宗弘法社及北平教理院毕业。
前研究员	寂安	26	江都	观宗弘法社毕业。
前研究员	清虚	28	河南	闽南佛学院毕业。
前研究员	心道	29	湖北	闽南佛学院毕业。
前研究员	守志	21	浙江	闽南佛学院毕业。
前研究员	寂颖	26	山东	闽南佛学院毕业。

　　由此观之,世界佛学苑图书馆研究员多半都来自各省佛学院,对于佛学均有相当的造诣,可说集全国优秀之僧青年于一堂,从事佛学考校及编译研究。民国23年(1934),《海潮音》第15卷第7期曾出世界佛学苑图书馆馆刊,对世馆内容组织报道极为翔实。①

　　民国年间著名的佛教图书馆除了太虚在武昌创设的世界佛学苑图书馆,还有道阶等人于民国元年(1912)在北京法源寺设立的"京师图书馆"。《佛学丛报》第三期载《设立京师图书馆公呈》一件并附章程十二条,呈请教育部立案并恳转咨内务部立案保护。呈曰:"窃维万法纷纶,

---

① 参见释东初《中国佛教近代史》第十章"佛教文化事业之发展",第259—264页。

惟宗教可阐难之言奥,而百流竞进。又惟释氏独收宏被之功,只以往者经藏尊严,法门深闭,著录既不登于《四库》,微言遂莫利于群生。榛莽塞途,人晦唯心之妙理;囊箱空锁,徒庋出世之遗文。此固由学人封域之见深,而亦未流传播有未尽也。道阶主持京师法源古寺,深惟出家发愿,以弘法为先,而利世接人又以传经为首,因就寺内余屋创立佛学图书馆一所,陈设内典全部,专供来者阅览。"民国元年(1912)10月24日,教育部批文曰:"呈暨馆章均悉。夫人能宏道,儒典雅言,法藏任持,释门攸尚。是以群径嘱累叮咛于未来曰,依利生精勤乎流播。该发起人等,或达本桑门,或名言居士,并情存摄受,义在负荷。乃会胜缘于斯京邑,建三轮之宝藏,总无尽之玄文,普令见闻咸当沾润……馆章十二条亦均妥协,应予立案并转咨内务部查照。"

3. 僧教育与佛学院

谈到僧教育,这是近代佛教史上一件大事。以往中国佛教似乎只有丛林制度,并没有什么僧教育的名称。太虚曾在一篇文章中分析僧教育会之缘起,不仅关涉僧界"自动兴学",而且演变为全国佛教组织的成立。① 所谓僧教育,实乃指佛学院而言。其起源于清光绪二十四年(1898),亦即康梁倡导变法维新的那一年。因为变法维新,首在创办实业,开办学堂,培养人才。因为筹办学堂,苦于经费无着,便有湖广总督张之洞写了《劝学篇》一文,上奏朝廷,力主庙产兴学。于是引起地方官绅勾结攘夺寺产、霸占寺庙的风潮,遭到全国佛教界一致抗议反对。而杭州境内竟有30多所寺院因为寺产失去保障,投靠日本真宗派求其保护,遂引起中日两国外交上纠纷。经双方交涉,清廷一方面要日本放弃

---

① 参见太虚《三十年来之中国佛教(1907—1937)》。"中国在三十年前,因感外侮有变政兴学之举,所办新学新政往往占用寺宇,拨取寺产,激起僧众反抗,由联日僧以保护引起外交,乃有使僧界自动兴学,自护寺产,另立僧教育会之明令。浙江之寄禅、松风、华山,江苏之月霞,北京之觉先等,南北呼应,为当时组设僧教育而办学堂之僧界领袖。笔者亦适于距今三十年之秋,随寄禅长老参与宁波及江苏各僧教育之成立……入民国后,由寄禅长老领导全国僧教育会改组成中华佛教总会于上海。"见于张曼涛主编《民国佛教篇》第320—321页。

保护中国寺庙,另一方面始允许佛教界自兴学校,自保寺产,并颁令保护佛教,这便是开创僧教育的缘起。①

民国诞生,革命浪潮冲击迫使佛教僧徒觉醒,非迎头赶上时代,兴办僧教育,造就僧材,利济社会,就不足以保护寺产。太虚与仁山两位首先倡议改革金山寺丛林为佛教大学。因改革丛林制度时机未熟,故中途饱受挫折,但已使全国佛教界惊醒,非有足够的新知识,便无法使佛教在未来社会中发挥大作用。与此同时,民国初年的政界显要及社会名流学者纷纷倾向佛学,从事佛学的研究。若康有为、章太炎、梁漱溟、梁启超等等,都竭力提倡佛学。章太炎在《告佛子书》中说:"佛法已由缁众流入居士",相形见绌,显现僧教育落后,僧材缺乏。遂使佛教僧徒有一共同的感觉:果欲维护寺产,避免遭受摧残,唯有火速兴办教育事业。从民国3年至民国33年(1914—1944),这30年之间,各省丛林寺院相继兴办僧教育,如同雨后春笋一般,全国不下三四十所,遍及江、浙、闽、鄂、湘、皖、陕、冀、川等省,已使佛教教育由宗派式丛林教育进入学校化之僧教育,这是我国佛教史上一大转折点。兹就规模较大而成绩优秀之僧教育机构,除上述支那内学院和武昌佛学院外,再作补充简介如下,以见民国时期僧教育与佛学院之兴盛。

(1)上海华严大学,系上海英商哈同夫人罗迦陵女士创办。辛亥革命成功,月霞法师暂寓沪上,因狄楚青②居士推介,于哈同花园讲经。时康有为亦寓沪上,劝促罗迦陵发心弘扬佛法,遂请月霞筹办佛教学校,分

---

① 开僧教育之先河者,先有"僧界巨子"亚髡(名文希)于光绪三十二年(1906)在扬州天宁寺创立普通僧学堂,入学僧青年有仁山、智光等20余人。此为中国佛教近代史上第一所僧学堂,后由于文希被诬告勾结日本的革命党人遭逮捕而停办。继之而起者为南京僧师范学堂,系江苏省僧教育会创设于宣统元年(1909),相继聘请月霞、谛闲主任教务,入学僧青年有仁山、太虚、观同、智光等,辛亥革命成功时停办。参见《佛学丛报》第一期,《纪事》第9页。
② 狄楚青(1873—1921),名葆贤,字楚青,亦作"楚卿",别号平子。1895年参与"公车上书",1904年在上海创办《时报》,后创设有正书局。精佛学,工书画与诗词。民国初年,与濮一乘在上海创办《佛学丛报》;1914年,又助印光印赠佛书,对佛教出版事业多有贡献。著有《平等阁笔记》、《平等阁诗话》等书。

正科、预科各三年。月霞主讲,预科三年,初授大小乘经论;民国3年(1914)正科开始,因月霞主弘华严,故名"华严大学"。① 时入学僧青年为全国僧青年精英,如持松、戒尘、妙阔、慈舟、了尘、智光、霭亭、惠宗、体空、海山、性彻、常惺等。开学未及三月,因有人破坏,遂改迁杭州,继续三年,而圆满毕业。历时虽短,但其成就僧材,却为日后各省佛教中兴人物,故尊月霞为民国以来僧教育之"始祖",亦不为过。

(2) 观宗学社,系谛闲法师创办。民国元年,谛闲初于上海留云寺创办佛学社,民国3年(1914)接住宁波观宗寺,即成立观宗学社,自任主讲,专攻天台教观。民国4年(1915),应北京显要邀请北上宣讲《楞严经》,结识时贤,道誉远播。民国9年(1920)得蒯若木、叶誉虎之助,扩充学社,成为正式僧教育机构。时入学僧青年,有仁山、妙柔、倓虚、静权、妙真、宝静、可端等,延续甚久,成绩斐然。

(3) 常熟法界学院,系月霞法师创办。月霞法师早于光绪三十二年(1906)与应慈、明镜、惟宽四人同受常州天宁寺冶开和尚记莂。民国6年(1917),月霞奉冶开和尚命,分灯常熟兴福寺,并得满月法师之助,创设"法界学院",专弘华严。是年冬,月霞圆寂杭州西湖玉泉寺,改由应慈继之。民国8年(1919),又由持松继续。常惺、蕙庭、现月等均先后任教于斯。该寺环境幽静,山明水秀,主持得人,延续达20年之久,其造就僧材良多,实无逊于后起之武昌佛学院。

(4) 汉口华严大学,其主办者为了尘、戒尘、慈舟三法师,原于民国3年(1914)亲近月霞,民国9年(1920)乃于汉口九莲寺,秉月霞遗教,创办"华严大学",专弘华严,至12年(1923)圆满结束,因其成就人才不多,对日后影响不彰。

(5) 天台学院,系仁山法师所办。民国元年(1912),仁山与太虚改革

---

① 参见黄夏年主编《民国佛教期刊集成》第4卷,《佛学丛报》第十期载《华严大学缘起》及《简章》(十四则),可知华严大学设在上海静安寺路哈同花园内,当时有校舍三十余间,定办三年为期。本校以提倡佛教、研究《华严》、兼学方等经论、自利利他为宗旨。

金山寺失败后,即专究内典。后又亲近谛闲,学有所宗。民国 8 年(1919)于高邮放生寺,创立"天台学院",民国 10 年(1921)改为"四弘学院",专弘天台教义。高邮为苏北大县,各地僧青年相继入学,极为踊跃,遂与江南"法界学院"遥相对峙。一宗华严,一弘天台,南北呼应,互为映辉,实为 1921 年前后江苏省佛教最负众望之僧教育机构。入学僧青年,多属佛教优秀分子。

(6) 安徽僧学校,民国 11 年(1922)设立于安庆迎江寺,由常惺法师主办。其创办因缘,亦导源于太虚。民国 8 年(1919),马冀平于北京听太虚讲《维摩诘经》,由斯生信。民国 9 年(1920),又听太虚讲《法华经》,遂决意皈依佛宗。民国 11 年(1922),马氏出任安徽省财政厅长,遂与迎江寺住持竺庵发起"安徽僧学校",请常惺法师任校长,蕙庭、觉三为助教。持松亦曾短期任教。时入学僧青年,则有南亭,瑞今等。

(7) 藏文学院,民国 13 年(1924)秋,大勇创办。设立于北京慈因寺,得汤铸新、胡子笏等支持。大勇先于民国 12 年(1923)从日本学密归来,深觉东密不够严密,乃于 1924 年秋,复至北京,从白普仁喇嘛学习藏密,欲究藏密,乃创立藏文学院。武院之大纲、超一、法尊、法舫、严定、观空等相继入学,专学藏文,以便翻译藏文经论,校勘汉译经论之遗逸,并欲融会东西密部精华,另创立一独立性之中华密宗。民国 14 年(1925)秋,又改藏文学院为留藏学法团,大勇率大纲等 20 余人由北京出发,经四川入藏,而止于西康甘孜。

(8) 闽南佛学院,民国 14 年(1925)创办,设于厦门南普陀寺。初由常惺法师主办,蕙庭法师任主讲。1927 年改组,由太虚任院长。原有之蕙庭、会觉、满智三法师仍留职。1928 年,又增聘芝峰、大醒、寄尘来院。遂由觉三、芝峰、亦幻、寄尘、笑溪、觉斌、广箴诸法师共同负责。觉斌、芝峰、大醒分任教务寺务等职。入学僧青年,远自陕、晋、鲁、川、冀、鄂、湘、黔、皖、苏、浙等省,多达七八十名,初分甲乙两班,后增研究班。课程方面,佛学为主,兼授英、日及中外史哲等课。因与厦门大学毗邻,乃迎聘厦大名教授,担任哲学等课,故闽院学僧接受新知识较一般佛学院者为多,对革新佛教新运动,更具蓬勃的朝气,实为太虚武院之外革新佛教第二大本营。1928年,太虚赴欧美弘法,在法国巴黎应欧西学者要求,倡设"世界佛学苑"。为配合推动世界佛教发展,闽院被列为世界佛学苑华日文系,柏林教理院列为华英文系。自此,闽院外文以日文为主,成为国内规模最大之僧教育机构。第二次庙产兴学风潮发生,大醒于闽院所发行之《现代僧伽》呼吁全国僧界大团结,领导反对庙产兴学,发生最大效力。所以,闽南佛学院在中国佛教近代僧教育史上有过辉煌的贡献。

(9) 杭州僧师范学校,系常惺法师创办。民国17年(1928)夏,常惺法师离开厦门后,一度应王竹邨邀请赴云南宣讲佛经,适中法于云南边境发生冲突,常惺率领僧侣赴前线救护伤员,顿获各界称扬。常惺早年尝从持松学习东密,本有步大勇后尘入藏学密的弘愿。旋以太虚劝阻而终止,遂决意仍从事教育。1928年秋,得杭州昭庆寺惠宗同学支持,创办"僧师范学校",训育师资人才,常惺、蕙庭分任主讲。入学僧青年,多从闽南、常熟,及其他佛学院毕业而来。意在短期内,训练佛教师资。本光、苇宗、宽融、华舫、通一等,均系当时入学青年。民国18年(1929)夏,太虚从欧洲弘法归来,特至杭州往晤常惺、蕙庭等于僧师范学校。太虚对常惺之教学主张,极为赏识。未几,常惺法师应北平柏林寺台源和尚邀请,主办柏林佛学研究社,旋又率该校(师范)学僧北上,至柏林寺就读,杭州僧师范学校遂停办。

(10) 玉山佛学院,民国14年(1925),镇江超岸寺守培法师创办。其规模虽不大,对僧青年仍不失启发作用。仅就该寺财力范围内,招收僧青年二三十人,守培主讲,以佛学与儒学两门为主,傍及其他。民国19年(1930),蕙庭法师继任该寺住持,扩充教学,以唯识为主。于二年后,由雪松继之,直至1937年抗战发生,始停办。

(11) 竹林佛学院。北伐以后,革命思想风靡全国,打倒迷信反宗教思想,尤为激烈。有识之士,皆认非兴办教育,造就僧材,无法应付未来新社会秩序发展。民国16年(1927),霭亭法师接任镇江竹林寺住持,于17年(1928)秋创办竹林佛学院,迎聘慈舟、妙阔及湖南籍栗庵法师,专弘华严。一切都依丛林规制,早晚功课外,兼修禅观。该寺环境幽静,寺在竹林深处,实为修道讲学最佳胜处。延续十年,直至抗日战争爆发,始停办。

(12) 龙池佛学院,民国17年(1928)秋开办,设于宜兴龙池山,由恒海和尚创办。得一法师为副讲,史济群、自安、性容、大休、太尘、宏法等分担训育教务等职。因限于一寺之经费,无法发展,未几亦停办。

(13) 江南九华佛学院,民国18年(1929)夏,由安徽九华山佛教会主办,设于九华山化城寺内,以地藏菩萨香火收入为基金。由容虚和尚任院长,寄尘法师主办,先后聘请蕙庭、惟舟、现月为主讲,梁石言教授英文,燕仲强教国学,汪迦林教授自然、史地等课,其教材除佛学课外,则采取初级中学课本,使僧青年具备应有的常识。历经三年,终以经费不足及主办无人而停办。

(14) 柏林教理院,民国18年(1929)秋,由北平柏林桥柏林寺住持台源和尚创办,设立于柏林寺内。聘请常惺法师任院长,民国19年(1930)春正式成立。因常惺法师德望,时各方青年竞趋前来就读者颇多。1931年夏,太虚应邀至北平讲经,并至该院讲《大乘宗地引论》,先后五十余小时,由法舫记录,成《大乘宗地图释》。太虚复将锡兰留学团及世界佛学苑筹设处,移至柏林寺。法舫、尘空均由武昌移至北平。柏林教理院列为世界佛学苑华英文系,于是该寺便成为太虚、常惺法师合作推进世界佛教的中心。并发行《佛教评论》,对当前佛教教育及寺庙制度,以及世人对佛教误会,多加评论,遂使全国佛教界为之振奋。而柏林教理院则与闽南佛学院遥相对峙,南北呼应,互相辉映,实为中国佛教僧教育史上最兴旺的时期。无奈好景不长,日本帝国主义于"九·一八"侵占东北,国难发生,经费无着,无法维持,不得不宣告停办。

(15) 光孝佛学研究社。民国20年(1931)常惺接受江苏泰县光孝寺住持,即于是年创设光孝佛学研究社,常惺法师为社长。这时常惺法师仍为柏林教理院院长,南北奔走,极为忙碌,乃由得一、南亭分任教务与寺务。入学僧青年,多来自苏北各县。历经二年,亦以经费不足,缩小范围,延至1937年抗战爆发,全部停办。

(16) 清凉学院,民国14年(1925),常州清凉寺住持清波和尚创办,设于清凉寺内,礼请应慈法师主讲,专弘华严。1927年,因革命军北伐,遂迁至上海清凉寺下院,后又迁常州永庆寺和无锡龙华庵等处,继续三年而结束。

(17) 南山佛化小学。闽南佛学院原设小学部,民国十七年(1928)改组后,次年(1929)将小学部迁移至漳州南山寺,独立成校,定名"南山佛化小学",由笑溪、达如负责。锡兰留学团即设于此。

(18) 南海佛学院,设于普陀山法雨寺。本由清末所办法雨小学演变而来(专收出家众沙弥),民国20年(1931)改为南海佛学院,由宽道、宽融主持,不二年即停办。

(19) 鼓山佛学院,民国20年(1931)春,虚云和尚接任福建鼓山涌泉寺方丈时创立,礼请大醒法师任院长,由印顺、心道两师任教员。历时未久,即告停办。

(20) 开封佛学院,设于河南开封铁塔寺。民国23年(1934),由武昌佛学院第一届毕业僧净严法师主办。聘请闽院学僧心月、智严二师为助教,为中原第一所佛学院。

(21) 法界学院。民国21年(1932),虚云和尚邀请慈舟法师至鼓山筹办法界学院,翌年(1933),始正式开学。1937年,又将该院迁至北平净莲寺,至1939年结业。

(22) 汉藏教理院,设于四川北碚缙云寺内,系太虚法师创办。民国19年(1930),太虚应四川佛教会邀请入川弘法,在川省各处讲学,刘甫澄(湘)将军与太虚谈及,欲选拔汉僧入藏留学,以沟通汉藏友谊。因此,太虚告以不如就川省设立学校,集合汉藏僧青年加以训练,深得刘氏赞同,并获何北衡、王旭东、王晓西等同意。何北衡建议,即以旧废的缙云寺为院址,创办汉藏教理院。民国21年(1932),先设立筹备处,开学由满智、岫庐、慧松诸人负责。1934年,法尊由藏回,即担当该院教务,并译出宗喀巴《菩提道次第广论》等名著,对汉藏文化沟通贡献颇大。

(23) 焦山佛学院。金、焦二山为江苏佛教首刹。民国元年(1912),仁山、太虚二法师倡议改金山寺为佛教大学,未获实现,殊为各方所惋惜。民国23年(1934),智光法师继任焦山寺住持,即实现丛林学校化,创立焦山佛学院,就原有寺规加增学课,使僧青年得以行解并进,不致有所偏废。邀约雪烦、东初、玉泉三师为助教。初分甲乙二班,分班教授,共有僧青年七八十名。抗战爆发,该寺遭受日军炮击,损失惨重,遂停课二年,至1939年又复课。因沦陷区各处佛学院均未复课,僧青年无处就学,于是扩充教材,聘请芝峰、现月、明性诸法师专授佛学,增聘大学教授三人,授以哲学、自然、物理、数学等科,实为沦陷区内僧教育之奇葩。抗战胜利后,太虚所领导之中国佛教会整理委员会会务人员训练班,即借焦山为训练场所,集全国九省一百二十余僧青年,集训两个月。集训结业,太虚特莅临训话,并撰《焦山佛学院碑志》①曰:

> 金、焦二山,同占长江形胜,亦同以佛刹著名。然高德如佛印禅师辈见僧传者,则金峤为夥。焦屿至中华民国建国二十三年(1934),始有智光法师创立佛学院,雪烦、东初继持其事。中历倭变,讲学不辍,可谓难能矣。顷岁,余领导中国佛教会整理委员会,决议办会务人员训练班,聘芝峰讲哲,就焦院主办之,全寺长幼翕然协力。因之得集九省市百二十余僧英,陶铸其间,开国中教史未有之盛,系中国佛教将兴之望。余以主持毕业仪来焦,遂志之以备僧史参考。中华民国三十五年(1946)八月八日,太虚。

(24) 觉津佛学院。大醒法师于民国24年(1935)接任苏北淮阴觉津

---

① 参见《太虚大师全书》第十九编《文丛》,第六十一册《碑记》,第1132页。

寺住持,该寺为江淮名刹,寺产丰富,就寺设立佛学院。由块然法师主讲。其规模不大,以交通不便,故入学者不多,其成就也不大。

(25) 天宁佛学院。常州天宁寺原属禅宗门庭,其与金山、高旻被共尊为三大宗门。因受时代思想启发,乃将原有戒堂加以学校化,名曰天宁佛学院,由敏智、默如、戒德、佛声、维岳诸法师负责教务。其规模虽大,经常七八十众,唯限于旧制,不易达到完全学校化,故发展缓慢。

(26) 东莲觉苑,此系在家居士香港何东爵士夫人何东莲觉女士于民国23年(1934)所创办,设于香港跑马地何氏私宅。专为摄化在家女众而设,聘请霭亭法师主讲,通一法师任助教,兼发行《人海灯》杂志,对港澳佛化推进启发很大。

(27) 栖霞佛学院,民国25年(1936)开办,设于南京栖霞寺内。由大本、觉民、智开等负责。其次,南京则有毗卢佛学院、古林佛学院、金陵佛学院等。

其时见诸记载的,尚有浙江"白湖佛学院"、"白湖讲舍",湖南"祝圣佛学院",陕西"慈恩佛学院"、"巴利三藏学院",昌圆、广文主办之"四川佛学院"及"文殊佛学院",永昌主办之"贵州佛学院",以及北平"弘慈佛学院"、"拈花佛学院"等。由于手头数据不足,无法一一详述。以上所举,都属抗战以前,各省丛林寺院所设立之佛学院。

(28) 静安佛学院。抗战爆发后,京沪首遭敌人攻击,南京撤退后,沦陷区僧教育机构均告瓦解。上海静安寺住持德悟、监院密迦首发起创设静安佛学院。一面抢救沦陷区失学僧青年,一面改善僧寺经忏制度,即每日不论有无斋主,只轮流诵经一次,以示为斋主超荐,其余时间,均为学僧授课时间。此一改革,不仅对寺方收入无甚影响,而有益于学僧受课较大,不失为一明智之举。初由本光、岫琦、林子青等任教,对沦陷区僧教育,较多贡献。

(29) 大觉佛学院,民国30年(1941)印顺于贵州主办。历经数月而停办。

(30) 南华佛学院,民国 31 年(1942),由虚云创办。设立南华寺内,初由乐观主讲,知定继续,未几,即停办。

(31) 玉佛寺佛学院。玉佛寺系上海佛教首刹,原以经忏为主。民国 29 年(1940)间,因沦陷区经济不振,影响该寺收入,因而改组,聘请震华法师担任住持,旋创办玉佛寺佛学院,招收缁众青年授学,震华主讲,超尘、楞定等任助教,并发行《妙法轮》月刊。抗战胜利后,太虚、福善、华舫均驻锡于此,并发行《觉群》周刊,推行佛教革新,主张"参政不干治",颇获各方赞许。太虚经常驻锡于该寺,人才会集,成为佛教参政的办事处。唯好景不长,福善、震华相继逝世,太虚亦因此而感伤中风,于此圆寂。

以上所举各地佛学院,都是利用原有丛林寺院房屋,加以学校化。从民国 3 年至 33 年(1914—1944),仅仅 30 年间,全国各省所办僧教育不下三四十所,仅记其大概,其遗漏在所难免。其中仅有华严大学及支那内学院、武昌佛学院非设立于丛林寺院,其余若闽南佛学院、柏林佛学院、汉藏教理院、焦山佛学院,不特利用原有丛林寺院房屋,并利用丛林寺院财产,以维持教育经费。在这 30 年时间内,经过革命、内战、北伐,打倒迷信,反宗教运动,以及抗战军兴,使佛教界千辛万苦惨淡经营获得一点成果的僧教育,竟全被日本帝国主义的炮火摧毁。①

4. 中国佛教历史博物馆之设立

民国时期各地除兴办佛学院并创设图书馆以促进佛教文教事业外,还设立佛教历史博物馆,也是一件值得记载的新事业。佛教本属文化的宗教,故名山古刹,无不珍藏贵重文物、经典图书,尤以官商士绅家传珍贵古物名画,每多赠与寺庙,以期永垂保存。因此,名山古刹,不啻为国家古物储藏所;所藏古物,极具历史、考古及学术研究价值。以往的佛教图书馆所藏图书,未经开放供人阅览,不易为社会人士所发现。北伐以前,佛教经过打倒迷信及反宗教运动的冲击,深知国民革命必将统一全

---

① 参见释东初《中国佛教近代史》第八章"丛林制度与僧教育",第 205—216 页。

国,唯对国民政府未来宗教政策深具忧虑。诸多有识之徒深谋远计,及早筹划应变的方案,一方面将僧青年送入社会学校,接受新知识训练,以作人才的储备;另一方面社会既有反宗教运动,而佛教本属文化的宗教,于是设立佛教文物图书馆代替寺庙的组织,以转移或保存寺庙财产。北伐前夕,苏北如皋菩提社,首就该寺创立"中国佛教历史博物馆",并提该寺财产,以充该馆基金,以求适应新社会制度发展。民国15年(1926)本馆筹备处成立,次年(1927)正式成立,并呈请江苏省教育厅立案。内部组织分总务、搜制、陈藏三部,分别办理。兹将该馆简章暨组织大纲、分科等项,附录于次:

中国佛教历史博物馆简章

定名　中国佛教历史博物馆。
宗旨　保存整理中国历代佛教遗物为史实之资。
性质　由私人创建,在中央政府暨江苏省政府正式备案。
地点　江苏如皋菩提社。
组织　分总务、搜制、陈藏三大部门。
职员　由创建人互推馆长一人总理馆务,更由馆长敦聘名誉馆长一人,并国内外专门学者顾问若干人。馆长于必要时得设中西文秘书各一人,于总务、搜制、陈藏三部各设主任一人,并部员若干人,悉由馆长延任之。
办法　(一)收罗方法,或用通启征集,或派员搜求;其范围包括实物、摄影、模造、拓写等品。
　　　(二)各类遗物,悉付审查、鉴定,分别整理,并加说明。
　　　(三)国内分本部、西藏、蒙古、满洲四大部。
　　　(四)国外分印度、暹罗、缅甸、安南、锡兰、朝鲜、日本各部征集而收罗之。
　　　(五)收罗成绩随时编印而公布之。
　　　(六)总务、搜制、陈藏各部详细章程另订。
经费　由创建人筹定基金,并于政府正式备案以垂久远,遇必要时得募集捐助。
附则　以上各条如有未尽事宜,得随时修改之。

甲、组织大纲:

一、本馆以保存整理世界及中国历代佛教遗物为史实之资。
二、本馆由私人创建,在大学院及国立中央大学正式备案。
三、设如皋菩提社。
四、本馆规模分总务、搜制、陈藏三部,各部设各系。
五、各部各系视力之所及,次第举办之(各部系已从事举办者详现况中)。
六、本馆由馆长总揽馆务,其各部事分治,用主任制,另有规定。

乙、分科：

总务	基金保管系	本寺捐助募集，地方补助	
	会计庶务系		
	秘书书记系	中文，英文，日文	
	交际系		
搜制	鉴定系		
	编纂系		
	印刻系		
	实物系	典籍	蒙古文，朝鲜文，巴利文，日本文，中文，梵文，藏文
			法器
		图像	
	模造系	印度系	
		西藏系	
		中国系	
	拓写系	碑文	
		石幢	
	摄影系		
陈藏	国内系	中国系：汉—唐—宋—元—明—清—现代	
		西藏系	上古，中古，近代
		蒙古系	
	国外系	印度系：佛住世时—灭度后—阿输迦王	
		暹罗	
		缅甸	
		安南	
		日本	
		朝鲜	
		锡兰	

值得注意的是,该"中国佛教历史博物馆"因其创立的动机系唯恐革命成功,寺产不能保存,故为应对将来时局发展,既将僧徒等送入社会学校读书,接受新时代知识,又将寺庙财产拨出部分作为该馆基金。可未曾料想的是,僧徒经过社会学校洗礼后,名位上仍属出家比丘,但是却不愿再披上如来袈裟,甘守淡薄,而宁愿过"亦僧亦俗"的生活;若真等僧青年学成归来就以主持"中国佛教历史博物馆"自居,意欲与菩提社分道扬镳,过其在家佛徒的独立式新生活。于是引起一场纠纷,经过如皋县政府协同江苏省佛教会调处解决:其一,"中国佛教历史博物馆"财产,仍属菩提社所有。其二,菩提社改为十方选贤制,废除子孙制,由润莲法师继任松桥为该社住持。松桥、若真等,形同驱逐。自此以后,如皋诸寺对选送僧青年上社会学校都持慎重态度。[1]

如皋东乡掘港西方寺范成法师,早年卒业省立如皋师范学校,乃仿如皋菩提社办法,就该寺所藏各种经典图书及万有文库,于民国19年(1930)成立"皋东僧伽图书馆",其范围虽不大,但以促进乡村教育、启发民智、补助社会教育为宗旨。北伐以后,南京国民政府先颁布《神祠存废标准》,开展破除迷信运动,又有庙产兴学风潮再起,僧界凡有远见者,皆知政府虽未直接颁布命令,禁止佛教僧徒活动,但社会形势却使佛教僧徒无法高枕。故而"皋东僧伽图书馆"之成立,也是为佛教前途着想而应对时局,适应北伐以后社会发展形势的一种办法。

由此观之,北伐前后,佛教僧寺设立诸多新的文教事业,无论创办佛学院还是佛教历史博物馆,或设立佛教图书馆,其目的固然主要有维护一寺僧侣饭碗(寺产)的因素,但最终都汇入了近代佛教文化事业促进的佛教复兴的洪流之中。[2]

---

[1] 参见释东初《中国佛教近代史》,第264—271页。
[2] 同上书,第271—277页。

(二)佛教典籍的大量出版

近代杨文会居士一生投注于刻经事业,至死不渝,长达45个年头。按杨文会晚年手订《大藏辑要》的目录,其生前刻印完成的藏经,约在2 000卷之数,而刻经处流通出去的佛书有100余万卷,佛像10余万张。除了金陵刻经处外,传统寺院刻印流通佛经之处,还有江都之扬州刻经处、江北砖桥之法藏寺刻经处、常州之天宁寺刻经处,以及杭州、宁波、四川等处,这些刻经处从清末到民国时期,逐年刊印的经书日益丰富。清末以来,西洋新式印刷技术输入,并且民众对于各类书籍的需求大增,使得国内的出版业呈现出欣欣向荣的景象。民国以后,佛教能利用新的印刷技术,使得在大藏经、一般佛书或是佛教期刊方面,都如雨后春笋般地出版发行,为民国佛教的复兴提供了催化的作用。例如,根据1935年(民国24年)上海出版的 The Chinese Year Book (《中国年鉴》)记载,当时全国已分别设立了68家佛教出版社和流通处,由此可略窥民国年间佛教出版之兴盛。

在大藏经出版方面,传统雕印与现代印刷的出版方式同时进展,使民国时期大藏经的数量均是以往各朝代所无法相比的。从1913年释宗仰出版《频伽藏》起,迄1949年,国内陆续出版的大藏经,或全藏,或藏经选辑,共计有:铅印的《频伽藏》、金陵刻经处雕印的《大藏辑要》、影印日本续藏经的《卍续藏经》、支那内学院刊刻辑印的《藏要》、影印宋版的《碛砂大藏经》、重印清版的《龙藏》、影印金藏选辑的《宋藏遗珍》、铅印编译的《普慧大藏经》等。我国近代大藏经有如此丰硕的出版成绩,而且是在佛教濒临诸多危机、国内战火不断的时代中完成,实在令人赞叹。

民国成立后,大藏经的出版成绩确实令人刮目相看,而一般佛教书籍的出版成果亦很可观。概而言之,除了传统的佛经之外,民国以来所出版的佛教书籍类型,大致可分为五种:一是著名法师的经论讲记;二是经典的白话语译;三是佛教义理的解说与劝行;四是经典的节录与佛法的摘要;五是佛教历史的研究著作。而属于当代的僧侣传记和寺院山志,却是相当的稀少。至于在出版和流通佛教书籍的机构中,以上海有正书局、医学书局、弘化社和上海佛学书局这几处,在规模与数量上,成绩可观。

1. 上海有正书局

有正书局为狄楚青创设,主要发行南京金陵刻经处等经坊的佛经图书。在民国初年濮一乘主编的《佛学丛报》上,每期都登载有正书局发行的佛经流通所书目和南京经房图书价目。有正书局位于上海望平街,并在上海海宁路开办有正印刷所。又在北京琉璃厂和天津东马路设有正书局(分店)。而《佛学丛报》的编辑所就设在上海望平街有正书局内。第十二期《佛学丛报》对有正书局佛经流通书目做了汇总,并说:"自嘉兴楞严寺书本藏经毁于兵燹,研究佛学者苦乏善本,池州杨仁山居士于前清时,会同扬州等处经房刊刻藏经,垂四十载,校刻精好,久已风行海内。本处特总汇各处,有如金陵、常州、扬州、苏州、杭州、长沙各经坊善本,概行购至一处,以便四方购阅……"由此可知,有正书局在民国初期佛学流通方面贡献良多。

2. 丁福保开办医学书局

光绪三十四年(1908),丁福保于上海开始行医,并开办医学书局,刊印医书,推广医学。丁氏在行医、印书之余,还广购佛学书籍,作深入的研究,从1920年(民国9年)起,开始印行其所编辑的各类佛书,合起来命名为《佛学丛书》。丁福保所辑的《佛学丛书》,计有:佛学入门书13种、最易入门之经典8种、净土宗经典6种、法华三经4种、般若部及禅宗6种、辞典类6种、新出各经典11种,可谓洋洋大观。在丁氏众多的著作中,流传最广、最为人所称道的,就是《佛学大辞典》。这是国人最早自行编纂的一部佛学辞书,出版迄今,一直是佛学研究者案头必备的工具书。此书丁氏于民国初年开始着手搜集资料,并参考日本佛教学者所编撰的各种佛学辞典,经过8年的编纂校订,至1919年才告完成,1922年正式出版。这部辞书收有辞目3万余条,全书360余万言,3 000余页。佛学辞典的出版,让佛教的新旧学人有个参考和入手之处,对佛学教育的推广着实帮助不少。

3. 印光倡设弘化社

民国以来,对于佛书印赠事业的推动不遗余力且影响深远者,首推印光法师。印光早于民国3年(1914)时,即向上海有正书局的创办人狄楚青倡议流通清雍正皇帝所著《拣魔辨异录》,而狄楚青则将此书石印1 000部,开启了印光佛书印赠事业的序幕。自民国11年(1922)起,印光就专为刻印善书和佛经多次亲赴上海、扬州、苏州、南京等地,而这段时期印行的净土经论与善书近百种,刊印之数达几十万册,均普遍赠送,近代佛教的净土宗风因而大盛。

民国19年(1930)2月,印光当时在上海,欲到苏州报国寺闭关,临行之前,将纸版近百种和已印好的佛书数万册交付太平寺之释明道,示意他能创办一个刊印流通佛书的机构。明道本着印光的意旨,与王一亭、关絅之等居士商议,筹设弘化社,先在上海觉园佛教净业社设置流通部,订立流通办法,分为全赠、半价、照本三种。后来业务不断扩大,遂将流通部更名为弘化社,正式宣告成立。1931年时,弘化社迁至苏州报国寺。直到1940年11月印光圆寂后,觉园法宝图书馆成立"印光大师永久纪念会",复将弘化社自苏州迁回上海,设在法宝图书馆内。该社主要流通印光历年所印净土宗经书30余种,同时编印流通《印光法师文钞》、《印光大师嘉言录》、《印光大师文钞精华录》等。弘化社在印光的主持下,印赠佛书的数量不下数百万册,对于民众起信佛教(净土)的推广,具有重大的影响。

4. 上海佛学书局

上海佛学书局创办于民国18年(1929),是由上海热心佛教的居士王一亭、范古农、李经纬等人发起成立。起初局址设于上海闸北宝山路界路口,继又迁至胶州路愚园路上,为中国近代规模最大的一所专门编辑、刻印和流通佛教典籍的出版机构。上海佛学书局创办后,以铅字排版大量出版佛书,成为全国佛教书刊的供应中心,对佛教的出版事业产生了历史性的革新。依《上海佛学书局概况》中称:

> 自清末杨文会先生创刻经处于金陵,维扬、毗陵相继奋起,雕刻渐众……甚至国内各大书肆,亦常有佛学书籍之出版,是可见佛化运动已渐为国内学界所留意……虽然,吾人尚以为其间有一缺点焉,即各地佛经流通处多因循旧习,甚少新猷,印刷流通,各行其是,无伟大之规模,无精密之计划,无组织、无联络。求其容纳众流,包罗一切,集全国各处佛经于一地,合编辑、印刷、流通为一事者,不能不推本局为创始。

上海佛学书局采用股份有限公司之经营方式,以每股10元达到集资作用。佛学书局虽属营业性质,而以弘法劝善、提倡道德为职志,既可获应得之利润,又可"兼事善举,感致祥和"。可见上海佛学书局迥然不同于仅靠十方善信赞助的传统经坊流通处。传统印造经像多被视为善事,而佛经流通处亦佞谈营利,故经像多属结缘赠阅之性质。然此经营方式,经费势将难以掌握,若要持续或扩张营业,自有其瓶颈存在。而上海佛学书局在观念与做法上大胆突破,不但市场竞争力随之提升,同时在极有效率的营销系统下,经书流通的范围更是传统流通处所无法相提并论的。释东初在其著作中曾提到上海佛学书局在木版经典逐渐完备时所作的新贡献:"木版经典,以版本来说,字体较大,又较整齐美观,极具版本价值。要依经济而论,显又不及铅板便利。铅版不仅节省时间经费,又节省人力,即在传播方面,其收效亦较木版高……以出版来说,实为佛教文化一大进步。民国二十年后,其业务日渐扩大,并承担《海潮音》及《来碛砂藏》印行职务,这对佛教文化发扬,贡献殊大。"①

上海佛教书局建立了一个总局、分局、分销处三层系统的流通网,除

---

① 参见释东初《中国佛教近代史》上册,第251页。

经销自版的书籍外,亦代理发行其他书局或刻经处出版的佛书,以及各种佛教杂志,把全国的佛教出版品整合在统一的流通渠道上。至民国22年(1933)6月为止,上海佛学书局经营业绩斐然:除各种定期刊物外,新出版书籍计有110种,数达28万册。流通各地经籍,计百千万册。该局所出之《佛学》半月刊,每期已销至12 000份。各地分局已有8处,分销处已增至100余家。佛教经籍多属文言,除持诵外,初学者甚难入门,故上海佛学书局乃依学习者之需要,大量发行各类佛教通俗读物,举凡佛学概论、佛教入门、传记、辞典、讲演等书,莫不相应而出。至1937年抗战爆发时,该局发行佛教书籍总计3 319种,其中《大藏辑要》有2 024种,而佛教通俗典籍则有1 295种,大约占了四成,其入俗化导之倾向,概可见一斑。

(三) 佛教宣传刊物的发行

民国年间佛教文化事业普遍兴起,而其中出版业的新宠儿——佛教期刊的发行更是蓬勃发展,对于近代佛教文化的传播沟通有很大影响。释法舫在20世纪30年代对当时佛教期刊出版的情形,指出:"佛教在这个时代,想做广大的发展,必须要宣传;现在是科学时代,宣传工具和宣传物品,极为容易,不但印刷经典便利,就是各种的宣传也极便利。现在中国佛教的宣传刊物,杂志、日报虽不多见,却是日有进步。"在谈到1936年的中国佛教状况时,法舫又特别表彰致力佛教文化宣传的出版物,他说:"今日的世界,是动态的世界。这个动态世界的运转,有着无量数的推动力;在一些推动力里,要算是文化的推动力最为强大。因为文化是人类文明的因素;因此之故,一个国家或一个民族的进步发展,都要依赖着它的文化的推进。那么,佛教事业的扩大推行,开拓其教化区域或吸引其皈依信徒,其唯一的方法,便是佛教文化的宣传了。这一点,从佛陀说法以后的历史的表现,都可以看得很明白的。今日的时代需要,佛教是更应当作强速的宣传工作了。宣传物的久远性,就是所谓法宝流通;宣传物的普遍性,就是新刊物的印行。这两类的宣传物,在一九三六的中国佛教界里,较之过去,是有相当地进步的。"①由于以办期刊方式来弘扬佛法,宣传佛教教理,评论佛教时事,均可不受时间、地点、人员等等条件的限制,因而受到广大佛教徒的欢迎。当这些佛学刊物出版后,对于宣传佛教义理,推广佛教信仰,甚至于开展国内外佛教文化交流等方面,都起了十分重要的作用。

民国以来,佛教界先后创办的佛教刊物遍及全国各地,不下百余种②,一方面纠正社会人士对佛法之误解,另一方面使佛教徒认识自身所负弘扬佛法的责任。其中有日报、旬刊、月刊和年鉴等等(据日人考据多达400余种),然而绝大多数维持的时间并不长久,以两三年者居多。创办最早者,为1912年(民国元年)上海创刊的《佛学丛报》,继之而起者,则为民国2年(1913)的《佛教月报》,而创办时期最长的是民国9年(1920)由释太虚所创办的《海潮音》月刊,最具学术价值的首推支那内学院1922年的《内学》年刊。

此外,上海佛学书局的《佛学》半月刊在一般信众中销路最广,汉口佛教正信会的《正信》周刊为接引在家学佛的刊物,《人海灯》有些偏向于指导僧伽改良方面,《威音》月刊则是以日本密宗佛学研究为主。日报,始于民国19年(1930)北京有《觉世报》一小张问世,惜未及一年即停刊。民国13年(1924)汉口有《佛化报》,不久亦停办。而能以大篇幅成立日报者,则为民国24年(1935)上海的《佛教日报》,初由范古农、邓慧载主编,至1937年抗日战争爆发始停办。兹将影响较大的各刊物创刊及主

---

① 法舫:《一九三〇年代中国佛教的现状》及附录《一九三六的中国佛教》,张曼涛主编:《现代佛教学术丛刊》之《民国佛教篇》,第147、156—157页。
② 黄夏年指出,中国佛教界融入时代潮流,始终把传承文化、促进文化交流与发展视为己躬大事,做出显著成绩。据不完全统计,仅1912—1949年,中国、日本、新加坡、缅甸等地的佛教团体创办的汉文佛教期刊近200种。民国时期出版的佛教刊物很有特色,主要表现为数量多、参与面广、内容繁杂、有个性,反映了佛教界各种不同势力和不同组织的要求,因此很值得研究。就数量来说,百年来还没有一个确切的统计数字。参见《民国时期佛教期刊集成》第1卷,"前言"第1页,全国图书馆文献缩微复制中心影印,2006。

办人,发行期数,列表如下:

民国时期佛教报刊一览表

刊物名称	主办人	创刊年月	刊期	发刊地址	期数
佛学丛报	濮一乘 狄楚青	民国元年10月	月刊	上海爱而近路	仅出12期
佛教月报	太虚	民国2年	季刊	上海赫德路十九号	仅出4期
觉社丛书	太虚	民国7年	季刊	上海	仅出5期
觉世日报	觉先	民国9年	日报	北京象坊桥观音寺	历10余年
海潮音	太虚	民国9年	月刊	杭州	55年
世界佛教居士林林刊	上海居士林	民国11年	季刊	上海	不详
内学	欧阳竟无	民国12年	年刊	南京支那内学院	仅出4辑
佛化新青年	张宗载 宁达蕴	民国12年	月刊	北京	不详
佛化报	佛教会	民国13年	十日刊	汉口佛教会出版	不详
佛教新闻	不详	民国16年		四川成都	历经20年
无畏周刊	悲观	民国16年	周刊	汉口	仅出4期
法海波澜	仁山	民国17年	季刊	镇江金山观音阁	不详
现代僧伽 后改为"现代佛教"	大醒	民国17年	半月刊	厦门南普陀寺内	历经5年
中国佛教	宁达蕴	民国17年	旬刊	南京	不详
佛教月刊	佛教会	民国18年	月刊	山西省佛教会版	不详
弘法月刊	谛闲	民国18年前	月刊	宁波观宗寺弘法社	
佛学杂志	不详	民国18年前	月刊	英国伦敦佛学会	不详
威音	顾净缘	民国18年	半月刊	上海麦根路麦根里850号	仅4—5年
佛化随刊	佛化社	民国18年	月刊	陕西中山街九十号	不详

续表

刊物名称	主办人	创刊年月	刊期	发刊地址	期数
般若	不详	民国18年	月刊	重庆滴水岩极乐精舍	不详
正信周刊	不详	民国18年前	周刊	汉口佛教正信会	不详
晨钟	不详	民国18年	月刊	常熟兴福寺	不详
南瀛佛教	不详	民国19年前	月刊	台湾总督府文教课	不详
大云	不详	民国19年	日刊	浙江省绍兴泥墙弄十一号	不详
佛事报	不详	民国19年前	月刊	香港大墺十八屿山宝莲寺	不详
佛教旬刊	不详	民国19年前	旬刊	四川文殊院佛教会	不详
法雨	不详	民国19年前	月刊	常熟支塘	不详
觉海	不详	民国19年前	旬刊	贵州省佛教会	不详
佛化周刊	居士林	民国19年前	周刊	泰县佛教居士林	不详
大佛学报	可端	民国19年前	不定期	扬州长生寺	不详
灵泉通讯	不详	民国19年前	不定期	四川省佛学社	不详
佛教评论	常惺	民国19年	月刊	北平柏林教理院	不详
慈航画报	刘仁航	民国20年	不详	上海法租界内	不详
人海灯	芝峰	民国22年	月刊	先在厦门南普陀,后移潮州、香港发行	仅历2年而止
北平佛教月刊	不详	民国22年	不定期	华北佛教会	仅历1—2年
佛学	佛学书局	民国23年	半月刊	上海佛学书局	不详
净土月刊	大醒	民国23年	月刊	武昌千家街佛学社	不详
佛教公论	慧云	民国24年	月刊	厦门闽南佛学院发行	仅历1—2年而止

续表

刊物名称	主办人	创刊年月	刊期	发刊地址	期数
佛教日报	范古农	民国24年	日报	上海佛学书局发行	历经1—2年而止
微妙月刊	不详	民国26年前	月刊	上海菩提学会	不详
佛教月刊	不详	民国26年前	月刊	天津解行佛学社	不详
佛海灯	不详	民国26年前	月刊	沙市佛教居士林	不详
佛教与佛学	不详	民国26年前	不定期	星洲转道学院	不详
觉有情	佛学书局	民国26年后	月刊	上海佛学书局	不详
觉音	不详	民国27—28年间	月刊	香港佛教出版	不详
狮子吼	巨赞	民国28年	月刊	南岳衡山	不详
中流	东初	民国29年	月刊	镇江焦山佛学院	历6年而止
妙法轮	震华	民国32年	月刊	上海玉佛寺	不详
世间解	续可	民国34年	月刊	天津解行佛学社	不详
觉群	太虚	民国35年	周刊	上海玉佛寺	不详
佛教文摘	不详	民国35年	月刊	无锡佛教文摘社	不详
香海	不详				

释东初在《中国佛教近代史》中评述民国早期的佛教刊物,认为:"不论内容价值如何,不问出版年代多久,更不问系属何人主办,一言以蔽之,这些刊物都代表了全体佛教徒的心声,同时,也代表了佛教僧徒对于学术的修养,及弘法利生的一种精神,其影响力虽不及日报,但发行所及,却遍达全国各省各县,乃至东亚各国,世界各洲。"①若就学术的眼光来看,这些期刊不但都能因其所属机构的地位和立场,努力宣扬佛教和其理念,同时也留下了丰富的历史记载,成为今日学者研治近代佛教史的重要资料。

---

① 参见释东初《中国佛教近代史》上册,第十章"佛教文化事业之发展",第242页。上表资料来源也出自此,稍有增补。

(四)佛教文化事业与居士社团的作用

清末以降,"中国佛教复兴之父"杨文会于佛典的整理与出版、佛教教育的兴办和佛教理论之研究等方面,都作出了有目共睹的成果与贡献。特别是杨文会在金陵刻经处办校兴学,不仅培养了中国近代佛学界的俊才英杰,亦使佛学研究中心由缁众转向居士,由僧界走向社会,进而使得居士在近代佛教史上居于重要的地位和作用。近代佛教在居士的参与下,一改社会对于佛教的刻板印象,加速了佛教复兴的步伐,在佛学研究、佛书出版和佛教社团组织等三方面的发展上,表现极为杰出。在佛学研究方面,民国以来佛教界出现了一批知识阶层出身的佛教居士,他们学识渊博,信仰虔诚,与政界学界、工商界关系紧密,活动能力强。这些居士,除了组织各式各样的社团从事活动外,最大的贡献是建立佛学教育之机构,开展多方面的佛学研究。例如以欧阳竟无所领导的支那内学院,乃民初佛学研究的重镇,为各界所公认。

在佛教书籍出版方面,由于居士在佛学研究上成绩丰硕,因此包括佛教教理和教史的近代著作,有相当一部分均出自居士的手笔。此外,这一时期不管是大藏经、一般佛书或佛教期刊,大都是由居士编辑与出资发行。例如民国初期,《频伽藏》乃罗迦陵资助出版,有正书局系狄楚青创办,医学书局则为丁福保经营,上海佛学书局乃王一亭等经营,这些都显示出此时的佛教出版业实有赖居士的推动。佛书的整理刊印和广泛流通,不仅构成了近代居士佛教活动的一个重要指标,而且对近代佛教的振兴更有直接的促进作用。

民国初期的居士社团,以位于上海市者居多,其中最著名的为世界佛教居士林和上海佛教净业社。事实上,早在民国8—9年间(1919—1920),上海居士王与楫、沈心师和周舜卿等人就共同发起成立上海佛教居士林,成为全国居士社团之首创。初时借海宁路锡金公所为林址,而后则迁爱文义路新闻捕房对面。根据《上海佛教居士林暂行规约》之说明,居士林以"集在家善信熏习佛法,力行善举,宏扬佛教,自利利他为宗旨"。民国11年(1922),经过协商,上海佛教居士林一分为二,进行改组。沈心师和关絅之等人将上海佛教居士林爱文义路林址改组为上海佛教净业社,而王与楫和周舜卿等人则另行组织世界佛教居士林,将林址迁回海宁路锡金公所。

因为居士林为在家信徒提供了一个学佛、修持的良好环境,所以在世界佛教居士林影响下,当时全国各地佛教徒也陆续成立了居士林,其中著名的有:华北居士林(民国18年[1929]在北平成立)、天津居士林(民国20年[1931]成立)、湖南居士林(民国21年[1932]成立)。此外,南京、重庆、成都、南通、金沙、唐家闸、泰县等地也先后成立居士林,虽规模大小不一,均发挥了联系在家佛教徒的作用。

1919年五四运动后,民间社团加速林立,而佛教社团组织也益加发达,分布在全国各地,其大体可分为四类:一是各寺院之间的联络与协调机构。这类机构一般由最早的中华佛教总会的分会、支会转换而来,并有省、县(市)、乡等多级。其大致上仍由僧人主持,以寺院为依托,旨在维护佛教利益。二是讲经会与佛学研究团体。此类团体的普遍建立,促使僧人走出寺院,面向社会群众讲经说法,同时也开了居士讲经的风气,对近代中国佛教的发展影响极大。三是居士修行与弘法团体。这类团体包括了各地的居士林、功德林、净业社、念佛会以及莲社等等,并成为佛教与近代工商业阶层结合的基础,是佛教革新的后援。四是救济与慈善团体。其中有佛教界独立创办的,也有佛教界与其他个人、团体联合组成的,在当时贫困动荡的社会中,均发挥了佛教慈悲济世的伟大情怀。以上第一类组织是由僧人所主导外,余者几乎都是由彼此志趣相投的居士们所组成的,而不同的志趣自然产生各类型的佛教团体,呈现出近代佛教社团丰富之面貌。由此可清楚地看出,居士在这些佛教社团发展中,往往扮演着重要的领导地位,这也是近世居士佛教的兴起中最为显著的现象。

值得注意的是,以居士为主的地方佛教社团和由僧众组成的全国佛教组织及其分支单位,彼此间有相当显著的差别,即居士入会是为了参与修行功德活动,而僧人则是为了保护寺产。僧众并不把他们的佛教社团看做是累积福德的地方,因为这方面的需求已经从其修行生活中得到满足,他们所要的是一个能对社会产生影响的组织。而居士们却非如此,他们需要的是"道场",也即一个能提供修行的地方。他们不希望只是寺院里的旁观者,而更希望能成为积极的参与者,即念诵佛经,研究和弘扬佛法,以及亲身实践菩萨道。这个修持上的需求,在今日居士社团的发展中,也是显而易见的关键所在。

第二节　民国佛教的整理改良活动

庙产兴学风潮影响近现代中国佛教非常深远,持续至抗战前夕,未能止息。这既反映了近现代中国社会急剧转型的过程中,对中国宗教的要求发生了很大变化,也说明了旧式佛教寺院已不能适应近现代社会,因而从反面促使僧尼从事生产自救及兴办社会教育、公益慈善等事业。庙产兴学可谓是民国佛教革新的最重要原因之一,而民国佛教的改良活动与革新是紧密联系在一起的。南京国民政府建立后,发生了几次有历史意义的整理改良佛教的活动,标志着佛教在这个时期的变化和进步。

一、30 年代前后的佛教形势

南京国民政府建立之初,宗教政策尚未稳定,佛教仍然危机重重,面临诸多挑战,以致出现了一些错综复杂的变化。如 1927 年 3 月,广东省政府饬广州市政厅将所属不规则之尼庵悉予没收。7 月,浙江省政府通令禁止男女青年出家,20 岁以内僧侣一律还俗;又省党部改组委员会通令各县党部解散僧道团体、取消佛化社等。其他各省县也常有寺产被占、僧侣被逐的情况发生。

最突出的事件有二：一是1927年唐生智在湖南推行佛化运动。该年1月，湖南佛化会及民众佛化协会游行达万人以上，大呼"拥护佛化即拥护革命"口号。6月，湖南佛化会四众，由唐生智指导讨论整理僧制统一佛化，拟建僧园数千间，僧众一律迁入，衣食等概由供给，所有各寺产业概归佛化会所有，勒令各佃户向佛化会投佃，并请僧众推选代表加入湖南省民众会议。佛化会召集全省僧伽大会，拟改服装为党制，另加特种标记以便识别，寺院改为工业合作社，方丈制改为委员制。8月，唐生智将各寺产收归湖南佛化会统收统支，各住持顿受拘束，群起反对。唐复召集佛教四众演说，谓本人对佛教以身心性命护持，但不是保护和尚吃饭，是要真能修念佛法，使秽邦变为净土，如有不遵，绝不宽容。唐生智奉顾净缘为师，拘僧映清等12人下狱，南岳僧素禅被枪毙。二是1928年2月，冯玉祥在开封"逐僧灭教"，开封之相国寺、龙亭救苦庙被改为中山公园、中山市场及救济院。河南省政府通令处置寺庙财产，将各县所在地之寺观庙宇改建兵房，资产办理中学等。受河南事件影响，1928年10月26日，湖北省民政厅颁发取缔僧道通告，劝各地僧尼力自振作，利己利人，宜兴办学校、医院、义仓、工厂等。

面对当时波涛汹涌的对宗教不利的社会氛围，南京国民政府一些领导人积极通过合法途径，提案保护宗教。1927年5月，伍朝枢在国民党中央第九十三次政治会议上，提议保护宗教团体。国民政府专门为此发出训令，不得"利用任何势力压迫或侵害中外人民信仰之自由"。1927年秋，蒋介石第一次下野时，电请太虚法师到奉化溪口雪窦寺为之讲《心经》。1928年3月，张之江、钮永建在国民党中央政治会议上，提出实行信仰自由、取消反宗教口号案，中央执行委员会秘书处并国民政府复函准之。在蔡元培、戴季陶等人赞助下，太虚和李子宽、黄忏华等人在南京成立中国佛学会。在这一时期中，蒋介石、戴季陶、何应钦等人还亲自赞助修复洛阳白马寺和香山寺、开封铁塔寺、云冈佛窟、龙门石佛，以及送僧人出国留学。1936年2月,蒋介石通令"各部队不许进驻寺庙","已驻入者速行迁移"。①

南京政府在扶持佛教的同时也加强对佛教的管理。1928年4月,风传国民政府内政部部长薛笃弼有提庙产兴学之举,邰爽秋且有具体方案提交全国教育会议,激起江浙佛教联合会积极运动反对。太虚将邰爽秋庙产兴学运动"打倒僧阀,解放僧众,划拨寺产,振兴教育"之主张,修正为"革除弊制,改善僧行,整理寺产,振兴佛教"。杭州佛教会代表惠宗、弘伞、却非等致电蒋总司令,得复:内政部对于佛寺仅希望"整理改良"。薛笃弼内长在复函佛教会中称言:

> 查信教自由,载在党纲,本部在国民党指导下,自觉遵照党议,努力奉行,以期无稍违误。贵会乍见报纸所载无稽之谈,辱承驰电见教,此殆激于护教热诚,而未详加考询所致。本部成立未久,关于内政设施,方且征询国人意见,积极筹划,不敢稍涉孟浪。来电所称改僧寺为学校及薄于佛教云云,此等传闻殊属离奇。笃弼鉴于吾国国势之不振,以为信仰佛教固属国民自由。唯不应仅为僧侣博衣食之资,及为少数信徒精神所寄托,应将我佛博爱平等、坚苦卓绝之精神发挥光大,使社会人类均得受其指导,蒙其利益,即具有感化人心、转移风气,改良社会、改造国家之效用,方不愧为真正佛教之信徒。若徒以烧香膜拜、邀福免祸相号召,不唯无益于社会,仰且有失佛教慈航普度之本旨。

于此,薛笃弼显然不满意佛教"仅为僧侣博衣食之资,及为少数信徒精神所寄托",而其中寓有劝导佛教进行积极整顿改良之善意,故此他拿当时中国的耶教来与佛教作比较:"耶稣亦宗教之一,固不敢谓其尽善,但耶教徒踪迹所至,不惮梯山航海,披荆斩棘,冒险猛晋,或设学校,或设医院。虽极荒秽之区,一经彼教整理,即可变为净土;极顽固之俗,一经

---

① 参见张曼涛主编《现代佛教学术丛刊》之《民国佛教篇》,第194页。

彼教诱导,即可逐渐改良。所以我国信耶教者,妇女多知放足,儿童多能读书,是其明征。其组织之严密,愿力之宏毅,与年俱进,尤堪惊异,而其国势亦随其宗教而膨胀。然愚犹以为基督教徒应有进一步之觉悟,本耶稣舍身救世之精神,联合全世界之永久和平,则基督教徒方不致被人指为'帝国主义文化侵略之工具',而使耶教日趋于式微。返观吾国之信仰佛教者,上焉者独善其身,其次者不过借寺庙为生活之资,下焉者甚且以庙宇为藏垢纳污之所,以较实行救世、确有精神之宗教,则更瞠目乎后矣。"

以此,薛笃弼对国人信仰之佛教者提出两大希望:"一是应负有整顿佛教、改良佛教之责。本旧有佛教之精神,察世界进化之潮流,努力改善,发挥光大,以拯救中国民族、挽回中国国权、免除远东战祸、促进世界和平为己任。二是不应仅为消极之信仰,并应进一步努力作积极之工作,即自动地按庙宇原有之房屋田产多寡,兴办各种学校或平民图书馆,或平民医院,或平民工场等。既不悖我佛教救济众生、诞登彼岸之旨,又可上益国计、下益民生,而亦可以钳制讥讪僧侣为不劳而食者之口。"薛笃弼以为:"必如是而佛教始可昌明,佛教始能得全国人民之真正信仰,始对于世界人类有无量之功德。否则,纵无人主张改寺庙为学校,恐佛教自身亦必日趋于灭亡之路也。"[1]

---

[1] 内政部长薛笃弼致佛教会复函稿(4月18日),此篇函稿不止反映了佛教当时的状况,且对基督教和民间信仰有所涉及,实际上是南京国民政府时代对各种宗教信仰施政的重要文献材料。其对国人信仰多神教亦表示意见如下,"愚意以为人民信仰因(应)以自由为原则,而对于涉及迷信、障碍人类进化之不正当信仰应加以干涉,其有功国家社会之古圣先贤,在历史上、文化上有崇拜之价值者,并应加以指导,如认为其人功业学问足资模范者,应摘其功业学问可作纪念之点,大书特书于其庙宇内,以表彰其事功,或绘为壁画,以集中民众之信仰。如立关羽庙,应使民众知系纪念关羽之义烈,崇拜其富贵不能淫、威武不能屈之精神;如立岳飞庙,应使民众知系纪念岳飞治军之严明,崇拜其精忠报国,不怕死、不爱钱之精神。若在历史上毫无根据,或功业学问一无足称,或本诸稗官小说,或本诸齐东野人,如世俗之所崇拜之土地财神,痘瘟送痘送子诸神,以及狐仙蛇神、牛头马面之类,徒供愚妇愚夫之号召,自应列为淫祀,严加禁止,以正人心。笃弼厚爱佛教,自信不让于诸公,唯不愿使其常此式微,沦胥以亡耳。兹承垂询,特为详述,鄙见有无可采之处,尚希指正,无任感祷。"中国第二历史档案馆编:《中华民国史档案资料汇编》第五辑第一编《文化》(二),第1071—1073页。

于是,在政府引导下,民国时期的佛教从事公益慈善事业较为兴旺。仅 1928 年 10 月在北平一带,就有"善果寺设立第一平民小学校,夕照寺设立第二平民小学校,招花寺设立工读学校,净业寺组织贫儿工艺院,嘉兴寺增设贫民纺织厂,永泰寺等办女子工读学校"①。1929 年南京政府颁布《寺庙管理条例》规定:"寺庙得按其所有财产之丰绌,地址之广狭,自行办理……各项公益事业一种或数种。"1932 年 9 月,内政部又公布《寺庙兴办公益慈善事业办法》十条,均作出具体要求和规定。而从佛教角度看,自薛笃弼代表内政部明确回复佛教会电函之后,佛教也的确走上了自动整理改良之路。

二、江浙佛教界组织整理僧伽委员会

1928 年 5 月 13 日,江浙佛教联合会释谛闲、印光、寂山、德浩、青权、静修、常惺、如幻、德宽、慧明、德峻、知慧、惟宽、净心、王一亭、闻兰亭、关炯之、孙嘉荣、黄庆澜、谢健、聂其杰、施肇曾、黄文叔、江味农、狄葆贤、许止净、陈圆白、包承志等组织整理僧伽委员会,联名致电国民政府曰:

> 南京国民政府钧鉴:报载全国教育会议将于五月十五日开会,各处提案中颇有主张提拔庙产兴办教育者,即上海特别市教育局亦有庙产全充教育费之议案,此种显违本党党纲及中央议决案之言论,竟公然提出于大学院召集之全国教育会议,实堪骇异。敝会前因报载内政部薛部长将有寺庙改办学校议案提出全国教育会议,即推举代表入京请愿,经薛部长郑重声明,系出讹传,且主张佛教自动整理改良、兴学济众。敝会已于五月八、九两日开大会公决,一面组织整理僧伽委员会,彻底整顿;一面积极兴办佛教利他之各种社会事业,对于教育部分更有全国诸山一律举办学校之计划,一切进行

---

① 参见张曼涛主编《现代佛教学术丛刊》之《民国佛教篇》,第 197 页。

粗具规模,一俟各地委员到齐即当推举代表赴京请愿,不意全国教育会议竟有此提案,实出意外。如果言论成为事实,不特内政部两次函令谆谆期望之德意及敝会积极改革之计划均归无效,即党纲府令亦必因此种议案而失败,革命前途何堪设想?迫得先行电恳钧府,迅予电令大学院,将此种处分庙产之议案悉数剔出,无庸列议,以符党纲而符权限,实为公便。除赶推代表晋京请愿,并电呈内政部及大学院外,先此电呈。

1928年7月3日,大学院、内政部遵照国民政府秘书处奉国民党中央常务委员会谕令,对江浙佛教联合会整理僧伽委员会谛闲等为发扬佛教精神,组织整理僧伽委员会,设僧办各慈善机关及学校,推举代表寂山等诣京一事,请求备案,并通令保护呈一件,附计划书一份,会同详加审核。大学院长蔡元培与内政部部长薛笃弼在《致国民政府呈复》中,对于谛闲等呈请组织整理僧伽委员会等事项提出如下意见:

其一,关于原呈内请求保护事项,蔡元培等认为:"信仰自由,自应根据党纲办理。惟仅可许其自行研究,自行崇信,似无特颁通令重申保护佛教之必要。"

其二,关于原呈内请求设立僧伽委员会事项,蔡元培等向国民政府提出应饬遵照的七条建议:

(1)整理僧伽委员会应为带地方性的民众团体,委员中应有所在地党部、政府及教育行政机关之代表加入,并应将组织情形呈请所在党部审核备案,转交同地方行政机关立案。

(2)该整理僧伽委员会原计划书内应规定僧众职业,使僧人于修持之外从事工作,衣食有所自给。盖僧众不能不有衣食住行,斯不能不有正当职业,彼回、耶教民各有职业,固丝毫无妨于信仰也。

(3)各地方慈善或教育事业之财产,除组织该项事业财产委员会妥为保管外,并应受该地方政府及教育并公益行政机关之监督与保护。各整理僧伽委员会、各寺庙所办之慈善教育等事业,当然适用此项规定。

(4) 办理工厂、学校及其他社会教育等事业,应参照大学院民众教育方针,并受该地有关系之行政机关之严格指导。

(5) 大学院或内政部所颁关于公益及教育之各项法令,各僧伽委员会、各寺庙办理该事业时应遵守之。

(6) 各僧伽委员会、各寺庙不得提倡迷信及反革命思想。

(7) 原计划书内"整理方针"改为"整理方案"。①

蔡元培和薛笃弼的建议对不久后南京国民政府颁布的寺庙登记和管理条例均发生重要影响。1928年8月,内政部颁布《寺庙登记条例》18条,对全国寺庙进行登记。1929年1月,国民政府颁布了《寺庙管理条例》21条,由于遭到佛教界强烈反对,至同年的12月,国民政府将《寺庙管理条例》废除,另行颁布《监督寺庙条例》。

在上述形势下,佛教界人士也自觉加强整顿和改良佛教的各方面工作。太虚根据三民主义提出"三佛主义",即"佛僧主义",造就"有主义、有组织、有纪律的革命僧侣";"佛化主义",发展佛教徒,除僧侣组织外,还要建立居士组织;"佛国主义",以佛教影响国家,乃至全世界。太虚是民国佛教改革的领袖,国外有人誉之为"中国佛教的圣保罗"②。早年他提出有关教理、教产、教制的佛教"三大革命",并未得到多少积极的响应。在南京国民政府内政部新颁布《寺庙管理条例》21条之后,他宣称新的佛教必须是"人文主义的、科学的、实证的和世界范围的"。

从民国成立至抗战以前这二十几年间,佛教虽历经各种风雨惊涛,

---

① 《江浙佛教联合会整理僧伽委员会致国民政府代电》(5月13日)、《蔡元培等致国民政府呈复》(7月3日),中国第二历史档案馆编:《中华民国史档案资料汇编》第五辑第一编《文化》(二),第1070—1071、1073—1074页。
② Wing-tist Chan, *Religious Trends in Modern China*, P. 56, Columbia University Press, 1953, reprinted 1969. 被称为"基督教第二奠基人"的圣保罗在将基督教由民族宗教变为普世宗教方面作出了关键性的贡献。

但依然坚强不屈,屹立东方,为社会不可忽视的力量。1936年6月,内政部统计全国寺庙庵院共267 000余所,僧尼计738 000余人,在家信徒超出家者5倍以上,而四川、河南、湖南、江西、安徽五省信徒尚不在其内。

三、熊希龄倡议设立整理宗教委员会

1929年2月26日,熊希龄以赈款委员会委员名义向蒋介石致函,倡议设立"整理宗教委员会",以安定社会,辅助政治。熊希龄在致函中说,北伐成功,建设方始,元气未复,休养宜先,欲求党国主义之实施,必谋社会人心之安定。他向蒋介石南京国民政府陈述了宗教上的几个重要问题。首先他谈了孙中山先生对宗教信仰自由的重视,他指出:"孙总理注重信教自由,三民主义又谆谆于维持固有文化道德,全国人民同深信仰,以其于社会人心大有关系也。吾国立国最古,文化最先,五千年来,养成良善风俗者,莫不由于儒释道之学说所熏陶,虽其缺点流于贫弱,然就全国民质之良善与欧美各国相比较,究以吾国为优,此孙总理之所以主持保存光大也。近年以来,各省青年反对宗教,风起云涌,不可遏止,虽有政府命令,置若罔闻,各省学校有反耶教之同盟,天津报纸有诋回教之争论,南北各县有毁孔佛各庙之暴动,乡民无知,出而抵抗,酿成巨案,载见各报者络绎不绝,此诚社会之秩序不安,人心不靖,最可隐虑也。不独此也,万里藩服将受影响,领土问题亦有绝大之关系焉。"然后,熊希龄就宗教关系于国家民族、社会和人生几个方面,论述宗教之不可忽视。兹录其见解于下:

其一,宗教有利于巩固国家主权,维护边疆安定。我国东北、西北、西南之区域,多为蒙藏回番四族,纯皆信仰宗教之民,前清制驭各族,首以宗教为重,三百年来未有分裂者,全系于此。前些年班禅来(北)平,希龄询以何意,彼谓西藏原以佛教立国,若如达赖亲英,英人耶教势力侵入,西藏佛教必为所灭,故宁愿弃地归京,以谋保全佛教。由此观之,宗教实为保全领土之一要素。昔以日本欲以本愿寺布道侵入蒙古,诱惑蒙

族,近苏俄又于1928年十二月成立研究佛学第一院于列宁格勒,此两国谋取蒙之深心可以想见。其他英美各国设佛学会研究佛学,设哲学会翻译孔孟老庄等书,皆注意于东方高尚之文化,视为重大问题,而我国反从而轻视之,以失其固有人心、固有文化,洵为吾人所不解者也。"蒙藏民族,脑筋简单,守旧多疑,彼见我内地各省摧毁庙宇之种种举动,道路所传,必生疑虑,以为国家将来宗教,难免有因而解体,致阻归化之诚,而为强邻所诱惑,此宗教之关系于国家者一也。"

其二,宗教有补于社会法律、道德之不及,相辅而相成。我国三代以前,本以黄老为宗,自孔子集大成,乃有儒学,儒学盛兴之极,乃有佛教,处此以后,儒释道互相传衍,数千年来,深入人心,成为风俗,其深者为哲理,其浅者则儒说之"余庆余殃"、佛说之"因果报应"也。虽全国教育未溥,识字者百人中不过一二十人,然而社会教育则多源于儒佛两宗,无论穷乡僻壤,愚夫愚妇,莫不知教其子女以忠孝节义,安贫守分。希龄上年在慈幼院出有课题,名曰幼年教育之回顾。千六百儿童所答复者,皆述幼年所受祖若父母之训提,无非不骂人、不打骂、不窃物等戒。甚至有以关(羽)、岳(飞)为模范,因果报应为故事者。足见不识字之道德教育,固有潜留于社会,而数千年范围人心,亦未始不有力也。民国元年革命之后,维新学子,纷起毁庙,希龄时在壮年,意以为无用之庙禅,贩如来之僧,无足深惜。迨至二年(1913),出膺国务,据芷江乡人报告,该县自毁庙后,愚民肆无忌惮,争夺残杀,甚于往昔。北乡有姚姓一家七十一口,为人仇杀,仅余一孙,得免于难。希龄以此悟及政治尚未均平,法律尚未严密,教育尚未普及之时,即将范围人心之宗教,抉其藩篱,实不免于助长暴乱。故于是年提出阁议,申令保护庙宇者,亦以救其所弊也。"夫治国之道,法律、道德、宗教三者相辅而成,不可偏废。道德者导人明理,而不能强人必行;法律者强人必行,而不能使人诚服;宗教者使人诚服而又可使人敬畏,出于良心之自然也。中国历代毁庙之举,莫甚于北魏,外国历代抑教之举,莫甚于法(国)义(意大利),及近年之苏俄,然皆未几年而仍复故壮者,殆亦社会多数之心理,非国家强力之所能致也。前年(1927)武汉之祸(按,盖指唐生智事件),以非孝灭教,破坏中国数千年来社会基础,卒致演成杀人放火之残酷,至今未能收拾,前车可鉴,能无恫乎！此宗教之关系于社会者二也。"

其三,宗教弥乱止暴,感化人心,于人生有益。历来宗教发展,皆在战争之时,政治黑暗,兵匪纵横,无法无道,人人自危,于是智者厌世,愚者祈天,群趋于宗教之信仰,以为其身心之所恃,迨至大乱既定,以后失业者因生计之困而不平,得志者因权利之欲而无厌,人心不定,社会不安,是以开国元勋亦复因势利导,尊崇宗教,以为息事宁人之策。如唐太宗、明太祖、清世祖等皆此意也。"远观史册,立功军人,皈依佛教者实繁有徒;近观民国革命军人,投戈为僧者亦非少数,虽其悔悟所生,由于经过战争,残杀后之所不忍,而为国家社会消弭战乱之源,亦未始无益也。何况孤寡残废,断手缺足之军人,呼号在道,伤心惨目,即使政府能为一一收养,给予衣食,终不能宽其忧郁之心,平其怨愤之气,独有宗教可以感化,可以解慰,俾使乐其余年,生其希望,以补政治之所不及也。否则强者为匪,弱者自杀。近观上海报载每月自杀之案约有三百余起,又岂法律道德所能为力乎？此宗教之关系于人生者三也。"

熊希龄由此总结说,古今中外,各种宗教皆以"无私、无欲、无我"为旨,以"救己、救人、救世"为归,精而通之,合于"大同之真理,灵哲之科学",其流于门户宗派之争,妖异迷信之弊者,"皆其以后教徒之过,非各教主之旨也"。况国家、社会、人生所关系者如此其巨,又有领土1/3之信教民族,有户口2/3之信教人民,焉有不顾利害而操之过急乎？

熊希龄基于上述宗教关系之甚巨,而提出整理宗教之方略,一方面固宜维持,一方面须加改善。他说:"徒知消极维持而不知积极改善,必致阻碍文明之进化,有失各教之真传。苟能从而积极改善,加以研究,则于我数千年之超然哲理发挥光大,足以传递欧美,促进世界大同,亦我国家民族之光荣也。"改善之法,熊希龄建议政府应即设立整理宗教委员会,委派佛教中之庄蕴宽,耶教中之张之江,回教中之马福祥,天主教中之马良,儒教中之严修,道教中之王人文等为委员。"对于各教应兴应革事宜,皆由该会讨论解决,去其迷信,存其精义,并令兴学布道行慈,以裨益于人心世道,然后可以平派别之争。以科学之效,固蒙藏之心,慰人生之观,济政治之穷,本其高尚纯洁,真正良心上之自由平等博爱,则宗教之真旨,可以实现,又何致无益于政治,有碍于进化乎?"①

四、中国佛教会的成立及整理

1928年6月,太虚因蒋介石之邀赴南京,由国府代主席李烈钧邀在毗卢寺讲《佛陀学纲》三日。太虚借此机会,发起筹备中国佛学会,并订于次年召集全国佛教代表会。该会原拟定名中国佛教会,蔡元培函太虚谓不如名为中国佛学会,可兼容一般有志研究佛学之人士,故该会创立之始,原包含学会、教会两种性质。7月,中国佛学会筹备处在南京毗卢寺开筹备会,各地佛教代表到23人。

1929年4月12日,谢健、黄忏华等乃以中国佛学会名义,会同江浙佛教诸山,召集17省代表,于上海觉园举行全国佛教代表会议,决议成立中国佛教会,拟定章程,呈请中央党部及内政部备案,推太虚、王一亭、圆瑛等36人为执委委员,班禅、谛闲、印光等为监察委员,并请求政府设立"宗教委员会",修正《寺庙管理条例》。7月,中国佛教会第一次执监联席会选太虚、王一亭、圆瑛等为常务委员。太虚、王一亭联名呈请蒋介石(主席)谕行政院饬内政部批准中国佛教会会章立案。王一亭居士以卫教心切,特晋谒蒋介石,请求保护佛教。蒋介石给出三点指示:其一,真正依佛教行持的僧徒,可以保存;其二,借教育以造就知识的僧伽,可以保存;其三,寺院须讲清净庄严,不可使非僧非俗的人住持,且对社会要

---

① 《熊希龄关于设立整理宗教委员会以安定社会辅助政治等问题致蒋介石函》(1929年2月26日),中国第二历史档案馆编:《中华民国史档案资料汇编》第五辑第一编《文化》(二),第1019—1023页。

办有益的事业,可以保存。①

1930年3月18日,中国佛教会始获内政部批准。未几,中国佛教会又获得中央党部认可。于是中国佛教会经党政两方面认定为合法的团体。民国2年(1913)后至此,始再有全国佛教徒之组织。然而,中国佛教会成立后,"因新旧观念不一致,对内既未能发生领导作用,对外又未能抵御侵略"。②

中国佛教组织在前清末年变政兴学呼声高潮之中即已萌芽,当时僧人为适应环境、维护寺产之需要,创立各地僧教育会,自办僧教育,以维护寺产。嗣又改组成立中华佛教总会。至民国4年(1915),袁世凯政府颁布管理寺庙条例,此项组织遂被取消。中经运动恢复,间有断续,直至民国17年(1928)庙产兴学呼声高起,内政部斯时亦公布管理寺庙条例,对寺庙产权加强政府之统一管制,各地僧众一时又复纷起,进行保护庙产运动,因于民国18年(1929)组织成立中国佛教会,各省及地方亦分别设立分会,成立全国佛教系统之组织。中国佛教会组织成立以来,其中亟图借佛教会之组织,以谋改革佛教,整顿僧伽制度者颇不乏人,佛教中之保守者则着重于保障寺庙产业,反对改革,然人事关系,亦依附于此种主张相持状态之中,以致纠纷层出不穷。

1935年1月,中国佛教会乘中央民众运动指导委员会表示关心该会会务之时,修订会章,将省佛教会一级组织撤销,以集中权力,而修改会章所经过之程序,未尽合法,以致各地佛教人士啧有烦言。1936年5月,中央民训部修订佛教会章程草案70条,及要点说明8则,以期整理中国佛教会。法舫有文说:"1936年中国佛教的一件大事是改进中国佛教,整理中国僧尼的事情。这事最初的发动是中央民训部准备整理中国佛教会,因为中国佛教组织不健全,近年迭起斗争,使全国佛教僧尼不能正常

---

① 释东初:《中国佛教近代史》下册,第971页。
② 释东初:《中国佛教近代史》上册,第175页。

发展,国民党中央遂决定了70条的章程和8条意见,说明中央整理佛教的原则和主张。这个事件,在1936年中国佛教徒的思想上和趋向上是很可注意的,并且在现代的中国佛教史上更是值得记载的。"①

1936年6月,国民党中央民众训练部提出整理中国佛教会办法三项:其一,将中国佛教僧众与居士分开组织;其二,将该会组织系统恢复中央、省及地方三级制;其三,废止原有代表选举法,以免为少数人所操纵。不料上几项办法将见实施,忽受阻挠。当时中央所持办法,虽已内定,然尚未正式公布,及至遭受阻扼,消息不胫而走,川、湘、豫、苏、皖、陕、滇、黔、赣、浙各省佛教徒纷纷起而对中国佛教会负责人加以责难,指责颇烈,其后经中央民训部会商内政部,博采众议,从修正其章程着手,以谋根本之整理。最后核准该会各项章则备案,时在1937年11月6日抗战之际。该会原设总办事处上海,实际上为该会会务中心所在,南京所设会址,不过虚有其名。自南京失陷以后,该会与中央关系即完全中断。

据档案材料反映,中国佛教会的纠纷集中表现在以太虚和圆瑛为首的革新派和保守派的矛盾。中国佛教自晚清以降,与外来文化接触结果,僧人于佛学及修持之外,发生一种改革僧制与寺产管理的运动,从中倡导革新者为释太虚。彼所主张革新的内容,概括言之,有如下几个方面:① 要革除的方面:甲、迷信色彩,乙、寺产遗传制度。② 要改革的方面:甲、改变服务鬼神而为服务人群的职志;乙、改变遁世高隐的态度,一面精进修持,一面化导民众,利济民生。③ 要建设的方面:甲、建立三民主义文化的人生佛教;乙、以大乘人生佛教精神,整理僧寺,建设适应现时环境的佛教信众制,昌明大乘的人生佛教。

太虚早年与欧阳渐、梅光羲、释仁山、智光等一同参加金陵刻经处祇洹精舍,研究佛学,从事佛教振兴和组织活动有30年历史。最早参与宁波、江苏各僧教育会。嗣于南京临时政府时组织佛教协进会,继又参加

---

① 参见张曼涛主编《现代佛教学术丛刊》之《民国佛教篇》,第160—161页。

中华佛教总会,主编《佛教月报》,1925年发起世界佛教联合会组织,1928年发起组织中国佛学会,1929年又组织中国佛教会。太虚自称其改进主张,为顽固分子所阻,从民国20年(1931)起,即未参与中国佛教会会务。然太虚实际上并未中止其活动,其所创办武昌佛学院,开僧教育之先河,其后主持闽南佛学院,创办重庆北碚汉藏教理院,各名山寺庙仿效创办各种僧学院多如雨后春笋。毕业于其主办佛学院之学僧,造诣尚深,成为佛教改革运动之中坚者,亦不乏人,并曾数度派遣学僧赴西藏、缅甸、锡兰留学。太虚本人亦两度出国弘法,为国内僧众中获有国际声誉者。

圆瑛法师被目为佛教会中保守派之领袖,其人与江浙一带名山寺庙关系颇深,以富有毅力、治事机灵著称,与国内及南洋侨胞中佛教居士闻人关系极为深洽。民国之世,活动能力强的佛教居士为数众多,尤其从前达官显贵,一旦脱身政务,恒借佛为遁世之所,因与名僧缔结深厚缘,事无足异,唯以护法之故,参与寺产僧庙人事关系,卷入纠纷,加重了政府主管机关处理之困难。此种情形,经见不鲜,甚至有人指责居士中之不肖者,借佛教会为牟利之具,故中央民训部有划分僧众与居士之组织的决定,针向所在,非出无因。

抗战军兴后,中国佛教会即滞留上海一隅,会务逐渐停顿,以致各地佛教会一切工作,亦无从推进。故国民党中央社会部于1940年6月4日拟就《整理中国佛教会意见》呈蒋介石。内中对"当前佛教问题",从以下三个方面重新加以认识:

其一,佛教与文化。我国佛教虽亦由国外传入,然流行已历两千年,信众之多,对于国民精神生活影响之大,罕有其匹。尤以晚近各种西洋教会在国内传播极速,其教义之内容如何,姑不具论,然与列强政治、经济之侵略接踵而至,各该教会与其本国关系又复息息相通,顾此种种,自不能不有所怵惕。目前格于情势,对外来文化侵略,一时不能在政治上采取积极防止办法,因此不能不于领导国民文化精神方面,多用功夫,以便集中国民意志,建立"精神国防"。为达到此目的,佛教所居地位,因此转显重要。

其二，佛教与边疆。我国藏族全部信仰佛教，出家喇嘛与在家信徒，固无论矣，即满、蒙、(西)康、(西)宁各地佛教亦极盛行。此外缅甸、安南、暹罗、日本都盛行佛教。如需确切深入领导边区各地民众，吸引边民内向，固不能不借佛教以资联系，即为防止强邻借佛教关系以为侵略之工具，势亦唯有加强对于佛教组织之领导，发扬佛教积极救世之精神，以期对各佛教国家民族发生领导作用。

其三，佛教组织与战时动员。据中国佛教会以前调查，全国共有大小寺庙庵院 267 000 余所，僧尼 738 000 余人（四川、河南、江西、安徽、湖南五省尚未列入）。证以湖北省政府统计室公布之全省僧尼统计数目，计和尚 30 392 人，尼姑 12 128 人，统共僧尼 42 520 人，可依此推测全国（汉地佛教）僧尼数目在 80 万至百万人之间。僧尼一切生活不出寺庙范围者占绝对多数，彼等生活恒超然于一般国民政治社会生活范围之外，唯赖有佛教会之组织，以适合其特殊需要。由此，佛教会实关系国内 80 万以上僧尼之组织问题。至基于战时动员之原则，如何使适龄僧人服兵役，如何动员僧尼担任战时救护救济，均赖借佛教会组织加以推进。

基于以上认识，该《意见》对此前中央政府指导佛教会整理经过情形加以检讨，并提出今后之指导原则。政府方面对佛教所持态度表现于寺庙之监督管理。民国 18 年（1929）内政部公布《管理寺庙条例》，对寺庙加强管理，以致全国僧尼聚讼纷纭，终由内政部于同年 12 月废止《管理寺庙条例》，另颁《监督寺庙条例》，察其经过，不论为管理抑为监督，运用之范围均以"物"为限。操切则反响立至，迁就与放弃无殊。因此，《意见》认为，对于国民信教自由如不能加限制，则寺庙之管理监督须配合僧尼之组织加以运用，始能发生相当作用。中国佛教会之产生，既完全出于僧尼自发之需求，组织成立以后，党部照例核准该会以及各地支分会组织，于其发生纠纷时因势利导加以调处，今后指导之原则应注重如下几个方面：

甲、对于佛教组织以及佛教教务之指导，完全以国家民族利益为标

111

准。如促进僧尼生产事业,举办教育以及慈善公益利他事业,督导参加战时动员工作,等等,均应加紧进行。尤应注意绝对避免落于佛教各种派别窠臼,以免顾此失彼,致纠纷层出不已。

乙、对于佛教领导人物,党应深切加以领导笼络。僧尼中于政治具有纯正之兴趣而认识又尚正确之分子,应设法吸引入党,借以增进党在佛教方面之领导力量。

丙、佛教对于政治权力之依赖,可谓具有历史性。以此党部与政府对于佛教之指导监督乃至一切设施,必须意见协调,步骤一致,方可推动工作。

丁、党对于佛教指导方针,不应为个人意见而轻易更改。而党内同志对于佛教之意见,属于个人之信仰爱好者,亦不应轻易影响或改变党之政策。必须党内意见集中齐一,一切办法方期得以推行尽利。

《意见》最后认为,只有采用整理办法,才能健全中国佛教会组织。为此提出整理该会办法要点,举例如次:① 整理该会之任务,即依照该会各种修正章则,改组并健全各地分会组织。依法召集代表大会,改选理监事,以确立该会中枢及分会机构。并确定整理委员会在整理期间代行理事会职权,积极推行各项会务。② 整理期间定为六个月,必要时得延长之。③ 本部(社会部)会同内政部各派指导员一人。④ 由社会部会同内政部拟订整理办法,呈请中央通过施行。

对于整理人选之遴选支配则应本着下列原则办理:第一,要形成中心力量;第二,大德高僧应设法罗致;第三,整理委员以出家僧尼为限;第四,于整理办法中规定,设立设计委员会,由该会自行聘定在家居士任设计委员,以收配合之效;最后,整理人选由社会部征求各方意见拟定,呈请中央通过派定。①

---

① 参见《国民党中央社会部关于整理中国佛教会意见致蒋介石函件及国民政府文官处复函》(1940年6月),中国第二历史档案馆编:《中华民国史档案资料汇编》第五辑第二编《文化》(二),第775—782页。

第三节 抗战时期的佛教界

九一八事变后,中国广大佛教徒即同全国人民一道,为挽救民族危亡、抗击日本侵略者,贡献自己的力量。佛教界领袖和著名高僧、居士更发挥表率作用。日本侵占东北以后,中国佛教会会长圆瑛即通告全国佛教徒,举行护国道场,以宗教形式表达爱国之情。针对日本觊觎内蒙古地区的野心,圆瑛致电蒙藏委员会,反对日本的阴谋。抗战爆发后,他立即召开佛教会监、理事的紧急会议,讨论布署佛教界抗日救国工作。七七事变后,太虚由庐山发出"铣"电,呼吁国内外佛弟子同赴国难,电云:"兹值我国或东亚或全球大难临头,我等均电本佛慈悲:一、恳切修持佛法,以祈祷侵略国止息凶暴,克保人类和平。二、于政府统一指挥之下,准备奋勇救国。三、练习后防工作,如救护伤兵,收容难民,掩埋死亡,灌输民众防空、防毒等战时常识各项。各各随宜尽力为要!"①欧阳渐在九一八事变以后,忠义愤发,四出宣传抗日救亡,作《夏声说》曰:"国将亡,族将灭,种将绝,痛之不胜,不得不大声疾呼,奔走呼号。"素不与闻国事的弘一法师也广泛宣传"念佛不忘救国"。

一、奔走世界,呼吁和平

佛教界人士积极进行国际宣传,争取世界舆论对我国抗战支持。1937年1月,上海发起佛教徒护国和平会。圆瑛以中国佛教会常务主席名义致书日本佛教界,警启者曰:"我佛释迦牟尼以慈悲平等救世为主义,而我佛教徒应共体佛怀,宣扬佛化。世界之佛教国,当推贵国与暹罗(泰国)。贵国全国信奉佛教,则对国际间应施行慈悲平等之主义,造东亚之和平,进一步造世界之和平。"圆瑛在书中强烈谴责日本侵略者,"占

---

① 乐观:《佛教在抗战期间的表现》,张曼涛主编:《现代佛学丛刊》之《民国佛教篇》,第234页。

据中国领土,残杀中国人民",呼吁日本佛教徒"共奋无畏之精神,唤醒全国民众","制止在华军阀之暴行","免丧两国之邦交,免遭各国之公愤,免坏东亚与世界之和平"。① 太虚也多次致电日本佛教界,呼吁他们向日本政府抗议,促使其停止对华侵略战争。

1938年,南京、上海沦陷,中国佛教会负责人圆瑛等未及时西迁。为粉碎日本利用沦陷区佛教会惑乱视听的阴谋,太虚与章嘉活佛在重庆成立"中国佛教会临时办事处",宣布废止沦陷在京沪的中国佛教会机构,断绝与各沦陷区佛教会的关系,捍卫了战时佛教会的纯洁性。太虚把佛教理念和抗战纲领联系起来,先后作《降魔救世与抗战救国》、《佛教徒如何雪耻》等多次公开讲演,说明"遮止罪恶"是佛法慈悲普济精神的积极体现,二者相辅相成,绝无相悖。太虚演讲说:"中国为国家民族自卫,为世界正义和平,为遮止罪恶、抵抗战争而应战;与阿罗汉之求解脱安宁不得不杀贼,佛立誓为建立三宝不得不降魔,其精神正是一贯的。故显扬佛法,不惟非降低抗战精神,而是促进增高抗战精神的。""日本的三千万佛教徒究竟何在?有如此庞大数目的佛教徒,如何竟不能制止日军的暴行?假使是真佛教徒,应当真切地知耻,体念佛教宗旨,实现佛法精神。此是佛教徒应知之耻,和佛教徒应如此雪耻。"②

战争总是伴随着谋略,谋求和平也需要高瞻远瞩的头脑。日本为粉饰其侵华暴行,发动舆论工具,大肆进行"保障及发扬亚洲文化"的宣传,妄图利用佛教建立"大东亚共荣圈",对东南亚各佛教国,尤以中国摧残佛教作为其侵略的借口,蛊惑不浅。太虚敏锐地觉察到这一点,提出应注意西南国际线路的重要性,组办佛教访问团,攻破谰言,唤起邻邦的同情和正义援助。这一战略要策很快得到了朝野各界的重视和赞助。

---

① 参见《中国佛教会为日本侵略致彼国佛教界书》,《佛学半月刊》第26期。又参见黄夏年主编《圆瑛集》,第144页。
② 《降魔救世与抗战救国》(1938年6月在成都佛学社讲)、《佛教徒如何雪耻》(1938年6月在成都无线电台广播),《太虚大师全书》第十五编《时论》,第167、175页。

1939年9月,国民党政府函聘太虚为佛教访问团团长,以佛教自发组织名义出访东南亚各国;10月中旬起程。此行主要访问了缅甸、印度、锡兰、马来西亚等国。广州沦陷后,中国唯有滇缅公路保持对外交通。日本第五纵队在缅甸造谣说,中国政府"是反佛教政府",日本"为保中国佛教,故与中国作战"①,煽动以佛教为国教的缅甸反对开放滇缅公路。日本特务在印度、锡兰、泰国等国也进行同样的蛊惑。日本利用佛教文化做文章的阴谋受到中国政府的密切关注。一方面注意加强对边疆各地信仰佛教民族的宣传,增强我边疆民族之抗战精神;另一方面组织中国佛教访问团赴南洋开展国民外交。以此观之,太虚东南亚之行实负有重要使命,而太虚之能成行正是呼应了时势对佛教之需要。

  1939年,教育部与蒙藏委员会致行政院回呈说,国民参政会参政员喜饶嘉措等提请注意佛教文化以增进汉藏感情一案,其中第三项略称:"日本近年以来,常派佛教僧侣赴印度、南洋等地专事恶意宣传,影响藏人心理者至大。吾人应针对此事,将日本专行违背教义之无耻暴行,宣传于边疆各地及各佛教国家"。兹值抗战已至重要阶段,暴日利用僧侣,借佛教关系,四出活动,冀图内以煽动我边疆民族之分化,外以削减邻邦对我国同情之援助,若不速筹对策,影响抗战前途,至重且大。"关于应付敌人在缅甸等各佛教国家活动,已由中央海外部召集关系各机关会议,另案办理,至如何应付敌人在我边疆活动,自同为刻不容缓之举。"经教育部与蒙藏委员会会商,熟加筹议,"以青海地方绾毂蒙藏,人民对佛教信仰甚深,为揭露敌人阴谋及残暴,并宣传本党主义,及此次抗战必胜、建国必成之精神,以坚定边民信念,实有派遣素为边民所信仰之佛教大德前往宣导之必要。兹拟会同函请喜饶嘉措格西负此使命,克朝前往青海,已征得本人同意"。②

---

① 参见张曼涛主编《现代佛教学术丛刊》之《民国佛教篇》,第258页。
② 中国第二历史档案馆编:《中华民国史档案资料汇编》第五辑第二编《文化》(二),第786—787页。

国民党和政府中枢对此等呈报均予以重视,饬令有关部门着手组织赴边宣慰使,同时于1939年7月5日,国民党中央社会部等单位筹组佛教南亚访问团,社会部杨琪说:"查缅、越与我为邻,亦为目前国际交通孔道。自抗战发生以来,对外宣传工作大致注重以欧美为对象,而于西南邻邦各族,不免忽略,致被敌人利用此种弱点,于缅甸、暹罗一带极力进行种种不利于我之活动,情形极为可虑。以前佛教人士倡组佛教访问团,或系限于人力财力,迄无成就。为仰体总裁关切之意,似应由中央极力促成此项组织,俾克发挥国民外交精神,获取缅、越各族对我抗战之同情,以破敌人狡计。"①

受政府资助,太虚于1939年冬率中国佛教访问团出访缅甸、印度、锡兰、新加坡、越南。佛教访问团导师为太虚,团员有慈航、苇舫、惟幻等。通过与各国朝野僧俗人士的交往,使他们了解到中国的佛教,有高僧,有信教自由,谣言不攻自破;同时通过介绍日军暴行,使各国人民同情和支持中国的抗日战争。该佛教访问团在访问归来后的观感和建议中谈及东南亚各国佛教情况及我国佛教振兴之对策,兹略述于后。

就国际佛教言,此次访问团在缅甸曾设有中缅学研究会;在印度则与摩诃菩提会曾发起"国际佛教大学"及"兴复印度佛迹国际委员会";又在锡兰与该国佛教徒大会发起"世界佛教联合会",此均待我国有以援助而促进之者。尤以锡兰为南传佛教中心,为缅(缅甸)、暹(泰国)僧之所崇仰,并为复兴印度佛教、宣传欧美佛教之基石,拟请教育部酌拨经费,派学僧三五人前往哥仑布(即今斯里兰卡首都科伦坡)最高巴利文学院留学,并宣扬中国大乘佛教及协助"世界佛教联合会"之筹备。

就振兴中国佛教言,内本国情,外觇教势,觉得"全国佛教之整理振兴",未易骤致,诚得一"适当山场",并有"相当经济基础",创建"菩萨学处"。不唯研究宣传大乘教理,尤须从能否实行六度四摄为大小乘判别,

---

① 中国第二历史档案馆编:《中华民国史档案资料汇编》第五辑第二编《文化》(二),第792页。

以"专自修自了并提倡自修为小乘",以"重利他兼利(己)并能利他兼利(己)者为大乘"。如何实行利他兼利(己),则兴办文化、慈善、教育、生产等社会公益事业。由"菩萨学处"先树模范,渐致全国风从。①

1940年10月13日,僧人乐观组织中国佛教国际宣传步行队,自任领队,呈函中央社会部,函中说:"乐观等自我领袖发动英勇之抗战后,即本佛教牺牲个人为大众服务之本旨,参加救亡工作,或在战地努力,或在后方服务,三载以来,矢志不渝。今欲更进一步走向国际救国护教之积极工作,乃联合组成'中国佛教国际宣传步行队',定于本月由陪都(重庆)出发,赴印度、缅甸、暹罗等地宣扬我政府历年宏护佛教之事迹,宣传佛教正义和平主张,展开佛教反侵略旗帜,暴露日寇三年来谋害我、逼迫我之恶迹,唤起彼邦人士同情与我携手,成立东亚佛教徒反侵略之广大阵线,共同扑灭此人间魔鬼,以期奠定世界永久和平之基。不久之前,曾有太虚法师等前往缅甸、印度、锡兰等地访问,此举虽壮,但性质是一种访问,且为时不久,对日寇在彼邦进行挑拨离间,阻我抗战之一切毒辣设施,虽能获得若干了解,但未能彻底摧毁日寇之险恶性循环阴谋。今乐观等此行,志在与敌人在国际上作长期之战斗,誓必粉碎敌人之阴谋,消灭敌人在彼邦培植之一切黑暗势力,一日不达到此目的,则乐观等工作一日不停止,准备以步行方式,完成此项任务。事关国际佛教事业,理合具文呈请鉴核,伏恳钧部准予备案,实为公便。"②

二、抗日救国,共赴国难

1936年7月,国防训练总监部有令各地僧尼编入壮丁队受军训消息,太虚乃电"二中全会"并函该部,请改僧侣为救护队、看护队,以符佛教宗旨。该部复准办法四项:第一,僧道受训得单独组织;第二,训练服

---

① 中国第二历史档案馆编:《中华民国史档案资料汇编》第五辑第二编《文化》(二),第799页。
② 同上书,第811页。

装得用原有之僧短服;第三,前两项如认为无须而愿照一般在俗参加者亦听;第四,僧道受训后之编组不列入战斗部队。10月,军政、内政及国防训练总监部,会咨各省市府:以兵役全民平等,僧众与国民亦应平等受训。1938年6月6日,有记者去重庆汉藏教理院采访后报道说:"在现今抗战期中,正准备加以救护的训练,体行我佛六度四摄广救众生的意旨,救护伤兵最大计划方针,必须完成以下三种任务:(一)提高国家民族的意识,(二)改善僧伽制度,(三)复兴中国佛教。"最后,记者询及这一群学生出家的缘因,以何者为最多,据答复由特殊环境而来的占十分之六,因人生观而好佛的比较少,所有学生在此抗战期中,都一致表示共赴国难,并本着提高国家民族地位,致力改善僧伽制度,以复兴中国与世界和平为最大目标。①

重庆慈云寺乐观于1940年5月8日向国民党中央社会部建议组织战时僧众服务团,其拟办法有:第一,组织前后方僧众救护队,选择各寺僧众之青年优秀分子若干名,予以军事政治及救护常识之训练,分发前后方实地工作,以应战时环境之需要。第二,组织义务警察预备队,选择各寺中青年优秀分子若干名,予以军事政治及警察常识之训练,以备将来维持后方治安之用。第三,组织僧众工艺练习班,凡属成年之僧众均应入班,予以各种工艺之教练,培养各种工艺技能,以增加战时生产力量。第四,组织识字班,凡未受教育之僧众,均应入班,予以初步文字教育,然后量才分配各队训练。第五,组织消防队,选择各寺壮年僧众若干名,予以消防常识之训练,实际参与消防队工作,为补充消防队之用。其解释说,以上第一、第二两种办法乃是实施僧众服务兵役之初步计划,换言之,即是僧众服务兵役之预备工作。"盖僧众心理最畏兵役,今不言兵役而言救护,正为迎合其心理,俟其经过军事政治各项训练之后,其思想

---

① 国防部史政局及战史编纂委员会档案,中国第二历史档案馆编:《中华民国史档案资料汇编》第五辑第二编《文化》(二),第786页。

自然改变,然后入伍兵役,非仅不逃避,必且乐于为国效力也。"第三种是僧众生产计划之设施。第四种是僧众教育计划之设施。第五种亦可当做僧众服务兵役之过渡办法。①

广大佛教徒从多方面以实际行动支援和参加抗战。圆瑛在抗战爆发后组织佛教会全国救护团,自任团长,训练青年僧侣。上海抗战中,圆瑛戒弟子宏明组织僧侣救护队,该救护队成立之后,驻扎在上海法藏寺,由宏明亲自领导训练(宏明和尚是武行出身)。刚训练完毕,适八一三沪战爆发,"他迎着战争烽火,率领全体队员,赶到吴淞前线,冒着敌人的枪炮,抢救为国流血的负伤英雄,同时,分途救护租界内被日机炸伤的那些无辜同胞。在战地工作的僧侣队员,有好几位竟在枪林弹雨中作了光荣的牺牲;还有几位被敌人炮弹炸伤,成了残废。他们不分昼夜地奔忙着,用他们的气力、汗水和血来写这光荣的一页"②。据统计,宏明率僧侣救护队出动100多次,共救护伤兵及难民8 273人。他们还举办临时佛教医院,各地女尼充当看护,并为战士缝制军衣。

1939年5月7日,在周恩来、叶剑英支持下,衡山成立了以佛教僧侣为主的"南岳佛道救难协会"。当时有八路军高参薛子正兼任该救难协会战事训练班军事教练。训练班结业前,巨赞法师召集青年僧侣30多人组成"佛教青年服务团"。6月,巨赞率领该服务团奔赴湖南各地宣传抗日救亡,周恩来亲笔书写"上马杀贼,下马学佛"相赠,以示嘉赞。③ 这种僧侣救护队在宁波、汉口和重庆等地都有。1940年日本飞机轰炸重庆,僧侣救护队奋勇抢救,当时报纸号召"向和尚看齐"。蒋介石在6月

---

① 中国第二历史档案馆编:《中华民国史档案资料汇编》第五辑第二编《文化》(二),第803—804页。
② 乐观:《佛教在抗战期间的表现》,张曼涛主编:《现代佛教学术丛刊》之《民国佛教篇》,第236页。
③ 参见朱哲主编《巨赞法师全集》第八卷,第3987页,北京,社会科学文献出版社,2008。巨赞(1908—1984),江阴人,七七事变后,法师先后辗转于福建、香港、广东,一度于南华寺任虚云老和尚书记。1937年冬至湖南,瞻望家国,山河破碎,寇焰嚣张,不胜感慨。1938年6月,经田汉引见,会晤了叶剑英,表示在湖南佛教界筹组抗战协会,叶剑英建议说:"佛教徒以救苦救难为怀,改为救难协会不好吗?"同时建议把道教徒也组织起来。叶剑英时任南岳游击干训班副教务长,救难协会成立时,他还到会讲了话。

17 日纪念周讲演中称赞他们"能发挥忠勇牺牲精神,尽到本身职责和义务"。① 1943 年 12 月,中国远征军第二次入缅甸作战,有佛教僧侣 20 余人参加战地运输队,随军出发。从事救护、运输工作的僧侣,有的受伤致残,有的光荣牺牲,表现出崇高的爱国之心。

1931 年下半年以来,各地难民流动很大,佛教界人士发起募款、济难活动。八一三淞沪之战后,上海著名居士王一亭等组织了"难民救济会"。中国佛教会主任秘书赵朴初居士设立难民收容所,收容难民 3 000 余人,并提供饮食、药品,进行抗日教育和文化教育,以后又帮助其中 1 200 多人参加了新四军。佛教界办的这种难民收容所在以后数年中达 50 多处,收容难民 50 多万人次。南京沦陷后,数万难民避难于栖霞寺,其中还夹杂一些军人,受到栖霞寺僧的掩护。其他各地佛教寺院和佛教团体在战争中也都参加了救济难民、扶助伤员及掩埋尸体等工作。许多僧侣斗智斗勇,冒着生命危险掩护中国士兵,躲避日军的搜捕和杀害。

抗战初期,圆瑛两次携弟子赴南洋讲经,向华侨发起"一元钱救国运动",募捐寄回国内支持抗战。1939 年秋,他第二次返国时,由于"曾在沪募集十万元,献诸中国政府,供抗敌费用"②,不幸被日本宪兵逮捕,虽遭严刑,始终不屈,并拒绝出任"中日佛教会长"。日本宪兵慑于圆瑛在中日佛教徒中的声望,不敢加害。而圆瑛历尽折磨,犹鼓励后进佛子,"国家兴亡,匹夫有责;佛教兴衰,教徒有责",表现了中国佛教徒"威武不能屈"的民族气节。③

1940 年 7 月,太虚作《精诚团结与佛教之调整》,为抗战建国提出佛教的建设性意见。他指出,抗战之最后胜利,建成真正三民主义国家,皆需我全体国民,不分宗教、男女、阶级,实现精诚团结之力量,方能贯彻。万不容再循向来在宗教间有所隔膜歧视之故辙,以致减低国内之集力与

---

① 参见张曼涛主编《现代佛教学术丛刊》之《民国佛教篇》,第 235、278 页。
② 《圆瑛的生平和佛学思想》,上海社科院宗教研究所编:《宗教问题探索》,1983 年文集。
③ 明旸:《先师圆瑛法师事略》,《上海文史资料选辑》第 45 辑。

国际之同情,则一般国民对于佛教之观念,及佛教徒对于国家社会事业之态度,均应有所调整。

太虚在该文中回顾了近代以来佛教的遭遇及抗战中佛教的作用,他写道:

> 清季民初以来,耶稣教之传布,西洋(文)化之输入,更将佛教徒之隐居静修斥为消极,神应灵感诃为迷信,一概抹煞为妨碍强国富民之害群分利分子。凡少壮人士都以佛教寺僧为无用废物,乃提倡化无用为有用,开办学校或举行地方警卫等新政,莫不纷纷以占寺毁像、提产逐僧为当然之事。入民国后,以寺宇驻扎军警,更属无处不然。由是国内外观瞻所系之大都市,亦鲜有一整肃庄严之佛寺存在。虽有佛教僧尼及信佛男女极力呼救,曾不足一动少壮军政学绅之顾盼,以轻视、鄙视佛教僧众信徒之观念,久已养成习惯心理,根深蒂固而不易摇动也。
>
> 近20年少数缁素佛徒宣扬教义,兴办僧学,遂令一部分知识阶级之散居党军学各界者,渐知佛教真理,生起信心。复开展边疆问题之研究,深识尊重佛教有关蒙、藏、(西)康、青(海)之内向。又知日本以我国"摧毁佛教"为口实,在我邻近之缅、印、锡、暹等佛教友邦,作对我同情之破坏。故近年来对于蒙藏佛教领袖之章嘉、达赖、班禅等颇表尊崇,对于国内佛教僧寺亦屡布保护法令。去年(1939)并聘余组织佛教访问团,访问缅、印、锡、暹、越诸佛教盛行邦国,增进国际对我之好感。然习成之观念既深,遽难骤改,中枢及各地之首长虽示提倡赞助,而中下之豪强狃于故智,占寺毁佛、提产逐僧之事,仍随处随时发现。见于报章杂志等轻蔑佛教文字,亦仍每每流露于不知不觉间。例如有某君于西康开发问题,指出:"人文的障碍为佛教流行,新教育发展的障碍为喇嘛",而针对之策则为铲除喇嘛之势力。他不曾思考就喇嘛佛教为推进教育之基础,必欲锄而去之为快,一若喇嘛与佛教均为不可与同中国之物,抑何与中枢以尊崇

佛教为巩固边疆政策相刺谬之甚耶？又如本人率佛教访问团向缅、印、锡(兰)人宣扬佛教,兼阐明我国抗战建国之真相,颇能祛除各国佛徒对我之误会,增进国际之同情好感。逮至新加坡还作同样宣传,而华人所办之《星洲日报》,竟指宣传佛教为违反抗战国策,辟除流俗"混佛同神"为诋诃先贤,反之谈及抗建,则又以"政治和尚"为讥者,旧观念锢蔽之深可知。

太虚认为,由此欲达到边疆佛徒的真诚内向,内地佛徒的献身为公,一致精诚团结以成抗战建国之大业,并引起国际佛徒同情之助以为共进大同之基点,那就必须调整国人向来歧视佛教、轻蔑佛教之观念,使有以彻底改变。并于较大城市,至少能保全庄肃严净之一二完整僧寺,表现崇高伟大之佛教精神,以供当地佛教信徒崇仰,及边疆与国际佛徒互相往来之瞻敬。然此绝非中枢或省县一纸政令所能收效,还必须将小、中学一般国文读本中诋非佛教文字,易为概略说明佛教之文字,使唐、宋、明、清季以来的谬说,不复流毒于青年学子。又须一般报刊记者与文艺作家,共为导令佛教徒精诚团结之需要,不写刺伤佛教徒心意之文字,而一般书店亦不再印售讥毁佛教之旧书;并将民间演唱之电影、戏剧、歌曲,检改其丑诋佛徒之部分。如此,一般雅俗人士均能调善向来对于佛教歧视、轻视之观念,而复发施护持并整理佛教寺僧之政令,始可推行无阻;每一都市城邑必有一完洁之佛寺,亦自易实现矣。

太虚从精诚团结、抗战建国的角度深刻阐发了国民对于佛教之观念及佛教徒对于国家社会事业之态度,均应有所调整的必要性及其途径,给抗战胜利后佛教的发展指明了方向和道路。然调整国民对于佛教之观念,必须同时调整佛徒对于国家和社会之态度,才能收到实际效果,坚固安稳;否则佛徒本身之不臧,必难免引来他人之攻击。而国民态度之改善,首先应知佛教潜隐静修乃唐宋后中国佛徒被迫自全之一途,并非六朝、隋、唐时或藏、蒙及国外缅、锡、暹、日等地之佛徒皆是如此;在彼或为极少一部分佛徒深造修证之一阶段而已。因果报应固为佛教之基本大法,然法义精确,将

122

以化导人心积极向上,趋向进善之修途,而绝非"眩求灵异、专勤死后"之谓,此乃专制时代君相以神道愚民所导成者。凡此皆非佛教建立三宝、利济群生之本旨,故今后应以"增进民德、发达人生"为正务,根据真确之教理,适应时代之需要。因此太虚提出,此时此处实现佛陀慈悲之适宜方便,莫逾攘寇拒侵、建国保族为最急,故应与全国人民精诚团结而赴抗建之业;非然者则失去存立僧寺之意义,必将溃颓而使佛教亦因以灭亡。①

抗战胜利前夕,太虚法师为今后佛教文化的发展方向殚精竭虑,高瞻远瞩地提出转移风气的四项原则:① 以今融古成民族文化思潮;② 以中融外成国际文化思潮;③ 以义融利成道德文化思潮;④ 以雅融俗成进步文化思潮。1945年8月日本宣告无条件投降后,太虚发表《告世界佛教徒》,略谓:"亚东南各民族,尤当以佛教加强联合,以联合的力量来共同努力发扬佛教,以对世界永久和平作非常有力的贡献!中日佛教徒,尤应密切联合,一方面肃清魔鬼们遗留的毒素,一方面发扬最彻底自由平等博爱民主精神的大乘佛教文化,努力于人类真正和平的推进!"②

三、抗战胜利后的佛教组织

抗日战争中,佛教事业遭到很大损失。金陵刻经处和支那内学院,除欧阳渐率院众将历年所刻经版迁往四川江津外,留在南京的院舍和所藏图书30万卷俱毁于兵火。各地寺院或遭兵燹,或佛像、文物被日军劫掠;或僧侣流散,佛教团体无法活动,其损失无法估计。

抗战胜利后,百废待兴。太虚征得国民政府内政部、社会部批准,于1945年12月成立"中国佛教整理委员会",并任主任委员。章嘉呼图克图、李子宽为常委,虚云、圆瑛等为委员。1946年元旦,太虚以宗教领袖被国民政府授以"设立勋章"。他审时度势,以大气魄提出了新意见——

---

① 《精诚团结与佛教之调整》,《太虚大师全书》第九编《制议》,第631—640页。
② 参见释印顺编著《太虚法师年谱》,第281、284页。

佛教组党。但和其他变革措施一样,他的组党意图才一流露,立刻就招来异议。除了跟随左右的十几位在家、出家少壮信徒,大多数人并不理解他的旨趣,或持重缄默,更多的则以不合佛制而反对。1946年7月,他在上海成立"觉群社",创办《觉群周报》,对僧人参政设定了"问政不干治"的理论纲领,开了僧人议政的新方便门。不过,传统成见的坚壁绝非一个超前者的钳锤所能打破。他这年本已经蒋介石同意,被圈定为国民大会代表。终以陈立夫力持异议,致其事情中变。

太虚成立觉群社,本意为佛教之政治组织。唯以僧伽参政,多滋异议,乃创"问政不干治"之说。太虚认为,"在家出家少壮佛徒,聒余创导组织者,不下十余人。问询长老缁素,则缄默持重,大多不以为可。余亦迟迟不决";"然超政,遇政府与社会摧教,易遭破灭;从政,亦易随政府而倒,二者利弊各关。况今中国,无论在政府、社会,尚无在家佛徒集团,足以拥护佛教,则僧伽处此,殊堪考虑!今以多人对此问题的研讨,余遂不得不加以深思熟虑,而于孙中山先生所说政权、治权,得一解决,曰:'问政而不干治'"。他根据孙中山先生所说,"政是众人之事,治是管理,政治是众人之事之管理。又政权是人民有权,议定政法;治权是政府有能,治理国民",认为"僧伽不得不是众人之事中的众人,所以于众人中的本人或同人的事,不得不问。要想问问众人之事,讲讲其所感之祸害痛苦,所求之福利安乐,不得不参加社会的、地方的、国家的合法集议众人之事的会所。所以对于有关之民众社团,及乡区自治会议、县参议会、省参议会、国民代表大会,均应参加一分子,为本人、同人、全民众人,议论除苦得乐之办法。但所参与的,以此各种议事场所为止,亦即人民政权机关为止;而执行五权治权的中央和地方机关,概不干求参与。换言之,只参加选举被选为议员,决不干求做官,运动做官将——文官武将等"①。

---

① 印顺:《太虚法师年谱》,第289—290页。印顺对当时中国僧伽"议政而不干治",评曰:"此惟限以僧伽。以中国僧伽量之少,质之低,于政治素鲜注意,其难以有为,盖在意中。其后,《觉群》周报,仍等于一般通俗之佛学刊物,知议政亦不易!"

1947年3月,太虚在上海玉佛寺主持召开中国佛教整委会第七次常会,决议于5月开全国会员代表大会。5月12日,突然中风旧疾复发,多方医治无效,于17日下午在玉佛寺直指轩安祥舍报。5月25日,中佛会整委会、中国佛学会等在南京毗卢寺举行纪念太虚的全国性追悼会,到会代表千余人,会场满悬挽联,达5 000余件。同时各地也纷纷举办追悼活动,遍于全国。在国外,印度新德里召开的泛亚洲会议,临时举行追悼会,摩诃菩提会建"太虚图书室"以纪念……1947年5月26日,在南京毗卢寺举行中国佛教会抗战胜利后第一届全国代表大会,成立了中国佛教总会,选举章嘉呼图克图为理事长。6月,政府颁令褒扬太虚。太虚一生为革新佛教而努力,其高尚的道德,深广的智慧,对国家、对人民、对世界和平的贡献,特别是对佛法的普遍宏扬,救人觉世,铸成真实菩萨的庄严法相,深刻地印在广大信众及其弟子们的脑海里。

1949年全国解放时,圆瑛拒绝了南洋各地教友、弟子的邀请,表示"我是中国人,生在中国,死在中国,决不他往"。① 以后他参加了开创新中国佛教事业的组织工作。1953年10月18日,赵朴初在上海玉佛寺举行的圆瑛法师追悼会上说:

> 讲到他护持法门的功德也是很大的。辛亥革命后,寄禅和尚向当时临时大总统孙中山先生备案设立的中华佛教总会,圆老法师是在一起参加组织的,这是他从事佛教组织工作的开始。他一生住持了不少大丛林大寺院,如宁波的接待寺、七塔寺、天童寺,福建的大雪峰寺、鼓山涌泉寺,槟榔屿的极乐寺,其中有许多都是他从破坏中重新修复的。我最近到天童寺,看到他所修复的建筑,真是庄严伟大,想见他当日的魄力和胸襟。至于古代有名建筑如泉州大开元寺的万柱殿,闻名世界的东西两石塔都是他募修的。作为保护古迹来说,他的功绩也是不可没的。然而圆老法师一生功行中最值得我们

---

① 明旸:《先师圆瑛法师事略》,《上海文史资料选辑》第45辑。

学习的却是他爱国的精神。大家都知道他自从在抗日战争中被敌人逮捕后,就一直不问外事,但解放以后,由于看到诸国的进步,领导的英明,他重新燃起了利民护国的热情。

当年中国佛教协会成立,圆老法师被推荐为会长,全国佛教徒都对他寄以无限期望,不料他竟然离开我们而长逝了。现在我在这里宣读圆瑛法师的遗嘱,这遗嘱是他动身到天童寺临行前交给我,委托我在他圆寂后发表的。他的遗嘱主要精神讲:社会道德普遍提高,时节因缘不可思议。凡我佛子,宜各精进,力行十善,勤修六度,行菩萨道,报众生恩。各宗各派,同宣斯义,出家在家,各尽其分,互助无诤,团结第一……愿我国佛教徒同心同德,积极参加爱国运动,致力和平事业。应思利民护国,饶益有情,乃成佛之基、众善之首。①

圆瑛一生以弘法利生为职志。为弘法,他不辞劳苦地奔走于海内外,宣讲于大江南北。他不仅为佛门四众弟子讲经说法,而且向一般社会大众,乃至军人,宣传佛教利生济世、挽救人心、提升道德的教理和宗旨。他尝以大慈悲、大无畏、大无我三种精神来概括佛教大乘救世之学说,而他对此三种精神深入浅出的讲解,极有助于世人充分了解佛教的积极精神。这对于中国近现代佛教的健康发展,是有着重要意义的。同时,他先后创办和主持了"宁波接待寺佛教讲习所"、"宁波七塔报恩佛学院"、"福州法海寺法界学院"、"槟城佛学研究会"、"上海圆明讲堂楞严专宗学院"、"上海圆明讲堂圆明佛学院"等,对佛教教育事业的发展和宏法人才的培养都起了很大的作用。为利生,圆瑛则更是遵循慈悲精神,先后兴办了"宁波白衣寺佛教孤儿院"、"泉州开元寺慈儿院"、"上海佛教医院"等,组织并主持了"华北五省旱灾筹赈会"、"十六省水灾赈济会"、"上海灾区佛教救护团"以及"上海难民收容所"等大量的佛教慈善事业。

圆瑛不仅在佛教内部无门户之见,融通教宗、禅净、显密,而且对世

---

① 明旸主编:《圆瑛大师年谱》,第302—303页,北京,中华书局,2004。

学也有积极、宽容的兼收并蓄精神。如他说:"凡对各种学说,都要悉心研究。各科学学说、儒学学说、哲学学说、佛学学说,研究时必须具一种眼光,把那学说之真理,看得明明白白,不可存门户之见。凡有益于人生身心德业学问智识者,都要采取体会。即有不合潮流者,亦必仔细审定,如此可谓知己知彼,始足应世。若但知己而不知彼,不足以与世界学者之酬对。"①这段话充分地体现了圆瑛法师博大的胸怀、深远的眼光和适应时代发展而不断求进的精神。

北京大学楼宇烈先生说:"圆瑛大师(1878—1953)与太虚大师(1889—1947)是中国近现代佛教史上为振兴佛教事业奉献出全部身心,而在佛学理论上又各有千秋的佛门双璧。"②

---

① 《培风学校讲演》,《圆瑛法师讲演录》,第43页。
② 《圆瑛大师的佛学思想》,《圆瑛大师圆寂四十周年纪念文集》,苏州,吴轩出版社,1993。圆瑛19岁(1896)正式出家,投福州鼓山涌泉寺,礼兴化梅峰寺增西上人为师。次年,依妙莲和尚受具足戒。21岁(1898)时,赴常州天宁寺,依治开和尚(1851—1922)学禅。26岁(1903)时又至宁波天童寺,依寄禅(名敬安,1851—1912)和尚学禅。1906年,圆瑛29岁时,于宁波七塔报恩寺拜谒慈运老和尚,亲承法印,传临济正宗为第四十世,法名宏悟。

第三章 欧阳竟无与民国时期唯识学复兴思潮

欧阳名渐(1871—1943),原字镜湖,40岁以后改为竟无,江西宜黄人。因其在近代唯识学研究上戛戛独造,震古烁今,取得突出成就,世誉之为"唐玄奘后第一人",后学则尊称"宜黄大师"而不名。在欧阳竟无1904年随杨文会学佛以来,尤其在1910年再次奔赴南京,决心舍身为法,而杨老居士又于1911年生西,把金陵刻经处一切法事托付给欧阳之后,欧阳的心中便一直怀藏或横亘着两个伟大的心愿:一是"续石埭未竟之志",二是"竟玄奘未竟之业"。究极言之,两个心愿其实是一回事,也即,续唯识学千年坠绪,振兴佛教于当世。世人见到欧阳非议《起信》,而惊疑不安,以为他违逆了杨老居士生前所深信,其实,从杨文会到欧阳渐一脉相承,把唯识学中兴视作中国佛教振兴的要门。

第一节 民国时期佛教的薪火相传

欧阳从继续佛教慧命着眼,专研唯识教理,以求精确得当、彻底通达,不仅是遵循了杨老居士以唯识药治中国佛教思想"笼统颟顸"的遗愿,而且他治龙树、无著学于一炉,晚年以"无余涅槃唯一宗趣"为定论,融中观、唯识、涅槃三学为一体,这其实也是不脱杨老居士所批判继承的唐以后佛教思想大转型的融合的思想传统。当然,欧阳的融贯中观与唯识,也许更多地继承了唐玄奘的融会思想传统,主张探求"纯真佛学"的原意,但他所严厉批判的也恰恰是台、贤、禅诸宗教忽视唯识学而在流传过程中变质失真者。

一、续石埭未竟之志

欧阳渐以"接续师"为己任,续石埭未竟之志,刻藏继续之,办学继续之,思想亦继续之,而一一以光大为务。其于民国12年(1923)7月,在支那内学院开第一次研究会上致辞说:"若学有师承,不悖佛说,且能提出精华,资益后学,使慧命相续者,则接续师也。学依接续师,即于古人立义不应轻易改动,改动立义即非师承。有如法相家立种子义,今言法相而谓种子不可立,则失师承也。(他宗或不赞成种子,亦有道理须研,然是他宗,即非此宗师承。)但宗义创自先哲,推阐亦留待后人,或详其所略,或厘其所杂,或疏失之纠修,或他义之资发;破弃盲从,革除笼统,有果有因,整然不乱。此乃所谓真师承,与标宗定义之授受不同,亦与泛尔皈依之师弟有异也。"①值得注意,欧阳于此和盘托出其心中的接续师,所谓的真师承,是以传续佛教的慧命为重心,与过去"标宗定义"的宗派佛教之授受不同,也与一般信仰皈依的师徒有别。

杨文会归西时将金陵刻经处托付陈穉庵、陈宜甫和欧阳渐三人共同担任,欧阳渐专门负责校经刻藏事,杨老居士对其生前还有半部未刻竣的《瑜伽》大论,特别叮咛欧阳续刻之。欧阳后来在1938年1月作的《支那内学院经版图书展览缘起》中,述其继承杨老居士的"刊刻流通",实乃继往开来的不朽事业:

释迦以至道救世,承其后事者乃在于流通。迦叶、阿难结集流

---

① 参见欧阳渐《支那内学院研究会开会辞》,支那内学院编:《内学》第一辑。又参见王雷泉编选《欧阳渐文选:悲愤而后有学》附录,第101页,上海,上海远东出版社,1996。

通,龙树、无著阐发流通,罗什、玄奘翻译流通。自宋开宝雕版于益州,至予师杨仁山先生刻藏于金陵,为刊刻流通。

先生之徂西也,付嘱于予曰:"我会上尔至,尔会上我来,刻藏之事,其继续之。"予小子顿首稽首,敬以将命,夙夜不敢康。师创金陵刻经处五十余年,予继支那内学院二十余年,合扬州砖桥一部分之版,殆将万卷……

若夫以继往开来之事共建邦家之基,住宁二十五年,不出户庭,蛰居不离有吕秋一。《藏要》成,教义明,图书聚,修绠得……①

吕秋一,又作秋逸,即现代佛学界众所周知的"一代佛学大师"吕澂先生,当年在欧阳门下属"掌门弟子"的身份,深得欧阳之器重,欧阳比之"智慧第一"之舍利弗,舍利弗有"鹙子"之称,故欧阳亦常以此号称秋一。吕秋一在欧阳于1943年73岁逝世后未久,作《亲教师欧阳先生事略》,内中说:

师之佛学由杨老居士出。《楞严》、《起信》伪说流毒千年,老居士料简未纯,至师始毅然屏绝。荑稗务去,真实乃存,诚所以竟杨老居士之志也。初,师受刻经累嘱,以如何守成问,老居士曰:"毋然,尔法事千百倍于我,胡拘拘于是?"故师宏法数十年,唯光大是务。最后作老居士传,盛赞其始愿之宏、垂模之远焉。呜呼!师亦可谓善于继述者矣。②

欧阳为杨老居士作传,"盛赞其始愿之宏、垂模之远",而欧阳在弟子们看来,孜孜弘法数十年,"唯光大是务","可谓善于继述者矣"。上述文字表明,从杨文会到欧阳竟无再到吕澂,金陵刻经处一门三代,之所以在近代佛教的复兴和思想转型中能作出杰出贡献,乃是因为他们在佛教的事业和思想上是一个"共同体",用"一脉相承,薪火相传"这几个字来概括,再贴切不过了。引人瞩目的是,王雷泉在为其所编的《欧阳渐文选》写的序言中,使用了"一个特立独行的佛教知识分子集团"这组词语,来

---

① 参见王雷泉编选《欧阳渐文选:悲愤而后有学》,第295—296页。
② 同上书,第440页。

表彰他们对近代佛学乃至思想界的卓越贡献。他认为20世纪前半叶的中国思想界,处于万花筒般的动荡剧变中,要找出"能转时代潮流而不为时俗所转"的大思想家,委实不多。而在南京(抗战期间转移到四川江津),却存在着这样一个特立独行的佛教知识分子集团:

> 他们以殉道者的精神,过着近乎苦行僧的研修生活,探讨着终极的佛教真理,却公开宣称"佛法非宗教非哲学",与一切迷信和独断无缘。在一个义利不辨、师道不行的时代,他们高扬师道的价值,终生献身于师门事业,前仆后继,薪尽火传;然而,为了求道的真实和学术的尊严,以"依法不依人"的磊落胸怀,敢于修正师尊的思想。他们终日与青灯黄卷相伴,对数千卷佛经进行了最严格的校勘,却敢于对师尊和自己借以入门的《楞严经》和《大乘起信论》等经典的真实性提出质疑。在回到唐代唯识学这一表面看来极端保守的口号下,他们对一千余年来以天台宗、华严宗、禅宗为代表的传统中国佛学,进行了犀利的思想批判。①

欧阳的名字在中国近代佛教思想史上,是紧紧地和支那内学院、和法相唯识学联系在一起的。然而他本人屡屡强调专研法相唯识学是秉承杨老居士遗愿,支那内学院也是承祇洹精舍而来。这一方面固然是历史的事实,另一方面也反映了杨文会在振兴近代佛教事业和思想上的开创性贡献和不可磨灭的影响。但是无可否认,欧阳在进入民国时期后,对于唯识学的中兴用力甚宏,他从续刻半部《瑜伽》和研治《瑜伽》大论开

---

① 王雷泉于此接着说:"这个佛教知识分子集团,以杨文会、欧阳渐、吕澂三个杰出人物为代表,将中国佛学带出笼统颟顸的古代形态。在中国佛教历经劫波,即将迎接下个世纪的曙光之际,人们会再次涌动感恩的心潮,缅怀他们的世纪性贡献。杨文会作为一个传统的佛教知识分子,最先接受西方刚创立不久的近代宗教学研究方法,创办学校,校刻佛典,被誉为中国近代佛教复兴之父。吕澂,一个冷静求实的佛教学者,本世纪数一数二的佛学大师,与当今依然健在的台湾印顺法师同作为中国佛学双璧。而作为承上启下枢纽的欧阳渐,则是一个具有强烈宗教热忱和孤愤气质的佛教思想家和教育家……他是把学问与生命体验和医民救国结合在一起的。"参见王雷泉编选《欧阳渐文选:悲愤而后有学》之《编选者序》,第1—2页。

始,拓展出独立的学术生命和佛教事业来。

1917年,欧阳在《瑜伽》大论历经二十寒暑刻成之际,作成《瑜伽师地论叙》。在《绪言第六》中,他述说了法相唯识学从元末法相典籍亡逸后,斯学沉响数百余年的历史。永明延寿师作《宗镜录》,对于法相一门,虽无树义倒还能诠释,因为古典俱在,依据不诬。可至明人治此宗者,舍《相宗八要》、《唯识心要》以外,就再没有别的精研了。支离破碎之谈,户牖一孔之见,唯望此而却走,谁还来研治《瑜伽》? 欧阳接着说:

> 唯我亲教深柳大师,天纵之资,一时崛起。道、咸之际,举国沉迷,师以读奇书,获《起信》、《维摩》于皖肆,浸假搜罗,遂通三藏。由是发愿,愿法与劫齐,愿人都法获。私家刻经,始于宋元之际本,次于明武陵方册本,三于明清之际密严(藏)嘉兴本。随成随废,荡然无存。师创金陵刻经处,继第四之私藏,利有情以菩提。顾其所学,由《起信》而净土,由净土而华严。华严尊《疏钞》,《疏钞》以唯识释义,由是,暮年深探法相。
>
> 初,于南条文雄氏得《因明大疏》、《成唯识述记》,次第刊行。末遂治刻《瑜伽》,仅成其半而慧日西沦。他日,叶元鋆问:"《瑜伽师地论》后半若何?"师对曰:"以嘱诸(欧阳)渐"。数日寝疾,命三事,笔以告同人:一继刻《瑜伽》,二作《释摩诃衍论集注》,三编《等不等观杂录》。复速成《大藏辑要》,附作《提要》,而陆续以成全藏。
>
> 今者,《等不等观杂录》由徐文蔚编成,《瑜伽》亦以机缘,幸未辱命。然是论刻成,由终溯始,已阅二十寒暑。夫以无著请说之难,奘师传译之难,元明展转刻而复毁之难,今者重刻又如是之难,敬恭作叙,以志其难。其难已往,由文字入实相,庶其无难。①

---

① 参见欧阳渐《瑜伽师地论叙》,王雷泉编选:《欧阳渐文选:悲愤而后有学》,第218—219页。引文中"密严"当校为"密藏"。密藏道开生卒年不详,原为南昌儒生,出家于补陀(普陀)。以仰慕紫柏真可之学行,乃投为紫柏之弟子。万历年间(1573—1620),密藏道开与紫柏等人倡议创刻《嘉兴大藏经》,密藏即为初期之实际主事者。又或校"密严"为"楞严",即嘉兴藏刻于楞严寺,待证。

1918年,在《瑜伽》刻成并对此论有了深刻认识之后,欧阳便开始筹设支那内学院。1922年,欧阳在得到熊希龄、蔡元培、叶恭绰、沈曾植、陈散原和梁启超、章太炎等诸多长者和名流的支持下,正式成立了支那内学院。1923年,欧阳在支那内学院又开设法相大学特科,他在开学讲演中讲述创此学之历史和宗旨,内中说到:

> 我亲教师杨老居士首创祇洹精舍,余亦曾观发起。意在陶铸真士,重入五天(指印度),考求文献。一时学人有太虚、仁山上人、晞明居士等。旋因款绌,半载即停。谛闲、月霞二大法师,相继设学。今兹所存,惟武昌佛学院与本院,实承祇洹精舍而来也。①

此中所提及的谛闲、月霞二大法师,是杨文会生前与僧人交往关系比较密切的两位。光绪三十四年(1908),杨文会在金陵刻经处创办祇洹精舍,谛闲被请来担任学监。因经费困难祇洹精舍停办后,这时江苏僧教育会创设"僧师范学堂",谛闲以杨文会之推荐,继月霞法师后又出任该学堂监督。月霞法师对杨文会的刻经和办学等事业多有经济支持。②民国初年,月霞在上海哈洞花园创办"华严大学",谛闲在宁波观宗寺创立"观宗学社",多受杨文会办学思想之影响。武昌佛学院是太虚法师创办,欧阳说武昌佛学院与支那内学院都由祇洹精舍而来,此诚无诬。欧阳创办支那内学院,除了办学理念、物质基础和思想传承等是明显承袭杨文会的祇洹精舍外,还有一个很重要的因素,就是得到了曾不同程度

---

① 参见王雷泉编选《欧阳渐文选:悲愤而后有学》,第104—105页。
② 参见书新《开国时期的佛教与佛教徒》,张曼涛主编:《现代佛教学术丛刊》之《民国佛教篇》,第4页。内中说:僧众里,与杨(文会)居士最接近的是金山月霞法师。月公是江苏人,与乌目山僧宗仰法师为法兄弟。性格刚毅勇猛,执义敢言,对内外学俱有精到研究。光绪中叶已有盛名,无意间与杨居士相遇,交谈之下,对居士的主张大为倾倒,从此便精诚合作,不避艰苦。他每次见到杨居士就五体投地地膜拜,有人责难他不该以比丘顶礼白衣。月公辞正严厉地答复道:"他是大愿菩萨善权现示,我即为比丘怎敢不拜?"杨居士在事业上,常为经济困乏所窘,只要月公知道了,必即刻为之四出劝募,归来后,连数目都不点,双手交给杨居士支用。后来祇洹精舍关闭了,月公在上海另创一所华严大学,以续其后,这是中国佛教第一所大学。

受杨文会佛学思想影响的当代名流和长者居士的指导与支持。其中值得一提的是沈曾植、陈散原、梁启超和章太炎等人。

沈曾植和陈散原分别为支那内学院的成立撰写了《缘起》，因这两篇文章都颇具史料价值，且见解精卓，故录之于后。沈文曰：

> 天发杀机，芸生劫劫。政治学，杀机也。经济学，杀机也。社会学、文学、哲学，皆杀机也。剖析此世代人心原质，一语言一动作，一思想一合会，无不挟贪、嗔、痴三业以俱来。贪嗔痴者，杀种子欤！救此贪嗔痴者，其不可贪嗔痴教之，其当以清净慈悲者教之欤。

> 吾发此愿于庚戌（1910年），与杨居士及诸君集佛学研究会于金陵。越岁而居士寂。继其事者欧阳竟无居士，既大阐瑜伽学、慈恩宗以开发知见，犹勤勤为未来计，设支那内学院，章程简而备。开知见，立规范，兼显密，摄一三。宗趣其彰，始终不二。海内善男子善女人，大菩萨大长者，发文殊智、行普贤愿者，其亦有乐此而助成之者乎！吾涕泣道之，祷祝以求之。嘉兴沈曾植书。①

沈曾植，字子培，号乙庵。1910年，与杨文会、陈散原诸君共同发起成立"佛学研究会"，推杨老居士为会长。杨文会生西后墓塔成，沈氏为写《杨仁山居士塔铭》，盛赞其功德。欧阳在《竟无小品》中说："沈乙庵先生，当代大儒，予常拟之东坡。予编刻经论，每成一叙，即赴沪呈评，无不激叹。曾示读藏之方，不惜以齿牙拔擢后辈。有毁予者，辄资捍御。予初作《瑜伽叙》，谦让未遑，促之再四。又谓事不胜势，学足自植，不必争金陵刻经处；当本其所学，别创规模，以是支那内学院成立。尝举东坡相警，谓东坡梦观音诃斥，尔奈何视天下无一好人？东坡忏悔，乃免沦堕，汝其鉴诸！又尝促予序其诗稿，和其寿诗，予都未应。谓尔学瑜伽，万能

---

① 参见于凌波《中国近现代佛教人物志》，第368页。此中"杀机"，一作"煞机"。

之学,乃若是耶！又商予倩学生好学深思者一人,汇其散乱零稿,写其胸次所宿,而作宗门相契之声以送予。予因谓忏华:尔可相应取彼万宝琳琅来。忏华不从,诚可惜矣！念之悯然。"欧阳还有一联说他:

> 宰官中尊,长者中尊,居士中尊,佛不般涅槃,舍一根身,入一器界；
>
> 四摄示我,五明示我,六度示我,谁与萨婆若,人海知己,学海大观。①

上联是说沈曾植在宰官长者居士中位受尊重,而其救世赤诚可比之于"佛不般涅槃"舍身入尘,可见欧阳对其推崇之至。下联欧阳把沈氏引为"人海知己",又可见其相交不浅。欧阳对沈氏的学问亦颇赞赏,曰其"学海大观"。上文沈氏把当时新兴的政治学、经济学等诸多社会科学和人文科学,皆判为"杀机",固然是自筑篱笆隔绝于时代,但其认为激发杀机之学救不得人心原质的贪瞋痴,而必须用逆其杀机而动的清净慈悲的佛法来救之,此亦不失为思深见卓之谈。近人王国维曾问学于沈氏,对其学问亦赞赏不已,有语云:其学"趣博而旨约,识高而议平。其忧世之深,有过于龚(自珍)、魏(源),而择述之慎,不后于戴(震)、钱(谦益)。"②

陈散原,名三立,字伯严,学者称之为"散原先生"。其父陈宝箴,为清末名臣,历官湖南巡抚,率先推行新政。"时务学堂"即是其新政的产物,梁启超被聘任总教习,因而与其时在湖南助父推行新政的陈散原相识。戊戌政变失败后,陈散原受株连,隐居南京,因而得与金陵刻经处杨文会、欧阳渐一门两代多所交往,关系深厚。杨文会在金陵刻经处开办祇洹精舍,散原捐资鼎力襄助;欧阳渐成立支那内学院,散原又作《缘起》曰:"续石埭未竟之志",对其勉励有加。其文曰:

> 佛说入中国,于晋唐为显学,中微弗绝。迄今世,皖有杨仁山居

---

① 参见欧阳渐《竟无小品》卷下,第8页,金陵刻经处本,1943。
② 参见汪荣祖《陈寅恪评传》,第45页,南昌,百花洲文艺出版社,1992。

士,居金陵,究寻遗绪,刊布经论,党徒附之,玄风稍振矣。余于教旨虽自外,然颇喜与居士游,听其讲授。光绪丁未(1907年)春夏间,遂赞居士设祇洹精舍,邃远近学者课习梵乘,为广厥传。未久,格人事废罢,居士亦沦逝,识者憾矣。

越十有余岁,居士高弟子宜黄欧阳君,复图建支那内学院。踵前规恢而益备,以续居士未竟之志。余诵其科目简章,踊跃而唏嘘。区区之怀,盖以为世变而糜持之者,陷溺不出,无往而非阶乱造劫之具而已。谬冀进之悲智清净之要道。涵咏人心,窥本真,澹嗜欲。淑其才而维世业,挽穷无复之运会于百一,非侈导于生天作祖,为余所不测者也。余老矣,海内忧世宏济之君子,煦而董之,翼而成之。庶乎了此一大事,为因为果,俱不可思议。戊午(1918年)冬月陈三立。①

散原老人寓居南京,对支那内学院备为支持,因为在他看来,支那内学院是祇洹精舍的继续,故曰其"踵前规恢而益备,以续居士未竟之志"。欧阳作《散原居士事略》,述其始识散原在光绪丙午(1906年),而与梁任公"谈道定交",乃在民国壬戌(1922年)。按,梁启超在那一年写了《大乘起信论考证》,曾向欧阳请教,不久又至东南大学任教,常去内学院听唯识学。欧阳在撰《散原居士事略》时,谈到三人交往,读之颇令人扼腕:

壬戌,梁任公研唯识学来,尝相聚于散原别墅。一日酒酣,嘘唏长叹,盖散原,任公湘事同志,不见二十年,见则触往事而凄怆伤怀也。任公语予:蔡松坡(即蔡锷)以整个人格相呈,今不复得矣。散原语予:蔡松坡考时务学堂,年十四,文不通。已斥,予稚幼取之。以任公教力,一日千里,半年大成。今不可复得矣!

酒阑,絮絮语,余谓任公:放下野心,法门龙象。散原曰:不能。

---

① 按欧阳渐自云,散原为支那内学院所作之文名《缘起》,而于凌波书则作《支那内学院简章书后》,参见于凌波《中国近现代佛教人物志》,第369页。

任公默然。散原问:何佛书读免艰苦? 任公以《梦游集》语之。散原乃自陈矢,今后但优游任运以待死。不能思索,诗亦不复作也……自后一晤于支那内学院,而住北平,遂不复见,寄余书曰:住北平终日不出户庭,寂坐如枯僧。予以为优游任运以待死也,而岂知发愤不食,愤怒亡哉! 吾知之矣……夫散原者,固古之性情肝胆中人,始终一纯洁之质者也。①

陈散原和梁启超是当年在湖南共事的维新派中的同志,戊戌政变失败后启超走日本,散原隐南京;二次革命中又都通声气,积极组织并参与革命活动。此事再败后,散原即决意不过问政治,自号"神州袖手人",故有"优游任运以待死"之意。欧阳称散原实乃"古之性情肝胆中人",1937年日寇大举侵华,中华大好河山沦入敌爪,散原则发愤不食,愤怒而亡。欧阳得知后痛惜不已。在九一八事变后,欧阳忠义愤发,奔走呼号,救国之情也撼天地、泣鬼神。如其作《夏声》以砥砺民族精神,刻大藏以拔苦痛而慰忠魂。1932 年,欧阳亲赴上海会晤弟子陈铭枢,鼓励其发动抗日。② 陈铭枢当时任京沪卫戍司令,所部十九路军驻守上海及京沪沿线。十九路军奋起抗日,迫使日军三易主帅,然而孤军无援,终寡不敌众,其事亦可歌可泣。欧阳曾为陈铭枢改挽联悼念十九路军抗日烈士,联曰:

黑风海吼,黄族陆沉,为一字精忠,亿兆黔黎倚我熊罴背鬼;
契若金兰,情逾玉树,伤十年甘苦,八千子弟半成猿鹤虫沙。③

梁启超与欧阳的谈道论交已如上述,私谊学缘之外,主要是梁氏的《大乘起信论考证》适逢其时,为欧阳在支那内学院成立时抉择唯识谈起

---

① 陈散原是著名历史学家陈寅恪之父。欧阳与散原交谊甚深,对其人格亦颇多推崇,其文说散原"乃古之性情肝胆中人,发于政不得以政治称,寓于诗而亦不得以诗人概;其得志则改革致太平,不得志则抑郁发愤一寄于诗,乃至于丧命,彻终彻始纯洁之质"。参见欧阳渐《竟无诗文》,第 1—2 页,金陵刻经处本,1943。引文中散原问:"何佛书读免艰苦?"梁任公所推荐的书系明德清著《憨山老人梦游集》。
② 参见王恩洋《追念亲教大师》,《欧阳竟无大师纪念特刊》。
③ 欧阳渐:《竟无小品》,第 14—15 页,金陵刻经处本。

信之病，推波助澜。在《竟无小品》中，我们看到欧阳说："梁任公于予颇恭敬相信，于内院颇多赞辅。"欧阳并有一联说梁任公：

> 政不忍梦，学不忍梦，海鹤神龙，风雪长空飞舞；
> 赏心亦梦，伤心亦梦，离骚孤愤，悲歌何处清凉。①

梁启超听欧阳讲唯识学，前后有两旬，虽病中亦不辍。之后，梁氏给欧阳先生写信说："自怅缘浅，不克久侍。然两旬所受之熏，自信当一生受用不尽。"其后又语人说："听欧阳竟无讲唯识，始知有真佛学。"②梁启超此函现存金陵刻经处深柳堂内③，从此函来看，梁氏虽不乏恭敬自牧之意，然亦可见欧阳教人至深，影响之巨。而从上文欧阳劝任公"放下野心，法门龙象"以及所写联语来看，亦可谓知梁氏者矣。

除了沈曾植、陈散原和梁启超三人公开支持或赞辅支那内学院外，还有一位大腕级的人物，便是先鼓吹革命后来则以国学大师而著称的章太炎先生。章太炎早年因从事反清活动，而于1903—1906年身陷囹圄，得以专修慈氏、世亲之书，其中就有金陵刻经处刊行的《成唯识论》。以此，欧阳在为杨老居士作传记时，说到杨文会门下研治法相唯识的弟子中便有章太炎。章太炎亦作有一篇《支那内学院缘起》(1919年10月)，其立义与沈曾植、陈散原着眼于从祇洹精舍的延续来看支那内学院有所不同，而与夏曾佑提倡以"治经学、小学之心"来治唯识的意旨相近，把法相唯识之学看成适应近代学术讲究实证和精密之风而起。其文曰：

> 竟无以佛法垂绝，而己所见深博，出恒人上……因发愿设支那内学院，以启信解之士。由其道之，必将异于苾刍(即比丘)颟顸之

---

① 参见欧阳渐《竟无小品》卷下，第4页。
② 参见于凌波《中国近现代佛教人物志》，第370页。
③ 原函曰："竟无先生吾师：侍讲席两旬，所以弘我者无量，方冀多聆慈诲，益植善根。不意比以积劳，病中心藏，医者督责辍课静养，而此间讲义难中止，只得以旬日间从事结束。非久便当北归，在此当有半月以上。自怅善缘短浅，有导师而不克久侍。然两旬所受之熏，自信毕生受用不尽也。归后疗养稍可，当辍百业，以一年之功专治唯识。或常以书请益，仍乞垂愍见诲。兹呈拙稿数篇，能批数语掷下，亦足鼓其精进也。敬上。"

论,又不得与天魔奇说混淆可知也。世之变也,道术或时盛衰,而皆转趣翔实,诸谈游不根者为人所厌听久矣。自清世士大夫好言朴学,或失则琐,然诡谈私造者渐绝,转益确质,医方、工巧二明于是大著。佛法者,可以质言,亦可以滑易谈也。然非质言,无以应今之机,此则唯识、法相为易入。观世质文,固非荙刍所能知,亦非浮华之士所能与也。以竟无之辩才,而行之以其坚苦之志,其庶几足以济变哉!①

近代唯识学一时兴盛,杨文会无疑有倡导之功,然唯识学能够兴盛,则与当时的学术风气和文化背景也有一定关联。章太炎在此文中,揭示了清世以来学风趋向朴实,或虽失之于琐碎,然"诡谈私造者"渐绝,"谈游无根者"已使人厌听久矣。就佛法言,既可以质言,亦容易滑谈,而应时机者,当以唯识法相为易入。类似的观点,章太炎在另一处也有明示,其《答铁铮》语曰:"盖近代学术,渐趋实事求是之途,自汉学诸公分条析理,远非明儒所能企及。逮科学萌芽,而用心缜密矣。是故法相之学,于明代则不宜,于近代则甚适,由学术所趋然也。"②章太炎在此明确提出法相之学为何在明代不宜,而于近代则甚适,乃是因为学术变化趋势使然。他提出了两种影响学术变化的因素,一个是"汉学",也即乾嘉以来的考据学,另一个就是西方传来的科学,两者在学风和方法上都强调实证和精密。章太炎相信以欧阳之辩才和坚苦卓绝之志,足以担当祛除佛学研究上的浮华之风,而完成法相唯识学的近代化,与近代学术之风相契应。

支那内学院堪称近代佛学的重镇,能在整理大藏、佛学研究和培养人才上,将杨老居士创下的基业发扬光大,多赖于这种近代学术化风气的影响,使内学院自始即走上了一条倡导存真求实、学术研究严谨而又

---

① 参见黄夏年主编《章太炎集》,第133页,北京,中国社会科学出版社,1995。
② 参见章太炎《章太炎全集》第四册,第370页,上海,上海人民出版社,1982。

思维活跃的道路。

二、竟玄奘未竟之业

说欧阳"竟玄奘未竟之业",至少有两层含义:一是狭义,指玄奘未完成的翻译事业,如安慧、陈那等唯识大宗匠的著述,欧阳寄希望于精通梵文和藏文的弟子们来完成这个事业。二是广义,指在学理上承袭玄奘在那烂陀学习时就奠定的会通中观、唯识的治学宗旨。玄奘在那烂陀曾作《会宗论》三千颂,融会中观、瑜伽两派学说,折服大小乘及其他一切外道,赢得"大乘天"的美誉。归国后致力于翻译事业,也以融通中观、瑜伽为归趣,如其虽主要翻译法相唯识典籍,但也翻译《大般若经》600卷。故梁启超说,"会通般若、瑜伽,实奘师毕生大愿。观其归后所译经论,知其尽力般若,不在罗什下也。惜梵本《会宗论》未经自译耳!"①由此,说欧阳治佛学是以玄奘为楷模,竟其未竟之业,实不为过。其继承先师杨老居士遗志,采撷东西方学校制度,而创办支那内学院——中国的那烂陀,也可作如是观。

在1923—1924年期间召开的支那内学院研究会上,欧阳提出了本院许多的规划和设想,对于本院研究要达到的规模和效果,以及研究的性质、范围、方法和宗旨等等都有所揭示。他说:"此寺规模,佛灭以来允为第一。虽我国昔日关中、慈恩之盛,不足方其百一也。如寺中每日讲座百余,性、相、密三鼎足传宏,小乘、外道无一不备,此其派别可谓繁极。今之规模期在于此,余十年以来规划内院者,亦在于此。"②在为《内学》杂志所写的发刊词《谈内学研究》中,他又说:西方佛教,有小大、空有、显密等别,而其学悉荟萃于那烂陀寺。盖自佛灭以后,讲学范围之宽,无能逾

---

① 参见梁启超《支那内学院精校本玄奘传书后》,梁启超:《饮冰室合集》第15册,上海,中华书局,1936。
② 参见欧阳渐《支那内学院研究会开会辞》,《内学》第一辑。又参见王雷泉编选《欧阳渐文选:悲愤而后有学》附录,第102页。

此地者。西方佛学亦以此为终。东方佛学,如关中之空、慈恩之有、匡庐之净、曹溪之禅、南山之律等,皆本诸西土。此中禅宗虽杂有我国思想,然理与空宗相合之处,仍西方佛教。今兹研究范围,应概括全体佛教,范围不宽则易衰歇,昔日空有诸家,乃前车之鉴。但佛教范围虽大,内容仍是一贯,仍有条理充实。今之研究,亦将由分而合,以期成一整体之佛教。言余素愿,乃在建立支那之那烂陀矣。①

由上可见,欧阳想把内学院建成像昔日天竺享有盛名的那烂陀,虽然研究以法相唯识为重心,但显然是致力于弘扬全体佛教。那么,为何要在近代的中国建立那烂陀这样的佛学院呢?用什么方法来实现这一目标呢?在《法相大学特科开学讲演》中,他从历史的角度讲述了开设此学的缘由:

> 明清以来,随手掇拾一经一论,顺文消释,就义敷陈,如是讲坛,无时不有。兴设学校,编制学科,三乘教义抉要示人,如是规模,则向来无。世法且忌躐等,学佛自当有序。印土学人通例先治小乘三年,降逮中国,鄙夷声闻,小固可轻,然复何易?彼惟无悲,斯与大异,九事所摄,法则共同。小非外、大,大实含小,不知此小,焉足称大?吾华昧此,遗弃小乘,任彼高谈,终嫌笼统。因其基础,继长增高,固当大、小通谈,融求得当也。学校制度,通行东西,既著攸功,何妨采撷?②

在此,欧阳主要阐明了两层意思:一是明清以来虽有讲坛,但都是传统的依文训释的老办法,像现在这样建立学校,依系统的循序渐进的办法,把三乘教义都抉其精要传授给学人,这样的规模是以前所没有的。二是其根据是东西方通行的学校制度,在印度学习佛法,按照通例,都要先研习小乘三年,但传到中国后,因为中土人士轻视小乘缺乏大悲精神,

---

① 参见王雷泉编选《欧阳渐文选:悲愤而后有学》,第113页。
② 同上书,第104页。

以至于遗弃了小乘,而不知大、小乘之间的辩证关系。其实只有凭依小乘的基础,才有大乘的"继长增高"。所以中国的佛教教育必须摒弃前习,改革前制,而"大小通谈",把佛教各派融成一个整体。然后欧阳揭示了开设此学的宗旨:

> 第一,哀正法灭,立西域学宗旨。正法能传,赖真师承;真师承者,渊源于印度也。佛后真师,龙树、无著,位皆初地,说法独正。何以故?缘藏识中无漏、有漏二类种子,绝对不蒙。下士凡夫无漏种隐、有漏种现,初地菩萨有漏种隐、无漏种现。无漏种现,乃所谓正法也。初登地时,欢喜至极,说法遂详,详则易解,接近世俗。马鸣八地,语略难知。(若夫[天台]智者自谓五品,等是凡夫;其在贤首[法藏],多袭天台,所有说言,更无足恃。)是故非西域龙树、无著之学不可学。

> 第二,悲众生苦,立为人学宗旨。为人云何?无我之谓。所谓无我,非先有我,后使之无,如先有树,执柯伐之。为己为人,方向不同,东西异步;为人则生心动念,止知有人,即至无上菩提,亦非为己。众生不成佛我不成佛,盖以他为自,非推己及人耳。今来学者自问:是否发心,因法欲灭?是否发心,因众生苦?吾志在此,合者都来破釜沉舟,同向毗卢遮那顶上行去也。①

由上观之,通过采撷东西方学校制度,而建立佛学院,培养佛学研究人才,是最好的"继绝学、兴遗教"的办法之一。然而支那内学院开办于我国新文化运动之后,可想而知,欧阳所从事的是一件"孤独寂寞"的事业。尽管如此,他还是以"破釜沉舟,同向毗卢遮那顶上行去"的悲壮精神,不但"续石埭未竟之志",而且"竟玄奘未竟之业"。王雷泉描写了"他带领一小批同道者,在一个充满悖论的文化环境中左冲右突"的情景:他要在中国举办有如当年那烂陀寺一样宏大规模的佛教大学,却苦于没有

---

① 参见王雷泉编选《欧阳渐文选:悲愤而后有学》,第104—105页。毗卢遮那,梵语 Vairocana,即佛的报身或法身。

多少像样的教材;他要继承恩师杨仁山的遗志,对汗牛充栋的上万卷佛经进行严格的学术整理,而合格的佛学人才却寥若晨星。故他别无选择,摆在面前的只能是一条荆棘丛生的道路:讲学以刻经。通过办学以培养整理佛经的人才,在整理佛经中造就佛学人才。① 支那内学院的确培养了不少佛学研究人才,但从资料中我们发现最引人注目的,是欧阳提到的吕秋一和黄树因。如欧阳在为黄树因所作的传文中说:"先师付嘱渐十余年,得超敏缜密之吕秋一,可以整理;得笃实宽裕之黄树因,可以推扩,吾其庶几乎!"②

上面所说的玄奘未竟之业,基本是在广义的层面上来谈的。而由文献看来,欧阳对玄奘未竟之学,其实有明确的所指,那就是指玄奘没有译出的如安慧、陈那、无性等"唯识中最大宗匠"的论著。他之看重黄树因,对黄树因的早逝极为痛惜,都是建立在黄树因能以其稀有的梵文藏文功底翻译玄奘、义净未完成的典籍这个意义上的。欧阳写道:

> 唯识学展于安慧,空有二宗学纽于安慧,此土不正学影响极大而久,亦无不涉于安慧、陈那菩萨、无性菩萨者,唯识中最大宗匠也。诸德论著,玄奘、义净不及备译乎前。后人精唯识学,能梵文,苦不得兼具。实不易遇,遇不知贵,贵不能显。遂使千数百年,枯槁沉沉,润泽发明,一无足凭。黄树因者,得藏笈《三十唯识颂》安慧释、《庄严经论》安慧释、《论轨》德慧注、陈那《集量论》本及释、《摄论》三种释、《庄严经论》无性释,幸甚哉!天日睹矣。树因,能忍第一。镇日研一字,穷年究一字,循习委蛇,无厌苦。以故善唯识,能梵文,辟幽径,抉伏藏,无难也。

树因年十八,毕业南洋中学,姚柏年引之听讲,佛学趣向定。十九从予游,其母惧儿厌世也,禁之,树因乃能旋转母意。年二十二,

---

① 参见王雷泉编选《欧阳渐文选:悲愤而后有学》之《编选者序》,第2页。
② 参见欧阳渐《竟无诗文》之《黄建事略》,第6—7页,金陵刻经处本,1943。

从德人雷兴学梵文于山东;年二十四,从俄人刚(一作钢)和泰学梵文、藏文于北京。今年(1923年)二十八,业成,将归金陵支那内学院,次第译要籍,且穷数年学,作游印、藏资粮,以竟玄奘未竟之业。今乃赍志饮恨,一切乌有。悲夫!树因不婚,不肉食,居古庙,饭粗粝,且不克时应,忍之数年,以竟厥事,难哉!予友桂伯华,不婚不肉食,学日本金胎两界,忍苦十余年,垂殁而恨,恨不致力西藏也。若使尚在,恸也何如!

黄树因名建,广东顺德人,家金陵,著名的佛教史学家黄忏华是其兄。他于民国12年(1923)5月某日,示寂于北京卧佛寺。① 欧阳有挽联云:

我唯知此法门,冰天雪窖来,古庙香炉去;
汝已闻熏净种,虚妄分别有,生死涅槃无。②

欧阳在树因生前深爱之,奖掖之,常勉其努力学梵文。他把深柳大师杨文会所藏梵文书籍全部赠授树因,并在《大慈恩寺三藏法师传》封面上亲书数语,期望树因能西游梵土,竟玄奘未竟之业。1918年,树因听闻山东有德人雷兴擅长梵文,欧阳则请时任山东高等检察厅长的梅撷芸介绍树因入门读书。树因从雷先生读,梵学大进。后又闻北京大学教授俄人钢和泰于梵文尤精,兼善巴利文和藏文,树因复入北京大学学梵文数年。时值梁漱溟在北大主讲印度哲学和唯识学,树因则对梁氏说,宜黄大师师承深柳,远绍龙树、无著之学,尤精《瑜伽》,乃玄奘后千古一人。③ 梁漱溟后来专程赴南京,问学于欧阳先生。据说,王恩洋也是树因推荐来内院师从欧阳的。不久之后,梁漱溟又推荐了熊十力来支那内学院学习。如此因缘相推,支那内学院声名鹊起,四方莘

---

① 参见欧阳渐《竟无诗文》之《黄建事略》,第6—7页。
② 参见欧阳渐《竟无小品》,第9页。
③ 参见徐清祥、王国炎《欧阳竟无评传》,第54页,南昌,百花洲文艺出版社,1995。

莘学子来归,方有日后内院之兴盛。然树因志未酬,身先死。1926年12月28日,欧阳在内学院设立"树因研究室",以专门从事外文佛经的研究,也以此纪念黄树因有志于梵藏文的学习和研究,表彰其"竟玄奘未竟之业"的刻苦卓绝的精神。

三、唯一宗趣在无余涅槃

欧阳曾自述:"甲午以还,奔走凄惶,无所托足。石埭杨文会居士讲究竟学于宁,乃与桂伯华诸人相率以事之,不仕不荤,绝男女之欲,悉力精研者二十年,而后豁然淹贯,讲学育才,将以移易乎天下万世,此支那内学院之由来也。别调孤弹,宗教则屏为世学,世学又屏为宗教,春粮且不能宿,盖垂青者寡矣。"①1894年7月,甲午战争爆发,次年2月,北洋舰队全军覆没,4月,《马关条约》签订,全国为之哗然;康有为在北京发动"公车上书",维新意见不为采纳,举国上下沉迷彷徨。欧阳渐在此时代背景下,"慨杂学无用,专治陆王,欲以补救时弊"。1904年,欧阳以优贡赴廷试,被委为广昌县教谕,从京回乡时路至南京,经好友桂伯华引荐,首次参谒杨文会居士。1906年,生母病死,欧阳"哀恸愈恒,即以母逝日,无肉食,绝色欲,杜仕进,归心佛法,以求究竟解脱矣"②。自此以后,欧阳以究竟学为依归,悉力精研法相唯识近20年。1922年支那内学院的成立,标志着他唯识思想研究的成熟;《唯识抉择谈》的问世,可谓是慈恩千年绝学在近代复兴的代表作。但是在当时的文化背景中,欧阳所从事的注定是一项寂寞的事业,他深切感到了他是"别调孤弹",处于一种世学与宗教两相排斥的尴尬境地。

然综观欧阳一生治佛学历程,虽艰苦备尝,悲愤填膺,但次第有成,终蔚为当世显学。他从瑜伽唯识开始,而后般若中观,最终归趣于无余

---

① 参见欧阳渐《与章行严书》,王雷泉编选:《欧阳渐文选:悲愤而后有学》,第313页。
② 参见吕澂《亲教师欧阳先生事略》,王雷泉编选:《欧阳渐文选:悲愤而后有学》,第438页。

涅槃,愈来愈走向融会贯通的境界。1917年秋作成《瑜伽叙》,1928年作成《般若叙》,1931年作成《涅槃叙》,此可谓欧阳佛学研究的三个里程碑。欧阳受恩师遗命,续刻半部《瑜伽》,其学也从治《瑜伽》大论开始,开拓出新的局面来。至1922年支那内学院宣告正式成立时,他是力图把大小空有乃至于显密诸宗教融治于一炉的,尤尊龙树、无著二家之学为"真佛学",代表了印度大乘佛学的精粹,故他给内院制定的研究方针是龙树、无著并重,认为二家缺一不可,"龙树、无著,如车两轮"①。然而在1928年以后,欧阳转治《涅槃》、《密严》等,思想有了重大发展,提出佛法唯一宗趣在无余涅槃,并以此把中观、唯识、涅槃三学融于一体。至此,欧阳才真正称得上完成了玄奘的未竟之业。

1923年7月,欧阳在《法相大学特科开学讲演》中说,以龙树、无著二人为"佛后真师";又说"非西域龙树、无著之学不可学"。同年9月,欧阳在内院第二次研究会上讲演《今日之佛法研究》,他讲说了自己20年来,谈空谈有,谈小谈大,常常以不能贯通为苦。② 因此他认为,今日研究佛法者必须注意以下二事:

其一,须明递嬗之理。也即在学理上,注重了解佛法思想的演变更替之轨迹。从中他明确了如后几点:① 佛在世时说法随机。此在当时未即记载,但于大小空有,义理皆具。后来菩萨详细发挥,总不外其范围。若并此一层亦不置信,则魔外并起,无从分别。② 佛灭度后,二十部小乘兴起争论。此皆切实可资研究。今人对于大乘立义,每有望尘莫及之叹,而小乘思想接近,不妨借此以引导。③ 龙树破小。此为大小转移之关键。所云一切皆空者,空其可空,乃最得我佛之意。④ 无著详大。此继龙树之说而圆满之,故二家缺一不可。⑤ 唐人荟萃。此于无著以来各家学说,皆得会通,然其后绝响及千余载。⑥ 今继承唐人,须大家担当。

---

① 参见欧阳渐《释教训第三》,王雷泉编选:《欧阳渐文选:悲愤而后有学》,第180页。
② 参见王雷泉编选《欧阳渐文选:悲愤而后有学》,第106页。

此间,欧阳所说的唐人,主要指的唐玄奘开创的唯识学,他倡议大家担当的亦显然是绝响千余载的、对无著以来各家学说进行会通的思想,而往上推之,无著又是会通了龙树思想而使大乘学说更为圆满的理论。

其二,须知正期之事。这是指的他究竟如何着手整理研究经典文献的问题。他将之概括为整理"旧存"和发展"新资"这样两个方面,都是采取了近代学术的重考据实证的方法。前一方面主要有简别真伪和考订散乱二事,后一方面亦有二事:一是借助梵、藏文,二是广采时贤论。欧阳认为,梵、藏文中要籍未翻译者极多,如能参阅其书,多所依据,立论才能比前人更加准确。时贤之议论虽未必尽当,但要学会善于读书,能由反面而知正面。对此,欧阳举了两个例子来加以说明,他说,法相要义散漫难寻,吾昔年读《掌珍论》中驳相应论师数行,而得相宗之大概;又如因"大乘非佛说"而得研究途径,证明大乘实有演绎佛说而成之义。①

以上两个方面的结合,不仅使欧阳的唯识学研究取得了突破性的进展,把佛教各主要流派以唯识学为宗本而融会贯通在一起,既有了历史和学理上的依据,又得到了新的文献资料和研究方法的佐证,还有力地推动了近代佛学的兴盛,扩大了佛学在政界和学界的影响,也为后学如吕澂、汤用彤乃至任继愈等人的佛教学术研究,奠定了坚实基础。②

吕澂在法相大学开学典礼中曾作演讲,他说特科之称法相大学,其实标识鲜明,反面观之,并不局限于法相一宗,正面观之,则直指纯真佛法之全体。他认为,佛学本极圆满,应机设教,归趣总同。过去印度初有种种派别,渐失风气,至失佛法和合之精神。此实有因,如区域差别、学理差别等;传入中国,因传译上的差别,以及本土的儒道二学夹杂,亦生

---

① 参见王雷泉编选《欧阳渐文选:悲愤而后有学》,第109页。
② 参见徐清祥、王国炎《欧阳竟无评传》,第46页。

出种种宗派。我国旧称之法相宗,通指唐世玄奘一系而言,但究其根据实异学相排斥,有诬奘师本意。分宗分派都是过去种种原因所致,今再也不宜提倡这种做法。在吕澂看来,法相乃佛法全体,绝不拘限一宗。我国佛法自奘师一系中绝以来,正统沉泛,经千余载。其间虽有台、贤、禅、密、净之继起而盛,然于佛法精神背驰日远,毋庸讳言。他在讲演的最后说:吾侪大师(指欧阳渐)苦心提倡,历十余年,终于在今日于佛法基础立法相幢,慧日曙光,重睹一线。诸君认识既真,应不迟疑,应知提倡佛法实唯法相一途,绝非推尊一宗,亦非欲以一宗概括一切。正此趋向,专志精勤,必使纯真佛法遍现世间,是皆君之责。① 以此观之,支那内学院虽痛斥中土佛教"于佛法精神背驰日远",未能正确理解佛教中国化的历史必然性,以致有失偏颇;但其指出诸宗派兴起之时排斥唯识,"有诬奘师本意",恐怕也是事实,而其强调实事求是的态度,反对拘泥于宗派之见的观点,无疑亦是学术研究的正确方向。

　　1937年夏,欧阳召集门人讲晚年定论,提无余涅槃三德相应之义,融瑜伽、中观于一境,且以摄《大学》《中庸》格物、诚明,佛学究竟洞然,而孔家真面目亦毕见矣。② 1939年7月30日,欧阳在与弟子陈真如(铭枢)的论学书中,告以无余涅槃唯一宗趣之意,说"佛之唯一宗趣,即无余涅槃是也";"宗趣唯一,法门无量,既曰无量,则各自有其境界"。③ 又说,"唯一宗趣无余涅槃,是则彻上彻下,彻始彻终,须臾不离无余涅槃也"。欧阳认为,宗趣唯一无余涅槃,法门则有"三智、三渐次"。不但佛法这样,孔学亦何独不然! 熟读《中庸》,就可知孔佛一致于无余涅槃、三智、三渐次而已。④

---

① 参见支那内学院编《内学》第二辑,第220页。又参见徐清祥、王国炎《欧阳竟无评传》,第89页。
② 参见吕澂《亲教师欧阳先生事略》,王雷泉编选:《欧阳渐文选:悲愤而后有学》,第439页。
③ 参见欧阳渐《答陈真如书》,王雷泉编选:《欧阳渐文选:悲愤而后有学》,第328—329页。
④ "三智"是地前加行智、地上根本智、地上后得智;相应地,"三渐次"是指三智所历的境界,引生无漏为初渐次(加行智境),无相无功用住为中渐次(根本智境),圆满菩提为最后渐次(后得智境)。参见欧阳渐《答陈真如书》,王雷泉编选:《欧阳渐文选:悲愤而后有学》,第330—331页。

欧阳结合自己一生研治佛学的经历,述说他发明此宗趣的缘由,他主要阐述了两个方面:一是激于自身而出,二是激于唐宋诸儒而出。据他自述,40岁时(1910年),学《唯识》、《瑜伽》而不能入,17岁的女儿兰随学于宁,不幸夭亡,他痛彻于心脾,中夜哀号而无可奈何,遂幡然求学,通宵达旦钻研《瑜伽》,于是《唯识》、《瑜伽》都涣然冰释;四方之士毕至,陈真如、熊十力也都在此时"结道义之交"。50岁(1920年)后,爱子、贤徒、胞姐接二连三死,使他痛不胜痛,悲不胜悲,乃发愤治《大智度论》,而《般若》娴习。虽得毕竟空义,犹未敢执无余涅槃以为宗趣。进治《涅槃》,年已六旬(1930年),作《涅槃叙》,苦不克就,乃避暑庐山,恰遇陈散原至,留连数月,终于作成《涅槃叙》,而后知无余涅槃至足重者也。"九一八"之后,在内学院大提特提无余涅槃唯一宗趣之意义,蒙文通、汤(用彤)锡予二君主持讲会;讲会终结于七七事变。欧阳述说:"我皆令入无余涅槃而灭度之",初以为对小乘之说,继但存疑,数年后,才得知原来并非如此。"谁都能有(欧阳)渐之长年,谁非出家而毕生如渐唯此一事?谁于诸宗作穷研融会,征实以得南针?是故知无余涅槃唯一宗趣,不易易也!此所谓激于己而出者也。"①

欧阳认为,他以无余涅槃为佛法唯一宗趣,说之简单,得来实在不易。不是由于个人亲身的悲苦遭际,绝不能臻此绝顶境界。除此之外,还激发于以韩愈为始作俑者的唐宋诸儒的排佛立场。对韩愈和宋儒之排佛,他发表了如下犀利的批判性见解:

> 韩愈文人,乌足知道?更何论清净寂灭!村妪唯计饱食昏睡,谈何清明庙堂?宋人说理,始《太极图》,世俗根由且依稀仿佛,何论出世真诠?又何论涅槃寂灭?辟佛者极恶寂灭,仇而恨之,其非种者锄而弃之。人谓大乘度人穷极六道,谤者则曰:虽则普度有情,而所度仍是寂灭,故佛异端耳。略谈粗义,都讥禅学,试问禅何害于

---

① 参见欧阳渐《再答陈真如书》,王雷泉编选:《欧阳渐文选:悲愤而后有学》,第333—334页。

尔,而恶之拒之如是?皆盲昧之流,非恶寂灭,实恶断灭,以断灭为寂灭而恶之也。非恶禅,恶清谈废事,以清谈废事为禅而恶之也。说风是风,盲从不究,世皆败坏,殃及学林,驯至于今,仍是张冠李戴。夫"无余涅槃"为何如事?天下陷溺为何如危?此鸟可已已耶!此所谓激于唐宋诸儒而出者也。①

欧阳得此唯一宗趣后,以之为"晚年定论",复遍告海内知己,可以想见其对此发现的重视。欧阳70岁时,在《与李证刚书》中说,"学问甚难,渐年七十,始幸沟通","正法须彻上彻下,融于一贯,不可遗弃何段。史实有穷源竟委之系属,遗弃或疏略,皆不得教之翔实,即法不如实也。不可拘牵何段,各部皆与全体相关。摩尼宝珠不于一显,水不能摄火,法各不相知。然段段义明,即全体毕露,一段而局,即本段亦非,拘牵或概简,亦皆不得教之方便苦衷,亦法不如实也。自小乘经《四(阿)含》,论《六足》,各部执(即部派佛教),而归极于《俱舍》。如是中观大般若四论,瑜伽六经十一论,如是而一乘三法,所谓经《涅槃》、《密严》,分为四段,段段精研以为教,不遗弃,不拘牵,彻上彻下,融于一贯,则渐意旨也。近答陈真如论学书,揭出二语:'宗趣唯一,无余涅槃;法门无边,三智三渐次',可以知其概矣。悲夫!教之久晦于天壤也。既得其髓,宁皮相以贻人?今后著述编刻,敢轻率徇情?一息尚存,不容稍懈,敬为我知己告也"②。

欧阳把全体佛法分成四段,小乘经论归极于《俱舍》,与大乘经论中观、瑜伽,成"一乘三法",《涅槃》、《密严》另成一段,一共四段;欧阳主张段段要精研,"不可拘牵何段","不可遗弃何段","段段义明,即全体毕露,一段而局,即本段亦非",乃"法不如实"。可见其宗旨在全体佛教的昌明,绝非拘囿在某宗某派的弘扬上,这与其恩师杨文会,亦与有"同门之谊"的释太虚,以及近代其他佛教大德,可谓同一归趣,无二无别。而

---

① 参见欧阳渐《再答陈真如书》,王雷泉编选:《欧阳渐文选:悲愤而后有学》,第334页。
② 参见王雷泉编选《欧阳渐文选:悲愤而后有学》,第338页。

其继承杨老居士遗愿,悉心专研瑜伽唯识学并取得突出成就,又是灿然可观之事实。

第二节 欧阳中兴唯识学的思想理念

欧阳竟无是民国时期最为杰出的唯识学大家之一,是我国20世纪佛教思想史上声望显赫的一位佛学大师。其佛教思想与事业继承杨文会居士而来,并将近现代中国佛教复兴思潮进一步引向深入,发扬光大。

一、欧阳佛教思想的来源和分段

1903年,欧阳渐考中江西省的"优贡"。根据欧阳弟子吕澂先生的记载,欧阳在次年(1904)赴京朝考南归的途中,曾经"谒杨仁山老居士于宁,得开示,信念益坚"①。欧阳到达南京时,比他早一些皈依佛教的好友、九江名士桂伯华正住在刻经处,从文会习法相唯识之学。欧阳先来拜访伯华,然后由伯华引见,拜谒文会。杨文会在这次会面中特别勉励欧阳说,要想把佛教的理论彻底研究明白,必须研究法相唯识一宗。在1904年前后,《成唯识论述记》已经刻成,杨文会此阶段教导学人,开始提倡法相唯识之学②,这是近现代中国唯识复兴思潮走向深入的一个重要阶段。欧阳在此期间拜诣文会,接受文会的指点,这是欧阳后来转向佛

---

① 吕澂:《亲教师欧阳先生事略》,王雷泉编选:《欧阳渐文选:悲愤而后有学》,第440页。杨文会本人有感于唐宋之后中国佛教的凋敝,主张恢复"本师释尊之遗教",倡导对"顿渐、权实、偏圆、显密种种法门"——中国传统佛教的全体——的研究和教学。自1890年之后,通过和日本学者南条文雄的接触,文会取回了《唯识述记》、《因明大疏》等一系列唯识系统的研究典籍。通过对这些典籍的整理、刊刻,文会对唯识学说的理解日渐深彻,对唯识系统价值的认识也逐渐加深。故而,文会个人已经在学识上建构了提倡法相唯识学说的基础。
② 梅光羲致杨文会的信可以证实此点。梅氏在信中说:"窃闻相宗各书,以《成唯识论》及《瑜伽师地论》为最要。《成唯识论》已有窥基大师之《述记》,而《瑜伽师地论》尚未见有注释。我师达一切法,具一切智,可否将此《瑜伽师地论》详加注释解,俾诸众生有所仰赖。此固我师之慈悲,亦即弟子之所清求者也。"梅氏此书作于1902年,收入杨文会《等不等观杂录》卷六。

教唯识经典研究的重要原因。

宣统三年(1911)8月17日,杨文会在延龄巷金陵刻经处示寂。文会临终时,梅光羲、蒯若木、欧阳等几个弟子,以及文会的家人随侍于身边。文会对欧阳说:"我会上尔至,尔会上我来。刻藏之事其继续之。欧阳顿首从命。"①杨文会留下的遗命中,主要有这样几个内容:其一,在财产方面,经版是十方公产,房舍永远归刻经处使用,立分家笔据为凭据。其二,在人事方面,由陈穉庵、陈宜甫、欧阳渐三人分领刻经处的事务。陈穉庵主管流通,陈宜甫担任交际,欧阳渐负责编校一职。其三,在刻经事务方面,① 继刻《瑜伽师地论》后五十卷;② 作《释摩诃衍论集注》;③ 编《等不等观杂录》;④ 速成《大藏辑要》,附作《提要》,陆续刊刻全藏。

杨老居士让欧阳承当编校一任,实际上等于向门人弟子确认:欧阳是自己佛教振兴事业学术方面的继承人。根据吕澂的记载,在文会逝世之前,欧阳曾向文会请教"守成"之策:"初,师受刻经累嘱,以如何守成问。老居士曰:毋然,尔法事千百倍于我,胡拘拘于是!"②文会这一回答,表明他对欧阳的学识、才德,对欧阳振兴佛教事业的诚心及能力,都是完全放心、完全信任的。在欧阳这一方,对于恩师文会的重用和提携,则终身怀有深切的感激之情。欧阳文集中有这样几段话:

> 如来藏、法藏、功德藏,为三藏;结集流通,译事流通,编刻流通,为三功德。宋、元、明私家刻经,多梵本式;用书本式者,武陵、径山外,有金陵刻经处,为三书本刻经。佛度人、天,曰圆满师;菩萨、二乘随分化生,曰分证师;大心凡夫能使正法不坠,曰接续师,为三师。以是因缘,至斯地者,谁能忘情于深柳大师耶?人往风微,怅然纪之。③

---

① 参见王雷泉编选《欧阳渐文选:悲愤而后有学》,第295页。
② 吕澂:《亲教师欧阳先生事略》,王雷泉编选:《欧阳渐文选:悲愤而后有学》,第440页。
③ 欧阳渐:《竟无小品》"流通功德藏,接续人天师"联语下,第16页,金陵刻经处本。

上面这些话,写在欧阳渐自己逝世之前不久。他对深柳大师杨文会的知遇之恩,终身都感到难以"忘情"! 而杨文会所以选择欧阳作为自己佛教振兴事业的学术接班人,是由下面一些因素促成的:

(1) 自考察欧洲及和日本学者交往后,杨文会晚年佛教振兴事业的理念,与前期相比已经有很大的改变。举其要者,文会晚年对于中国佛教衰弊现象的认识,已经由对佛教传统之外诸种敌对因素的检讨[1],转向对佛教传统内部的内在缺陷的认识。由于这种认识的改变,文会佛教振兴的理念,也就愈来愈重视高层次佛学研究这一理性的因素,希望借理性治学方式的提倡,克服和对治中国佛教传统的内在缺陷,适应现代社会的要求。欧阳理性化的气质,他对中国佛教传统不时流露的怀疑或存疑的态度,他希望认清佛学真相的思想倾向,同文会晚年佛教振兴理念中的新内涵——"中国佛教应当增进理性的因素"——非常契合。

(2) 欧阳个人的深厚学养及良好素质,是他获得文会看重的直接的因素。欧阳自幼受过汉学传统的训练,思维缜密;青少年时期长时期钻研过儒家的"性理之学",富于思考的能力。欧阳的个性中一方面理性发达,一方面性情敏感,极具佛家所要求的那种"智慧和慈悲兼备"的精神底质。他出身于世家,曾励志举业,理想高尚,又复长期遭受贫困和不幸的磨折,刚强不屈。欧阳的这些个人素质,使得他在文会的众多学生中,能够有机会后来居上,很快地脱颖而出,以他扎实的研究和慧解,荣登文会门中的"上座"[2]。

(3) 杨文会晚年的学生中,若论对于佛教振兴事业功劳至巨,佛教信仰笃实剀切,且与文会师生情谊最为密切的,应推桂伯华。文会也颇有意引导伯华专事唯识学的研究,以为"学者楷模"。然而伯华自1904年东渡

---

[1] 这些外在原因中,重要的因素有禅宗的衰落、朝廷政策的钳制,及太平之乱的摧残,等等。参见江灿腾《中国近代佛教思想的诤辩与发展》,第402—408页。
[2] 太虚挽欧阳辞:"胜军论后有斯文,公已追从先哲;石埭门中空上座,我犹孤掌增哀。"见印顺《太虚大师年谱》,"民国22年(1933)"条。

之后,一直留学日本,且个人兴趣转向了密宗的研究。文会晚年弟子中,梅光羲亦以唯识学见长,他也深得文会的重视,且较之欧阳早列门墙。但梅氏一直在法律部门供职,其佛学研究只是一件副产品。伯华和梅氏,或走或仕,故而欧阳成为杨老居士看中的研究唯识学的最合适人选。

欧阳早年研究儒家思想,先后信崇程朱理学及陆王心学。中年以后,精研法相唯识之学,融贯研究《瑜伽》、《般若》,晚岁更进而研究《华严》、《涅槃》,寻求佛教各种教法的究竟贯通;并重新治学儒家思想,希望贯通孔、佛二家。关于自己一生思想的进展情况,欧阳曾有以下的总结:

> 渐之学佛,与他人异。我母艰苦,世叔(指魏斯逸,引者)所知。病魔、生死,儒既无术应我推求,归根结蒂之终,下手入门之始,亦五里堕雾,仿佛依稀。乃于我母谢去之一时,功名、富贵、饮食、男女,一刀割断,厕足桑门,四方求师友闻道,转辗难偿,甚矣其苦矣。
>
> 三十年读书求诸西方古人,乃沛然有以启我。家不幸,女兰十七,从予学于陵。予以刻经事入陇,归则夭没。中夜号恸,既已无可奈何,乃发愤读书,数数达旦,于是《瑜伽》明,唯识学豁然。乃有滇游,四方之士日至。子震元,英迈有志,又游泳毙。发愤读《般若》,读《华严》,读《涅槃》,次第洞然。驯而至于近年融会贯通,初无疑义,乃有论定学说。①

上面这段话,写于1936年(民国25年)的5月21日。欧阳这段自述,把自己一生思想发展的进程,大致析成三个阶段:推求儒术的阶段,"求诸西方古人"的阶段,以及"近年融会贯通"的阶段。此即青年时期的儒学研究阶段,中年时期的佛学研究阶段,以及晚年时期究竟贯通佛学并融会儒佛的阶段。以上三个相互连贯的阶段,大体显示了欧阳学术思想发展的脉络。

1939年(民国28年),欧阳曾写《再答陈真如书》。在这封信函中,欧

---

① 欧阳渐:《内学杂著下·覆魏斯逸书》。

阳更加详细地描述了自己学术思想的发展过程:

> 渐幼孤庶出,母长年病,初习程朱,得乡先生大誉,虽足树立,而生死事不了。继学陆王,虽较直截,而亦不了生死。
>
> 母弃养,无奈何,吾友桂伯华导看《起信》、《楞严》,虽快然知生死由来,而岂知无余涅槃之说哉,于是年四十矣。
>
> 究极所归,学《唯识》、《瑜伽》,而不能入。女兰,年十七,随予学于宁,予入陇而死,痛彻心脾,中夜哀号,而无可奈何,遂翻然求学,通宵达旦,钻研《瑜伽》,于是《唯识》、《瑜伽》涣然冰解,四方之士毕至,于是年五十矣,又岂知无余涅槃之说哉。
>
> 无端而东儿死,生世十九年耳,聪明而不禄,诚悼痛之。许一鸣同时死,黄树因同年死。于是习《般若》,不能融贯。逾年而同怀姊死,又聂耦庚死,乃发愤治《智论》,而《般若》娴习,虽得毕竟空义,犹未敢执无余涅槃以为宗趣也。
>
> 进治《涅槃》,年已六十,作《涅槃叙》,苦不克就。乃避暑庐山,会散原至,留连数月,而《涅槃叙》竟,而后知无余涅槃之至足重矣。
>
> 都城未陷,予于宁院五题讲会,蒙文通、汤锡予二君主持之,大提特提无余涅槃唯一宗趣之义。会竟,而"七七"事起,竟成宁院讲学终结。①

按照《再答陈真如书》,欧阳一生学术思想的演进,可以 60 岁作为界线,划成前后两个阶段。第一个阶段,从欧阳早岁跟从叔父宋卿公学习程朱理学开始,大致延续到 20 年代末年,或 30 年代初年,即欧阳 60 岁(1930)左右时为止;第二个阶段以 20 年代末,或 30 年代初,欧阳研究《大涅槃经》为起点,一直到民国 32 年(1943),欧阳逝世止。这个阶段,是欧阳晚年论定学说日渐形成和圆熟的时期。《覆魏斯逸书》中所说"儒术推求"及"求诸西方古人"两个发展阶段,大体上相当于《再答陈真如

---

① 欧阳渐:《内学杂著下·再答陈真如书》。

书》中,欧阳晚年论定学说形成以前的学术阶段。

欧阳佛学思想进展的第一个阶段,包括五个连续发展的小阶段:① 程朱、陆王阶段;②《起信》、《楞严》阶段;③ 泛滥于诸家宗学的阶段;④《瑜伽》学系研究阶段;⑤ 融贯《瑜伽》、《般若》的研究阶段。

程朱、陆王阶段,大致从欧阳20岁以前即已开始,欧阳在南昌经训书院读书求学的数年,也在其间,本阶段到1901年前后结束。欧阳在经训书院里,虽然"博涉经史,兼工天算",但主要引起他研究兴趣的,则还是"曾、胡、程、朱诸家言"①。到中日甲午战争(1894年)之前,程朱理学都是欧阳的信仰中心。

受到中日甲午战争的刺激,欧阳离开了程朱理学,转治陆王。欧阳离开程朱的原因,按照他晚年的说法,是因为程朱的理学系统未能安顿他的心性要求,用欧阳自己的话说,即程朱理学"不了生死"。但是更加确切的原因,可能有两个方面:其一,因为宜黄欧阳家族在科举仕进道路上一再挫折,欧阳对科举所标志的人生道路,产生了失望、厌倦和怀疑的情绪,遂由此种情绪,而嫌及在生员教育及科举考试中被奉为圭臬的程朱理学;其二,欧阳从叔父那里,承受了传统知识分子的经世意识,清廷在中日战争中的失败,深深刺激了欧阳的经世意识,他"慨杂学无济",遂转而专治陆王,希望对世事找到补救之道。

从1894年到1901年前后的这四五年间,欧阳主要致力于对陆王心学的研究。1901年前后,桂伯华劝导欧阳,阅读《起信》、《楞严》,使得欧阳逐渐脱离陆王的心学,而开始《起信》佛学系统的研究。② 由杨文会开

---

① 吕澂:《亲教师欧阳先生事略》,王雷泉编选:《欧阳渐文选:悲愤而后有学》,第440页。
② 欧阳在《再答陈真如书》中,所谓"母弃养,无奈何,吾友桂伯华导看《起信》、《楞严》"的说法,是不准确的。欧阳生母汪太夫人去世在1906年,时年欧阳36岁。而在此之前两年(1904),欧阳即曾亲赴金陵刻经处,受过文会的开示。说他在36岁之后才了解《起信》、《楞严》的思想系统,这是不可思议的。据欧阳撰写的《桂伯华行述》,伯华从杨文会学佛,是在1898年维新变法运动失败之后。另据杨文会的《致李小芸书》,伯华从江西到金陵后,住文会家中,从文会专习佛学两年。伯华回江西宣传佛教,应当在这之后。据以上资料可以确定,欧阳接触并研究《起信》、《楞严》,大体上应不会迟于30岁(1900)。

创的晚清佛学思想之基本格局,乃是"学贤首,尊《起信》",推重华严宗学,以《大乘起信论》的佛理模式,作为综合一切佛教思想体系的纲领。因此欧阳最初接触及研究的佛学,必然是《起信》、《楞严》作为中心的中国主流佛教思想体系。

从1904年欧阳渐在金陵得到文会开示起,到1911年文会去世为止,是欧阳泛滥于中土所传佛学诸宗的时期,也是欧阳全面了解、掌握文会佛学思想体系之一阶段。欧阳在《覆魏斯逸书》中说:"厕足桑门,四方求师友闻道,转展难偿,甚矣其苦矣。"大体上反映的就是此一学术研究阶段。

欧阳这一研究阶段,具有过渡性的特点:一方面,他受文会治学特点及佛学思想的影响,此阶段研究虽然泛及于印度及中国的诸家宗学,但是仍以《起信》思想作为佛理纲领,对历史上成立的各种佛学思想体系,作整体的综合和理解;另一方面,欧阳本阶段的研究,也愈来愈偏重到唯识上来。由此使得欧阳在文会门中,逐渐以擅长唯识学而成名家。文会临终前,把刊校《瑜伽师地论》后50卷的重任付托给欧阳,就是欧阳在1904—1911年间唯识学研究业已有所成就的明证。

欧阳的《瑜伽》学系研究阶段,是指他专治法相唯识一系思想,并在佛教思想史研究方面取得重大突破的时期。民国6年(1917),欧阳完成了《瑜伽师地论》后50卷的校刻,并著成阐发《瑜伽》主题思想的《瑜伽师地论叙》。此叙不仅阐明传统唯识学"一本十支"的理论、传统唯识思想的发展源流,而且以法相、唯识分宗的观念,发前人未尽之覆。因此,《瑜伽叙》既代表本阶段欧阳在佛学研究上的突出成就,也代表欧阳本阶段在佛学思想上的独特创造。到20年代初期几年,欧阳基本完成了法相唯识经论及唐人相关著述的整理、刊刻及研究,法相唯识一系的经论提要纷纷问世。

欧阳这一专研唯识学的阶段,从研究经论的重点来看,也可以划分成前后两个时期。前一时期大体上从民国元年(1912),延续到民国6年(1917),这是欧阳集中研究《瑜伽师地论》的时期。后一阶段,从民国7

年(1918)到民国11年(1922),欧阳把主要精力放在《成唯识论》的研究方面。1922年秋,欧阳在内学院公开讲演《成唯识论》,讲前,他先以"十抉择"概括唯识一宗的要义,门人记录成为《唯识抉择谈》。

《唯识抉择谈》和《瑜伽师地论叙》,是欧阳在《瑜伽》学系研究阶段,对法相唯识宗义的两次抉择。同《瑜伽叙》相比,《唯识抉择谈》除继续重申法相、唯识分宗的观点外,着重提出了两个新的思想:① 简别体用存有属性的佛法形上理念;② 根据这一简别体用存有属性的理念,对《起信论》的佛理模式采取质疑及批评的立场。这两个新的思想表明,欧阳在《瑜伽》思想系统研究的末期,已经由对法相唯识一宗宗义的抉择,上升为对普遍性"佛法真义"以及规范性佛理模式的抉择[①]。

民国12年(1923)的8至9月间,欧阳的次子欧阳东,以及欧阳十分器重的两个学生许一鸣和黄树因,先后英年辞世。他在悲恸之中大发愿弘《般若》,这是欧阳融通研究《瑜伽》学及《般若》学的开端。此年8月,在内学院召开的第三次研究会上,欧阳提出:"法相一宗,久经诸同学切磋,可谓已放光明;《般若》秘藏,亦愿同学继此研求,并成智炬。"向内院师生们倡导,在精研唯识学的基础上,探究"龙树学"之"真相"[②]。民国17年(1928)的春天,欧阳的般若学提要之作《〈大般若经〉叙》写成。以此叙的写成作为标志,大体上表示欧阳融通空、有二宗的研究阶段已经基本完成。

从20年代末或30年代初,欧阳学术思想的发展进入第二个阶段——晚年论定学说的阶段。欧阳这一晚年论定学说,以1937年秋内学院迁往四川江津为界,大体上又可分成居宁阶段和居蜀阶段。前一阶段从30年代初开始,到1937年七七事变前夕,欧阳在南京内学院召集门人讲晚年定论止;后一阶段从1938年春建成江津支那内学院蜀院始,一直持续到欧阳逝世为止。

[①] 欧阳渐:《唯识抉择谈》第一部分,聂耦庚记录本。
[②] 《大品经大意》,《内学年刊》第一辑,第43页。

二、简别体用的原则

以下我们讨论欧阳渐先生佛教思想的特质问题。这个问题可分成三个层次来叙述:第一个层次是检讨欧阳佛教思想的核心理念之问题,亦即是要探究在欧阳内容深湛而错综复杂的佛教思想体系里,究竟什么才是中心的理念、核心的理念?第二个层次是检讨欧阳一生中佛教思想格局的差异性问题,这主要是比较欧阳在中年论学及晚年论学两个阶段佛教思想格局的前后差异之问题;最后一个层次是对前面的两个层次加以综合,进而凸显欧阳佛教思想在 20 世纪中国佛教思想创造历史中的特色或地位之问题。

简别体用一说的意思,即是要区别或辨析佛法形上思想中本体与现象的存有属性,亦即确认佛法的本体与现象在存有之属性方面,有着根本的区别,有着质的不同。此种简别体用的理念,是欧阳一生佛学研究及佛理思考中的核心理念。

简别体用一说,最初是欧阳在《瑜伽》学系研究阶段提出来的。民国6年(1917)春,欧阳在金陵刻经处整理和刊刻亲光论师的《佛地经论》。欧阳在《佛地经论叙》中,将亲光之学的殊异之处概括为"十义"。这"十义"是:① 如来说法不说法唯识义;② 佛会能化所化唯识义;③ 心体自照有四分义;④ 佛身佛智有相分义;⑤ 无佛种姓不定种姓义;⑥ 无漏种子本有新熏义;⑦ 无明不通善性义;⑧ 三身略义;⑨ 见为相因义;⑩ 体为用因义。欧阳认为这十项要义,并非是亲光论师草率提出的理论,而是"无量论师辗转立破,最后决定微妙甚深,所谓金刚无能摇转",这即是说,亲光论师个人的佛学思想,是佛教思想史上无数贤哲千锤百炼的结果。故以亲光论师的"十义"作为理据,能够对一切佛教经论中包含的思想,获得如实的理解和真确的"知见"。

欧阳在这篇叙论的末尾,又将亲光的"十义",凝练、概括为简别体用的理念:"准亲光义,法界法身是体,四智报化是用;真如所缘是体,正智能缘是用;有姓是体,无姓是用;无为无分别是体,有为无分别、有为有分别是用。"这里欧阳分别从四个角度阐释简别体用之义。首先是佛地法相的角度,佛地以法身、报身及化身这佛的"三身",作为佛地生命的存有样式。这"三身"之中,法身是体,报身及化身是用。其次是佛菩萨的认知角度,作为佛菩萨认知活动对象性方面的真如,是体;作为佛菩萨认知活动主观方面的正智,则是用。第三是有情佛性的角度,一切有情众生都以真如作为佛性,故而一切有情都能成佛。这是从真如理体的角度,来诠解佛性。然而因为不同有情各自主观条件的差异,有的有情最终开发出实证真如理体的证智,有的有情则终究沉沦世俗,因此一分有情没有佛性,不得成佛。这是从能否开发证智的用的角度,来诠解佛性。最后是有为法、无为法的角度,无为法一则是无生灭转变的,二则是无杂染执著的清净智慧之所实证,这是体;有为法包括有杂染执著的妄识,及无杂染执著的正智这两类存有,这是用。

欧阳把这种简别体用的理念,和"体用不二,能所一如"的谬解对立起来,他说:"体不可说,用有以行,体用一淆,是非蜂起。若欲诠表,惟是世俗,能所分明,无无穷过。若欲体用不二,能所一如,第一义空何须文字!或属观行,非诠法相。相观倒用,两败俱伤,诤讼到今,曾何所益!乘是知见,厚集善根,种姓一成,成佛不谬。以是因缘当谈亲光学,当读《佛地经论》。"①

如果从法相思想存有属性分析的角度,来析解体用、能所的关系,则必须坚持简别体用,区分能所。如果是在观行实践当中,则体与用或能与所的二者之间,当然是密不可分的。欧阳后来曾把法相析解或分类的这一原则,概括为"法相不可乱"②,即是说,不同存有属性的法相类别之间,在存有的关系方面,不容许混乱或淆乱。而亲光论师从法相考量立

---

① 参见欧阳渐《佛地经论叙》,第5—6页,《法相诸论叙合刊》,金陵刻经处本。
② 欧阳渐:《瑜伽真实品叙》,第1—10页,《法相诸论叙合刊》,金陵刻经处本。

场所得的根本性"知见",即是简别佛法本体与现象存有属性的理念!

民国6年(1917)这一年,除写出《佛地经论》的提要《佛地经论叙》外,欧阳还在这一年的中秋,完成了概括百卷本《瑜伽师地论》主题思想的名著——《瑜伽师地论叙》。该叙是欧阳在《瑜伽》学系研究阶段(民国初年至20年代初)最重要的代表性著作。

欧阳在这篇叙中,以"十要"来抉择《瑜伽》一系的思想要义,这"十要"中,包括了欧阳本阶段在佛教思想史方面的重要研究成果——法相、唯识分宗之说,也包括了欧阳在本阶段佛学研究中提出,而一直影响到他此后各阶段佛学研究的重要思想——简别体用的理念。欧阳在"十要"中第六要义("用义")这一部分中所阐释的,即是简别体用的理念。欧阳说:"真如是体,体不生灭;无始种子依不生灭而起生灭,如实说相,一切是用。"①真如是体,体是法尔常住,不生不灭的;无始以来,依据这不生不灭的真如本体,从宇宙"万有"的种子,则衍生出一切有生有灭的现象及作用。欧阳这里以"不生灭"的真如作为体,以"生灭"性的种子,以及种子所衍生的现象及作用,作为用,所以欧阳此处所阐释的,正是简别体用这一佛家形上思想理念。

《瑜伽师地论叙》和《佛地经论叙》,都提出了简别体用的佛法形上思想,但《佛地经论叙》的简别体用之义,还只可以看成是欧阳在概括亲光论师的一家之义。至于《瑜伽师地论叙》的简别体用义,则是作为概括《瑜伽》学系基本思想的"十要"之一来正式提出的。所以《瑜伽师地论叙》的完成,标志欧阳辨析本体与现象存有性的这一佛法形上思想已经正式产生。

民国11年(1922)7月,欧阳发起的南京支那内学院正式成立。是年秋,欧阳在内学院开讲《成唯识论》"八段十义",讲前,"先于本宗要义作十抉择而谈"。②《唯识抉择谈》的十义抉择是:① 抉择体用谈用义;② 抉

---

① 欧阳渐:《瑜伽师地论叙·十要第三》。
② 欧阳渐:《唯识抉择谈》。

择四涅槃谈无住;③ 抉择二智谈后得;④ 抉择二谛谈俗义;⑤ 抉择三量谈圣言;⑥ 抉择三性谈依他;⑦ 抉择五法谈正智;⑧ 抉择二无我谈法无;⑨ 抉择八识谈第八;⑩ 抉择法相谈唯识。①

十义抉择将简别体用之义放在了首位。而在《瑜伽师地论叙》中,简别体用一义还只是《瑜伽》学系"十要"的第六要义。从简别体用一义在欧阳著作中地位的这种升晋,可以看出欧阳对此一理念的提炼,及对此理念在佛理考量中重要性的体认,是经历了一个逐渐深化的过程的。《唯识抉择谈》将体用抉择置于"十抉择"之首,这表示欧阳在《瑜伽》学系研究的晚期,已经将简别体用的理念置于佛理抉择或佛理考量的核心地位。所以简别体用这一佛理模式的确立,应当算是欧阳法相学研究及唯识学研究的重要成果。

20年代末及30年代初,欧阳的佛学研究转向《华严》、《涅槃》等涅槃类的经典。欧阳的佛学思想因此发生了显著的变化。简别体用的理念在欧阳中年论学中,具有无可替代的核心地位。随着欧阳的佛学研究和佛学思想进入晚年论学阶段,随着欧阳思想体系中发生的一些显著变化,欧阳是否已经放弃简别体用的理念,或者此一理念在他的晚年论定学说中,已经不再有核心的位置?透过检讨欧阳晚年的论定学说,我们可以发现以下两点:

(1) 欧阳在晚年论学阶段,仍以简别体用的理念作为判断佛理真伪的标准。例如,欧阳在《密严经叙》中,以十项要义初次概括他的晚年论定学说。这十项要义的第十义是"辟谬",即批评对于佛法理论的错误见解。欧阳在这一节中说:"诸佛世尊,今释迦如来立五法为教,见诸《密严》、《楞伽》及种种经论。如是而违反,此之谓大谬,不可以不辟。"②欧阳这里所说的"五法为教",即指相、名、分别、正智、真如五法,这是指五法及三性所代表的法相思想系统。《瑜伽》所立的五法,各有能诠之名,各

---

① 欧阳渐:《唯识抉择谈》。
② 欧阳渐:《大乘密严经叙》,金陵刻经处本。

有所诠之义,因而五法不可淆乱,而五法中的真如、正智二法,尤其不可淆乱。接下来欧阳由这种法相辨析的轨范,导出真如是体性,正智是相用,而体性与相用不可淆乱的形上理念。并以之作为准据,破斥《起信论》以及一切"根据"于《起信论》的"大谬"。① 这说明欧阳在晚年论学中,仍以法相思想的轨范,以及建立在法相思想基础之上的简别体用之理念,作为判别真实佛教与伪似佛教的理据。在写于1943年的临终之作《杨仁山居士传》中,欧阳最后一次重复了依据简别体用之理念斥批《起信论》的观点。

(2) 欧阳晚年论学的判教学说,仍以简别体用的理念作为思想基础。欧阳的判教学说,从中年论学阶段到晚年论定学说,前后发生了重大的转变。欧阳中年阶段的判教学说,是在法相学的思想格局中,从佛理模式方面谋求整体佛教的融会贯通。欧阳晚年阶段的判教学说,则是在转依思想的格局中,从实践旨趣方面将整体佛教组合成一个有机的体系。但是,欧阳的晚年判教学说并未放弃对佛理模式的考量。如在民国30年(1941)最终完成的判教体系《释教篇》中,在阐释"佛境菩萨行"的判教体系之前,欧阳先释解"不可思议三事",是要以这"三事"作为判教体系的理据。而"三事"之中,即有"真妄主客"及"智、如非一非异"二事②,明确涉及简别体用的佛理模式。欧阳这里所说的"真妄主客事",实则是在转依思想格局中,释解佛法本体与现象存有性的简别关系。而"智、如非

---

① 欧阳渐:《大乘密严经叙》。
② 参见欧阳渐《释教》,第56—57页。第一是"真妄主客事"。一者涅槃唯真无妄,不与生灭相应故。无余涅槃无损恼寂灭中无边功德如如不动,其一分现前者,皆由先时菩萨愿力发起而来。是故说真如缘起者乃邪说也。一真法界,诸佛自证,理同不异,谓之为一。而言别有一境,众共一心,亦邪说也。二者菩提真妄不离,与生灭相应故。生灭相应,八识遂变根身器界心及心所,名之曰藏。依藏净种曰如来藏,依藏染种曰阿赖耶,同一八识,增立九识,亦瞽说也。第二是"智、如非一非异事"。以法言非一,《楞伽》、《密严》俱称五法,《密严》云:法性名如如,善观名正智;《楞伽》云:真实究竟自性可得,是如如相,不生分别入自证处,是名正智是也。以义言非二,《般若》云:变化与空,如是二法非合非散,此二俱以空空故空,不应分别是空是化。若以生灭言又非一,智与生灭相应是化,如不与生灭相合非化。

一非异事"是在法相思想的格局中,释解真如体性与正智相用的存有性简别关系。欧阳说:"体、用不分,法相淆乱,不可为教。"①可见简别体用的理念,是欧阳晚年判教学说的理论基础和思想前提。

三、从法相学格局到转依学格局

上文我们证明了欧阳佛教思想体系的核心理念,乃是简别体用之理念,或强调辨别本体与现象具有不同存有属性的理念。欧阳一生佛教思想的发展中,曾经历由中年未定之学到晚年论定学说的重大变化,不过这一简别本体与现象存有属性的理念则首尾一贯。这里则要说明,尽管欧阳佛教思想的核心理念一直贯通在他中年及晚年的佛教学说中,但是这一核心理念所依托的整体佛教思想格局则发生了重大的转换。这一个转换可以概括为是从法相学的思想格局转换到了转依学的思想格局。

民国25年(1936)欧阳著《大乘密严经叙》,首次正式阐述他的晚年论定学说。欧阳在叙中写到:"《大乘密严经》者,盖是总大法门之一,而二转依之要轨也。法门无量,区别于境、行、果三,果之为《大涅槃经》,行之为《大般若经》《佛华严经》,而境之为《大乘密严经》。故曰:《密严经》者,总大法门之一也。迷悟依于真如,而《密严》刹土即涅槃定窟,染净依于藏识,而赖耶生身即菩提慧命,故曰:《密严经》者,二转依之要轨也。"②欧阳把法门区分为境论、行论、果论三种,境论即是佛家的存有论,行论即是佛家的实践论,果论即是佛家的归果论。欧阳以《大涅槃经》摄属归果论,以《般若经》及《华严经》摄属实践论,而《大乘密严经》是传统唯识"六经"之一,自然摄属存有论思想体系。《密严经》既属佛家的境论或存有论,则对它的释解,按理应遵循法相学的轨范。欧阳此处把《密严经》看成是阐释转依思想的要籍,明显是在佛家实践论及归果论的意义上立论。

---
① 欧阳渐:《释教》,第57页。
② 欧阳渐:《大乘密严经叙》。

由此可见，欧阳的晚年论学，是由佛家的境论转向了佛家的行论及果论，是由法相学的轨范转向了转依学的轨范。欧阳自30年代之后逐渐发展的晚年论定学说，是在转依学的格局中重新整合他的佛学思想体系。法相学是侧重对一切法的存有属性作辨析、分类的学说，转依学则侧重于有情生命特质的染净转化问题①。因而在佛家思想体系中，法相学属于理论理性的考量路向，转依学则属于实践理性的考量路向。由理论理性的考量路向，欧阳得出简别本体与现象的佛家形上思想模式，这一佛理模式是否与转依学的实践理性考量路向相违背？

佛家转依学谈两种"依"或根据，及二重转依。其中，两种"依"分别是真如及藏识，判断有情认识活动或"迷"或"悟"的根据是真如，摄持有情生命一切染净经验的根据是藏识；二重转依分别是转迷为悟及转染为净，转迷为悟则得到菩提，转染为净则得到涅槃。这如欧阳所说："一切法仗依，作佛转二依。迷悟依于真如，染净依于藏识，转迷为悟而得菩提，转染为净而得涅槃。"②

为什么佛家转依学在谈一切法的"依"或根据时，必须确立真如及藏识这两种"依"，而不是把一切法的根据最后都归结到真如，或都归结到藏识？为什么要谈认识及染净的两种转依，而不是只谈认识转依或染净转依？欧阳认为根本的理由即在于，佛法的本体与现象，在存有的性质方面，是截然异类的。他说："何以转依必以二也？体用异类故也，菩提是用、涅槃是体故也。"③

从一切法的依据来说，藏识是生命一切活动的受熏持种者，它积累并摄持生命的一切染净经验，所以是染净之依据；真如是一切法的真实本性，它是有情认识活动如理不如理的参照或规范的标准，所以是迷悟之依据。真如、藏识都是一切法的"依"，但它们各自作为"依"的性质在

---

① 参见《摄大乘论卷三》，第16页，金陵刻经处本："转依，谓即依他起性对治起时，转舍杂染分，转得清净分。"
②③ 欧阳渐：《大乘密严经叙》。

本质上不同的,这叫做"体用异类"。

从转依的结果来说,转依所得即是菩提、涅槃二果,但是二果的性质也是截然不同的。这如欧阳在《维摩诘所说经叙》中所说:"诸佛得果曰二转依,从无漏种起一切有为而生四智,曰菩提所生得,清净法界一切功德所依,佛、众共有而寂灭无为,要须菩提然后乃显,曰涅槃所显得。"[①]菩提是藏识中无漏净种发生现行而得,故称"所生得";通过菩提使遍在于诸佛及众生生命中的诸法本性(真如)澄现出来,这即是涅槃,所以涅槃是"所显得"。"所生得"的菩提是有为法,"所显得"的涅槃是无为法,因此从转依二果来说,也可以看到"体用"是"异类"的。

总之,佛法之所以要确立二重转依,这是简别本体与现象这一佛理模式的必然要求;反过来说,由于佛法的本体与现象之间,在存有属性方面有着本质的差别,所以必须要求二重转依的理论模式。可见,简别体用这一佛理模式,与转依学的思想格局并不矛盾,在转依学格局中考量佛家的体用关系,其结论仍然是简别体用的理念。

《大乘密严经叙》中,以十义抉择《密严》一经的要义。由于欧阳有意在这篇叙中发表他的晚年论定学说,因而,此叙的十义抉择,就不仅是要抉择《密严》一经的主题思想,而且是要阐释欧阳晚年最后成熟的佛学思想体系。这十义中,第一义叫做"总",实际上是欧阳晚年佛学思想体系的一个"总纲"。欧阳说:

> 且初总者,一切法仗依,作佛转二依。迷悟依于真如,染净依于藏识。转迷为悟而得菩提,转染为净而得涅槃。教及如来藏、赖耶、法身,是染净边事,经与唯智学、定土、世间,是迷悟边事也。
>
> 何以迷悟依于真如,染净依于藏识耶? 能依于所、所依于能故也。无明为迷,正智为悟,迷悟皆变动不居,是故为能,真如周遍常住,是故为所。藏识受熏持种,是故为能,净为法界,染是世间,染净

[①] 参见欧阳渐《藏要叙经·维摩诘所说经叙》,第1—9页,金陵刻经处本。

皆真幻可相,是故为所。何以转依必以二也？体用异类故也,菩提是用、涅槃是体故也。①

从欧阳上面的两段论述,可以见出:① 这里欧阳所阐释佛学思想体系的总纲,以转依学思想格局作为佛理的基本框架,这和欧阳在《瑜伽真实品叙》《唯识抉择谈》等著作中,以"五法三性"法相学思想格局作为理论框架的佛理阐释,有着明显的不同。"五法三性"法相学思想体系,在传统佛教境、行、果三分的理论组织体系中,相当于"境论",这即是佛家的存有论;至于转依学思想在佛家的理论组织体系中,则相当于佛家的"行论",即实践论②。欧阳在转依学的框架中来阐述他对佛法的定论学说,反映了他晚年佛学思想重视"行"的特点。② 转依的"依",即是依据、标准之意。佛家转依学讲二重转变的依据。其中,判断有情认识是迷是悟是否如理,其依据是事物的真相实性——真如;有情生命的一切活动总是或染或净的,其根本的摄持依据则是深度心识——藏识。转染而净则得涅槃,转迷为悟则得菩提。涅槃和菩提二者是生命净化及认识转变的最后结果,因此,转依学的佛家"行论",必然联系着佛家生命归趣的"果论"。欧阳在转依学的框架中阐释其对佛法的定论学说,又反映了他晚年佛学思想重视"果"的特点。

总的说来,欧阳中年时期的佛学思想,由于主要的目的在于抉择真实佛教和"相似"佛教,所以在法相学的"境论"基础上,来阐发他所理想的真实佛理、真实佛义,特重佛家简别法相存有属性的学说;欧阳晚年以后的佛学定论,虽然同样重视分辨佛理的真伪,但是主要的旨趣更在于融通一切佛教思想体系,把全部佛说组织为一个完整的思想体系,所以

---

① 欧阳渐:《藏要叙经·大乘密严经叙》,第6—7页。
② 田光烈先生说:"'转依'之学,是玄奘在实践问题上发挥心理解放中对立斗争的过程以及由量变到质变的过程的中心环节。""'转依'就是心理解放。'转依'这一范畴非常重要,是以玄奘为首的瑜伽学者特别标举出来的一种实践目的,即由量变到质变的心理解放(心解脱)的范畴。"参见田光烈《玄奘哲学研究》,第80、82页。

在"行论"和"果论"的基础上来构建其佛理体系,相应的也就特重佛家在"实践"及"归趣"方面的思想。

四、"存真求是"之精神

对欧阳渐佛教思想体系的评价,学术界见仁见智,褒贬不一。下面所列举的,是几种有代表性的评价:

(1) 著名史学家陈寅恪先生1933年在关于冯友兰著《中国哲学史》下册的《审查报告》中,针对欧阳等所代表的现代唯识复兴思潮,写了以下批评意见:"释迦之教义,无父无君,与吾国传统之学说、存在之制度,无一不相冲突。输入之后,若久不变易,则决难保持。是以佛教学说,能于吾国思想史上,发生重大久远之影响者,皆经国人吸收改造之过程,其忠实输入不改本来面目者,若玄奘唯识之学,虽震动一时之人心,而卒归于消沉歇绝。近虽有人焉,欲燃其死灰,疑终不能复振,其故匪他,以性质与环境互相方圆凿枘,势不得不然也。"[①]寅恪先生这里的批评,是站在民族文化本位立场上,来考量佛教思想在中国社会环境中发展及变迁的规律。所以他认为唐代玄奘的"唯识之学"及现时代复兴此学,因为"性质与环境互相方圆凿枘",故其学说思想的命运,"虽震动一时之人心,而卒归于消沉歇绝"。

(2) 欧阳20年代著名学生之一的熊十力先生对欧阳的佛教思想曾写有如下的评价意见:"竟师之学,所得是法相唯识。其后谈《般若》与《涅槃》,时亦张孔,只是一种趋向耳,骨子里恐未甚越过有宗见地,如基师之《心经幽赞》然,岂尽契空宗了义耶?竟师愿力甚大,惜其原本有宗,从闻熏入手。有宗本主多闻熏习也。从闻熏而入者,虽发大心,而不如反在自心恻隐一机扩充去,无资外铄也。竟师一生鄙宋明儒,实则宋明诸师所谓学要鞭辟近里切着己,正竟师所用得着也。竟师亦间谈禅家公

[①]《陈寅恪史学论文选集》,第511页,上海,上海古籍出版社,1992。

案,而似未去发见自家宝藏。禅家机峰神俊,多玄词妙语,人所爱好。恐竟师谈禅,不必真得力于禅也。竟师气魄甚伟,若心地更加拓开,真亘古罕有之奇杰也,不至以经师终也。"①熊氏这一评价,写在欧阳刚刚逝世之后。熊氏认为,乃师欧阳是传承法相唯识学一宗之义的"经师"。欧阳的学问所得是法相唯识学,他后来虽谈《般若》《涅槃》,会通孔学,且喜谈禅宗等等,可是"骨子"里面或思想的实质层面,并没有超出过法相唯识学的见地。十力虽曾从欧阳学习过两年佛学,但他最终由佛归儒,以儒摄佛,乃至以儒排佛,这与其师欧阳的由儒归佛及以佛摄儒,可谓是走了一条完全相反的治学道路。所以,熊氏对欧阳的这一评价,基本上是站在传统儒学的立场及视角,对欧阳佛教思想及佛教事业的认断。②

(3) 欧阳佛教思想及其佛教振兴事业的继承人吕澂先生对乃师的评价:"民国二十六年夏,集门人讲晚年定论,提无余涅槃三德相应之义,融《瑜伽》《中观》于一境,且以摄《学》《庸》格物诚明。佛学究竟洞然,而孔家真面目亦毕见矣。以顿境渐行之论,五科次第,立院学大纲。自谓由文字、历史求节节近真,不史不实,不真不至,文字般若千余年所不通者,自是乃毕通之。师之佛学,由杨老居士出,《楞严》《起信》伪说流毒千年,老居士料简未纯,至师始毅然屏绝,蘬稊务去,真实乃存,诚所以竟老居士之志也。"③吕澂在《复熊十力书二》中说:"弟依止吾师,卅载经营,自觉最可珍贵者,即在葆育一点'存真求是'之精神。"④吕澂先生依止欧阳垂30年,学问、思想及人品诸方面,皆深得欧阳的陶冶和影响。他是欧阳门下资质最好的学生之一,也是欧阳兴办内学院佛教事业最得力的助手,故吕澂先生对欧阳的了解和评价,较为准确和全面地勾画了欧阳

---

① 熊十力:《与梁漱溟论宜黄大师》,《中国哲学》第十一辑《吕澂、熊十力辩佛学根本问题》,第179—180页。
② 熊氏对欧阳的这种认断,尚掺杂有感情的因素。关于此点,江灿腾先生已有十分精彩的分析。参见江灿腾《中国近现代佛教思想的诤辩与发展》,第553—606页。
③ 吕澂:《亲教师欧阳先生事略》,王雷泉编选:《欧阳渐文选:悲愤而后有学》,第440页。
④ 吕澂:《复熊十力书二》,《中国哲学》第十一辑《吕澂、熊十力辩佛学根本问题》,第72页。

佛学思想的规模及深度。他以"存真求是之精神",来概括欧阳佛学思想的特质,准确地把握了欧阳追求佛法真义的佛理思考倾向。

以上诸人对欧阳的评价,视角不同,深浅各异,毁誉悬殊。但是却有一个共同的特点,即各家在论断一种佛教思想体系的性质及评价一种佛教思想体系的作用之前,鲜有能对中国佛教思想创造的特殊性质及内在结构,先行作出理性的认知及客观的考量的。在我们看来,只有对中国佛教思想创造的这种特殊性质及内在结构有了前提性的确认之后,才能恰当地判定,在此种"内在结构"制约之下,一定时代及一定环境中一种具体佛学思想的性质和特征。

如前所论,欧阳佛教思想中的主要关怀,乃是存真去伪的问题,或保存佛教的真实精神之问题,这样的思考方向可称为一种"佛教化"的思考方向。而欧阳由这种思考方向最后所得到的结论,乃是简别体用这一佛法形上思想之理念。这一理念的体验和呈现,同时即是对以《大乘起信论》为主脑的中国佛教及中国思想形上学思维传统的突破及超克,故其"佛教化"的思想趋向是毫无疑问的。

不过,欧阳的佛教思想创造活动同时亦隐含"中国化"的思想痕迹。这一方面最明显的标记,就是欧阳在晚年论学中对《涅槃经》及所谓"涅槃学"的高度重视。熟悉中国佛教判教史的学者不难理解,这种对《涅槃经》及所谓"涅槃学"的重视,其实是渊源于中国佛教一个历史悠久的判教传统的。此外,欧阳一生的整体思想格局由法相学的格局最后转换为转依学的格局,这种对实践旨趣的关切,也可以看成是渊源于中国佛教及中国思想重行主义的传统。

第三节 欧阳的法相、唯识分宗之说

法相、唯识分宗之说,是欧阳竟无先生在《瑜伽》学系研究阶段提出的一个著名的学术观点,也是欧阳在法相唯识学的学术研究及佛教唯识学的学理思考中提出的一个独创性的学术思想。同时,欧阳渐这一学术思想观点,在20世纪中国唯识学复兴思潮当中有着广泛而深刻的影响,备受当时及其后佛教界、思想界的关注与重视。所以,我们有必要在此立专节检讨欧阳的这一学术观点。

欧阳自民国5年(1916)至民国10年(1921)间,撰写《法相诸论叙》及《瑜伽师地论叙》①时,反复阐明了他的这一观点。随着金陵刻经处所刻有关唯识论籍的流通,以及欧阳为这些论籍撰写的各种提要的传播,欧阳阐述的这一观点在佛教界及学术界引起了巨大的反响及反弹。一方面,由于法相、唯识分为二宗的观念,同中国佛教自唐代以后形成的关于唯识宗的观念——或称法相宗、法相唯识宗、相宗、慈恩宗等——十分不符和抵触,因此,欧阳此说引起"闻者骇怪"的激烈反应。太虚法师对此说一再展开的驳议,就是此种反应的一个显著表现。另一方面,欧阳这一分宗学说,是他自民国元年(1912)之后,数年精研《瑜伽》一系经论的成果。由于此一成果证成的理据十分翔实,内容本身又十分具有突破性,所以得到了沈曾植、章太炎等学界泰斗的赞赏和支持。沈氏是鼓励欧阳发表此一成果的第一人。太炎初闻欧阳此说,甚感"惊怪",但"审思"之后,即盛誉斯说,认为欧阳的见解,足以"独步千祀"了。②

就欧阳自身这方面而言,首先,法相、唯识分宗的观念,最早创自民国5年(1916)前后,一直到欧阳晚年酝酿、撰结《释教篇》(1941年)时,分宗说仍是他组织佛学四科中"《瑜伽》文字科"或"无著无上学"的根本构架。因此可以说,法相、唯识分宗之说,并非是欧阳学术思想进程中的一个阶段性的观点,分宗说在欧阳晚年思想体系中的继续保留,说明了欧

---

① 《法相诸论叙》中,《百法五蕴论叙》作于民国5年(1916)中秋,《世亲〈摄论释〉叙》作于民国5年(1916)秋9月,《佛地经论叙》作于民国6年(1917)中春,《成实论叙》作于民国6年(1917)中冬,《〈杂集论〉述记叙》作于民国8年(1919)中春,《瑜伽真实品叙》作于民国10年(1921)中秋。《瑜伽师地论叙》构思和写作多年,最终完成于民国6年(1917)中秋。
② 参见吕澂《亲教师欧阳先生事略》和章太炎《〈支那内学院缘起〉书后》,又参见黄夏年主编《章太炎集》,第133页。

阳对此说的高度重视。其次,法相、唯识分宗的观念,虽然是欧阳针对唯识思想发展的历史所提出,但是它不仅仅是一个学术史的观点。欧阳此阶段的佛学研究,是他继研究《起信》、《楞严》佛学系统,以及泛治中土所传佛学诸宗之后,来专题性地治学《瑜伽》系统,因此他本阶段的研究,必定带有试图理解佛学思想真实面目的动机。此外,欧阳治学《瑜伽》学系时,纯依印度传承的"六经十一论"之典籍,以及玄奘一系解释法相唯识典籍的著述,而绝不依从《相宗八要》、《〈成唯识论〉观心法要》等作为津梁①。欧阳的这种选择,证明他研究《瑜伽》亦必含有突破明清时期佛学传统的障蔽,而直接认识《瑜伽》学系真实面目的动机。这种反对既有的佛学思想传统——唐以后逐渐形成的对"唯识宗"的认知传统,《起信》、《楞严》主导的佛学思考传统——试图重新理解佛学思想的本来面目,及《瑜伽》学系本来面目的研究动机,决定了欧阳本阶段的佛学研究,必然同时也是其佛学思想的一个创造阶段。在此种背景下,欧阳提出的分宗之说,就不仅要从佛教学术研究的角度加以理解,也要从佛学思想创造的角度加以考量。

一、法相、唯识分宗说的提出

如果以民国6年(1917)中秋《瑜伽师地论叙》的完成,作为法相、唯识分宗之说正式确立的标志,则《瑜伽叙》完成前的两三年,应是欧阳分宗说的酝酿和逐渐形成的阶段。民国5—6年(1916—1917)之间,分宗说初步成熟,欧阳在《百法五蕴论叙》、《世亲〈摄论释〉叙》以及《佛地经论叙》三篇法相论籍的提要中,初步提出了法相、唯识应当区别为二宗的观点。

民国5年(1916),欧阳在金陵刻经处研究、整理《百法明门论》及《大

---

① 欧阳渐:《瑜伽师地论叙·绪言第六》,王雷泉编选:《欧阳渐文选:悲愤而后有学》,第218—219页。

乘五蕴论》,他以窥基的《百法明门论解》二卷、大乘光的《百法明门论疏》二卷作为研究资料,整理《百法明门论》;复以安慧的《大乘五蕴论广论》作为资料,整理《大乘五蕴论》;最后将《百法论》《五蕴论》,以及基《注》、光《疏》、安慧《广论》等合成一册,由刻经处刊印,作为读者了解法相唯识一系思想最基本的入门读物。整理甫毕,欧阳作《百法五蕴论叙》,叙中首次提出,相宗(法相唯识宗)"一本十支"之论,实际包含了法相、唯识二宗学说:

> 约缘起理建立唯识宗,以根本摄后得①,以唯有识为观行,以四寻思②为入道。约缘生理建立法相宗,以后得摄根本,以如幻有诠教相,以六善巧为入道。《瑜伽》十七地摄二门尽,建立以为一本。抉择于《摄论》,根据于《分别瑜伽》,张大于《二十唯识》、《三十唯识》,而胚胎于《百法明门》,是为唯识宗,建立以为五支。抉择于《集论》,根据于《辨中边》,张大于《杂集》(《杂集》者,糅《集论》为一论,不别立《集论》支也),而亦胚胎于五蕴,是为法相宗,建立以为三支。无著授天亲《摄论》、师子觉《集论》,皆以瑜伽法门诠对法大义,是为古学。无著括《瑜伽》五分而别出己意以《显扬圣教》,则《显扬》者,一略本《瑜伽》也;括《本事菩萨地》而别出己意以《庄严大乘》,则《庄严》者,又一《地持善戒》也,是为今学,建立以为二支。一本十支,摄相宗尽,而要以《百法》、《五蕴》为端。③

《百法五蕴论叙》全文不足四百字,但却清楚地阐述了法相、唯识分

---

① 后得智,参见世亲《摄大乘论释》卷六,第14页,金陵刻经处本:"后得即是能成立智,此不应说唯是世间,由于世间未积习故;亦不应说唯出世间,由随世间而现前故。由是因缘,不可定说。"
② 《瑜伽师地论》卷三十六,第22页,金陵刻经处本:"云何名为四种寻思?一者名寻思,二者事寻思,三者自性假立寻思,四者差别假立寻思。名寻思者,谓诸菩萨,于名唯见名,是名名寻思;事寻思者,谓诸菩萨,于事唯见事,是名事寻思;自性假立寻思者,谓诸菩萨,于自性假立,唯见自性假立,是名自性假立寻思;差别假立寻思者,谓诸菩萨,于差别假立,唯见差别假立,是名差别假立寻思。"
③ 欧阳渐:《百法五蕴论叙》,第1—2页,《法相诸论叙合刊》,金陵刻经处本。

宗思想的要点：① 欧阳渐分别从教理、属智、胜用及入道方便四个方面，阐明了法相、唯识的宗义差别；② 欧阳根据二宗的宗义差别，对"一本十支"论的宗义归属，作出了抉择。

此后数年中，欧阳于阐述唯识思想的经论方面，颇为着重《摄大乘论》的研究。民国5年(1916)9月，欧阳整理《摄论》的世亲疏释，事成后作《世亲摄论释叙》，叙中集中探讨了《集论》与《摄大乘论》的宗趣差异：

> 无著括《瑜伽师地论》法门，诠《阿毗达磨经》宗要，开法相、唯识二大宗，曰《集论》、《摄论》。《集论》括诠经论全体，《摄论》则抉择而括诠之，括《瑜伽本地分》中《菩萨地》之诸功德故，此境、行、果三事，彼《深密经》七义故，诠《阿毗达磨经》中《摄大乘》一品故。

> 《集论》宗法相，则以蕴、处、界三科，等叙一切法故，识虽尊特，与色、受、想、行并开蕴故；《摄论》宗唯识，则以一切法唯有识以立言，所谓一切显现虚妄分别，唯识为性故，摄三性以归一识故。然《十地经》说"三界唯心"，是则"唯"言为"独"，于圣教海中有所抉择而示尊崇，则不在《集》而在《摄论》。

> 复次，《集论》宗法相，导小以归大，五姓齐被，三根普摄；《摄论》宗唯识，诠大而简小，姓唯被二，乘亦摄一。然《深密经》说："一切声闻、独觉，皆共此一妙清净道，皆同此一究竟清净，更无第二。"《法华经》说："唯有一乘法，无二亦无三。"《大论》、《释论》说二乘及无性，亦依大教，各于自乘断种、伏缠、修善、离趣。是则种虽有五，教唯是一。于圣教海中教机相应，独加持大而说法要，则不在《集论》而在《摄论》。

> 复次，《集论》谈中道，依世出世后得智六善巧；《摄论》谈中道，依出世智说无所得，无所得者，正智缘如，离能所限，无彼戏论，非无相见，是名中道。然《十地经》说不动地无相无功用，《佛地经》说证入如来清净法海，无别所依，智无差别，智无限量，智无增减，是则依

出世智而得转依,于圣教海中由加行以入十地而证佛地,则不在《集论》,而在《摄论》。①

欧阳比较了《集论》与《摄论》的四项差别:① 从二论涉及的内容来看,《集论》"括诠经论全体",以大小乘经论涉及的一切内容及主题,作为诠解的对象;《摄论》则"抉择而括诠之",仅以经论中涉及的菩萨乘的境、行、果等事,作为诠解的对象。② 从二论对五蕴的建立来看,《集论》以色、受、想、行、识五蕴,平等罗列并概括一切存有样式,对于五蕴中的识蕴并无特别的偏重;《摄论》则以识蕴统摄一切法、一切性,于五蕴中特别尊崇识蕴。③ 从二论被摄的乘姓来看,《集论》导小归大,普适于"声闻"、"缘觉"、"菩萨"、"不定"以及"阐提"等五种种姓的有情,及三乘佛教的修学者;《摄论》破小入大,只适宜于"菩萨"、"不定"这两种种姓的有情,及大乘佛教的修学者。④ 从二论所谈的中道来看,《集论》依据菩萨证空后的后得智,说六善巧即是中道;《摄论》依据菩萨证空时的根本智,说无所得才是中道。《集论》、《摄论》虽然同是无著所著的两部大论,但二论的宗趣的确有着显著的不同。无著以《集论》授于师子觉,以《摄论》授于世亲,故二论的传承亦复不同。欧阳以四义显示二论的差异,同时即等于根据二论宗趣的差异,证成了法相、唯识分宗的主张。

唐代窥基的唯识"十一论"之说,以及欧阳的唯识"十一论"之说,都没有把亲光解释《佛地经》的《佛地经论》归入其中。但欧阳于民国 6 年(1917)整理该论时,也是从法相、唯识分宗的角度出发,来抉择《佛地经》及《佛地经论》的宗旨的:"此经二宗,何所系耶? 曰:清净法界无二障识之所显故,与智相庆假名为智,唯是识故;三十二相、八十随好、十力、四无所畏、十八不共佛法,种种差别法相所摄,此不详故。是为此经宗趣。"②与一般阐述唯识思想的论典不同,《佛地经》及《佛地经论》是专门

---

① 欧阳渐:《世亲摄论释叙》,第 1—2 页,《法相诸论叙合刊》,金陵刻经处本。
② 欧阳渐:《佛地经论叙》,第 1 页。

研究佛地的功德法,或佛地法相的存有性的。《佛地经论叙》一文,后来也被收入《法相诸论叙》一书中,说明欧阳是把这部传统的唯识思想论典也看做属于法相宗趣的论籍。

欧阳以法相、唯识分宗的理论,施于《佛地经论》这类阐述佛地法相的经论之整理工作,说明在他心目中,此种将传统唯识思想分解为法相及唯识两个思想系统的理论,对于解释或整理传统的唯识思想典籍具有普遍的有效性。

民国6年(1917)中秋,欧阳概括《瑜伽师地论》主题思想的提要之作——《瑜伽师地论叙》圆满完成。欧阳在叙中以"十要"概括《瑜伽》深义,"十要"之中,第一是唯识义,第二是法相义,然而欧阳在解释传统唯识思想"十支"论的义理宗趣,以及探讨传统唯识思想"十系"学说的源流时,无不贯彻法相、唯识分宗的观念。因此,"十要"中的唯识、法相二义,实际上是欧阳概括《瑜伽》学系思想系统及学说源流的纲领。以下,即根据《瑜伽师地论叙》的相关阐述,对法相、唯识分宗观念的理论要点,略作整理。

(一)法相、唯识二宗的定义

欧阳渐在《瑜伽叙》"十要"部分,首先提出了法相、唯识二宗的定义:

> 唯识义者:众生执我,蕴、处、界三方便解救,遂执法实心外有境;救以二空,又复恶取。是故唯言遣心外有境,识言遣破有执之空而存破空执之有,具此二义,立唯识宗。以有为空若无,以空为有亦去,证真观位,非有非空。若执实有诸识可唯,亦是所执,长夜沦迷。然此宗义虽对治二,而心外有境趋重偏多,一切山河相分现影他心神变,并是疏缘;以心观心入无分别,乃是亲缘。诸修唯识观人,应知有漏诸相,皆依三性之所,悉转八识之能;又复应知多闻熏习无漏种生,寻思意言得如实智;历次五位无功用行;而后金刚道尽,异熟皆空,唯识之果于斯遂证。然此无分别义,后得并行,非唯根本,但任运缘说无分别。如是诸义,《五识》、《意地》及诸《抉择》,应善披

寻。是为略说唯识义。①

　　法相义者:世尊于第三时,说显了相无上无容,择②有遍计施设性、依他分别性、圆成真实性;复有五法:相、名、分别、正智、如如。论师据此,立非有非空中道义教,名法相宗。遍计空而非是有,依圆是有而非是空。依他摄四:相、名、分别及与正智,圆成摄一,所缘真如。是则诠表一切,皆属依他,许有杂乱识,遂有如是事。所谓六善巧事、三杂染事、三界事、五位事、十度事、十地事、三十七菩提分事、二十七贤圣事、十八不共佛法事,诸如是事无量无边。然复应知,诸如是事有而不真,唯是虚妄,犹如幻、梦、光影、谷响;又复应知,诸如是事虽是虚妄,然有相在而非是无。若能如是观诸实相,能所二取、增损二见,自然消殒,于彼不转。是故法尔尘刹法尔寂静,法尔功德法尔涅槃。是故诸修法相观人,莫不于法方便善巧。是故善巧义是般若义。如是诸义,《菩萨地》及诸抉择庆善披寻。是为略说法相宗义。③

欧阳渐上面对二宗的定义,分别侧重于二宗的立宗因缘及其相应的观行之法。就唯识宗而言,唯识宗的立宗主要起于对治的意图。凡夫及小乘执著心外有实境的存在,初期大乘学人执著于一切皆空,为了对治以上两种错误,论师建立唯识一宗:"唯"义简别心外独存之境,心外无境;"识"义简别遮破有境的空执,而许内识的存在。具备以上两种对治之义,所以建立唯识宗。

就唯识宗的观行方法来说,由于无始以来人们分别执著能所二取,外境与内心对峙对立,所以唯识观的要义,就是要转变识心对境的觉知方式,由分别执著的"疏缘"(心与境的分离、对立)转变为无分别的"亲缘"(以心观心),从而体认境由心变之义。

---

①③ 欧阳渐:《瑜伽师地论叙·十要第二》。
②《抉择》,金陵刻经处本、上海佛学书局本,均作"择";台湾新文丰出版公司所出之欧阳《遗集》,作"别"。

就法相宗而言,诚然一切宗学的兴起,都不无对治的因缘,但法相宗根据第三时教法的内容而成立,故其立宗的意图更侧重立教之意。第三时教法说显了法相,其内容以五法三自性作为总纲,故法相宗虽然普遍施设一切法相,但在思想的系统性方面,则以五法三自性作为法相的纲领。

就法相宗的修观来说,凡是名言所诠表的内容,都属于法相中的依他起相,此相非如遍计执相之无,虽虚妄而显现;也非如圆成实相之有,虽显现而不真实,此种依他起相的性质,即是法相的实相。观照到法相这种"非有非无"、"非空非非空"的实相,就叫做"中道",就叫做"善巧"。

总之,侧重于对治错误的思想见解,以观境唯心作为观行要义的,是唯识宗。侧重于施设法相建立教法,以善巧于法相的性质作为修观要义的,是法相宗。

（二）法相、唯识二宗的宗义差别

在《瑜伽师地论叙》中,欧阳渐列举了法相、唯识二宗的十义差别:

(1) 对治外、小心外有境义,建立唯识义;对治初大恶取空义,建立法相义。

(2) 若欲造大乘法释,应由三相而造:一、由说缘起,二、由说从缘所生法相,三、由说语义。是故由缘起义,建立唯识义;由缘生义,建立法相义。

(3) 观行瑜伽归无所得,境事瑜伽广论性相。是故约观心门,建立唯识义;约教相门,建立法相义。

(4) 八识能变,三性所变,是故能变义是唯识义,所变义是法相义。

(5) 有为、无为一切诸法约归一识,所谓识自性故,识所缘故,识助伴故,识分位故,识清净故;又复以一识心开为万法,所谓五蕴、十二处、十八界、二十二根、四谛等。是故约义是唯识义,开义是法相义。

(6) 精察唯识,才一识生,而自性、所依、所缘、助伴、作业,五相因果交相系属,才一识生,四识互发;又复精察法相,虽万法生,而各称其位,法尔如幻,就被如幻,任运善巧宛若为一。是故开义是唯识义,约义是法相义。

(7) 了别义是唯识义,如如义是法相义。

(8) 理义是唯识义,事义是法相义。

(9) 流转真如、实相真如、唯识真如义是唯识义,安立真如、邪行真如、清净真如、正行真如①义是法相义。

(10) 古《阿毗达磨》言境,多标三法②;今论言境,独标《五识身地》、《意地》。是故今义是唯识义,古义是法相义。③

民国10年(1921)中秋,欧阳完成《瑜伽真实品叙》,叙中又补充法相、唯识二宗的六义差别:

(11) 譬如被机,唯识被二:不定及大;法相齐被,二乘、无姓。

(12) 譬如正智,唯识虽净,唯是相应,而非即智;法相家言:依他有二,一妄分别,是心、心所;一即正智。

(13) 譬如论议,唯识有五不判,法相即无不谈。

(14) 譬如三世,唯识谈种,即一现在托过未种,变似三时而实一现;法相谈相,果相所对便谈过去,因相所对便说未来,三法展转而实现在。

(15) 譬如六根,唯识缕分,最后判言:若入果位,六根互用;法相家言:法相不可乱,非耳能视,非目能听,种与种相网,执破者无畛限,目挟耳种而现行而实耳闻,耳挟目种而发现而实目见。

(16) 譬如涅槃,唯识无住,但对《般若》自性涅槃,而俱简小;法

---

① 《佛地经论》卷七,第2页,金陵刻经处本:"一、流转真如,谓一切行无世来流转实性;二、实相真如,谓一切法二空无我所显实性;三、唯识真如,谓一切法唯识实性;四、安立真如,谓有漏法苦谛实性;五、邪行真如,谓业烦恼集谛实性;六、清净真如,谓善无为灭谛实性;七、正行真如,谓诸有为无漏善法道谛实性。"
② 三法,指蕴、处、界三聚法。
③ 欧阳渐:《瑜伽师地论叙·十要第二》。

相普被,有余、无余以为其果,《瑜伽》地中,即以标目。①

以上十六义差别,已经包含了欧阳在《百法五蕴论》及《世亲〈摄论〉释叙》中,所列举的两宗思想的差别点。故此十六义,较为完整地概括了欧阳对二宗宗义差别的认识。这十六义,概括起来又可以分成六个方面的内容:

第一,法相、唯识在一些具体学理上的差异。如(9)、(12)、(14)、(15)诸义。

第二,法相、唯识在理论表现形式上的差异。如(5)、(6)、(7)、(8)、(10)、(13)诸义。

第三,法相、唯识施设的胜用差异。法相重建立教相,唯识重观行实践。如第(3)义中所谓"观行瑜伽"与"境事瑜伽"的区别,即指此义。

第四,法相、唯识在根本理据上的差异,即法相阐释从缘所生法的各种性质,唯识阐释缘起现象的本身。这条简别,从《百法五蕴论叙》、《瑜伽师地论叙》,一直到欧阳晚年讲演《辨唯识法相》,都被欧阳一再提及,它在教理的总体特征上,澄清了法相、唯识理论关注点的不同。以上所列十六义中,(2)、(4)二义皆是。

第五,法相和唯识在学说源流上的差异,即法相是古义,或先起之义;唯识是今义,或后起之义。十六义中,第(6)义即是。

第六,法相、唯识教化所摄范围的差异,法相普摄五种种姓、三乘学者,唯识唯摄菩萨、不定两种种姓,及唯一一类大乘学者。十六义中的第(11)、(16),均举此义。

上面所概括的六个方面中,尤以后四个方面的宗义差别最能表现法相与唯识这两个思想体系的根本差异。其中,"教相"与"观行"的一对简别,意在强调两种思想体系的施设胜用之不同;"缘生理"与"缘起理"的一对简别,意在强调两种思想体系在根本理据方面的不同;"古义"与"今义"的一

---

① 欧阳渐:《瑜伽真实品叙》,第4—5页。

对简别,意在强调两种思想体系历史原委的不同;教法适宜机性的一对简别,意在强调两种思想体系在所适宜机性"宽狭"范围方面的不同。

根据上面这些分析,则欧阳关于法相宗及唯识宗二宗的定义,大体上又可扩展成下面的界定:

> 法相宗以一切法相或一切存有作为研究对象,它普摄一切生命机姓,意在建立普遍性佛理原则或佛理规范,它是一种源远流长的教法型式;

> 唯识宗以大乘法相作为研究对象,它只契合大乘佛教的生命机姓,意在引发大乘学者的观行实践,它是在法相思想发展的一定阶段确立起来的教法型式。

(三) 相宗"六经十一论"的宗义归属

相宗"六经十一论"的归属问题,意即按照法相、唯识分宗的观点来考量,"六经十一论"的相宗典籍,在宗义上的学理指向究竟为何?这个问题包括两个方面,即"六经"的归属问题,及"十一论"的归属问题。

先谈"十一论"的归属问题。"十一论"中的"本论"是《瑜伽师地论》。欧阳在《瑜伽叙》中,以《五识身相应地》、《意地》,以及二地相关的《决择分》,摄属唯识义;以《菩萨地》及相关的《决择分》,摄属法相义。在《〈成唯识论〉八段十义讲要》中,欧阳说:"本地分,本谓本有,谚所谓本地风光,性、相、位三,从自心建立有故;地谓十七地,以境、行、果三所摄故。境谓六善巧,行谓三乘别行、五乘通行,果谓有余、无余二涅槃故。抉择分,于十七地中决别简择故,于三科中抉择八识,于三乘中抉择菩萨,于四果中抉择无住,于诸经中抉择《深密》、《宝积》,是唯被大。"①所以,欧阳认为,《瑜伽》的《本地分》多谈法相义,《抉择分》多谈唯识义。

"十支"论中,第一支《百法明门论》,择录《本地分》中名数,以"自性"(八识)、"相应"(心所)、"所缘"(色法)、"分位"(色、心不相应行)以及"清

---

① 欧阳渐:《〈成唯识论〉八段十义讲要》。

净"(无为法)这五类存有样式,作为百法的总纲,论中认为以上五类存有样式都不离心识而存在,所以属唯识边论。

第二支《大乘五蕴论》,略摄《本地分》中境事,以无我唯法为宗,五蕴以蕴摄识,识亦是蕴,详说五蕴法相,属法相边论。

第三支《摄大乘论》,此论概括《瑜伽》、《深密》法门,诠解《阿毗达磨》中《摄大乘》一品的宗要,以简别小乘引入大乘作为宗旨。此论独标大乘"十殊胜殊胜语",建立第八阿赖耶识,把三性摄入唯识之中,故属唯识边论。①

第四支《杂集论》,此论"括《瑜伽师地论》一切法门,集《阿毗达磨经》所有宗要,以蕴、处、界三科为宗",此论统摄"古今之异轨,小大之通途,经论之杂糅,群圣之荟萃,义广而赅备,文约而整齐",属法相边论。

第五支《分别瑜伽论》,此论未有汉译,但是,"无分别一心为止,有分别多心为观,《深密经》中《分别瑜伽品》说止观义,《摄论》第六教授二颂引论所说,皆止观事",因此,欧阳根据《深密》的《分别瑜伽品》,及《摄论》所引有关止观内容的二颂,判定《分别瑜伽论》以止观义作为宗义,当属唯识边论。

第六支《辩中边论》,以七品诠表法相,简恶取空,显示"非有非空"的中道之义,以境、行、果这种教理组织概括法相思想的一切内容,故属法相边论。

第七支《二十唯识论》,以成立唯识无境的理论作为宗旨,属唯识边论。

第八支《成唯识论》,包括世亲的《唯识三十颂》,及护法等十大论师解释《三十颂》的《成唯识论》,此支"广诠《瑜伽》境体,而以识外无别实有为宗",先诠唯识相,次诠唯识性,再诠唯识位,三分成立唯识,故名《成唯

---

① 欧阳渐在十支之中,最为重视《摄论》,如他说:"十支之中,《摄论》最胜。《百法》、《五蕴》,略不及详故;《杂集》法相,博不及要故;《分别瑜伽》但释止观,六度三学此独详故;《辩中边论》明中道义,对恶取空,此明十地正诠所修故;二种《唯识》立破推广,提挈纲领此最宣故;《庄严》诠大,意在庄严,此论诠大,意独在入故;《显扬》诠教,意重闻思,此论入地,意重修慧故。是为最胜,应此钻研。"见《瑜伽师地论叙·十支第四》。

识论》,属唯识边论。

第九支《大乘庄严经论》,"括《瑜伽》菩萨一地法门,而以庄严大乘为宗",属唯识边论。

第十支《显扬圣教论》,"错综《瑜伽》地要,而以显教为宗",属唯识边论。①

次谈"六经"的归属问题。欧阳的分宗之说,在经典上主要的根据出自《楞伽经》。所以《瑜伽叙》重点探讨了《楞伽》的宗趣问题。欧阳说:

> 诸佛等流,依于言说,此土创教,是释迦文,三藏十二部结集赅全。然《解深密》说:佛一时中唯为声闻,以四谛相转正法轮;于二时中唯为大乘,依一切法无有自性,以隐密相转正法轮;于三时中普为诸乘,依一切法无自性性,以显了相转正法轮。弟三时教一雨普被,乘则有三,教唯是一。是故今所禀承、决择最后、所遵经典不滥他时,三时经中,其唯识六经同《瑜伽》外,《庄严》诠德,《密严》诠识,唯独《楞伽》所说具备。八识二无我,已树唯识之帜;五法三自性,业开法相之门。②

在《〈成唯识论〉八段十义讲要》中,欧阳说:"本讲以唯识、法相应分二宗,实本此经。"③所以,在欧阳看来,《楞伽经》中的"五法三自性,八识二无我"之说,分别成了日后论师们建立法相、唯识二宗的思想渊源。《〈成唯识论〉八段十义讲要》中,对相宗"六经"中其余五经的宗趣,也有明白的解说:

《华严经》,此经谈三界唯心、入地行果,属唯识义;

《阿毗达磨经》,此经谈蕴、处、界三科法,三科平等开立,属法相义;

《密严经》,谈阿赖耶识,境、行、果赅备,然教法摄属范围不及小乘和外道,所以也是唯识边义。

---

① ③ 欧阳渐:《〈成唯识论〉八段十义讲要》。
② 欧阳渐:《瑜伽师地论叙·十系第五》。

《解深密经》,既谈唯识义(《心意识相品》),也谈法相义(《三自性相品》),境行果赅备,然教法摄属范围,也不及小乘和外道,故属唯识义。

《菩萨藏藏》,此经是学习法相、唯识的入门典籍,抉择大义赅备,然也不摄小乘和外道,所以属唯识义。①

二、"法相大道有径有门"

从以上"六经十一论"的宗趣摄属可以看出,"十一论"之中,《瑜伽》这一"本论"包含法相、唯识两个思想系统,其余十部"支论"之中,则仅有《五蕴论》、《杂集论》(含《集论》)、《辩中边论》三支,属于法相思想的系统。至于"六经"之中,《楞伽经》平等开列法相、唯识两个系统,独属唯识系统的,有《华严经》、《密严经》、《解深密经》、《菩萨藏经》四经。只有《阿毗达磨》一经,属于法相思想的系统。而这部属于法相思想的唯一一部经藏,却竟然又无汉译,由此,可以看出中土传承的传统法相唯识思想,即有厚于唯识而薄于法相的倾向。

本来,按照欧阳个人法相、唯识分宗的说法,法相是古义,唯识是今义。唯识思想系统既然是在法相思想发展到一定阶段而勃兴的学说,它自然已经把古代法相系统的思想资源,涵摄在自己的体系之中了。这从欧阳判为"唯识边义"的一些经论之内容,即可以看出。例如,《解深密经》和《摄大乘论》这两部经典,照欧阳的判摄,都属于"唯识边论",可是这两部经典中都既包括了唯识思想的内涵,也包括了法相思想的内涵。后起的学说容纳并代替先前的学说,这是学说思想发展的自然趋势;中土译传的《瑜伽》一系,厚于在后的唯识,而薄于在先的法相,也就是一种自然的现象。

但是,法相思想和唯识思想的关系,却不仅仅是先后因果的继承关系。从理论的核心旨趣看,法相并非像唯识那样,侧重于研究缘起因果

---

① 欧阳渐:《〈成唯识论〉八段十义讲要》。

的本身,法相思想的兴趣是要对缘起所产生的现象——缘生现象之性质,进行分类和概括,法相思想可以说是佛家关于存有样式的学说。其次,法相思想体系是各个层次、各个宗派的佛教学者都需要进行研究的。不同的学派,由于自己的理论倾向或实践动机的差别,对于法相的研究和概括可能会有所不同,但是各家都要接受并研究法相,此点并无疑义。

总之,按照欧阳的理解,法相思想和唯识思想的关系可谓是双重的:一方面,法相和唯识的关系,是时间先后的关系;另一方面,法相和唯识的关系,是"共通之学"和"一家之学"的关系,是"普遍"和"特殊"的关系。从时间先后的关系而论,如果搞清楚了法相思想的"源",就能更好地理解唯识思想发展的"流",从而彻底了解传统唯识思想发展的来龙去脉,以及真实面目;就"普遍"与"特殊"的关系而论,法相思想和唯识思想之间就不是继承和被继承的关系,而是一般和个别的关系。中国的唯识学思想传统,障蔽了法相思想的存在,从而也就障蔽了法相思想那种在全体佛学中起贯通作用以及规范作用的功能。

唐宋之后,法相学与唯识学并为一家,一般人皆以研究缘起因果的唯识思想,来认断这一思想体系。因此,欧阳的法相、唯识分宗之说,表面上是说传统的《瑜伽》学系,包含了法相与唯识两种思想体系,实际上则是要凭借这种方式,挖掘或恢复出法相思想的体系。可以说,恢复被唐宋佛教学者所遗忘的法相思想体系,乃是欧阳分宗说的直接的意图。

《〈成唯识论〉八段十义讲要》中,在谈到中土未译的法相宗经《阿毗达磨经》时,欧阳说:"此经未译,义本《集论》、《瑜伽》,窥基言:无著集《阿毗达磨经》所有宗要,括《瑜伽师地》一切法门,而造《集论》。则知《集论》所说蕴、处、界平等义,即本《阿毗达磨经》。唯欲探广文义,须学梵文,再事翻译。"[①]欧阳在这里表达了要恢复理解法相思想全貌的强烈愿望,"探广"《阿毗达磨经》的"文义",即是要试图掌握《阿毗达磨经》的真面目。

---

① 欧阳渐:《〈成唯识论〉八段十义讲要》。

这种愿望及动机,是欧阳在《瑜伽》学系研究中,推动他学术进展的一个内在的动力。欧阳本阶段对《杂集论》的研究,就充分反映了欧阳的意图。

欧阳治《杂集论》始于民国3年(1914),他以窥基的《杂集论述记》作为参考资料,治学此论。欧阳曾自述治学此论的经过:"心力羸劣,治半未彻,起予得吕澂渭,赓续而成之。黄华亦纠治两条。间关入陇,得蒯君寿枢资而梓之。始治于民国三年,终事于民国八年也。"[①]欧阳在《杂集论》和《述记》上面,花费了五年多的时间和精力。其间,还得到学生吕澂和黄忏华的协助。由此可见欧阳对《杂集论》的重视。至于治学《杂集》的动机是怎样的?欧阳则叙述如下:

> 经藏之为《般若》、《华严》,律藏之为《瞿沙》、《鼻奈耶》,论藏之为《解深密》、《阿毗达磨》。此《阿毗达磨经》与《瞿沙》、《鼻奈耶》未俱来,而三藏之论藏缺经。境之为《阿毗达磨》,行之为《华严》,果之为《如来出现功德庄严》,此《阿毗达磨经》与《如来出现功德庄严》未俱来,而三相之境相缺经。三学资经,戒定资律,慧资论藏,论缺其经,如瞽无相,狂慧焉往!依境起行,由行得果,境且无经,威力踔空,非凡足事。[②]

《阿毗达磨经》有"经中之论"的称号,因而在经、律、论三藏中,它属于论藏之经。《阿毗达磨经》的主题是施设法相,在境、行、果佛家三学中,它属于境论。佛家的智慧资于论藏,而论藏智慧的根据是论藏之经。佛家的行、果之学,以它的境学作为基础,境学的根源同样是阐释境相的《阿毗达磨经》。由此足见《阿毗达磨经》的重要性。然而,《阿毗达磨》虽然如此重要,但无论是玄奘法师的新译,还是玄奘法师之前的旧译,却均未传承此经。因此唯一的办法,便是通过《杂集论》(包括《集论》),推测

---

① 欧阳渐:《杂集论述记叙》,第5页,《法相诸论叙合刊》,金陵刻经处本。
② 同上书,第1—2页。

或恢复《阿毗达磨》的真相。欧阳说：

> 然则奈何？经虽未来，约略相貌可推导耶？圆测《深密疏》言："世尊《阿毗达磨大乘经》中，说十种殊胜，初二是境，次六是行，后二是果。"由是无著《摄大乘论》约三无等说十殊胜；慈氏菩萨《瑜伽》十七地亦辨三种，初九是境，次六是行，后二是果；《深密》亦约三无等以说三分。是则准《深密》、《瑜伽》、《摄论》法门相貌，知《阿毗达磨经》一切法门相貌。
>
> 窥基言："无著集《阿毗达磨经》所有宗要，括《瑜伽师地论》一切法门而造《集论》，是则准《集论》宗要相貌，知《阿毗达磨经》一切宗要相貌。"法门标名，名所同故；宗要出体，体所别故。今之所知不在总同，而在别异。读《记》以解《论》，读《论》以思《经》，法相径途，方斯在欤？①

根据《瑜伽》、《深密》、《摄论》境、行、果三分的法门，可以推知《阿毗达磨经》的法门相貌；根据《集论》及《杂集论》的宗要相貌，可以推测《阿毗达磨经》的宗要相貌。故而，欧阳治学《杂集论》的动机是：通过对窥基《杂集论述记》的研究，可以通达《杂集论》的思想体系、义理形式；通过研究《杂集论》的思想体系、义理形式，可以了知《阿毗达磨经》"法门"和"宗要"的"相貌"。所以，经过由《集论》、《杂集论》到《阿毗达磨经》的这种逆推式的研究，可以恢复《瑜伽师地论》形成之前，佛家法相思想内容及学说形式的真相，做到"法相大道有径有门"。②

三、"法相之体即三自性"

欧阳一面极力透过与唯识思想的比勘，以及对后起的法相论典，诸如《集论》、《杂集论》等作逆推式的研究，推测、构画法相思想系统的原

---

① 欧阳渐：《杂集论述记叙》，第1—2页。
② 同上书，第3页。

貌,一面努力从法相的具体内容及形式中,超脱出来,极力去掌握法相思想的本质。欧阳对《瑜伽真实品》的研究,可以反映他的这后一意图。《瑜伽真实品》是百卷《瑜伽》中的一品。欧阳重视、研究此品的原因,如他以下的自述:

> 唯识阶梯《百法》,法相则有《五蕴》;唯识根抵《摄论》,法相则有《中边》;唯识张大《成唯识》,法相则有《杂集》。资粮探讨,固具备欤?然《楞伽》八识二无我,《百法》诠之,赅简圆明,如观掌中庵摩勒果;《楞伽》五法三自性,《五蕴》缺如,必如《百法》方便善巧馈饷有情,唯有《瑜伽》本地《抉择真实品》文庶乎其近。①

欧阳以《楞伽经》"五法三自性,八识二无我",作为法相、唯识二宗思想的经典渊源。法相唯识传统的"一本十支论"中,《百法明门论》和《大乘五蕴论》二论,篇幅简短,内容赅括,分别是两宗思想体系的概论之作,是学习、掌握两宗思想体系的入门读物("阶梯")。唯识思想的"阶梯"之作《百法明门论》,以八识统摄百法,以"人无我"及"法无我"这两种无我,显示八识的真实性质("识性"),完整地反映或表现了唯识思想体系"八识二无我"的学说宗旨。可是,法相思想的"阶梯"之作《大乘五蕴论》,则未将对法相性质的阐述,归结到"五法三自性"的法相思想宗旨上来。

在欧阳看来,《五蕴论》的此种缺欠,是一个极大的遗憾。他从《瑜伽师地论》中单独提出《瑜伽真实品》,就是因为在他看来,《真实品》颇能表现"五法三自性"的法相宗旨。欧阳在关于《瑜伽真实品》思想内容的提要中,提出了"法相之体即三自性"的主张:

> 法相之体即三自性,摄一切尽。五法之法,但说依、圆;相名之相,唯依他起,有即斯诠,无即不谈。法相之法、法相之相,都无不

---

① 欧阳渐:《瑜伽真实品叙》,第1页。

通，都无不详，斯实大异。实瓶、衣、实军、林、实象、马，实光影、水月、阳焰、谷响，此之非法，有质非法；龟之毛，兔之角，石女儿，空中华，沙中油，此之非法，无质非法。剋实而谈，无质、有质，无义事质，有名字质，展转传来托而起相，是故非法之法亦称为法，亦名为相。有相狀相，有体相相，真如、实际、法界，殊胜无上，是体相相。非法之法、体相之相，都无不通，都无不详，斯实法相。

问：相有称相，相无亦相耶？答：是无相相。问：实事是相，施设亦相耶？答：是施设相。问：有形色、有依住、有攀缘、有取舍，当是其相，无而亦相耶？答：是无色相，是无住相，是无攀相，是无取舍相。问：可显现，可了别，可思议，可施为，可戏论，当是其相，不可而亦相耶？答：是不可显现相，不可了别相，不可思议相，不可施为相，不可戏论相。遍计是无，无即说无；依他幻有，圆成真有，有即说有。是为法相真实。①

欧阳在这段话中强调，法相思想体系中的"法"，要能统摄一切的法，或存有的一切样式；法相思想体系中的"相"，要能统摄一切的相，或存有的一切显现。"五法"中的法，只谈存在的法，未谈非存在的法，所以摄法不圆；"三自性"中所谈的法，既包含了"无质非法"——根本不存在的法，也包含了事物的存在实相——体相相，所以，"三自性"这一法相体系中所表现的法相思想的内容，可谓是"都无不通，都无不详"。欧阳所谓"法相之体即三自性"的论点，意思即是说：法相思想的根本即是三自性学说。这是欧阳所理解的法相思想系统的本质。欧阳通过分宗说抉择出来的法相学说，不是一般意义上的法相之说，而是以三性学说作为纲领的法相思想系统。

以三性学说作为法相思想的纲领，是起源于《阿毗达磨经》及《楞伽经》的理论传统。这在《集论》的理论结构中可以看出。《集论》的第一品

---

① 欧阳渐：《瑜伽真实品叙》，第2—3页。

《三法品》，以蕴、处、界三科作为理论分析的结构，详细分析一切缘生法的各种性质，在此品的结尾，则是下面一段话："复次，蕴、界、处差别，略有三种：谓遍计所执相差别，所分别相差别，法性相差别。何等遍计所执相差别？谓于蕴、界、处中，遍计所执我、有情、命者、生者、养者、数取趣者、意生者、摩纳婆等。何等所分别相差别？谓即蕴、界、处法。何等法性相差别？谓即于蕴、界、处中，我等无性，无我有性。"[1]

《集论》在遍计所执相、所分别相及法性相的学理结构中，对蕴、界、处三科法相的进一步解说，表现了以蕴、界、处三科作为组织的法相思想系统，正在归向三自性法相学说的趋势。欧阳分宗说中的法相思想观念，尤其强化了法相思想的这种趋势，所以，他透过对《瑜伽真实品》的研究，以及撰写该品的提要，特别强调了这样一个思想：法相思想的根本或本质，乃是遍摄一切法相的三自性思想。

四、法相和法性是一种学

在20年代的《瑜伽》系统研究阶段，欧阳提出的法相、唯识分为二宗的观念，是和他的另外一个观念——"法性、法相是一种学"——相辅相成的。民国14年(1925)8月，欧阳在致教育总长章士钊的信中，总结他个人及内学院"现得之学理"[2]，一共有20条。这20条学理中，第二条是法相、唯识分宗之说，第三条即是"法性、法相是一种学"：

> 唯识、法相学是两种学，法相广于唯识，非一慈恩宗所可概。
>
> 法性、法相是一种学，教止是谈法相，龙树、无著实无性、相之分。[3]

比勘上面两条"现得"的学理，可以看出其间的密切关系。第二条学理指的即是法相、唯识分宗之说，作为"共通之学"的法相比之"一家之

---

[1]《大乘阿毗达磨集论》卷三，第6—7页，金陵刻经处本。
[2][3] 欧阳渐：《内学杂著下·与章行严书》。

学"的唯识,理论的摄属范围,包括了三乘的佛教行者和五种佛学的根姓,所以说法相学比唯识学内容要广泛得多。第三条学理是对龙树、无著二家之学(或传统称做性、相二宗)的融通,龙树、无著二家之学本质上是一种学说,基本的根据是,二家所依据的教理都是法相思想。显然,这第三条学理以第二条学理作为基础:第二条学理通过分宗说抉择出来的法相思想系统,是第三条学理——融通龙树学与无著学得以成立的核心依据。

据此,我们可以得出以下一个推论:欧阳分宗说背后的一个真实意图,乃是为了融贯传统所谓的性、相二宗学说。欧阳20年代佛学思想的开展,可以证实上面这个推论。在民国10年(1921)撰写的《瑜伽真实品》提要中,欧阳已经表现了融通性、相二宗的思想意图:

> 法性、法相所诠异门,质惟是一。体性之性,有里无表,相状之相,得貌遗真,皆非具实,水火徒劳;相用之性,是称相性,体相之相,是为性相,皆周法界,无欠无余。佛为一大事因缘出现于世,非是为二、为三,症结不同,遮表异用,善巧不殊,是在观智。说遍计空,一切皆空:非生、非灭、非染、非净、非时、非方、非系、非离、非缚、非脱,本来寂静,自性涅槃,惟一性真,了无所有。说依圆有,一切皆有:有蕴事、界事、处事、根事、缘起事、处非处事,有四谛事、三十七菩提分法事、二十八贤圣事、十八不共佛法事,有无量诸佛事、无边净土事,相摄相即不可穷诘事,有能缘虚假事。尽未来际无住涅槃,万相森然方便现有,理自无分,法自不到,相摄、相即,不妨奇异,是在观智,模棱两是,为不了事。①

欧阳在这里指出,法性宗和法相宗所诠解的对象有一定的差别,但是两家学理的本质是一样的。法性宗全力以赴的诠解对象是遍计执相,遍计执相本来一切俱空,所以法性宗在展开学理时,自然采取否定的表

---

① 欧阳渐:《瑜伽真实品叙》,第3—4页。

达式(遮诠)。法相宗全力以赴的诠解对象是依他起相和圆成实相,依、圆二相本来是有,所以法相宗的展开学理,也就自然采取肯定的表达式(表诠)了。所以欧阳的结论是:"症结不同,遮表异用,善巧不殊,是在观智。"欧阳这里融通性、相的关键,显然在于法相思想中的三自性学说。

欧阳渐在 20 年代初年,基本结束对《瑜伽》学系的研究后,开始转入《般若》学。他研究《般若》学的指导思想,即在力求《般若》系统和《瑜伽》系统的贯通。民国 14(1925)年 6 月,欧阳在支那内学院第十一次研究会上,发表题为《龙树法相学》的演讲,演讲分成"法相"和"龙树法相"两个部分。这一演讲结构,充分地表现了欧阳由分宗说中的法相思想观念过渡到"龙树与无著之论大同"[①]这一结论的内在思想理路。在演讲的第一部分,欧阳说:

> 初法相,且依理教而说。所谓理者,龙树《智论》卷二云:"如是我闻,是阿难等佛大弟子辈说,入佛法相故,名为佛法。"故"法相"范围至广,有同"佛法",于此即无性、相之分。如《庄严经论》说三法印,一、入修多罗,二、显示毗尼,三、不违法空。此第三在《入大乘论》,即云"不违法相"。可知法性、法空皆法相也。是故法相是总,大乘、小乘空等异门,多就其一分而言,皆得不违法相,总趣涅槃。以理言法相盖如此。
>
> 所谓教者,经、律、论三皆涉法相。世亲《摄论》释三藏,经有四门:一、依,由此为此而有所说,此即为法相;二、相,此谓二谛,即法相;三、法,谓九事,亦法相,乃相貌之相也;四、义,谓意趣,如对有说空,对恶取空说唯识,皆是义,亦是法相,此乃实相之相也。其次言律,经为佛法相,律乃入佛法者。又次言论,经为法相,论乃类治法相者。经解法相,故入经之律,与依经、律之论亦均解法相。以教

[①]《龙树法相学》,《内学年刊》第二辑,第 15 页。

言法相如是。①

欧阳渐这里由"理"和"教"两个方面,证明法相思想内容的广泛性。接下来,欧阳在讲演第二个部分"龙树法相"中,证明龙树学和无著学一样,包含共通的法相思想模式:

> 考龙树所著书皆言实相,不但谈空,此实相即法相也。《智论》十八云:"菩萨从初发心求一切种智,于其中间知诸法实相慧,是般若波罗蜜。"龙树之般若即依于法相又可知也。盖菩萨观一切法非常非无常,非有非无等,亦不作如是观,是名般若。从本以来,不生不灭,如涅槃相,如诸法实相,是般若所知。是故龙树所讲,唯此实相,非常人所计之法性或空等也。
>
> 或问龙树亦说依他耶?曰:有说。如《中论》卷三云:"大圣说空法,为离诸见故;或复见有空,诸佛所不化。"是故空者唯有见、无见,本不妨说一切法也。又《中论》讲因缘,即讲依他。如《论》卷一云:"众因缘生法,我说即是空,亦为是假名,亦名中道义。未尝有一法,不从因缘生,是故一切法,无有不空者。"是其所云空者,但因缘法无自性为空,非并因缘亦空之。此因缘即依他,他是因缘,故不妨说有。
>
> 又龙树亦讲赖耶义。如《智论》三十六云:"意有二种,一者念念灭,二者心相续。为是心相续故,诸心名为一意,是故依意而生识,九十六外道不说依意故生识,但以依神为本。"即是说第七识也。既有第七,即应有第八,因外未推论及第八识境,故未详说,而其意固见于《中论·业品》矣。如云:"不失法如券,业如负财物,此性则无记,分别有四种。见谛所不断,但思惟所断,以是不失法,诸业有果报。"此龙树所破"不失法",盖说似阿赖耶而不精者。破彼是常,而龙树自有说。如论同卷云:"虽空亦

---
① 《龙树法相学》,《内学年刊》第二辑,第15页。

不断(相续),虽有亦不常(相似);业果报不失,是名佛所说。"是说相似相续业果,赖耶法已存于其间矣。《智论》一亦云:"着常颠倒,不知诸法相似相续。"诸法相续者但相似耳,此佛法最要处,岂龙树反不知!昔人讲龙树学拘拘《中论》,乃不知此义,故不能按实。然不知无著说,固未易论此矣。①

欧阳渐在上面几段论述中指出:① 龙树学盛谈实相一义,实相是法相中的一种,相当于三自性相中的圆成实相;② 法相中重要的一类,是依他起相,龙树的空论其实破空而不破有,《中论》所说的因缘生法,实指依他起相;③ 法相在依他起相中,最重要的建立,是深度意识即第八阿赖耶识一项,龙树在《大智度论》、《中论》等中,所谈相似相续的业果,实际即指阿赖耶识相。

一般说来,面对龙树和无著这两大表面上如此差异的佛学体系,人们一般有两种理解的态度:一种态度是把龙树的空论和无著的存有之论对立起来,认为这两个佛学体系针锋相对,无法相互沟通;一种态度是对两大佛学体系持模棱两可之见,人们认为菩萨所创造的佛学体系,自然本质上是相通一致的,但是他们却不知道这空、有两轮的相通一致处,究竟何在?

照欧阳看来,龙树学、无著学的相通一致之处,就在两家共同认可的法相思想模式。"龙树破空执,无著破有执,皆讲法相,但时地易之耳。"②由于时节、地点等针对性的因缘条件的不同,龙树学和无著学之间,在理论的设立和方法的取向方面,不免有彼此相互差异甚或互相冲突之处,但两家学说在理论的核心层次共同依据法相思想,这一点应无疑义。

五、法相广于唯识,非一慈恩宗可涵盖

中国传统唯识思想的发展,大致可以分成四个阶段:南北朝时期,以

---

① 《龙树法相学》,《内学年刊》第二辑,第16—18页。
② 同上书,第16页。

北魏菩提留支及梁、陈之间真谛"旧译"作为中心的第一阶段;唐宋时期,以玄奘法师的"新译"以及慈恩法师的开宗作为中心的第二阶段;晚明时期,佛家唯识学说及唯识思想的一度复兴,是中国唯识思想发展的第三阶段;晚清民初时期,由杨文会居士重新开创的唯识学研究思潮,是中国唯识思想发展的第四阶段。

欧阳在一开始研究法相唯识经论时,就面对着两种不同的思想资源及研究途径:其一是晚明唯识研究及思想创造的旧传统,其二是文会从日本取回大量唐人唯识章疏后,从唐人章疏中,直接承继唐代唯识思想的新传统。欧阳选择了文会开创的新传统,对晚明唯识研究的旧传统则持批评态度。欧阳的此种学术选择,反映了他的唯识学研究及佛理创造的特色。欧阳本阶段的唯识学说研究,以及在研究中形成的法相、唯识分宗观念,必须放在其唯识研究学术取向的此种特色中,予以进一步的观察。

玄奘所译传的是第三时佛教的整体思想:五法三性所概括的法相思想,八识无我所概括的唯识思想。玄奘高弟慈恩窥基承玄奘译传,所开创的佛学宗派,一向被佛教史家称作慈恩宗。欧阳在获得法相、唯识分为二宗的观念后,关于慈恩宗与法相、唯识两种学说思想系统的关系,他有如下的判断:"唯识、法相学是两种学,法相广于唯识,非一慈恩宗所可概。"①根据欧阳的分宗说,对慈恩宗的思想体系进行批判的考量,则可发现,慈恩宗的佛学思想体系可以概括后起的作为"一家之学"的唯识思想,但却不能涵盖内容更加广阔的作为"共通之学"的法相思想。欧阳此说对慈恩宗采取了近乎批评的态度。

唐宋之后人们逐渐形成的有关慈恩宗的身份认断,一方面跟慈恩宗学术思想体系的内在特质有关,一方面也跟唐宋之后中国佛教对唯识思想的理解有关,尤其跟中国唯识佛教第三期思想传统——晚明时期的唯

---

① 欧阳渐:《内学杂著下·与章行严书》。

识学研究及唯识思想密不可分。欧阳的法相、唯识分宗之说，如果在此角度下加以考量，其意图就在于突破传统所谓慈恩宗的界限，廓清《深密》等经典中所谓第三时佛教——弥勒学或无著学的思想全体。

（1）欧阳对唐宋之后中国佛教唯识学研究传统的批评。晚明时期复兴唯识学的一位大师蕅益智旭在谈到明代唯识学研究的背景时，曾经说过："惜慈恩没，疏复失传，仅散现《大钞》、《宗镜》诸书，及《开蒙》二卷稍存线索。国初以来，竟成绝学。"①所谓《大钞》，指唐代华严宗清凉澄观所著的《华严经疏钞》；《宗镜》指宋代永明延寿所著的《宗镜录》；《开蒙》指元代云峰著《唯识开蒙问答》。以上三书都保留了一部分唯识思想的资料，是明代佛教学者研究唯识学说仅有的参考书籍。按照智旭的记载，到了明初，唯识学已经彻底地失掉了传承，成了一项"绝学"。所以，晚明重新兴起的唯识学研究，就是在这样一个既缺乏师承、又缺乏基本文献资料的情况下发展起来的。欧阳在《瑜伽师地论叙》中对明代的唯识学研究，采取了全盘否定的态度：

> 永明寿师作《宗镜录》，叙次法相，虽无树义，犹能诠释，古典具在，依据不诬。元末籍亡，斯学沈（沉）响，明人壁造，劳而唐功。遂使数百余年治此宗者，舍《相宗八要》、《唯识心要》以外无别精研。支离破碎之谈，户牗一孔之见，有天地之大而不能知，有规矩之巧而弗获用，惟望此而却走，谁有事于《瑜伽》！②

晚明佛教学者写了一大批诠解唯识思想的著作。其中，与憨山德清同时代的雪浪洪恩，曾将《因明入正理论》、《百法明门论》、《八识规矩颂》、《唯识三十论》、《观所缘缘论》、《观所缘缘论释》、《六离合释》、《三藏法师真唯识量》八部唯识思想的著作，辑成《相宗八要》。后来，高原明昱曾为《相宗八要》作注解，称《〈相宗八要〉解》。蕅益智旭是晚明唯识学研究的集

---

① 蕅益智旭：《〈成唯识论〉观心法要缘起》，《续藏经》第一编第八十二套第三册。
② 欧阳渐：《瑜伽师地论叙·绪言第六》。

大成者,他著有《〈成唯识论〉观心法要》。这几部著作是此后人们研究或了解唯识思想的基本著作。明代学者对于唯识一系思想有一度的研究,但百卷本的《瑜伽师地论》,则自唐宋之后一直无人问津;而且,即以明人对唯识一系的研究而论,由于缺乏唐人章疏作为义理的依据,所以等于向壁虚造,徒劳无功。欧阳对明代佛教学者唯识学研究传统的批评,也是对唐宋之后在慈恩宗外部逐步形成的慈恩宗认断传统的批评。

(2) 佛教史上形成的对慈恩宗思想身份的认断传统,固然可以从外部的因素——唐宋以后的唯识学传统——加以检讨和批评,但也可以从慈恩宗思想学说的内部,进行批判的检讨和观察。欧阳认为慈恩宗学术思想的范围,不足于包括法相思想体系,此说明他对慈恩宗思想体系的内在缺陷也有充分的察识。《瑜伽叙》在谈到传统法相、唯识思想的渊源流变时,认为从弥勒开始的传统唯识思想的"十系",都不出《楞伽经》中法相、唯识二宗思想的范围。玄奘、窥基的思想体系,属于"十系"中的二系。① 但是,《瑜伽叙》中,却未对玄奘、窥基二系的思想特色作出具体的分析。关于二系思想的特色问题,在欧阳晚年的一些论说里,才有较为明晰的说明。

《释教》(1940)在"《瑜伽》文字科"中,认为玄奘法师"学法相于戒贤,学唯识于胜军",这是表明玄奘法师师承的,是唯识、法相二宗的完整体系。"《瑜伽》文字科"以唯识、法相二门叙述《瑜伽》学系,其中,欧阳是把玄奘、窥基等数系慈恩宗的思想传承,放在"唯识门"中叙述的:

> 唯识门者,始研《摄大乘论》,终读《成唯识论》。中间开钥,有《二十唯识》、《百法明门》。《摄论》创初,持义未审;《成唯识》义博大精微。此科大本渊深把注在《成唯识》,故读斯论,应大研求。此科创立于无著,而光大于世亲,世亲而后继续有陈那,而集成于护法。奘师学法相于戒贤,学唯识于胜军,出其门者厥有二派:一为窥基,

---

① 欧阳渐:《瑜伽师地论叙·十系第五》。

百本疏主,现存《述记》《枢要》《别钞》,辅以《法苑义林》而已。灵泰《疏钞》、智周《演秘》、道邕《义蕴》、如理《义演》,皆此派附庸。而慧沼《慧日论》《了义灯》,则此派干城,陈述敌义犹《毗婆沙》,足存诸家梗概也。一为圆测,籍虽不多,视所对辩,亦知其略。泰贤《学记》集叙多家,可当读本。自此而后,微乎渺矣。①

欧阳把出自奘门的唯识学两大系统即窥基一系及圆测一系,都放在"唯识门"中加以叙述,说明照欧阳看来唐代唯识学思想系统的特色,正在于弘扬法相、唯识两种系统中的唯识一系思想。在欧阳临终之年所作的《杨仁山居士传》中,他对慈恩宗佛学思想体系内在缺陷的反思,更加清晰和直率:"奘师西返,《瑜伽》《唯识》日丽中天,一切霾阴荡涤殆尽,诚胜缘哉!有规矩准绳,而方圆平直不可胜用,法界一乘建立自无殒越之殊。独惜后人以唯识不判五法,圆顿甘让华严,而一隅自守。职其法义精审有余,论其法门实广大不足耳。"②

欧阳这里认为,慈恩宗在"法义"方面"精审有余",在"法门"方面则"广大不足",意思就是说,慈恩宗偏颇于对"一家之学"的唯识思想系统之研究,而忽略对"共通之学"法相思想系统的研究。所以慈恩宗较之《深密》第三时佛说的整体来说,思想的涵盖面要狭隘得多。从欧阳对慈恩宗外在的认断传统,及内在思想缺陷的批评立场来看,欧阳的法相、唯识分宗之说,包含了试图突破中国传统的唯识学思想体系(唐代以慈恩宗为中心的思想体系,元、明、清三代中国佛教的唯识学解释体系),完整、准确地理解及认识第三时佛教思想整体的意图。

至此,我们可对欧阳法相、唯识分宗之说在20世纪中国佛教思想学术史中的意义,尤其是在近现代中国佛教唯识学思潮中的意义,提出以下三点看法:

---

① 欧阳渐:《支那内学院院训·释教·文字五》。
② 欧阳渐:《内学杂著下·杨仁山居士传》。

(1) 欧阳渐的法相、唯识分宗观念,是他在《瑜伽》学系研究阶段取得的一个重大学术成果,同时也是此阶段欧阳佛学思想创造活动的显著表现。因此,对于欧阳此一著名观念的考量,就既要采取佛教学术层面的视角,又要采取佛学思想创造的视角。如果单纯以学术史的视角来观察欧阳此一观念,那么对于欧阳《瑜伽》学系研究阶段佛理创造的内在逻辑,就会缺乏深刻的认知。

(2) 就佛教学术层面意义而言,欧阳分宗观念的取得是他将理性治学精神引入佛教思想史研究的结果。分宗观念首次把理性治学方法引进佛学思想的研究,并从而对佛教思想的发展历史采取了历史的演进的态度。欧阳的分宗观念,在佛教思想史的研究方面,是一场方法意识的重大突破,它为支那内学院此后一连串的研究成果奠定了方法论的基础。

(3) 就佛学思想的创造层面而言,欧阳的分宗观念,并不仅仅在于弄清传统唯识思想的法相源头。欧阳分宗观念的重要内涵是对法相思想的普遍化,他一方面通过把"法相"泛化为"佛法",使得法相思想的内容大大扩展开来,得到相当程度的普遍化;一方面通过把法相学说归结为五法三自性,使得法相思想的概括原则普遍化。欧阳将法相思想普遍化的动机可以析成:① 突破传统认知中的慈恩宗学的限制,廓清弥勒所传佛学思想的整体;② 突破传统所谓"法相宗"与"法性宗"的对峙之局,融通《般若》与《瑜伽》两大学系;③ 突破中国佛教的传统判教观念,"清整"佛陀教法的全体;等等。这几层内涵的存在,说明欧阳之分宗说与其佛学思想的创造活动,实有密不可分的关系。

第四节 欧阳法相、唯识学思想的影响

一、太虚的驳议:法相必宗唯识[①]

在 20 年代,欧阳渐领导的南京支那内学院和太虚领导的武昌佛学

---

① 参见李广良《太虚唯识学思想研究》,中国社会科学院研究生院博士学位论文,2001。

院之间,曾经展开一连串的法义诤辩。这些诤辩所以发生,最基本的原因,是由于太虚、欧阳二人佛学思想立场的根本差异。同时,武院与内院的法义诤辩,也是近世中国佛教思想创造中"佛教化"与"中国化"两种思想倾向相互争对的典型表现。欧阳法相、唯识分宗之说所引起的太虚法师的驳议,是内院、武院此后数年法义诤辩的开始。太虚的驳议,主要见诸下面一些文字:

民国11年(1922)5月,针对欧阳渐的《瑜伽师地论叙》、《瑜伽真实品叙》,太虚作《竟无居士学说质疑》,首次展开对分宗说的驳议。民国14年(1925),针对欧阳的《百法五蕴论叙》、《杂集论述记叙》等,太虚作《论法相必宗唯识》,对欧阳分疏的唯识、法相二宗的宗义差别点一一予以反驳。民国17年(1928年),针对《内学年刊》第二辑所载欧阳《摄论大意》(民国13年[1924])一文,以及该文的编者按语,太虚复作《再论法相必宗唯识》,重申己见。

1932年,太虚于厦门大学讲演《法相唯识学概论》时,在讲演的第一部分着重讨论"法相唯识学"的名义问题,坚持把"法相"和"唯识"连称,合称"法相唯识学",此说针对的目标,也是欧阳分法相、唯识为二宗的思想。1946年,印顺法师在武昌佛学院研究会上就欧阳的分宗观点发表演讲,提出"唯识必是法相的,法相不必宗唯识"的研究结论,对太虚合"法相"、"唯识"为一宗的观点,作出相当程度的修正。太虚针对印顺的观点,再作《阅"辨法相与唯识"》一文,维护己见。以上是在法相、唯识是否分宗的问题上,太虚有关驳议的基本资料。太虚的驳议中有以下几个重点:

(1) 太虚从审查"宗"字的名义出发,来批评分宗之说。《竟无居士学说质疑》中,有以下一段话:

> 质曰:法相之法,法相之相,都无不通,都无不详。若然,则固无诣非法相者,法相宁得为宗?若所云贤首宗、慈恩宗之宗字,乃是一家一派之代名词,异此中所云法性宗、法相宗为标宗趣之宗也。

按，贤首家尝云：语之所尚曰宗。基师亦云：宗者，尊崇主要之义。夫一切法既无往非法相，必法相中之尊崇主要义，乃得云宗，泛尔法相，宗尚何在？故唯法性可得名宗，法相绝然不成宗义。凡属遮表言思所诠缘者，无非法相，一一法相莫非唯识，故法相所宗持者曰唯识，而唯识之说明者曰法相。此就唯识宗言也。若就法性宗言，亦可法相所宗持者曰法性，法性之说明者曰法相。故法相绝然不得以名宗。若名法相为宗，则岂唯《俱舍》、《华严》可属法相宗，即大乘其余各家，与小乘各派、外道各派，乃至世间小家珍说，孰不可属诸法相宗哉？故须大乘所说一切法相所宗持者乃得名宗，而不得别指有一通三乘之法相宗，与唯识宗非一也。①

太虚在这段话中提出"宗"字有二义：其一，一宗一派谓之"宗"，在这一意义上所谓的"宗"，是"宗派"之"宗"，指一家一派的代名词，如传统所谓贤首宗、慈恩宗等称谓中的"宗"，即属此义；其二，尊崇主要之意谓之"宗"，此意义上所谓的"宗"，是"宗趣"之"宗"，指的是一种思想或一种学说的学理归着点（"宗持"）。欧阳分宗说中法相、唯识二分的"宗"，以及欧阳此期判教学说中法性宗、法相宗的"宗"，属第二义。

照太虚的说法，欧阳对"宗"字的上述用法是自相矛盾的。法相宗的"宗"字，应该指法相学说的"宗趣"或"宗持"，法相只是一切法的统称，一切法都可以称做法相，因而法相自身是谈不上"宗趣"或"宗持"的。只有全部法相最后被归着于其上的理论枢纽点，才是法相的"宗持"。因此，单纯法相本身无论如何不成其为宗。法相可以以唯识为"宗"，亦可以以法性为"宗"，所以可以有唯识宗、法性宗，却不可以有法相宗。

（2）针对欧阳渐在《百法五蕴论叙》中提出的唯识、法相二宗的宗义差别，太虚一一予以驳斥，证明法相、唯识不可分成二宗，法相必宗唯识。太虚写道：

---

① 太虚：《竟无居士学说质疑》，《中国佛教思想资料选编》第三卷第四册。

缘起理对缘生理《杂集论叙》云：缘起义是唯识义，故缘其因说种子相；缘生义是法相义，故究其果说成就相。然种现、因果不即不离，缘之所起即从缘所生之一切法，究明一切法能起之缘，即唯识之理显。据此二理，正见施设法相必宗唯识，不应离唯识而另立法相宗。缘起理是明法相之宗，缘生理是明识宗之法，何得别为二宗？

根本摄后得对后得摄根本根本智属唯识，后得智属法相，由根本摄后得，则法相宗乎唯识；依后得显根本，即法相而彰唯识。据此亦但能见其宗一，不能别立为二。且后得智所施设之法相，皆由缘真如后事行模仿所起之能、所分别相，以是法相诸法皆唯有识。

四寻思入道对六善巧入道证唯识性，以四寻思为入道，由四寻思引得四如实智。根本智前结加行智之成，后为后得智之源，乃一切智之枢纽也。而六善巧之蕴、处、界、食、谛、缘诸法，皆为后智所分别幻有之法相，以之入道，但是依教入理之道，不宗唯识之四寻思观，不能从行证果，入真见道。故法相必宗唯识。

唯有识观心对如幻有诠教唯识为唯有识以观心，是观即行，行必证果；法相以如幻有诠教，教但显理，理必起行，方能证果。凡举一宗，皆俱教、理、行、果，唯识之教，理即法相，法相之行，果即唯识。且宗也者，正指统持教所明理之一集中点以言，故以法相教、理反博归约而起行趣果者，正在唯识。唯识以唯有识以观心，是故法相依唯识为宗，否则法相如童竖戏，不能趣行证果。①

如前所论，缘起理对缘生理，根本摄后得对后得摄根本，四寻思入道对六善巧入道，唯有识观心对如幻有诠教，正是欧阳渐主张法相、唯识分宗说的主要宗义差别点，分别表示二宗在理据、属智、入道方便、胜用诸方面的差别。针对理据的差别，太虚提出，"缘起"和"缘生"二者之间的关系，是因

---

① 太虚：《论法相必宗唯识》，刘梦溪主编：《中国现代学术经典》之《太虚卷》，石家庄，河北教育出版社，1996。

和果的关系。缘起唯识是缘生法相之因,缘生法相是缘起唯识之果,因和果的关系不即不离,所以"缘起"不离"缘生","缘生"不离"缘起",故而诠解"缘起"的唯识和诠解"缘生"的法相,彼此之间自然亦不可以分为二宗。

针对属智的差别,太虚指出,后得智是依据根本智而起的,后得智的施设法相,是在亲缘亲证真如之后模仿亲证境界的一种施设,所以从后得智和根本智的关系而论,亦可见出法相不离唯识,法相必宗唯识的意思。

针对入道方便的差别,太虚提出,四寻思入道是入真见道,豁发根本智,六善巧入道则只是"依教入理之道",不能引入真见道,引发根本智。所以从入道方便可以见出,法相的六善巧入道,必须归结到唯识的四寻思入道,理论必须归结到实践,才有其真正的意义。

最后,针对二宗各自胜用的差异点,太虚提出,任何一个佛家宗学,都应该同时具备教、理、行、果四方面的内容,其中教和理是理论的方面,行和果是实践的方面,欧阳分宗殊用的观念,限定法相的作用在教理方面,唯识的作用在行果方面,这是把理论和实践割裂开来了。实际上法相和唯识本自一宗,"唯识"的理论即是"法相","法相"的行、果即是"唯识"。佛教的教法必然兼具"理论"和"实践"两方面的意义,所以,法相与唯识不可分成二宗。

总之,太虚主张缘生与缘起的统一,根本智与后得智的统一,理入道与行入道的统一,教理施设与实践修持的统一。所以按照太虚的立场,凡是欧阳见到法相、唯识二家宗义差别的地方,太虚则一一见到其内在本质上的一致。因此法相、唯识是一宗,而不是二宗。

(3) 针对欧阳渐出于分宗说的考量立场,对"六经十一论"传统唯识经典的归属判别,太虚也提出如下的质疑:

> 唯识之"六经十一论",要皆明诸法唯识,未闻有所谓法相、唯识之分。试举一二非之。《世亲〈摄论〉释叙》云:《摄论》宗唯识,则以一切法唯识以立言,所有一切显现虚妄分别,唯识为性故,摄三性以归一识故。是言也,谓为《摄论》明法相以唯识为宗者可,若判为《摄

论》是唯识而非法相,则殊未敢苟同。盖如其所计,则《摄论》之初品之所知依应判为唯识,其第二品之所知相不又应判归法相乎?

吾敢正告之曰:十支诸论,若《摄论》,若《显扬》,若《百法》,若《五蕴》,或先立宗后显法,或先显法后立宗,无不以唯识为宗者。若于立/显之先后微有不同,强判为唯识与法相二宗,则不仅十支可判为二宗,即一支一品亦应分为二宗。如是乃至"识"之与"唯",亦应分为二宗,以能唯为识、所唯为法故。诚如所分,吾不知唯识如何安立。①

太虚在上段质疑中,举《摄大乘论》为例,批评欧阳渐对"一本十支论"的宗义判摄。《摄论》第一品《所知依》成立唯识缘起之理,第二品《所知相》施设三性法相,如果根据《摄论》的第一品,判定此论属唯识边论,那么根据第二品,岂不可以又判定此论属于法相边论了!《摄论》如此,"六经十一论"中的其他经论亦莫不如此。这些经论,或者先成立唯识的"宗趣",然后一一显示法相,或者先一一显示法相,然后再摄归于唯识的"宗趣"。立"宗"与显"法"的先后容有差异,但"六经十一论"中所显的"法",都以唯识思想作为所立的"宗",这一点则是完全一致的。所以,按照太虚的意见,欧阳站在分宗论的立场上,对"六经十一论"宗趣所作的判摄,也都十分勉强。

在法相、唯识是否分宗的问题上,太虚自己的"论宗"是,法相必以唯识为宗。太虚在阐述个人这一"论宗"时,对"法相"一词的含义,重新加以自己的诠定。在他看来,大乘"法相"一词中,应该拣去小乘有"法执"之法,大乘法性空慧之空慧,以及大乘之圆融法界。他说:

空前之法执非法相五法也,三相也,皆菩萨空后安立。然二乘之阿毗达磨,足证此空后之所施设乎?纵览《婆娑》、《俱舍》,都无是理。是故二乘法执之法,是法相唯识之所破,非可滥同唯识之如幻有。

---

① 太虚:《论法相必宗唯识》,刘梦溪主编:《中国现代学术经典》之《太虚卷》。

遮破法执之空慧非法相所谓遮执,即遣诸法相、名、分别,乃至能遣亦遣故,正智、如如亦不安立,入毕竟空,起法空慧,而直契一切法之平等体性。《般若》、《中观》诸经论均明乎此。他如禅宗之离言契证,亦属此类。第以言遣言,故空慧立宗,而法相之相由后得分别施设,乃相用之相,非体相之相。而体相离言,乃假空慧以遮执,是法性之宗空慧,空慧亦空,而相用之相,更非体性之相。故法性空慧宗与法相唯识宗,二应有别。

安立非安立之圆融法界非法相此圆融法界,即吾所判三宗中之法界真净宗。法是一切诸法,即安立世俗谛及非安立第一义谛,界是摄葳统持二谛总和义。真净即对有漏、虚幻、杂染言,真简有为虚幻,净简有漏杂染。为佛智性相圆融之究竟真净(华严、天台之无碍法界),此亦可称为唯智论。但唯智乃宗依佛之一切种智者,安立非安立圆融为一法界,故不可束之于法相。①

太虚在这里强调:第一,大乘所谓的法相,是菩萨在实证空性后的施设,而小乘阿毗达磨中的法,是小乘圣人的证悟慧所施设,小乘圣人的证悟慧中存有法执,故而大、小乘所施设的法相应有区别,不得将小乘有法执的法相系统,同大乘菩萨的法相系统混为一谈。第二,大乘三大宗学之一的法性空慧宗,以般若空慧遣去相、名、分别等一切法相施设,甚至将能遣的正智、真如也要遣去,法相后得智所施设的是不离言诠的相用之相,法性空慧所面对则是离开言说的体相之相,故而,法性之空慧不得摄入法相的统系。第三,大乘三大宗学之一的法界真净宗,以圆融的清净法界,作为学理的中心。此法界的"法",含法相唯识的安立谛和法性空慧的非安立谛在内,"界"则是安立谛和非安立谛的摄持和统一。此宗以佛的一切智种为宗依,因而既不同于以后得智为依据的法相,也不同于以离言空慧为依据的法性,因而,圆融法界也不得摄入法相思想的

---

① 太虚:《论法相必宗唯识》,刘梦溪主编:《中国现代学术经典》之《太虚卷》。

系统。

在简别了小乘法执、大乘法性空慧及大乘圆融法界之后,太虚分别得出法相的定义及法相唯识宗的定义:

> 空前之法执非法相,但破不立之法性空慧非法相,圆融之法界非分别假设之法相,故唯依识变假设之法为法相。①

> 今以法相、唯识连称,则示一切法——五法、三相等——皆唯识所现。唯,不离义;识,即百法中之八识及五十一心所。其余四十一法亦皆不能离识而存在,以一切法皆唯识所现故,一切法多分受识之影响而变化故。

> 现有二义,一、变现义,如色法等;二、显现义,如真如等。法相示唯识之所现,而唯识所现即一切法相;唯识立法相之所宗,故法相必宗唯识。所现一切法甚广,然所变所现一切法之所归则在唯识,故示宗旨所在,曰法相唯识。②

太虚的法相定义,把法相和"识变"联系了起来,法相是菩萨根据众生心识变现的情况来予以施设的,因而法相不离众生的心境。从此以法相的定义,很自然地引出法相唯识宗的定义。法相是唯识变现的结果,唯识则是法相转变的枢纽,所以法相必定以唯识作为宗依!

从以上太虚对欧阳分宗说的驳议可以看出,太虚在整个的讨论中,实际上使用了两个法相定义。当他证明欧阳渐的法相宗观念不能成立时,他对"法相"的界说是,法相遍摄一切存有样式,所以是"无所不通,无所不详"的。当他证明自己的论点——法相必宗唯识时,他对"法相"的界说则是,法相只跟众生的识变有关,所以并不存在融通一切乘学的普遍性的法相。太虚对法相概念的上述两种用法,使他既可以自由地批驳敌论,也可以自由地证成己宗。但他在概念使用上这种自由随意的态

---

① 太虚:《论法相必宗唯识》,刘梦溪主编:《中国现代学术经典》之《太虚卷》。
② 太虚:《法相唯识学概论》,《太虚大师选集》下,第14页。

度,也使得他的驳论仅仅成为自说自道,他的整个驳议并未触及欧阳分宗说的内在意图。

所以,在内学院方面,针对太虚对分宗说的驳议,即有如下的评语:"今人于二宗分说,犹有不详原委,辄兴异议者。"① 所谓"不详原委,辄兴异议",就是说太虚的驳议并未对欧阳分宗说的意图作出同情的理解。然而,这只是内学院一方的理解。就太虚自己来说,他评破欧阳的分宗说,亦有自己不得已的苦衷。他说:"近人不明能宗之教相与所宗之宗趣,务于名相求精,承流不返,分而又分,浸假而唯识与法相裂为楚汉,浸假而唯识古学、今学判若霄壤,不可不有以正之,以免蹈性相争执之故辙。此余讲此之微意也。"②

欧阳的法相、唯识分宗之说,是欧阳援引乾嘉学者治经方式治学佛教的成果。欧阳师弟后来继续发挥此种治学经验,在佛学研究上有一系列新的突破。继欧阳分宗说之后,唯识古、今学的判定,便是内学院取得的重要研究成果之一。在太虚的立场,则认为此种治理佛学的方式,将会引起佛教史上各种成说的破坏,从而将会引起整个佛教思想传统的破坏,所以,太虚驳议的基本思想动机,乃是出于维护既有的佛教史"定论"或佛教思想的传统。

太虚在驳议中,不断提到他的大乘三宗的判教模式。民国 10 年(1921),太虚有《佛法大系》之作,文中提出"真如的唯性论"、"意识的唯心论"及"妙觉的唯智论"这"三唯"之说,是其三宗判教的雏形。③ 在《竟无居士学说质疑》中,太虚提出唯识宗、空慧宗、真如宗的三宗分判,他把印度中观一系学说,以及中国的三论宗,判为空慧宗;把印度瑜伽一系学说以及中国的慈恩系统,判入唯识宗;至于纯粹在中国开宗的几个佛学宗派,如天台、华严、禅宗,以及属于密教系统的真言宗等,太虚则将之判

---

① 《内学年刊》第二辑,欧阳渐《摄论大意》文后的编者按语。
② 太虚:《论法相必宗唯识》,刘梦溪主编:《中国现代学术经典》之《太虚卷》。
③ 印顺:《太虚大师年谱》,"民国 10 年(1921)"条。

入真如宗。① 到《佛法总抉择谈》(民国 11 年[1922])中,太虚的三宗之说成为定论。而同一时期,欧阳则判定法性宗、法相宗及真言宗三宗。其中的法性宗,相当于太虚的空慧宗;其法相宗,则包括法相系统的学说、唯识系统的学说、《华严》系统的经论、《俱舍》系统的经论,等等,内容十分广阔。至于太虚以中国佛教诸宗学作为重心的真如宗,在欧阳的判教中则无地位。

从欧阳分宗说的立论及太虚的驳议来看,二家对法相思想的理解,一家主于扩张其地位,一家则主于压缩其地位。而此种对法相系统的扩张或压缩,跟二家对天台、华严、禅等中国佛教宗学的地位安排,有着密切的关系。由此而论,太虚维护传统的"法相唯识宗"之成说,核心的意图就出于维护中国佛教的思想传统。而欧阳将法相、唯识分成二宗,以扩大法相思想地盘的方式,消解中国佛教思想的佛学地位,其对中国佛教思想的批判立场也丝毫不加隐瞒。因此,太虚对分宗说的驳议,极其鲜明地显露了太虚、欧阳二家佛学思想创造的取向性差异。太虚的理念偏向于"中国化"的佛理伸展方向,欧阳的理念则偏向于"佛教化"的佛理伸展方向。

二、熊十力、印顺的有关回应

欧阳渐之法相、唯识分宗说,以其学术眼光的深刻及思想的创造性,对其后的佛学研究产生了极大的影响。熊十力、印顺二人对分宗说的评议也反映了欧阳分宗观念对现代佛学研究的影响。

民国 25 年(1936),熊十力著《佛家名相通释》一书。熊氏在书中赞誉欧阳的分宗之说:"宜黄欧阳先生,首明唯识、法相非是一宗,诚哉发奘、基未泄之密。"②熊氏这部书分为上、下二卷,卷上依据《大乘五蕴论》,

---

① 太虚:《竟无居士学说质疑》,《中国佛教思想资料选编》第三卷第四册。
② 熊十力:《佛家名相通释》。

综述法相体系;卷下依据《百法明门论》等,综述唯识体系。熊氏在书中说:"以《百法》与《五蕴》对观,《五蕴》只分析一切法,识与诸法,平列而谈,法相家立说宗旨,即此可见;《百法》则识为主,以之总摄一切法,而成立唯识论之统系。"①他这里以《大乘五蕴论》平列心识与诸蕴的思想,概括法相宗,以《百法明门论》用心识统摄一切法的思想,概括唯识宗。这表示熊氏在关于传统唯识佛教思想源流的问题上,采纳了欧阳渐分宗说中的理路。

但是,熊氏在40年代所著《新唯识论》语体文本中,关于法相、唯识的分宗问题,其态度则与前书大异:

> 宗者,宗主义,凡学异宗者,必彼此主张有特别不同处,非只理论上疏密之异而已。无著之学,根抵在《大论》。《大论》取材甚博,自是汇集众说而成书。然无著贯穿诸义自有宗旨,故成其一家之学。世亲成立《唯识》,其中根本大义,如八识及种子,与缘生义、三性义,并据《瑜伽》,其以转依为宗趣,亦同禀《瑜伽》。
>
> 自昔以来,未尝拔唯识于法相之外而别号一宗者,要非无故。夫法相宗立言,其始详于分析,犹未有严密之体系,及世亲秉无著之旨盛张唯识,于是作《百法论》,首以识统一切法,又作《二十论》、《三十颂》,而后体系宏整,完成唯识之论。故法相宗自世亲《唯识论》出,其理论始严密,而面目一变,要其根本大义悉据《瑜伽》。无著析薪、世亲克荷,精神始终一贯,似不必以一家之学强判为二宗也。
>
> 然大师弘阐久绝之唯识,其功要不可没。②

熊氏在这段评判中,认为无著、世亲精神一贯,由无著的《瑜伽》,到世亲的《百法论》、《二十论》、《三十颂》等,其理论只有疏密之差异,而无根本精神之不同,因此不必把"一家之学"强判为"二宗"。

---

① 熊十力:《佛家名相通释》。
② 熊十力:《新唯识论》语体文本,第625页。

《佛家名相通释》是熊氏从佛教学术史的角度,疏通传统唯识佛教思想源流之作。《新唯识论》语体文本则是熊氏个人站在儒家思想的立场上,以儒家思想会通佛教之作。熊氏在性质不同的两部著作中,针对欧阳渐法相、唯识分宗之说,采取了如此前后完全相左的矛盾立场,这表示一方面对分宗说所表现的重视佛理源流考实的学术理性,熊氏能够容忍和接受;但另一方面对分宗说重新检讨佛理真相的思想意蕴,熊氏则自然而然地要加以拒斥了。

印顺是太虚法师的著名学生,他对欧阳分宗说的评议,与熊氏主于儒家思想的立场虽然不同,但就对欧阳分宗说理解和接受的角度来看,双方却有异曲同工之妙。民国35年(1946),印顺在武汉佛学院一次研究会的讲演中,提出重新检讨有关法相、唯识是否分宗的争论。印顺说:

> 这问题,民国以前的学佛者,是没有讨论过的。民国以来,最先由欧阳渐居士提出了法相与唯识分宗的意见,即是把法相与唯识,作分别的研究。问题提出以后,即引起太虚大师的反对,主张法相、唯识不可分,法相必归宗于唯识。一主分,一主合,这是很有意义的讨论。民国以来,在佛教思想上有较大贡献的,要算欧阳氏的内学院和大师的佛学院,但在研究的主张上便有此不同。这到底是该分吗?合吗?①

在法相、唯识是否分宗的问题上,欧阳"主分",太虚"主合"。印顺的意见,则主张或分或合,皆有一定的道理。印顺从学派思想发展的角度,追溯了法相思想发展的历史。他认为,研究法的各种"相",最足于代表上座部《阿毗昙论》的特色。所以《阿毗昙论》,特别是西北印学者的阿毗昙论,"主旨在抉择法相——自相、共相、因相、果相等,说到一切法,即用五蕴、十二处、十八界来类摄,这是佛陀本教的说明法,古人造论即以此

---

① 黄夏年主编:《近现代著名学者佛学文集》之《太虚集》,第149页。

说明一切法相"①。稍后,又创造了色、心、心所、不相应行及无为等五类法的分析格式。此即所谓法相学,这是古代佛教的一般理论形式。无著、世亲的学说本从西北印的学系发展而来,同时也倾向于东南印的唯识师说。所以无著、世亲造论,最初仍沿用蕴、处、界的格式,同时也容纳唯识师说的思想内容。等到他们的唯识思想完全成熟,就颠倒五类法的次第,把心心所安置在五类法的前面,从而建立起"以心为主的唯识大乘体系"②。此即所谓唯识学,这是无著、世亲等新创造的理论形式。

根据这种学派思想发展史的溯源,可以见出,欧阳渐从无著、世亲等留下的论著中,发现了法相、唯识两种思想体系的存在,所以才主张对二宗作"分"的研究。由于古代上座部的法相学说经过无著、世亲的改造后,走上了唯识学的思想道路,所以太虚法师主张对法相、唯识作"合"的研究,也就有相当的道理。

印顺把自己的评议立场,叫做"全体佛教的立场"。他个人研究法相问题的结论是:"唯识必是法相的,法相不必宗唯识"。③"唯识必是法相的",这是说佛教虽然发展到大乘唯识学,必然还只是对法相思想的继续;"法相不必宗唯识",这是说法相思想可以发展到唯识学的形式,也可以采取其他的理论形式。印顺此说,对太虚"法相必宗唯识"的论点,是一个重要的修正。

另一方面,印顺站在"全体佛教的立场",继续作大乘三系的判摄。他说:"以大乘法来说,可类别为三大系,太虚大师称它为法性空慧,法相唯识,法界圆觉。我也曾称称之为性空唯名,虚妄唯识,真常唯心。名称不同,内容大致一样。古代贤首宗,判大乘为法相宗、破相宗、法性宗,也还是这大乘三系。"④这说明,就对佛教全体教法的理解来看,印顺仍然承续着贤首以下的中国佛学传统。

---

①② 黄夏年主编:《近现代著名学者佛学文集》之《太虚集》,第150页。
③ 同上书,第153页。
④ 黄夏年主编:《近现代著名学者佛学文集》之《印顺集》,第19页。

欧阳将法相思想体系从传统的唯识思想中抉择出来,并将之予以普遍化,实具有侪之考量及整理一切佛教教法的思想意蕴。印顺本于"全体佛教的立场"所作的大乘三系判摄,实际上大体维持了中国佛教判教的基本思想传统。所以印顺和熊十力一样,虽然对欧阳的分宗说表示一定程度的肯定,但他同样不能接受欧阳透过法相、唯识分宗之说,以"清整"中国佛教传统的思想意蕴。

三、吕澂对分宗思想的继承和发挥

在欧阳身边受教的弟子中,吕澂是承受其佛教学术及佛学思想衣钵的著名学者,吕澂对欧阳分宗说的继承和发挥,是欧阳分宗理念的深化和发展。从佛教学术的角度来看,欧阳的分宗之说首先表示一种具体的学术成果:法相与唯识是两个有着"时代"差异及"理念"差异的不同学说系统,应该分别开来予以研究。分宗之说又是欧阳首次把理性治学的精神引入对佛学思想的研究和整理,故此一观念中,同时又包含了理性治学的精神、原则及方法。欧阳的学生及内学院的同人继续发挥分宗之说的学术成果及理性精神,取得了一系列的学术突破。太虚在驳议分宗说时所提及的唯识古、今学问题,就是其中的一个范例。

欧阳曾把辨别唯识学之今学、古学,作为内学院所得的二十学理之一[①],这一学术成果的取得,主要是吕澂的贡献。民国13年(1924),吕澂著有《论〈庄严经论〉与唯识古学》一文,文中吕澂写到:"瑜伽与唯识,学说有先后。瑜伽以三乘观行之境为序,齐被五姓,故其立说无所偏重。唯识后起,专宏大乘,一以识智贯之,意乃独有所寄。"[②]这里所谓的"瑜伽",指的是瑜伽师说,即相当于欧阳所谓的法相思想系统。吕澂文中所说"瑜伽"与"唯识"的区别,即相当欧阳法相、唯识分宗的观念。吕澂氏

---

① 欧阳渐:《内学杂著下·与章行严书》。
② 吕澂:《论〈庄严经论〉与唯识古学》,《吕澂佛学论著选集》第一卷,第70页。

在文中提出,属于"瑜伽"思想系列的经典《辩中边论》,在三性中重视依他起性,以依他性虚妄分别作为三性的枢纽,说境则主张唯心,说生则在分别受用缘起之外,新创分别自性缘起,已开唯识思想之端。到了《大乘庄严经论》,则已能构造成系统的唯识思想。所以《大乘庄严经论》是探讨唯识古学的重要资料。①

吕澂在文中提出唯识有古、今学之别。他说:"无著、世亲唯识之学先后一贯,后人有祖述二家之学而推阐之者,是为古学;有演变二家学说而推阐之者,是为今学。"比如,在注解《唯识》的十大论师之中,亲胜、火辩、难陀三家,属于古学;护法的学说,属于今学;安慧的思想则折中于二者之间。从东土唯识思想的译家来看,真谛所译是为古学,玄奘所译是为今学。② 吕澂在建立唯识有古、今学的观点时,不仅使用汉文的译籍进行对勘,还根据梵、藏文的唯识典籍加以征实,所以他最后断定,唯识古、今学的差异,不仅是思想发展先后精疏的差异,还有传习根本诸论传本方面的差异。③ 所以,判定唯识思想系统有古、今学的差异,可谓确凿无疑。

吕澂不仅从欧阳继承了佛学思想发展流变的观念,以理性精神治理佛学的观念,更直接继承了欧阳分宗说在探明《瑜伽》学系思想源流方面的创造性成果。吕澂的唯识古、今学观念,同欧阳的法相、唯识分宗观念,可谓是一脉相承。吕澂除继承和发展欧阳分宗说的学术意义之外,对分宗说包含的佛学思想的创造意蕴,也有进一步的阐释和发挥。这后面的一点,从吕澂在法相大学特科开学的讲演辞中(民国14年[1925]),有十分清晰的表现。

吕澂先从史实角度说明,在佛教发展的历史上,并不存在一个叫做"法相宗"的佛学宗派:① 所谓法相宗,乃至一切宗派,皆属过去之事,今

---

① 吕澂:《论〈庄严经论〉与唯识古学》,《吕澂佛学论著选集》第一卷,第70页。
② 同上书,第73页。
③ 吕澂:《安慧〈三十唯识〉释略钞引言》,《吕澂佛学论著选集》第一卷,第144页。

日更毋庸提倡。② 夷考印度佛教历史,并不见有法相宗之明白根据。盖印土佛家从无以此区分宗派者。国人一向误会,以为大乘佛法有法性、法相两大宗之对峙,其意乃指龙树、提婆与无著、世亲之学以言。但吾人读各家著书,涉思稍深,仅见所说前后一贯而已。故言法相,则龙树以下各家皆法相说者也;法之自相即是法性,以此言法性,诸家又皆法性说者也。③ 我国旧称之法相宗,寻其根据,亦极薄弱。法相宗云者,通指唐奘师一系数代而已。此依所居,或可称慈恩宗。谓为法相宗,则厚诬古人之意。盖奘师一系皆能见佛法本真、绍承正脉者。溯自龙树至于护法,学统相承,未尝中绝。奘师独传其绪,此学遂东。则以我国旧时佛法全系译家,而罗师所传杂于门下老、庄之谈,真谛所传又淆于论师《起信》之说,以致译籍黯淡,师承迷辙。奘师慨然于此,独披荆榛,指示坦道,所谓佛法真面目自是而始见此方。乃异学相排,谓是一宗独创,后人不察,更谥曰法相宗,以与三论家之性宗对举,实则奘师本意何尝如此!吾人涉猎慈恩之说,亦言法性,亦言法相,无所界画。故奘师学则真佛学也,无宗派佛学也。说为宗固诬,说为法相宗尤诬。①

吕澂在这几段话中提出,在印度佛教的历史上,并不存在一个叫做"法相宗"的宗派,也不存在所谓"法性宗"与"法相宗"的宗派对立。龙树、提婆的《般若》思想系统,与无著、世亲的《瑜伽》思想系统,本质上是前后一贯的。中土三大译师中,罗什所传杂于老、庄之说,真谛所传杂于《起信》之谈,只有玄奘法师直接师承了印度纯正佛学的全体,他的翻译完全不夹杂中土思想的影响,是印度佛学真面目的完全显示。所以,玄奘的佛学是"真佛学",是"无宗派佛学"。后人把玄奘所传的一系佛学看做一宗之学,固然不当;看成与"法性宗"对峙的"法相宗",更是不当!

支那内学院所要复兴的法相学,既然不是一宗之学,或宗派之学,那

---

① 吕澂:《法相大学特科开学讲演》,《内学年刊》第二辑,第222—223页。

么法相的正面含义又是什么呢？吕澂说：法相既不拘限一宗，其意又将安属？如前所言，则纯真佛法之全体而已。此亦可分两层明之：其一，所谓法则指宇宙人事之一切，此唯证智得之，始有建立。如说五蕴，此非泛称，必得积聚假相之证，而后有蕴言之立。故在证境皆法也，而入语言文字之教，有待形容，无往非相，即法自性见诸言文，亦属自相。故佛所说教，一切皆法相也，说法相即是贯彻佛所说法之全体。其二，又所谓法则指佛说而言，其佛弟子辗转解释研究，皆凭阿毗达磨法门之分别，得其义相。故有解释则为法相之解释，有研究则为法相之研究，此即《智论》于法相中举《毗昙》之义。今言法相，又即贯彻一切佛法之研究与解释矣。①

吕澂在这里解释"法相"有两层正面的含义：①"法相"的"法"，指佛菩萨的证悟之境，此证悟之境为了教化众生的目的，进入语言文字之中，从而有了语言文字的"相"，所以所谓的法相，就是指佛的一切言教；②"法相"的"法"，指佛的言说，这些言说的含义，须凭各种论藏的研究和解释，才能得其义相，所以对佛所说法的研究和解释，就是佛所说法的"相"，因此法相包括了对一切佛说的研究和解释。总结以上两层含义，吕澂的结论是，"法相"是指"纯真佛法之全体"——全体佛说及对全体佛说的正确研究和解释。

吕澂所谓法相是"纯真佛法之全体"的阐释，正是欧阳"法相同于佛法"之观念②的进一步伸张。吕澂的这种解释，既呼应了欧阳将法相思想普遍化的思路，又将法相思想的普遍化同探求真实佛教整体的思想动机有机地结合在了一起。

最后，关于太虚等人针对欧阳法相、唯识分宗之说的批评与回应，我们可以提出以下几点理解：

其一，太虚对欧阳分宗说的驳议，并非出于学术研究的是非之争，而

---

① 吕澂：《法相大学特科开学讲演》，《内学年刊》第二辑，第223—224页。
②《龙树法相学》，《内学年刊》第二辑，第15页。

是出于维护佛教史上的各种成说，及维护中国佛教思想传统的动机。太虚意识到欧阳的分宗观念，将引起中国佛教各种"定论"的分崩离析，并最终将冲破中国佛教的思想传统，所以他甚至不惜门下弟子的异议，对欧阳的观点作反复的诤辩。这些驳议，使得太虚、欧阳各自的佛学思想立场第一次如此鲜明地暴露出来。太虚的维护成说，与欧阳的突破成说，说明二人佛学思想的创造方面，必然分别走上"中国化"及"佛教化"的理路。

其二，从分宗说对此后佛学研究及佛理创造的影响，也可以反显分宗说的思想意蕴。熊十力和印顺法师，一个曾是欧阳的学生，一个是太虚的得力弟子。二人在探讨佛学思想的源流之问题时，都采取了分宗说的学术成果和学术理念。但二人一旦涉及佛教思想层面的问题，则都不约而同地对分宗说的思想意蕴加以忽视或拒斥。熊氏在思想上采取传统儒学的立场，印顺对佛教思想的判断眼光十分宏大，但亦维护中国佛教的传统判教体系。二人对分宗说思想创造意蕴的忽视，正好反显出欧阳分宗之说试图突破中国思想传统及中国佛学思想传统的"佛教化"的思想立场。

其三，在内学院这一方，吕澂则从学术层面和思想层面，对欧阳分宗说做了较为全面的继承和发挥。吕澂在佛学思想史研究方面一系列独到的研究成果，是分宗说学术理性精神的发展和深化。吕澂对"法相"思想内涵的进一步阐释，则极好地呼应了欧阳根据法相思想重新整理全部佛说的思想理路。

第四章　月霞与民国时期的华严宗

华严宗是中国化佛教的一个综合性宗派,以注重经义阐释与教理辨析而著称,在中国佛教史上有着重要影响。随着民国初期佛教的全面中兴,华严宗及其弘传亦受到当时佛教界的广泛重视,其弘法教学呈现出再兴之势。特别是随着民国佛教教育的推展,华严注重教义阐释的特点,使民国华严宗更为引人注目。

大致来说,民国时期的华严宗复兴,主要通过华严典籍的刊刻、寺院兴学培养专弘华严的学僧两大途径而展开。僧人办学培育致力于弘扬华严的弘法僧,而部帙浩大的华严教经的相继刊刻,则推进了华严教学的社会文化影响,促进了佛教僧人的普及性修学与佛教界的学术研究。在这两个领域,民国时期华严宗都作出了独特的贡献,最终构成了民国华严宗的复兴。华严宗的复兴,成为民国佛教整体复兴的重要表现之一。

人能弘道,非道弘人。民初开始、贯穿民国时期的华严宗复兴,出现以月霞等人为代表的一代高僧,培养了一批专弘华严的学僧,代不乏人,影响至今。

第一节　民国初期华严典籍的搜集与刊刻

民国时期的华严复兴,始于华严宗典籍的搜集与刊刻。

近代中国,历经战乱,佛教凋敝,典籍损逸严重,几无可存。这对注重经教阐释的华严宗来说,情形更是如此。因此,民国时期的华严复兴,首先注重华严典籍的搜集与刊刻。这些华严典籍的搜集,主要集中于唐代华严祖师智俨、法藏、澄观等人的疏释之作,同时也涉及宋明时期的一些华严教典。杨文会等人持续多年的不懈努力,使许多华严典籍从日本折返回中国,他们多方搜集国内流存的文献,分别刊行于在南北各佛教刻经机构。当时,在"庙产兴学"下,各地通过举办僧教育,专设华严宗的课程,培养出家僧人对华严宗的学识,提高了对华严义理的传讲水平,最终促成了民国华严宗的复兴。

一、杨文会与华严典籍的搜集

华严宗是以《华严经》为宗经,对《华严经》及其相关佛典进行全面阐释,综摄三论、天台、法相诸宗及地论、摄论诸学派的义理学说,发展而成的一个中国化佛教宗派体系。华严宗的实际创宗者为唐代法藏。因其赐号"贤首国师",故华严宗亦称"贤首宗"。

华严宗是中国化佛教的一个代表性宗派,注重教理辨析,以五教判摄、法界统观、六相圆融、十玄无碍、三观修行等学说,构成中国化佛教哲学的典范。从历史上看,华严宗不仅对中国佛教传统具有重要的影响,而且对于东亚佛教文化圈的形成起到了推进性作用,作出了独特的贡献。

《华严经》作为华严宗的宗经,号称"佛经之王",在佛经汉译的历史上,则有"六十华严"、"八十华严"、"四十华严"三个译本。这三个《华严》译本各具影响,其中,尤以"六十华严"和"八十华严"为最。这些《华严》大经,成为华严宗阐释其教义思想的基础文本。唐代智俨、法藏、澄观等华严祖师对华严经本的阐释,构建了中国佛教华严宗的教义体系。宋代以降,许多华严教典或散逸,或残缺,难现历史面目,影响到华严思想的理解与阐释,制约着后世华严宗的传承与弘扬。因此,民国华严宗的复兴,首先面临着众多华严教典的搜集与刊刻问题。

杨文会被视为"近代中国佛教复兴之父",他对民国佛教的贡献是多方面的。其中,最为主要的是创办金陵刻经处,不仅复刻、流通国内既有的佛教经论撰著,而且广搜唐末以来所散逸的章疏经论。这里也包括许多华严教典。

杨文会广搜散逸的华严教典,与其佛学归趣密切相关。他曾自道其学,称"教宗贤首,行在弥陀"。尝自述"初学佛法,私淑莲池、憨山,推而上之,宗贤首、清凉。"①他一向认为,大乘佛教应以《华严》为首,在其《大藏辑要叙例》中,更首列"华严部",称"经分大小二乘,大乘以《华严》为首,凡贤宗及各家著述,发明《华严经》义者,概归此部"②。蒋维乔在《中国佛教史》卷4评议杨文会之学时,指出"其于贤宗教理,亦复深造自得,于古义颇有发挥,推为晚近中国中兴华严宗之人,殆无愧也"③。就其对华严教典的搜集与刊刻意义上,杨仁山可以说是民国时期华严宗复兴的先驱人物。

杨文会对华严宗的推崇态度,集中体现于对《华严经》及其教理阐扬的认同。在其《十宗略说》中,他评述华严宗(亦称"贤首宗")说,"《华严》为经中之王,秘于龙宫。龙树菩萨乘神通力诵出略本,流传人间。有唐杜顺和尚者,文殊师利化身也,依经立观,是为初祖。继其道者,云华智俨,贤首法藏,以至清凉澄观,而纲目备举。于是四法界、十玄门、六相、五教,经纬于疏钞之海,而华严奥义,如日丽中天,有目共睹矣。后之学者,欲入此不思议法界,于诸祖撰述,宜尽心焉"④。除选择唐译《八十华严》之外,对于华严祖师教典,杨文会特别强调法藏的《法界无差别论疏》,澄观《华严悬谈疏钞》和《行愿品疏钞》(宗密钞)。而他本人所撰的

---

① 杨文会:《等不等观杂录》卷3,周继旨校点:《杨仁山全集》,第373页。
② 杨文会:《大藏辑要叙例》,《等不等观杂录》卷3,周继旨校点:《杨仁山全集》,第373页。
③ 蒋维乔:《中国佛教史》卷4,第44页,上海,上海书店,1989年影印本。
④ 杨文会:《十宗略说·贤首宗》,周继旨校点:《杨仁山全集》,第152页。

《大宗地玄文本论略注》，也是理解华严宗的一部著述。①

杨文会对民国华严宗复兴的最大贡献，就是极大地推动了日本所收藏的华严典籍的折返与回流。这是五代北宋以后，华严教典折返中国的又一个高潮阶段。杨文会正是其代表人物。清末民初收藏于日本的华严教典折返中国，成为20世纪上半叶华严宗复兴的重要契机。

杨文会创办金陵刻经处后，复刻了唐代清凉澄观《华严疏钞》220卷。其原本为明末叶祺刊刻本，时称"金陵本"。杨文会认为，此书"以四分科经，发挥精详，后人得通《华严》奥旨者，赖有此书也。"②此外，金陵刻经处还复刊了李通玄《华严经合论》120卷。杨文会认为，此书"提倡圆顿法门，与禅相表里"③。金陵刻经处先后复刻这两部阐释唐译《八十华严》的巨著，颇能反映杨文会对华严宗的弘传立场。

尤为值得一提的是，杨文会经过多方努力，从日本搜集国内亡逸的华严典籍，十得五六，经其去伪存真，分别刊行，辑《华严著述集要》12册行世，杨文会称其"荟萃各家撰述，学《华严》者万不可少"④。此书内容包括，其中多半为国内久逸未得之作。杨文会颇为推崇贤首法藏的历史成就，他在《贤首法集叙》称："世之学《华严》者，莫不以贤首为宗。而贤首之书，传至今日者，仅藏内十余耳。后人阅清凉大疏，咸谓青出于蓝而青于蓝者，因欲易贤首宗为清凉宗，盖未见藏公全书故也。"⑤在复刻"华严二祖"智俨的《华严一乘十玄门》时，杨文会评论称："华严大教，阐扬十玄门者，此为鼻祖。贤首仍之，藏于《教义章》内，大意相同，而文有详略。及作《探玄记》，改易二名，用一华叶演说，为清凉《悬谈》张本。后人不知，以为清凉十玄，与贤首有异者，盖未见《探玄记》也。今《教义章》与《悬谈》并行于世，而复刻此卷，欲令人知其本源耳。"⑥

---

① 杨文会：《释氏学堂内班课程》，《等不等观杂录》卷2，周继旨校点：《杨仁山全集》，第345页。
② 杨文会：《佛学书目表》，《等不等观杂录》卷1，周继旨校点：《杨仁山全集》，第336页。
③④ 杨文会：《佛学书目表》，《等不等观杂录》卷2，周继旨校点：《杨仁山全集》，第345页。
⑤ 杨文会：《贤首法集叙》，《等不等观杂录》卷3，周继旨校点：《杨仁山全集》，第375—376页。
⑥ 杨文会：《华严一乘十玄门跋》，《等不等观杂录》卷3，周继旨校点：《杨仁山全集》，第389页。

杨文会虽然并不否认清凉澄观在中国华严宗历史上的重要地位,但他更推崇的是华严宗实际创宗者贤首法藏的突出贡献。正是基于这一简择立场,杨文会尤致力于收集贤首法藏的华严著述。经过多方努力,特别是通过南条文雄等人的帮助,从日本多方搜罗贤首法藏有关《华严经》的疏释之作,"方知清凉大疏,皆本于贤首《探玄记》也"。经过多年持续努力,他决定"将贤首著述,去伪存真,汇而刊之",这就是杨文会决定编纂刊刻《贤首法集》的由来。

作为中国华严宗的实际创宗者,贤首法藏对华严经义的阐释,主要体现于为数众多的疏作中。这些疏作,历史上曾有"贤首十疏"之称。其中包括《华严探玄记》、《梵网经疏》、《心经略疏》、《起信论义记》、《十二门论宗致义记》、《法界无差别论疏》、《新译华严经疏》、《密严经疏》和《法华经疏》等。这些著述,正是杨文会编纂《贤首法集》的基本内容。据其述称,"贤首十疏中,已得者《华严探玄记》、《梵网经疏》、《心经略疏》、《起信义记》、《十二门论宗致义记》、《法界无差别论疏》,及此卷(即《入楞伽心玄义》,引者注);未得者《新华严经》未完之疏,幸有清凉《疏钞》,补其缺略。《密严经疏》,得日本残缺写本,核其文义,不类贤首之作。《华严经疏》,无可寻觅,惜哉![①]"为此,杨文会着手辑纂《贤首法集》,凡100多卷。

在编纂过程中,杨文会撰写了《贤首法集叙》。此文对法藏撰著的相关情况,有着堪称完备的考辨。这些考辨性文字,不仅使人们能够全面了解法藏一生的主要佛教撰述,而且还为进一步的研读提供了可资参考的重要线索。现将其主要内容作一简述:

《华严经探玄记》(简称《探玄记》)20卷。这是法藏最重要的著作之

[①] 杨文会:《贤首法集叙》,《等不等观杂录》卷3,周继旨校点:《杨仁山全集》,第377页。杨文会《贤首法集叙》,另收于黄夏年主编的《杨仁山集》中。对于法藏的著述情况,可参见方立天《法藏》,第10—11页,台北,东大图书公司,1995。杨文会所搜集的法藏其他经论疏作,尚有《梵网经菩萨戒本疏》10卷(古本为6卷)、《般若波罗蜜多心经略疏》1卷、《入楞伽心玄义》1卷、《大乘起信论义记》7卷(古本3卷)、《别记》1卷、《十二门论宗致义记》3卷(古本2卷)、《法界无差别论疏》2卷(古本1卷)。

一。杨仁山叙称:"至相作《搜玄记》,文义甚略。贤首继之,作《探玄记》,发挥尽致。海东元晓得之,立命弟子分讲,遂盛行于新罗。其时唐土重译《华严》既成,学者舍旧从新。贤首因疏新经,未及半部而卒,其徒慧苑足成之,命曰《刊定记》,多逞己意,违背师说。清凉《疏》内辨之綦详。今以二本对阅,方知清凉作《疏》,全宗此记,抄录原文十之五六,其为古德所重如此。而蕅益辄议曰:'经既未全,疏亦草略。'盖系臆度之辞。此记宋、元以来无人得见,蕅益何从而见之耶?东洋刻本,未会经文,单记二十卷,足六十万言。今以经合于记,厘为一百二十卷。另有《华严文义纲目》一卷,与此记同处颇多,故不列入。"①据此可知。杨文会重编的法藏《探玄记》,合经与记,共计 120 卷。

《华严经旨归》1 卷(亦称《华严指归》)。杨仁山叙称:"内分十门,每门又分为十,以显十十无尽法门。学《华严》者,切宜深究。"又称:"世人以《华严指归》、《还源观》、《金师子章》,名为'贤首三要'。由今观之,岂止三要?"②

《修华严奥旨妄尽还源观》(亦称《妄尽还源观》)1 卷。杨仁山叙称:"内分六门,一体、二用、三遍、四德、五止、六观,台家每谓贤宗有教无观,曷一览此文乎?"③他认为,细阅此作,或可以纠历史视华严有教无观之偏见。

《华严三昧章》(亦称《华严三昧观》,与《华严发菩提心章》文同而名异)1 卷。杨仁山叙称:"新罗崔致远作《贤首传》,用《华严三昧观》。直心中十义,配成十科,证知此章即《观》文也。东洋刻本,改其名为《发菩提心章》,于表德中,全录杜顺和尚《法界观》文,近三千言,遂疑此本非贤首作。庚子冬,南条文雄游高丽,得古写本,邮寄西来,首题《华严三昧章》。雠校尽善,登之梨枣,因来本作章,故仍其旧。尚有《华严世界观》,求而未得也。"④

《华严经义海百门》1 卷。杨仁山叙称:"以一尘畅演法界宗旨,《文献

---

① 杨文会:《贤首法集叙》,《等不等观杂录》卷 3,周继旨校点:《杨仁山全集》,第 376 页。
② 同上书,第 377 页。
③④ 同上书,第 378 页。

通》改作《百门义论》。元、明以来,无人见得。今从日本取来,系由宋本重刻者。末后阙一总结,第八门亦有脱文,是宋时已无完本矣。"①

《华严一乘教义分齐章》(一名《华严教分记》,又称《教分章》、《华严五教章》)4卷。杨仁山叙称,古本3卷,今疏作10卷。并述称:"贤首宗旨备于此章。宋道亭作《义苑疏》,更为详明。近代杭州僧柏亭(即续法,引者注),撰《贤首五教仪》,分门别类,备列名相,欲与台家教观争衡,而不知其违于古法。尝试论之:《教义章》内凡提顿教,所引经文,皆无位次,柏亭则概列位次。《华严》四十二位,不列四加,柏亭则概列四加。圆教十住初心,使成正觉,应判分正位,柏亭则判相似位。此其显然者也。贤首既有此章,学者苟能神而明之,于一乘教义,彻底通达矣。"又说:"此章之末,说十玄门,本于至相原书。及作《探玄记》,改易数名,为清凉张本。后人谓清凉十玄门异于贤首者,盖未见《探玄记》也。"②

《华严金师子章》1卷。杨仁山叙称:"贤首说此章,至一一毛处各有师子,武后遂悟《华严》宗旨。宋沙门净源参酌四家注释,作《云间类解》(全称《华严金师子章云间类解》1卷,引者注),盛行于世。"③

《华严经明法品内立三宝章》(简称《三宝章》、亦称《华严杂章门》)2卷。杨仁山叙称:"内分八门,传称《三宝别行记》,想即此也。明藏以下之六章,合为两卷,统明《华严经明法品》,内立《三宝章》,相沿数百年,无人釐正。学者粗心看过,以《流转》等章,与三宝名目义味无涉,遂不措意。今将各章分析刊出,俾后之学者,皆得探其蕴奥也。"④据此,杨文会把《三宝章》别析为《华严玄义章》、《流转章》、《法界缘起章》、《圆音章》、《法身章》和《十世章》,凡六章。

《华严经传记》(亦称《华严纂灵记》、《华严感应传》等),古本5卷,今作3卷。杨仁山叙称:"一名《华严感应传》,后代屡有改作,渐失原本规

---

① 杨文会:《贤首法集叙》,《等不等观杂录》卷3,周继旨校点:《杨仁山全集》,第378页。
② 同上书,第378—379页。
③④ 同上书,第379页。

模。今得此书,内称贤首法师处甚多,想系门士增修之本也。"①《华严经传记》或为法藏门下慧苑等人所补,故杨文会有上述之说。

此外,对于历史上题署法藏所撰的《华严经策林》1卷、《华严经普贤观行法门》(亦称《华严经十重止观》)1卷、《华严经问答》2卷、《华严游心法界记》1卷等作,杨仁山以为,"以上四种,均系赝作",未收录《贤首法集》中。②

对于法藏著名的"贤首十疏"中,除《华严经探玄记》之外,与其华严教理阐释相关的主要有《大乘起信论义记》、《大乘法界无差别论疏》及《十二门论宗致义记》。在评议《十二门论宗致义记》时,杨仁山叙称:"杜顺和尚《法界观门》,以真空观居首,为后二观之基。藏公记此,即以成就空观也。学者于此记及《心经略疏》融会贯通,则得速入般若波罗蜜门。"③而杨文会本人所撰著的《大宗地玄文本论略注》,亦列为研习华严宗教理的参考文献。

总之,杨文会通过精心搜罗、刊刻唐代华严教典,不仅使金陵刻经处成为当时复刻部帙浩大的华严教典的一大中心,还直接推动了民国时期其他华严教典的汇辑、刊刻与流通,从而促进了民国华严宗的全面复兴。

二、徐蔚如与华严典籍的刊刻

佛教是注重经教言述的宗教文化体系。从历史上看,随着制版技术的成熟,佛经刊刻与流通向来受到佛教界的重视。由于清末历年动荡,佛教典籍损毁严重。自清末以来,扬州刻经处、金陵刻经处等相继创设。民国初期,大江南北涌现出更多的佛经刊刻机构,部帙繁多的华严教典刊刻也得到了极大重视。其中,南京杨文会、北京徐文蔚二位佛教文化活动家的成就尤为卓著。

---

①② 杨文会:《贤首法集叙》,《等不等观杂录》卷3,周继旨校点:《杨仁山全集》,第380页。
③ 同上书,第376页。

徐文蔚(字蔚如,号藏一,1878—1937)①,浙江海盐人。曾皈依谛闲法师,是民国时期著名的佛教出版家。早在上海时,徐文蔚即与普陀山隐修的印光法师交往甚多。1914年,徐蔚如离开上海,前往北京财政部任职。此后,他与叶恭绰、江味农等人成立了"北京讲经会",并相继创办了北京刻经处、天津刻经处,致力于华严教典的搜集与刊刻。

首先,徐蔚如与印光法师合订了唐代贞元元年的"四十华严",于1919年由扬州江北刻经处印行。而北京刻经处、天津刻经处则先后刊印了智俨《华严搜玄记》、法藏《华严探玄记》及憨山德清《华严纲要》。这些华严教典部帙浩大,如《华严纲要》多达百卷,扩大了华严教的影响,同时也奠定了徐蔚如在佛教界中作为"华严学者"的声誉。

唐代"华严三祖"法藏的《华严探玄记》20卷,是北京刻经处最早刻印的华严教典。民国7年(1918年)开始刻板,由于经费筹措不易,历经八年,于民国15年(1926年)竣刻。《华严探玄记》是法藏阐释《六十华严》的代表作,影响巨大。此书于唐末五代战乱之际逸传。民国初年,徐蔚如搜得孤本,校勘刻印,"千载佚编,一朝复显"②。

唐代"华严二祖"智俨的《华严搜玄记》5卷,民国13年秋(1924年)开始刻板,五年后(1929年)完工。

明末高僧憨山德清编纂的《华严纲要》,由北京刻经处完成于民国10年(1921年)。晚明憨山德清的《华严纲要》甚少流通。徐蔚如于1921年在北京刻经处刊刻此著,并依德清之例,将《行愿品疏》附于卷末,以便阅者读诵。

唐代新译《八十华严》,"华严四祖"澄观先后撰有《华严大疏》(全称《大方广佛华严经疏》)60卷及《华严疏钞》(全称《大方广佛华严经随疏演义钞》)90卷。此外,澄观还制作了《华严经疏钞科文》10卷。但元、明以

---

① 徐蔚如的生年一说为1860年。
② 参见于凌波《中国近现代佛教人物志》,第466页。

来,这部《华严经疏钞科文》仅存卷首,余者散逸。1937年,徐蔚如经过多方努力,终于从日本御井寺觅得其所藏之完本,折返中国。因年迈体弱,徐蔚如将这部得之不易的华严教典寄给居住上海的李圆净,请他代为校订。经李圆净、黄幼希等人整理校订后,徐蔚如定名为《华严经疏钞科文表解》10卷,于民国27年(1938年)刊刻印行。这是徐蔚如所刊刻的最后一部华严教典著作,并成为日后重编澄观《华严疏钞》的一大先导。正是在整理校订《华严经疏钞科文》的基础上,李圆净、黄幼希等人决定着手重编《华严疏钞》的会本工作,最终完成了徐蔚如的遗愿。

除徐蔚如及其北京、天津刻经处外,南方的金陵刻经处及一些地方的佛经刊刻机构,亦大都关注华严经籍及教典的搜集与刊刻。同时,通过《日本卍续藏经》、《影印碛砂藏》、《普慧藏》等大型佛教藏经刊刻,也扩大了华严教典的流传影响。

作为民国名称一时的"华严学者",徐蔚如自南而北,多年来一直致力于《华严疏钞》的校勘会编工作。他邀请蒋维乔、李圆净、黄幼希等人共同参与,多次商议会编体例,直接推动了澄观法师《华严经疏钞》的刊刻,这是民国时期佛教界刊刻教典活动的一大盛举。尽管徐蔚如未能亲见《华严疏钞》的面世,但在李圆净、黄幼希、蒋维乔等人的襄助下,会同应慈法师组成"华严疏钞编印会",由应慈法师出任理事长,会址位于上海威海卫路功德林,汇集中国、日本等10余种不同版本进行校订,直到1944年才告竣。

三、《重编华严经疏钞》的刊印

民国时期华严教典的刊刻活动中,最重要的成果非《重编华严疏钞》(亦称《华严疏钞会本》,简称《会本》)80卷莫属。

持松法师在《重编华严疏钞序》(壬午)中记述了大致经过:

> 第以《疏钞》一向离经别行,且复沉湎异域,法味莫浃。赵宋之世,缣缃始归。于是晋水法师,录疏以注经。妙明比丘会钞而入疏。

但因秉笔既殊,而着眼自异。故其间标列之前后,编置之疏密,参差出入,所在不免焉。更经后世展转传刻,舛互讹略,递复增多。从来学者但知服膺往喆,不遑措疑。洎乎近兹十余岁前,有徐蔚如居士,向往斯典,孜孜研习。汇校诸本,咸有异同。乃悉现行流布之疏钞,非复清凉之原文矣。摘其大疵,厥有二端。所谓厘会之不当,删节之不完。至如科列之倒迴,断接之不齐,尤难悉数。因兹巨阕,萦颐莫释。乃时与蒋竹庄、李圆净、黄幼希诸居士往复函磋,或躬就商讨,兴愿重治,实不容已也。然居士生前有言,我为则易,人为则难。盖以平日捡核既勤,积稿亦富,有成竹之在胸。则操觚之自便,方之假手他人,当不翅倍蓰之效焉。所幸居士殁后,赖蒋、李、黄诸君,坚誓不退,乃征集同愿,创立《华严疏钞》编印会,分司其任,期以必成。遂得宗徒响应,四众佥从。益以根本法轮,无上妙典,欲借以广胜因缘法缘者,亦复檀施毕集,踊跃输将。遂使旷世之殊勋,希有之盛业,能功圆于时值忧患物力艰难之际。是可得而思议欤?诚不可得而思议也。①

蒋维乔与持松一样,亦指出徐蔚如通过对勘《嘉兴藏》别行本,发现了当时《华严疏钞》的疏误问题,主要表现为厘会不当与删节不全。

黄幼希(法名妙悟)所撰的《重编华严经疏钞会本略例》则称:"唐清凉国师著《华严疏钞》,藏中未会之本,《嘉兴藏》、《南藏》,详略互异。金陵会本,因从《南藏》,颇有阙文。《续藏》会本,虽未删节,亦复多讹。《经》、《疏》、《钞》会合,未尽适当。兹特重新编会,广征诸本,参互校勘,简择异同,并集录旧本校勘记,随宜标注,依《疏钞》义例,补正脱误,标点印行,期成完本。"②

黄幼希执笔撰成的《重编华严经疏钞会本略例》,共分十门,其具体

---

① 持松:《重编华严疏钞序》第1册,第1—2页。
②《重编华严经疏钞会本略例》第40册,第1页。

内容包括编次会合例、列举校本例、简择异同例、集录异同例、标注异同例、引用他书例、分别版本例、标点符号例、辨误考异例和宗承疏钞例。其中特别值得一提的是,《会本》重编校勘所用的版本,将当时海内外收藏者搜罗殆尽,计有《华严经》校本 26 种,《华严疏钞》校本 12 种,《普贤行愿品疏钞》校本 5 种。兹将其相关校本列表如下：

类别	校 本 情 况	总计
《华严》经文校本	高丽再雕本、宋藏本、碛砂藏本、思溪资福寺藏本、日本宫内省本、日本正仓院写经本、元藏本、明藏本、明南藏本、明北藏本、清龙藏本、弘教藏本、频伽藏本、大正藏本、清杭州慧空经房刻本、清鼓山本、唐合论本、净源经疏会本、续藏疏钞会本、明叶祺胤刻疏钞会本、《华严纲要》本、《华严疏论纂要》本、金陵刻经处《疏钞》会本。	凡 26 种
《华严疏钞》校本	疏钞别行原本(嘉兴藏本为主)、大正藏校勘甲本和乙本、南藏本、玄谈会本、净源经疏会本、续藏疏钞会本、明叶祺胤刻疏钞会本、《华严玄谈会玄记》本、《华严经谈玄决择》本、金陵刻经处《疏钞》会本、《华严演义钞纂释》本。	凡 12 种
《普贤行愿品疏钞》校本	清藏行愿品经文、清藏行愿品经疏会本、清藏行愿品经疏钞会本、续藏行愿品经疏钞会本、清藏行愿品经序。	凡 5 种

对于《华严疏钞》的历史情形,蒋维乔(法名显宽)《重编华严疏钞记》有更为详尽的论述:"……至宋净源始录疏注经。明嘉靖年间,妙明又厘钞合疏,镌板流通,存武林昭庆寺。明密藏禅师著《藏逸经书标目》,曾斥之云:'《华严疏钞》会本,起止配合,率多牵强,或不应起而起者有之,或不应截断而截断者有之,或配合不当者有之。'此指其编会之失当也。天启初,嘉兴叶祺胤,以昭庆为底本,以《南藏》别行本校订重刻。清《龙藏》及今金陵刻经处流通本皆仍之。然《南藏》疏钞,不知何人横加删节,钞文删去尤多。或仅有母科而无子科,或仅有子科而无母科,或仅存后数科而缺前数科,且删去大段,以致文气不贯者。《龙藏》及今之流通本,悉沿其讹。此删节不全之病,自来弘扬华严者亦鲜注意。盖当世不睹清凉

原本者,几三百年于兹矣。"①于此可见,重编《华严疏钞》,旨在力图恢复澄观原本的样貌。

《重编华严疏钞》头绪繁多,耗时多年,颇费考量。如《华严疏钞》的"玄谈"部分,向与疏钞别行,各自分卷,且卷数不一。考虑到疏钞体例定为 10 门释经,玄谈本来即是其前 9 门,是属于疏钞的一个构成内容,因此,《重编华严疏钞》统编 80 卷,前 9 卷即是"玄谈"。

《重编华严疏钞》根据原本,寻绎疏钞文义,参考科判,重加编定,"会本有误将次节上半之文,会入前节后半者。又有颠倒错乱,致科文与疏钞释文不合者。此类之例,悉为改正"②。对于正文原注与校勘注,旧本多有混同,《会本》则以不同的字体加以区别。

《华严经疏科文》10 卷,此前已由李圆净居士编为"表解",先行刊出。《重编华严疏钞》因篇幅所限,特改编略科 10 卷。其中,卷 1 为"总科",以玄谈科文为主,包括疏序、归敬偈、释经 10 门及五周、四分、九会、三十九品大科内容。卷 2 至卷 9,凡 9 卷,即为初会至九会的略科。每会一卷,以三十九品为纲,与总科相衔接。此外,更编《普贤行愿品别行疏钞略科》1 卷,合为 11 卷,共同作为《重编华严疏钞》的附录之一。③

最后,《重编华严疏钞》还再行重编了"附录",以清凉澄观的相关著述为主,包括《法界玄镜》、《华严略策》、《七处九会颂释章》、《入十八法界品问答》、《三圣圆融观门》、《答顺宗心要法门》及《五蕴观》,凡 7 种。此外,附列宋代晋水净源编著的《普贤行愿修证仪》及清代续法所撰的《法界宗五祖略记》,并以《华严四十二字观门圆明字轮》冠于附录之首。以上附录,共计 10 种,以供参考。④

《重编华严疏钞》("会本")80 卷及其附录,实可视为是清凉澄观

---

① 蒋维乔:《重编华严疏钞记》第 40 册,第 1 页。
②《重编华严经疏钞会本略例》第 40 册,第 2 页。
③ 同上书,第 3—4 页。
④ 参见《重编华严经疏钞会本略例》第 40 册,第 4 页。

的一部"法集汇编"。杨文会所编集的《贤首法集》与这部巨制相比，时间上或先或后，地域上或南或北，在内容上或尊贤首法藏，或崇清凉澄观，然皆以唐代华严创宗立教的祖师撰著为重点。这充分反映了民国时期华严教典的搜集与刊刻的重点所在。《重编华严疏钞》以其校勘之全面、持续时间之久、体例之严整，颇能体现了民国华严宗复兴活动注重教典刊刻的特点。《重编华严疏钞》的刊刻，不仅为后世华严宗研究提供了一部重要的参考文献，而且也为后人留下了一部佛教文献版本的精品良本，在佛学研究及佛经刊刻等领域都具有重要的地位与影响。

第二节　民国时期弘扬华严的著名学僧

民国时期华严宗的再兴，涌现了一批专弘或兼弘华严的学僧。在民国前期，著名者为月霞(1857—1917)，继之者则有应慈(1857—1917)，后期则有智光(1889—1963)与霭亭(1893—1947)等人。其中，最负盛名的就是月霞法师。

一、月霞与佛教华严学

月霞(1857—1917)[①]，俗姓胡，名显珠，湖北黄冈人。17岁于南京大钟寺出家，次年受具足戒于安徽九华山。此后遍参金山、高旻、天宁诸禅林，或研习佛教经论，随缘讲经说法。26岁时，曾往终南山结茅而居，长达六年之久。清光绪十四年(1888年)，月霞离开终南山，到河南桐柏山太白顶，依了尘和尚参禅，夙夜匪懈，三年如一日。后听了尘讲《维摩诘经》，终悟入不二法门，颇得了尘称许。

光绪十六年(1890年)，月霞到南京，参谒法忍法师，开始接触《华严

[①] 月霞法师的生平行历，可参见《月霞显珠禅师行略》，《武进天宁寺志》卷7，台北，竹林精舍，1973；释东初《中国佛教近代史》下册，第24章"释月霞传"；于凌波《中国近代佛门人物志》。

经》及华严教义。其后,随法忍到湖北开元寺讲《楞伽经》,因其代法忍讲经弘法,声誉渐起,崭露头角,由此开始讲经弘法。尝与高旻寺首座普照和尚及北京印魁法师相约至安徽翠峰结茅结界修禅七,三年期满,月霞对华严法界观门颇有领悟,复出后,即以《八十华严》为己志。此后数年,月霞历游武汉、北京、江苏、浙江等地,随缘讲经弘法,颇受大江南北缁素两众称道。

43岁时,月霞出任安庆迎江寺住持。他在寺内创设安徽省佛教会,招僧徒受学,历时三年。

逊清之际,风潮渐起。月霞首途日本,经由南洋、印度诸国,游方讲学考察,长达三年,成为清末海外弘法演教的首倡者。

光绪三十二年(1906年),应旅日佛教学者桂柏华之请,月霞法师前往日本东京,宣讲《楞伽经》、《维摩诘经》、《圆觉经》等。当时听讲者多为一时俊彦,包括章太炎、苏曼殊、孙少侯、刘申叔夫妇、蒯若木夫妇等。是年,月霞与应慈、明镜、惟宽三人,同受天宁冶开老和尚记别,成为临济宗传人。

光绪三十四年(1908年)冬,杨仁山在南京金陵刻经处内创办祇洹精舍。月霞应邀入校授课。精舍停办后,月霞被推举为江苏僧教育会副会长,主持江苏僧师范学堂,这是我国佛教界最先尝试新式教育培育僧人的学府。由此奠定了月霞在清末民初僧教育的创始人地位。翌年,月霞应请到湖北洪山讲经。讲经期间,江苏僧师范学堂由谛闲法师继任监督之职。其时,适遇武昌首义,黎元洪责令月霞率僧兵。月霞以恰欲出洋为名,避居上海。辛亥革命后,月霞受上海居士之请,宣讲《大乘起信论》,受到狄楚青居士的款待,遂允留上海。

月霞在民国前即参与佛教办学,曾先后任教于南京祇洹精舍和江苏僧师范学校。1913年,创办华严大学于上海哈同花园。当时预定招生60人,定为预科三年、正科三年。后因哈同花园主人自恃办学有功,竟要求师生为其祝寿时行跪拜礼,有悖佛制,月霞遂接受康有为的建议,于

1914年冬①,亲率全体师生迁校至杭州望江门外的海潮寺,利用该寺的禅堂、法堂,继续办学。

月霞在杭州续办的"中华佛教华严大学",与原先在上海创办的"华严大学"相比,在办学宗旨、招生规模、办学经费、课程设置四个方面作出了一些调整:

首先,在办学宗旨上,原简章中曾明文规定:"本校以提倡佛教、研究华严、兼学方等经论、自利利他为宗旨",在校园另建禅堂,要求师生每日坐香参禅。就学者有常惺、慈舟、持松、了尘、智光、惠宗、霭亭、体空、海山、性徹、智光等人。中华佛教华严大学迁往杭州海潮寺续办后,在《办学简章》上做了一些调整,宗旨改为"本校以昌明佛教、研究华严教义、兼授大乘经论、养成布教人材、挽为世运为宗旨",更加明确地依据中华佛教总会章程的普及教育的条文规定,培养弘法人才,强调佛教弘法对改善社会人心的作用。

其次,在招收学生、办学规模上,杭州海潮寺续办的"佛教华严大学",除原从上海迁往杭州的正科60名学员外,还附招了预科学僧40名。正预二科,共计百名学僧②。比原先的80名,稍有增加。

再次,在课程科目上,由原先设置的读经、讲经、讲论、讲戒、修观、作文、习字等七科,调整为九科。学制要求仍为三年讲习。具体课程设计共分如下九门③:一为华严科,讲读唐译《华严经》及《普贤行愿品》。二为经论科,讲读方等诸经及华严诸著述,如《大乘起信论》、《中论》、《十二门论》、《百论》等。三为教义科,主讲贤首大师《华严教义章》及清代续法的

---

① 关于中华佛教华严大学迁往杭州续办的时间,尘空法师所编撰的《民国佛教大事记》认为是民国4年(1915)2月,此为阳历。参见《中国佛教史论集》七,第170页,台北,大乘佛教文化出版社,1978。
② 《安徽省长倪嗣冲致内务部咨》,中国第二历史档案馆编:《中华民国史档案资料汇编》第三辑《文化》,第741页。
③ 中国第二历史档案馆编:《中华民国史档案资料汇编》第三辑《文化》,第739页。月霞在杭州海潮寺续办的佛教华严大学所开设的具体课程安排,以及师资人员等相关资料,暂无法查考。

《五教仪开蒙》。四为戒律科,讲诵《菩萨戒》、《四分戒本》。五为禅观科,讲习禅法及华严宗诸观法。六为儒典科,《春秋》、《四书》大义。七为国文科,讲读古文、文典、作文、习字。八为历史科,内容为佛教历史及本国史、外国史。九为地理科,内容为佛教地理及本国地理、外国地理。

最后,在办学经费来源上,《中华佛教华严大学简章》明确其办学经费,"由江浙两省诸山发起,于各省丛林筹集"①。出家学僧的学膳经籍费,全部由学校提供,在家居士学员则需自备经籍费。

在杭州续办的佛教华严大学,除由月霞法师亲自主讲《华严经》、《楞严经》和《大乘起信论》等大乘经论外,还另聘请了程演生、陈婴宁等人为教授。可惜未及二年,即因办学环境、办学经费等原因,拟迁往安徽续办。② 1917年,迁设杭州的中华佛教华严大学,结束了她在杭州近三年办学的短暂历程,迁离杭州。但华严大学并没有如预想的迁往安徽九华山,而是转为改迁江苏常熟的兴福寺续办。

迁出上海后,为了筹措华严大学的办学经费,月霞法师还应请讲经说法。民国5年(1916年),北京讲经处孙毓筠等人邀请月霞、谛闲和道阶等法师在北京讲经。1917年,月霞赴汉口,讲《楞严经》;到磐山,讲《法华经》及《华严一乘教义分齐章》。是年夏,月霞奉冶开老和尚命,出任常熟兴福寺住持,同时在寺内开办专弘华严的"法界学院"。7月1日,月霞法师在兴福寺升座就职后,即返回杭州,着手把华严大学迁至兴福寺。因积劳成疾,竟于10月3日示寂于杭州西湖玉泉寺。世寿六十,僧腊四十二。

---

① 中国第二历史档案馆编:《中华民国史档案资料汇编》第三辑《文化》,第739页。鉴于其时中华佛教总会组织的松散性,华严大学的办学经费以月霞法师自筹为主,而非为由江浙诸山分头赞助。
② 1916年,月霞呈报安徽省省长倪嗣冲,称"(中华佛教华严大学)开办既已二年,教育亦臻逐渐发达。惟僧校性质素以清净为主,奈海潮寺地近城市,过于喧嚣,今拟迁移安徽青阳县大九华山东崖寺为校址,已足请该寺住持心坚接洽商妥"。恳请安徽省省长咨报教育、内务两部,并告示青阳县当局妥为保护。参见《安徽省长倪嗣冲致内务部咨》,中国第二历史档案馆编:《中华民国史档案资料汇编》第三辑《文化》,第741页。

月霞法师圆寂后,兴福寺"法界学院"改由应慈法师主持。民国8年(1919年),华严大学由弟子持松等人继办。蕙庭等人先后任教于"法界学院"。法界学院延续达20年之久,造就了不少专宗华严的弘法僧才。此后,在常熟兴福寺"法界学院"的影响下,福州、武汉等地相继开设了法界学院,成为华严学僧的专门培训机构。

月霞法师为清末民初复兴华严宗的代表僧人,一如谛闲之于复兴天台、印光之于复兴净土、弘一之于复兴律宗。诸宗并兴,使民国佛教诸宗派相继呈现复兴景象。

月霞法师创办的中华佛教华严大学,是民国时期手续完备的第一所现代意义上的佛教专宗学院。释东初在《中国佛教近代史》中称月霞为"民国以来僧教育之始祖,亦不为过"[①]。正是其影响下,曾与月霞有共事之谊的谛闲创办了影响更为显著的"观宗学舍"。佛教华严大学办学宗旨明确,即以"教弘贤首而兼举禅观"为其办学特色。这是与月霞本人"教弘贤首,禅继南宗"的佛学取向相一致的。这表明民国初期华严教育深受主持办学僧人修学导向的直接影响。

佛教华严大学既不是世俗意义上的民众学堂,更不是文化补习学校,但为了符合规章,同时也不得不开设了相关的课程。尽管华严大学大致分为佛教专业课与文化基础课或文化普及课两大块,但其教学内容则完全是以佛教学修为主体。其中佛教专业课程尤以华严宗教义为主。在华严义学课程上,则推重《八十华严》,同时兼重禅、戒。

当然,中华佛教华严大学虽在名义上称为"大学",但无论是其课程设计,还是教学师资、办学能力、招生规模、经费保障,当然都不能、也无法与当时方兴未艾的世俗化社会大学相比拟。因此,与其说是一家佛教大学,倒不如说是一家专弘华严的佛教讲习所。只是规模较大,影响更广而已。

---

① 释东初:《中国佛教近代史》上册,第204页。

总之，月霞法师的弘法一生，讲经育才，专宗华严。他顺应"庙产兴学"的时代风潮，致力于培育寺僧的寺院教育事业。同时，与谛闲稍后创设的专宗天台教观的"观宗学社"相比，月霞在杭州创办的"华严大学"，为时虽短，但其对民国华严义学的影响，却有如"观宗学舍"对于民国天台教观的影响。华严大学虽为佛教专宗教育机构，但客观上促进了民国时期佛教教育的开展。特别是经过种种艰辛后，终于使首批学子得以最终完成学业，为佛教造就了一批难得的弘法人才。这是月霞法师及其创办的华严大学对民国佛教复兴的最大贡献。

二、月霞门下的华严弘传

月霞门下，多能发扬乃师的办学弘法之风，且以专弘华严为职志，就读华严大学而浙江佛教关系较大的主要学僧，分别为释慈舟、常惺、持松和惠宗。

释慈舟(1877—1958年)，俗姓梁，法名普海，湖北随县人。慈舟出身于一个佛教家庭，早年受过良好的世俗教育，弱冠之时，补县学生。尝设私塾教育，被称为"佛门教育家"。[①] 1910年，34岁时出家。1914年，进入月霞法师在上海创办的华严大学正科班，两年后毕业。1917年，随月霞到武汉归元寺讲经弘法。1920年，与同学了尘、戒尘等人在汉口九华寺内创办"华严大学"。武汉九华寺的"法界学院"虽然仅招一期，但这是慈舟创办华严专宗学院的首次尝试。

此后，慈舟应请担任汉口栖隐寺住持，并于1923年前往杭州灵隐寺开办"明教学院"。因恰遇江浙战争，此次办学未果。慈舟法师先到上海讲经，再转赴常熟兴福寺，协助惠宗法师管理"法界学院"，并任讲师。两年后，慈舟法师离开"法界学院"，转赴河南、安徽等地。1928年，慈舟应镇江竹林佛学院之请，担任佛学讲师。后因养病，离开镇江，前往苏州灵

---

① 参见于凌波《中国近现代佛门人物志》，第63—65页。

岩山,并担任住持之职,开设"常年打七"念佛堂。

1930年,慈舟回到武汉,应汉口佛教会、武昌佛教会及洪山宝通寺等邀请,讲经说法。1931年冬,应虚云老和尚之请,前往福建鼓山创办"法界学院"。1933年,鼓山"法界学院"正式开学,慈舟主讲《华严经》。1936春,讲经圆满,慈舟又至福州法海寺,续办"法界学院"。是年冬,慈舟出任北平净莲寺住持,随即把福州法海寺"法界学院"迁往北平续办,而慈舟法师仍以两年时间讲述《华严经》。慈舟法师在福建、北平等地主持创办的这些"法界学院",与其说是华严专宗教育,不如说是以一寺之力开设的僧人华严培训或讲习班。尽管如此,慈舟法师以一己之力坚持华严教育,为民国华严宗的复兴作出了应有的贡献。

慈舟法师的毕生行愿,教弘华严,律持四分,行归净土。他多次在武汉、福州、北平、天津等地开讲《华严经》、《圆觉经》、《般若经》、《普贤行愿品》、《阿弥陀经》、《大乘起信论》等经论。撰著有《起信论述记》、《金刚经讲记》、《心经讲录及述意》、《阿弥陀经讲记》、《八大人觉经讲录》、《普贤行愿品闻记》、《开示录》等。后人辑成《慈舟大师法汇》行世。

释惠宗(1892—1973年),俗姓李,湖北随县人,自幼出家,曾先后参学于浙江天目山禅源寺、江苏镇江金山寺等。民国4年(1915年),入上海华严大学预班,与持松等为同学。民国6年(1917年)嗣法于显珠月霞、显亲应慈,传临济正宗第四十三世。民国10年(1922年),继东渡日本学密的持松住持常熟兴福寺。持松住持兴福寺期间,曾再度传戒。翌年,前往安徽安庆,协助常惺法师在迎江寺创办"安徽僧学校"。

1929年,杭州昭庆寺惠宗和尚邀请常惺、蕙庭一同合作创办佛教师范学校,持松再次前往协助。1931年后,作为中国佛教会整理佛教委员会委员,惠宗与却非等人筹建杭州佛教会。抗战爆发后,惠宗转往上海,先后住持上海圣仙寺、龙华寺等。

释持松(1894—1972),俗姓张,法名密林,原籍湖北荆门。自幼接受私塾教育。父母亡故后,他于1911投荆州铁牛寺出家。两年后,又到汉阳归元寺受具足戒。在寺中闻《楞严经》，未达经义。翌年，适闻上海在"中华佛教华严大学"之设，遂入月霞法师创办的"华严大学"预科班，修习贤首教义。后随华严大学迁居杭州海潮寺，持松随校修习，得以毕业。正当持松潜心于贤首教义修学时，得闻日本盛行密法，遂于1922年冬，与太虚弟子释大勇结伴东渡学密，成为民国时期第一批东渡学密的显教僧人。

持松至日本高野山真言道场，礼天德院金山穆韶阿阇黎，受古义真言宗中院一派传授，获第六十三世阿阇黎位。1923年，持松学成归国，最初意在上海传化。不久，因持松在华严大学的法侣惠宗法师住持杭州昭庆寺（普提寺），所以持松归国后，决定先到杭州弘密。他选择普提寺作为传法灌顶的弘法道场，开坛传密，从之习咒印密法者多达百余人，盛行一时。持松在菩提昭庆寺的开坛传藏，这是民国以来杭州第一次正式开坛灌顶，传授东密修法，开杭州乃至浙江全省修学东密风气之先，影响较大。但杭州最终并未成为修学东密的中心地域。

倡导新僧运动且对"密宗复兴"持赞同态度的太虚，因筹创"武汉佛学院"，渐把弘法中心移到武汉。因此，持松在杭州普提寺的传密活动持续一段时间后，即转赴湖北武汉。1924年秋，持松应武汉信众之请，赴武昌住持洪山宝通寺。在寺中，他建瑜伽堂，购置法器，绘诸曼荼罗，并讲经说法，开坛灌顶，建立真言宗根本道场，使洪山寺成为近代密宗复兴的一个中心道场。而持松本人亦俨然成为弘传东密的僧人代表。

1925年秋，持松随中国佛教代表团参加在日本东京召开的东亚佛教大会。在会后，持松留在日本东京，从权田雷斧受新义真言宗诸流之灌顶。翌年4月，持松又至京都睿山延历寺，学习天台密教仪轨及其教法。此后，持松重返高野山，依金山穆昭阿阇黎尊者，受三宝院安详寺各流传授及口诀，兼习梵文悉昙。1929年春，密林持松学成回国，临行前，金山穆昭传付其珍藏的金刚界、胎藏界两幅大曼荼罗。

持松再度赴日学密，有三大收获。一是从权田雷斧僧正受学新义真

237

言宗各流曼荼罗,二是修学台密仪轨及其教法,三是更加巩固了持松回国后弘传东密的正统地位。

持松回国后,恰遇国内北伐战争,由于作为弘密重要道场之一的武昌洪山宝通寺毁于战火,持松不得已而留在上海传法,在上海功德林、净业社、清凉寺等处讲经说法,历时一年有余。1936年春,持松法师第三次赴日本留学。返国后,自此长住上海圣仙寺静修。同时应各地信众之请,曾先后赴辽宁、北京、南京、杭州、武汉等地,开坛灌顶,成一时之盛。据称,从其受灌顶者数以万计。在讲经说法之余,持松还潜心撰述,著有《华严宗教义始末记》、《密教通关》等。

上海沦陷期间,持松称病,闭门不出,潜心修学,坚决不与日伪同流合污。抗战胜利后,应浙江省佛教会邀请,持松一度受请住持浙江名刹余杭径山禅寺。他在山门亲题"妙庄严城"四字,试图重振古刹。但翌年3月,上海静安寺恢复"十方选贤制",公推持松为住持,并出任静安寺佛学院院长。持松最终未能赴任住持径山禅寺。

持松由华严显教折入传弘东密,甚为关注贤首教义与密宗法门异同之处的辨析。他曾在《海潮音》第9卷上陆续刊发《贤密教衡》一作,就是针对东密始祖空海所主张的"华严不及密宗"之说,论析了贤首、真言两宗之间的教义之别,着重阐释了贤密两宗在成佛时节、因佛果佛、缘起法等方面的诸多差异。持松在引言中称"今将对辨贤首、真言两宗教义差别,略剖十门,以见次第"。其所立十门的主要内容,包括兴教之由、显密名义、五味五藏、成佛迟速、说法教主、因佛果佛、因分果分、缘起差别、所依圣教和所立教门。①

持松《贤密教衡》刊出后,随即受到了王弘愿的纠弹。王弘愿在其所办的《密教讲习录》中撰写了《衡贤密教衡》一文作为回应,并推出了单行本,对持松归宗华严判教的观点进行驳斥。为此,持松再撰《贤密教衡释

---

① 参见《海潮音》第9卷第4期,第351页。

惑》一文进行答辩。该文在《海潮音》第10卷第4期上刊出后,又引起了王弘愿的再次回应,并在《海潮音》上刊发了《答持松阿闍黎贤密教衡释惑》。持松与居士王弘愿之间的论战具体过程,非为本文所述的内容,当容于别处再论。在此仅简单指出,持松之论密宗,与王弘愿的显著不同之处,在于他能够深入显密经论,并基于华严立场而对真言密法加以会通阐释,从而超越了译介日本密宗著述的初期阶段,开始进入显密对话的义理阐释阶段。持松法师以华严判教摄取东密的识见,堪称为民国时期对华严与密宗结合研究的一大进展。

释常惺(1896—1929),俗姓朱,法名寂祥,江苏如皋人。因家贫,12岁即依本邑福成寺自诚出家,法号常惺。少年常惺,聪颖过人。自诚送其本县省立师范学校就读。17岁,常惺毕业。1915年,赴上海,入华严大学,师月霞,修习华严教义。华严大学迁往杭州海潮寺续办期间,常惺未随之前往,而是转赴南京宝华山受具足戒。翌年,再至常州天宁寺习禅。1917年夏,转赴浙江宁波观宗讲寺,随谛闲法师修习天台教观。1919年,观宗学社成立,常惺入学就读,与仁山、显荫等同学。

从常惺的修学经历来看,禅教兼习,随学者皆为当时一流师资,且涉猎颇广,为他后来融通性相、宗归华严打下了坚实基础。

离开宁波后,常惺法师先应常熟虞山兴福寺讲经,继至安庆迎江寺创办佛学院,培养僧才。1924年,应太虚法师的邀请,出席了在庐山举办的第一次世界佛教联合会。会后,邀请太虚法师前往泰州光孝寺讲《维摩诘经》。1925年,辅佐太虚于厦门南普陀寺创办闽南佛学院。

东初评述常惺法师之学为"贯彻性相,融归于贤首",甚能表明其佛学旨趣,主要是以华严为宗归。[①] 他曾主持太虚法师创设的北平柏林教理院,担任世界佛学苑筹备委员,全力支持太虚法师的新佛教运动。著

---

① 释东初:《中国佛教近代史》下册,第26章。

有《佛学概论》、《贤首概论》、《圆觉经讲义》、《起信论讲要》、《因明入正理论要解》等专篇讲章。其他尚有诸多文字存世,后人辑成《常惺法师集》三卷本行世。

在月霞法师及其佛教华严大学的示范下,民国佛教界兴起了法界学院的办学之风。常惺法师在北平主持柏林佛学院,了尘法师在汉口九莲寺创设华严大学,智光则在重庆创办华严学院。通过顺应时代风气的寺院办学活动,华严宗的传播日益广泛。

三、应慈法师的华严弘传

应慈法师(1873—1965),俗姓余,名铎,号振卿,原籍安徽歙县,出生于江苏东台。其父早逝,母奉佛甚笃,日课《金刚》、《弥陀》诸经及《大悲》、《准提》等咒。

应慈的俗家,世以盐商为业,后因清末盐政改革,家道中落,乃易商为儒。应慈天资聪颖,在俗之时,一度考取秀才,弱冠婚配,却二次悼亡,感念身世无常,决意出家为僧。清光绪二十六年(1900年),投南京三圣庵明性禅师学佛。两年后正式披剃出家,法名显亲。是年,应慈往宁波天童寺,依"八指头陀"敬安禅师受具足戒。翌年,赴镇江金山寺,依大定和尚参禅。一年后,转赴扬州高旻寺,依月朗法师参学。

应慈出家之初,即参学诸方,精进向上。1903年,至常州天宁寺参谒冶开禅师(1852—1922),一住四年,颇受器重。1906年,应慈与明镜、月霞、惟宽等人一同得法于冶开,为临济宗第四十二世。[①]

天宁寺是晋代古刹,由东晋谢将军元舍宅为寺之地。佛陀跋陀罗初入东土弘法,即卓锡于此,迻译六十《华严》,因缘殊胜。明清之际,天宁寺就是兼弘华严的江南重镇,雪浪洪恩及其门下,即尝于此兼弘华严。

[①] 有关应慈法师的传记文献,可参见申宝林《华严宗大师应慈法师》,全国政协文史资料委员会宗教组编:《名僧传》,第58—63页,北京,中国文史出版社,1988;南亭《记华严座主应慈和尚》,范观澜编:《华严文汇》下册,第379—389页,北京,宗教文化出版社,2007。

自清代雍正以后,天宁寺号称"江北首刹"。太平天国战争后,觉初法师住持天宁寺,"常以寺为华严道场"。尝请慧西法师大开讲席,历时三载,终竟《华严经》一部。① 慧西法师还在觉初法师的资助下,刊刻了宋代学僧道亭(1023—1100)的华严名著《华严一乘教义苑疏》。

应慈法师作为天宁寺冶开禅师门下高弟,又与"于《华严》大经夙有心得"的月霞为同门法侣,对于《华严》用功甚勤。此后12年间,应慈随月霞修学《华严》,始终不懈。

冶开禅师一生行持,虽以究禅为主,但亦不废以教印心,其注重华严教理,为时人所注目。冶开晚年更是以礼诵《华严经》为日课。应慈弘法,颇受冶开"禅讲兼施"之风的影响。他曾襄助冶开禅师创办毗陵刻经处,其所刊刻的佛教经书,卷帙众多,几乎与著名的金陵刻经处比肩。②

1920年,冶开和尚罹患中风,仍诵持《华严》,坚持以每日四卷为常课。1922年冬,冶开禅师诵毕《华严经》,随即入寂。

作为兼弘华严的著名禅僧,冶开禅师尝开示学人华严"四法界"义,称:"在寻常日用中圆融性海是华严的'事法界';当下不被境缘所转是华严'理法界';一心清净而森然万行、森然万行而消归清净是华严'理事无碍法界';全体互现,各自圆成是华严'事事无碍法界'。"③他明确主张禅教一致,禅讲兼施,并弘禅宗与华严,这种取向深刻影响门下的月霞和应慈。两人终其一生都在不遗余力地倡导禅与华严的融通,最终成为民国佛教史上力主禅教一致论的代表僧人。

继冶开禅师之后,月霞以禅师的身份兼弘华严,他自称:"无一日不坐香参禅,无一年不打禅七,四十年来未敢一日离开。"1917年,临寂前的

---

① 参见宣铎《觉初和尚宏扬华严记》,《华严一乘教义分齐章义苑疏》附录,第1页,台北,新文丰出版公司,1973。
② 申宝林《华严宗大师应慈法师》,全国政协文史资料委员会宗教组编:《名僧传》,第60页。
③ 转引自高振农、刘新美《中国近现代高僧与佛学名人小传》,第125页,上海,华东师范大学出版社,1990。

月霞法师还嘱咐应慈："善弘华严，莫作方丈。"

民国肇立不久(1913年)，应慈随月霞研习华严教法，并协助月霞在上海哈同花园创办中华华严大学。不久，华严大学迁往杭州海潮寺续办，应慈担任监学之职。1917年，再迁常熟兴福寺。应慈与月霞，虽同出冶开门下，却能敬事月霞，如侍师尊，终无懈怠，深有所契。

月霞示寂后，应慈于1922年赴杭州菩提寺闭关潜修，潜究华严教典，更是深契华严教理，成为一大名家。

1923年(民国12年)，常州清凉寺静波法师拟举办"清凉学院"，培养弘法僧材，亲至杭州恳请法师出关主其事。法师提出学僧不参加经忏佛事，以讲经为主课，日必三时坐香，不上早晚殿，而以发普贤十愿为代表。遂出关赴常州主持"清凉学院"，培养华严预科学僧。

1925年，应慈应常州清凉寺静波和尚之请，出关前往创办清凉学院。应慈拟定是办学章程，预科三年，正科三年。翌年秋，清凉学院正式开学，学僧30名。坚持禅讲并重，每日早、中、晚三时坐香。应慈自任大座，坚持主讲《华严经》。南亭法师则讲《贤首教义章》、《贤首五教仪》等华严教典。

应慈法师在常州"清凉学院"的讲经课程，从《四十二章经》始，直至《华严五教仪》、《华严教义章》、《教观纲宗》等课程，历时三年。民国16年(1927年)，因办学经费拮据，常州"清凉学院"迁到上海清凉寺下院续办。并于上海辛家花园兴建华严七处九会大殿，续办华严正科。在此期间，应慈开讲澄观《华严经疏玄谈》，并随院讲授《八十华严》，从未间断，入冬即结七不辍。民国18年(1929)，"清凉学院"继迁常州永庆寺，19年(1920)冬，再迁无锡龙华庵。清凉学院三迁其址，而应慈法师则坚持讲完《八十华严》。同时每日坐香参禅，未有停辍。此后数年，离开清凉学院后，应慈还相继在常州永庆寺、无锡龙华庵等组织"华严学会"，僧俗参加者达数十人。

除讲习《华严》经教之外，应慈法师还是当时佛教界刊刻、流通华严教典的代表僧人。

1933年,应慈法师在上海募资印行澄观大师《普贤行愿品疏》,并促成江味农居士主持的功德林流通处刊刻晋译《六十华严》。1942年,在常熟虞山兴福寺刊印《妄尽还源观疏钞补解会本》。翌年,在上海印行相传为华严初祖杜顺法师所撰的《法界观门》。

1936年,应慈与蒋维乔、李圆净等佛教护法居士共同发起组织了《华严疏钞》编印会,被推举为理事长。历时6年,以20余种版本进行互勘,逐字校对,精详之至,刊行了《华严大疏演义钞》40大册,用仿宋字排版。先后6年,始毕斯役。

其间,应慈法师还倡刻三译《华严》、《贤首五教仪》、《贤首五教仪科注》及刊印《华严搜玄记》、《华严探玄记》、澄观《贞元疏》等华严教典。对于华严经典与教典的复刻、弘传,可谓尽其心矣。①

1940年(一说1939年),应慈法师在上海创建华严师范学院,以培育弘扬华严的僧才为己任。1949年(一说1948年),应慈又在南京创办华严速成师范学院,讲授法藏《华严探玄记》,影响日广。真禅法师就是在当时最终成为应慈法师的入室弟子。

自1919年在南京开讲《华严经》始,自1957年在上海玉佛寺最后一次演讲《华严经》,应慈法师一生不仅多次宣讲三译《华严经》,而且更曾先后讲过澄观《华严经疏悬谈》40卷、道霈《华严纂要》(即《华严经疏论纂要》)120卷、法藏《华严一乘教义章》4卷、法藏《华严经探玄记》20卷、杜顺《华严法界观门》1卷及《华严经·普贤行愿品》等。应慈法师堪称民国时持续讲演《华严经》及华严宗教典的第一人。

应慈法师力主禅宗与华严兼弘,坚持僧才教育。他一生奉行"教宗贤首,行在禅那"的修行准则。在弘宗演教中,明确主张"佛法不离世间,巧把尘劳作佛事",修行人应尽此一报身,上求佛道,下化众生,念念为忘

---

① 释东初:《中国佛教近代史》下册第24章,第767页。

发菩提心,愿为一切众生受苦而心无疲厌,常行精进,始为真正的佛陀弟子。应慈法师自称:"慈也无知,忝为佛教之徒,饮水思源,敢忘弘化之列? 是以教演《华严》三译,禅绵临济一宗。赞扬正法,开示佛见佛知;弘宣大教,胥令解入悟入。唯言行歧异,讵入不二法门? 宗说兼通,始获一贯大道。所以每于四众之前,恒标'教遵般若,行在禅那'八字,互相勉励宗风。"①1946 年前后,应慈更赋七言律云:"即诵《华严》莫计许,更当日日习参禅。虽然定慧兼修事,无二无三第一天。"②

1956 年,应慈老法师尝拟"遗嘱"一纸,总结自己的弘化一生说:"老衲游化十方,一钵千家饭,孤身万里游。宗承临济,教秉华严。"又称:"自入佛门,常思弘宗演教,念报法恩。出家六十余年,不做方丈,不贪名利,每年打七,每日坐香,念念不舍。分科(宣讲)三译《华严》及《疏钞》并余经。"③

释东初在《中国佛教近代史》中评述应慈长老的弘法一生称:"(应慈)师毕生以弘扬华严为志愿,以参禅为心宗。其倡刻三译《华严》、贤首《五教义》、《五教仪科注》、《楞严》、《法华》、《楞严灌顶疏》、《楞伽》等诸经疏,无不以师研读为前提,又刊印《搜玄记》、《真元新经疏》等行世,其对华严教典之弘传,可谓尽其心矣!"④对于自己的亲教师应慈老法师,真禅曾无比敬仰地追忆称:"纵观应慈老法师的一生,他苦学《华严》十二年,宣讲《华严》三十九年,刻印三译《华严》(即晋译六十《华严》、唐译八十《华严》和唐译四十《华严》)及其疏钞多种。如此弘扬华严,常年不懈,三译华座主的尊称,可以说是当之无愧的。"⑤

---

① 沈去疾:《应慈法师年谱》,真禅法师审订,第 128 页,上海,华东师范大学出版社,1990。
② 沈去疾:《应慈法师年谱》,第 128 页。
③ 沈去疾:《应慈法师年谱》,第 128 页。有关应慈法师的禅学思想,可参见黄夏年《应慈法师禅学思想漫议》,《中外佛教人物论》,第 258—269 页,北京,宗教文化出版社,2005。
④ 释东初:《中国佛教近代史》第 24 章,第 767 页。
⑤ 释真禅:《在应慈老法师佛学思想研讨会上致开幕词》,《玉佛丈室集》第 10 册,第 507 页,上海,百家出版社,1996。

四、智光与霭亭等人的华严弘传

智光(1889—1963),字文觉,江苏泰县人(今泰州市)。13岁时,依宏开寺道如法师出家。17岁,赴宝华山,依浩月法师受具足戒,法名弥性。光绪三十二年(1906),入扬州普通僧学堂,与仁山等同学。不久,因学堂停办,智光转入南京祇洹精舍就读,又与太虚、仁山、观同、梅光羲等人同学。宣统元年(1909),再入南京僧师范学堂。民国3年(1914年),赴上海华严大学就读,师从月霞法师,而与妙阔、慈舟、戒尘、了尘、持松、常惺、霭亭等人同学。此后数年,辗转杭州海潮寺、常州等地,始终追随月霞,随侍讲经,深入贤首奥义。

月霞法师圆寂后,智光入常州天宁寺,参究习禅。天宁寺在冶开禅师的引导下,注重禅讲兼施,对华严宗颇为重视。智光法师在天宁寺历时二年,颇得入处。其后,掩关泰州,道风远播。民国12年(1923),智光出任镇江焦山定慧寺监院。定慧寺是汉晋古刹,古称普济寺,与金山禅寺、宝华律寺并称为"江南三大寺"。民国22年(1933),智光接任焦山寺住持,充分利用寺院自身的设施,创设"焦山佛学院",亲任主讲,开展丛林僧教育。焦山佛学院鼎盛时期,有青年学僧七八十名,分为甲、乙两班。同时,还聘雪烦、东初、玉泉等法师为教。直至1937年,因日本军队炮击镇江,焦山寺毁损严重,佛学院被迫停办。1939年,佛学院复课,各地学僧闻风而至,人数大增,智光又扩充班次,聘请芝峰等法师任教,讲教不辍,成为一座在沦陷区坚持办学的佛学院。

1949年,智光法师赴台湾后,继承发扬华严教育的传统,在台北创办了华严莲社,成为台湾岛上的一大华严学府,培养了一大批弘法僧材。撰有《华严大纲》等行世。

霭亭(1893—1947)[①],俗姓吴,名满祥,法名大观,别号栖云,江苏泰

---

① 有关霭亭的传记文献,可参见南亭法师《夹山竹林寺霭亭和尚传》、《霭亭和尚传略》、《霭亭法师事略》等,皆收于《华严文汇》上册,北京,宗教文化出版社,2007。

州曲塘人。霭亭早年,即失怙恃。年十九,依本邑宏开寺文心、文觉智光二师披剃出家。初研功课及经忏,好学不倦。1913 年,具戒于句容宝华山,旋入智光法师主持的泰县儒释初高小学校就读。1914 年,随智光入上海华严大学学习,随月霞法师学,继迁杭州潮音寺。此后二年,智光、霭亭师徒皆随月霞,听讲《楞严》、《法华》经义,"教观兼修,颇得法益"。后赴天宁寺,随冶开和尚参禅。1918 年,霞山法师在镇江焦山寺讲《楞严经》,霭亭为副讲。其后,霭亭一度出任焦山寺知客。未几,夹山竹林寺妙智法师为法嗣。1927 年,北伐后,继主法席。1928 年,创办夹山寺"竹林佛学院",迎聘慈舟、妙阔、粟庵三人为主讲法师,专弘华严、毗尼,招生30 名,禅教双修,成效颇见。

1932 年,霭亭法师退居后,得缘南游香港,创设宝觉佛学社、东莲觉苑等弘法机构,尝讲《缁门崇行录》、《楞严经》等。后又增设图书馆,创办《人海灯》杂志,颇具成效。

1935 年,游历日本,搜集华严典籍,特别是法藏《华严一乘教义章》的相关注疏,后集十年之力,于 1947 年撰成《华严一乘教义章集解》10 卷,即题称"夹山竹林寺沙门霭亭述"。此书为继清代续法之后阐释法藏《华严教义分齐章》的重要撰著。

《华严一乘教义章集解》10 卷,收有镇江金山仁山、焦山定慧寺智光、香港鹿野苑明三位法师之序。仁山法师序称:"……霭亭上人者,醉心华严之大士也。数十年殚精竭虑,于一乘奥义,亦已升堂入室。观《教义分齐章》,诸家注释,或失之繁,或失之简,反令初机眩目,不得要领,心焉忧之……度生之余,运其神笔,将各家解释,删繁取要,撷长补短,名曰《集解》。"①智光撰序,则述其缘由称:"民初,月霞老法师创华严大学于上海哈同花园,俄移杭州海潮寺,皆以《华严教义章》为主课。当时苦无注解,乃尽出私货,向日本请购续藏经,方得《复古记》及《义苑疏》两注。民国

---

① 释仁山:《华严一乘教义章集解序一》,台北,华严莲社,1996。

六年,月老又在宜兴磐山讲《教义章》,从学者三百余人,余与余徒霭亭均随左右,精勤研究,稍获门径。此后,霭亭创竹林佛学院,主讲香港东莲觉苑,深感《复古记》等文字艰深,初学不易了解,乃于弘化之余,本自己听讲研究心得,参阅有关本章之注疏,使艰涩者通顺之,深隐者浅显之,不足者补充之,几费辛劳,成此《集解》。"①

于此可见,霭亭法师遗著《华严一乘教义分齐章》10卷,主要为研究讲习《华严一乘教义章》的心得结晶,不仅是民国时期唯一的一部阐释法藏《华严教义章》的专著,同时也是继清代续法之后的唯一一部注释之作,难能可贵。

1947年,霭亭法师因病示寂于返港途中。其徒孙觉民等辑有《栖云文集》,录其缘起、函札、纪事、祭文等40余篇。南亭法师为之撰序。

除智光、霭亭等人之外,民国时期涌现的第三代华严教僧,还有苇乘、真禅等人。

释苇乘(1903—1960,俗姓吴,名荣庆,江苏东台人)于1935年经常惺法师推荐,到常熟虞山兴福寺任法界学院院长,并受持松法师记莂。1939年,继任兴福寺住持,在寺内兴建华严大学讲堂,拟办华严大学,迎请应慈宣讲《华严经》。1942年,出任上海南市沉香阁(慈云寺)住持。翌年,迎请应慈老法师卓锡寺内,开讲华严初祖杜顺所撰的《华严法界观门》等华严教典。一时间,学者闻风来归,沉香阁成为当时弘扬华严教学的一大道场。1949年,真禅法师正是随应慈长老在沉香阁听讲《法华经》、《华严法界观门》等,并成为应慈的入室弟子。② 真禅终身秉持应慈老法师的教诲,"一生以弘扬华严为己任,多次宣讲《华严经》中《行愿品》、《十地品》、《三昧品》等"③。

---

① 智光:《华严一乘教义章集解序二》,台北,华严莲社,1996。
② 参见真禅《苇乘和尚小传》,《玉佛寺丈室集》第7册,第414页,上海,上海社会科学院出版社,1994。
③ 参见真禅《灶脉渊源记》,《玉佛丈室集》第5册,第403页。

真禅法师 7 岁出家,童真入道,16 岁受具足戒。他曾先后就读于竹林佛学院、南京华严速成师范学院、上海佛学院等江南佛学院校,成为民国时期繁兴的僧教育的亲历者。在 1950 年以前,真禅法师可谓转益多师,历参名宿,特别是应慈、震华两法师,更成为真禅学法的真正师资。透过真禅法师的参学生涯,我们从中可以相当充分地领略到华严禅的近代效应。

真禅不仅是"善弘华严"的应慈法师的入室弟子,更是夹山禅法的传人。镇江南郊的夹山竹林寺,是民国时期倡导禅教融通的一大禅寺。曾入上海华严大学并追随月霞法师听讲《华严一乘教义章》的霭亭法师,后参天宁冶开禅师,是当时倡导禅教双修的华严教僧。1918 年,霭亭嗣法于夹山镇江竹林寺妙智老和尚。北伐成功后,妙智和尚退居,霭亭继主竹林寺法席。1928 年秋,创办竹林寺佛学院,慈舟、妙阔等法师任主讲,专弘华严、毗尼,禅教双修,人才辈出。

真禅法师于 1931 年在南京宝华山隆昌寺受具足戒后,入东台三昧寺的启慧佛学院学习。1933 年秋,真禅法师离开启慧佛学院,到扬州宝轮寺听应慈法师宣讲《楞严经》。1934 年春,真禅前往镇江,先入智光法师创办的焦山定慧寺佛学院。不久,又随厚宽法师到镇江南郊夹山,进入名闻江南的竹林寺佛学院,亲炙教务长震华法师座前,躬聆法要,深受器重,并于 1943 年夏,在夹山竹林寺受记成为守之、震华、窥谛三法师的法徒。所以,真禅一直称自己是"夹山禅学的传人"。①

离开竹林寺佛学院后,真禅法师应心岩法师之请,前往富安大圣律寺主持佛学研究社的教务工作,每日除随众课诵、参禅外,还日诵《华严经》,寒暑不辍。真禅法师的佛学素养及其教务才干,深得震华严法师的赏识,1941 年真禅随赴上海玉佛寺。尚未而立之年的真禅法师,就先后

---

① 真禅:《我对如何运用禅学思想的一点体会》,《禅宗佛学思想论集》,第 110 页,上海玉佛寺丛书之二十四。

任上海佛学院训育主任、玉佛寺堂主代副寺之职。震华法师到上海后，真禅更是襄助办学。后更是奉命分灯竹林寺，承绪着禅教兼弘的华严禅传统。

身为夹山禅学的传人，真禅法师于 1947 年接任竹林寺住持兼佛学院院长。随着时局的改变，真禅法师决定随应慈法师等人坚留内地。1949 年，应慈法师在南京创办中国华严速成师范学院，真禅法师辞去竹林寺住持之职，转入华严速成师范学院，听应慈法师讲《八十华严》，并兼讲华严辅座。同时随应慈法师到各地丛林和佛教团体讲经弘法，终成为其入室弟子。1950 年，在应慈法师的推荐下，真禅法师进玉佛寺，负责法务工作，并任信众部副主任，先后延请应慈法师到寺宣讲《华严经》、虚云老和尚主持禅七，初显禅教兼弘的行化风范。

智光、霭亭、苇乘、真禅等人，其佛教修学大都转益多师，既是华严专宗教育的亲历者，同时也是华严教育的继承者。他们都承绪着民国华严宗复兴的历史趋势，成为禅教并弘的一代教僧。在地域分布上，他们的弘法主要集中于江、沪、浙地区，注重《华严》经义的宣讲与华严教义的阐释，同时主张禅宗与华严教学兼弘，返经重教，以教印心，把禅教一致的并弘观，付诸讲经解论、佛学著述、资生福利等弘化活动，影响持久。

第三节 民国时期华严复兴的特点及影响

民国时期的华严宗复兴，通过对佛教情势与社会时局双重变迁的适应而推展，具有明显的时代特点，展现了独特的历史影响。

一、华严复兴的特点

华严宗自唐代阐立教说之后，历经宋、元、明、清，皆代有复兴。民国时期的华严复兴，与此前的华严复兴相比，既有对前代传统的承绪，同时也体现自身的特点。总体来说，以佛教界为主导而推进的民国华严宗复

兴,对于前代华严宗的继承,主要表现于如下几个方面:

首先,民国弘传华严宗的佛教僧人,除讲演《华严经》、阐解华严教义之外,还倡导华严与禅、华严与净土、华严与密教的结合。通过华严禅、华严密、华严净土的兼弘,辅之以更有华严信仰的落实、华严经义讲习与普及等形式,既使民国华严宗的复兴能够继续保持传统的弘传样式,同时也使华严宗能够与当时佛教整体复兴的趋势相适应。这是民国华严宗复兴的重要表现。

其次,以佛教界为主导的民国华严宗复兴,既离不开以寺院为弘传中心,更离不开以祖师为弘传核心。如月霞、应慈等人,都拥有弘传华严宗的寺院。这也是民国华严宗复兴与传统华严宗的相似之处。

再次,推进民国华严宗复兴的代表僧人,都具有参禅的背景。他们把华严经教与参禅活动相结合,符合传统佛教中教禅合流的历史取向。民国华严学僧虽然大都注重禅讲兼施,但与其他宗派相比,华严宗的影响力仍未理想。

民国时期的华严复兴,与此前的华严宗传统相比,同时也表现出自身的特点。

首先,在某种意义上说,民国华严宗的复兴是一次综合的复兴。这种综合性,主要表现于民国华严宗的复兴,其实是僧俗两界通力合作的现实结果。清末民初,先以在家居士通过华严教典的搜集、刊刻、流通,引起了佛教界对华严宗的普遍关注。同时,佛教界弘传华严的学僧,坚持以出家僧人为弘传华严的主导力量,与专弘华严的僧才培育相并进,最终促成了民国华严的全面复兴。

其次,民国华严复兴的一个突出特点,就是表现为通过僧教育,设置华严课程,进行华严教僧的培养,既为弘传华严宗培养僧才,又提高了广大学僧们对华严的整体认识。正是通过贯穿民国时期、持续展开的华严僧教育,使民国的华严宗复兴更具有综合性与整体性。

民国时期,月霞、应慈等弘传华严宗的学僧们,先后创设了华严大学、常州清凉学院、法界学院等僧教育机构,坚持以僧人为主导,致力于传讲华严经籍教典。尽管这些华严专宗教育大都规模小,条件较差,且持续时间不长,但无不成为民国时期华严复兴的重要内容,充分体现民国华严复兴不同于前代的突出特点。

再次,民国时期的华严宗复兴,还表现在对华严宗的相关研究活动中。其内容涉及华严经典的阐释、华严教理的辨析、祖师思想的阐发、华严宗史的总结和宗派思想的比较研究等诸多领域。

随着民国时期佛教僧教育的开展及佛学刊物的相继创刊,华严教理的讲习活动相当普遍,在各种佛学刊物上,阐释华严教理、教义等内容的研究文章时有所见。至于其他佛教研究论著中,涉及华严宗的论述则更为常见。如太虚法师曾在世界佛学苑图书馆研究室讲《贤首学与天台学比较研究》。这个专题讲座,条理清晰,简明扼要,深入浅出,颇具华严与天台比较研究的学术深度。如太虚高度评价了华严(贤首)与天台的佛教地位,认为"台贤为中国特创之佛学"、"台贤皆以禅为源"。同时分述"贤首学之根据"、"贤首学之先河"、"贤首学之成立"、"贤首学之述要"、"贤首学与禅律净密之关系与禅接近"、"贤首学与天台学之比较"等,可视为一部阐述华严宗教理及历史的概论之作。①

民国时期,僧俗两界的佛教学者,从不同角度对华严经教典籍、教理教义、宗派历史等内容进行阐释,为民国华严宗的复兴带来了全新的气息。试以当时最具影响力的佛学刊物《海潮音》为例,特辟"诸宗·华严宗专号",集中刊登华严宗研究的文章。如李通玄《大方广佛华严经大意》、绍奘《贤首宗教义之特点》、黄忏华居士《华严宗的根本教理》、又琛《华严宗衰落之原因》、谈玄《数理学之十玄观》、恒宝法师《贤首宗杜顺三观与论理学》、凌彦伯《贤首宗要义》等。②唐大圆居士撰写了《华严经与

---

①②《海潮音》第13卷第11期。

因净土》,持松法师撰写了《贤密教衡》及《贤密教衡释惑》①。其中,谈玄撰写的《贤首宗诸祖略传》②,凡分正传五人,别传八人,简述了杜顺、智俨、法藏、澄观、宗密"华严五祖",及义湘、慧苑、李通玄、子璿、净源、续法、通理法师、月霞法师八位华严大德的行历与成就。上至杜顺,下及月霞,这种华严祖师谱系,其实就是试图表明民国华严复兴在宗派法系传承上的历史正统性。总之,当时的佛教界相当关注华严思想、华严教理的阐释,并更明确地置列于中国佛教思想的发展演进脉络中加以认识,甚至尝试运用现代学术方法,如数理学、论理学(即逻辑学)方法进行别开生面的阐释,颇令人面目一新。

在此一提的是,在当时佛教刊物上刊登的华严研究论著中,不乏日本佛教学者的相关著论,如《海潮音》第30卷第3、4期,曾连续刊登了日本学者龟谷圣馨和河野法云合著的《中国华严宗发达史》的部分内容。这可视是以另一种方式体现了当时华严学的国际交流。

总之,尽管华严宗在民国佛教诸宗中并非"显宗",在世间诸学中亦非"显学",但通过三代华严学僧的持续努力,能够契应于新佛教运动,特别通过寺院教育,扩展华严宗的影响,展现了华严宗自身的思想特色。

二、华严复兴的影响

华严宗的复兴,是民国时期佛教整体复兴的重要构成部分。离开了华严宗的复兴,民国的佛教复兴就不再完整、全面。

民国的华严宗复兴,是华严教典的再兴。民国华严宗的弘传过程,既伴随着华严教典的搜集与刊刻、华严经教的讲习与阐释,更有华严学僧的持续培养,终于促进了佛教界对华严教理的研究兴趣。早在杨文会创办的佛教学堂就拟设法相贤首系,对于华严宗展开专门研究,设置相

---

① 《海潮音》第9卷第4期至第6期、第10卷第4期。
② 《海潮音》第13卷第11期。

应参考著疏,包括澄观《华严玄谈疏钞》、法藏《华严探玄记》、李通玄《华严经合论》、法藏《华严一乘教义分齐章》、法藏《大乘起信论义记》、澄观《法界观玄镜》、澄观《普贤行愿品疏钞》等。这充分表明其对华严创教撰著的普遍重视。

民国的华严宗复兴,是教理传统的再兴。民国时期,不仅在华严专宗性质的佛学院设置多种讲习科目,而且在众多佛学院同样设有华严宗课程,使华严学成为一门基础课程,提升了华严教理研究的学术素养。

民国华严宗的复兴,是与其他佛教宗派齐头并进的再兴。当时关注华严宗的佛教僧人,不仅继续探讨、疏释、总结华严与天台、法相等教家的关系,讨论中国华严宗衰落的历史原因,同时还试图更深入地理解华严与禅宗、律宗、净土及密宗之间的修持互补,从而扩大华严宗在佛教信徒中的现实影响。这种取向,既在客观上促进了当时华严教理的学术研究,更使华严学僧们试图契应时代情势,寻找华严再兴的方向。

总体来说,民国时期华严宗的复兴,其影响集中体现于三个方面:

首先是试图超越中国佛教宗派的义理之诤,不再像历史上那样过分拘泥于华严与天台的教观、修证等阐释的对立性,而使佛教转向专宗教育、专宗研习,一门深入,使本宗经典的研究更加深入、系统。这种研习路向,其影响持续至今。

其次,民国时期的华严宗复兴,以华严典籍的整理、刊刻与流通为先导。这一内容,贯穿于民国华严宗发展的全过程,这是继北宋、明末之后,中国华严宗发展史上经典整理的又一个高峰时期。以《重编华严疏钞》为代表的华严教典整理,即使在中国佛教藏经史也占有一席之地。

最后,民国华严宗的复兴,使佛教界普遍意识到中国化佛教宗派必须作出适应时代的弘化转型,在保持其固有的思想传统中,充分结合社会时代的现实变迁,进行义理学说的新阐释。

第五章　谛闲与民国时期的天台宗

　　法相唯识学因有从杨文会到欧阳竟无的研究、倡导而蔚为壮观,成为清末民初佛教的"显学";支那内学院则成为近代唯识学研究之重镇。而民国时期的佛教复兴实有更为丰富的内涵,其中以谛闲法师为代表的中兴天台佛教亦颇值得关注。① 民国时期天台佛教的主要人物是谛闲、倓虚和斌宗三位大师。其中谛闲为近代天台学中兴作出了不少贡献,倓虚将天台宗弘化于中国北方厥功至伟,而斌宗则将天台宗传播于台湾。

第一节　龚自珍研治天台学

　　智旭之后直至清季,天台宗的谱系虽然依然维系②,但名德高僧罕

---

① 晚明四大师之一的蕅益智旭中兴天台之后,较为出色的天台僧人,如康熙年间的灵耀,号全彰,著有《四教仪集注节义》(1卷)、《摩诃止观贯义科》(2卷)。又如乾隆年间的性权,撰有《天台四教仪注辅宏记》(10卷)。参蒋维乔《中国佛教史》卷四,第45页,上海,上海书店,1989。
② 蒋维乔先生认为,天台宗自蕅益智旭大师以后,一变而为灵峰派,后来的灵耀即是承继这一系统而来。参见蒋维乔《中国佛教史》卷四,第45页。

见。① 值得注意的是,在教界呈现不振之势的同时,清代居士对天台教学的研讨却呈现活跃景象。清代居士对佛教的关注,与居士的经世思想有着非常密切的关系。为救世弊,清代中期以后经世致用之学勃然而兴,魏源、包世臣等人都是当时的著名人物。支撑经世之学的理论基础,一是今文经学(公羊学),二是佛学。前者主要为士人提供一套政治哲学理念,而后者则更深刻地体现在对士人的价值关怀、情感慰藉上。

清代众多经世之才的代表人物,为"近代革新之父"龚自珍(1792—1841)。龚氏出身三代京官之家,早年受到严格的家学训练,后从庄绥甲、刘逢禄习公羊经学,由此奠定了他基本的为学旨趣与经世倾向。由于科第不甚如意,龚自珍未纳入清朝既有的学者发展模式中,而是游离于体制之外,广泛结交天下名士及方外之人,这使得他可以站在较为客观的立场观察社会时弊,提出颇有见地的变革主张。他的《己亥杂诗》之一云:"九州生气恃风雷,万马齐喑究可哀。我劝天公重抖擞,不拘一格降人才",的确展现了龚氏的个人意志和救世之心。

龚自珍与佛教的结缘是在青年时期,这与龚氏早年杂学、遍交师友有关。他在佛学上的第一位导师为江沅,而江沅又是清代著名居士彭绍升的学生,这表明龚氏佛学具有非常鲜明的居士色彩。据吴昌绶所编《定庵先生年谱》记载,自珍与江沅、钱东父以及僧人慈风交好,"皆奉彻悟禅师之书,笃信赞叹",但龚氏的佛学造诣主要还是通过与居士的交往研讨,以及自己的阅藏取得的。如《年谱》所记,龚自珍于清道光四年(1824)守母忧期,与苏州吴县贝简香、江沅"校契唐释宗密《圆觉经略疏》二卷,庋版苏州娄门内三家屯善庆庵"②。同年,自珍在北京结识睿亲王之子镇国公容斋居士,此人好读内典,且通蒙、藏等多种文字,故得比勘

---

① 周叔迦先生在论及清代天台佛教时,甚至只以"天台宗在清代极少名德"一句话概之。见《周叔迦佛学论著集》(上)。
② 王佩诤校:《龚自珍全集》,第3页,上海,上海古籍出版社,1999。

译本，对自珍日后的佛学研究影响很大。

龚自珍于佛教诸部均有涉猎，而对天台尤为用力，在去世的前两年（道光十九年[1939]）还曾访求天台宗各书印本。自珍对天台的关注既与其本人的夙缘有关，而他力求从天台佛教中抉取精神资源，从而激励或支撑经世行为，则是更为重要的因素。因此我们看到，龚自珍对天台学的研究虽然不是很有体系，却有一以贯之的思想原则作为指导，那就是并不以一家之言作为立说依据，也不完全相信经典的权威性，而是在融会诸宗（尤其是禅宗）的基础上，对天台的基本思想予以重新表达。这种诠释从学术角度言也许未有特别深刻之处，但它的意义正在于不拘于已有的模式，而试图有所突破。

龚自珍对天台学的研究首先有其版本学的依据，他的新解说与他对天台经典的质疑联系在一起，这主要表现在他对《法华经》内容的判定取舍，得出"《法华》非一书，二十八品乃混杂而成"的结论。

《法华经》为经中之王，天台僧人尊奉至极，作为天台子弟，龚自珍对于此经的权威性并无异议。不过他以为，此经虽极尊贵，但汉文译本则有讹误。他说：

> 《妙法莲花经》入震旦之一千四百四十四年，为大清道光之丁酉岁。龚巩祚始正之曰：译者误也。误奈何？曰：此书实二部，各有序、正、流通，合并之，误者一。前经十品，后经十一品，无二十八品，今二十八品，其七伪也，其一别行也，误者二。二经各有蔓衍，后经尤杂糅，译者不察，误者三。颠倒失其次，移《安乐行品》于后经之中间，误者四。移《嘱累品》于《药王普门》诸品之上，使已没之宝塔复有言辞，使未离佛侧之文殊来自大海，疑惑众生极矣，误者五。又告之曰：第五事，晋译、隋译不误。①

《法华经》汉译本有三，即姚秦罗什译的《妙法莲华经》、西晋竺法护译

---

① 龚自珍：《龚自珍全集》第六辑，第357页，上海，上海人民出版社，1975。

的《正法华经》以及阇那崛多译的《添品妙法莲华经》。其中罗什本为二十八品,后二种均为二十六品。龚自珍这里所针对的版本是罗什本,他指出此本的五处错误:一、合二部经为一部;二、前后二经分别为十品和十一品,余者为伪;三、二经文字都有蔓衍不通之处,后经尤甚;四、《安乐行品》应在前经;五、不当移《嘱累品》于《药王普门》诸品之上。

龚自珍的质疑主要集中于《法华》七品之伪,此七品为《法师品》、《持品》、《分别功德品》、《随喜功德品》、《如来神力品》、《陀罗尼品》、《普贤劝法品》。他以为此七者均可删除。因此《法华经》的正常目次应是:序品第一,方便品第二,授舍利弗记并说火宅喻品第三,须菩提迦叶等说穷子喻品第四,草药喻品第五,授迦叶等记品第六,说大通智胜如来并说化城喻品第七,授五百弟子记弟子说衣珠喻品第八,授学无学人记品第九,安乐行品第十。以上为《法华经》第一会。《法华经》第二会为:见宝塔品第一,授提婆达多记龙女献珠品第二,从地涌出品第三,如来寿量品第四,常不轻本事品第五,药王本事品第六(此品今删少半),妙音菩萨来往品第七,普门品第八,妙庄严王本事品第九,法师功德品第十,嘱累品第十一。

从龚自珍对《法华经》目次的重新删定可以看出,伪品集中于《法华经》后会。自珍以为可删的理由分别是:《法师品》乃"辨士之虚锋,墨士之旁沈";《持品》"无意义,非佛语";《分别功德品》与《随喜功德品》则是"凡校量罪福,最繁重。间文之谆,三十倍于正文,非佛语也";《如来神力品》则是"无实义";《陀罗尼品》乃是"一切陀罗尼,皆宜别行在密部,于此经发其凡"。至于何以删除《普贤劝法品》,自珍的言辞更为激烈,以为此品乃"伪经之最可笑者。凡恫喝挟制之言,皆西竺蛆虫师所为"[①]。

对于汉译《法华经》颠倒、重复、敷衍的原因,龚自珍的解释是:

---

① 龚自珍:《龚自珍全集》第六辑,第362页。

> 西土有诸讲师,家置一编,户抱一偈,名闻利养之故。造作文字,有经之臣仆,有经之舆台,舆台又有舆台焉。假如西土人来谭《春秋》、《论语》,我土儒者,取《春秋》以《论语》付之,又误取二书之注疏付之,又误取二书之近世制举文付之,又误取制举文之坊刻评论付之。西土人不别也,尽译之以归。《法华》二十八品之东,亦若是乎?①

儒家经典的核心是经(传),注、疏等为对经的阐释性文字,扩而言之,科举之文以及相应的评论亦可纳入此范围。虽然这些"注释"之文围绕经之文本展开,辨析敷陈,但二者泾渭分明,未可混淆。天竺(或西域)之佛典亦然,有"本文"与附属之文,二者虽连缀相属,实有区别。中土译者不明此理,不拣文字之制,遂有此过。

敢于挑战经典的权威性,这需要极大的勇气,龚自珍显然不是兴之所至。对此,他甚至已做好了下地狱的准备,他说:

> 凡我所说,不合佛心,凡我所判,不合阿难原文,我为无知,我为妄作,违心所安,诳彼来学,我判此竟,七日命终,坠无间狱,我不悔也。如我所言,上合佛心,我所科判,上合阿难原文,佛加被我,智者大师加被我,我疾得法华三昧,亦得普见一切色身三昧,见生蒙佛梦中授记,得阿耨多罗三藐三菩提。②

龚自珍的誓言颇似孤明先发的道生,他对佛典的考证是否得当、观点是否正确,有待我们专文论述,但他于此表现出的质疑经典的勇气的确令人钦佩。

龚自珍的勇气不仅体现在对经典的"考证"上,还表现在他所具有的理论批判精神方面。龚自珍对天台义学主要有如下观点:

第一,中不立境说。龚自珍以因明作为论证形式,具体如下:

---

① 龚自珍:《龚自珍全集》第六辑,第369页。
② 同上书,第370页。

宗——今立中不立境。

因——因何以故？曰：因佛恒依两边而说法故。

喻——喻如一月中，以自朔至望十五日为前半月，以自望后一日至月晦日，凡十五日为后半月，中在何处？

颂曰——我立中无境，佛依空假境。空假撩已竟，见不思议境，亦无双非境，亦无双亦境，不堕四句境，我强立中境。①

空、假、中三谛圆融为天台宗基本理论之一，为了避免产生对空、假的偏执，天台宗特别以"中"来平衡之。就此而言，此"中"乃是由"空"、"假"而凸显，而"中"自身是不可立的。事实上，准之以佛教之缘起观，则何但"中"，"空"、"假"亦不可立。

第二，法性即佛性说。论证之法同上，具体如下：

宗——今立法性即佛性。

因——因何以故？曰：竖曰三世，横曰十方。十方、三世，所有微尘非他，知见而已矣。自佛知见，乃至地狱知见，皆遍一切处。汝开饿鬼知见，鬼法界遍一切处；开畜生知见，畜生法界遍一切处；开地狱知见，地狱法界遍一切处。今开佛知见，知见如何？曰：了知十方、三世微尘，一一尘皆无相。于无相中而发实相，即立即破，无前无后，不容商量……如是之相，既无有相，无相之相，强名实相。此实相者，一尚讵得，那有十方、三世森罗分别之微尘耶。故但名佛性，不名法性。又此十方、三世森罗分别性相，强名法界，又名法性。此法性者，原无定名，名曰鬼性，名曰畜性，名曰狱性，随汝知见，无不可者。我今仰承佛力，开佛知见，故名为佛性矣。

喻——如有一国王出生东方，合南西北三方人士以为我臣，名为大东……而此四方东西北南，各各平等，各各不动，亦复如是。

颂——法名不觉本无性，佛名妙觉觉法性，佛以我觉觉彼性，是

---

① 龚自珍：《龚自珍全集》第六辑，第371页。

故不名九界性。①

法性即佛性,这本是天台宗一直坚持的观点,龚自珍强调的是以"知见"联系法性与佛性。所谓世界诸法,种种法界不过"知见",故一种法界即代表一种知见。了达诸法无相皆空,则名佛性;法界种种,森然而立,则名法性。而"空"与"具"其实只是一体,故法性即佛性。自珍由此推出的结论是:既然法性即佛性,而诸法存在就是一种"知见",那么开佛知见即得证佛性。

龚自珍对天台义理的解说表明,他在接受天台性具论的同时,又不拘束于天台传统三谛圆融形式上的平衡,他理解的"中"(实相)是要在"实证"中取得的。如他在《以天台宗修净土偈》一文中立"不坠四处"为宗,即不偏执,无先后,非取舍,不诤论。此种境界如其所说:"不舍知解,我说为病。执舍知解,我说亦病。如何便是?瞥认者是。如何便是?担得者是,直下者是,当处者是。念外无佛,佛者念是。佛外无念,念者佛是。"②

龚自珍反对一切"执"或形式主义的"无执",唯一可行之路便是"当下"。当下而证,则佛与念者合一,这也体现了禅宗对他思想的影响。所以龚自珍竭力平衡台禅,以为二家实一无异。龚自珍对天台佛学的阐释为天台思想注入了一股新的活力。

第二节　谛闲与民国时期天台的中兴

民国时期天台佛教在教界的主要人物当推谛闲,他可以说是近代天台的中兴者。

一、谛闲生平

谛闲(1858—1932),俗姓朱,名古虚,号卓三,浙江黄岩人。父母早逝,曾从舅父佐理药业,"旁习歧黄",后领悟到"药但医病,不能医命",遂

---

① ② 龚自珍:《龚自珍全集》第六辑,第371—373页。

有出尘之志。清光绪三年(1877),谛闲出家临海白云山,时年20岁。后虽有兄长之阻,终遂其志。24岁时,谛闲受具足戒于天台国清寺。此后,他"冬参夏学,精进不已",曾向敏曦、晓柔、大海、玄理等教界耆宿问学,颇得奖掖,尤其是列敏曦《法华经》讲席,"未及终卷,已领一心三观,一境三谛之妙旨",故得覆述于同列,为同学瞩目,其颖悟若此。敏曦当时就感叹,以之为法门龙象。

谛闲28岁时,主持杭州六通寺,升座之时讲演《法华经》而入定中,出定后,辩才无碍,莫之能御。后得上海龙华寺住持迹端定融授记传法,成为天台四十三祖,时年31岁。此后,谛闲讲经、参禅,足迹遍布大江南北,曾主绍兴戒珠寺、上海龙华寺,晚归宁波观宗寺。

谛闲一生讲演无数,时人以为四明知礼之后,讲席之盛者莫过于此。此外,谛闲著述甚丰,除了大量的开示法语,还撰有《大佛顶首楞严序指味疏》、《圆觉经讲义》等经疏讲论数十种。由于谛闲义解精深而文字朴质无华,颇得好评,被人称为蕅益复生。当然,谛闲对于近代天台的最主要贡献,还在于以新的教学形式维系和发展了天台教义,同时培养了一大批佛学人才。

二、创设观宗学社

谛闲有感于僧才匮乏而传统的佛教教育体制难以为继,早在清宣统二年(1910)就曾任南京僧师范学校监督,主持僧才的培养。学校专门招收全国各地"英俊笃实之僧徒",分班讲解。此种教育形式开中国佛教教育之先河。可惜的是,后来由于晚清政局动荡,教学经费难以保证而停止。

虽然如此,谛闲后在观宗寺主持的观宗学社,则由于居士的支持而坚持下来,并取得丰硕成果。民国7年(1918),谛公北上,参与由徐文蔚在北京主持的讲经会,得以结识著名居士蒯若木、叶恭绰。蒯若木时任铁路督办,叶恭绰时任交通部长,他们对谛公的讲法十分钦佩,愿意出资赞助谛公创办佛学院,培养僧界人才。故谛公自北京返回宁波后,即开始筹办办学事宜。民国8年(1919),在原有研究社的基础上,观宗寺设观宗学社,谛闲亲任主讲。学社对外招生,广罗天下高才僧众。第一期学员有四十几人,分为正、预二科。讲授科目以天台宗经典为主。民国17年(1928),学社更名为弘法研究学社。学社虽然经费拮据,但艰难维持,于培养僧界人才上贡献甚大,倓虚、常惺、戒莲、禅定、可端、根慧、妙真、授松等著名法师即曾为此社之学员。此外,学社与学界人士有密切往来,徐蔚如、蒋维乔、江味农等著名居士即参与了学社的教学。教、学二界的良性互动保证了学社的佛学教学研究始终处在较高的层次。

谛闲创办学社、采纳新的教学形式的主要目的是培养僧才,同时还欲借此恢复天台教学传统,达到对四明之学的回归。观宗寺是在延庆古院之观堂旧址上兴建的,为表对知礼的仰慕,以三观为宗之意,谛闲受任后改之为观宗讲寺,并募集巨资重建大雄宝殿、天王殿以及念佛、参禅、藏经诸堂,严定寺规,由此"规模涣然,为东南名刹"①。

三、弘扬天台学

谛闲恢复延庆昔日的辉煌,不只是体现在庙宇的修建上,更表现在他对天台之学的关注方面。在他入主观宗寺的次年(1913),即在本寺开设观宗研究社,作为本寺长年习教之所。早在此前,在《佛学研究社征集同志启》中,谛闲就曾说:

> 诸者泰西各国哲理之学,精思所至,亦多上攀唯识,近附华严,足知真俗二谛,无所不周。故谈论者卒莫能出乎其外。然则白衣高士,尚契玄言,况我同流,可无努力。若不研究至理,从事闻熏,使数千年之宗教任彼潭没,伊谁之咎与?②

众所周知,近代唯识学曾为知识界之显学,欧阳竟无、韩清净分别于南京、北京创内学院、三时会,力弘唯识,学界名流一时趋之若鹜。唯识学

---

①②《谛闲大师语录》,台北,和裕出版社,1999。

之所以为当时学人认可,就在于它的辨名析理与乾嘉朴学风格相似,亦可比类于渐兴中国之西学。相对于居士对唯识的弘扬,近代复兴天台的中坚力量则来自教界,而可以资用的思想资源主要来自天台独特的教义:性具善恶思想、妄心观。故对天台理论尤其是四明之学的阐发、辩护,就成为谛闲佛学的努力方向。

首先,谛闲在为观宗社设置的课程上,突出了天台教学的风格。据倓虚《影尘回忆录》,观宗社初期的课程有《十不二门》、《教观纲宗》、《法华经》、《法华玄义》,其中《十不二门》最为重要,讲述了两个学期(一年)。

其次,谛闲竭力捍卫天台性恶之旨,为此他曾多次与在家居士商量、探讨。如在《性具善恶辨》一文中,谛闲针对《大公报》上一程姓居士《辨心性之管见》之文错解"心性"义,提出批评。《管见》一文误以心性之"心"为《起信》生灭门中之第八识心,而非出真如生灭二门之心,乃"迷真逐妄,弃本附末之见"。事实上,《起信》一心开二门,此二门既同出一心,故此二不二,不二而二。而《管见》所论之心性之"性"又偏指《起信》真如门中之性,割裂了性相。谛闲指出,生灭乃真如之相,真如是生灭之性,所以"不变随缘,举真如之全体而成生灭之相;随缘不变,即指生灭全体便是真如之性。以生灭法无体,其所依之体性即真如性也"①。故不可于生灭外求真如,真如门中"绝生佛之假名",生灭门中有性具之善恶。由于此二门二而不二,故而生灭中之性具善恶即是真如中性具善恶。

出于对《起信论》真实义的辩护,谛闲并不特别标识天台圆教地位,倒是极力融合性恶论与《起信》的"觉义"。他说《起信》生灭门中开出二义:觉、不觉。觉为六识相应之慧心所,不觉为根本无明。众生初发觉时,"便觉得生灭门中三细六粗之法,法法皆是全真成妄,全妄即真。识得生灭诸法,皆无自性。无性之性,即是真如妙性"②。《起信》是以"心体离念,离念相者"为觉义,依于觉义而有不觉义,强调的是心体本觉的

---

①②《性具善恶辨》,《谛闲大师语录》。

优先性。谛闲此处论述"觉"的关键则是以了真妄相即而达平等一心,故心体平等而具真妄。所以"觉"就是顺性善而修善,得证圆满菩提,灭尽修恶,唯留性恶。以此性恶妙用化他。"不觉"则是逆性成修,依性恶而起修恶,修善断尽,但性善在,故终有成佛之期。

谛闲对性恶之旨更独特的表达,是提出体体、二体之说。在回答王真如居士"性具善恶为是体耶?为是用耶?"之问时,谛闲指出,体有体体、用体之分。所谓"体体"即当体之体,如一根木头,可以为锅盖、马桶等等,也就是说木头作为"体"包含各种可能性(概言之,无外善恶二义)。而"用"则有体用、用用之别。"体用"之义指依体所起之用,如诸器具皆从体起,此为"体用"。而"用用"则为矛以利为用,盾以坚为用。可见谛闲其实在体、用概念中分出了四个层次:体之体、体、体之用、用之用。天台之性具善恶是在"体体"层面上,不可与"用用"之善恶等而视之。

"性具善恶"也是近代佛学界争论的一个话题,当时参与这一问题讨论的还有居士张孟劬、龙松生、赡风子,乃至欧阳竟无。如果我们将其置于唯识学兴盛这一背景下思考的话,那么谛闲对天台学的维护当具有更为深远的意义。①

谛闲圆寂后,其嗣法弟子宝静、倓虚、静权等继承大师所开创的事业,在弘法、教学方面均取得很大成就,不仅使天台之教遍布中华大地(包括香港、台湾),而且远涉重洋,在东南亚、日本、美国等地区广泛传播。②

第三节 倓虚弘化天台于北方

倓虚(1875—1963),俗姓王,名福庭,法名隆衔,河北宁河人。11岁

---

① 参见张孟劬《与人论天台宗性具善恶书》、《再论天台宗性善恶书答余居士》;赡风子《性具善恶之辨证》;龙松生《与张孟劬论学书》;欧阳渐《复张孟劬先生论学书》;悦西《诸佛真不断性恶吗?》。以上文章均收录于张曼涛主编《天台思想论集》,台北,大乘文化出版社,1980。
② 如果不局限于天台宗一宗而论天台佛教的话,则太虚法师的人间佛教、印光法师的念佛净土均与天台佛教有密切联系。

入乡塾读书,14岁便辍学习商,19岁独闯关东至沈阳经商,曾在营口开办济生堂药店。1917年,以43岁的"高龄",投河北涞水县高明寺,在印魁和尚座下剃度出家,旋又南下到宁波观宗寺受具足戒。

观宗寺是近代著名的天台宗道场,当时是谛闲法师任主持。倓虚随谛闲潜心研习天台教观。由于出家之前对佛法已有较深入的了解,再加上由丰富的社会阅历所造就的恬淡心态,倓虚在观宗寺的学习真可谓是一日千里,进境奇速,因而深得谛闲师的器重,被授记为天台宗第四十四代。

自古以来,天台宗除了远播日本和朝鲜半岛,一直都在南方传播,从没有跨过长江北上。因为倓虚是北方人,又在天台教观方面学有所成,谛闲早就盘算着有朝一日能让倓虚到北方去弘传天台宗。当然,倓虚自己也是打算学成回北方弘法利生的。所有的因缘终于在1920年具足了,那一年,倓虚带着谛闲师授予他的褒词"虎豹生来自不群",离开观宗寺,回到北方,开始了他在北方的佛教传播事业。

一、倓虚的宏法、建寺、安僧

倓虚在北方的佛教事业可以用六个字来概括,那就是"宏法、建寺、安僧"。"宏法"就是依据天台宗的"五重玄义"来讲经说法,宣扬天台教观,综计"讲《心经》六十四遍,《金刚经》四十二遍,《弥陀经》二十四遍,《楞严经》十三遍,其他经论疏注各数遍不等"[①],并将大千佛法简化为"看破、放下、自在"之六字诀以示人,受益者无以数计。"建寺"就是创建或恢复寺庙。倓虚亲自主持或参与指导修建的寺庙如下表所示[②]:

地点	哈尔滨	长春	营口	青岛	黑龙江	绥化	天津	沈阳	吉林
年代	1922	1922	1921	1931	1929	1927	1942	1922	1938
寺庙	极乐寺	般若寺	楞严寺	湛山寺	大乘寺	法华经	大悲院	般若寺	观音古刹

---

① 蔡运辰:《倓虚大师传》,倓虚:《影尘回忆录》附录,第318页,上海,上海佛学书局,1993。
② 倓虚:《影尘回忆录》,第222页。

另外倓虚还亲自主持或参与指导修建了许多弘法支院,如下表所示①:

地点	一面坡	巴彦县	朝阳县	朝阳县	通辽县	望奎县	海论县	德惠县	扶余县	三盆河	舒兰县	呼兰县	松浦县	沈阳	吉林	长春	青岛
年代	1934	1924	1928	1939	1936	1940	1937	1922	1939	1939	1926	1936	1937	1922	1921	1945	1933
寺庙	普照寺	皈原寺	华严寺	兴福寺	圆通寺	寂光寺	海会寺	弥陀寺	如来寺	高明寺	明真寺	净土寺	观音寺	永安寺	广济寺	大佛寺	湛山精舍

表中这些大大小小的寺院都是天台宗在北方的弘法道场。除了修建寺庙,倓虚还广办佛学院以"安僧",其亲手创办或参与指导创办的佛学院见下表②:

地点	哈尔滨	长春	营口	青岛	绥化	天津	沈阳	吉林	沈阳	北京	西安	松浦镇
年代	1924	1935	1943	1935	1930	1947	1929	1943	1921	1925	1932	1941
佛学院	极乐寺佛学院	般若寺佛学院	楞严寺佛学院	湛山寺佛学院	法华寺佛学院	大悲院佛学院	般若寺佛学院	观音古刹佛学院	万寿寺佛学院	弥勒院佛学院	大兴善寺佛学院	观音寺佛学院

在这许多佛学院中,"其中以青岛湛山寺佛学院最为著名,该学院设有预(相当小学)、正(中学)、专(大专)、研究(本科)4科,分别为不同对象,开设不同课程,延请国内名僧如慈舟、弘一等任教"③。很大程度上与佛学院的成功运营有关,湛山寺后来成为北方天台宗的中心和根据地。

倓虚晚年到香港弘法,任华南佛学院院长,创办佛教印经处、中华佛教图书馆、天台精舍等。倓虚一生于弘法之外,亦有丰富著述,主要有:《金刚经讲义》、《起信论讲义》、《天台传佛心印记释要》、《始终心要义记》等,自传《影尘回忆录》流行于世。

---

① 倓虚:《影尘回忆录》,第223—224页。
② 同上书,第234—235页。
③ 朱封鳌:《中国佛学天台宗发展史》,第205页,上海,汉语大词典出版社,1996。

二、倓虚与青岛湛山寺

倓虚最主要的贡献就在于将天台宗传播到了北方。由于他曾长期主持青岛湛山寺,故此不妨以他对湛山寺的创建、经营为例来加以说明。

湛山寺兴建之缘起与著名居士叶恭绰有关。由于青岛曾为德国租界,故基督教在此地十分兴盛。1929年,著名居士周叔迦办佛学研究社,此为青岛佛教之先声。1931年,叶恭绰、陈飞青避暑于青岛,感叹于此地教堂林立,无有佛教寺院,"有碍观瞻",故有在青岛建庙之议。在叶恭绰、王金钰等居士的努力下,建庙款项得以募集,建庙之地亦被批复,而倓虚法师也应请主持建寺事宜。湛山寺的工程分为五期,从1934年动工到1948年,前后历时十几年,可见工程量之大。虽然整个庙宇兴建的周期很长,但寺院的主体工程较早完成,故得以开展弘法和教学活动。

1935年,湛山寺设立佛学专科补习班,后转为湛山寺佛教学校,内分专、正、预三科,后又增列研究科。对于佛教学校的发展,倓虚有明确的思路,就是培养佛教人才,故平素以学习为主,少应佛事,杜绝经忏带来的负面影响(此点倓虚在《影尘回忆录》中亦引以为荣)。

由于湛山寺为新建,故倓虚对于寺院制度建设极为关注,制定了《青岛湛山寺共住规约》(三十三条),寺规的内容颇能反映出倓虚对建立新型佛教制度的思路。

首先是"共住",倓虚强调,戒律为出家人根本,失去本分,则佛法不存。常住规约则是依照佛之戒律因时因地而定,乃是以方便而如法。寺院全体共同遵守常住规约,不得例外。戒律第一条为"本寺弘扬佛法,以教阐天台,行修净土为宗旨",这标明了湛山寺的宗派属性。第二条为"本寺住持,定为十方选贤,不收剃度弟子,亦不专传法子",这是要避免湛山寺成为少数利益集团的私产。此点在第六条、第七条、第八条亦有相应之规定。第五条比较特别:"本寺以僧伽为持法,主理内务;以佛学会居士为护法,佐理外务。"居士护法,自古至今都是一个普遍的事实,但以条文的形式将之表达并列入寺规,则是湛山寺创新之处,表明倓虚对佛教与世间关系的把握已有更新的视角,而对居士在佛教事业发展中的作用亦有非常清楚的认识,这一点当然也与其切己的经历感受分不开。第十条、第十一条对经忏作了严格的限制,明确表示"本寺僧伽,概不出寺应赴经忏"。第三十一条规定,本寺无有恒产,全靠当地善缘维持,不许本寺僧众私自募缘,外来诸山长老及居士亦不可于寺内募缘。作出这一规定,显然是要保持寺院清修之场的纯洁性。

倓虚的佛教制度建设,对于天台宗在北方的弘传、发展具有十分重要的意义,而将其放在近现代佛教变革这一背景下理解的话(如太虚提出并推动的佛教革命),倓虚工作的价值则更是巨大的。

回顾天台历史,直至近代,天台宗才真正将传法地域扩展到北方,从而由一地方性佛教发展成为一个全国性的佛教。在这过程中,除倓虚法师个人的努力以外,近代中国社会历史发展之状况当是更主要的机缘。① 从这个意义上讲,天台佛教在近代取得了巨大的成功。

第四节 斌宗法师传播天台于台湾

斌宗法师(1911—1958),俗姓施,出生于台湾鹿港,12岁入塾读书,勤奋好学,聪慧过人。一天,有位同学拿了把画扇请老师题诗,老师因事业忙而未顾,结果站在一旁的斌宗法师就自作主张给题上了诗,曰:"绿柳萋萋淡月幽,清江曲曲抗汀洲。平沙一片万余里,静夜无人水自流。"少年诗才如此畅达,令老师惊讶不已。14岁那年,爱好读书的斌宗法师

---

① 近代佛教形态的转换与近代中国社会变迁的关系如何,这本身是一个极有价值的课题。以天台宗为例,观宗学社的成立、青岛湛山寺的兴建,均与著名居士叶恭绰有直接之关系。维系与居士的关系一直是天台宗之传统,天台智者、荆溪湛然以及宋代的知礼、遵式、明智等均与同时代一流士大夫交往。到了近代,这一关系又具有不同于古代的新的特点。如何以及为何发生此种变化,有待我们深入思考。

路遇一卖旧书的，因出于好奇而购得佛教《三世因果经》一册，读后顿觉世事无常，乃发出家学佛的宏愿，但未得其父应允，迫不得已只好于深夜逃往狮头山，投闲云禅师出家。

斌宗法师出家后，云游台湾全省的佛教圣地，并于17岁那年在台中汴峰"结茅独居"，不接受任何供养，只靠给当地学生授课来维持生计。其间他专心研习大乘经典，也曾向信众传授大乘教义，并与当地的文人学士多有往来。在这样的"茅居"生活中，斌宗法师渐渐地了解到"当时台湾佛教，几乎仅限于'做佛事'，僧尼对于经典大都不求理解，甚至不知'行'为何物。当时所谓'说法'，不过是世俗因果报应之类，或佛教故事而已，三藏经典只见陈列，而不为四众所知解。僧尼虽诵佛经，但大多数仅是盲念，并不解佛法真实义，至于信仰更是混乱，完全不知正信与迷信之分，佛教徒甚至礼拜神鬼，外道或与神道邪教合流"①。鉴于台岛佛教的偏邪与混乱，再加上喜欢游方的云水性格，斌宗法师遂决心前往内地参访求法，并于1933年（是年斌宗法师23岁）乘船离开基隆港到了厦门，从此开始了他在内地的佛教生涯。

一、求法内地

斌宗法师从厦门登陆后，先是去福州的鼓山涌泉寺，造访虚云老和尚，不久便南游广东曹溪南华寺，转又北上前往浙江普陀山礼拜观音菩萨，并到宁波天童寺于圆瑛老法师处受具足戒。斌宗法师曾吟诗一首来表达得戒后之法喜充满，曰：

> 未偿宿愿落红尘，游戏人生廿四春，
> 往事回头如梦醒，一朝见性证吾真。
> 本来面目何曾失，自有衣珠岂患贫，
> 到处随缘无住著，为谁欢喜为谁瞋？

---

① 郑焜仁：《斌宗法师略传》，《般若心经注解》，第4页，台北，三慧学处，2003。

离开天童寺,斌宗法师继续在江浙一带参访,后去武昌参观世界佛学苑,并云游了庐山和九华山。1935年5月,斌宗法师重回浙江,到奉化雪窦寺拜见当时名噪一时的太虚法师,惜乎后者外出弘法,未得谋面①,于是他就前往宁波的天台宗道场观宗寺,这是斌宗法师与天台宗的初缘。当时主持观宗寺的是宝静法师。

斌宗法师在观宗寺潜心学习天台教观,日夜精进。一天,宝静法师要求学生针对央掘摩罗"弥杀弥慈"的故事写一篇申论作文,众学生皆不得要领,无从下笔,唯斌宗法师写了一篇后来被奉为名作的《央掘摩罗弥杀弥慈论》,简明扼要,不妨录之于下:

> 央掘摩罗——此云指鬘;又名一切世间现。生于佛世,印度舍卫城北,萨那村人也。受学于婆罗门,师事摩尼跋陀罗。因被师妇之谗,迫乎师命,昧乎道理,信杀千人有涅槃可证,不怕万劫受泥犁之苦。杀一七多日,恶实弥深,伤九百余命,心何残忍!佛悲愍之,放光照他,为之说法,立时改过忏悔,受持佛戒;当下回光返照,发现良知,得四圣果,具六神通。所谓屠刀放下,立地成佛;苦海无边,回头是岸。如是改恶皈佛,固属善矣!唯弥杀弥慈之谓,似乎不当?夫杀者,恶也,慈者,善也,非弥杀弥恶乎?盖善恶之不相扶,犹冰炭之不相容然,于理宁无违乎?何天台大师举斯言耶?想必有其宗旨在焉。

> 央掘杀人及千,害母并佛,故曰弥杀。然而见佛闻法,能即时大兴忏悔,猛发道心,一念之善,豁尔成圣,终能度脱其遭杀之人,虽杀其色身而益其法身,谓能使之了生脱死,离苦得乐也。故杀他者,度

---

① 斌宗法师曾作《雪窦游记》,其中写道:"余游雪窦有三目的在焉:一为拜访太虚大师,二领略雪窦风景,三预备避暑过夏……余以三目的游雪窦亦得三感想者:一、虚大师为佛教领袖,现代高僧,而教弘慈宗,锡卓名山;二、雪窦为浙东名胜,禅宗古刹,而得菩萨应化,高僧住持;三、弥勒为当来下生,一生补处,托名山以显瑞,得高僧而传道:夫岂偶然哉!可称天造地设,而余得游兹山,非三生有幸乎?"

他也！今以成圣之心，比其未杀之心，孰慈？必曰圣慈；此非弥慈乎？古德之言，岂欺我哉？予举喻之：例如某乡有一恶人，强暴横逆，无非不作，及其悔过也，慈良惠施，无善不为；较之常人及未作恶时，非弥恶弥善乎？或曰：世之似盗跖、鲧、桀之类不渺，佛不之度，而独见度于央掘者何也？经云："无缘不度"，非佛有私心者也。盖因其业重根钝，一时不受化度，所谓不肯回头，其奈他何？虽然，而佛之悲心靡已，必待缘熟而后度之。

复次，当知杀乃能开能遮，慈之有善有恶，若以善意犯杀而益人者，虽杀而慈，违理行慈而害人者，则慈而杀。如武王之诛纣而平天下，汤之伐夏以安民心；至于剿匪杀贼亦然。此非杀而善乎？苟慈其恶，而害天下，非慈而恶乎？观夫释迦往昔劫中，亦曾兴慈杀人，因知一人欲杀害船中诸人，虑其造重大罪恶，坠无间地狱，故起大慈心牺牲自己，利益众生，愿己入狱受罪，杀一命以救众命，犹能度其出苦，虽犯杀业，然则非唯无辜，反而益显大圣救世之慈悲心也。弥杀弥慈之说非斯义乎？若以恶心杀人，则弥杀弥恶矣，固知菩萨之杀人者，救人也，纯出乎慈悲者也，与之嗔恨凶恶而杀人者，岂可同日语哉！央掘之杀，事虽不同，理则相类。或者菩萨为愍一班自暴自弃作恶无知之众，有罪不知求忏，纵造其恶未知所以，故若是权化，以感斯类，使其回以返照，得同央掘之皈佛成圣者，亦未可知也。

嗟夫！末法之世，一般愚昧卑劣之辈，未到菩萨境界，又非央掘利根，不达弥杀弥慈之旨，妄生邪见，恣造恶业，倡言杀它者，救他也！食众生肉者，超度众生出苦也！呜呼！阿鼻地狱待谁入欤？

这篇文章写成后并没有直接提交给宝静法师，而是不署名发表于《宏法月刊》。后来，当宝静法师在月刊上读到此文并打听到是斌宗法师之杰作后，不禁啧啧称奇，并立马决定聘请斌宗法师为副讲法师，孰料斌宗法师得知这一消息后，惊讶得深夜出走观宗寺，并托前来追索其回去的使者转呈宝静法师："不远千里前来大陆，目的在于求学，绝无意讲授。

老法师慈意至为感激,但无论如何不能应命。"

斌宗法师离开观宗寺来到了天台山,时值静权老法师在天台山开办天台佛学院,斌宗法师便入其专修部,进一步研究天台教观并潜心阅藏,历时三年,其间曾担任静权老法师的副讲法师。

二、弘法宝岛

斌宗法师当年离台内渡时,曾打算在内地"作十年游",但由于抗战全面爆发,不宜久居内地,遂于1939年搭乘一商船回了台湾。归台后,斌宗法师应邀前往各地讲经说法,弘扬佛教,席不暇暖,既"首开台湾僧人研究经典的风气,让台湾的佛教徒得了解'出家'、'佛陀'、'菩萨'等等意义,转变'应酬佛事'为'研究圣法'"①,又第一次将天台宗传介到了台湾。因为他"每次讲经,均依天台五重玄义讲释,对每一语句则又'预释'、'分释'、再'合释',因此有一不识字的老人竟在听完一部经典后,能通国文"②。当时台湾正处于日占时期,日台政府积推行"皇民化",强迫台湾人都讲日语,但斌宗法师就是不买这个账,不管到哪里演讲都用国语,傲然的民族骨气令人钦佩。就这样,经过几年的经营,斌宗法师在台湾声誉鹊起,信徒广布,奠定了其在台湾佛教界的崇高地位。终于在1943年,斌宗法师在众信徒的大力支持下,于新竹古奇峰创建了法源寺,此后斌宗法师就基本上在法源寺说法,很少往来南北去讲经了。可以说,法源寺既是斌宗法师弘法的根据地,也是天台宗在台湾的一个大本山。

斌宗法师以"法源"为寺名是有一定寓意的。当时台湾佛教受日本佛教的影响不少(比如僧人中不乏娶妻生子、吃肉喝酒者),而与内地佛教有脱节,这在斌宗法师看来完全是舍本逐末,因为他认为内地佛教才

---

① 郑焜仁:《斌宗法师略传》,《般若心经注解》,第13页。
② 同上书,第16页。

是佛教的正统,台湾佛教回归内地佛教之"法源"才是正道——斌宗法师创立"法源寺"就是为了促成这一回归,而其具体措施之一就是在法源寺内设立佛学高级研究班,自任主讲,以培养和造就高层次的弘法人才。这个高级研究班在1949年被正式命名为"南天台佛学研究院",也正是在这一年,内地许多高僧因众所周知的内战原因而迁来台湾,这让此前一直有孤掌难鸣之叹的斌宗法师喜出望外,"至以为慰,认为宝岛佛教的黄金时代来临了,不但不怕台湾的佛教被日人的遗毒所流弊,且是佛教复兴的瑞兆,故极鼓励台湾的信徒们,多去听大陆来的诸法师说法"①。斌宗法师的这种不坐拥地主以自大反而宽宏大量地接纳诸贤的作风,实属难能可贵。

斌宗法师在这种群贤毕至、佛法兴隆的大好形势下仿佛年轻了许多,在此后的几年里,他重又像法源寺创立之前那样往来台湾南北各地讲经说法(其间曾到桃园麻风院为患者说法,引得许多麻风病人纷纷皈依),并于1955年在台北创立南天台弘法院,又于次年在碧潭山上创建法济寺。就这样,为法忘躯,积劳成疾,斌宗法师终因健康原因于1958年观世音菩萨圣诞节(农历二月十九日)安详示寂,荼毗得舍利甚多。

总结斌宗法师一生对佛教的贡献,此有三点不得不提:一是将天台宗传入台湾;二是使台湾佛教脱离日本佛教而回归内地"法源";三是使台湾佛教从"应酬佛事"走向"研究圣法",从而揭开台湾佛教近代化的序幕。

---

① 慧岳:《天台教学史》,第352页,青岛,湛山寺,2004。

第六章　印光与民国时期的净土宗

清末民初以来,净土一直为汉传佛教最重要的修行法门,也为汉传佛教的各宗派的共同信仰。20世纪初,有释宝一专弘净土,卓锡于北京红螺山资福寺,先后任维那、后堂、方丈诸职,恢弘彻悟遗风,专修净土,倡建莲社,并兴复净土道场多所,化被北方。同时,释妙舫住持终南山悟真寺,弘扬净土于西北。该寺也成为著名的净土道场。其中弘扬净土法门贡献最大的是印光大师,圆寂后被推为净土宗第十三代祖师,晚年所居的苏州灵岩山成为净土宗最著名的道场。其他如天台的谛闲、律宗的弘一、禅宗的圆瑛等也积极推动净土法门的流传,诸宗归净土的趋势较之清代更为明显。[①]

第一节　民国净土宗风

由印光等人的努力,净土宗在民间非常流行。净业行人组建了众多居士组织,专门弘扬净土法门。杨文会于1910年创立佛学研究会,创建

[①] 本节的写作参考了陈兵、邓子美:《二十世纪中国佛教》第八章"净土信仰的高扬",北京,民族出版社,2001。

每周六集体念佛的星期念佛制度。辛亥革命后,随着结社自由与信仰自由的初步获得,各地念佛团体剧增,至三四十年代达于鼎盛。据统计,当时仅苏州城团体有20多个,常州城内也有10多个。苏南念佛团体众多与印光的影响有关,印光道友及其在家弟子还在全国各地建立了不少莲社。大部分的地方佛学会、居士林都属于念佛团体。如江西刘金樵在彭泽创办佛学会,每星期日领众念佛,讲演经论。曹云荪在九江创立东林莲社。聂云生在清江成立霶雨念佛林。福建罗铿等在福州组织佛化社。陕西张智甲在朝邑创立念佛社,从者甚众。浙江孙常权在天台县创建天台佛教居士林。韩华忠等组织绍兴佛学会。释戒尘在云南建净业莲社,皈依之众达数万。释了道于崇明岛上倡组崇明莲社、启东佛学会。释建庸一人所组织的居士林、净业社、莲社竟达200余个。还有蓝种仙在淮安所建佛教净业社、浙江海盐佛学莲社、剡溪总莲社等。其中,以上海、南京佛教净业社、济南女子莲社、四川爱道莲社最为著名。从这些净土团体的普遍建立可充分看出民国以来念佛法门的流行。

净业行人也广泛参与社会事业,在民国佛教史中发挥了重要作用。如杨文会创办祇洹精舍,高鹤年、江味农、吴壁华、庄蕴宽等发起主持全国南北大规模的灾民救济,都在国内外产生了广泛影响。周舜卿在上海创办"锡金公所",发起并一度主持上海佛教居士林,出巨资赈灾,奋力雪冤狱。冯宜人在北京创妇女放生会、妇女制衣会,赈济灾民。七七事变后,上海朱石僧会同莲友筹设佛教救寒会,竭力救济灾民。王东园经营天厨味精厂,创名牌味精,为国争光,且救济贫寒,施粮助学,十年如一日。王心湛在天津创办火柴厂、羊毛织毯厂,凡振兴实业、挽回国权之举,无不尽力,家本富裕,以施济贫民寒士而耗竭。聂云台早年致力振兴民族工业,后在沪闻说家乡湖南灾情严重,遂尽出所蓄,并变卖不动产及其妻遗留饰物以赈灾。苏州俞宗如为救济失业丝织工人,竭力劝募,在唐家巷设粥厂,坚持数冬,在此基础上,于1941年创立了苏州佛教净业社。1945年苏北邳县大水,上海窦存我、胡松年发起救灾,慨认万元,筹足所需款。上海红十字会也一度由净土宗人罗奉章任会长,他常年救济贫苦,急人之难,施医给药,不取分文。

净土宗的教理建设也日趋完善。印光将《楞严经·大势至念佛圆通章》列为净土根本经典之一,编定《净土五经》。又重新增定了《净土十要》。所著《净土决疑论》、《净土法门三根普被论》等对净土教理有新的阐发。夏莲居在五种译本的基础上,完成《无量寿经》的会集本,名《佛说大乘无量寿庄严清净平等觉经》,又汇集了《阿弥陀经》汉、唐两译。印光弟子了然著有《般若净土中道实相菩提论》、《入香光室》,于念佛往生原理、净土与诸宗关系等方面有系统深入的阐发。

第二节 印光对净土宗的弘扬

一、印光生平

清咸丰十一年(1861),印光诞生于陕西省东南部的郃阳县。俗姓赵,名绍伊,字子任。父赵秉纲,母亲张氏。幼从长兄读书,颖悟异常。曾学韩、欧、程、朱辟佛,后觉前非,皈依佛教。光绪七年(1881)于终南山南五台莲花洞从道纯出家。翌年,挂单湖北竹溪莲华寺,"和尚见师勤慎忠实,适库头有病,即令代理其职",因此因缘,师于晒经时,偶读残本《龙舒净土文》,知净土法门为了生脱死要道。同年,于陕西兴安双溪寺,依印海律师受具足戒。受戒时担任书法事宜,因劳累眼疾复发,靠日夜精进念佛,勉强支持,戒期圆满,眼疾竟愈。由此深信念佛功德不可思议,而自行化他,一以净土为归,便由此而始。受戒后,一度遁迹终南太乙峰,晓夕念佛,喜读契经,深入法海,专心净土,久而弥笃,愈发觉净土法门的契合人心。

后闻北京红螺山资福寺为净土十二祖梦东老人道场,遂于光绪十二年(1886),前往红螺山,入堂念佛,沐彻祖遗泽,净业大进。其间朝礼五台山。三年中,除随众念佛外,历任云水堂、香灯、寮元、藏主等职事。并深入经藏,妙契佛心,径路修行,理事无碍。后移居北京龙泉寺、圆广寺,继续专修净土。时浙江普陀山法雨寺住持化闻和尚入京求藏经,邀其南下,遂于光绪十九年(1893)至法雨寺,在安单于藏经楼。光绪廿三年(1897)夏,大众一再坚请讲经,宣讲《弥陀便蒙钞》,结束后,便闭关两期六年。

印光法师出家三十余年,始终韬光养晦,昼夜专志修持,唯以念佛为主,期早证念佛三昧。民国纪元(1912),高鹤年居士到普陀,携其文稿数篇至上海,刊于《佛学丛报》,署名常惭愧僧。1917、1918、1920年,徐蔚如等收集印光书信和文章,刊行《印光法师文钞》,法师之名,因而传遍中外。1919年周孟由兄弟陪庶祖母到普陀山,再三恳请,印光才收为弟子,这是他受人皈依之始。后因印经事宜,印光法师于1918年后几次离开普陀山。1930年2月,应真达邀请到苏州报国寺闭关。1931年创建弘化社。1936年,东北日军挑起事端,上海佛教界修建护国息灾法会,印光破关前往说法,一时轰动上海。得知绥远灾情严重,即将所得香敬2 900元尽数捐去,并把仅存的印书款1 000元也汇去。1937年移居城外灵岩山寺,于1940年示寂于此。

印光法师一生不收剃度出家之徒,不做寺院住持,虽宗教具通,而不谈玄说妙,务使闻者能知而奉行即得实益。凡信众供养香敬,皆代种福田。一生所收在家皈依弟子十余万人,依教奉行得往生者,难以胜举。在他的倡导下,各地成立了众多的念佛组织。如上海世界佛教居士林、上海佛教净业社、南京佛教放生念佛会、佛教慈幼院等。并亲为苏州灵岩山寺制定规约、章程,使灵岩山寺成为净土宗的著名道场。印光重视佛教净土经典,他将《楞严经·大势至念佛圆通章》列为净土根本经典之一,编定《净土五经》。又重新增定了《净土十要》。并主持修订了四大名山志。倡印各种佛书,不下四五百万部,佛像百万余帧。其著述均收入《印光法师文钞》正编、续编、三编之中。印光法师中兴净土法门,贡献巨大,圆寂后被尊为净土宗的第十三代祖师。

二、通途法门与特别法门

作为一代净土祖师,印光一生弘化净土法门。然一句弥陀佛圣号人人可念,即使愚夫愚妇也可为之,看似平常浅显,故使聪明之士不屑为之:"近来人每每好高务胜,稍聪明,便学禅宗,相宗,密宗,多将念佛看得无用。"①"今之人多带一分夸大气派。"②生怕别人讥为无知无识,而妄充通家,不肯老实念佛,"或因撑场面","未知净土之所以,便欲遍研大乘经论。或慕禅宗之玄妙,或慕相宗之精微,或慕密宗之神通。将仗佛力了生死之法,视之若不济事者"③。只知他宗之玄妙:"彼只知禅家机语之玄妙,相宗法相之精微,密宗威神之广大。"而不知法门之难易:"不知禅,纵到大彻大悟地位,若烦惑未净,则依旧生死不了。相宗,不破尽我法二执,则纵明白种种名相,如说食数宝,究有何益?密宗,虽云现身可以成佛,然能成者,决非博地凡夫之事。凡夫妄生此想,则著魔发狂者,十有八九也。是以必须专志于念佛一门,为千稳万当之无上第一法则也。"④

念佛法门千稳万当,乃释迦教外别传之特别法门,出于一代时教之上。"在佛本心,无非欲直授己所证之觉道,以机多不契,故不得不曲垂方便以摄受耳。致于出世本怀,未能顿畅。由是于常途教理外,开一特别法门,所谓念佛求生净土,使彼若圣若凡,若愚若智,同于现生,出离生死。俾已破无明者,圆证法身,具足烦惑者,亦登不退,其功勋利益,出于一代时教之上,诚可谓至圆至顿之教外别传也。以故一切大乘经中,无不显阐赞导,一切菩萨祖师,无不依教奉行,以其为三世诸佛普度众生之大道,九界众生圆证佛果之妙法也。"⑤

---

①④《复姚维一居士书》,《印光法师文钞》(上),第285页。
②《复叶玉甫居士书》,《印光法师文钞》(上),第492页。
③《复闵宗经居士书》,《印光法师文钞》(上),第286—287页。
⑤《庐山青莲寺启建莲社缘起疏》,《印光法师文钞》(下),第1434页。

净土法门之所以为特别法门,在于其兼仗佛力:"以净土法门,仗佛慈力,其余法门,皆须己力。"①"净土法门,超胜一切法门者,在仗佛力;其余诸法门,皆仗自力。"②法门有自力与他力不同,修行就有难易之别:"一为通途教理,如世之士人,由资格而为官。一为特别教理,如世之王子,一堕地即为一切臣宰所恭敬。二种法门,不可并论,而具足惑业之凡夫,可不慎所择哉。""仗自力非见思净尽,无由出离生死;仗佛力,若信愿真切,即可带业往生。譬如渡海,一由自浮,一由乘舟,到岸虽同,其难易安危,奚啻天渊悬殊也。"③

此教外别传之特别法门,然看似浅显,实则玄妙:"似浅而深不可测,似小而大无不包。"④净土法门有理有事,其事甚平常,其理甚玄妙:"念佛一法,理极高深,事甚平常。""净土法门,理极高深,事甚简易。由兹天姿聪敏,知见超特者,每每视作愚夫愚妇之事,而不肯修持。"⑤净土之理唯佛乃能究竟:"净土事者,是大因缘。净土理者,是秘密藏。""古德谓念佛求生净土一法,唯佛与佛,乃能究尽。登地菩萨,不能知其少分者,即此是也。"⑥学人之所以将念佛一法视为浅显,乃以通途教理衡量特别法门的结果⑦:"须知净土法门乃一代时教中之特别法门,不可以通途法门并论。若不明此义,以仗自力通途法门之义,疑仗佛力特别法门之益,而不肯信受,则其失大矣。佛说难信,盖即指此,若无此执,则谁不信受奉行焉。""盖未详审通途、特别法门之所以,及自力、佛力、大小难易而致然

---

① 《复周智茂居士书》,《印光法师文钞》(上),第133页。
② 《复陈慧新居士书》,《印光法师文钞》(上),第396页。
③ 《〈崔母孙夫人往生传〉发隐》,《印光法师文钞》(下),第1647页。
④ 《致阮和卿居士书》,《印光法师文钞》(上),第322页。
⑤ 《复李觐丹居士书一》,《印光法师文钞》(中),第1077页;《〈嘉言录〉题词并序》,《印光法师文钞》(中),第1329页。
⑥ 《净土决疑论》,《印光法师文钞》(下),第1387、1381页。
⑦ 考诸净土教理史,净宗大德反复作"净土决疑论"(如智顗《净土十疑论》、怀感《释净土群疑论》、天如《净土或问》、莲池《净土疑辩》等),主要面对的不是佛教外部的挑战,而是来自佛教内部其他宗派的质疑,而质疑的根本原因,便是以通途教理对净土法门提出种种辩难,印光大师一语道破,发前人所未发,实为净土教理一大贡献。

也。""念佛一法,彻上彻下,即权即实,即渐即顿,不可以寻常教理批判。"①

此特别法门绝非专接下根,只为愚夫愚妇所设:"又复当知念佛法门,不是专被下根,是三根普被的。无论利根钝根,上智下愚,直至等觉菩萨,都是向这个法门,然后能成佛。净土法门真是最高尚最圆满的法门。若诬为愚夫愚妇之行者,直是谤佛谤法地狱种子!不信净土者,其愚狂堕落,是至可怜愍者也。"《华严经·入法界品》善财童子位证齐佛,普贤菩萨,尚示以十大愿王,回向往生西方极乐世界,以期圆满佛果,并普劝华藏海众②回向往生西方极乐世界,"可知往生极乐,乃出苦之玄门,成佛之捷径也"③。"九界众生离此法,上不能圆成佛道。十方诸佛舍此法,下不能普利群生。""此之法门,乃十方三世一切诸佛,上成佛道,下化众生,成始成终之总持法门。一切法门,无不从此法界流。一切行门,无不还归此法界。""统摄律、教、禅、密之宗,贯通权、实、顿、渐之教。"④

末法时期,舍念佛一法,更难解脱:"时当末法,舍此无术矣。"⑤"在昔之时,人根殊胜,知识如林,随修一法,则皆可证道。即今之世,人根陋劣,知识希少,若舍净土,则莫由解脱。"⑥

三、唯心净土与西方净土

对唯心净土的问题,作为一代净宗祖师,印光以《观无量寿经》中的

---

① 《〈阿弥陀经白话解释〉序》,《印光法师文钞》(中),第1238页;《〈嘉言录〉题词并序》,《印光法师文钞》(中),第1330页;《复马契西居士书二》,《印光法师文钞》(上),第198页。
② 夫华藏海众,无一凡夫二乘。乃41位法身大士,同破无明,同证法性,悉能乘本愿轮,于无佛世界,现身作佛。
③ 《世界佛教居士林开示法音》,《印光法师文钞》(下),第1691页;《净土决疑论》,《印光法师文钞》(下),第1380页。
④ 《净土指要》,《印光法师文钞》(下),第1659页;《〈无量寿经颂〉序》,《印光法师文钞》(下),第1322页。
⑤ 《〈傅大士传录〉序》,《印光法师文钞》(中),第1183页。
⑥ 《净土决疑论》,《印光法师文钞》(下),第1378页。

"是心是佛,是心作佛"①二语为基础,并借用天台教义的理具与事造思想来展开论述。他认为,净土有理有事。净土曰理,则唯心所现;曰事则有种种事相庄严:"净土约事,则实有至极庄严之境象。约理,则唯心所现。良以心清净故,致使此诸境界悉清净。理与事固不能分张。不过约所重之义,分事分理耳。"②理既理体,事即事修;理体即"是心是佛",事修即"是心作佛":"心具即理体,心造即事修。心具即是心是佛,心造即是心作佛。是心作佛,即称性起修。是心是佛,即全修在性。修德有功,性德方显。虽悟理而仍不废事,方为真修。否则便堕执理废事之狂妄知见矣。"从理上来看,一切万法无一非心性所现:"以如来藏妙真如性,含育生佛,包括空有。世出世间,无有一法能出其外,不在其中故也。以凡情观之,岂但五阴六入十二处十八界七大,皆属生灭,皆非真如。即断惑证真,成等正觉,亦不出生灭之外。以圣智观之,非但断惑证真,成等正觉,固属真如。即五阴六入十二处十八界七大,全体真如。从本已来,原无一毫生灭之相可得。"③正因为一切唯心,心具万法,所以,《观无量寿经》说"是心是佛"。心佛平等,则无佛与众生之别,也无正报与依报之分,更没有净土与秽土之异。所谓"实际理地,了无生佛之名。""随缘不变,一心之体用无殊。"④"若约实际理体而论,则凡圣生佛,因果修证,俱不可得。"进而言之,甚至连一心也不可得:"再进而论之,真亦不立,如本无名。一心尚不可得,有何二门之可论哉?是为究竟真如,究竟如来藏妙真如性,究竟心。"⑤

既然万法唯心,则吾人现前一念心性,当下具足西方依(西方极乐世界)正(阿弥陀佛)万法,从这个意义上,才可以说"唯心净土、自性弥陀":

---

① 《观无量寿经》,《大正藏》卷12,第343页。
② 《复马宗道居士书一》,《印光法师文钞》(中),第891页。
③ 《复马契西居士书九》,《印光法师文钞》(上),第204页;《复海曙师书》,《印光法师文钞》(上),第13页。
④ 《济南净居寺重兴碑记》,《印光法师文钞》(下),第1495页。
⑤ 《复海曙师书》,《印光法师文钞》(上),第13页。

"是以凡夫之心,与如来所证之不生不灭之心,了无有异。其异者,乃凡夫迷染所致耳。非心体原有改变也。弥陀净土,总在吾人一念心性之中。则阿弥陀佛,我心本具。"但若因为净土唯心,便妄生猜度,"谓净土种种不思议胜妙庄严,皆属寓言。譬喻心法,非有实境"①,或谓"既云众生即佛,则我即是佛,何必再念佛乎"②,这样的见解便是执理而废事,偏执净土(心性)之理,而废净土之事。"若有此种邪知谬见,便失往生净土实益。其害甚大,不可不知。"③

"唯心净土、自性弥陀",是就理性上说。若从事修上论,则尽管吾人现前一念心性与佛了无二别,其受用却有天壤之别,仍有迷悟不同,凡圣之分,净秽之别。即《观经》所谓的"是心作佛"。"作"即事造(事修),既有事造,就有迷悟不同:"众生者,未悟之佛。佛者,已悟之众生。其心性本体,平等一如,无二无别。其苦乐受用,天地悬殊者,由称性顺修,背性逆修之所致也。"所谓"称性顺修"即随顺真心本性,"背性逆修"背离真心本性,导致佛与众生的差距。印光以为其理甚深,需以譬喻说明:

> 众生全迷性德,毫无修德。譬如宝镜蒙尘,不但毫无光明,即铜体亦被锈遮,而不复现,众生之心,亦复如是。若知即此铜体不现之废镜,具有照天照地之光明。从兹不肯废弃,日事揩磨。初则略露铜质,次则渐发光明。倘能极力尽磨,一旦尘垢净尽,自然遇形斯映,照天照地矣。然此光明,镜本自具。非从外来,非从磨得。然不磨,则亦无由而得也。众生背尘合觉,返妄归真,亦复如是。渐断烦惑,渐增智慧。迨至功圆行满,则断无可断,证无可证。圆满菩提,归无所得。神通智慧,功德相好,与彼十方三世一切诸佛,了无异致。然虽如此,但复本有,别无新得。若唯任性德,不起修德,则尽

---

① 《复马契西居士书九》,《印光法师文钞》(上),第205页;《与陈锡周居士书》,《印光法师文钞》(上),第42页。
② 《上海护国息灾法会法语》,《印光法师文钞》(下),第1717页。
③ 《与陈锡周居士书》,《印光法师文钞》(上),第42页。

未来际,常受生死轮回之苦,永无复本还元之日矣。①

众生心性如同宝镜,虽具光明(理具),但由于蒙尘(事修无功),而光明不现,若能尘垢除净(事修有功),则光明方显。然若镜本不具光明,则无论如何揩磨,终无光明。所以因有理具,才有事造。有事造,方显理具。这样理事圆融,方合佛意。所以理事不可分割:"事理二法,两不相离。由有净心,方有净境。若无净境,何显净心?心净则佛土净,是名心具。若非心具,则因不感果矣。汝意谓,事则但是事相庄严,理则但是心性理体,理在事外,事在理外,何名理事乎?"②正因为心性本具西方净土与阿弥弥陀(理具),才能念佛往生西方净土(事造)。

四、老实念佛与敦伦尽分

印光法师一生以因果报应、老实念佛为弘化原则,又特别强调敦伦尽分,克尽人道,方可学佛,断不可空腹高心,夸大气派:"好高务胜,见异思迁,乃文人及虚浮学道者之通病。须知尧舜之道,孝弟而已。如来之道,戒定慧而已。纵使万圣万佛相继出世,亦不能稍变章程也。"③《文钞》一再开示此义:"学佛一事,原须克尽人道,方可趣向。"④"提倡佛学,当以敦伦尽分,闲邪存诚,诸恶莫作,众善奉行为本。"⑤"凡学佛者,必须敦伦尽分,闲邪存诚,诸恶莫作,众善奉行。不依此以教人,便为失机。欲学佛法,必须要敦伦尽分,否则尚是世间罪人,何能得佛法之真益乎。"⑥"须从伦常立基,以为学佛之本。"⑦

---

① 《潮阳佛教会演说四》,《印光法师文钞》(下),第1750页。
② 《复马宗道居士书一》,《印光法师文钞》(中),第891页。
③ 《复张曙蕉居士书二》,《印光法师文钞》(上),第688页。
④ 《与丁福保书》,《印光法师文钞》(上),第177页。
⑤ 《复郭汉儒居士书二》,《印光法师文钞》(中),第685页。
⑥ 《复李少垣居士书一》,《印光法师文钞》(中),第978页。
⑦ 《复时若居士书》,《印光法师文钞》(中),第687页。

"佛法虽为出世间法,实在世间法中做出。"①所谓"佛法在世间,不离世间觉。""良以佛教,该世出世间一切诸法。""故于父言慈,于子言孝,各令尽其人道之分,然后修出世之法。"世法为出世法的基础:"譬如欲修万丈高楼,必先坚筑地基,开通水道。则万丈高楼,方可增修,且可永久不坏,若或地基不坚,必至未成而坏。"②并以鸟窠禅师与白居易的对答为例说明:"昔白居易,问鸟窠禅师:如何是佛法大意?窠曰,诸恶莫作,众善奉行。白曰,这两句话,三岁孩童也会恁么道。窠曰,三岁孩童虽道得,八十翁翁行不得。须知此语,乃一切学佛法人之总关切要语。""诸恶莫作,众善奉行。""乃三世诸佛之略戒经,切勿浅视,当从举心动念处审察。若能推致其极,尚可以上成佛道,况其余福慧果位乎哉?"③

"良以如来说法,随众生机。机浅者,示之以敦伦尽分,闲邪存诚,诸恶莫作,众善奉行。渐入渐深,必可至于三业清净,一心圆明之地位。机深者,虽即与彼说心性妙理,令其直下悟入。而其修持工夫,仍不离敦伦尽分等事。"所以无论如何资格,何等天资,必须以敦伦尽分为修学基础,不可因其浅显而不屑为之,否则"何异鸟无翼而欲飞,木无根而茂乎哉"④?

念佛之人必须克尽伦常,方能往生:"能于家庭,及与社会,尽谊尽分,是名善人。善人念佛求生西方,决定临终,即得往生。以其心与佛合,故感佛慈接引也。若虽常念佛,心不依道,或于父母,兄弟,妻室,儿女,朋友,乡党,不能尽分,则心与佛背,便难往生。""凡莲友必须劝其力敦伦常,恪尽己分,诸恶莫作,众善奉行。果如是,则可谓真佛弟子矣。"⑤

---

① 《复周伯道居士书二》,《印光法师文钞》(上),第 649 页。
② 《与丁福保居士书》,《印光法师文钞》(上),第 177 页。
③ 《复马契西居士书一》,《印光法师文钞》(上),第 197—198 页;《复袁闻纯居士书》,《印光法师文钞》(上),第 148 页。
④ 《佛教净业社流通部序》,《印光法师文钞》(下),第 1357 页。
⑤ 《一函遍复》,《印光法师文钞》(上),第 2—3 页;《复周伯道居士书二》,《印光法师文钞》(上),第 649 页。

印光又常常从儒佛一致的角度开示此点:"尽性学佛,方能尽伦学孔。尽伦学孔,方能尽性学佛。""儒佛二教,合之则双美,离之则两伤。以世无一人不在伦常之内,亦无一人能出心性之外。"佛法重心性,儒家重伦常。心性与伦常本不相离:尽伦常为明心性之基础;果明心性必尽伦常(心性与因果不二,深信因果必尽伦常)。因此大师强调:"世有真儒,方有真僧。""欲为真佛,须先从能为真儒始。若于正心诚意,克己复礼,主敬存诚,孝友弟恭等,不能操持敦笃。则根基不固,何以学佛?"①"不宏儒而无由宏佛。五伦三纲,皆菩萨六度万行中事。"②

然印光并非认为儒佛完全一致。"儒佛之本体,固无二致。儒佛之工夫,浅而论之,亦颇相同,深而论之,则天地悬殊。""儒者能明明德,为能如佛之三惑圆断,二严悉备乎?为如证法身菩萨之分破无明,分见佛性乎?"③所谓本体者,即佛与众生同一之心性,儒佛固无二致。"人同此心,心同此理,生佛不二,凡圣一如。儒释圣人,先得吾心之所同然。"所谓工夫天地悬殊,盖儒家未能究竟,使本有真心不能彻底显现,若能如佛之三惑圆断,二严悉备,方能尽儒家之本怀,所谓"尽性学佛,方能尽伦学孔"。"然儒主经世,故其说注重伦常。于心性极致,不过略示端倪而已。若能研究佛学,有所悟会,则即伦常日用,无不一真毕露,左右逢源。故古今来建大功,立大业,精忠贯日月,浩气塞天地者,多从学佛得力而来。所谓不知佛法,莫由知儒。不知出世之妙,莫由经世也。"④因其未尽心性,故其于因果报应、三世轮回未能进一步发挥。"而世间圣人,只据现生,但令人尽义尽分,佛则具说过去现在未来三世,并详示其能尽之善报,不尽之恶报。"⑤儒家未能发挥因果报应之义,则世人每对伦常之道缺

---

① 《复安徽万安校长书》,《印光法师文钞》(上),第231页;《复永嘉某居士书二》,《印光法师文钞》(上),第97页;《复汪梦松居士书》,《印光法师文钞》(上),第115页。
② 《复谢慧霖居士书十二》,《印光法师文钞》(中),第670页。
③ 《复汤昌宏居士书》,《印光法师文钞》(上),第228页。
④ 《〈正学启蒙三字颂齐注〉序》,《印光法师文钞》(下),第1287页。
⑤ 《〈佛川敦本学校缘起〉序》,《印光法师文钞》(中),第1228页。

乏必要的信念:"尽义尽分,只能教于上智,不能普摄下愚。"①须以佛法作为补充:"佛则具说过去现在未来三世,并详示其能尽之善报,不尽之恶报。上根之人,但闻义分应尔,自可通身担荷,中下之人,阳奉阴违,则无法可治。若闻三世因果,知能尽则有善报,不尽则有恶报,人纵愚顽,决无幸灾乐祸,趋凶避吉之念。由知三世善恶报应,虽不欲尽义尽分,以冀善报而惧恶报,亦必勉力尽义尽分矣。"②

五、了然对印光净土思想的弘扬

印光作为一代净宗祖师,不谈玄妙之理,多说平常事相。曾说:"净土之事是大因缘,净土之理是秘密藏。"其弟子了然(1889—1977)这样评价道:"印公大师,皆因愍念末世众生,根机浅薄,莫能领会。于从上诸祖密修净土之大旨,隐而罕言。于净土易知易行浅显诸事相,极力弘扬,故得莲风普振,老幼同修。"净土之理当然不为凡夫所彻底理解,但若不揭示净土之理,则佛法全体真理不能显现,甚至使一些人轻视净土法门:"虽则不能使其人人皆知,然此从上诸祖密修净土大旨,只宜发扬,不可隐没,否则不合佛法全体真理,不能事理融通,会归一致。故往往被一般执理废事之辈,与好高务胜之流,轻视净土,忽而不修。"③印光法师因众生根基浅,故少谈净土之理,但并非不谈,如:"究实印公,对于从上诸祖密修净土之大旨,亦常兼带弘扬,但言词简略。如《印光法师文钞》云:以果地觉,为因地心,以因地心,该果地觉。又云,法法从此法界流,法法还归此法界。又题势至菩萨赞云,如子忆母忆世尊,直下即蒙恩。因心果觉两相契,立刻返本还源。此等妙言,皆是从上诸祖密修净土之大旨。惜乎多人,看作故套文章读了,莫知所云究竟如何。"④了然追随印祖几

---

① 《〈儒释一贯〉序》,《印光法师文钞》(中),第1216页。
② 《佛川敦本学校缘起序》,《印光法师文钞》(中),第1228页。
③④ 了然:《般若净土中道实相菩提论·补释疑问》,毛惕园编:《净土丛书》第13册,第72页,台北,台湾印经处,1981。

十年,颇能领略印祖的精神,对印祖的净土思想多有发挥,在现代净土教理史上占有重要地位。

了然,俗姓温,名谦和。江西宁都人。24岁于江西风岩青雨寺出家。1913年受具戒于大乘寺。后独居七星岩山顶,参禅数年,大悟。1916年住赣州光孝寺,曾住持马场。1921年与德森法师发足参访。翌年,至普陀山法雨寺亲近印光法师。蒙印祖开示,遂弃禅归净,专修净业。后追随印祖至苏州报国寺,协助抄写、校对、刊印经书等事。又随印祖上灵岩。曾闭关于佛海泉珍桃园之西关房,名"不退"。足不出户达数十年,念佛功夫大进。"文革"后,移居天平山果园。1976年春,其弟子迎会苏州城内养病。1977年7月9日示寂。剃度前读书不多。出家后用功得力,智慧开朗,文思泉涌,举笔成章。著有《佛祖心灯贯注》、《禅净双勖》、《圆通章讲义》、《净修道言》、《般若净土中道实相菩提论》、《普劝同伦念佛文》、《入香光室》。其净土思想深为印祖所重,印祖曾为其著作作序。其净土思想主要体现在《般若净土中道实相菩提论》及《入香光室》两部论著上。

(一)借果修因

佛法之修证无非还归自己的本觉。众生靠自力若不能返妄归真,须假借如来果觉方能证己本觉。这正是净土宗与其他宗派的根本区别。一旦入如来果觉,则必入自己本觉,因为佛与众生的本觉真心不二:"当知住己本觉,即是住佛果觉。常蒙佛光照彻,佛智融合,因是所谓果彻因源也。并非离己本觉,而别有如来果觉。亦非离佛果觉,而别有自己本觉也。"① "故此假借如来之果觉,还归自己之本觉。欲得念念安住自己之本觉,但须念念安住如来之果觉。欲得庄严自己之本觉,须假如来庄严之果觉。欲得圆满自己之本觉,须仗如来圆满之果觉。平常所谓念佛法门,以果地觉,为因地心,以因地心,该果地觉者,而正此意也。"② 了然称

---

① 了然:《入香光室》下集,第78—79页,台北,佛陀教育基金会,2000。
② 同上书,第79页。

之为"借果修因"。

借果修因的方法便是执持佛号。阿弥陀佛,以其所证圆满果觉真实妙心,全体彰在一句洪名。如同采百花为末,加以胶水和作丸香,每烧一丸,皆具百花之香。佛号正是弥陀无量福德(百花)与智慧(胶水)所成,所以众生每念一句佛号,便具有无量无边不可思议功德。佛号为弥陀果觉之权,持佛号之权可渐入果觉之实。因为权实不二,因权现实。

一句佛号就是弥陀果觉。弥陀果觉如同大冶洪炉,具有四种摄受力量,能消融众生的业力:一者法身摄受,二者光明摄受,三者神力摄受,四者色身摄受。所谓"法身摄受",也称无缘摄受。即弥陀以法界藏身,兴无缘大慈,摄受九界众生,一体包含。虽不念佛者,亦蒙摄受,不分轻重,等无弃舍。所谓"光明摄受",指念佛行人不能顿入如来法身果海。能至诚礼念,勿令退失,蒙弥陀光明摄受。《十六观经》云,无量寿佛,有八万四千相。一一相中,各有八万四千随形好。一一好中,复有八万四千光明。一一光明遍照十方世界念佛众生,摄取不舍。所谓"神力摄受",指念佛行人持佛名号,与佛法身气分相合,慈心愿力相接,必得常蒙弥陀慈心护念、愿力加持。能令净行纯熟,念念不退。所谓"色身摄受",指念佛人精进熏修,终身不退,虽则现在不见如来微妙色身,临命终时,定见阿弥陀佛,与诸圣众,现前接引,往生乐邦。①

(二)念佛三昧

佛号即是果觉,所以持佛名号就是借果修因,其目的是入佛果觉、住佛正定。如何念佛才能入佛果觉、住佛正定?了然认为有理事圆修与专依事修两种:利根人理事圆修,可以顿入佛觉,也称之为明入。顿根人则专依事修,只能渐入佛果,也称为暗入。不论圆修还是专修皆可入佛果觉。

对理事圆修的强调可以说是了然净土思想的重要内容。了然认为

---

① 了然:《般若净土中道实相菩提论》,毛惕园编:《净土丛书》第13册,第16—17页。

如果净土修持都一味地专依事修,"非但对于他宗不能互相融合,即对本宗发挥,亦一大欠缺,终不圆满"。一般执理之士,往往批判净宗缺乏般若真实理性,不能事理圆融,会归如来菩提实相中道,只是愚妇愚夫的行径。如果处处事理圆融,则能避免类似的质疑。所以了然特别强调"利根之士,多有般若气分,性好研究,皆应熏习,不宜放弃"①。

所谓"理事圆修",即念佛时,一念圆观顿觉身在如来菩提圆满果中,本来不出不入,安居正定。如是入者,称为顿入,也称明入。非但不失往生正因,生则品位亦高。因为心与如来菩提果觉相合,已得佛果熏染气分,所以品位高。

顿根人倘或不能事理圆修,当专依事修,不必深入理性。"若肯念念至诚,持佛名号,亦能渐渐深入如来菩提圆满果觉也。如是入者,称为渐入。虽则品位次之,而同归西方一也。""渐入"也称"暗入"。钝根之人不明理性,也可暗入佛果,其关键在于信愿深切,暗合道妙:"即如现今许多愚夫愚妇之老实头,虽然一字不识,一文不通,不善分别是非好恶。教他生信发愿,恳切至诚,念佛求生西方。便能发心信受,一直念去,始终不变,不生一点疑惑,只知越多越好。反能念到内外契合,根尘一如,唯有佛号,历历分明。如同地里流泉,念念不断。因是故名潜通佛智,暗合道妙,此乃所谓暗入也。"②但钝根之人念佛得益自己不知,恰似贫妇腹中,怀了转轮圣王,自己完全不知,到处乞食。因为"生佛因心果觉,本来不隔纤毫。如沤入水,天然相合"。"其所不合,皆由行人妄起疑情,妄生分别,不肯通身放下,死心契入。"众生与佛的因心果觉是一,只要肯通身放下,信愿念佛,即使不明白教理,也能得到真实利益。

不论理事圆修的明入或专依事修的暗入,其所入的佛果境界,也就是净宗传统上所说的"念佛三昧"。了然认为只要证入念佛三昧的境界,

---

① 了然:《般若净土中道实相菩提论》,毛惕园编:《净土丛书》第13册,第24页。
② 了然:《入香光室》,第81页。

便能决定往生。若未能达到念佛三昧(未能入佛果觉),则往生并无绝对的把握。之所以古人往生的多,而现代人往生的少,其根本原因就在于古人达到念佛三昧的远较今人为多:"历观古来诸大圣贤,临终瑞相昭著,坐脱立亡,任随其意,要去即去,去亦不须人助者,莫不皆由念佛三昧中得来也。"①平时念佛功夫得力,无论修观、持名,统能深入如来果海实相,安居如来三昧正定(念佛三昧)。既能深入如来果海实相,安居如来三昧正定,纵未亲证,皆已深得如来实相正定之力。则平时所有一切尘劳业识境界,自然渐渐消融,化为空寂,乃至灭尽,了无遗余。这样临终往生就有绝对的把握。

有净业行人认为希求念佛三昧,是舍佛力而重自力,了然与这种见解不同,认为念佛不求"一心不乱",正是舍弃佛力,因为自己的本觉就是佛的果觉,证念佛三昧恰是真正入佛果觉,接受佛陀的含养摄受。"既舍弥陀一心圆满果觉,行人念佛之时,终难定心立足,如同浅水之鱼,缺乏含养。正谓缺乏他力,欲得安身立命,去住自由者,岂非尽力勉强乎? 因是所谓真妄各别,权实分离,舍实从权,执权为实。虽则发心持名,而始终不契佛意,毕生坐守初步门庭,不肯前进深入如来庄严宝所。如来常谓可怜愍者,正此类也。"②

若念佛不能"一心不乱","既舍一心果觉之实,偏执弥陀名号之权,纵然得益,终属浅小,是以临终受用亦小"。譬如孕儿未出母胎,全身坐在母腹之中,仗母含养,渐渐长成。念佛行人也如此。若得入如来圆满果觉,安住如来实相正定,可谓全身坐在如来法身之中,仗佛含养,能使行人无边业障,渐渐消除,无量福慧,冥冥增长。即所谓"借果成因,即因住果。以佛庄严而自庄严,以佛住持而自住持"③。得此熏修,利益难量,纵使现生不能断惑亲证,到了西方,为因亦强。从彼渐渐进修,能速证

---

①② 了然:《入香光室》,第18页。
③ 同上书,第19页。

佛果。

若平时念佛功夫不得力，则"妄不归真，临终正定，决难现前。因其平时妄念迁流，定水枯涸，杂见混乱，正智昏迷。虽有净行，亦属散漫，莫能统摄，会归一心。纵有功德，终属权小，所以临终受用亦小"①。往生没有绝对的把握。大师有把念佛名号比如同沐浴，达到念佛三昧者如同全身坐入浴池（入弥陀果觉），能令业障净尽无余。未证念佛三昧者，不能全身坐入浴池，则水少垢重，难得清净。

又念佛之人如水（佛陀果海）中之鱼，全仗水力，方能活动自由："若得满分之水，则有满分之乐。若得多分之水，则有多分之乐。若得少分之水，即觉有苦无乐。若全不得水，则须臾不能活动，命亦去矣。我等念佛行人，亦复如是。若能亲证如来果海实相，如得满分之水。若能深入如来果海实相，如得多分之水。若但专在权上用功，不能深入如来果海实相，如得少分之水。若全不念佛，则与如来三昧海水，全不相接，慧命断矣。"②

了然对净业行人只图散心念佛，不求一心不乱，提出了批评，认为在某种程度上是对永明延寿四料简的错误理解："察其来因，多由过执《永明料简》，疑此弥陀一心圆满果觉，不敢深入安住其中，恐落禅定，变成自力，不得往生，是以多人捐弃。"③"今见许多行人，平常说起念佛要得一心，究竟谈到一心，看他有些骇怕，疑不敢入。纵然偶尔契入，不敢脚踏实地，住佛正定。恐仗自力，孤负佛恩，不得往生，情愿弃之，另仗佛力。"④永明四料简强调参禅者不可轻视净土，并非反对念佛三昧，否则不会有"有禅有净土，犹如带角虎"的说法，念佛三昧并非仅靠自力，放弃他力。

念佛须达一心不乱，但非"禅净双修"。因为阿弥陀佛菩提果觉，本

---

① ② 了然：《入香光室》，第64页。
③ 同上书，第18页。
④ 同上书，第78页。

来福慧圆满。如果认为若不"禅净双修",不能圆满,便错解阿弥陀佛,以为阿弥陀佛往昔因地,专为修福,不曾修慧。"佛佛道同,原无二致。因已福慧圆满,故名为佛。十方诸佛,莫不皆然。岂有阿弥陀佛而独不然乎?"所以一句佛号本身福慧具足,不必另寻明心见性。念佛三昧,人人有分,人人可证,不论理事圆修还是专依事修,都可证得,不须禅净双修。"权实一如。权人知权,从权归实。实人见实,即权即实。但莫疑情分别,只须念念存诚,执持佛名,虽愚夫愚妇,可令当下念念契入,渐入渐深,何用禅净双修?"[1]关键是不怀疑,能够通身放下。只不过有"明入"与"暗入"之分而已,所以即使愚人念佛,若能通身放下,死心契入,必能暗合道妙,得念佛三昧。

(三) 净土为归

了然认为净土法门,"极顿极圆,至简至易,直捷稳当"。又能补助一切法门自力修正之不及,"是以无论何宗何教,若圣若凡,皆以净土法门而为归宿"[2]。在《般若净土中道实相菩提论》中,对禅宗、华严、天台、唯识、律宗、密宗与净土宗的关系作了一一分析,从而指出"诸宗归净"的必然趋势。

第三节 民国时期诸宗归净

一、禅宗归净

禅净融合的传统在民国以来的佛教界依然盛行,禅门巨匠如虚云、来果、圆瑛等都主张禅净双修。

虚云(1840—1959)为近代禅宗泰斗。他的净土思想与净土祖师特别强调念佛法门的独特殊胜之处有所不同。强调诸法平等、无有高下:

---

[1] 了然:《入香光室》,第20页。
[2] 了然:《般若净土中道实相菩提论》,毛惕园编:《净土丛书》第13册,第31页。

"佛法的每个法门,皆可修持。你与那一法门相宜,便修持那一法门。且不可赞此毁彼,妄想执著。"①认为禅净二宗互相毁谤是佛门最堪悲叹的恶现象,犯下毁谤佛法危害佛门的重罪。虚云以偈颂说明禅净的一致:"佛说一切法,莫非表显心,安得禅净门,妄自别浅深。一称南无佛,心光自发宣。了此话头源,当下达本宗。识兹佛来去,参禅证无生。动静是如如,净土即此间。"②禅宗与净土本来相辅而行,若禅者以打成一片之功夫来念佛,如斯之念佛,安有不见弥陀。如念佛人将不念自念寤寐不异之心来参禅。如斯参禅,何愁不悟?念佛到一心不乱,何尝不是参禅?参禅参到能所双忘,又何尝不是念实相佛?禅者,净中之禅。净者,禅中之净。

虚云认为《六祖坛经》说"东方人造罪求生西方"等语,与净土宗并无冲突。六祖只是随缘说法,叫人了自性,识身中净土。若念佛到一心不乱,则无时不在净土,所以《坛经》说悟人在处一般。他在复兴曹溪祖庭南华寺时,于禅堂外别立念佛堂,对参禅不能契机者,每示之念佛法门。自述"平生没有劝过一个人不要念佛,只不满别人劝人不要参禅"。对净土宗徒对禅宗的非议,也作了回应,认为近世修净土人,多数固执永明四料简,屡说参禅之弊。四料简是否出自永明,已难考证,但不可轻易否定。其实释迦说法本无禅无净,念佛人心净佛土净,见自性弥陀,何来禅宗净土之别?禅本为最上一乘法,犹如纯奶,卖奶之人,日日加水,以致全无奶性。永明所说"有禅无净土,十人九蹉路"批判的是掺了水的禅,并不是说纯奶的禅是"蹉路"。若偏执不通,对禅净二法妄分高下,就辜负了永明禅师③。建议净土行人重视《楞严经·大势至菩萨念佛圆通章》中的净土思想:"应了解《大势至菩萨念佛圆通章》。要认识自性净土,舍妄归真,勿得向外别求。如果我们能体会到这种真理,随他说禅也好,谈净也好。说东方也去得,说西方也去得。乃至说有也可,说无也可。到

---

① 《虚云大师开示录》,《虚云和尚自述年谱》,第182—183页,台北,和裕出版社,2003。
② 《扬州邓契一居士问念佛》,《虚云和尚自述年谱》,第630页。
③ 《禅宗与净土》,《虚云和尚自述年谱》,第376—377页。

这时,一色一香,无非中道了义。自性弥陀,唯心净土,当下即是,那有许多葛藤。"①永明为法眼祖师,不会自抑己宗,而是认为参禅若不得要领,不如念佛可靠,但并非光念佛就可万修万人去,要往生也须念佛得力。(所以说要"有净土",才能见弥陀)

在念佛方法上,较重视实相念佛:念佛贵于心口不异,念念不间,念至不念自念,寤寐恒一,如是用功,何愁不到极乐?

圆瑛(1878—1953)为民国禅净双修的代表。初入宗门,36岁后,因读永明延寿和云栖莲池等许多净土法门经典著作,始信净土念佛法门。从此致力于禅净双修,数十年来,力弘净土,"凡于住持之寺,均有念佛堂之设,于皈依者,咸劝精修净业"。到处讲经说教,劝人念佛。有《阿弥陀经要解讲义》、《佛说阿弥陀经讲义》、《大乘起信论讲义》、《大势至菩萨念佛圆通章讲义》、《省庵大师劝发菩提心文讲义》、《劝修念佛法门》等净土论著流通于世。也曾经讲过《弥陀疏钞》和《普贤菩萨行愿品》,病重之日唯求生净土,圆寂前夕曾吟诗一首总结一生的修持:"禅净双修数十年,了知净土即深禅,有人问我其中意,云在青山月在天。"

圆瑛继承了汉传佛教的禅净双修、诸宗归净的传统。认为释迦因机设教,方便多门,归元无二。"禅净虽有二名,其实一理,不过下手不同,对机有异耳。""若以禅排净,以净抑禅,非特他宗不用,实亦自宗未彻。"②大师比较了禅宗与净土宗,禅则独被上根,净则普被三根。但禅宗虽然独被上根,下根绝分,但并非净土法门便只是愚夫愚妇所为:"若论高深,则禅宗单刀直入,固推圆顿,而净宗达理之士,未必或逊。古德云:忽然起念念弥陀,平时无风自作波,有念消归无念处,岂知无念亦为多。此则有无双遣,一性圆明,与禅宗圆照清净觉相,无以异也。"③念佛若能达到

---

① 《虚云大师开示录》,《虚云和尚自述年谱》,第184页。
② 《复闫退之居士垂问禅净二宗》,《一吼堂文集》,第91页,上海,上海佛教居士林,1988。
③ 同上书,第92页。

理一心不乱,则与禅宗的境界同样:"知能念心外,无有佛为我所念,所念佛外,无有心能念于佛,能所双忘,心佛不二,亲见自性弥陀,则与亲见本来面目如同一辙。"①念佛之人若不能证念佛三昧,也可凭佛力,往生西方,所以念佛法门较之禅宗稳当。参禅之人不可高推禅理,轻弃净宗,但也不必舍禅修净,不妨禅净双修。

在净土三资粮中,圆瑛最为强调念佛之行,认为念佛即具信、愿、行三资粮,信则念,不信则不念,念具信资;以念佛为因,愿求往生之果,念具愿资;念念念佛,力行不倦,念具行资。念佛不仅具有净土三资粮,而且含摄佛法的闻、思、修三慧:"闻说佛名,谛信不疑,为闻慧;记忆在怀,恒不忘失,为思慧;持念不辍,无有间断,为修慧。《佛地论》云:菩萨履三妙慧,净土往还,是念佛人,必具三慧,方归净土。"②

圆瑛参究宗乘,独步《楞严》,念佛方法主要依据《大势至菩萨念佛圆通章》,强调实相念佛,以期达到一心不乱。认为念佛之法,当以意根念,莫用意识念。即大势至菩萨所云:"都摄六根,净念相继,入三摩地。"(得入念佛三昧)都摄六根一句,证明念佛为意根念。意根属心法,以意根之心,系缘于佛,则诸根悉皆不动,故得都摄,其念乃净。以净念为因,得生净土为果,故称为净土法门。③

二、天台归净

民国以来的天台宗继承明代灵峰派"教宗天台,行归净土"的传统。谛闲、宝静、倓虚等天台高僧皆兼弘净土法门。

谛闲(1858—1932)为近代复兴天台教观的著名高僧。一生坚持台净双修,日诵《普贤行愿品》、《观无量寿佛经》,念佛万声,以为常课。有关净土著述有《念佛三昧宝王论义疏》、《发菩提心文讲义录要》、《观经疏钞

---

① 《复闫退之居士垂问禅净二宗》,《一吼堂文集》,第 91 页。
② 《大佛顶楞严经讲义》,第 836 页,台北,三慧学处,1999。
③ 《念佛法门》,《圆瑛法师演讲集》,第 8—9 页,上海,上海佛教居士林,1988。

演义》《普贤行愿品辑要疏》等。其净土思想多以台宗教义阐发。认为所持佛之名号,本具三谛:"谓名字相有,即俗谛。名字性空,即真谛。性相不二即中谛也。"能持之念,由来三观:"谓念性了不可得,即空观。念相历历明明,即假观。性相一如,即中观也。"①念佛本身即是止观:"念佛念念是佛,即是止;句句分明,即是观。"②

谛闲认为修净业者,须知天台"六即佛义"才能理解净土教理。唯心净土、自性弥陀,人人具足,此约性德边说,即理即佛。闻弥陀之名,解心性之义,虽能了悟,尚未起修,为名字即佛。既解名义,全性起修,专念一句弥陀,为观行即佛。念佛念至相应一心,虽破见思,未动无明,为相似即佛。念佛念到豁破无明,分显佛性,分证即佛也。念至去尽无明,二死永亡,究显自性,为究竟即佛。③ 若净业行人,只知理具,不起事修,则自性弥陀,难以显现。如金在矿,若无发掘之功,终无得金之日。又从《观无量寿佛经》中"是心是佛,是心作佛"来发挥此义:"是心作佛",说明非性德自然有佛。"是心是佛",说明非修德因缘成佛。即是而作,故全性起修,则泯一切自然之性。即作而是,故全修在性,则泯一切因缘之性。④ 若起事修,则由浅入深,从名字佛、观行佛、相似佛、分证分到究竟佛,必然上品往生。

宝静(1899—1940)为谛闲法嗣。曾宣讲《阿弥陀经》《弥陀要解》《弥陀疏钞》等,净土著述有《观世音菩萨普门品讲义》《阿弥陀佛要解亲闻记》等。对净土与天台的关系作了比较集中的阐发。认为净土宗与天台宗,最为相近,二者不宜有轩轾:"须知净土所归,归于天台所诠;台宗所诠,诠于净土之所归。若净土离于天台教理,则无由显其深玄;若天台离乎净土指归,则无由显其观妙,足见净土与天台,相得益彰,实深具密

---

① 《观经疏钞演义序》,《谛闲大师遗集》第5编,第524页,台北,佛陀教育基金会,2003。
② 《开示常堂主师》,《谛闲大师遗集》第5编,第281页。
③ 《上海世界佛教居士林净土法门》,《谛闲大师遗集》第5编,第269—270页。
④ 《观经疏钞演义》,《谛闲大师遗集》第1编,第683页。

切之关系。""非天台,不足以明诸佛究竟理智之义,非净土不足以明毕竟归宿之处。"

净土之念佛即天台之止观,有止有观念佛才能达到一心不乱、念佛三昧:"是知念佛不散不乱即是止,不散复不昏,此即寂而常照,止即观也;念佛不昏不昧,即是观,不昧复不乱,此即照而常寂,观即止也。若念佛离乎止观,即不能成念佛三昧,无止则口念弥陀心散乱,胡思乱想,即非一心不乱念佛;无观则口念弥陀心糊涂,昏沉迷昧,亦非一心不乱念佛。所以一心念佛,即是不昏不散之止观不二也。非止观不足以显念佛一心,止观即念佛也;非念佛不足以显止观不二,念佛即止观也。"

净土之念佛,也含摄台宗一心三观:"所念之佛,原无所有,能念之心,了不可得,能所双亡,即体真止,空观也;能念之心历历分明,所念之佛,清清楚楚,能所历然,即方便随缘止,假观也;能所双亡而双照,能所对立而双遮,遮照不二,即息二边分别止,中观也。"

自古迄今,台宗诸祖,临终念佛往生西方为最多,因此台宗学者,无不发愿往生西方。台宗教理精微,超过诸说,欲洞明净业,信愿持名之理趣,念佛往生之妙谛,亦非穷彻本宗而不可。若能台宗教理,一分明白,则于净土便有一分信心,若能十分明白,即于念佛往生便有十分信心。当然宝静也注意到净土念佛与天台止观的差别:净土念佛仗他力,以弥陀愿力摄持,于一心不乱念佛中,尤须信愿恳切求愿往生,以极乐安养,为归宿地。

倓虚(1875—1963)也为谛闲传人,推动净土法门更为积极。大师一生讲《弥陀经》24遍,并有《念佛歌》、《念佛论》、《佛七开示》、《念佛伽陀弁言》、《念佛与往生》、《想离苦必须念佛》、《略说唯心净土自性弥陀所摄之广说》、《东林念佛堂举行念佛七致词》等文弘扬念佛法门。

倓虚认为"教演本宗,行归净土"可为汉传佛教的共同传统,不论过去的祖师,还是当代的高僧大德,无不重视净土法门:"过去的祖师们,如:天台智者大师、永明寿禅师、蕅益大师、彻悟禅师等,末了都归于净土，专门念佛。"①"台宗诸祖悟后，皆修净土以求往生。"②"现代律宗大德弘一律师，他虽是专门弘律的人，他个人却一心一意的念佛，见人也劝人念佛。其他如谛闲老法师、虚云老和尚等，亦莫不注重念佛。所谓'教演本宗，行修净土'。"③

《法华经》在汉传佛教有很高的地位，被称为诸经之王，也是天台宗的根本经典，《阿弥陀佛经》为净土宗的根本经典。倓虚将《阿弥陀佛经》与《法华经》并重，常说《法华经》是广说的《弥陀经》，《弥陀经》是略说的《法华经》。因为二者都是佛陀无问自说，是以佛陀的现量心，观现量境，因此诠事即理，不谈法相。如《弥陀经》云："若有善男子，善女人，闻说阿弥陀佛，执持名号，若一日，若二日，若三日，若四日，若五日，若六日，若七日，一心不乱，其人临命终时，阿弥陀佛与诸圣众，现在其前。是人终时，心不颠倒，即得往生，阿弥陀佛，极乐国土。"《法华经》第二十三，《药王本事品》云："闻是经典，如说修行，于此命终，即往安乐世界，阿弥陀佛，大菩萨众，围绕住处，生莲华中，宝座之上。"这些意义都相同。其他在《弥陀经》里，所说的国土庄严，说佛的寿命，说佛的光明，以及六方佛，诸佛护念等，虽然和《法华经》的文相，措辞有广略不同，但其境界和意义，都是理无二致。④ 并举如莲法师的事例来证明此点，如莲法师出家后，除虔修净土法门外，并日诵《法华经》一遍，几十年如一日。临终预知时至，在念佛声中，含笑往生。⑤"这都是因平常诵《法华经》的好处。"念佛法门与《法华经》所开示的都是最上乘法："要知念佛一法为最上乘法；《法华经》为如来最后极谈，亦为最上乘法。二者皆为佛无问自说，让众生开示悟入佛之知见，毕竟成佛。"又从"空色不二"的立场证明《法华经》与《弥陀经》的一致：

---

① 《念佛论》，《倓虚大师精华录》，第30页，台北，原泉出版社，1997。
② 《佛之名号浅释》，《倓虚大师精华录》，第183页。
③ 《念佛论》，《倓虚大师精华录》，第31页。
④ 倓虚：《影尘回忆录》，第294页，北京，宗教文化出版社，2003。
⑤ 同上书，第294页。

> 我佛为此一大事因缘,尘说、刹说、炽然说,直至方等会时,见大乘机缘成熟,弟子等多有证"色即是空"者,乃始为说"空即是色"。故说净土三经,教令一心念佛。即此一念心力,直接往生佛国,亲觐弥陀。当时能信受担荷者甚少,不过为最后之法华经作前导,证实色空不二,我法一如,接引上根利智而已。及至般若会上,为三乘人破具生我法二执,直到法华会上,方开权显实,开迹显本,大演"诸法实相",确指方方皆是净土,人人皆可成佛。由此可知,法华经即广说之净土,弥陀经即为略说之法华也。①

净土为最上乘法,不仅与《法华》精神一致,而且可综括中国佛教其他禅教律密四大宗旨而无遗:

> 所以者何?此一句佛号,即能超过最上禅宗,何须证末后一着,以能生净土,能一生取办故。又此一句佛号,超越一切经教,信解行证,何须再证妙觉果海?以净土圆具四土,已到含元殿,何须问长安?又此一句佛号,具足一切律仪,本自清净,何须再证清净法身?以修净土者,因净果净,依正二报具清净故。又此一句佛号,超过一切陀罗尼,何须多世持咒,方得即身成佛。以修净土者,一生净土,永不退转拖质宝莲,相好自然具足故。以上四大宗旨佛金口所说,以众生根性不同,故应机施教,乃属于权实兼施方便法门。至于念佛法门,三根普被,九界齐收,赅罗八教,圆摄五宗,佛称之为异方便。足见此法门,简要殊胜,一切诸法,无不从此法界流,无不还归此法界。②

念佛为最上乘法,因此大师反复开示:"要老实念佛,千万不要把这句阿弥陀佛看轻!"并做《念佛歌》,也积极提倡念佛法门:

---

① 《佛之名号浅释》,《倓虚大师精华录》,第182—183页。
② 《东林念佛堂举行念佛七致词》,《倓虚大师精华录》,第381页。

> 念佛好，念佛好，念佛乃是随身宝。每日若念千声佛，三世之罪皆能了。三世无罪增福寿，一生安乐有多好。多作功德福无量，当仁不让善中行。几句俚言警善士，念佛之士早开觉。①

印光的弟子了然也主张念佛法门，具天台止观之益。阿弥陀佛菩提果中，本来法法圆融，三谛具足，当体即俗，即真，即中也。所以"所念之佛，即一境三谛"。若能如是领会，则弥陀一境三谛转为自己一心三观，即假借如来菩提果觉，转为自己菩提因心。一念直下承当，顿觉立地圆成。"念佛行人，但能得入如来菩提圆满果觉。从此心心持名，念念观照，自然三观顿修，三谛圆融。然后念佛之时，念念观佛果觉，即是观。心心住佛正定，即是止。如水住水，似水合水，即是止观双运，定慧等持。合至其极，毕竟成片，即是止观双泯，定慧一如。所言止观双泯。定慧一如者，即念佛念到因果相契，心佛一如，一念全体，全体一念，绝待圆融，不可得而思议也。"②

三、华严归净

自明代莲池以来，华严与净土的关系备受净业行人关注，民国以来，弘净土者多留意于华严教理，而弘华严者也多发愿往生。

杨文会居士自称"教宗贤首，行在净土"。但初闻佛法，唯尚宗乘，见净土经论，以为著相，非了义说。"及见云栖诸书阐发奥旨，始知净土一门，普被群机，广流末法，实为苦海之舟航、入道之阶梯也。"③受莲池著述影响，从华严而入净土，醒悟净土为圆融之教："若夫利根之士，高谈性理，轻视莲邦，是皆未达空有圆融之旨，弃大海而认涓滴者也。"④念佛往生一门，以果地觉，为因地心，为圆顿教中之捷径。《华严经》末，普贤以

---

① 《念佛歌》，《倓虚大师精华录》，第195页。
② 《般若净土中道实相菩提论》，《净土丛书》第13册，第58—59页。
③ 《〈重刊净土四经〉跋》，《杨仁山居士文集》，第298页，合肥，黄山书社，2006。
④ 《〈西方极乐世界依正庄严圆图〉跋》，《杨仁山居士文集》，第300页。

十大愿王导归极乐,故净土宗应以普贤为初祖。

又从华严宗的理事无碍、一多相即来判净土在佛法中的地位,以净土为圆顿之教:佛教分十宗,其他宗分摄群机,而净土宗普摄群机,一宗可含摄其他九宗,"以前之九宗分摄群机,以后之一宗普摄群机。随修何法,皆作净土资粮,则九宗入一宗。生净土后,门门皆得圆证,则一宗入九宗。融通无碍,涉入交参,学者慎勿入主出奴,互相颉颃也"①。"净土一门,括尽一切法门,一切法门,皆趋净土一门。"②"此经专为具缚凡夫,现世证得无生法忍而说,是至圆至顿无上法门。"③"欲一生成办,径登不退,要以净土为归,此系最捷之径也。"④

对《坛经》中的净土思想,杨文会从华严理事关系的角度作了回应,认为六祖惠能对净土的看法,主要是从"以理夺事"的角度而言的,如:"悟人自净其心","愿东愿西,悟人在处一般。所以佛言:随所住处恒安乐,使君心地但无不善,西方去此不遥。若怀不善之心,念佛往生难到。今劝善知识,先除十恶,即行十万,后除八邪,乃过八千,念念见性,常行平直,到如弹指,便睹弥陀,使君但行十善,何须更愿往生"。"东方人造罪,念佛求生西方。西方人造罪,念佛求生何国?"对此他这样评到:"净土人不造罪,故栖神微妙,入华严之玄,圆超东土西方,何肯造罪。六祖虽狠,决定骂不着。"禅宗重视明心见性,所以唯谈理性,不论事修。"以理夺事",所以不说"事能显理"。⑤ 并非轻视净土法门。

净土法门与其他宗派有同有异:"以念佛明心地,与他宗无异。以念佛生净土,惟此宗独别。"并作"生去四料简",认为古人常说的"生则决定生,去则实不去",是夺境不夺人;"去则决定去,生则实不生",为夺人不夺境;"去则实不去,生亦实不生",为人境俱夺;"去则决定去,生则决定

---

① 《十宗略说》,《杨仁山居士文集》,第54页。
② 《与李澹缘书一》,《杨仁山居士文集》,第348页。
③ 《佛说观无量寿佛经略论》,《杨仁山居士文集》,第63页。
④ 《佛学研究会小引》,《杨仁山居士文集》,第269页。
⑤ 《〈坛经〉略释》,《杨仁山居士文集》,第81页。

生",人境俱不夺。若依净土三经及《天亲论》,应以人境俱不夺为宗,方合往生二字之义。也有人误解"唯心净土,自性弥陀"之说,认为往生西方为心外取法。不知心外无境,境外无心。修唯心净土者,直须证法性身,方能往法性土。非入正定聚登初住位不可。否则仍不免隔阴之迷,随业轮转。净土宗则以观想持名兼修为主,否则专主持名,但须信愿切至,也得往生也。①

华严宗的慈舟、戒尘也兼弘净土。戒尘自华严大学毕业后,便精修净土,晚年在云南建净业莲社,弟子众多。

慈舟(1877—1958),出家后,从剃度师照元法师学净土法门。后从月霞法师学《华严经》三年。43岁时于受戒于归元寺,听德安法师讲《观经疏钞》。后亲近印光大师,蒙大师开示"十念计数法"。并应印光大师之邀出任灵岩山住持,建立念佛堂,使灵岩山成为当时著名的净土道场。净土著述有《阿弥陀经讲记》、《普贤行愿品亲闻记》等。

慈舟认为念《弥陀经》,即华严境界,因为《弥陀经》体现了《华严经》的一多相即、一即一切的思想。经中说极乐世界的一切有情无情均能说法,皆是阿弥陀佛的变化,"皆依报变成荆棘瓦砾,一变一切变,一切有情无情,一人成佛,同圆种智,故皆能说法"②。如:《经》上说水鸟树林,一切有情无情皆演法音。约树有七宝行树,及宝罗网,出微妙音,是器世间说法;约鸟有白鹤、孔雀、鹦鹉、舍利、迦陵频伽,及共命之鸟,是有情世间说法。又有观音、势至、清净海众说法。于海众中,除去出世三乘,余皆凡夫说法,皆是佛说。白鹤、孔雀等畜生乃非畜生,皆阿弥陀佛。"皆是阿弥陀佛,欲令法音宣流,变化所作。"故白鹤阿弥陀佛、鹦鹉阿弥陀佛、舍利阿弥陀佛等等,实皆佛一身。佛为何现畜生身呢?为令法音宣畅流传故,须现各种身,此为有情说法。"微风吹动,诸宝行树,及宝罗网,出微

---

① 《十宗略说》,《杨仁山居士文集》,第59页。
② 《慈舟大师开示录》,《慈舟大师法汇》,第86页,台北,大乘精舍印经会,2005。

妙音。其音演唱，五根五力"等法，此为无情说法。是故学佛法人，须于此中观想，以起信心，即知佛实以三世为一身。①

念佛为圆顿法门。念一佛即念多佛，念一佛是念自性佛，自性与十方三世佛本不可分，故一即一切，一切即一，何得不圆？既念佛圆满，则圆消一切业障，圆断一切烦恼。身心一转一切转即圆教，身心一放下一切放下即顿教。在念佛方法上主张契入念佛三昧，"念佛须观心即佛，佛即心，心是具称性三德之心而未明，佛是证三德之心，念念圆明。一心念佛，即能消除无明，契合圆明。非专一不能得三昧，非三昧不能契合圆明。虽不明此而念佛，亦不失善因功德"②。

净土宗的了然非常重视会通华严与净土。认为"《华严》者，乃广本之《弥陀》也。《弥陀》者，乃简本之《华严》也。《华严》即是《弥陀》，《弥陀》即是《华严》"③。《华严》虽具无量行门，末后十大愿王导归极乐一门，为《华严》第一关键，至极重要。而净土法门，最初原出《华严》，独接上根。《华严经》末后十大愿王导归极乐，为净土法门第一根据，所以普贤菩萨而为净土法门初祖。华严一真法界圆妙理性，与弥陀菩提圆满果觉，没有差异。但能得入弥陀菩提圆满果觉，即入华严一真法界圆妙理性。华藏世界，为十方诸佛所共证，本无分别。极乐世界，即全体华藏。佛说净土三经，表现极乐通达全体华藏。如："《弥陀经》云：一朝之顷，盛众妙华，可能遍历十万亿佛土，供养十万亿诸佛。既以食时，还到本国，仍能随众同时饭食经行者。此岂非极乐世界之华藏耶？"所以但能得生极乐一佛国土，即能遍游十方无量诸佛国土。亲近阿弥陀佛一佛，即能亲近十方无量诸佛。得蒙阿弥陀佛一佛授记，即能蒙十方无量诸佛同时授记。得一微妙色身，即能化为无量无数不可思议微妙相好庄严之身，普现十方无量无数不可思议微尘世界，尽未来际，恒做佛事，教化无量无

---

① 《慈舟大师开示录》，《慈舟大师法汇》，第86页。
② 《慈舟大师自修课简录》，《慈舟大师法汇》，第90页。
③ 了然：《般若净土中道实相菩提论》，《净土丛书》第13册，第36页。

数不可思议种种差别众生,同归乐邦,此岂非华严不可思议之境界乎？极乐世界体现了华藏世界的大小相入,互含互融。"但能得入极乐一佛国土,即能通达十方无量诸佛国土。十方无量诸佛国土,融成极乐一佛国土。是以古人云,华藏者,乃极乐之华藏也。又极乐者,乃华藏之极乐也。"①

四、唯识归净

民国以来唯识学甚为流行,很多唯识学者也多修行念佛法门,宣扬净土法门者也留意唯识教理,如杨文会认为唯识学于净土道理深为有益,庄严净土不离唯识变现②。刘净密著有《应用唯识决定往生净土》,吕碧城著有《观无量寿佛经释论》,都力图会通唯识与净土。

太虚为近代唯识大家,但也提倡净土法门,著有《往生安乐土法门略说》、《往生净土论讲要》、《佛说阿弥陀经讲要》、《佛说无量寿经要义》等。其中《唯识之净土》一文中谈到净土与唯识的关系,根据唯识教义,西方净土为阿弥陀佛的净识所变,念佛之人先依经教信有西方依正庄严,此为佛心中无漏净识所现的本质净土,复托之变为自心所缘相分净土,互为增上,乃现所了极乐世界。往生之时,依佛菩萨悲愿力所现依正庄严为增上缘,起自心清净心而变起自心净土。此自心净土与弥陀净土,清净相应,成为共变净土,故得往生极乐净土中。③

吕碧城(1883—1943),近代女居士。名兰清,号明因,晚年号宝莲居士,安徽旌德人,通英、法、德、日等文字,又擅词、画。21岁任《大公报》编辑,继任北洋女子公学教师。1920年在北京听谛闲法师讲经而皈依佛门,后读《印光法师嘉言录》,信佛益虔,严守五戒,茹素念佛。曾周游欧美各国,在弘扬东方文化同时,广集欧美各国佛教传入与发展史料,汇编

---

① 了然:《般若净土中道实相菩提论》,《净土丛书》第13册,第35页。
② 《与桂伯华书二》,《杨仁山居士文集》,第347页。
③ 《唯识之净土》,《太虚大师全书》之《法相唯识学》,第1360页。

成册，名《欧美之光》，1932年由上海佛学书局出版。第二次世界大战爆发后居香港，闭户念佛。有关净土之作有《观无量寿佛经释论》及中英对照《法华经·普门品》、英译《净土四经》等。其中《观无量寿佛经释论》以唯识宗的理论来解释净土法门，可为相净合流的代表性著作。

唯识教理于净土法门具有重要意义。第一，《观经》确属唯识之理。她认为唯识有教与行之别，广说教理如诸唯识专书者，为"教唯识"；实修观行如本经者，为"行唯识"。非教无以析其理，非心无以致其用，行起解绝，更何劳数说名相为哉。① 为实修唯识，应依《观无量寿佛经》。② 认为应把《观经》列入唯识的经典。第二，有契机之用。引唐大圆居士言：唯识于今日最适时机，盖今之学者，趋种科学而喜分析，苟欲接引学者，舍此末由。净土一门若只重持名，不谈唯识则难契时机。自述遇某少年学者说："最厌闻说专持六字佛名。予爱示此稿，彼喜而忘餐。"③所以以唯识理说明净土法门非常重要。

以唯识宗的"四缘十因"来详细阐述往生净土之因。所谓"四缘"，即：观佛之识种，亦由于修三福十善之业种，即因缘。听闻佛法，心生欢喜，相应意识之开导为等无间缘。观想阿弥陀佛，所观之佛为自心影像，同时亦挟带彼佛实有之身相，为所缘缘。其中自识所变之影像佛像为亲所缘缘也。净土法门以信等五根（信勤念定慧）而为自性，观想成就，信根增长，于持名念佛更为得力，即增上缘。

所谓"十因"，即：经说十方诸佛国土，或为七宝，或纯莲花，或玻璃镜，或自在天宫及极乐世界，此随说因。《瑜伽论》云："亲近善士，听闻正法，名摄受因。"韦提希闻佛说法信受奉行此摄受因也。敝屣后冕之尊荣，不着舐犊之溺爱，甫闻佛法，即求出世，是具有出世种性，此生起因也。见佛闻法后，豁然大悟，逮无生忍，此引发因也。以菩提种而生佛

---

① 吕碧城：《观无量寿佛经释论》，第80页，台北，天华出版公司，1989。
② 同上书，第21页。
③ 同上书，第78页。

国,不生其余人天诸异趣,此定别因也。以种种因缘和合而得成办,此同事因也。反之是相违因,而韦提希具种种不相违因,此其所以速证无生法忍也。此一切因二因所摄,一能生因,二方便因,当知此中牵引种子,生起种子,名能生因,所余诸因名方便因。

又从引业与满业两种来说明往生的原因,所谓"引业",又名总报,即众同分。如诸人同修净业,同得往生净土。所谓"满业",又称别报,如同生净土而品位高低不同,正报之优劣亦异。①

主张修净土者应修观想,若不修观,则佛与自身两不相涉,无从联合,因为缺乏种子。"按唯识理,众生所依之器世界,皆唯识所变现。今于宝地令一一观之,了了分明者,即是熏习其识,使留深刻印象于藏识中。若本有出世净种,则熏令长成,如或未具,亦得新熏而生。由此变起根身器界,而以宝地为依报焉。法尔成就,故云心得无疑。予寻绎其教授入手方法,知此经为净土中之唯识学,决定不误。"②依据《观经》,"观想净土依正各报,熏成无漏种子"。临命终时,则阿赖耶识与色身脱离,不见种种杂相,唯见暮霭明处,落日一轮金光晃耀(观想日落),即向之直奔而往,自不迷途。若净功成就者,佛自现前,更有恃无恐。③

印光弟子了然也主张念佛可以转识成智。认为净宗转识成智,专仗佛力,比较相宗,略有不同。若利根行人,必须由顿而渐。钝根行人,必须由渐而顿。所谓"由顿而渐",即先悟入佛果圆理,安住佛果圆理,心心持名,念念观照。如水住水,似水合水。合至其极,毕竟成片。一念成片,顿觉内外透彻,真实一如,从而转识成智。所谓"由渐而顿",先由现前一念至诚心,念念持佛名号,然后渐渐契入佛果圆理。至诚心即第六意识心。由此一念分别尘劳之意识心,念念存在自己第八识心中,持佛名号。久久持念纯熟,自然觉得分别尘劳之念,渐渐减少,渐渐安定。渐

---

① 吕碧城:《观无量寿佛经释论》,第22页。
② 同上书,第30页。
③ 同上书,第27页。

渐清净,渐渐光明。当知清净光明之心,即由第六识心,转成第七识心。由此第七识心,念念观照,心心持名,称为净念相继。如此用功,自然顿觉第八识心,原来圆满广大,真实一如。即由第七识心,转成第八识心。由第八识心,转成如来藏心也。从而完成转识成智。①

五、律宗归净

清代以来的律宗多兼修念佛法门。民国复兴律宗的弘一,念佛是其一生的修持法门。弘一深受蕅益、印光两位净土祖师的影响。两位大师皆博通三藏,持戒精严,而以净土为归。出家以来一直效法两位祖师,曾于普陀山亲聆印光大师的教诲。于净土法门多有发挥。在念佛修行上,强调"尤应先发大菩提心。否则他人谓佛法是消极的、厌世的、送死的。若发此心者,自无此误会"。要做一些慈善事业,这样不仅消除对净土宗的误解,而且"亦可为生西之资粮也"。认为唯求自利之人,不能往生,因与佛心不相应。所以《无量寿经》说三辈往生,皆须发无上菩提之心。《观无量寿佛经》也说,欲生彼国,应发菩提心。也特别重视《普贤行愿品》对发菩提心的重要性。②

净业行人应关怀社会。"专修念佛之人,往往废弃世缘,懒作慈善事业,实有未可。"净业行人不可抛弃世缘,士农工商各安其业,皆可随分修其净土,又于人事善利群众公益一切功德,悉应尽力集积,以为生西资粮。《观无量寿佛经》云:欲生彼国者当修三福。③ 弘一自己"念佛不忘救国,救国必须念佛"。

在念佛方法上,特别阐发了"听钟念佛法",即将佛号融入钟声,以到摄心专念的目的。又认为念佛不应排斥经论,宜兼诵《地藏》、《药师》等

---

① 《般若净土中道实相菩提论》,《净土丛书》第 4 册,第 56—57 页。
② 《净土法门大意》,《弘一大师文集》(讲演卷),第 19—20 页,呼和浩特,内蒙古人民出版社,1996。
③ 《净宗问辩》,《弘一大师文集》(讲演卷),第 73 页。

经以为助行。认为地藏菩萨与此土众生有大因缘。《地藏本愿经》尤与吾等常人根器深相契合。《占察经》、《十轮经》皆有往生西方之义。《地藏本愿经》强调孝敬父母,与《观无量寿经》同。又特别重视因果报应。莲池、蕅益、印光等净土祖师皆重视地藏经。① 兼修药师法门,也有助于生西。《药师经》说:"若有众生能受持八关斋戒,又能听见药师佛名,于其临命终时,有八位大菩萨来接引往西方极乐世界众宝莲花之中。"②而且修药师法门可以消灾免难离苦得乐。

净土行人也非常重视戒律,如印光持戒精严,深为弘一所敬仰。净土宗高僧了然也认为"净宗律门,互相契合,丝毫不相违也"。律门虽则重在戒律,而略兼持名,可同归净土。所以律门自古以来,诸大律师多信净土。如昔日净宗昭庆省常律师创建莲社,专以《华严净行品》立名,称为净行社者,即此意。而且净宗的《观无量寿佛经》特别注重戒律,认为中品上生、中品中生,全仗戒行功德,回向西方。又举明代袁宏道为例,说明持戒对往生的重要性:"袁中道纪梦,其兄中郎生西之后,托梦对中道云,大都乘戒俱急,生品最高,次戒急,生最稳。若有乘无戒,多为业力所牵,流入八部鬼神众云,予亲见同人矣。"③

六、密宗归净

民国以来密教也有一定的复兴,其中部分密教上师很重视净土法门,密净兼修也成为普遍的现象。

藏传宁玛派的诺那曾来汉地传法,对净土法门也有开示,认为往生西方就是密宗"即身成佛",藏密的净土修法重观想,须观想上师与弥陀一体。汉地居士黄元秀(1884—1954)等受其影响,学藏密而兼修净土。

东密的冯达庵(1887—1978)也主张密净可以兼修,曾专门介绍净土

---

① 《普劝净宗道侣兼持诵地藏经》,《弘一大师文集》(讲演卷),第190页。
② 《药师如来法门一斑》,《弘一大师文集》(讲演卷),第186页。
③ 了然:《般若净土中道实相菩提论》,《净土丛书》第4册,第60页。

一门。认为念佛法门在唐以后多用持名一法,观想一门罕能实践,致使无三密加持,往生难以成就。① 非常重视临终时的外力加持,认为病者陷于昏迷或狂怒状态,须请密宗善知识为其作法,以加持力提其本性,伏其恶业。认为兴教大师《一期大要秘密集》有关于密宗助往生方法。② 有东莞杨了达女士,从潮安王大阿阇黎胎藏法,奉无量寿佛为本尊,进修密轨,四年后受金刚灌顶,往生前冯达庵为其隔江加持,并盖陀罗尼被,为往生助缘。③

顾净缘(1889—1973)也为东密传人,也非常重视净土法门。曾著《净土五经要义》,特别注意密教典籍中的念佛方法,认为密教中也有盛赞极乐净土,称扬念佛法门的。并引证《不空羂索神变真言经》、《陀罗尼集经》。④ 在《净土五经述要》中,特列《鼓音声王经》,认为此经于持名外,兼持咒,为其他净土佛经所无。认为《佛说阿弥陀经》后,也往往附往生真言,但与经实不相属。而此经属密教,以陀罗尼为主,本经之持名即持鼓音王陀罗尼。又不空三藏手译《无量寿如来修观行供养仪轨》,为密教的念佛修法。《般若理趣经释》中盛赞弥陀纥利字之义:"若人持此一字真言,能除一切祸疾,命终已后,当生安乐刹土,得上品上生。"⑤在总结念佛方法时,特列举依用密法之差别一节,主张净业行人应兼诵《往生咒》、《十甘露明》、《弥陀心咒》、《大悲咒》、《尊胜咒》,兼修无量寿供养法。⑥

"心中心密"传人王骧陆主张禅净密一致,并有《阿弥陀心要》、《佛说阿弥陀经经义略说》等净土著述传世。其"心中心"法以"印心为宗,般若为用,总持为法,净土为归"。认为"净土者,一切佛子究竟修证之果地也,修行不证净土,不名成就,是以西方属成就门,而一切法不问其为禅

---

① 冯达庵:《佛教真面目》,《佛法要论》,第157页,北京,宗教文化出版社,2006。
② 冯达庵:《人死问题》,《佛法要论》,第246页。
③ 冯达庵:《杨了达女士往生净土因缘》,《佛法要论》,第253—254页。
④ 顾净缘讲授,吴信如编:《净土奥义》,第259—260页,北京,民族出版社。
⑤ 同上书,第268页。
⑥ 同上书,第491页。

定、为密乘、为法相、为戒律、为持名,皆修净业之前方便,所用以证净土者也,功行成就时,诸法皆无所用之矣"①。一句弥陀顿超八十亿劫生死重罪,本身就是无上密乘,总摄禅密之妙。认为密宗念佛法有四种不同②:一者浅略,言弥陀者,法藏比丘,于世自在王佛前,发四十八愿,成就今之极乐世界是也。二者深秘,言弥陀者,义即无量寿无量光是也。三者秘中秘,言弥陀者,即是毗卢,故一门普门不异也。四者秘中深秘,言弥陀者,即一切众生同秘之本德,众生以未证得毗卢体性,故不能起阿弥陀妙观,盖阿为法身,表本不生灭,弥为报身,表我大自在,陀为化身,表如如不动,彼佛之所以号阿弥陀者,以有此至德而尊之也。一切众生,皆同具此净土,何可自暴自弃而甘居于劣小耶。结弥陀手印为身密,口不断佛号为口密,观想佛境为意密。

专弘净土的了然也认为娑婆即身成佛者,全在根机,而不在法。所以即身成佛,非密宗独有,宗宗皆有。但即身成佛有名实相符不相符两种,如果名实相符,可称具足即身成佛。法华会上,龙女成佛,是名实相符,具足即身成佛。除此之外,或得此小感应神通,名实不相符,为不具足即身成佛。自古以来,净宗往生之人瑞相甚多,凡往生西方极乐国土者,皆是莲华化生,即此一生,直到成佛。按此也可称往生西方就是即身成佛。③

"净宗妙旨,不可思议。真俗圆融,权实一致,若能全体识得,显密圆具。"古人云:"净土法门,事是大因缘,理是秘密藏。所谓事是大因缘者,乃全实即权,岂非显乎。又理是秘密藏者,乃全权即实,岂非密乎。"所谓全权即实,即指净土法门透过佛号之权达到如来果觉之实,当知如来万德洪名,全属如来菩提果觉。众生持佛名号,即持如来菩提果觉。④

---

① 《佛说阿弥陀经经义略说》,《王骧陆全集》,第388页,南京,金陵刻经处,1999。
② 《乙亥讲演录》,《王骧陆全集》,第535页。
③ 了然:《般若净土中道实相菩提论》,《净土丛书》第13册,第64页。
④ 同上书,第62页。

第七章 虚云与民国时期的禅宗

相对于唐宋时期的兴盛,禅宗在清中叶以后逐渐凋零,到清末已衰颓至极。但是,禅宗与中华本土文化经过长期的融合,根深蒂固,终未至于失传绝嗣的地步。至民国时期,禅宗仍然法脉绵延,宗风犹存,不仅有敬安、圆瑛、太虚、虚云、来果、明真、印顺、月溪等一批高僧大德主持佛法,重振禅宗,更有袁焕仙、贾题韬等一批长者、居士大力扶持,继承变革,成为禅宗由近代走向现代的滥觞。

第一节 民国禅宗中兴

一、丛林禅的复兴

清末至民国时期,禅宗的丛林,如南宋禅宗五山十刹中的金山江天寺、扬州高旻寺、焦山定慧寺、常州天宁寺、福州鼓山涌泉寺、宁波天童寺、四川新都宝光寺及西安卧龙寺等,还基本保持着古代禅林遗风,专弘禅宗,每年举办禅七集众参禅坐香,精进参修。受禅林推尊的僧人,有大定、冶开、法忍、圣祖等"四大高僧";与四大高僧同时代,以弘扬禅宗著名的僧人,还有虚云、来果、月溪、妙华、敬安、海印、岳峰、明教、静波、融光、澹禅、法一、清一等；以讲经说法、从事佛教社会活动而著名的禅僧，则有月霞、道阶、圆瑛、慧明、应慈、慈舟、守培等。他们坚持唐宋禅僧的遗风，有人在了悟和修行方面甚至不让前贤。和宋代以来的禅师们一样，他们多融通宗、教，禅、讲并行，兼倡净土，打上了近代佛教复兴运动的时代烙印。他们不再像明清时代的禅僧们那样，终身隐遁山林，不求闻达，而是积极护教弘法，走入社会，兴办寺庙丛林，组建佛学院，组织佛教团体，从事社会福利救济活动。来果、月溪、圆瑛就是其中的代表。

(一) 来果

来果(1881—1953)，俗姓刘，字妙树，号净如，湖北黄冈人。自幼不食荤肉，12岁有脱尘之志，潜逃出家，被其兄寻回。15岁遇大智和尚教以念佛，不久能念之成片，乃至梦寐中不休。18岁，割己肝以疗父疾。1905年，剃度于江苏宝华山，之后在金山寺禅堂坐香，参"念佛是谁"话头。后于晚间坐禅时闻开静木鱼声，猝然如放下千斤重担，痛哭不止，觉云空川流，滞碍全消，应答如流，获得和尚、班首赞赏。首座和尚请他担任班首，他自忖学浅道微，拒辞不受，潜逃于扬州高旻寺，又辗转至终南山湘子洞结茅潜修十年。1928年返高旻寺，住持月朗传以法卷，令其发誓"生为高旻人，死为高旻鬼"，遂继任方丈。在任期间，为修建寺内佛塔、大殿、禅堂、延寿堂、如意寮五大工程，多方奔走化缘。他的为人，与虚云相近，仪表威严，性情豪爽，遇事强毅力行。50岁后，修头陀行，寺内担土挑粪等杂事，样样躬亲，感人至深，至有断指斩臂以为供养者。1950年移住上海崇德会，辟茅篷建静七道场，信众云集。

来果以专弘禅宗、力振宗风为事业，他的主要贡献，在于整顿和发掘高旻寺家风。高旻寺始建于隋朝，不仅历史悠久，规模宏大，而且素以禅风严厉而著称于世。康熙四十二年(1703)，康熙帝御书"高旻寺"额，并赐脱纱药师如来泥金佛像。乾隆帝六次南巡，六度驻跸高旻寺，留下御诗碑、楹联、匾额数十块。高旻寺历来不做经忏佛事，摒弃一切外来干扰，专提"向上一着"，走"无路之路"，参无心之心，四季行坐，长香不断。每年冬季举行十期禅七，定为恒例。因而，自古就有"上有文殊、宝光①，下有金山、高旻"的美誉。来果担任方丈后，立志维持宗风，将高旻寺办成一流的禅宗道场。他立定本寺宗旨，专以齐参"念佛是谁"的话头，以求明心见性，了脱生死，其他法门皆不准修。凡参禅之外的一切佛事活动，如开学堂、立莲社、学密宗、念佛、礼忏、传戒、研教阅经、经忏焰口等，一律禁止。在来果以前，由于受到清代禅林风气的影响，高旻寺也热衷于经忏佛事，每年放焰口数十台，水陆两三场，大小经忏无数，成为寺中经济收入的一大来源。来果认为，经忏佛事使得寺僧被金钱、权势所牵引，寺院嘈杂不堪，贻误修行，降低了僧尼的社会声誉。他发誓拔掉经忏根子，宁愿讨饭饿死，也不再做经忏，对来寺求做经忏道场的信士，无论出钱多少，一概婉言辞退。为了维持这种严厉的家风，来果决心强化丛林规约，他参考丛林古规，删繁就简，结合实际，制定了本寺丈室、禅堂、客房、库房规约，强调全寺大众，上自方丈，下至清众，在规约面前一律平等。来果强调："哪怕是我的生身父母和兄弟，一到高旻，就认不得了，父母兄弟犯了规矩，打香板比别人重，遣单比别人快。"规约每年宣布四次，由各级执事严格执行，殿堂禅堂，稍犯规矩，便是痛打。

　　来果要求来寺参学的僧众立定冲天大志，长则以悟为期，短则三年住满，认理不认人，依法不依情。全体僧众必须早晚上殿，雷打不动。大众一出禅堂，必须眼观鼻，鼻观心，后人看前人的衣缝，一步套一步。拜佛一阵风声，一齐起倒，不得稍有前后。跟班站，排班站，皆要一条线，脚齐砖缝。拜佛要五体投地，问讯则背腰弯平，合掌则顶天立地。合十时，一指靠紧，手心靠手心，唱念众口齐声，梵音嘹亮，不得借殿养神，偷安怕苦。每年10月29日开示考功，先重打三香板，追问："念佛是谁?"若无言证，一顿大板劈头打来，毫不留情。这种有若严明军纪的严峻宗风，受

---

① 即四川文殊院和宝光寺。

到了禅林的普遍赞誉,各地禅门弟子都以参加高旻寺的禅七为荣。当时行脚僧中则流行"天下丛林不止单,守禅制者,独有高旻寺耳"的谚语。①

来果兼通宗、教,参禅数十年如一日,深得开悟,对禅法也有真知灼见。他的言行被弟子撰成《年谱》、《自行录》、《语录》、《开示录》,辑为《来果禅师语录》印行传世。来果的禅学思想,主要强调参禅者以严持戒律为本,不可杀生,不可伤害蚊虫蚤虱。主张发大心、发长远心以住丛林禅堂,"不发急,不生烦,无退志",从初进堂到开悟,约须三十年方可办到,假若时间不足,再定三十年。由看"念佛是谁"发起疑情,念念参究不间断,不得故除妄想,在功夫做到外不被尘扰、内不被身迁、中不被识缚时,仍然不可住下,精进不止。所谓"尘尽光生,垢尽明现之时,掉面涕唾,尽是当人,合掌低头,无非佛事,虽然头顶毗卢之地,步步踏化日之天,如斯自顾不前,正是得少为足"。"尘尽光生"之语源于宋代临济宗传人杨岐方会和白云守端师徒的参禅公案②,来果的引用,体现了对古德言教的继承和弘扬。

对于具体的参禅方法,来果禅师也有自己独特的见解。禅宗向来有小疑小悟,大疑大悟,不疑不悟之说,由"疑"而入禅,是禅门的要诀。来果认为,非疑不悟,孤疑难入,但对于如何"疑",仍有进一步探讨的必要,所谓"疑之一字,众善之门,行人大需仔细"。来果禅师要求,参禅时要有疑,方可咬住"念佛是谁"的话头。也就是说,对于生死问题,怀疑是入门之法,非疑不得力,非疑不用功,非疑不开悟;正是以疑为动力,故有小疑小悟,大疑大悟,不疑不悟。然而,怀疑不能妨碍参禅,否则,稍有孤疑,即生轻谤。若拜师求学,疑其是否"地道";开坛受戒,怀疑是否"哄人";居住丛林、参学求道,担心"吃苦";身住禅堂,又疑是否"空混",这种处处孤疑的结果,是堕恶道、断佛种。其对治的办法,是要树立坚固心,发大

---

① 温光嘉:《扬州来果禅师塔铭并亭记》,《来果禅师开示录》序。
② 《五灯会元》卷十九载杨岐方会语:"我有明珠一颗,久被尘劳关锁。今朝尘尽光生,照破山河万朵。"

宏愿,明因果,能吃苦,信念始终如一。来果对于"孤疑"的分析,反映了清末以来由"疑"入禅之法的流弊,他所开出的对治法门,虽然无多少新意,却是他力救禅风之弊、恢复禅宗遗风的体现。

来果还认为,真正的参禅并非只是求静。在他看来,功夫得力,静不可得。而真正的禅境,是外忘世界,内忘身心,身心两忘,无动静之别。他强调,只要功夫得力,净戒严持,定力坚固,自然生慧;若是不下死心,即使住在禅堂极静之中,妄想杂念纷起,专在见闻取舍上做功夫,又有何用?因此,他要求参禅学人"把定一句'念佛是谁',动如是参,静如是参,生如是参,死如是参,直参不舍",定可得悟。

(二) 月溪

另一位具有古风的民国禅师是高僧月溪。月溪(1879—1965),俗姓吴,云南昆明人。幼习儒业,12岁时读《兰亭集序》,至"死生亦大矣,岂不痛哉"之句而感悟,从此兼攻佛学。19岁从上海震旦大学毕业后,决心出家,在上海静安寺剃度。曾于佛像前燃左手无名指、小指,并剪胸肉如掌大炷为十八灯供佛,发誓乐修苦行,虔究佛典,讲演佛法以利众生。22岁时,应请至各地讲经。一日在南京讲《楞伽经》,因受开明和尚开导,前去参访牛首山献花岩铁岩和尚,问曰:我今"将妄念断尽,不住有无,是明心见性否"?岩曰:"否,是无始无明境界。""请问以何方法用功,方可明心见性?"告曰:"用眼根向不住有无、黑暗深坑那里返看,行住坐卧不要间断,因缘时至,无明湛湛黑暗深坑叻地一破,就可以明心见性矣。"[①]他依言用功。日夜苦参,至形容憔悴,骨瘦如柴,至24岁某日中夜,闻窗外风吹梧桐叶声,豁然顿悟,通身大汗,信口说偈曰:"本来无佛无众生,世界未曾见一人。究竟了解是这个,自性还是自己生。"数日后往见铁岩,得到印可。此后应请至山西、陕西、甘肃、河南、山东、北平、天津、青岛、南京、上海、杭州、四川、热河、湖北、广州等地讲经说法。1931年在广州重

---

① 屈映光:《月溪法师成道碑》,1972。

修大佛寺,抗战期间隐栖云南,胜利后赴香港,住九龙沙田万佛山晦思园。1951年独自斥资在万佛山兴建万佛寺,历时七载竣工,其间亲自参与担铁运石,劳作无倦。

月溪既通中西哲学,又工于诗,常琴书相随,诗偈信口拈来,境界高远。圆寂后遗体不坏,信众铺金供养于寺内,视为肉身成道。生平撰述讲说不辍,有《禅宗修持法》、《大乘佛法简易解》、《由真起妄返妄归真之考证》等著述凡98种传世,是20世纪禅师中著作最多的一位。

月溪的禅学思想,在近代中国的禅苑中独树一帜。他对西洋的哲学、宗教和中国传统的儒、道各家学说,对中国佛教界历来视作权威的一些大师如僧肇、玄觉、宗密、延寿等人的见解,都进行过批判。他依据《胜鬘》、《圆觉》、《楞伽》、《楞严》等经的观点,主张众生皆具佛性或本觉真心,佛性恒在,无有变改,但因根本无明或无始无明起妄造业,才有生死轮回;欲明心见性,须将无始无明打破。所谓"由真起妄,返妄归真"之说,出于僧肇的《宝藏论》及《大乘起信论》,在经教中并无根据。在他看来,真心不起妄,妄念由无始无明而起;佛性离语言文字,"向上一路,千圣不传",非仅离妄念所能见到。小乘灭妄证寂,大乘不执不着、离念离相,一念不生、心法双忘,不取不舍、寂寂惺惺,对境无心、一切无碍,不怕妄起,只怕觉迟,默照禅的诀要,老子的窈冥无极,孟子的浩然之气,王阳明的"无善无恶心之体"等,只能达到无始无明的境界,但不能彻见佛性。要见佛性,须用六根中的一根,或六根齐用,或随用一根统摄其余五根,向内参看观照;或者从话头发起疑情,单刀直入。月溪说:"如参念佛是谁,就先明白念佛的念是从见闻觉知起来的。假如不起念,是见闻觉知,不是佛性。识取自己本来面目本来不起念,如若不动,念佛与本性了不相干。二六时中,向身内识取本来佛性"。又说:"眼由他看,耳由他听,意由他想,但其于其中要执转一个念头来照顾佛性,不论何时何地,片刻不忘,好似失去宝珠,必要将它寻获一样",看来看去,机缘一到,"叭地一声",便可亲见佛性。见佛性是顿悟,一悟便悟,不分阶级渐次,无"三关"

之别,悟后妄想根尘识全都变为佛性,再不用修,即证入常寂光净土。参禅中要防作、止、任、没四病,识我、人、众生、寿者四相,避免唱念话头、兀然枯坐、调伏妄想、打饿七、不倒单等禅弊。① 从月溪的佛性思想看,他显然主张"本有"佛性说,反对"始有"佛性说,他的话头禅似乎是即妄即真,而不是离妄归真,是对慧能"本来无一物,何处惹尘埃"的南宗禅的复归。

月溪博通经论,生平讲经250余会,常以禅语解经,以经证禅,强调"宗不离教,教不离宗","宗离教则坠于空疏,教离宗则流为杂沓","宗、教如车之两轮,相辅而行,不可偏废也"②。他的著述多属注疏经论之作。月溪还主张念融通禅、净,认为"念佛之念既真,了悟之心必至"。③ 在他看来,当念佛念到身心两忘,佛、念皆空时,还只是"无记忆空"、"无始无明",而非"自性弥陀",至此仍须继续念去,一旦打破无记忆空,则见"自性法身弥陀",证入"常寂光净土"。但他又认为,参禅真正证悟者不须往生西方实报净土,只需证悟自性常寂光净土,这又回到了禅宗的"即心即佛"的立场上。与同时承认西方净土和自性净土的禅、净合一说已有不同,契合慧能的"随其心净,则佛土净"、"佛向性中作,莫向身外求"的禅宗宗旨。

（三）圆瑛

在民国的禅僧中,圆瑛则以从事佛教社会活动和讲经说法著称。圆瑛(1878—1953),俗姓吴,名宏悟,号韬光,福建古田人。19岁于福州鼓山涌泉寺剃度,翌年,依涌泉寺妙莲受具足戒,旋至常州天宁寺,依冶开参究"什么是我本来面目"话头三年。至1901年,于禅七中参至饮食不知其味,定境现前,即说偈曰:"狂心歇处幻身融,内外根尘色即空。洞彻灵明无挂碍,千差万别一时通。"求印证于冶开,回答说:"此不过用心得力,暂得轻安,从此进修,不着不求,证悟有望。"1905年,圆瑛又依天童寺

---

① 月溪:《禅宗修持法》,《月溪法师文集》,台北,圆明出版社,2007。
② 月溪:《大乘佛法简易解》,《月溪法师文集》,台北,圆明出版社,2007。
③ 月溪:《月溪法师警语》,《月溪法师文集》,台北,圆明出版社,2007。

寄禅和尚打禅七,至第八日晚,定境复现,觉身心俱空,湛寂圆明,口说偈曰:"山穷水尽转身来,迫得金刚正眼开。始知到家无一事,涅槃生死绝安排。"复从通智、谛闲、祖印、慧明、道阶等诸师,修习教观,自此宗说兼通,被福州雪峰寺达本、宁波七塔寺慈运许为嗣法弟子,分别承曹洞宗第四十六世、临济宗第四十世心灯。此后讲经说法、诗偈文章,皆渗透禅味,指归一心。多次主持禅七,接引禅人。历任宁波七塔寺、天童寺,福州雪峰崇圣寺、鼓山涌泉寺、法海寺、林阳寺,南洋槟城极乐寺等名刹住持,还担任过中国佛教总会参议长及中国佛教会会长等职。他的思想言论被辑为《住持禅宗语录》。

圆瑛嗣法于禅宗,却在佛学上不专一宗,被视为近代融通诸宗的代表人物。他融合禅、教、戒、净,适应了明清以来中国佛学的发展趋势。圆瑛精研《楞严》,认为佛性不可拟议思量,"须从一念未生之前荐取始得","只要直下承当,切忌思量拟议"。提倡"西来祖意何须定,百草头边尽是禅",即使"证悟","亦无得无证,只是饥来吃饭困来眠,不妨治世语言、资生事业"。[①] 他对参禅的具体方法,则论述不多。

圆瑛从36岁后,转向禅、净双修。他在《劝修念佛法门》中自称,曾梦见至西方极乐世界,听阿弥陀佛说法,令自行化他,修持净业。从此劝人发心念佛,求生西方,"以持名念佛为正行,以广修众善为助行"。1952年,他写《七十五岁回顾学修历程》,诗中说:"禅净双修四十年,了知净土即深禅。有人问我其中意,云在青山月在天。"他讲经说法,常以禅、教互证。他对修持净业的宗旨的看法是:"当知我人心性,本自竖穷横遍。即极乐之依正庄严,亦非心外别有。故修净业者,以即佛之心,念即心之佛,不住有念,不落无念,有无双遣,会得中道。虽属持名之行,可达实相之理。如云:'忽然起念念弥陀,平地无风自起波。念念消归无念处,岂知无念亦为多。'如向这里见得亲切,自可不离娑婆,诞登极乐,生则决定

---

① 圆瑛:《住持禅宗语录》,《圆瑛法汇丛书》八,北京,广济寺,1999。

生,去则实不去矣。"①这里主张的仍然是禅宗的即心是佛和净土宗的自性弥陀,而不是西方净土,与月溪的以禅摄净观如出一辙。从月溪和圆瑛对自性净土的提倡似乎可以看出,民国时期的佛教由于受到了近代科学主义的冲击,知识僧人们有意回避带有迷信色彩的西方净土说,而倾向于佛教的理性主义精神。

二、居士禅的发扬

禅宗的传承,历来以出家众为中心,居士们参禅证悟,自唐宋以来虽不乏人,但以居士为中心传禅结社,则始于20世纪的民国初年。其中,袁焕仙、贾题韬是最有影响的两位代表。

袁焕仙(1887—1966),四川盐亭人,早岁习儒学,从四川法政学堂毕业后,任职于军政界,40岁后辞官学禅,归心佛学,历参名刹,于什邡堂掩关参"德山晚参不答话"句一个多月,一日忽闻开门声,疑团骤破。1943年,与贾题韬等人在成都三义庙创立居士禅学团体"维摩精舍",在都江堰灵岩寺打七,聚众参禅,从学者甚众。弟子除杨光代、南怀瑾、徐剑秋、伍所南、田肇圃、范天笃、傅仲穆、王乃鹤、吕寒潭、黄人俊、李子玉、邓岳高等居士外,还有峨眉山僧人通宽、通远、通超、通义、通永、演观及广东南华寺僧曼达等。抗战胜利后曾赴南京组建维摩精舍,赴台湾讲学,不久返回四川。其讲述、酬答文字,辑为《榴窗随判》《黄叶闲谈》《中庸胜唱》《灵岩语屑》《酬语》凡六卷,总名《维摩精舍丛书》,于1944年木刻刊印。

袁焕仙以佛教中观哲学的"遮诠"法统观一切,融会诸家,并以《坛经》作为应答酬问的机用。他承袭宋明以来盛行的三教一致说,以融会佛、儒,以禅释儒为特色,甚至认为儒、释、老庄、耶四家宗旨相通。在《中庸胜唱》中,袁焕仙以禅释孔,"以释氏易趋之途,易孔子难入之径",称"孔、释之说实无轩轾,仁者自闹"。他指出,仲尼之学发展到孟、荀以后

---

① 圆瑛:《住持禅宗语录》。

绝传,被汉代经学与宋代理学和会杂糅,亡本丧真,不但觅无灵魂,而筋肉皮骨亦不可得。儒家所传的智、仁、勇"三达德",其本体即是佛家的法、报、化"三身",其作用即是佛家的戒、定、慧"三学"。不过,袁焕仙不满意道教的内丹性命双修之学,称其裂性、命为二,只知在身心及分别我执上作活计,守无念无息,坐黑山鬼窟,连俱生无明或未梦见。对于佛教的诸宗,他对净土宗多有赞许,常劝人念佛,融通禅、净,所谓:"当人念持佛号到无念而念念而无念时,忽然认识自己,了彻本心,方知由来成佛,身住净土。"①但他又立足于禅,破净土之执,称"才起借他之念,便落怠倚之行"。袁焕仙又从禅学的角度,破除密宗的即身成佛说。他的看法是:"本自具足,一切圆成,成成何事? 就就何法? 若有成就,即有增减,既有增减,即非无为。""灌顶加持,亦是依他三业相应,悉为幻影"。② 可见,袁焕仙虽然主张三教一致、佛教各家融合,但除了承认儒佛的基本精神一致外,并不完全肯定其他各家,他是以禅学为本位的。正如伍心言、范仲纯在《榴窗随判·序》中所说:"时孔则孔,宜禅曰禅,有时以佛入孔,以老入禅;有时以禅入老,以孔入佛,有时孔老佛俱入而俱不入,有时孔老佛俱不入而俱入。"袁焕仙传扬禅宗,出入三教,自成一家之学,其实质则是由儒入禅,以禅释儒。

贾题韬(1909—1995),山西洪洞人,曾就读于山西大学法学院,毕业后留校任教。抗战时期,曾组织学生游击队,任第二战区中校秘书。后因病移居成都,在光华、金陵、成华、华西等大学执教,教授逻辑学与道家哲学。③ 贾题韬从小爱好佛典,心仪欧阳竟无,深究唯识学,他从陈梦桐

---

① 袁焕仙:《灵岩语屑》,南怀瑾主编:《维摩精舍丛书》之四,台北,1987。
② 袁焕仙:《榴窗随判》,南怀瑾主编:《维摩精舍丛书》之一。
③ 1950年,贾题韬作为高级顾问随解放军入藏,任西藏宗教事务委员兼佛协副秘书长,在拉萨创办医院为藏胞施针治病。1979年后,历任四川省佛协副会长、省政协常委、全国政协委员、中国佛教文化研究所研究员等。应请在中国佛学院、闽南佛学院等处讲授佛学,于成都文殊院讲《坛经》等,并召集成都学术界人士创建四川禅学会、中国传统文化研究所。其讲稿整理为《坛经讲座》、《论开悟》、《佛教与气功》等,辑为《贾题韬佛学论著》出版。从学者有冯学成、严永奎、门世海等。其中冯学成撰有《生活中的大圆满》、《棒喝截流》等弘禅著作。

治禅学,从赵升桥等得道教丹道秘传,从能海接触藏传中观学,还学过藏传显密经教,聪颖博学,有"蜀中奇才"之称。一生孜孜追求明性见性、安身立命之道,立足于禅宗。1943年,他与袁焕仙共创维摩精舍,分工主管"学部",致力于研究整理禅宗的原理和方法、提高禅宗的学术地位与实用价值。他赞仰太虚所倡导的人生佛教,主张佛教应适应时代,深入世间学说,融儒、道及西方科学文化于一炉,在为社会服务、为人类造福中体现慈悲救世的精神。

贾题韬学识广博,融通中西哲学,讲述禅学,多从教理讲起,旁及科学、哲学、东西方文化。他认为禅宗是印度佛教和中国佛教的精华,最契合现代人的需要。如果说,"人间佛教"是现代佛教的主流,那么,禅宗则是人间佛教中"无上方便"的法门。[1] 在他看来,禅宗最能体现佛教无神论的精神,它"摆脱了一切教条的笼罩,并与生活打成一片,从生活中体验身心性命、人生宇宙的真谛。在师徒授受方面,更是在日用动静的起心动念、嬉笑怒骂、吹歌弹唱、激扬指点、杀活纵夺中实施"。这些特点,使禅宗"似宗教而非宗教,似哲学而非哲学,似艺术而非艺术。这不但对佛教具有革命性,对各个欲得人生解脱的人们创造了一个历史上举世全无的特殊思想体系"[2]。贾题韬指出,开悟是佛教任何宗派的最终目的,开悟就是超越逻辑、概念分别,取消主、客观对立,证悟真理,见到生命的本来面目。开悟并非高不可攀,应自信自重,向自己心灵深处去寻找,以怀疑为箭矢,以参话头为方便,于当机一念觑破,转身便是。一个人是否开悟,要从其人格、行为上去检验,真开悟者必定有智慧、慈悲,无私无畏,具责任心。贾题韬强调,要在生活中真参实悟,在生活中磨炼,在烦恼中断烦恼度众生,而禅宗"把教下的精华与实际生活结合,以极其艺术的手段点出涅槃妙心,启发生命的曙光"[3]。贾题韬从现代性的高度来评

---

[1]《巴蜀禅灯录·贾题韬》,成都,四川省佛教协会,1992。
[2]《贾题韬佛学论著三种·坛经讲座》,成都,四川人民出版社,1993。
[3] 贾题韬:《论开悟》,北京,中国佛教协会,1993。

判禅宗的价值,确属难能可贵。贾题韬还对禅宗本身及禅与教,禅与密,禅与气功,禅与儒、道等方面作过论述,其中不乏真知卓见。①

第二节 近代禅宗泰斗虚云

虚云是晚清以来竭力振兴禅宗的杰出代表。他毕生弘法,以一身直嗣延续了禅门五宗的法脉。他深究经藏,修习禅定,在禅修方法、禅境分析、禅病对治等方面都有见地,形成一套完整系统的禅学理论。又以广博的胸怀,融会诸宗,禅净双修,广弘禅教,被誉为"禅宗泰斗"。下面就虚云的弘教事业和禅学思想分别介绍。

一、弘演五宗法脉,振兴六大祖庭

虚云(1840—1959),俗姓萧,名古岩,字德清,又名演彻、性彻,50岁后自号虚云,改字幻游,湖南湘乡人。自幼喜读佛典,15岁时随叔父到南岳进香,遍游诸刹,渐萌出家的念头。次年,择机离家,欲往南岳出家,半途被截回。后被父强徙居闽地,并配娶田、谭二氏,禁锢于一室而无染。咸丰八年(1858),他19岁,与从弟潜至福州鼓山涌泉寺剃度出家。20岁,于妙莲和尚座下受具足戒。此后,习苦行,住岩穴三载,方回涌泉寺,继奉师命外出参学,遍历大江南北,习禅研教,亲近善知识。曾自普陀起香三步一跪拜,朝五台;只身入藏地,远至缅甸、锡兰(今斯里兰卡)等地。清光绪二十一年(1895)归国,在扬州高旻寺禅七中悟透禅关,疑根顿断,得偈云:"杯子扑落地,响声明沥沥。虚空粉碎也,狂心当下息。"又颂偈曰:"烫着手,打碎杯,家破人亡语难开。春到花香处处秀,山河大地是如来。"时年56岁。

光绪十八年(1892),虚云接受戒师妙莲的临济衣钵,成为临济宗第

---

① 参见吴立民、徐孙铭主编《禅宗宗派源流》,北京,中国社会科学出版社,1998;陈兵、邓子美《二十世纪中国佛教》,台北,现代禅出版社,2003。

四十三世。同时,他又在耀成和尚座下承嗣曹洞宗法脉,为曹洞宗第四十七世。民国 21 年(1932),虚云又应福建长汀八宝山青持明湛和尚之请,遥接了法眼宗祖师良庆和尚法脉,为法眼宗第八世。1933 年,受湖南沩山宝生和尚与长沙郭涵斋居士之请,应允远承兴阳词铎禅师所传沩仰宗法脉,成为其第八世。1943 年,重振南华祖庭工程告竣,虚云受李济深、李汉魂、邹洪诸公之请主持云门大觉禅寺的重修工作,其间,他又遥承己庵深静禅师法脉,是为云门宗第十二世。虚云不仅承嗣了禅宗的五宗法脉,而且也继承了五宗的宗旨和家风。这在《岁朝寓香山寺监院请上堂》有记载:

> 乃举僧问演禅师:"如何是临济下事?"祖云:"忤逆闻雷心胆战。"问:"如何是云门宗事?"祖云:"红旗闪烁阵云开。"问:"如何是沩仰宗事?"祖云:"断碑横古路。"问:"如何是曹洞宗事?"祖云:"持书不到家。"问:"如何是法眼宗事?"祖云:"夜巡不犯禁。"惟我临济门庭,全机大用,向剑刃上求人,电光中垂手,倘遇俊流,不留朕迹,掀翻露布,截断葛藤,当轩宝剑,觌面呈堂,滞壳迷封,不堪种草。且如何是临济下事? 振威一喝:"下座。"①

众所周知,禅宗流传到明清之际,只有临济和曹洞二宗法脉犹存,其余的云门、沩仰、法眼三宗均无法嗣记载,虚云远嗣了禅宗五家的法脉,不只有象征意义,而且有继绝开新的意义。文中关于临济"全机大用"的记载,表明了虚云对临济宗的承嗣之功。为光大宗门,虚云清理五宗源流,在《校正星灯集》中附录各派源流,并为临济宗续演派法字。文曰:

> 慈悲喜舍,大雄世尊。
>
> 惠泽含识,誓愿弘深。
>
> 苍生蒙润,咸获超升。

---

① 岑学吕:《虚云和尚法汇》,合肥,黄山书社,2006。

> 斯恩难报,克绍考勤。
> 导实义谛,妙转嘉音。
> 信解行慎,彻无边中。
> 回向诸有,完最上乘。
> 昭示来哲,冀永长崇。

附号派 80 字,如取法名。名派取演字,字派取古字。文曰:

> 古佛灵知见,星灯总一同。
> 冥阳孰殊异,万化体皆容。
> 镜鉴群情畅,碧潭皎月浓。
> 随缘认得渠,纵横任西东。
> 显密三藏教,禅律阴鹭丛。
> 修契幻华梦,应物悉玲珑。
> 怍悛奋悠志,宝珠自莹瑛。
> 严奉善逝敕,杲日满天红。

民国 24 年(1935),虚云在鼓山主持《增订鼓山列祖联芳集》的编辑刊印,于其中附载《禅宗五宗源流》,为沩仰宗法派号继演 56 字。文曰:

> 词德宣衍道大兴,戒鼎馨遍五分新。
> 慧焰弥布周沙界,香云普荫灿古今。
> 慈悲济世愿无尽,光昭日月朗太清。
> 振启拈花宏沩上,圆相心灯永昌明。

为法眼宗继演 56 字:

> 深演妙明耀乾坤,湛寂虚怀海印容。
> 清净觉圆悬智镜,慧鉴精真道德融。
> 慈悲喜舍昌普化,宏开拈花续传灯。
> 继振云门关一旨,惠泽苍生法雨隆。

虚云为诸宗继演的法派号,今天仍为禅宗丛林所奉行。据现有的不完整资料,虚云所传曹洞宗法嗣有宽贤、复彻等人,再传法孙有惟因、今果等数十人。所传法眼宗法嗣有本智、本观等,再传法孙有灵意、寂照等人。所传临济宗法嗣有海灯本明、观本明一等人,再传法孙有一诚常妙、瑞觉常亮等数十人。所传云门宗法嗣有妙道朗耀、妙定宽度、妙宗净慧、妙慈法云等人。所传沩仰宗法嗣有宣法自寿、宣化度轮、宣成达定、宣扬性福、宣玄圣一、宣云满觉、宣传月川、宣明心明等人,再传法孙有衍心一诚、衍妙戒全、衍悟悟圣等数十人。现在虚云所嗣诸宗法脉代相传承,已有三四世之多。① 虚云的鼓山弟子岑学吕居士是这样评价他的:

> 夫诸佛以大事因缘,出现于世;诸祖以续佛慧命,乘愿再来。岂惟自了,有大悲大愿存焉。悲大,故忧之也深;愿大,故任之也重。吾师于五十六岁以前是自度,五十六岁以后是度人。窃窥其行履,志大气刚,心坚行苦,故能度生众而收效弘。历尽折磨,九死而不死,坐阅世变;有生而无生,至其手建大小梵刹数十,皈依门下弟子中外百数十万人。此举世所共知者也。而独于吾师之重振纲宗,续佛慧命,有为世所不尽知者。溯自达摩西来,至六祖而一花五叶。临济开玄要之宗,洞山立君臣之义,沩仰发体用之论,云门示三关之捷,法眼呈六相之分,拈花妙义,大布东方。及后则曹洞专主少林,沩仰则圆相渐隐,云门于韩大伯后,难见其人。法眼盛于永明,而入高丽。独临济尚存香火耳。元明以降,禅门宗匠,自中峰楚石,以递紫柏、憨山、天童、玉琳,屈指可数,狮炫其绝响矣。百余年后,吾师出世。于鼓山传法曹洞,兼嗣宗临济,中兴云门,扶持法眼,延续沩仰,兴灭继绝,慧日同光,以一身而参与五宗法脉,舍西竺龙树外其谁耶!②

---

① 参见吴立民、徐孙铭主编《禅宗宗派源流》,北京,中国社会科学出版社,1998。
② 岑学吕:《虚云和尚法汇》"序"。

岑学吕居士是从中国佛教禅宗的发展总体趋势来评价虚云的。虚云在禅宗面临香火危机之时,传法曹洞,兼嗣临济,中兴云门,扶持法眼,延续沩仰,"兴灭继绝,慧日同光,以一身而参与五宗法脉",其功劳可比于印度佛教史上的龙树。这个评价是有历史根据的。

法脉的延续,需要有安僧度众的道场。有鉴于此,虚云在佛教寺院面临种种厄难的局势下,以超凡的毅力,积数十年之精力,"共修罗宅,驻十六寺,五兴祖刹,披心沥胆,受尽折磨"①,历坐15座道场,重建大小寺院庵堂共80余处,先后修复禅宗六大祖庭。罗列如下:

1900年,虚云在云南鸡足山将钵盂庵改建为十方丛林,命名"护国祝圣寺",历时十年,大体竣工。

1921年,应云南总督唐继尧之请,移锡昆明华亭寺,重建古刹,百废俱兴,改名"云栖寺"。

1929年,值90岁高龄的虚云应林森、海军总司令杨树庄、前省政府主席方声涛等人邀请,接任鼓山住持,重兴涌泉寺。

1934年,虚云以95岁高龄,应请主持重兴禅宗六祖慧能大师的道场、广东曲江南华寺,殚精竭虑,经营十载,次第完成"更改河流以避凶煞"、"新建殿堂以式庄严"、"创禅堂安僧众以续慧命"等10项主要建制,新建殿堂房舍243楹,新塑大小圣像690尊。

1943年冬,南华寺修建甫毕,发愿重兴云门宗祖庭乳源云门山大觉禅寺,经10年擘画,新建殿堂180余楹,塑佛像80余尊。②

虚云在时局动荡、社会巨变的情势下,始终坚持他护教利生的悲愿,能综观佛教全局,积极投入佛教社会活动。辛亥革命后,虚云从鸡足山赴上海,参与中华佛教总会成立事宜,维护佛教权益。还拟办佛学院、布

---

① 岑学吕:《虚云和尚法汇》之《自题照像》。
② 此外,1953年,虚云不惜以114岁高龄,发愿重兴当年毁于日军炮火的著名古刹江西云居山殿堂,开垦出水田180余亩,住僧近200人。虚云所重兴的祝圣、南华、云门、云居等禅刹,在"文化大革命"中遭到破坏,20世纪80年代又相继修复,成为内地禅宗的重镇。

道团、医院,开展慈善救济事业。重兴南华寺时,适值日军侵华,虚云提议全寺僧众每日礼忏两小时为全国军民消灾祈福,全体减省晚食,节积余粮以献助国家赈济灾民。1942年,应重庆国民政府之请,赴重庆主持"护国息灾法会"。1946年秋,又应请前往广州六榕寺主持水陆法会,追荐抗战阵亡将士。①

二、潜心禅修,融通律净

虚云活了120岁,在百余年的弘教生涯中,他不仅潜心禅修,亲见证悟,而且对佛法尤其是禅宗的理论形成了自己的创见,先后完成《楞伽经玄要》、《法华经略疏》、《遗教经注释》、《圆觉经玄义》、《心经解》等近十种著述。一生为四众弟子讲经说法开示次数难以统计,仅据香港岑学吕居士于20世纪50年代所整理、编辑的《虚云法汇》,60年代与80年代净慧法师整理编辑的《虚云法汇续编》、《虚云开示录》等,就有数百万字之多。综观这些论述以及虚云近百年的修持实践,可以看到他对中国佛教特别是禅宗的弘传所作出的巨大贡献及其所体现的禅学思想特色:以戒为本、三法圆融、禅净不二、解行相应。

首先,虚云坚持戒律是佛法的根本。戒、定、慧是佛教的"三学",三者对于佛教来说缺一不可,但是,对于出家的修行者来说,没有戒律,一切都无从谈起。虚云说:"修行以戒为体,戒是出生死的护身符。没有戒,在生死苦海中就会沉沦汨没。佛曾以戒喻渡海浮囊,不能有丝毫破损,浮囊稍破,必定沉溺。"虚云指出,佛教的一切法门,都必须以戒为先,

---

① 1952年,虚云赴北京、上海主法祝愿世界和平法会。1953年,中国佛教协会成立,虚云被选为名誉会长,他在大会上发言,期许全国佛教徒:"加强团结和学习,发挥爱国主义和国际主义精神","拿出大无畏的精神,努力学习,补充各项知识技能,配合时代和政策,以便分担各项工作任务"。1955年,中国佛协会召开第二次理事扩大会议,虚云写成《云居管见》一文,表示支持成立中国佛学院以造就弘法人才,至于办学的原则:"我认为佛弟子的日常生活、衣食住等有可以权变的;唯三学思想,即戒、定、慧等理论,不能改动。"表达立足于佛法三学、顺应现代潮流的"随缘不变,不变随缘"的立场。

宗、教、净三者都不例外：

> 佛法之要，在于三无漏学。三学之中，以戒为本。良以由戒生定，由定发慧，若能持戒清净，则定慧自可圆成。佛所制戒，以要言之，大分三种：（一）在家戒，谓五戒八戒。（二）出家戒，谓沙弥、沙弥尼十戒，比丘、比丘尼具足戒。（三）道俗通行戒，谓菩萨三聚戒。
>
> 今诸位欲求受戒，首重行愿。行者行持，即依戒而行，愿者发愿，即四弘誓愿，行愿相资，方成妙用。佛制戒律，无非使众生断除习气毛病，令止恶生善，背尘合觉，故《华严经》云，"戒为无上菩提本，应当具足持净戒"。由是戒故，佛法得以住世，僧伽赖以蕃衍。①

禅宗自百丈以来就有订立清规的传统，但清末以来，佛教戒律废弛，纲纪不振。虚云有感于规约在中兴佛教中的重要性，他屡次整肃僧纪，都是从严守戒律入手的。他依佛教戒律及古代禅林规范，结合现实，制定了禅林住持、共住、客堂、云水堂、禅堂、戒堂、衣钵寮、大寮、库房、浴室、学戒堂、农场、教习学生、水陆法会等各种"规约"，将丛林集体生活制度严格化、规范化。他制定的这些规约又贯穿着一种民主精神，在住持、经济等方面实行民主管理，以革除封建家长制的弊端。如1940年制定的《云栖寺万年簿记》，规定住持须由僧众商同公举，住持须常住山中领众修行，"须随众上殿堂坐香，除客请外，不得办小寮菜"，"住持灭后，不许私立塔墓，应送入海会塔内，依先后位次而安"；"住持每月三十日会同客堂库房禅堂结算账目"，"一切财产系属公有，一概不得侵"；"朔望诵戒，自住持以及清众，须齐至听诵"。强调住持等职事在学修上、生活上与僧众平等，不得特殊。

虚云还对佛教的"性戒"和"遮戒"的关系作了深入的探讨，以说明僧人持戒与佛陀制戒的正确关系。佛法戒律本是从印度等国传来的，但中国与印度的国情有相同之处，也有相异之点，所以，要懂得因时制宜，种种妙用。他说：

---

① 虚云：《开示：虚云老和尚说法》，第223页，西安，陕西师范大学出版社，2007。

关于戒律有一件很重要的事情,要向诸位说明的。戒本中有自手掘地,及自手绩纺等戒。我们现在耕田织布,是不是犯戒呢?我们要知道,佛所制戒,有性戒和遮戒两种。首篇波罗夷罪是性戒,此是根本戒,犯者不通忏悔,其余大都是遮戒,犯者可以忏悔。又有轻重开遮等别,研寻律藏便知。性戒者,体是违理,无论佛制与不制,若作均犯罪,如杀盗等是。遮戒者,佛未制前造作无罪,自制以后,若作方成犯,如掘地纺织等。佛所以制遮戒,有各种原因,都是因地制宜,因事制宜,或因时制宜的。如掘地纺织等戒,是因避世讥嫌而制。因当日印度社会,以乞食乞衣,一心修道为出家人本分事,若自己营谋衣食,便招世讥嫌,佛因之制此等戒。但社会制度和风俗习惯各处不同,必须因地因事因时以制宜,决不能墨守绳法。故《五分律》中佛说:"虽我所制,于余方不为清净者,则不应用;虽非我所制,于余方必应行者,不得不行。"故当日百丈祖师,以中国与印度环境不同,已有"一日不作,一日不食"之美举。佛如降生此时此地,决不会制掘地纺织等戒的。所以我们耕田纺织,并不是犯戒的事情,望诸位于修持中,切不可废劳动;于劳动中,也不可忘修持,两者是可以兼行并进的。由此可见,我们对于受持遮戒,贵在遵循如来制该戒之本意,不在于死守条文。若得佛意,虽与条文相违,亦名持戒;若不得佛意,虽遵守条文,亦成犯戒。但亦切不能以此借口,而将如来所制戒律,一概抹杀。各宜深入律藏,神而会之。①

按照虚云的解释,佛教的戒律有"性戒"和"遮戒"两种,其中的性戒是佛教的根本戒,属于原则性的方面,是不容许违背的;而遮戒则是佛教戒律的灵活性方面,可以因时制宜或因地制宜,其根据就是《五分律》中的"虽我所制,于余方不为清净者,皆不应用;虽非我所制,于余方必应行者,皆不得不行"。虚云指出,百丈怀海的"一日不作,一日不食"表面上违

---

① 虚云:《开示:虚云老和尚说法》,第230页。

背印度佛教的戒律传统,但是,中国佛教强调僧人的自食其力,是中国佛教根据中国的国情需要而改造印度佛教戒律的结果,仍然"贵在遵守如来制该戒之本意,不在于死守条文"。因此,在百余年的参学习禅过程中,虚云既注重于禅修理论与实践的探讨,又长期坚持率僧众弘扬百丈祖师所倡导的"农禅并重"家风。在主持福建鼓山涌泉寺、广东韶关南华寺、乳源云门寺及江西云居山真如禅寺等祖庭名刹时,虚云亲率僧众严守禅堂规矩,坐长香,每人每日至少有四至八支的养息香,每年在适当的时候举行禅七。与此同时,他率僧众出坡劳作,实践"一日不作,一日不食"的祖训。在恢复云门祖庭时,虚云从对当时社会环境的观察分析出发,教导僧众"今后佛教要不被淘汰,僧伽经济必须在劳动生产之条件下,自给自足,以谋解决,始克有济"。他在云门主持开办"大觉农场",制定《农场组织简章》,要求常住僧众除担任总管、副管理以及60岁以上身体衰弱确实不能任劳者外,一律都要参加农事劳作。后来,看到因避日寇铁蹄而流落至广东韶关的四众弟子甚多,为谋生计,虚云又因地制宜地主持在市内大鉴寺开办纺织厂,带领大家从事劳作,自食其力。①

　　虚云不仅严持戒律,而且十分重视如法传戒。早在30年代,当时有的寺院戒律松弛,传戒不如法,甚至买卖戒师,将淫祠社宇、血食宰割之区乱为坛地,虚云斥之为"窃名纲利","翻为地狱深坑"。50年代,虚云又多次告诫学人门徒,"佛法之败,败于传戒不如法"。强调"若传戒如法,僧尼又能严守严律",则佛法将更加兴旺。

　　虚云还认为,学佛在戒、定、慧,三学虽以戒为本,但是相辅相成的,

---

① 新中国成立后,虚云一再教导弟子说,时代变了,要"在现在基础上自力更生,以维佛门根本"。他在1953年5月出席中国佛教协会成立会议时的提案中,有一个提案是"为图谋自力更生,倡导计劳受酬,以维护佛门根本案"。其中谈到,今者坐受、供养的办法已渐渐不能存在,自应及早改图,和各教同趋大路。他自己则是亲自耕种,"孜孜竞竞,率众开垦,努力耕种",保持禅门自四祖道信以来的遗风。晚年驻锡云居山真如禅寺时,更以百十余岁的高龄,亲率僧众从事农禅,组建"僧伽农林场",打地抛砖,重建梵刹,烟蓑雨笠,躬耕南亩,经数年艰辛,终于使这座千年祖师道场雄姿再现。

如鼎三足,缺一不可,偏于一法,即为迷途。他指出:"戒定慧三法不能偏废,要三法圆融,才能无碍。持戒,若不懂得开遮,不通大小乘,不识因时制宜的种种妙用,死死守戒,固执不精,就会成为错路修行。三学圆明,才得上上戒品。种种法门,皆不出一心。所以,一法通则万法通,头头物物尽圆融;一法不通则一切不通,头头物物黑洞洞。"强调三学的相通性和互补性。①

其次,虚云主张参禅和念佛的一致性。明清以来,比较盛行的修行法门,是参禅和念佛。但到清末民国时期,"念佛的人,每每毁谤参禅;参禅的人,每每毁谤念佛,好像是死对头,必欲对方死而后快,这个是佛门最堪悲叹的恶现象"。虚云是近代禅宗泰斗,以一身而承嗣禅门五家,深入禅境,久有体悟,但对其他宗派法门不分彼此,同样尊重,尤其是对净土宗,虚云更是主张禅净不二,万法归一。虚云认为,近世修净土的人,多数固执永明延寿禅师的"四料简",极少虚心研究圆通偈,而且对"四料简"也多有误解,不独辜负文殊菩萨,而且带累永明禅师。故不能融会贯通,视禅净之法如水火冰炭。他说:"参禅念佛等法门,本来都是释迦老子亲口所说。道本无二,不过以众生夙因和根器各各不同,为应病与药计,便方便说了许多法门来摄化群机。"②他认为,中国佛教到后来诸宗派的出现,乃是诸位祖师"不过按当世所趋来对机说法而已",尽管各宗派修持方式或有不同,但"那一门都是入道妙门",而且法法本来可以互通,圆融无碍的。虚云指出,从修行实践看,念佛念到一心不乱,何尝不是参禅;参禅参到能所双忘,何尝不是念实相? 他一再强调禅乃净中之禅,净乃禅中之净;禅与净,可以相辅而行,并非水火不相容。他对那些怀有门户之见,将禅净妄分高下的人感到深恶痛绝,批评这些人实际上"违背了佛祖分宗别的深意,且无意中犯了毁谤佛法,危害佛门的重罪",指斥他

---

① 虚云:《开示:虚云老和尚说法》,第205页。
② 同上书,第80页。

们的做法"是一件极可哀愍的事","是佛门最堪悲叹的现象"。

因此,虚云对于念佛法门不但毫无偏见,而且倍加赞扬,经常劝人老实念佛,多次教导四众弟子,"佛说种种法门皆能成佛。专持名号者,即得持名号而成佛"。"参禅、念佛、持咒等一切法门,皆教众生破除妄念,显自本心。佛法无高下,根机有利钝。其中以念佛法门比较最为方便稳妥。"他对于净土法门的弘扬不遗余力,在《虚云法汇》中就有不少是劝导弟子勤修净土法门的开示语录。在数十年的说法生涯中,虚云对来参叩者,往往先试以禅,若不契则示以念佛三昧。当年在广东昭关南华寺重建禅堂之后,又别立念佛堂,以方便学人习修净土。

三、坚守禅道,弘传佛法

虚云对于如何参禅修行提出过完备而系统的思想。作为禅宗五宗的传承人,虚云毫不动摇地坚守禅门之道,他说:"中国的佛教,自古以来虽有教、律、净、密诸宗,严格地检讨一下,宗门一法,胜过一切。""禅宗,是世尊在灵山会上拈花示众,唯有迦叶尊者微笑,称为心心相印,教外别传,为佛法的命脉。"禅宗的根本法门是明心见性,自信成佛,但现代人根器浅陋,必须有所依傍,而最方便的参禅方法是"看话头"。虚云对于参禅的要旨、参禅的目的、参禅的先决条件、参禅的具体方法、对治禅病的方法等等,都曾提出过独到的见解。

第一,参禅的目的。虚云认为,参禅目的在于明心见性,也就是要去掉自己的污染,显现自性的光明,彻见自己的本来面目。虚云特别强调,一定要以明心见性、了脱生死为目的,千万不能去追求神通。他认为,"神通属用功之过程,岂可立心希求"。一旦用心追求神通,则与"无住真理"背道而驰,对于这一类人,"佛谓之可怜愍者"。他进一步批评说,若"专为求神通而修行,是魔见"。因为"神通一层,不但天魔外道有之,即在鬼畜俱有五通",神通并非佛教所独有,是佛教与其他宗教和外道都能够获得的"共法",而且也不是佛教的最终目标。佛教的最终目标,是追求见性成佛,消除无明烦恼。因此,虚云的看法是契合佛法的根本精神的,也使得佛教进一步契合近现代以来的科学和理性主义精神。

第二,参禅的先行条件。在进入具体的参禅方法之前,必须具备一些最基本的先行条件,虚云列举了深信因果、持戒、坚信、决定行门诸项。深信因果,被虚云视为参禅的"先决条件"。佛教主张因必有果,任何结果都有其原因,以此鼓励人们种善因,结善果,断恶因,绝恶果。否则,妄作胡为,谈不上修行。同时应该严持戒律。持戒的意义,已如虚云在谈五戒时所说,是三学根本,无上菩提的根本。坚固信心,要求深信自己本来是佛,深信依法修行决定成佛。信是得道之源,功德之母。缺乏这个信心,无法修行,所以他告诫大众,"总要信得及,心佛众生,三无差别,实无奇特"①。决定行门,是要求选择一个适合于自己的法门来修持,或念佛、或持咒、或参禅,"认定一门,蓦直干去,永不退悔"。不可以朝秦暮楚,喜贪便宜不审正助,时时刻刻想着转换门庭。

第三,参禅的具体方法。对于参禅的具体方法,虚云详细地讲到了坐禅须知、用功下手、参话头、生死心切和发长远心的关系、用功的难和易等。坐禅须知事项,虽然是最基本的常识,但由虚云说出,却是自家的体验,尤为珍贵。虚云谈到,要善于调养身心,否则,容易害病着魔。行香、坐香的用意就在于调身心。另外,虚云还提到,跏趺坐时,应顺着自然正坐;昏沉来时,要睁大眼睛,挺一挺腰;用功太过急迫,觉得心中烦躁时,应当万缘放下;坐禅坐到出境界时,不要去执著它。用功下手的方法,虚云提出要认识宾主,也就是要分清什么是妄想,什么是自性本来面目,不得妄想遮住自性,不让自性随妄想转。他说:"常住的主人,本不跟客人或来或往。喻常住的自性,本不随妄想忽生忽灭。"这就要求无心于万物,一心不生,能如此,妄想只能自生自灭,也不能妨碍如如不动的自性,这就叫万法无咎。这种无心之法,正是禅宗的传统。

---

① 净慧:《虚云和尚法汇续编》之《佛法是家常便饭》,石家庄,河北省佛教协会,1990。

关于参话头,虚云具体说明了参话头方法的缘由、什么是话头、如何参话头等问题。参话头的缘由,虚云认为禅宗的修行法门都强调直指人心,见性成佛,本来没有参话头一说。达摩祖师讲安心,六祖慧能则唯论见性。后来的祖师看到大家都在向外驰求,数着他家珍宝,当做自己的家珍,缺乏基于本地风光的创造性,在这种情况下,"便不得不各立门庭,各出手眼,才令学人看话头"。什么是话头?虚云说,"话"就是说话,"头"就是说话之前。"所谓话头,即是一念未生之际。一念才生,已成话尾。"①所以,参话头应当是参祖师未说出此话之前的心意,否则就是参话尾了,"若将已说出之话参究,已不是参话头,而是参话尾矣"。但是,作为初心人,虚云主张还是从话尾开始参究为好,"若初心用功,不得不从话尾追究耳"②。因为初心人一般障深慧浅,如果不从话尾入手,难达话头;不从有心处用功,难达无心境界。至于真正的用功者,则无所谓话头或话尾,本自如如。

虚云还强调,参话头首先要起疑情,疑情是做话头的拐杖。如何才是起疑情?虚云曾以参"念佛是谁"为例而说明。问念佛的是"谁"?在这个"谁"字上发起轻微的疑念。这个疑情,虚云主张不要粗,愈细愈好,像流水般不断地照顾这个疑念。如果疑念在,就不要动着它。如果不在,要轻微提起它。③起疑情,实际上也是在反问自性。虚云还指出,修行中既要意识到生死心切,又要发长远之心,这两者应该是"参禅之要"。只有生死心切之想,才会发起疑情,尽心用功。也只有树立长远修行之心,才能够持之以恒,而不是一曝十寒。这样久而久之,自然水到渠成。这实际上是顿发心和渐修的结合。

关于修行用功的难与易,虚云分别讨论了初用心的难易和老用心的难易。初用心的难,难在初用心人的偷心不死,也就是各种妄想习气放

---

① ③ 岑学吕:《虚云和尚法汇》之《禅堂开示》。
② 净慧:《虚云和尚法汇续编》之《复金弘恕居士书》。

不下来。初用心的易,易在只要放下来单提一念,放下来就是,放下一切无名烦恼。如何放下?"若认定这个躯壳子是具死尸,不去宝贵它,根本不把它看作是我,还有什么放不下?"放下后,要起个疑念。老用心的难,难在百尺竿头不能进步。老用心的易,易在只要继续绵绵密密地做,只要坚持不懈,总能有所成就。

第四,对治禅病的方法。虚云总结了一般的习禅者参话头时容易出现的四种禅病,提出了相应的对治方法。这四种禅病分别是:一为话头看不上。糊糊涂涂,随众打盹,不是妄想纷飞,就是昏沉摇摆。对治之法,看"念佛是谁"的"谁"字。先看到妄想昏沉少,再看到一念不起时,"能看到一念无生,是名真看话头"。二为话尾上用心。虽然对话头有点心得,但变成了"念话头",念着"念佛是谁",以为可以起疑情而得开悟,虚云认为,这只是在话尾上用心,只是生灭法,没有到一念无生之地。对治之法,也要向念起处看,一直看到一念无生。三为执著于境界。这是指那些看话头达到一定水准的人,出了一些境界,但执著于此而成病。对治之法,照顾着本来参究的话头,一念不生,种种境界,一概不理,佛来佛斩,魔来魔斩,自然不落群邪。四为不能进步。是指那些业障较轻,理路明白,又能恰当用功,已经走上了正轨,但到此地步,却不能再进一步,昏沉而停住了,有的甚至因此而起贡高我慢之心。对治之法,继续向极处迈进,"直至高高山顶立,深深海底行,再撒手纵横去"。①

虚云的一生,是对禅宗弘扬不遗余力的一生,体现了禅宗"实际理地,不受一尘;万行门中,不舍一法"②的精神。虚云以精深的禅定智慧为根本,以"不忍圣教衰,不忍众生苦"的悲愿为动力,继绝起衰,建寺立规,讲经说法,融通各家,与时俱进。对于外界的称、讥、苦、乐、利、衰、毁、誉,他始终淡然处之,不为所动,在"众生无尽愿无尽"的实践中,始终保

---

① 岑学吕:《虚云和尚法汇》之《参禅警语》。
② 《景德传灯录》卷9,《大正藏》卷51,第265页。

持着"水月光中又一场"的豁达,以出世的智慧做入世的事业,百折不挠,持之以恒。虚云的主要行持与阐扬虽然在禅宗,但他应机施教,并不局于一宗一派,而能以精深的智慧和广博的胸襟融会贯通,将万法会归人人本具的真心当中,体现了"禅者,佛之心"的真义。

虚云对于20世纪的禅宗与中国佛教的贡献是巨大的。他承继禅宗五家法脉,广建道场,传戒立规,展现了佛教出世的一面。同时,他秉持"佛法在世间,不离世间觉"的精神,积极主动地投入佛教的社会活动,又展现了佛法入世的一面。虚云圆融了出世与入世,备受教内外人士的尊崇,为近现代禅宗提供了修行、弘法的楷模。

第八章 弘一与民国时期的律学与律宗

民国时期是中国传统佛教向现代佛教的转型时期,律学的发展也进入一个新的历史阶段。此一时期,佛门高僧都十分强调"以戒为师",重视佛教僧团戒律的建设。这其中尤其以弘一为代表,他为佛教戒律的研习、典籍的整理、律学的高扬和律宗的重振作出了巨大的贡献。

第一节 民国时期的律学与律宗

民国时期的律学复兴和理论建设是沿着两个方向发展的:一是广义上的佛教僧伽制度建设,这是以太虚的僧伽制度改革为代表的;一是以弘一为代表的律学研习,他以弘扬南山律学为其主要内容。

一、民国时期的律学背景

明清以降,南山宗律学著作大多散逸,由于缺少古德的律学理论滋养,这不仅影响到明清以后律学理论的发展,同时也影响到僧团的戒律持守。以至于到了清末民国一段时间,"中国内地大部僧团的戒律废弛,毫无生气,这是和律学之不明密切相关的。因为从清代以来,很少有人切实请求律学,戒律几全等于具文,它的组织集体、指导行为的真精神,早就暗然不彰,本来依据戒律构成的僧团自然也徒存形式,终至于萎靡不振了"①。显然,失去了理论化的律学,那么戒律就只剩下了僵硬的条文,持守也就难以为继了。同样,没有对持戒的精深把握和切实力行,律学也难以得到理论的发展。

19世纪末叶到20世纪初,西方政治观念和宗教思想、日本佛教和南洋佛教的影响,造成了中国佛教戒律持守精神和戒律标准的多元化,传统的佛教律学精神受到冲击,传统的律学价值体系也因之受到了挑战。此一阶段的士人和僧伽的思想也正处于传统向近代转变的困惑之中,处在"东方"和"西方"的犹豫之中,他们一方面受到西方宗教观的影响,另一方面又继承或坚持着传统的佛教戒律思想。自清代中期以后到清朝末年,传统律学主要是通过菩萨戒与净土信仰的结合而得到发展。如龚自珍因读紫柏、憨山和莲池著作,而意归净土,乾隆三十八年(1773)受菩萨戒,晚年尤好"西方之书"(指佛教著作)。咸丰四年(1854),魏源也皈依佛门,成为"菩萨戒弟子"。他们把戒律看成是成道的基础,把净土思想与戒律结合起来。如魏源说:"出世之道,又有宗、教、律、净之异。其内重己灵,专修圆顿者,宗、教也;有外慕诸圣,以心力感佛力者,净土也;又有外慕诸圣,内重己灵者,此则宗、净合修,进道尤速。至律,则宗、教、净之基址,而非其究竟焉。"②

鸦片战争以后,在西方宗教思想的影响下,中国佛教的律学精神和价值观念受到了严重的冲击和影响。它表现在两个方面:一是对近代律学转型的正面影响。中国佛教律学通过吸收西方宗教精神,在戒律精神和持守观念上融入了现代观念,促进了近代律学的转型。二是日本佛教戒律精神和持戒观的影响。这使中国传统佛教的律学观念受到冲击,造成了一些僧人的困惑。这种影响有两个途径,一是中国传统士人和义学

---

① 吕澂:《律学重光的先决问题》,黄夏年主编:《吕澂集》,第123页,北京,中国社会科学出版社,1995。
② 《净土四经总叙》,黄丽镛编著:《魏源年谱》,第189页,长沙,湖南人民出版社,1985。

僧人对西方文化和精神主动吸收和拿来,一是出于许多复杂的目的而被动地采纳。

民国时期,也是中国传统律学的又一次复兴时期。由于时事纷乘,不同的社会阶层经常因不安而有变动,政、学、军、商时有人因各种原因而出家,所以传戒活动时有开展①。同时,教内外的贤达之士都对佛教戒律十分重视,并把弘扬律学看成是佛教在新的历史条件下生存和发展的必要条件。时代的发展、社会结构的改变以及日本佛教戒律持守精神,都在一定程度上对中国传统律学的持守精神和方式造成了影响,对传统律学形成一定的挑战。同时,这也促进了佛教思想家对律学重振和戒律研习的深入思考。诸家治学方法虽然有异,但是他们却有着共同的努力方向,即通过加强僧众的戒律持守,弘扬律学研习,以结束清末以来的戒律松弛情况。

民国时期,传统士人、学者和教内高僧的佛教戒律建设工作的着力点仍然是要恢复传统的"四分律学"和"南山律宗"。这是一种把传统与现代相结合的律学思想方向,其目的即是要在新的历史形势下恢复和重振传统的南山律学。因此,律学的发展是宗依南山、面向现代,既继承传统律学理论,又吸收西方新式思想。这对于规范在西方宗教和日本佛教影响下的中国近代佛教发展有着重要意义。

1920年春,从日本得到古版南山、灵芝三大部,计八十余册的著作,这对于民国律学的复兴和发展是十分重要的,同时也是中国近代律学史上的一件大事,它为此一历史阶段的律学复兴奠定了文本和史料的基础。其后有徐蔚如居士(？—1937)于天津创刻经处,专刻南山宗律书,费资数万金,历时十余年,乃渐次完成。弘一也正是在此基础上学律、研律而成为中兴律学的一代律主。

---

① 如太虚曾在文中讲:"近年以来,各处开坛传戒……"参见《尊重僧界还俗人》,《太虚大师全书》第17册,第627页。

民国时期,传戒活动仍然以宝华山隆昌寺为主要代表。甚至也有德国出家者不远万里来此受戒。①

二、民国时期的律学复兴

民国时期是中国近代律学的形成期。诸多高僧居士和学者就如何恢复和重振中国律学、贯彻以法制僧等问题从不同的角度进行了探索。

此阶段,中国律学建设有四个主要内容:其一,以太虚为代表的僧众对佛教进行的"僧制的改革";其二,以虚云为代表的禅林对佛教律学和戒律精神的重振和加强;其三,以弘一为代表的僧人对南山律学的弘传;其四,以吕澂等佛教学者为代表的"现代律学"建设。尽管他们的着力点有所不同,但其主要宗旨仍然是重视和解决戒律的"知"与"行"两方面的问题:第一,佛教戒律持守的时代性和灵活性问题;第二,佛教戒律建设工作的着力点仍然是探讨如何恢复传统的四分律学和南山律宗,以服务现实需要。

太虚是中国近代著名的佛教改革者,他的宗旨是加强佛教在新的历史时期的制度建设,以与新的社会生活接轨。这有两种内容,一是重视对戒律持守的重视,一是强调对律学进行与时代相应的研习。这反映在佛教戒律建设上是更为宏观方向。太虚在一系列著作和讲演中阐释了他的律学和新僧制思想,表达了他对教制革命和戒律弘扬的努力。这主要有:他在1914年闭关于普陀时著述的《整理僧伽制度论》,他于1916年在普陀山闭关时写的《佛法人乘正法论》,1929年12月在闽南佛学院所作的《中国现时学僧应取之态度》,1930年春讲述的《建僧大纲》、《僧教育要建筑在僧律仪之上》,以及《瑜伽菩萨戒注》等文中。其中,《佛法人乘正法论》不仅表现了他的僧团制度建设思想,更是一篇浸透着现代伦

---

① 巨赞:《洋和尚照空》,黄夏年主编:《巨赞集》,第237页,北京,中国社会科学出版社,1995。

理学精神的佛教戒律研究文章。① 太虚的佛教改革并不是仅仅要突出戒律的理论地位和作用,而是更为体现戒律的修行意义。他曾有诗曰:"圣教照心,佛律严身,内外清净,菩提之因。"②

太虚重视南山律学以规范佛教僧团,并对此提出了改革和重建计划。其设想是,为了与各地的支寺区别,在各道设的南山宗寺称为"祖庭",当中建立印度和中国的本宗祖师15层塔,以备各地徒侣瞻敬。前殿(天王殿)改名为"大欢喜地",朝门供弥勒菩萨应化像,后面向内供韦陀像,两旁供四天王及护法伽蓝神像。佛殿之后,造比丘戒坛和菩萨戒坛各一处,比丘戒坛四壁绘诸护戒神像,菩萨戒坛上供释迦和尚、文殊菩萨像。大门前应化像为阿阇黎像,忏悔堂也如法设像,余处不再设像。寺内设讲堂、布萨堂、安居堂。讲堂分为五个,分别为受比丘戒教授堂、受比丘尼戒教授堂、受沙弥戒教授堂、受式叉摩那尼戒教授堂、受沙弥尼戒教授堂。③

虚云在其多年的行脚生涯中,对佛教僧团的制度建设进行了探索,其精神不仅是贯彻以法制僧的佛教原则,也更着意于在新的社会形态下丛林的发展。他在云粤滇鄂一带广布戒律,并对当时的传戒活动进行了某些改革,如把传戒由每期8天,改为每期30天。他强调传戒仪范的目的正是为了"庶足以补过去之漏,匡未来戒法之疏"④。同时他还批评一些寺院煽诱蛊惑,买卖戒师,不尊律法,妄作戒坛,不知律仪为何事之举。

---

① 太虚其他的律学著作还有:《僧格之养成》(1925年11月在日本东亚佛教大会演讲大纲)、《僧制今论》(1927年作)、《条陈整理宗教文》(1928年6月作)、《修改管理寺庙条例意见书》、《佛教僧寺财产权之确定》(1928年夏作)、《佛寺管理条例之建议》(1929年夏作)、《评监督寺庙条例》(1929年12月作)、《菩萨学处》、《人乘正法论》、《去除稚僧的几种错误》、《七众律仪不得逾越》、《优婆塞戒经讲录》(1930年10月在成都文殊院讲《瑜伽菩萨戒本》形成)、《论传戒》(1934年春作)、《优婆塞戒经讲录》(1935年5月在南京中国佛学会讲《优婆塞戒经》形成)、《持戒与龙华道场》(1935年4月在上海龙华寺讲)等。
② 《赠弘一法师》,《太虚大师全书》(精装)第32册,第268页。
③ 参见《整理僧伽制度论》,《太虚大师全书》(精装)第17册,第56页。
④ 虚云:《重刊〈三坛传戒仪范〉后跋》,《虚云老和尚法汇》,季羡林主编:《中国现代佛学大师著作系列》,第256页,合肥,黄山书社,2006。

虚云极为重视以戒制僧,律身进道,制有许多的规约,如:

《云居寺万年簿》记,三十九条;

《教习学生规约》,八条;

《教习学生规约》又示,二十二条;

《客堂规约》,二十八条;

《云水堂规约》,九条;

《禅堂规约》,三十条;

《戒堂规约》,三十条;

《爱道堂共住规则》,二十八条;

《衣钵寮规约》,七条;

《库房规约》,十九条;

《大寮规约》,十七条;

《浴室规则》,九条;

《农场组织简章》,十八条;

《学戒堂规约》,十四条;

《水陆法事念诵执事规约》,十一条;

《题云水堂记》,六条。①

显然,这种规约涵盖僧众生活的方方面面,它并不简单地是清规,也不是一般意义上的僧制,而是在新的历史条件下对佛教戒律精神的具体化。

印光,近代著名的净宗高僧,也十分重视对戒律的弘扬。他写有《戒杀诚说》、《佛教以孝为本论》、《〈梵网经·菩萨戒集证〉序》等文章,在净土修行中贯彻戒律精神。

慈舟(1877—1958),是民国时期著名的律师,俗姓梁,法名普海,湖北随县人,宣统二年(1910)出家于随县。1931年,应虚云老和尚之邀,慈

---

① 参见《虚云老和尚法汇》,季羡林主编:《中国现代佛学大师著作系列》,第292—318页。

舟赴福州鼓山筹办法界学院。1933年,他在汉口九莲寺与了尘、戒尘等僧众办华严大学。慈舟是民国时期重要的律学教育家。他对弘一法师的《四分律比丘戒相表记》一书非常重视,并以之作为向学僧讲律的主要教材。他曾说:"儒云:不学诗无以言,不学礼无以立。佛子不学经论无以言,不学戒律无以立。既无立足之地,即或能讲,欲将取信于谁?""一戒不学,即或不犯,亦有不学无知罪,当堕合众地狱一万四千四百万年。"①慈舟不仅持戒精严,还研律有成,其主要律学著作有《毗尼作持要录》《菩萨戒本疏》等,后人编有《慈舟大师法汇》。慈舟律师曾于1950年在福州合利院授三坛大戒。②

民国时期,众多居士也在为佛教戒律的重光而努力,如欧阳竟无居士和周叔迦居士。欧阳竟无著有《辨方便与僧制》,对在时代发展中的"方便"与"僧制"问题进行了说明。周叔迦(1899—1970)不仅撰有《八宗概要》,对包括律宗在内的中国佛教各宗派进行了脉络清理、整体的把握和回顾,而且还写有《佛世建立僧团的目的——读律随笔》《戒律的意义》《戒律的制定与律藏的组织》《关于戒的开缘》《谈谈羯磨》《忏悔法门》《论三皈的授与受》《水月光阁随笔》《敦煌写本〈菩萨律仪二十颂〉跋》《修行讲话》《元魏太安四年写本戒缘跋》等一系列的关于戒律和律学的文章。

吕澂先生也十分重视律学在新的历史阶段的发展。吕澂(1896—1989),字秋逸,江苏丹阳人,中国当代著名佛教学者。对印度佛学、中国汉传和藏传佛学、佛教因明等都有比较独到的研究,著作甚多。吕澂先生的佛教戒律持守和律学建设有两方面的含义。

首先,吕澂先生对在新的历史阶段戒律持守的灵活性问题进行了反

---

① 胜雨:《四分律比丘尼戒相表记叙》,转引自徐金龙《〈四分律比丘戒相表记〉对后世的影响》,《浙江佛教》1997年第3期。
② 参见李巍、张守泉《续灯畅宗风、利乐愿无穷——记青岛湛山寺明哲法师》,《中国宗教》2006年第10期,第24页。

思。他认为,律学研究必须从当代各种问题中发现比较重要的问题,并能联系现实的生活和实际然后再加以发挥,不然,重整戒律的努力仍然会流于形式,遇事模糊。他并举出了三个问题:第一,戒律的根本典籍如何再重新确定;第二,如何看待和运用戒律的灵活性原则;第三,如何理解大小乘戒律的统一性问题。事实上,这分别是对新的历史时期戒律的适用性、灵活性和整体性问题的认识。①

其次,吕澂先生提出了建设"现代律学"的主张。这种律学在继承传统的南山律学的基础上,探讨在新的历史阶段如何实现对戒律的持守、僧团的制度建设和戒律的研习和应用。他说:

> 现在我们如果为着整顿僧制而重新阐明律学,应该先将遵行已久的四分律戒本和羯磨刊定正确,再从部执的关系上深刻了解它的真意,最后结合到瑜伽菩萨戒求得实践上最高的原则。在这样的基础上,我们相信,一定可以建立起健全、通彻,而又能使僧团适时新生的现代律学。②

清末以降,僧俗大众都十分重视菩萨,因此出现了一些相关著作,如印光法师的《梵网经菩萨戒集证》(1928)等。同时,由于居士佛教的繁荣,相应地,八关斋式和菩萨戒也深入到社会之中,僧俗大众对此都极为重视,一时相关的注疏和普及性读物大量出现。在《弘一大师全集》、《印光法师文钞》等相关著作和一些高僧回忆录中,收有不少居士与大师们的交往记录和书信,从中我们可以看到双方对菩萨戒的理论与持守的探讨,以及他们对弘扬菩萨戒所作的努力。有的居士还有一些相关辑录,如湖南郭涵斋居士辑录有《释门法戒录》、会籍黄涵之居士辑有《普劝戒杀放生》等即是。③

---

① 《律学重光的先决问题》,黄夏年主编:《吕澂集》,第123页。
② 吕澂:《律学重光的先决问题》,黄夏年主编:《吕澂集》,第131页。
③ 参见《印光法师文钞》下册,第1332、1355页,宗教文化出版社,2005。

民国时期律学与传统律学的最大区别是,此一阶段的高僧大德不仅很好地继承了传统,更为重要的是,由于他们中的许多人大都留学海外或出国考察过,所以对西方学术传统和方法、对日本佛教和南洋佛教的研究大都十分熟悉。有的佛学研究方法贯彻了西方的学术精神,这是传统律学研究中所不具的,也正是近代律学的基本特点之一。正是众多僧俗的这种努力,为新的历史阶段中国律学研习注入了新的成分,从某种意义上说,这也是20世纪初中国佛教和律学复兴的一种动力。

第二节 弘一对南山律学的弘扬

一、弘一的生平行历

弘一,俗姓李,名文涛,字叔同,光绪六年(1880)出生于天津。其祖上曾为盐商,略有资产,父亲李筱楼,读书曾有功名,为进士,于李叔同5岁时去世。就弘一的祖籍所在,目前有其祖籍在天津、山西或者浙江平湖的三种说法。

青少年时期,李叔同曾从天津名士学习诗文、书画和篆刻,受到严格而广博的国学基础知识的训练。戊戌政变失败后,19岁的李叔同因被人怀疑为康、梁的同党,而与母亲家人移居上海。此后,李叔同常与上海地区名士进行诗文唱和。1901年,李叔同考入上海南洋公学,从业于蔡元培先生。1902年,李叔同被纳为浙江嘉兴府平湖县籍的监生,参加浙江省的考试,但未考中。1904年到1905年间,李叔同在上海组织"沪学会",利用演讲、戏剧等形式宣传新风尚。1905年初,母亲去世,李叔同即扶柩回天津,并于安葬完毕后,赴日学习,后入东京美术学校。1911年,32岁的李叔同毕业回天津,任直隶模范工业学堂的图画教员。1912年,李叔同来到上海,初为城东女学的教员,后入《太平洋报》主持《太平洋报画报》。当年秋天,《太平洋报》停办后,经友人相聘而赴杭州任浙江两级师范学校(后改名"省立第一师范学校")图画音乐教员,直到其出家。

1916年,因同事夏丏尊向他推荐了一篇关于断食能够修养身心的文章,李叔同即经人介绍去大慈山定慧寺(虎跑寺)作断食体验,并作《断食日志》。1917年,李叔同38岁,虽然断食,他仍然回到了学校,但其已经决意出家,因此开始了守素、看经、供佛,当年的春节也是在虎跑寺过的。1918年初,李叔同39时,先断食于杭州虎跑寺。当年农历七月十三日,时为大势至菩萨生日,弘一即当日出家于杭州大慈寺,礼了悟为师,九月即于杭州灵隐寺受具足戒。

出家后的李叔同别署很多,有人统计共有200个,其中被人们熟悉的也有150个,常见的别号也有16个。在如此多的别署和法号中,人们最常用也最熟悉的则是其法名"演音"、号"弘一",以及其晚年所使用的"晚晴老人"之号。①

出家前的李叔同是中国近代新文化运动中杰出代表,也是在金石诗画以及音乐书法的创作与教育等多个领域都有极高造诣、作品丰富的艺术大师。作为僧人的弘一,则是以戒为师、行不逾律、勤勉苦行、读经弘法。弘一学以华严为境,行以《四分律》为导,终以净土为归。但其一生中一以贯之、朝暮不辍并以之为己任的则是学律、研律与弘律。1942年阴历九月初一,弘一手书"悲欣交集"四字,初四日,即圆寂于福建泉州开元寺。

弘一法师一生究华严、弘戒律、归净土,但弘宣毗尼、精研戒律在其思想体系中居于重要地位。他也正是以南山律学的中兴者而彪炳于中国近现代佛教史的。曾长期亲近、从业于弘一法师的人很多,从《弘一大师全集》的行文、书信、题记及其他人对弘一法师的回忆录来看,人数也是相当多的,堪为民国佛学大师中的突出者。弘一更是此阶段的一面律学大旗,众多学律者以之为楷模,仅在其1933年为南山律苑撰写《南山

---

① 参见林子青编著《弘一法师年谱》,第1—96页,北京,宗教文化出版社,1995。本节有关弘一生平事件的时间年代主要参考《弘一法师年谱》,并根据《弘一大师全集》的相关内容而定。

律苑住众学律发愿文》时,即有随身学律者:性常宗敏、照融文洽、传净了识、传正心灿、广演本妙、寂声谁真(瑞今)、寂明瑞曦、寂德瑞澄、腾观妙慧、寂护瑞卫、广信平愿11人。另外,加上私淑者和信札求教的法师居士更是难以计数。

长期以来,弘一的著作以不同形式得到出版、流通、结缘。主要有《晚晴老人讲演录》(1943)、《晚晴山房书简》第一辑(1944)、《弘一大师文钞》(1946)、《前尘影事集》(1949)、《律学讲录三十三种合订本》和《南山律在家备览略篇》(1955)。在我国香港、台湾地区和东南亚国家也出版了弘一大师一些著作的汇编,如《弘一大师遗墨》(新加坡,1961)、《弘一大师讲演续录》(香港,1962)、《南山律苑文集》(新加坡,1964)等。① 其《四分律比丘戒相表记》、《南山律在家备览要略》还被收于民国年间出版的《普慧大藏经》中。我国台湾地区还出版有《弘一大师法集》共六册广为流传。法集由蔡念生编辑,台湾新文丰出版公司出版,内收有《药师经析疑》、《四分律比丘戒相表记》、《地藏菩萨圣德大观》,以及律学讲录33篇、年谱、永怀录等20余种。

20世纪80年代以来,我国对弘一的研究进入一个新的历史阶段。许多出版社出版了弘一的书信、律学讲演或书法艺术等专门性著作的汇编,以及年谱、大量的研究资料和相关人物的回忆录等。也出版了一些角度不同、颇有水平的传记,这一切都使得对弘一的研究领域得以拓宽和深化。其中,福建人民出版社出版的十卷本的《弘一大师全集》,收有弘一的著作、钞记、序跋、书信、书画作品,以及相关人员的回忆文字等,堪为弘一目前最为完整的一套文集。

二、弘一的律学活动

弘一从1918年39岁时出家,到1942年60岁时圆寂,20多年的时

---

① 参见《弘一大师全集》前言,《弘一大师全集》第一册,第1页。

间,无论是对中国佛教的弘传和研究,还是对中国律宗的复兴和传播都作出了重要的贡献。正是这短短的 20 余年,作为个人的李叔同完成了从一个多才多艺、激扬文字的新文化运动的青年参与者到一代高僧的转变。他的"誓作地藏真子,愿为南山孤臣"的夫子自道,也是其一生努力的方向。①

(一) 从学习有部律到专弘南山律宗

弘一出家之初曾广读经典。他因感到当时的僧界由于持戒不严而广为世人诟病,即对律学十分重视。但他初读的是《梵网经》,受戒后得到马一浮赠与的灵峰《毗尼事要集义》,"乃发起学律之愿"。受戒时,他则随时参《读传戒正范》及《毗尼事要集义》。② 他还说,其出家后,读灵峰《毗尼事要集义》及宝华山的《传戒正范》后,则"披玩周环,悲喜交集",随发学戒之愿。③ 弘一因感到其受戒时的一切仪式都未能如律,遂"发学戒之愿",决定志在学律、弘律。

1920 年夏,弘一借得弘教律藏即掩室学习,专研戒律。学律之初,他重点学的是有部律,他称自己是"起初见之甚喜,研究多年"④。据其《余弘律之因缘》所说,1921 年春,弘一开始阅藏,读到义净三藏翻译的有部律以及撰写的《南海寄归内法传》,深为赞叹,认为"较旧律为善",以后即专习《有部律》。在他作《四分律比丘戒相表记》的第一、二稿时,也多引义净之说以纠正南山之学。《四分律比丘戒相表记》经多次删改,方成最后之定本。只是后来因为弘一发愿誓弘南山,才对此进行修改。此后,虽然未谤毁南山,但于南山三大部仍未用心穷研。

根据弘一在其《余弘律之因缘》中所说,他是在 1931 年 2 月 15 日才舍弃有部律的。由此可见,他研读有部律长达十年。在此期间,他编、

---

① 《净峰寺自勉联》,《弘一大师全集》第七册,第 457 页。
② 《余弘律之因缘》,《弘一大师全集》第一册,第 194 页。
③ 《四分律比丘戒相表记·自序》,《弘一大师全集》第七册,第 419 页。
④ 《律学要略》,《弘一大师全集》第一册,第 197 页。

著、辑、抄的关于有部律的著作有:1920年5月,手书《根本说一切有部戒经》一卷;1922年岁末,根据灵峰的《五戒相经笺要》,参有部律文,作《五戒持犯表记》;1924年5月,撰《有部毗奈耶犯相摘记》一卷;1924年8月,撰《根本说一切有部毗奈耶自行钞》一卷,从后者的题名来看弘一在此期间也曾是按照有部律修持的;1924年8月,辑《学根本说一切有部律入门次第记》。

虽然弘一学律和研律的重点转向南山律是一个过程,但他接触研读《四分律》事实上还是比较早的。早在1921年春,弘一即从钱唐搜寻到《四分律》,其后又得到一些关于《四分律》及其戒本的著作,因而"得览此土律师著作"。① 弘一勤勉有加,读律多有所得。弘一在阅读中"因其戒相繁杂,记诵非易,思撮其要,列表志之。辄以私意,编录数章,颇喜其明晰,便于初学"②。当年6月第一稿毕,后经多次修改,又经过四年的努力,《四分律比丘戒相表记》于1924年8月撰毕,由居士出资于上海付梓。

弘一志在弘扬南山律学是经过天津徐蔚如居士之劝才开始的。因为徐蔚如告诉他说,中国传统律学千余年来一直是宗依南山,学律"宜仍其旧贯,不可更张",所以弘一才决定"兼学南山"。1930年闰6月间,他还曾把自己辑录的《有部钞》与《四分律表记》和《五戒相经笺要》同时寄赠友人。③ 尔后,弘一学习南山律的意愿渐次增进,直到1931年2月15日才于佛前发愿,改学《四分律》,"弃舍有部,专学南山"。④ 并随力弘扬,以赎昔年轻谤之罪。从此,弘一即将自己的全部精力集中于对南山律学的研习弘传之中,在其随后的岁月中,编撰出众多的以南山律为代表的著作、钞记、著疏等律学著作。如:1924年,作《毗尼劝持录》,这是弘一依

---

①② 《四分律比丘戒相表记·自序》,《弘一大师全集》第七册,第419页。
③ 参见《致性常法师》,《弘一大师全集》第八册,第268页。
④ 参见《余弘律之因缘》,《弘一大师全集》第一册,第194页;《四分律比丘戒相表记·自序》,《弘一大师全集》第七册,第419页。

南山三大部和灵芝元照的《行宗记》、《济缘记》、《资持记》节录要义而成；1924年，作成《四分律比丘戒相表记》；1933年正月，编《四分律含注戒本讲义》；1933年2月，于万寿岩编《随机羯磨讲义》；1933年5月，圈点《南山钞记》。1933年5月，弘一亲撰《学南山律誓愿文》，文中道：

> 弟子演音，敬于佛前发弘誓愿，愿从今日，尽未来际，誓舍身命，愿护弘扬南山律宗，愿以今生尽此形寿，悉心竭诚，熟读穷研《南山律钞》及《灵芝记》，精进不退，誓求贯通，编述《表记》，流传后代，冀以上报三宝深恩，速证无上正觉。①

从此之后，研究戒律、弘扬南山律宗就成为弘一毕生中的重要使命。1933年8月，弘一续编《戒本羯磨随讲别录》和《南山道宣律师祖谱》；1934年，将敦煌写本与天津刊本对校而撰《四分律随机羯磨题记》等；1934年8月至9月，撰《一梦漫言》"跋"与"序"，绘见月律师《行脚略图表》，撰写《见月律师年谱摭要并跋》；选莲池大师的《缁门崇行录》四门，以为佛学院学生使用；1934年，作《随机羯磨疏跋》；1935年6月，编录《含注戒本疏略科》，并撰《含注戒本科跋》，并自题记；1939年，从唐代道宣律师和宋代元照律师的相关著作中录出《盗戒释相概略问答》一卷，并录太贤、蕅益两人的遗偈"用自策励"，并自题跋；于泉州始编《南山律在家备览》；1940年春夏间，手书《行事钞》并赠与他人；1940年，编成《南山律在家备览略编》，此为弘一重要的南山律学著作。

（二）弘一与梵网菩萨戒和在家戒

弘一对《梵网经》和菩萨戒都极为重视，不仅多次手书《梵网经》，而且还作有一些题解注疏等。如：1920年6月，抄写《佛说梵网经菩萨心地品》；7月，手书《佛说大乘戒经》、《佛说梵网经》、《十善业道经》；9月，校定《菩萨戒本》；1924年仲冬，弘一大师手书《梵网经》；1931年5月，撰《南山律苑杂录·征辨学律义》八则；1933年7月，从《瑜伽师地论》中录

---

① 《学南山律誓愿文》，《弘一大师全集》第一册，第260页。

出《自誓受菩萨戒文》;10月,撰《梵网经菩萨戒本浅释》;1935年10月,集录《菩萨戒受随纲要表》,并自题记;11月,集录《菩萨戒受随纲要表》;1936年元旦,手书"布施、爱语、利行、同事"之菩萨四摄行;1936年腊月,讲裴休的《发菩提心文》;1940年夏初,为居士所辑的《梵网戒本汇解》校订作序。

弘一还从经中录出《菩萨璎珞经自誓受菩萨五重戒法》,介绍"礼敬三宝法"、"受四依法"等,以说受菩萨戒法的过程。此与蕅益大师据《梵网经》、《地持经》和《璎珞经》所设定的受法基本相同。但弘一更为强调悔罪后应发四弘誓愿。①

弘一的菩萨戒思想重视的仍然是受戒者的自省与自授,即是他强调的"闭门思过,依教观心"。② 如在1933年7月录出《自誓受菩萨戒文》后,即命其学律同学于佛前自授。③ 菩萨戒者重在悲智双修,所以弘一即给同修者强调:

> 有悲无智,是曰凡夫;悲智俱足,乃名菩萨。我观仁等,悲心深切,当更精进,勤求智慧。智慧之基,曰戒曰定;如是三学,次第应修。先持净戒,并习禅定,乃得真实,甚深智慧。依此智慧,方能利生,犹如莲花,不着于水。断诸分别,舍诸执著,如实观察,一切诸法。心意柔软,言音净妙,心无碍眼,等视众生。具修一切,难行苦行,是为成就,菩萨之道。我与仁等,多生同行,今得集会,生大欢喜。不揆肤受,辄述所见,倘契幽怀,愿垂玄察。④

随着时代的发展,在家信众如何受戒和持戒面临着一系列新的问题,社会大众领受菩萨戒的社会背景和方法也与历史上有了很大的不同。弘一对这种现象极为重视,致力于探讨戒律如何适应时代的变化。

---

① 《菩萨璎珞经自誓受菩萨五重戒法》,《弘一大师全集》第一册,第247页。
② 《永春十利律院门联》,《弘一大师全集》第七册,第457页。
③ 参见林子青编著《弘一法师年谱》,第210页。
④ 《悲智歌(赠闽南佛学院同学训语)》,《弘一大师全集》第一册,第8页。

1926年5月,在上海讲《在家律要之开示》,就新时代对在家戒律的持守问题,弘一说道:

> 凡初发心人,既受三皈依,应续受五戒,倘自审一时不能全受者,即先受四戒、三戒、乃至仅受一二戒都可。在家居士既闻法有素,知自行检点,严自约束,不蹈非礼,不敢轻率妄行,则杀生、邪淫、大妄语、饮酒之四戒,或可不犯。惟有在社会上办事之人,欲不破盗戒,为最不容易事。例如与人合买地皮房屋,与人合做生意,报税纳捐时,未免有以多数报少数之事。因数人合伙,欲实报,则人以为愚,或为股东反对者有之。又不知而犯与明知违背法律而故犯之事,如信中夹寄钞票,与手写函件取巧掩藏,当印刷物寄,均犯盗税之罪。凡非与而取,及法律所不许而取巧不纳,皆有盗取之心迹及盗取之行为,皆结盗罪。①

该文后来于1927年4月刊于上海世界佛教居士林之《林刊》上。这种思想事实上回答了在家佛教徒于当代社会中如何将戒律、精神与现实生活结合的问题。

为在家者编制一本实用完备的律要,是弘一多年的希望。1933年10月,他应请撰《梵行清信女讲习会规则并序》;1940年12月,应上海居士之请,撰写《受八关斋戒法》,并加写《题记》。他在对《佛说优婆塞五戒相经笺要》进行补释之外,还于1940年完成了《南山律在家备览要略》。

弘一既强调守戒的严谨性,又强调在家者持戒应当发大乘心,把每一戒相与菩萨心结合起来。他强调,就普通而言,菩萨戒为大乘,余皆小乘,但亦未必尽然,应依受者发心如何而定。他强调说:"无论受何戒法,皆要先发大乘心。由此看来,哪有一种戒法专名为小乘的呢!"②他并举明灵峰蕅益初受比丘戒,后退作三皈依人来说明,不论是三皈、五戒、八

---

① 《在家律要之开示》,《弘一大师全集》第一册,第251页。
② 《律学要略》,《弘一大师全集》第一册,第197页。

戒、沙弥沙弥尼戒、式叉摩那戒、比丘比丘尼戒还是菩萨戒等,受戒者所得的戒德并不依赖于所受的是哪一种戒,而是在于所发之心和持戒而行的程度。其目的显然是在强调严谨持戒的重要性,而不是以所受戒法为判断标准。

(三) 整理律学经典

由于历史的沿革和佛教的衰落,唐宋律家著作大都散逸。弘一致力于律学的中兴,致力于如法的修行,所以十分重视对戒律典籍的整理、编撰、订正、校勘与落实出版等事务。早在出家之初,弘一即有意对律学典籍进行诸如句读、整理事宜。此后,对律学经典进行整理更是弘一坚持不辍的事。

弘一整理、句读、校注的律学著作很多,重要的有唐代道宣的《四分律删繁补阙行事钞》、《四分律含注戒本疏》、《四分律删补随机羯磨疏》、《四分律拾毗尼义钞》和《四分律比丘尼钞》等,以及宋代元照律师的《四分律行事钞资持记》和《四分律羯磨疏济缘记》,另外还标点见月律师《一梦漫言》等。

更为重要的是,在整理典籍中,弘一撰写了大量的题记、序跋、附记和书信等文字,它们不仅表达了他的律学思想,因其有考据、有思想,也成为中国近代律学发展的重要史料文献。仅仅收入《弘一大师全集》中的序跋类文字即有87篇,其中与律学或戒律相关的即达40篇。如他句读完《四分律删繁补阙行事钞》即作有《事钞戒业疏科别录》,标点完《四分律比丘尼钞》即作有《四分律比丘尼钞科》,标点完《四分律含注戒本疏》即作有《含注戒本随讲别录》。其他还有《拾毗尼义钞》题记、《四分律随机羯磨题记》、《书佛说大乘戒经跋》、《阅大乘戒经十善业道经自跋》、《一梦漫言》"跋"与"序"、《见月律师年谱摭要并跋》、《华山见月律师行脚图跋》、《盗戒释相概略问答后跋》、《含注戒本科跋》、《圈点行事钞记跋》、《行事钞资持记题目》、《行事钞资持记校后记》、《四分律行事钞资持记题目》等。另外在对一些经典的句读过程中,弘一还在书的留白处写下了

353

一些札记,从这些札记的内容我们可见他的相关思想和看法。

弘一以弘扬南山律学为己任,所以当他得到清代见月读体的《一梦漫言》后,极为重视,并进行句读研究。研读之时,弘一"改善踊跃,叹为稀有。执卷环读,殆忘饮食。感发甚深,含泪流涕者数十次"①。他并深深地感到重兴律学的重要性,他在跋中写道:

> 然末世善知识,多无刚骨,同流合污,犹谓权巧方便,慈悲顺俗,以自文饰。此书所述师之言行,正是对症良药也。儒者云:"闻伯夷之风者,顽夫廉,懦者有志之。"余于师亦云然。九月五日,编录《年谱撮要》讫,复校阅《一梦漫言》,增订标注,并《记》。九月十三日,写《随讲别录》二纸竟,卧床追忆见月老人遗事,并发愿于明年往华山礼塔。泪落不止,痛法门之陵夷也。②

弘一极为重视对佛教文献的整理出版。对于福建鼓山涌泉寺发现珍贵经版,他称之为"庋藏佛典古版之宝窟",并随之倡印。保存在日本的中国古代大小乘律学著作传回国内后,弘一即亲自加以整理,成《佛学丛刊》四册,由上海世界书局出版。当时,天津有徐蔚如居士正在刻印新从日本寻得的南山著作,弘一即边学习边句读。为了便于僧众的持守,以能对那些易犯的戒相引起警悚,随对所删定的戒本中相关戒相作出了标记。如用红色的"○○○"表示"极易犯",用红色"○○"表示"颇易犯",用红色"○"表示"易犯",用黑色"○"表示"稀犯",用"、"表示"难犯",用"□"表示"不能犯",一一标于戒题下端。③

(四) 主要律学撰述

弘一的著作繁多,其中专门的律学著作主要有《南山律在家备览略编》、《四分律比丘戒相表记》和《东瀛四分律行事钞资持记通释》等。

---

① 《一梦漫言·跋》,《弘一大师全集》第七册,第432页。
② 《一梦漫言·序》,《弘一大师全集》第七册,第432页。
③ 周叔迦:《关于戒的开缘》,黄夏年主编:《周叔迦集》,第136页,北京,中国社会科学出版社,1995。

《南山律在家备览略编》作于1940年,时弘一闭关在福建永春蓬山。此书分为四编,即宗体篇、持犯篇、忏悔篇、别行篇,他首先完成了《宗体篇》,其后又陆续完成《持犯篇》《忏悔篇》和《别行篇》。其每一篇中又分列门、章、节、项、支,所示各类内容分别排列,写法是将道宣的《行事钞》、《随机羯磨》、《戒本疏》三大部和灵芝的《资持记》、《济缘记》、《疏行记》的中心内容进行提纲挈领的归纳,并参考了道宣的《四分律拾毗尼义钞》、《释门归敬仪》,灵芝的《芝苑遗编》等著作。它归纳了史上律家对律宗四科的论述,内容具体、纲目分明、结构清晰,可阅、可查、可研,既能作律宗思想的简明工具书使用,又耐细细品味,反复读诵。篇末附有《戒体章名相别考》,文中表列了"诸法五位"、"七十五法"、"色蕴"、"识蕴"、"心意识"、"业"、"作戒"、"无作戒"、"戒体义"、"无表色"、"成实四假"、"成实论"、"南山三教三观"和"戒之四科"等。《南山律在家备览略编》不仅是弘一重要的律学著作,也可称是民国以来中国律学的重要著作,更因其内容实用、清晰完整而受到汉地佛教僧俗四众的重视。各个时期、不同版本的《南山律在家备览略编》不仅流行于中国内地和台湾地区,也流行于东南亚等华人社会僧俗之中,许多居士也以之为行为的依据和学律的教材。

经过千余年来的积累,佛教戒律思想和律宗典籍冗长浩瀚,为了使一般学律者能够对戒律和律学有着整体和宏观的把握,弘一对佛教律学经典还精心设计其知识结构和图表,对经典释义和经典结构以及思想脉络进行说明,以使学律者能方便而准确地掌握律学的结构、知识和精神。其最突出者即是《四分律比丘戒相表记》。弘一为该表记前后花了五年心血精心构思,不仅以图表的形式表述了《四分律》比丘戒的内容,并吸收道宣的《行事钞》等论述,内容完整、体系合理、结构分明、绘制精美,使繁琐的律学体系化繁为简,历来受到学习者的高度评价。

《东瀛四分律行事钞资持记通释》是弘一另一倾力而为的律学著作,

计约40余万字。在历史上,南山律学著作的刊印都是道宣的《行事钞》和元照的《资持记》分别刊行。后有日本大鸟山神凤律寺比丘慈光瑞芳,鉴于钞、记别行,学者检阅不便,随将《行事钞》与《资持记》汇为一本,其前加上元照的科文而刊版流通,时为清康熙二十五年(1686)。民国初年,东瀛《四分律行事钞资持记》传入中国,并由天津经处刻版印行。这一切都有着重要的史料价值,对今天律学的研习也有着实际的借鉴意义。

弘一以图表、科释进行研究说明的著作还有《五戒持犯表记》、《四分律比丘尼钞科》、《含注戒本科》、《含注戒本疏略科》、《随机羯磨讲别录》、《毗尼母经分章标目》、《僧尼十种受法料简图》、《本宗他部百一受戒通局图》、《随机羯磨疏略科》、《梵网经菩萨戒本浅释》、《梵网经十重戒诸疏所判罪相缓急异同表》、《梵网经贤首疏盗戒第六种类轻重门科表》、《梵网经古迹记科表》、《菩萨戒本宗要科表》、《菩萨戒受随纲要表》等。

(五)弘一与净土法门

弘一与净土法门的渊源是比较深的。早在民国6年(1917),他经过断食试验决定出家而还没有出家前即开始阅读佛经,其中有《普贤行愿品》、《楞严经》、《大乘起信论》等,这都是净土法门的重要经典。

《普贤行愿品》本为四十卷本《华严经》的最后一卷,《华严经》表达的是十大行愿,以证入华严法界为最高旨趣,要想达到此法界就要以利益有情为初基,以往生净土为方便法门。《普贤行愿品》谓普贤菩萨以十大愿王为导而使众归趣极乐,因而本品被称为净土第四经。《楞严经》是中国佛教的重要经典之一,阐明的是"根尘同源、缚脱无二",不仅对禅宗法门产生影响,也成为修净土法门常读的经典。如其中《念佛圆通章》中大势至菩萨说:

> 若众生心忆佛念佛,现前当来必定见佛,去佛不远,不假方便,自得心开。如染香人身有香气,此则名曰香光庄严。我本因地以念佛心入无生忍,今于此界摄念佛人归于净土。佛问圆通,我无选择,

都摄六根,净念相继,得三摩地,斯为第一。①

所谓"大势至",即"以智慧光普照一切,令离三涂,得无上力,是故号此菩萨名大势至"②。大势至菩萨与观世音菩萨、阿弥陀佛在我国被称为"西方三圣"。大势至菩萨在大地(与果地相对)修的是念佛三昧,以念佛法门教导众生。弘一对此一段极为重视,在其剃度的第二天(7月14日),即手书本节赠与好友夏丏尊,并表示"愿它年同生赡养,闻妙法音,回施有情,共圆种智"③。

《大乘起信论》强调众生初学大乘法门,其心怯弱,心生畏惧,而念佛即是其方便法门:"当知如来有胜方便摄护信心,谓以专意念佛因缘,随愿得生他方佛土,常见于佛永离恶道。如修多罗说,若人专念西方极乐世界阿弥陀佛,所修善根,回向愿求生彼世界,即得往生。常见佛故终无有退,若观彼佛真如法身,常勤修习毕竟得生住正定故。"④由此可见弘一修净土法门之阶梯。正如他说:

> 佛以一大事因缘故,出现于世。随机设化,开示种种方便法门。而求其简易直捷,一生可以成办者,莫如念佛求生净土。起信论谓之如来胜异方便,诚方便中之最胜者也。世每以愚夫愚妇所能为,而鄙不屑学,必欲别求玄妙。不知如来说法,无法不玄。所立行门,无门不妙……独此净土一门,普被三根,不拣异类。以言玄妙,孰逾于斯。⑤

出家后,弘一潜心学佛、念佛。1921年春末,他到了温州庆福寺,即"掩室谢客,一心念佛,将以二载,圆成其愿"。其要所"圆"之心"愿"即是心归净土。弘一把书写佛号、抄写经典作为修行净宗的重要法门,并重

---

① 《大佛顶如来密因修证了义诸菩萨万行首楞严经》,《大正藏》第19册,第128页。
② 《观无量寿经》,《大正藏》第12册,第344页。
③ 《写楞严一节赠夏丏尊跋》,《弘一大师全集》第七册,第434页。
④ 《大乘起信论》,《大正藏》第32册,第583页。
⑤ 《为印光法师文钞题词并叙》,《弘一大师全集》第八册,第30页。

视对净土法门的格言警句加以搜集以为流布,撮录古德嘉言,普劝念佛。1920年6月,弘一至新城贝山,掩关念佛,书写"南无阿弥陀佛"佛号,摘录蕅益警训以及《三皈依》、《五学处》以付石印结缘。1921年3月,弘一居上海护国院时,手书《佛说十二头陀经》,并在经末题记道:"愿将以此功德,回向四恩三有法界众生,同离结著,集诸善本,发大乘心,往生西方,速得无止正真之道。"①1924年,于绍兴城手写佛号千纸,分赠善友。1925年,在致友人抄经的题记上,弘一即书有"愿同生西方,早成佛道"。② 其他撰写还有:1925年冬天,撰《魏译无量寿经序》;同年12月,手装《普贤行愿品别行本》并节录《清凉疏》、《莲池记》、《蕅益偈》、《印光序》以赠友人;1926年,手书佛号赠日本竹内居士,并作题记;1929年,撰联赞地藏菩萨;1931年撷取《灵峰宗论》名言而成《寒笳集》;1936年冬,手书《佛说无量寿经》一卷等。

弘一对民国时期净土宗大德印光老人极为敬重,称其"尝服膺高轨,冥契渊致",称印光老人"为当世第一高僧,品格高洁严厉,为余所最服膺者"③。早在1920年暮春,《印光法师文钞》在上海出版,刚出家第二年的弘一即为《文钞》题词道:"是阿伽陀,以疗群疚,契理契机,十方宏覆。普愿见闻,欢喜信受。联华萼于西池,等无量之光寿。"并称赞印光老人其文"如日月历天,普烛群品"④。1922年正月,他在致王心湛书信中称"普陀(印)光法师为当代第一善知识"。同年2月,在致王心湛书信中又说:"朽人于当代善知识中,最服膺者,惟印光法师。"在本信中,他还说:

> 法师之本,吾人宁可测度?且约迹论。永嘉周孟由尝云:"法雨老人(印光)禀善导专修之旨,阐永明料简之微。中正似莲池,善巧如云谷。宪章灵峰(蕅益),步武资福(清彻悟禅师),弘扬净土,密护

---

① 《佛说十二头陀经经末题记》,《弘一大师全集》第七册,第435页。
② 参见林子青《弘一法师年谱》,第155页。
③ 《致姚石子》,《弘一大师全集》第八册,第205页。
④ 《为印光法师文钞题词并叙》,《弘一大师全集》第八册,第30页。

诸宗。明昌佛法,潜挽世风。折摄皆具慈悲,语默无非教化。二百年来,一人而已。"诚不刊之定论也。①

但弘一修净土法门最早只是私淑于印光老人的,并未直接亲近。他曾于1922年、1923年两度恳请拜入师门,印光老人均未首肯。因此,弘一只好就学佛念佛中遇到的问题写信向印光老人求教。在林子青居士的《弘一大师年谱》中可见印光老人有四封回信,而《印光法师文钞》则收有印光老人与弘一的书信五封。印光老人正是通过这些书信给弘一修净土以指导。

弘一出家前博学多闻,有着丰富阅历,但也出现过"用心过度之境况"。1920年印光老人在写给弘一的信中即劝他:

> 以汝太过细,每有不须认真,犹不肯不认真处,故致受伤也。观汝色力,似宜息心专一念佛。其他教典,与现时所传布之书,一概勿看,免致分心,有损无益。应时之人,须知时事。尔我不能应事,且身居局外,固当置之不问,一心念佛……②

针对弘一要刺血写经一事,印光老人先后写了两封信,在第一封信中告诉他:

> 光愿座下先专志修念佛三昧。待其有得,然后行此法事。倘最初即行此行,或恐血亏神弱,难为进趣耳。入道多门,唯人志趣,了无一定之法。其一定者,曰诚,曰恭敬。此二事虽尽未来际诸佛出世,皆不能易也。③

在第二封信中,印光老人又强调说:

> 刺血写经一事,且作缓图,当先以一心念佛为要。恐血耗神衰,

---

① 《致王心湛(三)》,《弘一大师全集》第八册,第147页。
② 《复弘一大师书》,《印光法师文钞》上册,第454页,北京,宗教文化出版社,2005。
③ 《复弘一师书一》,《印光法师文钞》上册,第112页。

反为障碍矣。身安而后道隆。在凡夫地,不得以法身大士之苦行,是则是效。但得一心,法法圆备矣。①

1923年,弘一发愿刻期掩关,以誓证念佛三昧,因此请印光法师作"最后训言"。印光老人回信教导说:

> 窃谓座下此心实属不可思议。然于关中用功,当以专精不二为主。心果得一,自有不可思议感通。于未一之前,切不可以躁妄心先求感通。一心之后,定有感通,感通则心更精一。所谓明镜当台,遇形斯映,纭纭自彼,与我何涉? 心未一而切求感通,即此求感通之心,便是修道第一大障。况以躁妄格外企望,或致起诸魔事,破坏净心。大势至谓:都摄六根,净念相继,得三摩地,斯为第一。敢为座下陈之。②

印光老人对弘一也是极为赞赏的。他曾说:"弘一师博学多闻,以光虽固陋,而其居心颇真实,其修行颇依固陋者之本分,故相与周旋,实未一觌其面。"③1923年末,弘一第三次请求才得到印光老人的同意,他"欢喜庆幸,得未曾有矣"④。此后直到1927年8月,48岁的弘一才于上海太平寺正式拜见了印光法师。1941年4月,弘一于福建泉州福林寺念佛期上讲《略述印光大师之盛德》,并举印光之盛德四端:习劳、惜福、注重因果、专心念佛。

正因为弘一极为推崇印光老人,对其所演法门旨义也极为推崇。弘一向信众介绍印光老人的思想,认为"印老文钞,宜熟览玩味",如此,则可"自知其下手处"⑤。称印光老人的"净土之说,允宜信受奉行,万勿游

---

① 《复弘一师书二》,《印光法师文钞》上册,第115页。
② 《复弘一法师书》,《印光法师文钞》上册,第106页。
③ 《复尤弘如居士书》,《印光法师文钞》上册,第122页。
④ 《致王心湛(三)》,《弘一大师全集》第八册,第147页。
⑤ 《致夏丏尊(七)》,《弘一大师全集》第八册,第120页。

疑",其文"亦宜详阅"。① 他并推荐初学净土者可从读印光老人的信札一类入手。他还告诉大家修学净土,可先学印光老人的著作。印光老人的教导对弘一有重要影响,在其后他为别人开示净土法门的信中,都有印光思想的影子。如分净土学习为三个阶段即是如此。他主张,首先是先学《念佛直指》、《净土法语》、《净土或问》、《净土十疑论》,然后再读《净土十要》;第二阶段是《西方合论》、《十无生论》和《亲闻记》;第三阶段则是读《弥陀要解》和《便蒙钞》。②

弘一终其一生,广为传播净土法门,他通过信件、谈话等劝人修净土业。如,1918年5月,他手书"南无阿弥陀佛"直幅送于友人。1918年6月18日,剃度前的弘一在虎跑寺写给夏丏尊的信中即说到,"但能正念分明,念佛不辍,即往生可必","劝亲生西方,脱离生死轮回,世间大孝,宁有愈于是者"。③因为"念佛一法,最契时机",所以他更鼓励夏丏尊"宜早自努力"。④

弘一也多次进行净土法门的开示。主要有:1932年,在妙释寺念佛会讲《人生之最后》。1933年,在妙释寺为念佛会讲《改过实验谈》。1934年,在万寿岩参加念佛堂开堂典礼,为众开示三日。1935年,于万寿岩校读清末自日本请回宋代灵芝元照律师的《阿弥陀经义疏》,并讲《净宗问辨》。1936年秋,节录《印光法师嘉言录》。1936年腊月,于南普陀为学僧开示净宗入门初步,并倡印《梵唐两文普贤行愿品偈》。1937年于日光岩念佛会开示,并节录《印光法师嘉言录》数则。1939年,于漳州尊元经楼讲《阿弥陀经》。1940年,于泉州讲《佛教之简易修持法》。1940年7月,于永春讲《净宗道侣兼持诵地藏经要旨》。1942年,于福林寺念佛期讲《略述印光大师之盛德》。

弘一注疏净土经典和研究其思想的专门著作不是很多,他关于净土

---

① 《致王心湛(二)》,《弘一大师全集》第八册,第147页。
② 《致王心湛(三)》,《弘一大师全集》第八册,第147页。
③ 《致夏丏尊(一)》,《弘一大师全集》第八册,第119页。
④ 《致夏丏尊(七)》,《弘一大师全集》第八册,第120页。

法门的思想旨趣、主要观点和修行方法主要见于他的一些讲学、文章和疏记中。诸如:《净土法门大意》、《净宗问辨》以及序和跋、《地藏菩萨盛德大观》、《地藏菩萨之灵感》、《万寿岩念佛堂开堂演词》(1934)、《扶桑普贤行愿赞梵本私考序》、《华严经普贤行愿品观自在菩萨章序》、《元魏昙鸾〈往生论注〉题记》(1923)、《佛说阿弥陀经义撷录序》、《药师如来念诵供养私记跋》、《温陵刻普贤行愿品跋》、《书南无阿弥陀佛洪名题记》、《阿弥陀经疏钞题记》、《普劝净宗道侣兼持诵地藏经》(1940)。

另外,在他与友人、居士的交往以及一些通信中也可以看到其思想。如他在 1928 年致友人的论《往生论注》中即引杨仁山居士谓修净业者须穷研"三经一论"、昙鸾法师注至为精妙等思想点滴。

在修行方法上,当时有人发明听钟念佛法,以其钟声的"叮当叮当"之声设想作阿弥陀佛四字,以及念六字佛(南无阿弥陀佛)的匹配方法。弘一对此给予采纳,并为之作《劝人听钟念佛文》。他认为这种听钟念佛法十分实用,能使在家者摄心去妄,"听钟功夫能纯熟者,则叮当叮当之响,即是阿弥陀佛之声,钟响佛声,无二无别"。弘一还引用印光老人的话说,因为凡夫之心不能无依,听自念佛之音也感亲切,所以是有益的。[①]

在净土思想上,弘一受明代蕅益智旭的净土思想影响极深。在其出家不久的 1920 年,弘一在新城贝山掩关前作的《书南无阿弥陀佛洪名题记》中,即录出蕅益的话以自勉,并以之为志:

> 念佛功夫,只贵真实信心。第一要信我是未成之佛,弥陀是已成之佛,其体无二。次信娑婆的是苦,赡养的可归,炽然欣厌。次信现前一举一动,皆可回向西方。若不回向,虽上品善,亦不往生;若知回向,虽误作恶行,速断相续心,起殷重忏悔,忏悔之力,亦能往生,况持戒修福种种胜业,岂不足以庄严净土?庚申六月,将之新城

---

① 《劝人听钟念佛文》,《弘一大师全集》第八册,第 303—304 页。

贝山,掩关念佛,书此以志纪念。①

弘一编著过四位古德的年谱。除去道宣、灵芝和见月三位律师之外,第四位即是蕅益的年谱,可见蕅益在弘一心目中的地位。

整体上说,弘一的净土思想是上承明代蕅益和云栖两位大师,并受印光老人影响。他把念佛与持戒结合起来,把《梵网经》的菩萨戒与净土的方便法门结合起来。同时,弘一律学上承唐代的道宣和宋代的元照,他与元照一样也是把律学与净土起来,因而太虚把他视为元照的"嗣音"。②

（六）律学教育思想和教育方法

弘一的律学教育思想是把人格教育与佛学教育结合起来的,他非常强调出家者要"惜福、劳作、持戒、自尊"。弘一特别重视在对学佛者的基础知识培养的同时,还要加强学佛者的人格培养以及君子品格的养成,强调持戒修行是从一点一滴做起,为此他作有《青年佛徒应注意的四项》、《改习惯》、《改过经验谈》等文章和讲演,要求持律都要从点滴做起。

弘一重视佛学著作,也非常重视中国传统文化经典,尤其是重视以《中庸》、《论语》等为代表的儒家经典对僧众高尚人格的养成作用。1919年3月,他出家不久即在给夏丏尊的信中说:"南京版《四书小参》、《中庸直指》,仁者如已请来,希假一诵。"③在弘一圆寂的1942年,他在《胜闻居士属写遗训题记》说:"余行疏学浅,何敢妄谈玄妙,谨录生平不敢忘怀《论语》一章,以酬胜属。"弘一平生"不敢忘怀"的一章即是:

> 曾子有疾,召门弟子曰:"启予足,启予手,《诗》云:'战战兢兢,如临深渊,如履薄冰'。而今而后,吾知免夫！小子。"

弘一有高尚的人格魅力,与他有交往者或听过其讲律弘法者,或僧

---

① 《书南无阿弥陀佛洪名题记》,《弘一大师全集》第七册,第434页。
② 参见《太虚大师全书》（精装）第2册,第740页。
③ 《致夏丏尊（五）》,《弘一大师全集》第八册,第120页。

或俗,或学或商,无不为之感动。这一切都对他的弘律活动有着重要的推动。做事"战战兢兢,如临深渊,如履薄冰",他正是弘一严净毗尼的表现,因此他强调《论语》中本章是其"生平得力处,愿共勉焉"①。弘一在讲学中特意强调"今称人独立不挠者,曰中流砥柱",并以之示学友,同时也是自己心迹的表现。②

正是这种君子人格,使弘一出家而不忘国家,时刻关心着国家的命运。尤其是在那国家和民族处于十分困难的时期,他把自己的修行与国家结合起来。1937年,厦门沦陷前,人们对他十分关心,并劝他离开,他说:"朽人为护法故,不避炮弹,誓与厦市共存亡……吾人一生之中,晚节为最要,愿与仁者共勉之。"因此他仍"决定住厦门,为诸寺院护法,共其存亡","倘值变乱,愿以身殉"。他并在本信中引古诗"莫嫌老圃秋容淡,犹有黄花晚节香"以明志。③ 在国难当头时,弘一在泉州大开元寺书写的"念佛不忘救国,救国必须念佛"正是这种人格思想和成佛思想的生动体现。④

至于佛学教育,弘一重视经典研习的循序渐进。为此,他著有《学四分律说门次第》、《学根本说一切有部律入门次第》、《华严经读诵研习入门次第》、《佛教之简易修持法》等篇章。

时代变革,律学的教育方式也要随之而变。弘一在继承传统律学教育方式的基础上,尤为重视对律学教育时代化的努力与履行。他在与性愿法师的通信中即谈到幼年僧众的教育方法,主张对于幼年的僧众教育应当分为三个阶段:

> 丙级(年不满二十者),以学劝善及因果报应之书为主,兼净土宗大意。大约两年学毕。

---

① 参见林子青编著《弘一法师年谱》,第309页。
② 《祭颙愚大师爪发衣钵塔铭文》,林子青编著:《弘一法师年谱》,第219页。
③ 《致李芳远(三)》,《弘一大师全集》第八册,第236页。
④ 《抗日战争期间题承天寺联》,《弘一大师全集》第七册,第457页。

乙级(二十岁以上),学律为主,兼学浅近易解之经论。大约三年学毕。

甲级,学经论为主(精微之教义)。大约三年学毕。①

他在《梵行清信女讲习会规则并序》即体现了这种思想。第一,重视培养学佛者的君子品格。为此,他要求在初始阶段即重视"世学",将选读《四书》作为每日五课的重要内容,他对《论语》尤为重视,要求学者必须全读、先读。如此则能使学佛者"养成世间君子之资格。既有此根基,然后再广学出世之法,则有次第可循矣"②。第二,培养学佛者的基本佛学素养。他重视对学员素质的知识培养通过阅读相关浅近的佛学著作进行,使之同时还可得到法益,而且,他还为此专门编了《灵峰警训略录》一卷(名《寒笳集》),以作佛学校园文科教科书。③ 第三,重视对信众的国语基础知识培养。弘一不仅教授学员佛学知识,在讲经之余,他还教学员们习字,指导具体的方法,并从书法和章法的关系去体见佛法中的"是法非思量卜度之所能解"之奥义。第四,强调随机说法。闽南一带,有一些受过三皈五戒的清信女,并断正淫,别居精舍(菜堂),俗称菜姑(或贞女)。她们以贞节苦行,精勤课诵,但是这些菜姑又大都文化水平不高,佛法大义难以理解。弘一要求对她们讲授时,"宜多用俗语","文言及佛学名词,悉应少用",既有使用也应注意解释,以使这些不识字的菜姑也能了解。④

弘一讲律时,鼓励学僧提出问题讨论,或以书面请问。弘一不仅讲律,有时也讲古德格言,以资策励学律者身心。授课时学员可提出问题讨论,或以书面请示,皆能获得圆满解答。学员除了听律之外,弘一还指

---

① 《致性愿法师(二)》,《弘一大师全集》第八册,第274页。
② 《致性愿法师(二八)》,《弘一大师全集》第八册,第274页。
③ 参见《致性愿法师(一九)》,《弘一大师全集》第八册,第272页。
④ 《梵行清信女讲习会规则并序》,林子青编著:《弘一法师年谱》,第214—215页。

导他们各自阅读圈点南山三大部,以作深入之研究。① 此外,弘一还定期出题,让各位学僧写心得,并亲自加以批改。

弘一不仅对僧众或居士进行佛教戒律持守的教育,也以诸多有效的方法在社会大众中宣扬佛教慈悲仁爱的价值和戒律的精神。其中,他的精湛的书画技艺起到了重要的作用。如他说:"夫耽乐书术,增长放逸,佛所深诫。然研习之者能尽其美,以是书写佛典,流传于世,令诸众生欢喜受持,自利利他,同趋佛道,非无益矣。"②

弘一长期不断地通过其书艺抄写经文、律书或警句,既以自勉又赠与他人。其书体有魏碑、篆书、隶书、小楷或金石等各种字体和形式,以对联、警句、书信的方式,或自写或大量抄书《华严经》、《地藏经》、《梵网经》以及诸本律典和前辈律疏中的精彩文句,或如《佛说大乘戒经》、《佛说八种长养功德经》等篇幅短小的戒律学经文,或以自勉,或以赠与寺院、法师、友人或居士。收入《弘一大师全集》中的对联达22幅,它们都是弘一为寺院、法师和友人等所题。其手书众多的经文,更成为宝贵的艺术财富。

1927年秋,弘一与学生丰子恺推动了护生运动,他们共同编绘《护生画集》以宣传佛教价值和戒律精神,提倡护生的善行。弘一并为丰子恺等人的护生画配有诗文,后来经过弘一本人亲自谱曲,它们都被广为传诵。著名者如《知恩念恩》、《生离欤?死别欤?》和《囚鸟之歌》等。

弘一更留下了1 039件信札,收信者有社会文化名流,有出家法师,也有一般佛教信众。在这些信中,弘一谈文艺、谈人生、谈持律、谈念佛、谈国家,尤其是在出家后的岁月中,其所有书信都体现了自己的佛教持律、念佛思想。在这种一对一的书信中,弘一有的是回复写信人的求教,有的是表达自己的思想和体会。这些信件不仅对于

---

① 释瑞金:《亲近弘一大师学律和办学的因缘》,《弘一大师全集》第十册,第162页。
② 《李息翁临古法书序》,《弘一大师全集》第七册,第436页。

收件人是一种佛教教育,即使今天读起来也仍然能感到弘一的渊博学识和人格力量。

  弘一对律学的传播和律苑的建设更是不遗余力。他弘扬律学,非常强调对学律者的研习辅导,为此其足迹遍及众多寺院,北到青岛南到厦门都留下他弘律的法音,住锡过的寺院有 61 所,许多寺院留下他的弘法身影。其中主要有:1933 年正月,他在妙释寺开讲《四分律含注戒本》;1933 年 2 月,他于万寿岩开讲《随机羯磨》;同年 10 月 3 日,为纪念南山律祖圆寂日,弘一开讲《四分律含注戒本》、《戒相表记》、《删补随机羯磨》等;1934 年元旦,在泉州草庵讲《四分律含注戒本》;是年 1 月至 2 月在厦门妙释寺讲《四分律含注戒本》;2 月至 5 月在厦门万寿岩讲《随机羯磨》;3 月,在南普陀寺为僧众讲"大盗戒";1935 年 11 月于泉州承天寺传戒会讲《律学要略》三天,其后又往惠安科山寺讲演;1936 年初,于佛教养正院讲《青年佛徒应注意的四项》,重点讲的是惜福、习劳、持戒、自尊;1936 年底,于南普陀讲《随机羯磨》;1937 年元旦开始在南普陀旧功德楼讲《随机羯磨》、《羯磨集法缘戒篇》等;1937 年 4 月,弘一在青岛湛山寺讲律数月,内容为《随机羯磨讲录》和《四分律》;1941 年 4 月在晋江檀林乡为学者讲《律钞宗要》等。

  弘一多年的讲律,后人记录成为《律学要略》(1935)、《佛法宗派大概》(1938)、《佛法十疑略释》(1938),并编集有《南山律苑随讲别录》或各种名称的弘一大师演讲集等律学文献。据不完全统计,弘一仅在福建一地讲学过的寺院即有 31 处、佛教院校及有关慈善机构 5 处,其他还有学校、经堂、私宅等。①

  为弘扬南山律学,弘一在不断地进行律学演讲的同时,还致力于律学人才的系统化培养,为此致力于戒律教育机构的建设。他在 1933 年 1 月于厦门妙释寺时说:

---

① 何绵山:《近代四大高僧与福建佛教》,《法音》2000 年第 1 期。

> 余于前二年(民国二十年)既发宏律愿后,五月居某寺(按:慈溪五磊寺),即由寺主发起办律学院,惟与余意见稍有未同。其后寺主亦即退居,此事遂罢。以后有他寺数处,皆约余办律学院,因据以前之经验,知其困难,故未承诺……此次在本寺讲律,实可谓余宏律第一步也。①

1933年5月,弘一与十余名学律同道者于泉州开元寺尊胜院一同研究律学,因此称之为"南山律苑"。弘一亲自为撰《南山律苑住众学律发愿文》,共发四宏誓愿:

> 一愿学律弟子等,生生世世,永为善友,互相提携,常不舍离,同学毗尼,同宣大法,绍隆僧种,普利众生。一愿弟子等学律及宗律之时,身心安宁,无诸魔障,境缘顺遂,资生充足。一愿当来建立南山律院,普集多众,广为宏传,不为名闻,不求利养。一愿发大菩提心,护持佛法,誓尽心力,宣扬七百余年湮没不传之南山律教,流布世间。②

1933年10月,弘一为尊胜堂题写楹联:"南山律教,已七百年湮没无闻,所幸遗编犹存海外;晋水僧园,有十数众弘传不绝,能令正法再住世间",以之表达了自己学律弘律的远大志向。③

1934年,弘一在厦门南普陀寺讲律,因主张学院要从头办起,遂以《易》之"蒙以养正"之语而取名创建"养正院",并亲自拟写章程和撰书院额。弘一还亲自入院讲学,他不仅重视教理研究,也重视戒律的持守。在弘一的亲自过问下,"养正院"规矩严肃,造就了不少佛教人才。后因

---

① 性常:《亲近弘一大师之回忆》,林子青编著:《弘一法师年谱》,第206页。
② 同上书,第208页。
③ 《尊胜堂楹联并题记》,《弘一大师全集》第七册,第457页。1942年,弘一大师又将此改为:"南山律教,已八百年湮没无传,何幸遗编犹存东土;晋水僧园,有十数众承习不绝,能令正法再住世间"。参见林子青《弘一大师年谱》,第212页。

抗战,办了三年的"养正院"被迫停下。①

弘一还致力于律学教育机构的建设。据研究,仅在福建一省,弘一倡办或讲学过的佛学院校及教育组织就有闽南佛学院、闽南养正院、厦门律学院、泉州南山律学苑、泉州慈儿院、泉州月台佛学研究社等多处。②

三、弘一律学思想的特点

弘一律学根底深厚,又有着丰富的国学基础和艺术修养,所以不仅其弘律讲经能够得到听众的欢迎,而且其律学研究也取得了丰硕的成果,不论是对律学典籍的整理、句读、校注,还是律学著作的撰写、辑录或序跋,都展示了律学造诣和艺术才气。

弘一虽然宗依南山律,但不以部执,而是广泛撷取各家各部律本之精华,在他所作的《学四分律入门次第》中,即强调学律不仅要学南山律本,也要求学习怀素的戒本以及《有部律》、《五分律》等典籍。从整体上说,弘一的律学思想和明末蕅益的律学思想最为接近。有学者认为其编撰蕅益的嘉言而成的《寒茄集》,也充满着六经注我的精神。③

第一,坚持佛教戒律为持戒正途。弘一是站在宗依南山律宗、重振传统律学立场之上的,所以对明清以来流行的带有持咒仪式的《毗尼日用切要》(俗称为"五十三咒")及其精神颇为不满。他引证蕅益的观点说,既然入比丘之列,当以律学为先。今之愿偈(即当愿众生等),本出《华严经》,种种真言,皆属密部。论法门虽不可思议,但约修证则各有本宗。虽然一偈、一句、一字,皆为道种,但仔细捡之则全非,属律不律、显不显、密不密,这乃是正法所以渐衰的原因。有志之比丘,当专学戒律才为正途。④ 他指出,在宋代以前律宗诸家的著作中,未有只字言及持咒,

---

① 瑞金:《亲近弘一大师学律和办学的因缘》,《弘一大师全集》第十册,第162页。
② 何绵山:《近代四大高僧与福建佛教》,《法音》2000年第1期。
③ 麻天祥:《20世纪中国佛学问题》,第102页,长沙,湖南教育出版社,2001。
④ 《问答十章》,《弘一大师全集》第一册,第252页。

咒语真言进入毗尼,直到后世才出现。"后世律学衰灭,而毗尼日用出。时人不察,竟以为是律学之纲维,何异执瓦砾为珠玉也?"但是,学者皆昧于律学,固守旧见,以讹传讹,此风不息,影响了律学的与传承。①

第二,反对各种清规。弘一还对诸种清规持保留态度,因而并不鼓励读诸种清规。他认为,伪清规一日存在,佛教亦一日无改良之希望,所以他所坚持的是认真地读诵毗尼、持守戒律。他指出,现在的清规虽然以百丈清规之名,但实不是唐时清规,后已屡经他人增删,面目改变尤多,因此莲池、蕅益大师力诋斥之。所以弘一强调说:"按律宗诸书,浩如烟海,吾人尽心学之,尚苦力有未及。即百丈原本今仍存在,亦可不须阅读,况伪本乎?"②

第三,强调律学在三学中的重要地位,认为戒律一宗"统四藏,括两乘"。弘一重视南山律学的恢复与建设,坚守南山律学的原则和方法,并志在重振南山律学。1935年1月,他在泉州承天寺讲学时曾说:

> 学律非是容易的事情,我虽然学律近二十年,仅可谓为学律之预备,窥见了少许之门径;再预备数年,乃可着手研究,以后至少须研究二十年,乃可稍有成绩。奈我现在老了,恐不能久住世间,很盼望你们有人能发心专学戒律,继我所未竟之志,则至善矣……我们应知道:现在所流通之《传戒正范》,非是完美之书,何况更随便增减,所以必须今后恢复古法乃可;此皆你们的责任,我甚希望大家共同勉励进行!③

弘一自己学律不懈、持律严谨、行律相符,在一言一行中透有古德的精神。他不仅重视学律研律,更是身体力行地严谨戒行,持律不辍。曾亲近过弘一大师的后学对此有着生动的回忆,说他"日间自订有阅读、讲

---

① 《致邓寒香书(一)》,《弘一大师全集》第八册,第80页。
② 《问答十章》,《弘一大师全集》第一册,第252页。
③ 《律学要略》,《弘一大师全集》第一册,第197页。

律和朗诵等常课,绝不浪费时间。到了天将薄暮,则持珠念佛,经行散步,入晚即就寝,绝少点灯,颇有古德'怜蛾不点灯'的遗风。律中规定,穿不过三衣,食不逾午时,他都严守不越,这是所以戒贪奢之妄念……弘一大师所著之衣,虽不能如佛制所规定的形状,但衣着无过三件,即使严冬亦是如此。如升座说法,即披七衣,平常集会开示,则穿海青(即广袖的僧衣),有人送他夹衫厚袄,皆转赠别人。他自披剃以后,虽未能如律中规定的繁琐条文而逐一奉行,但其日常生活衣食住行之俭约与克制,已足为教内持律的模范"①。

弘一尤为重视不被人看重的"细微戒",如"非时食戒"。1942年,他特撰《持非时食戒者应注意日中之时》。他更为重视一言一行中的对戒律的持守,在圆寂前所订《删定剃头仪式钞本》一卷即是这种思想的反映。时贤马一浮赞其为"高行头陀重,遗风艺苑思。自知心是佛,常以戒为师。三界犹星翳,全身总律仪"②。

第四,重视持戒的严谨性和灵活性。弘一坚持严谨的持律观念。他曾说:"现在所流通之《传戒正范》非是完美之书……所以必须今后恢复古法乃可。"③如对于"过午不食"这一出家戒和八关斋戒都具有的戒相,在原始佛教时期当然是以太阳为标准的。至于怎么样参考钟表的时间而过午不食戒,弘一认为持非时戒当以真太阳之视午而定中食之标准,不可以平午为非时标准。对于当时授五戒时在不饮酒之后又加上一句不抽烟,但弘一认为这一句不应加入其中,而应于此外单独告诫。④

弘一也有着灵活持戒的思想。他反对那种受而不持的行为,认为宁可不受,也不可受而不持。他主张,为了能够严持戒相,五戒不妨分开相受,以使受戒者能纳受一条,严持一条。对于戒律不整、律学不振,他也

---

① 瑞今:《亲近弘一大师学律和办学的因缘》,《弘一大师全集》第十册,第161页。
② 马一浮:《挽诗》,《弘一大师全集》第十册,第233页。
③ 《律学要略》,《弘一大师全集》第一册,第197页。
④ 同上书,第198页。

作出了一些"开"法,把原则性与灵活性相结合。如:① 由于认为没有真正合格的授戒师传戒,虽为受戒但也难以得戒。不过即使如此,他认为受戒亦能种植善根,兼学种种威仪。② 尽管持戒不严,但若想将来学律,也必须先挂名受沙弥比丘戒,必免受讥评为白衣学律。③ 他主张,通过礼"占察忏仪"而得清净轮相,得清净轮相后,即可自誓总受菩萨戒,而沙弥比丘戒皆包括在内,以后即可称为菩萨比丘。①

弘一的律学生涯,是从初学有部律转变为"兼学南山",最后是"专学南山",并毕生讲律不止。出家后的弘一,不懈地学律、研律、弘律,在他的言传身教和高尚人格的感召下,传统律学在此一历史阶段得到一定的发展。

弘一是近代律学的一座灯塔,他对中国佛教的复兴、对律宗的复兴都有着杰出的贡献,其弟子更是遍布海内外。他以自己的言传身教,实现了"誓舍身命,宏护南山四分律教,久住神州"之凤愿。② 弘一致力于律学的复兴,成为中国当代律学的宗师,世称"弘一大师",并被尊为重兴南山律宗的第十一代律祖。

---

① 参见法清《闽南菜姑的起源和地位》,《闽南佛学院学报》1991年第2期。
②《赠广义法师联》,《弘一大师全集》第七册,第457页,福州,福建人民出版社,1992。

第九章　民国时期的密宗中兴

民国时期,汉地佛教因为种种机缘重新复兴是自不待言的,其中,密宗也借着这股复兴之风,在大江南北传播开来。太虚法师说:"近数年来,中国——指本部而言——大乘八宗,渐次流行而耀光彩,密宗亦应时崛然兴起。先则京也、粤也、鄂也、蜀也,密风密雨,栉沐已久。今则江浙亦莫不披靡其风化焉。"①此时,密宗骤兴的原因,也跟反日爱国的大背景有关。1915年,在日本对中国提出的"二十一条"密约中,第五条就是日本人在华有自由传教的权力。这引起了当时僧俗两界的强烈不满和抗议,他们认为日本佛教本传自中华,乃我国佛教的枝叶,此时日方的自由传教,无异于子哺母以乳。日方则反驳道:日本的佛教虽然传自日本,但密教在当时的日本已蔚为大观,但在中国则成为绝学。这种说法刺激了当时中国的佛教界,他们开始留意密教,不少僧人留日和进藏,学习密法,试图重兴汉地密法宗风,或者说重新建立中国自己的密宗。中国佛教界当时对密宗的兴趣,肇始于日本的东密和台密,最终转向藏密。

---

① 太虚:《中国现时密宗复兴之趋势》,《太虚大师全书》第30册,第2877页,台北,善导寺佛经流通处,1998。

第一节 日本密宗的回传

国人既知日本密法的昌盛,时又值日僧演华、觉随等人来华传播密法,在他们的进一步影响下,一批中国佛教界的人士便立志去日本学习密法。在这些东渡学法的人物中,僧人主要有纯密、大勇、持松、显荫、曼殊揭谛、又应、慧刚、海印、谈玄、悟光等人,居士主要有桂伯华、王弘愿、程宅安、顾净缘、江味农、陈济博等人。这些人在日本的学法时间长短不一,在密法上的造诣也不一,太虚认为"此数人中,于教理素有研究者,只大勇、持松、显荫诸师耳;故真能荷负吾国密教复兴之责者,亦唯其三人耳"①。由此看来,大勇、持松、显荫是当时学密最有成就者。

一、东渡学密之三师:大勇、持松、显荫

大勇(1893—1929),俗名李锦章,四川巴县人。毕业于法政学校,民国初年先后在军政、司法等方面任职。1918年,李锦章和他的朋友黄葆苍、董慕舒、孙道修等,在重庆听佛源法师讲经,对佛教生起信心,先后依从佛源法师皈依佛门。紧接着李锦章、黄葆苍因读了太虚的《论衡》、《摄论》讲稿以及觉社丛刊,对太虚十分仰慕,他们商议决定依其出家。1919年,李锦章从太虚剃度出家,法名传众,字大勇。

1921年,大勇在北京广济寺听太虚讲授《法华经》,当时在北京弘传密法的觉随也来听讲。觉随盛邀太虚前往日本学习密法,太虚无意于此,但大勇情愿前往。到东京后,大勇遇到当时在东京留学的、同样对密法有兴趣的陈济博,二人相约前往高野山学习密法。在高野山,大勇辗转访得金山穆昭阿阇黎,得到金山穆昭的认可并向之学习密法。但由于经费问题,大勇不得不返国筹措资金。1922年冬,他与持松、纯密再次东

---

①《太虚大师全书》,第2880页。

渡日本,入高野山跟随金山穆昭攻学密法。一年后,大勇受传法灌顶大阿阇黎位,1923年归国。

归国后,大勇本想闭关专修,但一到上海,就受到江味农、吴璧华等居士的劝请,在上海开坛传法,旋即又赴杭州传法,受法者达百余人。1924年,大勇应邀前往武汉,在武昌佛学院先后10次开坛传法,灌顶受法者达237人。这其中除了佛学院的学员外,还有李隐尘、赵南山、孙自平等当时一些社会名流。与此同时,持松也在武汉宝通寺开坛传法,密法在武汉盛极一时。

据说,当时武昌佛学院的学员大都倾向于密教,及至其中多数优秀学僧及职员如大刚、超一、法尊、观空、严定、法舫等相继追随大勇北上,使太虚以第一期优秀毕业生来充实武院的计划无法实现。尤其捐资支持武院的院董李隐尘、陈元白、赵南山等自受持松传法后,更倾向于密教,无意再支持武院。这样曾轰动全国的武昌佛学院,终因密教之勃兴而遭受挫折,自此一蹶不振,实出太虚意料。①

同年(1924),大勇离开武汉北上,在北京听说雍和宫的蒙古族喇嘛白普仁精于藏密,于是他跟随白普仁学习藏密,欲以贯通日、藏两系密教,建立完全的中土密教,但他弘传东密的活动也就此结束。

持松(1894—1972),湖北荆门人,俗姓张,法名密林,原名持松,出家后以原名代字。1911年在荆门铁牛寺出家。1914年入上海月霞所办的华严大学,依月霞学习华严义。三年后毕业,他又前往当阳玉泉寺,随祖印和尚学习天台教义。1917年2月,嗣月霞法师位,主持江苏常熟虞山兴福寺。1922年,在杭州居士的影响下,对密教发生兴趣。遂于是年冬天与大勇、纯密联袂东渡,跟随金山穆昭学习古义真言宗中院一派密法,得第六十三世(或说四十六世)阿阇黎位归国。

持松归国后,先在上海传法,接着又受邀到了杭州,在杭州菩提寺开

---

①《中国密教史》,第623页。

坛,设坛授结缘灌顶,短短一个月中,百余人入坛受法。1924年春,应当时西湖巡阅使兼湖北督军、省长萧耀南以及湖北的其他名流如李香庭、陈元白等迎请,持松到武昌住持洪山宝通寺,在此他几乎每天都在传法。萧耀南还为他斥巨资筑法界宫、建瑜伽堂、购置法器、绘制诸曼陀罗,拟将洪山建成真言宗的根本道场。他自己说:"两年中,先后受灌顶者数万人,是五代以来所未有也"。①

1925年秋,日本召开东亚佛教大会,持松作为中方代表出席。会议期间,持松与日本佛教界著名学者如渡边海旭、木村泰贤、高楠顺次郎、河口慧海等人有密切的交往。会后,他往新潟县,"以权田雷斧僧正受新义真言宗各流灌顶。次年四月,至京都比睿山延历寺习台密仪轨。卒业后再赴高野山,依根本上师穆昭阿阇黎受三宝院、安祥寺各传授口诀,兼补习梵文文法"②。1927年春回国,此时洪山道场已经毁于兵火,持松便住在上海讲经、著述。此后不久,他应各地善信的邀请,辗转在辽宁、南京、北京、五台山、杭州、武汉等地传密法。其间,许多当时的军政要员包括张学良等人皆从其受戒得法。据称,前后随持松灌顶者有一万多人。

1936年春,持松第三次东渡日本,周游全日,考察佛教,4月归国。1947年3月,上海静安寺恢复十方丛林选贤制,持松被推为首任住持,兼任静安寺佛学院院长。次年佛学院创办《学僧天地》月刊,他担任名誉社长。1972年,持松圆寂于上海,是年79岁。

持松一生并承东密、台密③两系法脉,通解金刚部、胎藏部两部大法,并且显密融通,勤于著述。他关于密教的著述有《密教通关》《大日经住心品纂注》《金刚顶大教王经疏》《苏悉地羯罗经略疏》《菩提心论纂

---

① 持松:《自述》,《持松法师论著选集二》(上编),第4页,荆门市政协学习文史委员会,1999。
② 《持松法师论著选集二》(上编),第5页。
③ 太虚在《汉藏教理融会谈》中解释道:现在判显密教法的,有西藏和日本两方面。依日本所传的,又有东密、台密两派:东密是弘法——空海大师所传,以东大寺及现在的高野山为基本道场;台密是兼天台宗的传教大师所传,以延历山为主要道场。这是东密、台密得名的由来,且亦是密教在日本放异彩的中心点。

注》、《金刚界行法记》、《三陀罗释》、《真言宗朝暮行法》、《密教图印集》、《施诸饿鬼食法注》、《贤密教衡》、《贤密教衡释惑》、《仁王护国经阐秘》等十余种,其中以《密教通关》影响最大。

显荫(1902—1925),俗名宋今云,法号大明,江苏崇明县人。他17岁依宁波观宗寺谛闲法师剃度,次年依谛闲受具足戒。谛闲老和尚是清末民初时代中兴天台宗的大德。当时谛闲在观宗寺设有观宗学社,显荫入学社受业,学习天台教观。显荫可以说是当时佛教界的一位青年奇才。1920年,丁福保编成《佛学大辞典》,请显荫为其写序,与当时诸名流的序并行。次年显荫又应请为日本《新修大藏经》作序。

1922年冬天,显荫与包承志东渡日本,入高野山随金山穆昭学习密法,学法之暇,到各地考察日本佛教的发展情况。显荫学法一年有余,也得到传法灌顶阿阇黎之位。1925年春,显荫学成归国,但不及一年便染病身亡,年仅24岁,深为时人所痛惜。嘿庵所作的《显荫法师传》开篇便说:"天生聪明智鉴之士、好学多能之人,往往与以才而不与以寿。造物不仁,即生之而故促之,能不使人悲痛哉!"①显荫天资不凡,对密法理解很敏锐,颇得金山穆昭的赏识。金山穆昭事后也痛惜回忆道:

> 适执显荫法师来山,故以其真义传之,盖他日返国后,欲使其宣扬耳。因力解说其趣旨,而显荫法师亦甚了悟理趣而返国矣。然何不幸乎,法师返国未几而示寂,余之嘱望,悉归于水泡。虽至今日,追思显荫法师,犹不能不悲叹流泪也。②

显荫在密宗方面的著述有:《真言宗纲要》(译著)、《密教传灯血脉谱》、《日本之密教》、《真言密教与中华佛法之关系》、《十八道加行作法秘记》、《显密对辩章》、《真言宗释疑》等。

---

① 《显荫法师传》,《海潮音》第7期。
② 金山穆昭:《弘法大师之密教观》,《海潮音文库》第10册。

二、弘传密宗的居士王弘愿

当时弘传密法的除了僧侣之外,还有一些居士,著名的有王弘愿、顾净缘等人。王弘愿(1876—1937),原名王师愈,号大心居士、圆五居士,广东潮安人。他青壮年时代一直在潮州金山中学任教。40岁时读《华严经》有悟,开始潜心佛学。1918年他翻译了权田雷斧的《密宗纲要》,太虚将其编入觉社丛书中,广为流传,这是国内最早介绍东密的著作。1920年,王弘愿又译权田雷斧的《曼荼罗通解》,刻印流行,太虚特为此在《海潮音》杂志上介绍。此外,王弘愿还翻译了净严的《密教的数息观》,又撰写了《日本密教高祖弘法大师传》等。他在太虚的支持和倡导下,首先比较系统地介绍了日本密教,为近代密教的复兴起了重要作用,太虚曾肯定说:"以近年闻密教之风兴起者,多得力于居士所译雷斧诸书。"

1923年,权田雷斧到中国传法,在潮州,王弘愿、曼殊揭谛、冯达庵等从其受灌顶。对于权田雷斧来华传教,中国佛教界是持保留意见的,一则是对其传法的政治动机有所怀疑,二则是对权田的娶妻纳妾的僧品不满。太虚就致书王弘愿说:

> 读敬告海内佛学家书,知日本雷斧僧正将至中国,此诚一大因缘也。以近年闻密教之风而兴起者,多得力于居士所译雷斧诸书者,而雷斧于日本密教之学者中,洵亦一代泰斗。然虽冒僧正之名,实缺僧行。闻之演华师,其年七十余时犹娶妾,闻日本僧皆如此,已成通俗,所行殆不亚居士非议于净土宗之某某上人者。夫密教贵行,空言无行,则只能以哲学者视之,不能以密教阿阇黎视之也。故私意当请共周游讲学,等之杜威、罗素,而不应有开坛灌顶之事。质之居士,以为何如?[①]

[①]《与王弘愿书六》,《太虚大师全书》第51册,第128—129页。

1926年,王弘愿受权田之命东渡学法,受传法阿阇黎位。归国后,他在潮州设立"震旦密教重兴会",招募学员,传习密法,并且创办了双月刊《密教讲习录》。1928年起,他在潮州、广州、香港、汕头等处灌顶传法,受学者数以千计。1933年,王弘愿住持广州解行精舍,专弘密教,并出任中山大学佛学讲师。1934年,他设"汕头密教重兴会",编行《世灯》月刊。其译著有《大日经疏会本》、《秘密帐中记》、《曼荼罗通解》(皆权田雷斧著),他自己在密教方面的著述有《金刚顶经义诀》、《菩提心论口义记》、《尊胜陀罗尼研究》、《光明真言研究》等。其传法弟子为冯达庵、汪彦平、王学智、王福慧(王弘愿子)四人。①

除了王弘愿外,他的弟子冯达庵也在广州建立精舍,设坛传法。王弘愿及其弟子在广东及湖南一带形成了一定的影响和势力,拥有许多信众。但王弘愿的弘密活动在当时佛教界也引起了不少的争议,这其中主要涉及的是居士能否为出家僧传法和显密关系问题。王弘愿在日本得传法阿阇黎位,回国后公开为僧俗两界传法,这与汉地显教一贯的礼制不合,所以引起了许多人的反对。王弘愿在回应中有密法传承中"俗人为主,比丘为伴"的观点,更是一石千浪,引起了佛教界的一片攻击之声。据记载:

> 于是佛教缁素全体发表正义申斥,则有姚陶馥之《护法痛言》,周圆性之《中国佛教密乘危矣》,法舫法师之《全系佛法上之密宗观》,密宗革新会之《王师愈诤潮中的闲话》,李一超之《密宗平议》,澹云法师之《从显密问题上说到王弘愿之犯戒》,曼殊揭谛之《与王弘愿论教书》等。王弘愿欲以居士身份作阿阇黎,接受比丘顶礼,不特缁众反对,此一违反戒律罪行,即在家居士,以及密宗同门亦多反对申斥,就中以曼殊揭谛及李一超之说尤为正确。②

---

① 参见陈兵、邓子美《二十世纪中国佛教》,第353页,北京,民族出版社,2000。
② 释东初:《中国佛教近代史》,第430页。

王弘愿虽然以密法曼陀罗中,大日如来以束髻之形居中台、四佛现比丘形居四方以及唐代不空的传法系统中赵政为居士来回应,但还是招致批驳,与王弘愿属于密法同门的曼殊揭谛甚至劝他速速出家,以息众口。其实,以居士的身份传密法在藏密和唐密中皆有先例,但这显然不符合汉地显教千年以来以僧为宝的定制,再加上王弘愿将这一点作为密法的殊胜之处,有进一步宣扬之意,故而最后落得千夫一指的局面。这也是他这一支系传法活动很快消沉下来的原因之一。

关于显密关系,王弘愿在《佛教解行特刊序》中,以"十不同,十殊胜"为统领,从十个方面阐述了密教胜于显教、密宗高于显教的观点。王弘愿的这个观点是对日本密宗祖师空海观点的继承,也是西藏佛教界普遍存在的观点。但在汉地佛教史上,密教除了在唐代的短暂发展外,佛教的主流就是显教。王弘愿的这种宣传无论在情理还是事理上,都为当时的佛教界所不能接受和理解。同时,汉地佛教中素来认为佛陀的不同教法只是应对不同根机者所说的,本质上是圆融的,王弘愿的观点显然缺乏这种融通性,或者说他的传密活动没有基于汉地佛教的历史和现实的土壤中。

王弘愿的这一观点也遭到了当时佛教界或直接或间接、或温婉或激烈的反对。太虚在《汉藏教理融会谈》的讲话中,首先就阐述了这个问题,将佛法依次判为显中显、显中密、密中显、密中密。其中密法属于密中显,禅宗属于密中密,这中间的次序是一望而知的。但太虚接着认为如果倒过来看也是成立的,所以他认为"可见一切大乘法是平等的,而在平等中又各有胜义胜用的不同"①。太虚的这一观点是比较有说服力的,无论怎样他还是反对密胜于显的说法。印光法师在《复徐蔚如居士书》中也指出:"然彼系弘密之人,故偏抬高密宗。约教而论,固无大碍。若与净土三根普被,教机相投之法门论,固相悬殊。王弘愿来书所

---

① 黄夏年主编:《太虚集》,第220页,北京,中国社会科学出版社,1995。

说,皆约教而遗机。光与彼书,乃约机而论教之利益也。虽不相合,亦无大背。"①

三、东密衰落的原因

日本密教在中国的发展由于大勇改习藏密以及王弘愿所遭非议等原因,在民国兴盛的时间并不长。释东初《中国佛教近代史》中说:"东密日渐销沉湮没,民二十年后,几无人问津矣!"②实际上,密宗在民国的发展由"密教之声,竟遍中国"到快速衰落,是有其深层次的原因的。

首先,当时入日本学密法的僧人由于资费等问题,学法时间都很短,大致都在一年左右。其间,他们往往将需要几年、十几年学习的内容高度压缩,很难全面掌握密宗的体系。他们在求法时的一个共同特征就是放弃对教相(理论)的学习,而直接切入到事相(实践)的学习上,这一点金山穆昭在回忆中国僧人学法情况时也明确地指了出来:

> 先年支那有密林(持松)、大勇、纯密三法师,殆同时来山修学,是时余当指导之任。对于密林等授之以教相与事相之二门。盖教相者,理论门也,事相者,实践门也。此二门之不可相离,犹如车之两轮、鸟之双翼,故必宜双修也。本宗学徒以先学教相,后入事相为顺序。然密等皆因留学之时间甚短,故希望自事相先授,而教相以人体之修学方针,当自研钻云云。故即入事相,主以悉昙、真言陀罗尼、四度加行、曼荼罗诸尊之三密门灌顶等授之。③

其次,这些学法僧人归国后,并没有专修专练就投入到开坛传法的活动中,其传法者和得法者根基浅弱是可想而知的。另外,当时弘扬密法的僧人只有构建中国密宗的抱负,而缺少实际可行的计划和操作步

---

① 《印光法师文钞全集》(增广正编卷)上册卷二,第40页,台北,新文丰出版社,1983。
② 释东初:《中国佛教近代史》,第434页。
③ 金山穆昭:《弘法大师之佛教观》,《海潮音文库》第10册。

骤,再加之像王弘愿这样的传法者又不能很好地结合当时中国的国情,这都不利于密教在中国的持久传播。继东渡学密的热潮之后,西去西藏学习藏密的高潮又在汉地兴起。

第二节　藏密在汉地的传播

一、藏密高僧弘法汉地

民国建立以后,随着汉地佛教的复兴和汉藏两个民族间联系的进一步密切,许多藏族的高僧大德相继进入汉地弘传密法,当时比较著名的有九世班禅确吉尼玛(1883—1937)、章嘉活佛、白普仁喇嘛(1870—1927)、格鲁派格西多杰觉拔(1874—?)、诺那呼图克图(?—1936)、贡噶呼图克图(1893—1957)等人。

(一)九世班禅

九世班禅确吉尼玛,因为和十三世达赖喇嘛失和,受到排挤,晚年长达15年的时间都活动在内地。九世班禅佛学造诣很深,他到汉地以后,一方面致力于五族共和等爱国活动,一方面继续从事佛事活动。据《班禅额尔德尼传》介绍,九世班禅离开西藏后,在蒙古、内地总共举行过九次时轮金刚法会,其中第六次和第七次都是在汉地举行的。

1932年10月,九世班禅应段祺瑞之请,到达北京。在北京,由段祺瑞、吴佩孚、朱庆澜等人为施主,班禅于10月22日在故宫太和殿举行了第六次时轮金刚法会,参加法会的各族群众约十万人。[①] 次年,成立"北京藏密院"。1934年,由王一亭、屈映光、冯仰山、关炯之、杜月笙、黄金荣、张啸林等人作为施主,班禅在杭州灵隐寺举行了第七次时轮金刚法会,参加法会者约七万余人。这两次时轮金刚法会因为参加人数众多,

---

[①] 尘空法师《民国佛教年纪》曰:"时轮金刚法会在北平太和殿修建,赞助及参加者达数万人,为民国以来佛教规模最大之运动,亦西藏佛教弘传内地之新纪元。"见张曼涛主编《现代佛教学术丛刊》之《民国佛教篇》,第208页。

对扩大藏密在当时社会上的影响的作用是重大的。

此外,早在1925年,九世班禅就在灵隐寺为许多信徒进行密法"灌顶"。1933年,班禅在南京停留期间,应戴传贤、石青阳、居正、贺耀祖、黄慕松、叶恭绰等人之请,在南京城东宝华山的护国圣化隆昌寺举行密法灌顶三日,参加者约三百余人,外有各寺和尚二百余人。① 1935年,上海又成立"菩提学会",班禅为正会长,这是一个以弘传藏传佛教为宗旨的学会,该学会聘请西藏高僧为导师,翻译西藏经典,灌顶传法。

(二)白普仁和多杰觉拔

白普仁,名光法,字普仁,蒙古族,生于1870年,属格鲁派高僧,素以修药叉大将法、金光明经护国法灵验著称。他是北京雍和宫常住喇嘛,也是一位在内地的北京和其他地方广行密法的著名僧人。1925年,他曾应段祺瑞政府之请,率108位喇嘛在雍和宫修金光明法21天以消弭国难。

同年7月,关炯之、闻兰亭等发起金光明法会,以祈祷全国和平。他们推选程雪楼为会长,施省之、王一亭为副会长。会场设在爱文义路(今北京西路)南园,并敦请白普仁喇嘛南下传法。白普仁于是携带全部法器和28名喇嘛南下上海,修供金光明法会。法会设内外二坛,自农历六月初八起开经,以七日为期,入内坛听经者,必须在法会结束后才能外出,外坛则无限制。② 上海法会结束,各地信众纷纷礼请白普仁莅临传法。上海的著名居士江味农又随同白普仁喇嘛赴各地弘扬密法,辗转数千里后返回上海。其中,在杭州修法时传大白伞盖法,受法者300余人,藏密一尊受灌顶者81人。白普仁在热河有皈依弟子10余万,九世班禅到北京,听到白普仁的所作所为,就赐他"堪布"法位。

与白普仁同时传法于北京者,还有格鲁派格西多杰觉拔,他是西康

---

① 参见牙含章编著《班禅额尔德尼传》之《九世班禅曲吉尼玛》,拉萨,西藏人民出版社,1987。
② 吴平:《藏传佛教在近代上海的流传与发展》,《中国藏学》2002年第3期。

康定人,生于1874年,在拉萨哲蚌寺修学显密教法长达12年,民国初年赴蒙古弘法。1925年,多杰觉拔到北京,参谒九世班禅。这时大勇也在北京,闻讯前去拜见多杰觉拔,多杰觉拔指导大勇修学藏密,并为他详讲西藏密教的历史与现状。

多杰礼参班禅喇嘛后,驻锡雍和宫,译出藏密仪轨20余种,这是民国时代汉译藏密仪轨之始。是时段祺瑞任北京政府执政,政坛危机四伏,他便想请多杰觉拔修法息灾,但又恐被人讥为迷信,于是派范彦彬为代表去请求多杰觉拔。多杰觉拔为其开绿度母道场15天,段祺瑞执政府加封多杰觉拔"诺门罕"尊号,以示尊敬。是年冬季,多杰觉拔南下,经上海到杭州,设坛灌顶传法。

1926年春,多杰觉拔朝礼普陀山,修供养后,又应湖北汤芗铭居士等邀请,赴汉口弘法,在汉口又译出诸尊仪轨51种,刊行于世。后来加上续译的仪轨,共有108法,辑为《密乘法海》刊行。1931年,多杰因朝礼峨眉山而至成都,当地军政各界数千人前往迎接。他于文殊院开坛灌顶传法,四川省主席刘文辉亲率数百人入坛受法。他又开绿度母、长寿佛、药师佛坛以超度阵亡将士,开金刚狮面佛母道场以降魔,继而传法灌顶,从学者先后达900余人,开川中习密之风气。多杰觉拔后来赴印度朝礼佛迹后,返回拉萨哲蚌寺。[①]

二、汉地僧人赴藏学密

在这样一批藏密高僧的影响下,汉地僧人对藏密的了解也越来越多,他们认为汉藏佛教可以互通有无,互相补充。于是,很多汉族的高僧也前仆后继,踏上了西去学密的艰难旅途。其中,大勇组织留藏学法团进藏求法,创造了中国近代佛教史上的一大壮举。汉族僧人中,也出现了像法尊、能海这样的融通汉藏佛教的精英,汉地也建立了汉藏教理院、

---

① 参见释东初《中国佛教近代史》,第439页。

近慈寺等一批弘传藏传佛教的中心。

(一) 大勇组织留藏学法团

1924年,大勇法师到北京以后,在和白普仁和多杰觉拔的接触过程中,逐渐感到东密不如藏密完备,于是萌生入藏学密,融合东密和藏密然后创立中国密宗的想法。所以同年他就在北京慈恩寺成立"藏文学院",请多杰觉拔讲习藏文及藏密知识。武昌佛学院的大刚、超一、法尊、观空、严定、会中、法舫等都入院学习。一年后,大勇将文学院改为"留藏学法团",制定了严格的规约,启程赴藏。学法团由北京出发,经西川进入西康,到达甘孜,在这个地方受到西藏方面的阻挠。具体原因,后来法尊法师在《著者入藏的经过》中回忆说:

> 勇法师是支官差用官兵护送着进藏,一路上轰轰烈烈大有不可一世之概,尤其那沿途的县长官员等,皆是争前恐后地受皈依,学密咒,郊迎郊送,川边的蛮子们,哪里见过这样尊重优礼的盛举呢?也就是勇法师的气派太大,藏人误为国家特派的大员,西藏政府来了一纸公文挡驾,并有两张通知甘孜的商人,不准带汉人进藏。障碍发生,只得暂时住下了。①

被阻后,他们住在甘孜扎迦寺继续学法。1929年8月,大勇在当地圆寂,年仅37岁。学法团初建时人数有30多人,到川时有20多人,入康时只剩下17人,见于文献的有大勇、大刚、严定、观空、杜居士、超一、天然、密严、孙居士、圆住、会中、密哞、霍居士、恒照、朗禅、法尊、粟庵、智三、法舫、恒演、恒明、密慧、密学、密悟、广润、常光、慧深等人。②

大勇示寂之后,求法团遂停止了集体活动,但部分团员先后结伴或独自进藏,他们是法尊、朗禅、慧深、广润、恒演、密悟、严定、观空、密严、

---

① 释法尊撰:《法尊法师佛学论文集》,吕铁钢、胡和平编,第363页,北京,中国佛教文化研究所,1990。
② 索南才让:《民国年间(1912—1949年)汉藏佛教文化交流》,《西藏研究》2006年第4期。

密哞、大刚、常光等,他们入藏后,都就学于哲蚌寺。① 其中,朗禅法师1931年病逝于哲蚌寺,密悟则在哲蚌寺孟那康村就读期间,通过辩经获得拉让巴格西学位,声望很高。密慧先于甘孜习法,1935年到达拉萨,进入哲蚌寺学经,后来去了印度。观空于1940年进入哲蚌寺学经,大刚则在1945年病逝于拉萨。

除了大勇组织的这个求法团之外,还有许多人结伴或独自进藏,可查证的有能海、永光、永轮、永严、融通、通孝、慧光、圆宾、满度、胜聪、隆果、满月、太空、慈青、转逢、碧松、梦参等人。② 据统计,民初游学西藏的汉僧至少有54人,他们大多数在哲蚌寺就学,也有少部分在色拉寺就学。这些求法于西藏的汉僧返回汉地后,对藏密在汉地的传播以及汉藏佛教的交流作出了巨大贡献,其中影响最大的就是法尊和能海。

(二) 法尊和能海

法尊(1902—1980),俗姓温,名庚公,法名妙贵,字法尊,河北深县人。1920年出家于五台山。同年秋天,大勇到五台山讲经,法尊随着听经。1921年秋天,他随大勇到北京参谒太虚大师,并得到批准进入武昌佛学院学习,在此期间修学了大勇所传的部分密法。1924年夏毕业后,法尊又北上北京,在大勇举办的藏文学院学习藏文和藏传佛教的知识。1925年,他随留藏学法团入藏。

1926年,在康定跑马山,法尊跟随慈愿大师学习了藏文文法《三十颂》、《转相轮》、《异名论》、《一名多义论》等关于藏文的初级书籍。接着又学习了宗喀巴的《比丘学处》、《菩萨戒品释》、《菩提道次第略论》等佛教正式典籍,为学习藏文佛学打下了一个较好的基础。1927年,法尊等受阻于甘孜,于是他在甘孜札噶寺依札噶诸古,初学《因明入门》等书,次

---

① 这是索南才让在《民国年间(1912—1949年)汉藏佛教文化交流》中的观点。《二十世纪中国佛教》中认为:学法团员中,超一、观空、严定、恒演、广润、朗禅、大刚、密哞、密严、密悟、密慧等留康学习多年,法尊、密悟、恒演三人继续西进。《中国密教史》与此观点基本相似,但认为首批进藏的是法尊、朗禅、常光、慧深。这与法尊在《著者入藏的经过》提到的四人一致。
② 索南才让:《民国年间(1912—1949年)汉藏佛教文化交流》。

学《现观庄严论》(参阅各家注疏)、《辨了不了义论》,并且听受了札噶大师的著述和许多传记文类。在这期间,他试译了宗喀巴大师的《缘起赞》并略加解释,摘译了《宗喀巴大师传》和《阿底峡尊者传》。1928年,安多格西自青海到甘孜,法尊又依他学法。1930年,他随安多格西进入拉萨,之后继续随他学习。1932年,他学习了《因明总义论》及《菩提道次第广论》。1933年,他又学习了《现观庄严论金鬘论》、《密宗道次第广论》、《五次第广论》,受三百余尊结缘灌顶,修习大威德《二种次第》及《护摩大疏》、空行佛母修法教授等。此外他还依止格登持巴听俱舍,绛则法王听戒律,颇章喀大师受胜乐金刚之大灌顶等。① 并且在此时开始译《菩提道次第广论》。

对于上述这段学习经历,法尊自己总结道:"总之在康藏留学的这几年中间,要算我这一生中最饶兴趣、最为满意的一幅图画了。"② 1932年,太虚写信催促法尊回汉地负责汉藏教理院的工作,1934年5月,法尊回到汉地,到重庆的汉藏教理院担任教学工作兼管理院务。在教理院,他每天讲三小时的课,还翻译校改《菩提道次第广论》、《密宗道次第略论》和《菩萨戒品释论》。1935年,他二次进藏,打算迎请安多格西到汉地弘法,但安多格西已经圆寂,他只好返回汉藏教理院继续从事教学和翻译工作。

法尊是民国时代一位沟通汉藏佛教的巨匠,他一生的译著达200部之多,数十年来译出《菩提道次第广论》、《密宗道次第广论》、《现观庄严论释》、《入中论善显密意疏》、《辨法法性论》、《七十空性论》、《释量论》、《集量论》等格鲁派重要论典十余部,还将汉文《大毗婆沙论》200卷译为藏文,著有《现代西藏》、《西藏民族政教史》等著作,发表过数十篇佛学论文介绍论述藏传佛学。

能海(1886—1967),俗姓龚,名学光,字缉熙,四川绵竹人。1905年

---

①② 法尊:《著者入藏的经过》,《法尊法师佛学论文集》,第364—365页。

考入陆军学校，毕业后任云南讲武堂教官，之后在成都军界先后任营长、团长之职。1924年在涪陵县天宝寺出家，法名能海，同年受具足戒。出家后，能海在雍和宫见密宗典籍颇多，于是打算东渡日本学法。途经重庆，见报纸登载大勇法师已返国并决定到西藏求法的消息，能海便打消了去日本求学的念头，也想去学藏密。

能海先是在打箭炉跟随降巴格西学藏文，同时还学习《菩提道次第广论》、《俱舍论》、《现观庄严论》、《比丘戒》、《集量论》等，接着在里塘降阳清丕仁波切处，学习了《朵马仪轨》。1928年动身入藏，9月到达拉萨。他礼康萨仁波切为根本上师，在藏学法4年，显教方面，主要学习般若中观理论、戒律、修法次第等；密教方面，主要学习文殊大威德密乘二次第等法。1932年，能海返回汉地。1936年春接任五台山广济茅蓬方丈，为僧众讲《普提道次第科颂》、《定道资粮》等，并在广济寺选40人组成金刚院，入冬造大威德双身像，举行开光、灌顶仪式。1937年入川，驻锡在成都南郊的近慈寺。经过几年的努力，他将成都近慈寺办成一个近代佛教史上汉藏兼习、显密并弘的寺院。1938年，他先后赴佛学社、文殊院、昭觉寺等处讲经、传戒。

1940年，能海率弟子第二次入藏，这次他入藏的主要目的是礼请康萨仁波切到汉地弘法，但康萨因病未能成行。他在拉萨又跟随康萨仁波切学法一年，内容以密法为主。1941年返回四川。临行前，康萨仁波切将生平所用的三衣、法器、佛像等一齐传给他，表示尽得密法传承，接受衣钵。

能海从1932年起到1967年圆寂为止的30多年间，除了翻译佛典和著书立说之外，所有的时间都在讲经弘法。除近慈寺外，他先后于绵竹西山云悟寺、重庆慈圣庵、重庆郑壁城别墅、上海觉园、五台山清凉桥等处开辟金刚道场。同时还到北京、上海、汉口、苏州、宝华山等处讲经传法、传戒，听过他讲经说法的僧俗群众数以万计。由于他的声名远播，1946年，美国总统罗斯福曾致函邀请他赴美传法。

能海严格遵守格鲁派的宗规,以戒律为生命,持戒与修习次第并重,同时显密融通,给当时汉地佛教界带来了一股清新的空气。据不完全统计,他一生集撰、译述的作品有上百部之多。显宗方面主要有:《宗喀巴大师显密修行次第科颂》、《律海十门》、《定道资粮颂》等。密教经轨方面主要有:《文殊大威德勇猛怖畏金刚本尊修行成就法》、《大威德十三尊仪轨》、《文殊大威德迎请圣住仪轨》、《文殊大威德息灾护摩略法》、《大威德往生仪轨》①等百余种。

除了这两位学习、弘传格鲁派的大师外,民国时期,陈健民、张澄基、心道、妙空、刘立千等人还赴康藏学习噶举派、宁玛派的教法,他们后来或传法或译介,对藏密在汉地的传播也起到了一定的作用。

民国时期掀起的这股学习密宗的热潮,总的看来,僧人们对"东密"和"台密"修学时间都比较短(一年左右),取得的成果也不明显,在国内的影响时间也比较短。而去西藏学法的僧人很多求学近十年,所学体系较为完备,根基也较为扎实,他们所做的翻译工作,对沟通汉藏佛教起到了巨大的桥梁作用,至今仍然显现着价值。

---

① 藏传密宗拥有五大金刚法,而大威德金刚法就是其中之一,也是格鲁派最推崇的密宗大法。

第十章　太虚与民国时期的人生佛教

太虚与欧阳竟无分别代表了民国时期僧俗二界杨文会门下最杰出的两位弟子,他们二人都继承和发扬了杨文会振兴佛教的理念和事业。但与欧阳竟无侧重于学理的研究、弘扬佛学有所不同,太虚则倾向于以改革和复兴整个佛教为历史使命。由此导致他们各自在后世产生的影响不尽相同,欧阳的影响基本不出学术的圈子,即使超出这个圈子,其影响也十分有限;而太虚则因其改革佛教的思想和亲身的实践,以及"人生佛教"的倡导,在今天的佛教界留下了广泛而深远的影响。

太虚在近代佛教史上以倡导佛教"教理、教产、教制"三大革命而著称,入民国后创设武昌佛学院、世界佛学苑、汉藏教理院等多所佛学院,培养了不少弘法的人才,积极弘扬佛教于世界,追根溯源,都是与杨文会首倡办学以振兴佛教的理念之影响分不开的。事实上,杨文会并不是近代最早创立僧学堂的人,在他之前的1904年已有日僧水野梅晓和伊藤贤道在湖南长沙创第一所僧学堂,1906年文希在扬州天宁寺设立普通僧学堂。① 但是这两所僧学堂

---

① 参见太虚《三十年来之中国佛教》,张曼涛主编:《民国佛教篇》,第323页。韦尔慈在《中国佛教的复兴》第13页中说扬州天宁寺普通僧学堂的创办人是文希。又参见释印顺编著《太虚法师年谱》,第11页。内中说浙江之寄禅、松风、华山,江苏之月霞,北京之觉先等,先后相共致力于自动兴学之举。

兴学的目的都是为了保护寺产,以免被提拔充公,这与杨文会从振兴佛教的角度来兴办僧学,培养到印度乃至西方的弘法人才显然不同。而后者,正是吸引太虚等僧青年来祇洹精舍学习的主要原因之一。

美国学者韦尔慈说:"太虚是在杨文会创办的祇洹精舍就读的学生之一。正如杨文会的事业展现了中国近代佛教复兴的早期阶段,太虚的事业则展示了它的中、晚期阶段"①,韦尔慈把太虚视为杨文会佛教振兴事业的一个重要继承者,这是符合历史实际的。打个不太恰当的比方,原来萌蘖于杨文会的振兴佛教的思想理念,就好比山涧淌出的一泓清流,经过太虚等人的大声疾呼和不懈努力,渐渐变成了滔滔的巨浪,从而波及保守的佛教势力,把他们也泥沙俱下地带入了滚滚的洪流之中。

第一节　太虚生平及佛学思想特点

太虚法师,俗姓吕,清光绪十五年(1889)十二月二十八日(阳历次年1月8日)生于浙江省海宁州(今海宁市)长安镇,家世农工。16岁在苏州木渎浒墅乡一小庙从士达和尚出家,法名唯心,后转师于奘年和尚,师为之立表字"太虚"。当年11月,往浙江宁波天童寺受戒于寄禅和尚,18岁之后,开始读经习禅,兼学诗文。翌年秋,往慈溪西方寺阅读大藏经,并读康有为《大同书》、严复译《天演论》、谭嗣同《仁学》及梁启超、章太炎等有关国事与振兴佛学的论文,触发了改革佛教的念头。21岁到南京,就学于杨文会居士所创之祇洹精舍,从杨学《楞严经》,又从苏曼殊学英文。次年1月,与热心民族革命的栖云和尚入粤,助组僧教育会。1912年又与释仁山等在江苏镇江金山寺组建佛教协进会,着手佛教改革。太虚27岁那年,痛于当时佛教之颓萎与僧伽制度之混乱,作《整顿僧伽制度论》,第一次系统地阐述其改革僧伽制度的主张。后又创《海潮音》月

---

① Holmes Welch, *The Buddhist Revival in China*(《中国佛教的复兴》), P.15, Harvard University Press, Cambridge, Massachusetts, 1968.

刊,作《海潮音月刊出世于世宣言》,指出该刊宗旨是"发扬大乘佛法真义,应导现代人心正思"。1922年之后,开始把整理僧伽制度的思想付诸实践,与梁启超、李隐尘在武汉创立武昌佛学院。1923年秋,太虚进而把眼光转向世界佛教运动,在庐山发起世界佛教联合会,尔后又赴英、法、德、荷、比、美等国宣讲佛学,成为中国僧侣去欧美传扬佛教的第一人。抗战期间,大声疾呼海内外僧众为世界和平努力,率领中国佛教访问团出访东南亚及南洋诸国,使各国人民同情和支持中国的抗日战争。抗战胜利后受到政府颁令表彰。

一、求学祇洹精舍

太虚于1947年在上海玉佛寺圆寂,金陵刻经处董事会董事濮一乘写一挽联,其中有"圣教衰已一千年,赖公大声疾呼,谁识渊源出深柳"之句。[①] 请让我们联系太虚生平的佛教振兴实践,对此联稍作解释:前两句表彰太虚在近代佛教复兴运动中大声疾呼,倡导佛教"三大革命",创办佛学院等等,所发挥的巨大作用;后一句则明示世人,太虚将这种佛教革命思想落实到振兴佛教的具体实践中,走创办佛学院以培养新思想的人才、建立新的社会基础的道路,原来与深柳大师杨文会有甚深渊源。

太虚是目前广泛公认的近代佛教史上最重要的人物之一,但他的重要性表现在哪里?资料表明,直到临去世前,他的佛教革命的思想和活动对大多数僧人和信众还是影响不大的。故他晚年写《我的佛教革命失败史》,认为自己一生的努力是失败的,最后竟郁郁而终。但他试图应对时代思潮尤其西方文化的冲击,努力回答中国佛教现代化的问题,孜孜于使中国佛教走向世界,从而给后世佛教的发展以很大的激励。这种尝试和努力的起始点,以他进入杨文会创办的祇洹精舍学习为标志。太虚

---

① 参见武延康、纯一编《杨仁山居士年谱初稿》,第65页,金陵刻经处创立130周年论文集,1995。

与杨文会的师弟关系,也是在1909年春进入祇洹精舍学习而建立起来的,虽只半年短暂的时间,但是对于太虚此后一生事业却有着不可低估的影响。有研究者对这件事评论说:"入学祇洹精舍是一个重要的转折,可以说是太虚脱离传统路线,进入另一个与时代思潮接通的新佛教领域。一方面,祇洹精舍的新式教育,影响其后来僧教育及佛学院的创办理念;同时,杨仁山与达摩波罗的世界佛教事业,亦直接促成其未来世界性的佛教发展运动。"①

太虚本人后来在《三十年来之中国佛教》一文中高度评价了祇洹精舍,认为"祇洹精舍虽居士所办,而就学者比丘为多,故为高等僧教育之嚆矢",并自呈他与杨文会祇洹精舍的渊源关系:

> 距今三十年(光绪三十四年,1908),金陵刻经处杨仁山居士,得锡兰摩诃菩提会会长达摩波罗居士来书,约共同复兴印度之佛教,以为传布佛教于全球之基本。杨居士因就刻经处设立祇洹精舍,招集缁素青年十余人,研究佛学及汉文,兼习英文,以为进探梵文、巴利文之依据。后虽以经费支绌,不二年即停止。摩诃菩提会则仍继续进行,近年已有释迦牟尼佛初转法轮之鹿野苑设立国际佛教大学,并设分会于哥伦布(科伦坡)、加尔各答、伦敦、纽约诸地,由法理性海氏继达摩波罗后,迄今扩充未已。且参与祇洹精舍诸缁素,若欧阳渐、梅光羲、释仁山、智光等,多为现今佛教中重要分子,而笔者亦其中之一人也。②

太虚在祇洹精舍仅仅短短的半年,学业上很难说有多大的成就,但30年过去之后,他尚以参与祇洹精舍的重要分子自居,以扩充当年杨文会和达摩波罗居士相约共同复兴佛教于世界的事业而自许。由此可见杨文会佛教振兴的理念对他的影响之深。

---

① 参见洪金莲《太虚大师佛教现代化之研究》,第29页,台北,东初出版社,1995。
② 参见太虚《三十年来之中国佛教》,张曼涛主编:《民国佛教篇》,第319、323页。

据太虚自述,他之所以进入祇洹精舍,主要是因听闻该舍是为振兴世界佛教。1940年7月,太虚在汉藏教理院讲《我的佛教改进运动略史》,内中提到,光绪三十四年(1908),"南京杨仁山居士就金陵刻经处创办祇洹精舍,该舍与锡兰达磨波罗居士取得密切的联系,同抱有复兴印度佛教的意志,欲使佛教传到各国去。我因参加江苏僧教育会的组织,于是次年(1909)也到南京去加入。该舍的主要科为国文、佛学、英文。祇洹精舍只有一年的历史,因经济不继而停办。初办的上半年我未参加,我是第二期才进去的"①。在祇洹精舍创办后下半学年(1909年春),太虚受华山、栖云等具有革新思想的僧青年的策发和鼓励,来祇洹精舍求学。印顺法师在《太虚大师年谱》中对此也有所记载,说太虚"以华山之策发、栖云之怂恿,就学于祇洹精舍。凡半年,于古文及诗颇多进益。杨仁老授《楞严》,苏曼殊授英文,谛老任学监。同学有仁山、智光、开悟、惠敏等,与梅光羲、欧阳渐、邱晞明等,亦有同学之谊"。印顺在此段文下加按语曰:"杨氏因于去秋(1907)成立祇洹精舍。为佛教人才而兴学,且有世界眼光者,以杨氏为第一人!"②此中,印顺所言甚是,杨文会是近代第一个倡导"为佛教人才而兴学",且具有"世界眼光"的人,这正是杨文会及其创办的祇洹精舍与其他为保护寺产而兴办的僧学堂之不同所在,也正是杨文会对太虚发生深刻影响的地方。

太虚来到祇洹精舍就读,是有许多因缘促成的。上文印顺所说,太虚受到华山和栖云的策发与怂恿即是其中一个主要原因。在此我们有必要对太虚来祇洹精舍之前的经历或者学历略作介绍,以观其兴趣所在和思想受纳基础。太虚早年出家后,屡依江浙一带禅门名德受学,最早在宁波天童寺受戒于著名的八指头陀寄禅和尚;寄禅、道阶诸师"见其年少质美,咸以法器相许"。1904年12月,寄禅为修书介绍,往依宁波永丰

---

① 参见黄夏年主编《太虚集》,第409页。
② 释印顺编著:《太虚法师年谱》,第13页,北京,宗教文化出版社,1995。

寺歧昌受经。据太虚自传,歧公"无疾言,无遽色,品德粹然而精",叹不能及。1905年,太虚从歧公受《法华经》,间阅《指月录》、《高僧传》等。次年,进受《楞严经》,兼习诗文。1906年夏,复入天童寺,听道阶讲《法华经》,随寄禅习禅,皆有所得。其后,入住法师寮,道阶为讲《教观纲宗》、《相宗八要》;每与圆瑛、会泉学立三支比量;又读《弘明集》、《广弘明集》、《法琳传》等护教文献,远植日后弘护佛教之因。秋初,仍回永丰寺续受《楞严》,兼阅四书五经。1907年夏,再去天童,听道阶讲《楞严经》,阅读《楞严蒙钞》、《楞严宗通》,爱不忍释。道阶讲经时屡赞叹阅藏的益处,使太虚心生向往。同年秋,经圆瑛介绍,得去慈溪之西方寺阅大藏经。

太虚在西方寺阅藏,是一段很重要的经历。后来他在自传中说:"圆瑛介绍我到西方寺阅藏,大有造于我一生,故后来他与我虽不无抵牾,我想到西方寺的阅藏因缘,终不忘他的友谊。"值得注意,太虚在此阅《般若经》有省,他的自传记载了他省悟时的体验:"积月余,《大般若经》垂尽,身心渐渐凝定。一日,阅经次,忽然失却身心世界,泯然空寂中,灵光湛湛,无数尘刹,涣然炳现,如凌虚影像,明照无边。座(坐)经数小时,如弹指顷;历好多日,身心犹在轻清安悦中。"不久,取阅《华严经》等,恍然皆自心中现量境界。不再为文字语言所拘,过去所有的疑团从此冰释。故而印顺说:"太虚大师蜕脱俗尘,于佛法得新生自此始。"①

太虚在西方寺阅藏固然大有进境,但他现在尚是一个入佛门不到两三年的学佛青年,接受的又基本上是传统寺院的教育和训练,尽管他资质不凡,可造诣毕竟有限,其重要性不可高估。他真正融入近代佛教革新的滚滚洪流,挑起历史赋予他们这一代僧青年振兴佛教的使命,是源于在西方寺遭遇的另一机缘,也即与华山和栖云的相识并结交。1908年初春,温州华山来西方寺。据悉,华山是西方寺住持净果的朋友,他大概是"开僧界风气之先者",也即是一位具有新学根底,且具有革命思想的

---

① 上述太虚生平学历,皆参见释印顺编著《太虚法师年谱》,第5—9页。

人物。他来寺后也住阅藏寮,见太虚是有慧根的法器,就为之力陈世界与中国之大势,说中国佛教非得改革流弊,振兴僧学,才能适应时代潮流,不被社会历史所淘汰。太虚当时"禅慧资心",与之相辩十余日而莫决。于是华山请太虚观其所带来的新书籍,如康有为《大同书》、梁启超《新民说》、章太炎《告佛子书》和《告白衣书》、严复《天演论》、谭嗣同《仁学》等等,太虚不觉为之心折,遂与华山定为莫逆交。太虚以佛学救世之宏愿,由此勃发而莫能自遏,从先前的"超俗入真"而一下转为"回真向俗"之路。未久,他又在吴江小九华寺结识革命僧栖云。栖云俗姓李,湖南人,弱冠出家,曾从寄禅参学数年,后去日本留学,加入同盟会,复与徐锡麟、秋瑾等回国,潜图革命。时而西装革履,时而僧服隐寺。在栖云的影响下,太虚阅读章太炎主办的《民报》、梁启超的《新民丛报》和邹容的《革命军》等,大受革命思想之掀动,有了"中国的佛教亦须经过革命"的思想。后又随栖云至粤,颇与革命党人相过从,并阅及托尔斯泰、巴枯宁、蒲鲁东、克鲁泡特金和马克思等人的著作,在政治思想上,他由君主立宪,而国民革命,而社会革命,而无政府主义。①

太虚后来作《我的佛教改进运动史》,在第一期中以光绪三十四年(1908)受华山和栖云这样两位革新或革命僧的策发而入祇洹精舍学习为分界线,述说其改进佛教思想的来源:

> 在光绪三十四年以前,我那时专门在佛学及古书上用功夫;或作禅宗的参究,或于天台教义及大藏经论的研讨。后来受了中西新思想的熏习,把从前得于禅宗般若的领悟和天台宗教义的理解,适应这个时代思潮,而建立了我改进佛教的思想。其实,从当时佛教环境趋势上说来,也不得不发生这种思想。因为在光绪的庚子(1900)年后,有所谓变法维新的新政,国家对于一切都实行改革,尤以办学校为急进;教育当局往往借经费无出为名,不特占庙宇作校

---

① 参见释印顺编著《太虚法师年谱》,第17页。

址,且有提僧产充经费的举动。这种占僧寺、提僧产、逐僧人的趋势,曾为一般教育家热烈地进行着。故当时章太炎先生有《告佛子书》之作,一方面叫僧众们认清时代,快些起来自己办学;一方面劝告士大夫们,不应该有这种不当的妄举,应该对佛教加以发扬。①

太虚在此提出了他建立改进佛教的思想和走上佛教革命的道路,实有主客观两方面的因素,一是他受到了康有为、谭嗣同、梁启超、严复、章太炎等等所引介和阐述的中西新思想的熏染,二也是客观形势所迫。光绪庚子(1900)年后,朝野维新自强之呼声甚高,尤其1905年9月正式废除科举,兴办学堂,各地教育会每借口经费无着,而提僧产充学费,借僧舍做学堂,使佛教界普遍产生危机之感。社会上的有识之士如杨文会、章太炎等都是在此时势之下,呼吁办僧学以振兴佛教的。杨文会为此写了《支那佛教振兴策》,章太炎则有《告佛子书》和《告白衣书》等。杨文会在《支那佛教振兴策一》中说:"中国之有儒释道三教,犹西洋之有天主、耶稣、回回等教,东洋之有神道及儒、佛二教。东西各国,虽变法维新,而教务仍旧不改,且从而振兴之,务使人人皆知教道之宜遵,以期造乎至善之地,我中国何独不然?今日者,百事更新矣,议之者每欲取寺院之产业以充学堂之经费,于通国民情,恐亦有所未惬也。不如因彼教之资,以兴彼教之学,而兼习新法,如耶稣、天主教之设学课徒。日本佛寺,亦扩充布教之法,开设东文普通学堂,处处诱进生徒;近日创设东亚佛教会,联络中国、朝鲜,以兴隆佛法,犹之西人推广教务之意也。"②杨文会既赞成变法维新,又主张振兴佛法,所采取的办法是借鉴西洋和东洋的经验,"因彼教之资,以兴彼教之学,而兼习新法"。于是他又说:"为今之计,莫若请政务处立一新章,令通国僧道之有财产者,以其半开设学堂。分教内教外二班,外班以普通学为主,兼读佛书半时,讲论教义半时,如西人

---

① 参见黄夏年主编《太虚集》,第407页。
② 参见周继旨校点《杨仁山全集》,第331—332页。

堂内兼习耶稣教之例；内班以学佛为本，兼习普通学，如印度古时学五明之例。如是则佛教渐兴，新学日盛，世出世法相辅而行，僧道无虚縻之产，国家得补助之益，于变法之中，寓不变之意。酌古准今，宜情宜理，想亦留心时务者所乐为也。"杨文会提出的这种办法切实可行，无论对僧还是对俗都是有说服力的。这也就是祇洹精舍为何能吸引像太虚、仁山这样具有革新思想的僧青年前来入学的一个重要原因。

综上所述，太虚的佛教革新思想虽不尽得自于祇洹精舍，但进入祇洹精舍学习成为他佛教之路上的一个转折点，换言之，成为他力图"改进"佛教的起始点，使他进入了与时代思潮接通的"新佛教"领域。太虚在祇洹精舍仅半年，究竟得了什么影响，难以一一明确陈述。但其后来佛教思想的演变，所进行的佛教振兴的活动，都可与杨文会振兴佛教的理念，与祇洹精舍找到丝丝缕缕的联系。除此之外，从思想特点上来看，太虚在思想上表现出的革新与融贯这样两种特点，似乎与杨文会也有着某种关联。

二、革新与融贯

太虚与欧阳竟无继承杨老居士遗志有所不同，欧阳从治《瑜珈师地论》入手，对法相唯识学进行深入钻研，以"竟玄奘未竟之业"为职志，最后达到贯通整个佛学的目的。太虚的意趣诚如其本人所说，不在成为"研究佛书的学者"，也不在成为"专承一宗之徒裔"，他的目的表现于民国6—7年（1917—1918）间所作的一篇训辞中："中国向来代表佛教的僧寺，应革除以前在帝制环境下所养成流传下来的染习，建设原本释迦佛遗教，且适合现时中国环境的新佛教。"[①]

（一）关于革新

事实上，太虚自始即以革新的姿态登上中国佛教的历史舞台，而在

---

① 参见黄夏年主编《太虚集》，第406页。

理论上他走了一条以中国佛教为本位而融会贯通的路线,旨在"吸收采择各时代、各方域佛教的特长"。辛亥革命后,中华民国成立,举国欢腾,一时改革运动高潮迭起。受宗法社会思想影响甚深的中国佛教,也因此发出强力革新之要求,纷纷组织团体,以适应时代新局面。民元(1912)太虚在毗卢寺与释仁山等筹组佛教协进会,在金山寺召开成立会,由太虚任主席,讲明开会宗旨,宣读会章。仁山则登台演讲,情词激昂,深以各寺僧把持寺产而不知教育僧材为憾,强烈提议金山寺兴办佛教大学,以金山寺产拨充经费。① 太虚、仁山二人先后同学,都曾就学于祇洹精舍及僧师范学堂,富有豪杰的气魄,深知佛教徒众多未受过正式教育,大都不看经,尤以宗门视经典文字为障道之本。因此,太虚、仁山力主革新佛教,利用寺产兴办僧教育,培养新僧才,被认为佛教新僧派领袖。终因受阻碍而改革流产。金山之改革虽未成功,但此一运动对佛教诸山影响极大,是为太虚毕生革新佛教事业的开始。

1914年左右,当欧阳竟无发愤研治《瑜珈》的时候,太虚则闭关于普陀山之锡麟堂,一面反思他与仁山为组织佛教协进会而"大闹金山寺"②,倡导激进的佛教革命之失;另一面自西方寺阅藏之后第二次系统阅读全藏。据信,太虚此后30多年的佛教革新活动和思想建树,几乎都得益于

---

① 参见释东初《中国佛教近代史》第六章第一节"改革金山与革新运动",内中述记金山改革之缘起,曰:辛亥起义,佛教在精神上受到严重的威胁,深恐革命党会摧毁佛教,于是佛教知识分子纷纷发起组成各种事业团体,以应付时代的巨变。仁山首先上书教育部,以改革金山寺为僧学堂。适于此时,太虚亦为改革佛教筹组佛教协进会,以期联合全国僧青年作改革佛教运动,而抵南京,谒见孙大总统,报告佛教协进会计划,孙大总统指定马君武先生与太虚接谈。仁山亦同时到达南京,于是二人抵掌而谈改革佛教的计划,太虚告以筹组佛教协进会,要办一所佛教大学,造就弘法人才,仁山极表赞成。并谓(仁山)已建议教育部改金山寺为佛教大学,佛教协进会可设在南京,但成立大会要在金山寺召开。还有诸多同学在镇江可以协助会务。于是仁山、太虚同至镇江,借金山寺举行佛教协进会成立大会。
② 参见印顺《太虚大师年谱》,民元"大师与仁山等,开佛教协进会成立会于镇江金山寺,有'大闹金山'事件,震动佛教界。大师自谓:'我的佛教革命名声,从此被传开,受着人们的尊敬,或惊惧、或厌恶、或怜惜。'……寄老闻大闹金山事件,颇愤新进之卤莽。乃来沪,联合十七布政司旧辖地僧,筹创中华佛教总会,劝大师停止佛教协进会之进行"。(太虚:《我的佛教革命失败史》)

这一次为期3年(1914—1917)的"闭关"。在这里他潜心阅藏、思考并著述,特别值得一提的是,他在闭关中撰成纲领性的改革佛教的著作——《整理僧伽制度论》。对于该论的意义,印顺法师有一评论值得我们参考,曰:"统观本论,依乾隆旧籍,而定论现今僧数之多;以江浙一隅,而例论全国教产之富,均不符实际。所论大乘八宗,上不征五天(指古印度),则其源塞;下不征各地,则其流隘。局于中国内地,拘于旧传八宗,不独有武断之嫌,且亦无以应国际文化交流之世。况大乘八宗,其时或形骸仅存,或形质久绝,乃必欲八宗等畅,宁复可能!尤以政教分离,决非中国政情所能许。富思考而未克多为事实之考察,自不免智者之一失!然所论僧制之改革,要为唯一有价值之参考书。"①印顺肯定了其改革僧制之所论。

太虚本人在民国15—16年(1926—1927)间,觉得此作已经过时,而有《僧制新论》之作。在当时革命气氛浓厚的环境中,他作了一篇有针对性的革命僧的训辞,说:"中国的佛教革命,决不能抛弃有二千年历史为背景的僧寺,若抛弃了僧寺以言广泛的学术化、社会化的佛教革命,则如抛弃了民族主义而言世界革命一样危险!"于是他提出了一个佛教革命的根本办法:最根本者,为革命僧团之能有健全的组织,其宗旨主要有以下三点:其一,革除历代君相利用神道设教的迷信,革除家族化剃度法派的私传产制;其二,革改隐遁山林为精进修行,化导社会,革改度死奉事鬼神为资生服务人群;其三,建设由人而菩萨的人生佛教,以人生佛教建设中国僧寺制度,以人生佛教造成十善风化的国俗及人世。② 不难察知,这三点便是早年他提出的佛教在教产、教制和教理上的三大革命,适于现代形势和人群的新的发展。

值得注意的是,此次闭关阅藏,除温习台、贤、禅、净诸撰集和重读、

---

① 释印顺编著:《太虚法师年谱》,第40页。
② 参见太虚《我的佛教改进运动略史》,黄夏年主编:《太虚集》,第420—421页。

精读严(复)译著和章太炎各文外,尤留意于《楞严》、《起信》。① 这明显是受诸杨文会的影响。虽然太虚在入祇洹精舍之前,就对《楞严》典籍"爱不忍释",一听再听,但对这两部经典同时重视,恐怕与杨文会大有关系。因为杨文会信入佛门,最初所读的两部经典即《起信》和《楞严》,所以他对这两部经典很是重视,作为学佛者佛教入门的必读书。1909年春,太虚入祇洹精舍学习,适逢杨老居士在上学年讲过《起信论》后,下学年开讲《楞严经》。由此判断,尽管太虚在杨文会处学佛时间不很长,但杨老居士重视的两部经典却在他头脑里留下了深刻的印象。他在闭关中所作成的《首楞严经摄论》便是"会合台、贤、禅宗关于《起信》、《楞严》的著述,加以融通抉择"而成。太虚认为《楞严经》是中国佛学的"大通量",其论中说:"未尝有一宗取为主经,未尝有一宗贬为权教,应量发明,平等直入";又称道:"此一部中兼赅禅、净、律、密、教五,而又各各专重,各各圆极。"印顺于此记曰:"本论为大师是期专论佛法之名作";"大师本《楞严》以总持大乘,得中国佛学纲要,洵当时思想之结晶"②。于凌波亦由此断言:"大师以《楞严经》为宗本,他的思想并不拘泥于大乘各宗中的任何一宗,而是融合各大宗派,主张诸宗平等,各有殊胜。"③其实,这与杨文会的思想宗趣是极为一致的。

1937年8月,太虚在世界佛学苑讲《新与融贯》,首先阐发他的思想意趣,说了四点:第一,非研究佛书之学者;第二,不为专承一宗之徒裔;第三,无求即时成佛之贪心;第四,为学菩萨发心修行者。为何不愿做一宗一派的门徒?太虚认为,宗派之兴起者,差不多都是以古德在佛法中参研之心得为根据,适应时机之教化上而建立的。从印度到中国再到日

---

① 释印顺编著:《太虚法师年谱》,第35页。原文说:"大师在关中,坐禅、礼佛、阅读、写作,日有常课。初温习台贤禅净诸撰集,尤留意于《楞严》、《起信》,于此得中国佛学纲要。世学则新旧诸籍,每日旁及,于严(复)译,尤于章太炎各文,殆莫不重读、精读。故关中文笔,颇受章、严影响。"
② 同上书,第42页。
③ 参见于凌波《中国近现代佛教人物志》,第142页。

本的诸宗派,皆各有其系统的传承,非常严格。而太虚以为由佛之无上遍正觉所证明之法界性相,为度生应机而有种种施设,法流多门,体源一味。权巧无量之方便法,无不为度生而兴,古德开创宗派,其妙用亦在乎此。由此看法,无上大觉海中流出来的教法,为了传持者及入世应机而各有偏胜:由迦叶、阿难等承持,则成初期小乘;由龙树、无著、世亲等弘传,则成中期大乘;由龙智、善无畏、莲花生等传承,则成后期密法。印度佛法,因之可分为三期。后来到了佛灭度后千二百余年的当儿,印度的佛法已由衰落而销声匿迹;在印度奔放的佛法鲜花,不能不转移到异地去开放。锡兰、暹罗、缅甸等地所盛传之巴利文佛法(以锡兰为代表),就是印度的初期小乘佛法;从中国到高丽、日本等地所传之佛法(以中国的汉文为代表),就是印度的中期大乘佛法;而由西藏及再传于蒙古、尼泊尔等地所盛行之密法(以中国的西藏文为代表),即为印度的后期密法。此为印度三期佛法的两千余年来支流的大概。其实诸法性相一味平等中之各宗派法门,皆可随人根机所宜而修学,借以通达究竟觉海。所以太虚说他观察佛法之五乘共法、三乘共法及大乘不共法,原为一贯;在教理解释上、教法弘扬上,随机施设而不专承一宗或一派以自碍。[①] 显而易见,太虚不专承某宗某派的作风,与杨文会平等对待各宗的路线一致,但他似乎提出了更为充足的理由。

太虚所说的第三、第四点意趣,也令我们想起杨文会在与日本真宗辩论之后对其学佛弟子的教导:以发菩提心为本,勤修六度万行,以弘法利生为助缘。太虚说,本人为从凡夫而得闻佛法信受奉行者,认佛法中的五乘共法、三乘共法及大乘不共法,均一贯可达到究竟圆满之觉海。凡能贯通五乘、三乘及大乘教法而发菩萨行者,便是菩萨,所以本人在佛法中的意趣,是"愿以凡夫之身学菩萨发心修行"。这里有两件事:一是学菩萨发心,二是学菩萨修行。本人还不能如菩萨那样发心、修行,现在

[①] 参见黄夏年主编《太虚集》,第71—72页。

是学菩萨的发心,学菩萨修行。本来学菩萨是极难能的事,须经过十信而入初发心住,再经十住、十行、十回向,修集福慧资粮满足,始能进为圣位菩萨。今人不知此义,每每稍具信行,马上心高气傲自命成佛;不知少分之学发菩提心、学修菩萨行尚未做到呢!今人发心到佛法中修行,要切实认清这一点。照《大乘起信论》上讲,真正初发心菩萨,须于入发心住以前,经过十千大劫,修行六度万行,才为真正初发心菩萨;然后再经过三大无数劫,方能证得无上正等正觉。① 以此观之,太虚接受并阐发了杨文会在近代宣扬最力的《起信论》中信、住、行、向系列的修习法门。

太虚依上面的意趣提炼出他所谓的"新"的思想和"融贯"的思想。他依据佛法契理契机的"契机"原则②,认为以佛法适应这现代的思想潮流及将来的趋势,则有一种新的意义,便是契机的意思。根据佛法的常住真理,去适应时代性的思想文化,洗除不合时代性的色彩,随时代以发扬佛法之教化功用,也即,使佛法活跃在现代人类社会或众生世界里,人人都欢喜奉行。如是,即为弘扬佛法的新的意义。若是故步自封,不能适应时代,或标奇立胜,从古代或异地另寻来一个方法,欲以移易当地原状,则都不免落于非契机的病根上。一般为佛法传持的人,若能依照契理契机去躬践实行,则不但目前及将来的中国的佛教可以发扬光大,全世界佛教亦会因此而鼎新起来。由此,他提出两种"新":

其一,是佛教中心的新。即以佛教为中心而适应现代思想文化所成的新的佛教,是建立在依佛法真理而契适时代机宜的原则上。所以太虚说,本人30年来弘扬佛法,旁及东西古今文化思想,是抱定以佛教为中心的观念,去观察现代的一切新的经济、政治、教育、文艺及科学、哲学诸文化,无一不可为佛法所批评的对象或发扬的工具,这就是应用佛法的

---

① 参见黄夏年主编《太虚集》,第73页。
② 近代杨文会在批评日本真宗教旨时,最早提出"契理契机"这个概念,认为其在开设普通学堂、适应现代社会的契机方面虽作出了努力,有值得学习的地方,但其教旨违背经教,切宜注意。此可参杨氏的《阐教刍言》等文。后来太虚、印顺等佛界大德都以契理契机为原则建立适应现时代的人间佛教,印顺晚年专门作有《契理契机的人间佛教》一文。

新。然而,若不能以佛法适应时代、契众生机,则失掉这里所谓的新,在社会众生界是一种没有作用的东西。如此的佛教,会成为一种死的佛教! 又若不能以佛教为中心,但树起契机的标帜而奔趋时代文化潮流或浪漫文艺的新,则它们的新已经失去了佛教的中心思想的信仰,而必然会流到返俗叛教中去! 这都不是我们提倡的新。

其二,是中国佛教本位的新。这是以近两千年来中国传演流变的佛法为根据,在适应中国目前及将来的需要上,去吸收采择各时代各方域佛教的特长,以成为复兴中华民族的中国新佛教,以适应中国目前及将来趋势上的需求。由此,太虚说他所谓中国佛教本位的新,不同一般人倾倒于西化、麻醉于日本,推翻千百年中国佛教的所谓新! 亦不同有些人凭个己研究的一点心得,批评中国从来未有如法如律的佛教,而要据佛法的律制以重新设立的新! 此皆不能根据中国佛教去采择各国佛教所长,以适应目前及将来中国趋势上的需要。为此他提出两点切实做法:一是扫去中国佛教不能适应中国目前及将来的需求的病态;二是揭破离开中国佛教本位而易以异地异代的新谬见。在这两个原则之下,在中国目前及将来趋势的需求上,把中国佛教本位的新佛教建立起来。①

(二) 关于融贯

太虚所谓融贯的思想,一是指宗乘融贯,一是指文系融贯。这是将从印度到中国再到日本等国的一切宗派,以及一切语系(如巴利文系、华文系、藏文系和欧美文系)的融贯。这种融贯思想最明显地体现在他1940年在汉藏教理院所讲的《我怎样判摄一切佛法》之中,该文意旨在把所有的佛法熔铸成一个完整而有序的系统。太虚对一切佛法的系统看法有一个发展过程,前后分三期:

第一期是在光绪三十四年(1908)至民国3年(1914),这是他入祇洹精舍和普陀山闭关的时期,认为佛法不外"宗下"与"教下"两种,和传统

---

① 参见黄夏年主编《太虚集》,第74—75页。

的判教法几乎没有什么差别。他将佛法分为禅、讲、律、净、教五门。禅，是教外别传，属于宗门；讲，包括天台、贤首、慈恩，是属于教门；律，是出家在家所持的戒法；净，是修学净土；教，乃指密教而言。这种对一切佛法流行的全貌之把握，反映了太虚初期佛学思想的重心。

第二期的系统思想是在1914年闭关之后产生的，把整个佛法归纳为大乘八宗，认为小乘的宗派在印度虽有二十部，在中华虽有毗昙、俱舍、成实三宗系，但俱舍、毗昙可归纳于唯识，成实可附入三论。至于我国的大乘十一宗，涅槃宗后归法华，地论宗归入华严，摄论宗归入唯识。天台、贤首、三论、唯识、禅、净、律、密这大乘八宗，其境上是平等的。其果都以成佛为究竟，也是平等的；不过在行上，诸宗各有差别的施设。这样来判摄一切佛法，与古德的判教完全不同，比如法藏判教，分小、大、终、顿、圆五教；天台判教，则有藏、通、别、圆等差别。两者皆判自己所宗的为最圆教理。太虚则认为诸宗的根本原理及究竟的极果，都是平等无有高下的，只是行上所施设的不同罢了。八宗既是平等，亦各有殊胜点，不能偏废，更不能说此优彼劣，彼高此下。①

第三期看法，是在民国12—13年(1923—1924)间至29年(1940)，太虚对佛法有了更系统的见解。主要表现是以佛法为本，以佛为师，既不可以此别为大小，更不能以此区分任何宗派，而是以佛法为一味，以此观察佛陀教法流行演变，则以印度三期佛教发展，融会于世界三大语系。太虚第一期见解可以说是承袭古德的；第二期见解是摄小归大而八宗平等，即不同于第一期的因袭；而第三期亦不同于第二期。太虚说，他的思想如是变更，见解如是进展者，乃不为旧来宗派所拘束，而将释尊佛陀流传到现代的佛法做圆满的判摄罢了。其第三期见解又可分教、理、行三者来讲：

一是教之佛本及三期三系。第一期"小行大隐"时期，今日流行于以锡兰(即今斯里兰卡)为中心的南亚及东南亚一带，称为巴利文系佛教；

---

① 参见黄夏年主编《太虚集》，第35—37页。

第二期是"大主小从"时期,以中国为中心,而流传于高丽、日本和安南(越南)等处,是为汉文系佛教;第三期是"大行小隐、密主显从"时期,以西藏为中心,而流传于西康、蒙古、甘肃及尼泊尔一带,是为藏文系佛教。总合来说,佛住世时的教法,是一味融通,无所谓分宗分乘,所以一切法,以佛为归为主,佛为法本,法皆一味。及至佛灭度后,佛法在印度分为三期,流传世界各地分为巴利文、汉文和藏文三系。

二是理之实际及三级三宗。以佛法究竟真实言,所谓"实际理地,不立一法",但为欲悟他,故从教法上显示,可分为三级来说明:① 第一级五乘共法,这是讲的佛法最普遍的因缘所生法,也即因果法的道理;一切科学也依因果律,但不说业报因果,故与佛法所谈的因果迥异其趣。太虚认为,所谓学佛先从人做起,学成了一个完善的好人,然后才谈得上学佛。若人都不能做好,怎么还能去学超凡入圣的佛陀?所以学佛法的人,敬佛、法、僧,信业、果、报,是最要紧的一着。不但流转的六凡,出世的三乘,皆建立在业果上,就是至高无上的佛陀,也不出因果的范围,因为要修大乘六度的清净殊胜因,才能证得究竟圆满的佛果。始从人乘,终至大乘佛位,名之曰"五乘"。而这因缘生法的原理,也即所谓因果法的原理,是五乘所共修的法。一个人尤其是做了佛教徒的人,对因果业报不能深信,则不能领受真正的佛法,也就不能了解佛法的正义,同时亦不能算为佛教徒,故根本上不能入佛法之门。这五乘共法的第一级,重人乘修因果,其范围极广,把这级稳固了,然后再进趣上级,那就容易了。② 第二级三乘共法,三乘是声闻、缘觉、菩萨。这三种出世的圣人,依着四念处、四正勤、八正道的基本道路,而去实践进修,不求人天果报,唯一目的就是求证出世涅槃。③ 第三级大乘特法,这是菩萨所特有的,不共于人天、二乘(声闻、缘觉)的。此大乘特法,以大悲菩提心、法空般若智,遍学一切法门,普度一切众生,严净无量国土,求成无上佛果,为其唯一的誓愿、唯一的事业。大乘法中,应分摄三宗以除偏执:一法性空慧宗,二法相唯识宗,三法界圆觉宗。太虚分此三宗的理由,是因为他认为:

宗诸大乘经论的古来各宗派，皆各有所偏据，故我特明三宗，因为以这三宗来看一切大乘佛法，没有解不通，亦没有不圆融。至于上述的三级，初级的五乘共法，不论是人乘、天乘，乃至佛乘，谁也不能离了因果法而言；第二级的三乘共法，也是不能离了初级去凌空施设；即大乘不共法，也不能离了前二级而独立，所以说三级是互相依靠的。人天果、二乘果都是佛乘过程中的一个阶梯，非是究竟目的地。究竟目的地是至高无上的一乘佛果。①

三是行之当机及三依三趣。行是侧重当机者实践上说的，今判三依三趣，乃就三个时代机宜的大概而言：一依声闻行果趣，发起大乘心的正法时期；二依天乘行果趣，获得大乘果的像法时期；三依人乘行果趣，进修大乘行的末法时期。太虚说：在第三时期中，到了末法开始的时候，依天乘行果修净密，勉强的虽还有人做到，然而就最近的趋势上观察，修天乘行果这一着也不适时代机宜了，因此也就失了能趣大乘的功效。但前一、二期的根机，并非完全没有，不过毕竟是很少数的了。而且依声闻行果是要被诃为消极逃世的，依天乘行果是要被谤为迷信神权的，不唯不是方便而反成为障碍了。所以在今日的情形，所向往的应在进趣大乘行，而所依靠的，即非初期的声闻行果，亦非二期的天乘行果，而确定是在人乘行果，以实行人生佛教的原理。依着人乘正法，先修成完善的人格，保持人乘的业报，方是时代的所需，尤为我国的情形所宜。由此向上增进，乃可进趣大乘行——即菩萨行，大弘佛教。在业果上，使世界人类的人性不失，且成为完善美满的人间，有了完善的人生为所依，进一步地使人们去修佛法所重的大乘菩萨行果。太虚由此更明确指出，人生佛教，即由人乘进趣大乘的佛法，就普遍的机宜上，重在完成人生以发达人生，而走上菩萨行的大乘觉路；就保持人的业果言，在今日亦须以佛法建立起人生道德，使人间成为实行佛法的根据地。人人学佛，佛法才可风

---

① 参见黄夏年主编《太虚集》，第44页。

行世界,普遍全球。①

第二节 人生佛教的倡导及实践

在理论上说,太虚革新旧佛教,振兴佛教于世界的思想理念和实践活动,后来都汇归于"人生佛教"的倡导上。就历史的实际言,人间佛教是近代以来太虚倡导佛教革新的产物。我们尽可以把人间佛教的思想溯源到原始佛教的经证乃至佛陀本人,但无可否认,太虚是近代以来明确倡导人间佛教思想的第一人。无论台湾还是内地,现、当代人间佛教的弘扬者与实践者们都共同把太虚大师作为人间佛教的倡导者,并沿着他所开创的道路继续前进。换句话说,现代人间佛教的理论和实践都可在太虚那里找到思想渊源和实践踪迹。太虚一生改革佛教的精神风范也深深地烙在他们的心间,对后世佛教发生着有形无形的影响。正是在这个意义上,我们说太虚是近现代人间佛教的实际创导者。当然,太虚不是用人间佛教这个名称,而是用"人生佛教"来总括他的革新佛教的思想。在太虚看来,人生佛教的意义要比人间佛教来得好些,因为后者有落入"狭隘的人本我见"的危险。②

一、人生佛教的理论建构

太虚提倡人生佛教的重心在于菩萨行或菩萨道,其根本宗旨在于以佛菩萨的"舍己利他"、"饶益有情"的精神去改进社会和人生,建立完善的人格和僧格,从而挽救"江河日下"的衰颓佛教。而要实现这个伟大理想,非中国佛教建立清净僧团不可,非佛教大众修菩萨行不可,故而早年(1924年)他就明确表白过自己的志行在整理僧伽制度和大乘菩萨行,这也就是后来经常为人所引用的两句话:"志在整兴僧伽制度,行在瑜伽菩

---

① 参见黄夏年主编《太虚集》,第47页。
② 印顺法师说:太虚大师在民国14—15年(1925—1926),提出了"人生佛教"。在抗战期间,还编成一部书《人生佛教》。大师以为,"人间佛教"不如"人生佛教"的意义好。

萨戒本"。① 太虚在《我的佛教改进运动略史》中说,在家出家同为六度四摄,即是实行瑜伽(菩萨)戒法;六度四摄是一个纲领,六度四摄的精神就在个人的行为和为人类服务中表现出来。"出家的,可作文化、教育、慈善、布教等事业;在家的,成为有组织的……农工商学军政各部门,都是应该做的工作,领导社会作利益人群的事业。"②

(一)"即人成佛"的"真现实论"

20世纪20年代后,太虚形成较为成熟的人生佛教理论,这就是"即人成佛"的"真现实论"。他认为,"学佛先从做人起","人圆佛即成"。在他看来,末法期佛教之主潮,必在密切人间生活,而导善男信女向上增上,即人成佛之人生佛教。上文述1940年8月太虚在汉藏教理院讲《我怎样判摄一切佛法》,提出"三依三趣"说,认为我们现在正处于末法的开始时代,如果依声闻行果是要被诟为消极逃世的,依天乘行果是要被谤为迷信神权的,只有依人乘行果,实行人生佛教,也即依着人乘正法,先修成完善的人格,保持人乘的业报,由此向上增进,方可进趣大乘菩萨行,大弘佛教。③ 1940年10月,太虚的《真现实论》由中华书局出版,其中有一首自述偈,充分地说明了太虚人生佛教的思想。偈曰:"仰止唯佛陀,完成在人格。人圆佛即成,是名真现实。"④印顺在《太虚法师年谱》中说:"本论规模宏大,极其量,足以贯摄一切世学。大师独到之思想,多含摄其中。"⑤

整体上看,太虚的"即人成佛"的"真现实论",建构起人生佛教的一个相对完整的理论体系。首先,他认为即人成佛与传统禅宗的"直指人心,见性成佛"不一样,他在"宇宙人生观"的背景下,说明其是"直依人生增进成佛","发达人生进化成佛";然后他通过对"五乘"佛法的抉择,把天乘和声

---

① 参见太虚《我的佛教改进运动略史》,黄夏年主编:《太虚集》,第419页。
② 参见印顺《太虚大师菩萨心行的认识》,黄夏年主编:《印顺集》,第202页。也参见《太虚集》,第435页。
③ 参见太虚《我怎样判摄一切佛法》,黄夏年主编:《太虚集》,第45—46页。
④ 太虚:《即人成佛的真现实论》,《太虚大师全书》第十四编《支论》,第457页。此偈于1938年2月在重庆作,前面还有四句:"堕世年复年,忽满四十八。众苦方沸腾,遍救怀明达。"
⑤ 参见印顺编著《太虚法师年谱》,第131页。

闻、缘觉二乘判为"歧出",认为其不符合时宜,同时扩大菩萨乘的范围含摄前面二乘,以连接人乘和佛乘,建立起一条"由人而菩萨而佛"的进化道路来;最后又在人乘正法的名义下,具体地说明如何在人乘的初行中就体现佛乘的精神,由凡夫直接踏上菩萨行的正道。① 印顺对此分析补充说,人乘正法具足正信正见,虽修十善法,但以慈悲利他为先,与一般人乘法着重于偏狭的家庭,为自己的人天福报而修持,是根本不同的。他又说,以凡夫身来学菩萨行,向于佛道的,不会标榜神奇,也不会矜夸玄妙,而从平实稳健处做起。一切佛菩萨都由此道修学而成,修学这样的人本大乘法,如久修利根,不离此人间正行,自会超证直入;如一般初学的,循此修学,保证能不失人身,不碍大乘,这是"唯一有利而没有险曲的大道"。②

（二）晚年定论："菩萨学处"

"菩萨学处"是太虚法师晚年的定论。印顺在《太虚大师菩萨心行的认识》一文中指出:太虚大师在晚年认定,要想复兴中国的佛教,树立现代的中国佛教,就得实现"整兴佛教、服务人群"的"今菩萨行"。而今菩萨行也就是他所谓的人生佛教,就是要"建立适应今时今地的佛教"。所以太虚在《我怎样判摄一切佛法》中说:"在今日的情形,所向的应在进趣大乘行;而所依的,既非初期的声闻行果,亦非二期的天乘行果,而确是在人乘行果,以实行我所说的人生佛教。"印顺指出:"大师于此一志行的切实提示,最明白也没有了!"③

太虚的菩萨心行还体现在他曾两次说到的"本人在佛法之意趣"中。一次是1935年5月,在南京讲《优婆塞戒经》,另一次是1937年夏天,在武昌佛学院讲《新与融贯》。太虚在这两次讲演中都明确表明其意趣不在"求即时成佛之贪心",而"愿以凡夫之身学菩萨发心修行"。印顺说:

---

① 参见楼宇烈校:《真现实论》,刘梦溪主编:《中国现代学术经典》之《太虚卷》,石家庄,河北教育出版社,1996。
② 参见印顺《人间佛教要略》,黄夏年主编:《印顺集》,第158页。
③ 参见印顺《妙云集》下编之十《华雨香云》,第310页。

"唯有把握此一（菩萨心行的）意趣，才能亲切认识到大师的真面目，才能理解大师对国家、对佛教的真意趣。否则，会容易错会大师，不是把大师看作离弃佛寺，毁乱佛法之革新者；就认为是维持古老佛教、古旧丛林的人物。"①接着，印顺又解释太虚所说学菩萨发心修行之真意，那是直探释迦佛陀的觉源——佛在人间成佛，施设教化，实际是以人类为本位的，要人直接从人乘正法以进向佛教。

事实上，太虚一生倡导佛教革新，有一个发展的过程。最初着重于整理僧伽制度，晚年则代以菩萨学处，提倡以学菩萨心行或菩萨道为人生佛教的重心和落足点。人生佛教旨趣在贯通僧俗，把出家僧众和在家信众纳入一个共同的法门中，渐次深入，达到振兴佛教、改进社会和人生的共同目标。因此说，菩萨学处是太虚晚年思想的定论。这"菩萨学处"是太虚多年来建设人生佛教理想的最后说法。而在思想上追根溯源，人生佛教的理论其实是承继大乘佛教世间、出世间不二法门的精神提出来的。太虚在许多地方反复强调这一点，如说："佛教佛学通出世世间真谛俗谛而言"；"其实禅宗与一切佛法通为世出世间底善法的……盖佛法本是透彻出世，而亦利益世间尽未来际的"等等。而他关于佛教五乘法之说，即：人乘、天乘、声闻乘、缘觉乘、如来佛乘（其中前二为世间法，后三为出世法），则更是把佛法统摄世出世法的精神具体化了。

可见，菩萨学处凝含着世出世法不二的精神，更关乎佛教现实的发展和建设。太虚认为，佛教的发展和建设，"其中心虽着重在伽蓝清净僧伽，但整个的基础应建筑在多数大众的信仰心上"。他深刻地指出："没有大众信仰的佛教，纵使伽蓝梵刹建筑得富丽，僧伽的生活如何富裕或清高，这是违反佛陀的真义的，是死寂的佛教而非是活的佛教。"所以说，今后佛教新的发展和建设，"应把佛教的精神普遍地打入大众的心中，唤起大众热情的信仰和认识"。为此，他提出了设立"两重三皈"的"菩萨学

---

① 参见印顺《人间佛教要略》，黄夏年主编：《印顺集》，第203页。

处"。这里的"两重三皈"是指"结缘皈依"和"正信皈依",前者指的是佛教的广泛信徒,后者则着重于对佛法有正确的认识,并种下了根本的信心。而"菩萨学处"则是指包括比丘学处(比丘应学习和遵守的律仪)在内的,"统贯世出世间一切阶位渐进为菩萨的学习"法门。以此,则可把在家信众与出家僧众纳入一个共同的法门中去,渐次深入(由"结缘皈依"进入到"正信皈依"),达到一个共同的成佛目标。①

(三)人生佛教的根本宗旨

综上所述,太虚提倡人生佛教的根本宗旨在于:以佛教"舍己利他"、"饶益有情"的精神去改进社会和人类,建立完善的人格、僧格。为此,太虚提出了"即人成佛"、"人圆佛即成"的主张。这也就是说,成佛就在人生的现实生活中,就在个人日常的道德行为之中。否则,人格尚亏,菩萨的地位便无处安置,更谈不上佛陀果成了。因此,太虚提出的人生佛教的鲜明特点就是落实到现实生活中具体人格乃至僧格的培养和完成上。如何才能达到这一目标呢?太虚指出,最根本的就是要发起菩提心。他说,发菩提心即是精神境界的一种向上追求,是一种以凡夫心成功佛果的心。他认为,若能发菩提心,并辅之以菩萨的"四弘誓愿"(佛道无上誓愿成、众生无边誓愿度、烦恼无尽誓愿断、法门无量誓愿学),守之以"不犯四他胜处法"(失利人心、失大悲心、失大慈心、失智慧心),行之以"六度",则必定能完成圆满的人格,而臻于无上佛果之境地。

我们同样可以看到,太虚提倡人生佛教的立意,是要充分发挥佛教在社会伦理教化方面的作用。他把佛教的五戒、六度等与世间的道德规范和行为融通起来宣讲,以便把佛教人生观、伦理观普及到广大信众中去。如在《佛教人乘正法论》一文中,他是这样来讲解五戒的:"云何五戒?今当先列其名:一、不残杀而仁爱,二、不偷盗而义利,三、不邪淫而

---

① 原文见《昧庵读书录》、《论胡适之中国哲学史大纲上卷》、《佛教人乘正法论》、《菩萨学处》等,本处阐述太虚人生佛教宗旨多参见楼宇烈《太虚与中国近代佛教》一文。

礼节,四、不欺妄而诚信,五、不服乱性情品而善调身心。此之五戒,上截即是伦理原则,下截则同儒家五常。上截在止所不当为,下截在作所必当为……止所不当为者曰戒,作所必当为者曰善。"又说:"此之五戒,即为人道正因。一戒不守,必堕三涂。人人一戒不守,则人道断绝矣。守一戒至三戒,虽得为人,未能完全人格。人人守一戒至三戒,人道可由之而保存。受持四戒,人格乃全。人人受持四戒,人道可由之而蕃昌。受持具足五戒,则为良士。人人受持具足五戒,人道可由之而进善。受持增上五戒,则生生于人类为大圣贤。人人受持增上五戒,则虽地球变成忉利天界可也。"①这里充分反映了太虚的道德理想主义。

又如在《菩萨学处讲要》一文中,太虚把六度与世间各种善行做了融通的讲述。他认为,佛法中说菩萨六度行,亦即是扩充世间古今圣贤的所有善行。① 如孟子之"人饥即己饥,人溺即己溺";宋钘之"愿天下之安宁以活民命";墨子之务求"与天下之利,除天下之害"等,皆本于以大众之离苦得乐,宁牺牲个己之利益,是所谓圣之仁者,与布施度相通。② 如伯夷、叔齐之"不念旧恶,怨是用希";宋钘之"不累于俗,不饰于物";孔子之"四毋"(毋意、毋必、毋固、毋我);陈仲子之耻食其兄"不义之禄",是所谓圣之清者,与持戒度相通。③ 如宋钘之"见侮不辱,不羞囹圄";柳下惠之"直道事人,三黜不去",是所谓圣之和者,与忍辱度相通。④ 如夏禹之"腓无胈胫无毛,沐甚雨栉疾风",置万国;墨子之"摩顶放踵利天下而为之",日夜不休,以自苦为极,与精进度相通。⑤ 如庄子说"形如槁木,心如死灰",外天地,遗万物;颜回之"心斋"、"坐忘";慎到之"不师知虑,不知前后",巍然而已矣,与禅定度相通。⑥ 如老子之"其动若水,其静若镜,其应若响";孔子之"从心所欲不逾矩",皆有通于一而万事毕,无人而不自得的境界,与智慧度相通。所以说,"能集中国圣贤之德行,即可成一六度行之菩萨"。②

---

① 参见《太虚大师全书》第二编《五乘共学》,第134—135、148页。
② 原文于1947年2月在宁波延庆寺讲,参见《太虚大师全书》第九编《制议》,第322—323页。

这种广泛地融通内外学的诠解,不仅使佛教教理进一步融入中国文化内核,在现代社会教化中充分发挥"平易近人"之作用,而且打通了出家与在家的界限和区隔,但这并不意味着他放弃了对在家信众与出家僧众仍然各别要求。这也是太虚提倡人生佛教的重要特征之一。如他早年写过一篇文章,题为《论佛法普及当设平易近人情之方便》,其中强调即使是已入门的在家信众"亦勿须模仿僧事,惟以敲鱼打磬、宣佛诵经、弃家废业、离群逃禅为学佛。但由信而渐求其解,由解而愈坚其信,信隆而三皈而五戒,而不离常俗婚娶、仕宦、农商工作之事业"。至于出家僧众,太虚认为,应当严格要求,然如有不能坚守戒律者,也不可强留,"其后更当宽,令可自由请求反俗,则僧内庶清净也"。① 关于这一问题,在他晚年的最后说法《菩萨学处》中,有更清楚的论述。他说:"上来所说从结缘皈依到正信皈依,从正信皈依分在家与出家修习菩萨道的两条路向。但是初自发菩提心,终达修四摄行,其形而上之精神是一贯,其形而下之处境稍有不同耳。然非固定不变者,十年、二十年以上之在家菩萨,如欲变服形,自可得入于出家菩萨众中;出家菩萨比丘,遇利行同事尤切之缘时,亦可舍比丘戒入于在家菩萨众中。大乘菩萨之学,重在精神与实践之行,原不限制于固定形式之中。"这也就是太虚最终所希望建立的"本菩提心,修菩萨行,将佛教的精义真理,广泛地投入大众的识田中"的"实用的人生佛教"。这种人生佛教强调的是"重在精神与实践之行",而不拘泥于虚有其表的"固定形式"。②

太虚关于革除佛教中神道设教的迷信,离群遁隐的消极主义,主张充分发挥佛教在社会伦理教化方面的作用,以建立实用的人生佛教的理想,符合于世界上一般宗教由中世纪的神学化特点向现代社会人文化特点转化的共同规律。他对于推进我国佛教的现代转化,以适应现代社会的科学发展、现代人的生活实际和心理状态,有着积极的意义。因此,太虚在我国整个近代

---

① 原文见《海潮音》第4卷第3期,参见《太虚大师全书》第十编《学行》,第233—234页。
② 参见《太虚大师全书》第九编《制议》,第530页。

佛教的发展中,以至在今天两岸三地的人间佛教建设中,产生了深远的影响。

二、整兴佛教僧会的思考与实践

太虚对于佛教改革的倡议和实践是多方面的,但集中地体现在两大方面,也就是他在《志行之自述》中所归纳的:"志在整兴佛教僧会,行在瑜伽菩萨戒本"。对此,太虚自述云:"斯志斯行,余盖决定于民四(1915年)之冬,而迄今(民十三,1924年)持之弗渝者也。"①

(一)关于志行

这里所谓的"瑜伽菩萨戒本",是指从玄奘译百卷本《瑜伽师地论》中录出的《菩萨戒本》。关于"行在瑜伽菩萨戒本",太虚有一个详细的说明。他认为,佛法统摄于教、理、行、果,而"其要唯在于行"。行有无数量,摄之为十度(六波罗蜜:施、戒、忍、精进、禅、般若,加方便、愿、力、智四波罗蜜),又摄之为三学(戒、定、慧),若"严核之则唯在乎戒学而已矣"。戒有种种,"又必以菩萨戒为归"。因为此戒以"饶益有情,专以舍己利他为事",这正是"菩萨之入俗,佛陀之应世"的根本宗旨。在大乘诸戒本中,《梵网》、《璎珞》、《弥勒》等都有某方面的不足,唯有从玄奘译百卷本《瑜伽师地论》中录出的《菩萨戒本》,"乃真为菩萨紧兴二利,广修万行之大标准,而一一事分别应作、不应作"。因此,当以"瑜伽菩萨戒本"为皈依,而躬践力行之。太虚最后强调说:"必能践行此菩萨戒,乃足以整兴佛教之僧会;必整兴佛教之僧会,此菩萨戒之精神乃实现。"②

这里所讲的佛教僧会,分别指出家的住持僧(僧伽集团)和在家佛徒的正信会。太虚在《佛教正信会缘起》中说及,在家信众与出家僧众是相辅相成的。要振兴佛教,使佛教在社会上得到支持和普及,则必须"都摄乎正信佛教之在俗士女而后圆满"。③ 他提出,要以佛教的五戒十善作为

---

① 太虚:《志行之自述》,《太虚大师全书》第九编《制议》,第186页。
② 同上书,第191页。
③ 参见《太虚大师全书》第十九编《文丛》,第1029页。

在家信众学佛的根本,俾使佛教道德深入社会人心,而有益于社会风尚的改善。所以他积极支持和协助各地信众组织佛教正信会,为广大信众讲经说法,并著《佛教人乘正法论》一文,专门为在家信众讲解如何依照佛教戒律来培养善美的人伦道德的问题。① 然而,出家僧众乃是"住持三宝之本",因此,与建设佛教正信会相比较而言,整兴僧伽制度对于佛教的革新则更为重要和更加根本。

(二)关于佛教"三大革命"

在民国佛教复兴与改革的道路上,虽然太虚所面对的是一再失败、窒碍难行的坎坷之途,但历史表明,若无太虚的努力,则无今日佛教的繁荣与兴盛。太虚佛教革命的名声起于民国元年(1912)他与仁山在金山寺召开佛教协进会成立大会时的革新主张,但他提出佛教三大革命(教理革命、教制革命、教产革命)是民国2年(1913)在寄禅新逝之后的追悼大会上。太虚终其一生对佛教改革的推动,始终是朝着这三种革命的方向前进。太虚以此佛教三大革命来配合三民主义,同时,这三种革命乃以思想、制度、经济并重,实为把握整个佛教革新全体的枢纽,也是适应时代思想上的一种创见。②

1913年2月,太虚在寄禅和尚追悼大会上,针对当时佛教丛林存在的积弊,首先提出了"教理革命"、"教制革命"、"教产革命"的佛教三大革命。③ 所谓"教理革命",太虚认为今后佛教应多注意现生的问题,不应专向死

---

① 参见《太虚大师全书》第二编《五乘共学》,第128页。
② 参见释东初《中国佛教近代史》,第107页。
③ 1913年寄禅入寂于北京法源寺。噩耗南来,太虚作《心丧八指头陀》以志哀悼:"相随学道白云层,棒喝当头领受曾。从此更无师我者,小窗垂泣涕如绳!万树梅花竟埋骨,一轮明月孰传心?遗诗自足流千古,翠冷香寒忆苦吟。"太虚于法门师匠,独折心于寄老,盖其魄力雄厚,志愿坚毅,非一般师家可比。寄老亦期望太虚甚殷:"尝召之至丈室,端容霁颜,缕告以生平所经历事。并述孟轲氏'天将降大任于斯人也'一章,勉余习劳苦而耐枯冷。"(太虚:《中兴佛教寄禅安和尚传》)。2月2日,太虚于上海静安寺参加八指头陀追悼会,演说"三种革命"以抒悲愤。(见《太虚自传六》、《略史》、《我的佛教革命失败史》)印顺说:"大师之三种革命,乃思想、制度、经济并重,实能把握佛教革新之全部论题,此是何等智慧!"参见释印顺编著《太虚法师年谱》,第26—27页。

后的问题上探讨。其中心是在于革除旧佛教中那些愚弄世人的鬼神迷信,以及厌弃世事的消极主义等,而积极倡导以大乘佛教自利利他的精神,以五戒十善为人生的基本道德准则,去改善国家社会,增进人类的互助互爱,探究宇宙人生的真相,指导人类的向上发展而更加进步。所谓"教制革命",也就是改革僧伽制度,即通过对僧众生活、组织制度的改革,建立起适应时代的需要、真正能住持佛法的僧团。所谓"教产革命",其主张是反对把寺庙财产变为少数住持的私产,废除按剃派、法派继承遗产的制度,而要使佛教财产成为十方僧众所公有,以为供养有德长老,培养青年僧伽,兴办各种佛教事业之用。在这三大革命中,太虚以为"教制革命"最为根本。因为只有培养出合格的僧伽,建立起严格的组织制度,"教理革命"和"教产革命"才有可靠的保证。

关于"教制革命",太虚在1915年著《整理僧伽制度论》,作了专门的论述。在这篇《论》中,太虚以全国80万僧伽为准(此据清乾隆年间的统计数。以后他根据实际情况,在《僧制今论》中改为20万,而到《建设现代中国僧制大纲》中又改为4万),描绘了一幅僧制的蓝图。按照他的设想:全国设立一个"佛法僧园",它是"中国本部佛法僧全体机关,包罗宏富,该摄僧俗";各省设立一"持教院",是为一省的佛教团体机关;省下设"道区"一级,按八宗(清凉宗、天台宗、嘉祥宗、慈恩宗、庐山宗、开元宗、少室宗、南山宗)建各宗宗寺,为八宗之专修学处;每县则设"行教院"(县佛教团体机关)一、"法苑"(专修经忏法事)一、"尼寺"(专住比丘尼)一、"莲社"(通摄一县善士信女共修念佛三昧)一、"宣教院"(宣讲于乡镇者)四。此外,还将建立各种教团组织,如"佛教正信会"、"佛学研究社"、"佛教救世慈济团"、"佛教通俗宣讲团",以及"医病院"、"仁婴院"等等。① 应当说,这是一套相当

---

① 参见《太虚大师全书》第九编《制议》,第47—62页。

完整,并很有启发性的理想僧制,但由于离当时僧伽集团的实际太远了,很难付诸实施。

太虚一系列革新佛教运动中,僧伽制度的改革为最根本,但其整理方案往往随时代变迁而变化。1915年著成的《整理僧伽制度论》,虽极富启发性之理论而殊难实现。及至1917年俄国革命成功,社会主义思想日渐流行,太虚乃发表《人工与佛学之新僧化》及《唐代禅宗与社会思想》,鼓励僧人极力发扬禅宗"一日不作,一日不食"的优良传统。北伐成功,革命思想风靡全国,乃作《僧制今论》(1927年),论曰:"今佛化重心移信众,而时代变迁,又侧重生计,僧众亦不能不为生利分子,以谋自立于社会。"故太虚提出,现有各寺院庵堂及其产业,除充佛法僧园、持教院、行教院、宣教院、支提、梵刹、仁婴苑、慈儿苑、施医苑、预科大学、专宗大学、阿兰若(即养老堂)之外,其余悉就地宜,作农修场、工修场、商修场,半作半修,为服务众之服务场。支提附设工场、商场,梵刹亦设工场。工、商皆以佛化及不违佛化者为限。太虚指出:"此僧制之改设,要之令僧众于士、农、工、商各有一立身之地位,勿为世人诟病,且又能以佛法修己化人而已。"①释东初在《中国佛教近代史》中对此评论说,太虚"大师用意至显,乃欲借此改良愚迷陋习之经忏生活,以谋自食其力合理化的佛制生活,仍以服务劳动、自食其力为重心。经忏,不啻为佛教鸦片烟,不仅使僧青年意志消沉,生活腐化,并使整个佛教陷入瘫痪,昏迷状态。故经忏不革命,则佛教无革新之望,这是大师深恶痛恨者"。②

1928年4月,太虚在《对于中国佛教革命僧的训词》中提出中国佛教革命的宗旨:第一,革除:甲、君相和用神道设教的迷信。乙、家庭化剃派法派的私传产制。第二,革改:甲、遁隐改精进修习,化导社会。乙、度死奉事鬼神,改资生服务人群。第三,建设:甲、依三民主

---

① 太虚:《僧制今论》,《太虚大师全书》第九编《制议》,第195页。
② 释东初:《中国佛教近代史》下册,第964—965页。

义文化,建由人而菩萨的人生佛教。乙、以人生佛教,建中国僧制。丙、收新化旧,成中国大乘人生的信众制。丁、以人生佛教,成十善风化的国俗及人世。就其建设程序,可谓佛僧、佛化、佛国之"三佛主义"。此三主义,本为一"佛教救世主义";而在进行的努力上,则为一"佛教革命主义"。但其重心,仍在革除佛教神化、伪化、陋习及迷信成分。可见太虚革新僧制,重在建僧,极力抨击排除僧寺而言革新佛教。太虚谓中国的佛教革命,决不能弃有二千年为背景的僧寺,若抛弃了僧寺,以言广泛的学术化、社会化的佛教革命,则如抛弃了民族主义而言世界革命一样危险。①

1930年春,太虚在闽南佛学院讲《建设现代中国僧制大纲》,简称《建僧大纲》。根据太虚的设想,以三宝之信,产生僧格;以六度之学,养成僧格。建僧四万,可分学僧、职僧、德僧三级,创设僧制。

其一,学僧制,经"律仪院"二年,"普通教理院"四年,"高等教理院"二年,观行参学二年之学程。

其二,职僧制,亦名菩萨僧制,就是修菩萨行之僧。太虚估计全国大约2.5万人之数,可以5种机关摄之。① 布教所5 000所,教职员每所1—7人,约9 000人。② 病院、慈幼院、养老院、残废院、赈济会等,教职员约7 000人。③ 律仪院、教理院及文化事业等,教职员5 000人。④ 教务机关,办事员3 000人。⑤ 专修杂修林,办事员1 000人。

其三,德僧制,亦名长老僧制。这种制度,宜行于山林茅棚,可以合许多茅棚为一处,成一专修林或杂修林。②

1930年夏,太虚在闽南佛学院讲《救僧运动》。他认为,住持佛法必须有出家的真僧,而救僧运动则有积极救僧和消极救僧两种。积极,在于真修实证以成果,舍身利众以成行,勤学明理以传教。消极,在于以自

---

① 《对于中国佛教革命僧的训词》,《太虚大师全书》第九编《制议》,第596—604页。
② 《建僧大纲》,《太虚大师全书》第九编《制议》,第200—210页。

营生计以离讥,严择出家以清源,宽许还俗以除伪。①

综观太虚革新僧制的重心,有以下三点:第一,对僧团人数力求减少,重质不重量,除伪显真,培养僧格;第二,偏重接引信众,以建设一菩萨学处,以广摄社会青年皈依三宝;第三,以人成即佛成之人生佛教为终极,这是其最后主张,也是其毕生革新僧制的最后遗教。可知太虚革新僧制的主张,因受国内外政治社会文化思想的影响,故先后主张不同。但他始终以建僧为其革新佛教的关键步骤,革新僧制发展到最高处,就是建立菩萨学处,就要落实于人生佛教。

此后,太虚虽仍以此人生佛教作为他改革僧伽制度的根本理想,但在实践中则从加强僧伽教育,培养新的僧伽人才着手。由太虚亲自倡导并主持、讲学过的佛学院有:"武昌佛学院"、"闽南佛学院"、"柏林教理院"、"汉藏教理院"等,而在太虚僧教育思想和实践影响下创办的佛学院则为数更多。这些佛学院为中国近代培养了一大批、好几代优秀的佛教弘法和研究人才,流泽且惠及于今,其功德可谓伟矣。

(三) 关于僧格培养

太虚向被视为"新僧派"之领袖,怎样才是一个新僧呢?太虚于1917年先后发表了《人工与佛学的新僧化》、《唐代禅宗与现代思潮》等文,认为"务人工以安色身,则贵简朴;修佛学以严法身,则贵至真",大力提倡发扬禅宗"一日不作,一日不食"的优良传统,以谋僧人自食其力,自立于社会。

太虚认为,"高者隐山静修,卑者赖佛求活,惟以安受坐享为应分,此我国僧尼数百年来之弊习,而致佛化不扬,为世诟病之大原因也"。他严厉批评说:"累人负己是无业流氓故,寄生偷活是邪命故,巧取坐收是盗行故。"因此,他强调说:"凡学佛之人,无论在家出家,皆不得以安受坐享为应分,务必随位随力,日作其资生利人事业,不得荒废偷惰。"总之,"出

---

① 《救僧运动》,《太虚大师全书》第九编《制议》,第 575 页。

家者有出家者之家务事业,即所谓'弘法为家务,利生是事业'"。① 这也就是他后来在《佛教革新方案》一文中,明确列为"改革"的项目,即所谓:"遁隐改精进修习,化导社会;度死奉事鬼神,改资生服务人群。"而在《救僧运动》的演讲中,他又进一步归纳了作为一名出家新佛徒的三条主要要求:一、真修实证以成圣果;二、献身利群以勤胜行;三、博学深究以昌教理。② 太虚提出的这些要求,对养成新型的僧团、改革旧佛教的弊习,使佛教适应时代和社会的发展而发展,是十分必要的,有着积极的意义。

太虚特别注重僧群品德的培养,把养成健全的僧格放在僧教育的首位。他认为,出家僧群是住持佛法的,因此必须有真实的修持、高深的道德,和无间断地阐扬佛法的精神。"僧之僧格,即如人之人格一样。假如僧不具僧格,即不能谓之僧。"如何产生和养成僧格呢?太虚在上述《建僧大纲》中简要说:"以三宝之信,产生僧格";"以六度之学,养成僧格。"③其中太虚特别重视六度中的持戒,强调以戒为师。

太虚在许多文章中都强调指出律仪持戒在养成僧格中的重要作用。如他在《僧教育建在律仪上》一文中认为,离开律仪便无所谓僧,只有严守律仪以自制,"乃能使吾人改造身心,变化气质,以构成僧伽之体格"。故"僧本身之构造,全在于律仪,而律仪之内心,则惠舍、坚忍、勤勇、定慧、敬德、救苦、慈怨、报恩诸德是也。"他把如上种种善行,定为律仪内涵之精神要素。④ 他在《僧教育之宗旨》中则指出,僧人"在求学之时,必遵依经律,如法修行,听取本分上的相应。生而应世,能弘法利生,改造社会,方可成为最完全之僧格"。太虚在该文中同时强调现代僧伽的社会责任,是要"承担各种济人利世的事业,改良人群的风格,促进人类的道

---

① 太虚:《学佛者应知行之要事》,《太虚大师全书》第十编《学行》,第55页。
② 参见《太虚大师全书》第九编《制议》,第575页。又见《告徒众书》,第590页。
③ 参见《太虚大师全书》第九编《制议》,第200页。
④ 本文于民国19年(1930)春在闽南佛学院讲,参见《太虚大师全书》第十编《学行》,第62、66页。

德,救度人类的灾难,消弭人世的祸害"。①

而在《现代僧教育的危亡与佛教的前途》中,他明确提出"现代学僧所要学的,不是学个讲经仪式,必须要学能实行佛法,建立佛教,昌明教法,而养成能够勤苦劳动的体格,和清苦淡泊的生活"。② 由此,太虚曾以"淡、宁、明、敏"四字作为汉藏教理院的院训及学僧修学的准则。他认为,历代高僧伟人都从这四个字中陶冶成崇高的品格,而这四个字与六度是相通的。他解释说:"淡,谓淡泊,即淡于欲,在佛法上就是尸波罗蜜,即所谓持戒";"宁,谓宁静,即宁于心,在佛法上就是禅那波罗蜜,即所谓修定";"明,谓明于理,在佛法上即般若波罗蜜,即所谓得慧";"敏,谓敏于事,即工作敏捷之谓,在佛法上,勤学五明,无量功德"。概括起来说,为僧者本分,真正的僧格,要做到淡于欲、宁于心、明于理、敏于事。

要言之,太虚所要求的僧格,主要有两个方面:一是持戒,守住僧家的淡泊本色;一是实行,弘扬佛法,济人利世。这也就是太虚一贯崇扬的大乘佛教"自利利他"的精神。

此外,太虚还十分注意僧众的学识方面的培养。他特别强调,作为一名现代僧伽,应当根据佛法的真理去适应时代的转移,适应现代的思想潮流及将来的发展趋势。因此,作为一名现代僧伽,不仅要掌握基本的佛教知识,而且应当积极吸收新的思想和知识。1925年夏,太虚在一篇题为《敬告亚洲佛教徒》的文章中,比较了中国和日本两国近代佛教的短长,认为各有四长四短。中国佛教之四短,恰好为日本佛教之四长,而中国佛教之四长,又恰好是日本佛教之四短。因此,两国佛教正可以相互取长补短。其中关于中国近代佛教的第四点短处是:"缺乏科学知识,于代表现代之西洋思想,鲜能了解,呆板陈腐,说法不能应当世之机。"而日本佛教的第四点长处则是:"对于

---

① 参见《太虚大师全书》第十八编《讲演》,第 313 页。
② 参见《太虚大师全书》第十编《学行》,第 87 页。

代表现代之西洋文化思想,已能充分容受,且能用之研究佛学以适应现代思想。"①

在汲取新知且能用来研究佛学以与现代思想接通方面,太虚认为中国佛教应当向日本学习。他强调说:"夫处今之而言佛,但将佛海中世间出世间之善法尽量发挥之。用为融摄,则尽东西古今之一切宗教学术,靡不可融摄者;用为拣除,则尽东西古今之一切价值学术,靡不可拣除者。不应附依一家一派之说而障蔽之也。"②这也正是太虚本人为学的特点。他在《新与融贯》一文中自述道:"本人三十年弘扬佛法,旁及东西古今文化思想,是抱定以佛教为中心的观念,去观察现代的一切新的经济、政治、教育、文艺及科学、哲学诸文化,无一不可为佛法所批判的对象或发扬的工具。"

这一精神也体现在太虚设计的"佛学研究社"的融通研究条目中。他在这份研究条目中开列的题目有:"佛学与人伦道德之研究"、"佛学与世界将来之研究"、"佛学与国家政治之研究"、"佛学与国民礼俗之研究"、"佛学与中国古今各学派学术之研究"、"佛学与外国古今各学派学术之研究"、"佛学与近世各种科学之研究"、"佛学与古今各种宗教之研究"等等。③ 应当说,太虚的眼光是远大的。佛学要适应现代的社会并取得发展,就必须旁通其他学术文化思想,就必须融贯现代的各种文化学术思想,就必须吸收现代的研究方法。这些构想,对于今天我国僧教育的建设和出家僧众的培养,还是有启发和参考价值的。

(四)关于佛教的现代化

太虚一生为佛教革命奔走呼号,可谓呕心沥血,但由于保守佛教势力阻碍太大,又值国难当头,因此他的佛教革命事业未获成功,1947 年圆寂于上海玉佛寺,寿龄 59 岁。然而,太虚为佛教的现代化奋斗终生,有

---

① 参见《太虚大师全书》第十编《学行》,第 282 页。
② 太虚:《论四川至诚学社文件》,《太虚大师全书》第十九编《文丛》,第 1341 页。
③ 参见《整理僧伽制度论》,《太虚大师全书》第九编《制议》,第 65 页。

一套完整的设计,从庙产兴学而引起的教产革命到教制革命再到教理革命,从创办佛学院、培养僧材,到成立佛教组织和利用大众媒介,再到宣扬世界佛教,这些都对后继者发生深刻启示和影响。以上佛教三大革命,一是思想的,一是制度的,一是经济的,都是与近代中国变革相呼应而起,且都从佛教根本流出。虽遭遇很多阻碍,未能一下子实现这些理想,但太虚的大悲心、菩提心、菩萨行,实为革新中国佛教开辟了一条长征的大道,为中国佛教开创了新纪元。

这套设计几乎囊括了西方社会近代化的"器物—制度—思想"的所有主题内容,中国社会的近代化由洋务运动而戊戌变法而"五四"新文化运动,也基本上沿着这个思路或轨迹而发展。美国人韦尔慈在考察中国近代佛教的复兴时,谈到太虚改革佛教的成败,有一句话引起人们的兴趣,大意是说:太虚似乎并没有深度思考中国佛教如果照他所提出的方式进行改革,那么是否它还能成为"佛教的"抑或是"中国的"?① 韦尔慈提出这个观点,主要是根据太虚在西方弘法时是偏重于强调佛教与科学的相似性来说的,他不太理解太虚的"观机逗教"立场,似乎也未曾注意太虚在《新与融贯》中所表述的思想。不过,他引证很多来自西方传教士的文献及一些活材料,指出太虚在欧洲尤其法国的弘法,并不像太虚本人及其弟子所宣传的那样取得了极大成功,因为对于宗教和科学一致性的话题西方人早在50年前就已经听厌了,这恐怕也是事实。

印顺作为太虚的学生,亲炙其教,辗转东西南北,深受器重。太虚圆寂之后,他又整理编撰《太虚大师全书》和《太虚大师年谱》,深刻体察了太虚一生的几乎全部思想,因而他晚年在《游心法海六十年》中所说的一段关于太虚改革成败的话,值得我们认真思考。他深感佛教积弊甚深,要想在短期内"毕其功于一役"是不可能的。他觉得,佛教的根本问题是

---

① 韦尔慈(Holmes Welch):《中国佛教的复兴》(*The Buddhist Revival in China*)第3章,第51、60页等处,哈佛大学出版社,1968。

思想问题。故而他说:"虚大师所提倡的佛教运动,我原则上赞成的,但觉得不容易成功。出家以来,多少感受到现实佛教界的问题,根本是思想问题。我不像太虚大师那样,提出'教理革命',却愿意多多理解教理,对佛教思想起一些澄清作用。"①

总而言之,在近代佛教人士中,太虚应该是对中国佛教现代化影响最大的人物之一。他以仅受三年的启蒙教育而自学成才,并体察民国以来中国社会的发展趋势,为中国佛教的未来摸索出一条现代化之道路。太虚的理念中所设想现代中国佛教之改革,在今天看起来也许不能算是了不起的大事,但是今日佛教界的许多组织、许多办法、许多发展,仍是以太虚摸索出来的规范,作为现代佛教的起步点,才能作进一步的发展。太虚的这些创建和设施,在海峡两岸都得到继续的发展,甚至连许多当年都反对他的保守派人士,也不得不采用他的办法,来面对时代的挑战。

第三节 太虚的遗愿及其影响

在近代中国佛教改革的潮流中,太虚(1890—1947)称得上是一位杰出的高僧,佛门的龙象。他一生为振兴佛教、建设新的佛教文化而献身,真可谓是鞠躬尽瘁,死而后已。乃至今日,在广大佛门四众中,太虚为振兴佛教、建设新佛教文化而献身的精神,仍有着深刻的影响,起着楷模和鼓舞的作用。太虚是一位学识广博、思想深邃的佛学理论家。他融通内学外学、旧学新学、唯识中观、法性法相,在佛学理论上提出了不少精彩的见解。太虚更是一位佛教改革的实践家,他创办佛学院,组织居士林,出版书报杂志,在培养新僧人才、团结各界信众、宣传佛教文化等方面,都做出了卓越的成绩。他对于佛教改革的某些主张和意见,在今天也还

---

① 参见印顺《游心法海六十年》,杨惠南:《当代佛教思想展望》,第121页,台北,东大图书公司,1991。

是有一定的参考价值。因此,在研究中国近代佛教史时,太虚的历史作用和地位是不容忽视的。①

太虚17岁出家,受具足戒于天童寄禅(敬安)和尚。青年时,他由读康有为《大同书》、梁启超《新民说》、谭嗣同《仁学》、严复译《天演论》、章太炎《告佛子书》等著作,深受当时革命思想的影响。于是,他"陡然激发以佛学入世救人救世的弘愿热心","遂急转直下地改回真向俗的途径"。以后他又接受孙中山的三民主义思想,读邹容的《革命军》等,认为"中国政治革命后,中国的佛学,亦须经过革命"。② 这些都为他以后积极从事佛教的革新运动奠定了思想上的基础。民国肇建,佛教新生。当民气渐开、革新风气风靡全国之际,太虚与仁山不失时机,筹组佛教协进会,以改革佛教,适应民国新局面,并以此晋谒孙中山大总统,报告佛教协进会的计划。这是太虚登上革新佛教历史舞台的第一步。

1947年3月12日,太虚为圆寂的玉佛寺退居方丈震华③封龛,书

---

① 参见楼宇烈《太虚与中国近代佛教》,楼宇烈佛学论文集,1999。
② 参见《太虚自传》卷四,《太虚大师全书》第59册第十九编《文丛》。
③ 震华法师(1909—1947)。法师俗名唐全心,出生于江苏兴化县贫苦农家,童年失怙,投家乡圆通庵出家,剃度师怀莲志和尚送他入私塾读书,天资颖悟,工诗文,善画兰竹。19岁入镇江超岸寺佛学社,依止宗说兼通的守培法师学习经教。1929年受具戒后入镇江竹林寺佛学院深造,内外兼学,品学兼优,翌年即升任教师,旋任院长。1938年接任竹林寺住持,在极其困难的条件下努力恢复了业已停办的竹林寺佛学院。1940年应聘任上海玉佛寺住持,五年间,修殿堂,饰佛像,迎请经藏,创办"上海佛学院"《妙法轮》月刊,成立"弘一大师纪念会",业绩昭著。被推举为太虚领导的"中国佛学会"上海分会理事长,热心支持太虚领导的佛教复兴事业,不顾病劳之躯,为太虚领导的"中国佛教整理委员会"在镇江焦山开办的"僧材训练班"授课,终至积劳成疾,病逝于上海玉佛寺,年仅39岁。震华是一位学者型高僧,前后撰有《僧伽护国史》(1934年)、《续比丘尼传》、《夹山奕叶集》、《兴化佛教通志》、《东渡弘法高僧传》、《入华求法高僧传》、《清代佛教年鉴》、《泰县佛教志》、《镇江佛教隅志》、《夹山志》、《回龙山志》、《圆通庵志》、《轶事丛考》、《中国佛教人名大辞典》等佛教史志类著作十余种,另有《历代僧制泛论》、《玉山守培老人传》、《福善仁者仁略》等史论、传记多篇,其在佛教史传方面著述之丰,种类之多,涉及面之广,可谓前无古人,不愧为"佛教之马迁,僧界之素王"。其以一人之力,编撰《中国佛教人名大辞典》之大部头辞书,倾十余年之力,搜集资料,抄写剪贴,校正考覆,其精勤辛劳,足令学人敬佩。此外,震华法师还有《兴化方外诗征》、《佛教纲要》、《比丘尼创作集》、《表彰集》、《碧岩吟稿》、《佛教经济十二门论》等著作。参见陈兵《现代僧中素王》。

"封龛法语"，拈偈曰："诸法刹那生，诸法刹那灭，刹那生灭中，无生亦无灭……"说法将竟，他突然中风，旧疾复发，多方医治无效，终于17日下午在玉佛寺示寂。临终时太虚对自己倡导的佛教革命承认"失败"了，但是"我终自信，我的理论和启导，确有特长，如得实行和统率力充足的人，必可建立现代中国佛教的学理和制度"。他最后的遗愿，对佛教改进运动提出三点：一是整理旧佛教会，二是创建世界佛教大学，三是创办菩萨学处。"菩萨不是无情的偶像，而是具有菩提心的人。"这是太虚最后的累嘱。①

4月8日，举行荼毗典礼。自玉佛寺趋海潮寺，参加恭送荼毗行列者，长达里余。10日晨，法尊等弟子于海潮寺拾取灵骨，得舍利三百余颗，紫色、白色、水晶色均有。而心脏不坏，满缀舍利，足征太虚愿力之宏。治丧期间，弟子集议对于太虚大师志业之推进。议决：重庆世苑汉藏教理院，由法尊主持；武昌世苑图书馆，由苇舫主持；《海潮音》由尘空主编。太虚色身舍利塔，建于奉化雪窦山，各地得分请舍利建纪念馆；太虚法身舍利，由印顺负责编纂；太虚遗物，概移存武昌纪念。当时政要、名流、海内外佛教缁素，电唁哀挽，备极哀荣。

5月20日，印顺、续明、杨星森等开始于雪窦寺圆觉轩编纂《太虚大师全书》。其缘起云：

> 佛法为东方文化重镇，影响我国文化特深，此固尽人皆知之；然能阐微抉秘，畅佛本怀，以适应现代人生需求者，惟于太虚大师见之！大师本弘教淑世之悲愿，以革新僧制，净化人生，鼓铸世界性之文化为鹄。故其论学也，佛法则大小乘性相显密，融贯抉择，导归于即人成佛之行。世学则举古今中外之说，或予或夺而指正以中道。其论事也，于教制则首重建僧；于世谛则主正义、道和平；忧时护国，论列尤多。

---

① 参见太虚《我的佛教革命失败史》与《我的佛教改进运动略史》，分别见于《太虚大师全书》第十九编《文丛》，第63、116—121页。

大师之文，或汪洋恣肆，或体系精严；乃至诗咏题序，无不隽逸超脱，妙语天然！然此悉由大师之深得佛法，称性而谈，未尝有意为文，有意讲说，盖不欲以学者自居也。文字般若，未可以世论视之！平日所有撰说，或单行流通，或见诸报章杂志，时日不居，深恐散佚。为佛法计，为中国文化计，全书之编纂自不容缓。同人等拟编印全书，奉此以为大师寿。举凡部别宏纲，编纂凡例，悉遵大师指示以为则。且将编印矣，不图世相无常，大师竟忽遽示寂也！昔双林息化，赖王舍结集，乃得色相虽逸而法身常在。则是本书之编纂流通，弥足显大师永寿之征矣！全书都七百万言，勒为四藏二十编，次第印行。若此胜举，吾文化先进，佛教耆德，当必将乐予指导以赞助其成矣！①

5月25日，中国佛教会整理委员会、中国佛学会暨南京市佛教会在毗卢寺举行纪念太虚的全国性追悼会。到会有国府委员章嘉、国府各部委代表，及全国各省市代表等千余人。会场满悬哀挽诗联，共有五千余件。时蒋介石书送"潮音永亮"挽语。国际上，印度新德里召开泛亚洲会议，临时举行追悼会；摩诃菩提会建"太虚图书室"以为纪念，并见太虚德化之溥！6月6日，国民政府特颁褒扬太虚令，曰："释太虚，精研哲理，志行清超。生平周历国内外，阐扬教义，愿力颇宏。抗战期间，组织僧众救护队，随军服务；护国之忱，尤堪嘉尚！兹闻逝世，良深轸惜！应予明令褒扬以彰忠哲。"②

1948年1月，《海潮音》由大醒主编。5月30日，印顺等编竣《太虚大师全书》，共七百多万字。1949年2月，大醒将《海潮音》移台湾编发。1950年4月1日，印顺复编《太虚大师年谱》脱稿。印顺在该年谱中序曰："予编《太虚大师年谱》成，而深惧无以知大师"，"本编于大师学行，以年编次。以(太虚)大师为近代佛教唯一大师，早年献身革命，中年弘教

---

① 该缘起引文见录于《太虚大师全书》。又参见印顺编著《太虚法师年谱》，第296—297页。
② 参见印顺编著《太虚法师年谱》，第298页，北京，宗教文化出版社，1995。

利群,晚年复翊赞抗(战)建(国):体真用俗,关涉至多"。印顺自述着重注意太虚大师下列诸点:

其一,大师为中国佛学之大成者,长于融贯统摄,不拘于台贤禅净,卓然成家。其宗本在妙有之唯心论,一再为《楞严》、《起信》等释难扶宗,足以见其宗本之所在。

其二,大师自《整理僧伽制度论》,至晚年之"菩萨学处",应机改建,虽有不同,而弘扬佛法,首重建僧。其理想之建僧工作,始终未能实现,徒招来无谓之毁誉,可见建僧之难。

其三,大师为僧伽本位者,故与时人有僧俗之诤,显密之诤。为中国佛学本位者,故与时人有起信与唯识之诤,融摄(以中国佛学融摄日本、暹、锡、蒙、藏之长)与移植(弃中国佛学而专弘其他)之诤,均有关近代佛教思想。

其四,大师主以佛法应导现代人心,而要自学佛者之摧乎僻化、神化、腐化着手,使佛法可行于斯世,舍"人生佛教"莫由! 唯其平常,乃见伟大。

其五,大师主教理、教制、教产之革新,化私为公,去腐生新,宜其为传统之住持阶级所诽毁。其有关中国佛教会之参与及争衡,可以见40年来中国佛教僧政之一斑。

其六,大师真不碍俗,深见政教之关系,为佛教徒示其轨范。或讥其为"政僧",而大师唯以不克当此为念。

其七,大师之东游日本,弘法欧美,访问南洋,以及其弟子之留学日本、暹罗、锡兰,实为中国佛教之国际佛教运动主流。

其八,大师之新佛教运动,发端而未能完成。①

以上八点,大体上可较全面地反映太虚在中国近代佛教史上的地位和贡献。而其未竟之志,有后继者进一步把其倡导的人生佛教

---

① 参见印顺编著《太虚法师年谱》"前言",第1—2页。

不断地推向前进。至于人生佛教在现、当代是如何进一步发展为人间佛教的？人间佛教何以会成为现、当代中国佛教的主流？有哪些主要的代表人物和思想特点？凡此等等，因已超出本通史之时限，作者将另行撰著论述。

第十一章　明清民国时期的佛教文化艺术

　　虽然明清民国时期佛教整体上不及隋唐盛况,但在文化艺术领域这一时期有自身的特点。商品经济的发展影响了明代以后的各个艺术领域,造像方面很少有前代的创新和巨制,但许多单体的工艺造像异军突起,带有浓郁的世俗气息,流传在当时的中下层社会中。佛教文化进一步融入文人画家的书画创作中,以董其昌为代表的艺术家在理论方面有重要建树。在清代,一批有着极高文化修养的僧人书画家成为这一时期重要的艺术力量,很大程度上代表了当时书画的最高成就。

　　在三教融合的文化氛围中,明清佛教印刷业发达,民间刊行了大量的善书、宝卷等通俗劝善读物。这一潮流一直延续到民国时期,在一批有影响的居士的推动下,清民国时期的佛教文化事业得到很大发展。在书画方面,由于帝王对藏传佛教的重视,清代出现了很多藏传佛教壁画。除了工匠、文人参与佛教书画创作外,佛教内部也涌现了一批艺术修养很高的僧人。其中一部分是逃遁明清之际政治变革而入佛门的士大夫,他们有着深厚的文化艺术修养,对这一时期的艺术面貌产生了重要影响。

第一节 明清时期佛教彩塑造像及工艺造像

宋代以降,统治者提倡佛教,佛教日益深入乡村,每县有一庙,规模不大,每庙必有佛、菩萨像,彩塑造像发展有了更多的信众基础。明清是彩塑造像普及的时期,彩塑在材料上易取,劳动强度上比石雕要小得多,可以满足人们在经济上相对富足之后对精神信仰的要求。明代佛教石窟造像更为减少,城市中的寺庙如关帝、岳飞、土地、城隍等民间神增多,这为中国雕刻艺术提供多方面的素材。随着世俗美术的发展,装饰的小品工艺雕塑也有一定的发展。清代的佛教彩塑多模仿前代,缺少创作精神。而世俗的神祇造像和小品工艺造像较之明代繁多。

一、明代彩塑造像

明清彩塑造像在两宋民间彩塑工艺的基础上,沿袭世俗化方向发展。明代某些彩塑除了个别有神采之外,渐趋程式化。就全国范围来讲,山西的寺庙建筑中的彩塑造像比较集中。

（一）山西平遥县双林寺明代彩塑像

山西平遥双林寺的明代泥彩塑有其时代特点。全寺共有大小佛雕十座,彩塑像两千余躯,包括天王、金刚、佛、胁侍弟子、菩萨、观音、供养诸天及地藏殿中的十殿阎君和六曹判官等。进入双林寺的中间,有一座大殿,额上有大字"灵鹫遗风"。殿里很多塑像,四面墙上布满壁塑,好像是舞台的演出。墙上重叠着一个布满塑像的舞台面,其间描写了许多神话和生活故事题材,每一龛里都塑造着一些生动的形象。工匠们运用了调和或对照的手法,有描绘弃官寻佛的场面,有生动雄猛麒麟守卫恬静美人的场面,形成强烈的造型上的对比。殿中间的圆雕比例适中,刀法简练,交待清楚。西边的侍者显得简洁而节奏明显,丰腴而不虚,近人而不俗,美而不媚,静中有动,饱满结实,体像透亮。雕塑的胸、腰、腹部部位衣纹恰如其分,每个地方很注意整体,与佛教的教理教义相符。双林寺千佛殿和菩萨殿中的菩萨、观音、供养天等,四壁满是悬塑,数以千计的美丽仙女及佛形成壮丽辉煌的宫殿,塑工精美超群,为明塑佳作。在千佛殿的门侧,立着两个供养人彩塑,手法写实。双林寺有名的韦驮菩萨双脚踏地,两手握紧,头戴兽形帽,怒目圆睁,一副威严之像。在寺庙彩塑中韦陀菩萨是最有特点的。

天王殿内立有高约两米的四大天王彩塑像,四大天王全副明代武将甲胄打扮,挺胸凸肚,竖眉怒目,形象威严,比例合度,雄健威武,各具神态。四大天王形象也逐渐世俗化、程式化。四大天王是指东方持国天王,身白色,左手握刀,右手执长矛或弓矢;南方增长天王,身青色,执宝剑;西方广目天王,身红色,右手握绳或持剑;北方多闻天王,身金色,左手托塔,右手执戟。他们是各守一方的护法神。从元代至明清,四大天王的名谓、法器逐渐统一:增长天王执青光宝剑,广目天王执玉琵琶,多闻天王执混元珠伞,持国天王执花狐貂,四大天王又和古代社会农业生产"风调雨顺"联系在一起。

(二)山西大同上华严寺明代彩塑像

山西大同上华严寺的大雄宝殿内有一宽约五间的佛坛,上置五方佛像,皆跌坐于莲座上。中间三躯为木雕,两侧为泥塑,木雕像是明宣德二年(1427)住持了然法师募造于北京。五方佛是密宗和华严宗的礼拜偶像,佛像面相扁平,面型上宽下窄,神情冷漠,螺髻尖耸,上露排状宝珠。莲座为四面斗出方形,背光透雕金翅鸟、龙女、鳄鱼、唐草等,这都是喇嘛教造像常见的形式。五方佛中的主佛毗卢遮那佛又名大日如来佛,是密宗佛教造像中最高的神像。明代中叶统治者崇信密教,密宗造像活动在山西等北方地区兴盛。

(三)山西大同崇善寺明代彩塑像

崇善寺大悲殿内有千手千眼观音菩萨及文殊、普贤菩萨造像三尊,高约八米,是洪武年间(1368—1398)造。三尊造像均为泥塑,外表贴金。

中为观音菩萨,背后千手千眼,组成圆光状。左侧为文殊菩萨,三头六臂,手中无物,背后以千手执千钵构成放射性圆光状;右为普贤菩萨,一头两臂,有背圆光。三尊像中以文殊菩萨较出色,面容端庄,神态自然,虽出六臂但有真实感。

(四)山西平遥清凉寺明代彩塑像

山西平遥清凉寺位于平遥永城村。大殿面宽五间,中设砖台,正面置佛像三尊,左右侧面置菩萨像四尊,均为坐姿,菩萨衣饰与佛像相同。殿内有嘉靖年间(1522—1566)的墨书题记,前院廊下有隆庆五年(1571)的《重修清凉禅寺碑》。

山西除了为数众多的明代彩塑造像之外,山西平顺县有一处较突出的石窟造像。平顺县建有北周的宝岩寺,寺后是依山崖开凿的窟龛20多个,绝大部分是明代雕凿。造像内容有佛、菩萨、天王等,还有浮雕形式的故事画"水陆道场"①。水陆浮雕是记事性雕刻形式,简单而快速。"水陆道场"浮雕共69方,每一方的人物情节不同。雕刻技法上,浮雕和线刻并用,人物多样,布局构图有多种变化,但雕刻手法简单,形象略显粗糙。

(五)其他明代塑像

北京大觉寺位于北京西北郊,据成化十四年(1478)"御制重修大觉寺碑"载,该寺建于明宣德三年(1428)。前殿主要是殿宇,殿中佛坛上有三尊藏式佛像,但并非该殿原物。在两侧山墙和部分后墙作长廊式龛,内置三十诸天雕像。像高约1.3米,形象丰满、端庄,动态变化合度自然,是比较出色的明代雕塑作品。

北京大慧寺位于海淀区大柳树村,明正德八年(1513)创建。寺中有高五丈的铜佛像,故又称大佛寺。现存大悲阁,内有靠北及东西两壁而

---

① 是佛教中宗教活动的一种法会,主要是布施饮食以救度水陆僧众,又称"水陆斋",是佛教中规模较大的集会。

立的二十四诸天及四天王塑像。这些塑像形体高大,背衬壁面,神态各异,变化多端。诸天的形象、体态、装束有着较大的变化。通过文臣、武将、老者、贵妇型的诸天形象,雕工们展示了对生活和宗教的理解。如立于西壁的韦驮形象,身材威武,年轻英俊,肃立的深情透出宗教的虔诚。在东壁首位的东岳大帝被塑成一个清癯、干练、世故的老者,嘴角露出一对獠牙。包括四大天王在内的二十四诸天神像组群由于服装色彩及壁上彩画的衬托显得多彩多姿,富有艺术感染力。

四川新津县永兴场九莲山观音寺建于宋代,元末时曾毁于兵火,明代重建殿宇十三重,清代又屡有修葺,现存有观音殿和毗卢殿。毗卢殿有精美的佛像壁画,观音殿以五百罗汉塑像而得名。观音殿建于明成化二年(1466),殿内正中塑观音、文殊、普贤三尊菩萨坐像,皆高约五米。在观音菩萨莲座上有题记:"成化十一年(1475)塑匠荣县昌本溶、昌本澄,状匠江西南昌县雷昌胜、罗宗正"。这为埋没无闻的雕塑匠师留下珍贵的记录。菩萨塑像均为头戴宝冠,比例匀称,形体丰腴。殿内两侧塑五百罗汉像,高台上排坐着罗汉像,构思富有生活气息。大门正中观者最先看到一尊罗汉像,正襟危坐,双手合十,迎着大门,眉开眼笑,有一副早知你会来的味道。

明代佛教雕塑的特点一种是继承了唐宋以来汉式造像风格并有所变化;另一种是融合喇嘛教样式,这在一定程度上体现了汉、藏艺术的交融。现存明代佛教雕塑大部分属于寺庙雕塑,石窟雕塑活动比较少。

河南灵宝先煮羊乡石破湾村洞梁沟有一个明代正德十四年(1519)的石窟,尚存有近四十尊的佛教造像。洞梁沟石窟是一个天然洞窟,主尊像是释迦牟尼,左右塑文殊、普贤菩萨。南北两壁下有土坛,南壁上下共四层,最上层是佛传故事;第二层是二十四诸天中的十二天;第三层是九尊罗汉造像;第四层有重檐歇山式小龛和十殿阎罗的五躯造像。北壁与南壁相应部位有二十四诸天的十二天、数尊罗汉和三尊阎罗造像。在南北两壁的罗汉造像中,有达摩面壁造像、布袋和尚造像;在罗汉像的中间,有壁塑形式的大门一座,门扇半开,一妇人半身掩映门内,一足在门内,一足在门外。

窟东南北台基上塑有文圣孔子、武圣关羽的形象。武圣关羽戴软锦帽、着长袍,面如重枣、丹凤眼、卧蚕眉、三缕胡须。民间把武圣关羽和文圣孔子等量齐观,共享人间香火。

二、清代雕塑造像

清世祖于顺治九年(1652)召达赖五世进京,次年册封,确立了达赖喇嘛系统在西藏的政教合一地位,以后历代达赖喇嘛传世,均经中央政权册封。顺治皇帝同时也倾心于禅宗,常召禅师进京说法;康熙皇帝每次南巡,大都参礼佛寺;雍正皇帝也与禅僧来往甚密,并自辑禅家语录,禅宗和喇嘛教成了流行甚广的两大佛教宗派。喇嘛教造像艺术在中原广为流行,成为清代佛教艺术的一种重要类型。

雍和宫是清世宗登基前的王府,始建于康熙三十三年(1694)。雍正称帝后改名雍和宫,雍和宫大部分殿宇是喇嘛诵经之所。乾隆九年(1744)改为喇嘛教寺院,称黄教上寺,是北京最大的喇嘛庙。雍和宫讲经殿中的大白伞盖佛母像、绿度母像,永佑殿中作菩萨形的无量寿佛等铜像,宽肩细腰、天庭饱满、神情优雅,眉宇间神情有不同凡响的神异之感。雍和宫的一些造像还带有三头六臂、面相狰狞等怪异的特点。如东配殿中的大威德金刚,三头三十八臂,正中为龙首,怀抱一女神。吉祥天母形象诡异,纵马驱驰,鞍后悬一人头。大威德金刚的左首是地狱主,龙头,脚踩一牛,牛下一女人仰卧。密宗殿的时轮金刚是三头二十四臂,拥抱三头八臂的女神。这些怪异的形象是由于密教多神偶像而名号极多,如从观音中分化的21个女神称为度母。各种观修的本尊佛,大威德是牛头,马头明王是马头。密教(喇嘛教)怪异形象与其尊奉多神偶像及修习密法多有联系。

雍和宫万福阁有檀木弥勒造像,造像高18米,直径8米,埋入地下8

米,总长 26 米,弥勒造像是西藏七世达赖喇嘛为感谢乾隆皇帝帮他平息内乱而雕凿的。这一整株的檀木在尼泊尔寻购,运到北京雕刻,造像中弥勒双手掐住一条长蛇,蛇躯从弥勒佛颈部绕过。弥勒佛面容方正,神情庄严,造像方式与密宗有一定的关系。

河北承德避暑山庄外有一组以喇嘛庙为主的大型寺庙群,俗称外八庙。其中著名的普宁寺建于乾隆二十年(1755),规模宏大。在中轴线上,天王殿、大雄宝殿为汉式建筑,后部为藏式殿宇。主殿大乘之阁高约37 米,外观为正面六层重檐,阁四周有塔、台等小型藏式建筑。阁内置一木雕贴金观音巨像。这尊千手千眼观音像由松、柏、榆、杉、椴五种木料拼合而雕成,高约 20 多米。像的顶上还立有无量寿佛,两侧倚立善财、龙女。这尊观音像比例匀称,面相慈祥,它是清代所见最大的木雕。

云南昆明筇竹寺塑有清代著名的五百罗汉像。筇竹寺位于昆明西北的玉案山上,相传建于唐贞观初年,明永乐十七年(1419)焚于火灾,永乐二十年(1422)重建,清康熙二十三年(1684)再次修建,后几经修葺,现存建筑与塑像多是光绪年间(1875—1908)所建。筇竹寺五百罗汉创作于光绪九年至十六年间(1883—1890),是清代光绪年间民间雕塑家黎广修和弟子们所作。五百罗汉分布于大雄宝殿两壁及梵音阁、天台来阁中。塑像高约一米,彩绘鲜艳。罗汉像在布局上比较自由,有的分层坐或环立;有的置于塑壁上,表现渡海情节;有的罗汉分乘各种鸟兽鱼蟹或直涉海水,其下波涛汹涌,场面壮观热闹。罗汉之间的聚散疏密也很讲究,姿态变化多端。渡海罗汉动作生动。并列罗汉,俯仰斜正,或举步欲走,或回身返顾,无一相同。罗汉之间多有联系,或联袂披图,或促膝论道,不一而足。罗汉服饰上也有变化,脸上以真毛作发须,或披风帽,或穿无袖马褂。罗汉完全呈世俗样,如乡绅、书生、商贾、医卜、屠户、樵夫等不同阶层的人物。筇竹寺的罗汉造像写实逼真,也流露出程式化的痕迹。

北京香山碧云寺的清代塑像在形象上趋于写实,注意细节的刻画。

如天王像从神态和肌肉的表现及衣饰装束上看,运用一些夸张技法,也具有较高的写实技巧。在冠饰和璎珞胸饰部分,显得繁琐。香山碧云寺亦有五百罗汉像,罗汉像细部表现的衣纹,现实而生动,用堆金描金的手法,感觉富丽堂皇,似不如宋代罗汉像不拘形式地把衣服描绘出来更生动。

清代《造像量度经》一书规范着佛教雕塑制作。乾隆七年(1742年),内阁西番学总管仪宾的工布查布根据陕西洮州崇梵净觉喇嘛提供的量度经模本,编译了《造像量度经》,对佛教种种礼拜偶像的姿态、服饰、比例、尺寸、座子及背光等等,按照西藏喇嘛教的样式作了严格的规定,以皇帝的名义颁布实行。《造像量度经》作为官私工匠制作佛像的准则,具有权威性。《造像量度经》的种种规定,具体实施到工部的《营造则例·佛作》,对于制作材料如黄土、棉纸、砂、木头、麦麸、铁钉、油、铁丝等都有标准数字。这些规定是历代塑像经验的总结,使工部在制作佛像的支料计算上有所依据。

三、明清工艺造像

工艺造像早在宋代就已显出发展的势头,到了明代成为封建社会雕塑艺术中极具生命力的、千姿百态的一个门类。明代工艺造像富有生气和创造力,并与广大老百姓有着密切联系,体现了时代精神。就题材内容来说,有些取自于宗教的,如观音、达摩等罗汉等,多数并不是作为顶礼膜拜的偶像,而是以老百姓喜闻乐见的艺术形象来创造的,包括玉石雕刻、牙雕、木雕、竹雕、雕漆等工艺。

明人宋应星在《天工开物》一书中曾说:"凡玉……东入中华,卸萃燕京,玉工辨识高下而后琢玉,良玉虽集京师,工巧则推苏郡。"这说明了苏州玉雕高于北京。清代疆域扩大到新疆,玉料来源丰富,同时又从缅甸、印度等地购进翡翠、玛瑙等。清代的玉石雕刻有了很大的发展,同时宫廷贵族玩赏,普通的官僚地主都以佩带玉器为贵,正所谓君子比玉为美。

在北京故宫博物院的珍宝馆和北海公园的团城,藏有两件大型玉雕。一件是雕琢于清乾隆四十三年到五十三年(1778—1788),用了十年的时间才雕成的历史人物故事群雕"大禹治水"。它利用一大玉石,就其自然依势而成。清代的玉工根据一幅大禹治水的古画,就玉石的正面和左右侧面运用剔地其突的形式,用浮雕、圆雕手法,灵活安排治水古图中的山水、人物。有险峻的山崖,有峭壁,山峡中有急湍汹涌的瀑布,崖坡上古木苍松,成群的治水大军用各种凿石方法,开山通渠,引水通流。另一件是北海困城玉瓮。

自明代中期起,江南嘉定、金陵成为中国刻竹的两个地方门派。尤以嘉定在竹刻上享有盛名。嘉定竹刻创始于朱松邻祖孙三代,到了清代嘉定成为中国竹刻的中心。朱松邻原名朱鹤,是一名文人雕刻家,擅长文学、绘画,他的刻竹以刀法见长,在题材上有创新。儿子朱小松,孙子朱三松,都继承衣钵。朱小松用竹根雕成的佛、仙,可与吴道子的佛仙画相媲美。朱小松曾作一竹雕香熏,是长16厘米,口径3.6厘米的竹筒,运用平雕、浮雕、透雕相结合的方式,雕"刘阮登天台"的故事。朱三松对雕人物、山水、鸟兽都很精通。嘉定竹刻从朱氏后名家辈出,明代有秦一爵、沈大生;清代有沈兼、周芝岩、吴之璠、封锡璋等。在技法上,吴之璠的薄地阳刻,继承了北朝以来的线刻铲地技法,所刻的人物花鸟形象生动,刀法洗练;封锡璋兄弟擅长竹根人物,所刻梵僧、佛像,造型特别,仙女、老翁形象神态悠闲。

明代以福建德化窑的瓷塑为名。德化位于福建东部,以生产白瓷器皿和白瓷塑像的德化窑出名,到明末清初,达到极盛。德化窑瓷器胎骨细腻洁白,釉色白如凝脂,胎釉浑然一体,但瓷性较脆,便向小件工艺塑像方向发展。清代陶瓷著述记载:"佛像最佳";"惟佛像殊佳";"(观音菩萨)有坐像、立像者,其素衣而盖风兜者像,以似美女者为劣,似美男者为贵"。所讲佛像泛指观音菩萨、弥勒、罗汉、达摩等,很大程度上以世俗化的观音菩萨像最多。常见的有头戴宝冠上罩风兜、身着宽袖长衣、袒胸玉立的白衣观音,还有半跏趺坐于莲台,两侧侍立着龙女与善财童子,怀抱婴儿的送子观音,观音菩萨自由舒展近似于人间的美女少妇。

从德化窑瓷塑的作者印款可知,何朝宗、林朝景等都是当时的瓷塑名家,其中以活动于嘉靖、万历年间(1522—1620)的何朝宗最为出名。他擅长塑菩萨、罗汉像,传说他曾造面貌姿态各不相同的十八罗汉祖像,是在后窑(今德化十排格遗址)烧成的。他的作品存世有《达摩渡江》(藏于故宫博物院),达摩像光头大耳,身着袒胸宽袖大衣,足踏一芦苇,浮于波浪之上,表现了乘风飘逸之状。达摩相貌具有天竺人特征,神色庄严,双目有神。何朝宗所作的存世《观音菩萨像》两件,一藏天津艺术博物馆,另一藏于泉州海外交通博物馆。两躯观音菩萨均呈温柔典雅纯洁优美的年轻女子面貌,这种高度理想美的观音像代表了何朝宗及德化窑的典型创造。

明清两代,广东佛山石湾的陶塑生产十分兴盛,以仿钧窑为特色,被称为"广钧"。除了日常器皿之外,石湾主要以艺术陶塑著称。明代石湾著名的匠师苏可松以制作器皿闻名,艺术陶塑有单色釉观音、弥勒佛等几种工艺造像。到了明末清初,石湾陶塑具有了民间艺术题材多样、风格朴实等特色,为老百姓所喜闻乐见。清代石湾陶塑在继续保持民间艺术特色和继承钧窑的传统基础上,吸收了中国传统写意画和雕塑的表现技巧,创造出雅俗共赏的艺术陶塑。从清至民初,石湾陶塑的著名匠师有黄炳、黄古珍、陈祖、陈渭岩、潘玉书等人。

黄炳、陈渭岩、潘玉书等匠师根据石湾陶器胎粗釉厚的特点,创作性地吸收唐三彩及金元钧瓷色釉和写意画的传统技法,从而形成了石湾陶塑的独特面貌。人物塑像中,取材多是渔樵耕读,牧童读书、达摩、罗汉、李逵、鲁智深等,发挥了石湾窑胎釉的长处。石湾陶塑具有很高的艺术性,在清末民国初以来一直是广东地区平常百姓厅房、文人书斋案头摆设的主要陈设品和儿童的心爱之物。

在民间,济公活佛的故事广为流传。历史上济公确有其人,原名李心远,南宋僧人。他生于绍兴十八年(1148),卒于嘉定二年(1209),今浙江临海人,原在杭州灵隐寺出家,后又移往净慈寺。济公行为异于常人,在民间是有法力而好抱打不平的人物,被称之为"济癫僧"。山西五台山显通寺藏有清代陶塑济公工艺造像,高35公分。济公面带微笑,目视前方,一手提鞋,一手握破扇,头戴褐色船形僧帽,身穿蓝色长袍,衣襟不整,前胸坦露,劲挂黑色佛珠,放荡不羁,形象相当生动。

第二节　明清民国时期的佛教绘画

在明代,由于太祖朱元璋和成祖朱棣两位皇帝取得政权都依靠了宗教力量,所以明朝政府对佛教一直采取比较谨慎的政策。但至明末,由于经济问题,政府开始卖度牒补给财政,导致寺院数量剧增。据《大明会典》统计,到成化二十二年(1486年),全国僧数约有50万,成化十七年(1481年),京城内外官立寺院已经有639所,此后还有续建。伴随着寺院的修复与兴建,佛教壁画仍然很流行,不仅民间画工参加寺院壁画制作,画院内外的不少画家也参加了这一类型的佛教艺术创作,涌现了张仙童、蒋子游、张靖、上官伯达、丁云鹏、吴彬等一批佛画高手。他们在寺庙壁画之外,还创作了大量卷轴画。同时,明代也是我国历史上印刷业发展的高峰期,一大批题材各异、风格多样的版画作品产生,佛教题材的版画是其中重要的组成部分。明代日益明显的儒释道三教合一的趋势在佛教绘画中表现出来。很多中国传统的神话和传说题材出现在佛教壁画中,某些掺杂着佛教题材的道教壁画、卷轴画中也出现了三教始祖并置的样式。

在书画方面,由于帝王对藏传佛教的重视,清代出现了很多藏传佛教壁画。除了工匠、文人参与佛教书画创作外,佛教内部也涌现了一批艺术修养很高的僧人。其中部分逃遁明清之际政治变革而入佛门的士大夫有着深厚的文化艺术修养,对这一时期的艺术面貌产生了重要影响。

一、寺庙壁画

至今保存下来的明清时代寺院壁画,不在少数。其中明代有代表性的为法海寺壁画、稷益庙壁画、宝梵寺壁画、丽江壁画等。清代有山西大同市华严寺、云南昆明市筇竹寺、丽江等地的壁画保存较为完好。另外,西藏、青海、甘肃以及北京等地的喇嘛寺中也有不少密宗绘画。其中以华严寺和布达拉宫壁画较有代表性。

法海寺在北京西郊翠微山南麓,原为龙泉寺,明正统四年至八年(1439—1443)改建成法海禅寺,现在寺院仅存大雄宝殿尚系明代遗构。殿内本尊塑像的龛背、后殿门两侧、殿前十八罗汉像身后都画有壁画,尤以后壁门两侧《帝释梵天图》繁复庄严,艺术价值颇高。这是唐宋以来寺院壁画中经常见到的题材,表现的是佛教"护法神"、"释、梵等二十天"像。北壁东侧由西向东,画有梵天与三天女、持国天、增长天、大自在天及天女、功德天及天女、咒师、日天、摩利支天、地天及天女、水天、密迹金刚;西侧由东向西,画有帝释天及二天女、多闻天、广目天、药草树林神及天女、辩才天、月天、诃利帝母及毕哩孕迦、风天、焰摩天、密迹金刚等。

从题材来看,画面在密宗绘画中掺入了世俗生活的情节。画面结构紧凑,统一中有变化,男女老幼神佛鬼怪,神态各异。如梵天的肃穆、天王的威武、功德天的智慧、天女的俊丽、鬼子母的温柔与童子的天真都刻画得十分生动。笔力挺拔,用铁线描略带钉头鼠尾,线条流畅。用色方面,多施朱砂、石青、石绿、石黄,又使各色统一于金线、墨线中,显得更加富丽堂皇、雍容华贵。整幅壁画继承了唐宋以来壁画的传统,虽工丽严谨而不显板滞。

根据发现的"楞严经幢"的记载,法海寺最初建造者包括了画士官、画士、妆銮匠、捏塑官和金匠等分工明确的组成人员,他们都属于当时的工部营缮所。壁画上的天王、金刚、天女、童子形象等,实际上都是以宫廷中的帝王、后纪、宫女、太子作为依据,显示出画工的创造力。

四川新津观音寺有明成化四年(1468)壁画,所画十二尊菩萨像,风格与法海寺壁画相近。

稷益庙位于山西省新绛县南郊,创建年代不详,重修于元朝至元(1264—1294)年间,明弘治十五年(1502)扩建重修。今存壁画在庙内正殿东、西、南三壁上,总计130余平方米,系正德二年(1507)由画工翼城县常儒、绛州陈园等7人所作。内容与元代永乐宫道教壁画与明代法海寺佛教壁画不同,多为我国古代的神话传说,歌颂大禹、后稷、伯益教民稼穑、为民造福的事迹。

东壁绘朝圣图,三圣帝君坐于殿中,侍女成群,百官、武将、农夫朝贺待立,或手持五谷,肩扛农具,或挑猎物、捆蝗魔、握蚂蚁,或捧果盘、提壶浆,千姿百态,无一雷同;西壁绘大禹、后稷、伯益等形象和烧荒、狩猎、伐木、祭祀以及农业上的种植、耕作、收割、入仓等活动。全殿壁画共绘神祇、人物、鬼卒400余身。画艺精湛,笔力雄健,色彩淳朴浑厚,独具一格。

在山西的明代寺院,尚有浑源县城内永乐寺壁画、汾阳县城西北圣母庙壁画、稷山县城西马村西侧青龙寺壁画(后殿壁画的大部分及腰殿北壁、扇面墙壁画为明洪武十八年(1385)补绘或重装,其余为元代壁画)、阳高县城内云林寺壁画等也颇具规模。

宝梵寺在四川蓬溪县回龙乡,创建于宋,名罗汉院,后废,明正统二年(1437)重建。大雄宝殿四壁绘有壁画十幅,其中东西两壁与北壁皆明代作品,主要以佛教故事为题材。东西两壁绘菩萨、尊者、护法、供养人等像;北壁绘佛像及其他像。用笔遒劲,线条流利,人物形象生动,神情自如。特别是《尊者补丁图》,所画尊者浓眉大眼,两眼圆睁,左手拈针,右手引线,表情逼真,颇有浓郁的生活气息,为蜀中明代壁画之代表作。

在四川的明代寺院壁画,著名的尚有广汉县的龙居寺壁画、新津县的观音寺壁画、剑阁县的觉苑寺壁画等。

丽江壁画分布于云南丽江纳西族自治县城及其附近的白沙、雪松、芝山、崖脚、漾西等村十余处明清佛寺和道观的内壁上。现存较好的为白沙村的大宝积宫、琉璃殿、大定阁和大觉宫等处,是明初至清初约350年内当地土司木氏诣画工陆续绘制的。所作壁画的内容,多为宗教题材,有袒胸跣足的印度式佛像,有活泼矫健、凌空飞翔的飞天。其中大宝积宫为丽江壁画保存较好、规模较大的一座宫殿,壁画凡十二铺。西壁画降魔祖师,四周为百工之神,有织布、砍柴、木作、钓鱼、打铁、屠猪及舞乐之类;南、北壁画有孔雀明王法会、观音普门品等。用笔严谨,色彩鲜明,姿态各异,形象逼真。大部分出自汉、藏、纳西、白等族画工之手,具有浓厚的民族风格和地方特色。

明代寺院壁画,除上述外,天津蓟县独乐寺壁画、西藏日喀则县扎什伦布寺壁画等,也都有较高的艺术水平。

布达拉宫司西平措二楼回廊现存698幅壁画,于顺治五年(1648)开始创作,持续至清末。根据《五世达赖传》的记载,参与创作者为当时西藏最优秀的画工。壁画内容除了设色浓烈、形象夸张的密宗佛像与诸神,还记录了一些重要的宗教事件,如《修建布达拉宫图》、《达赖五世在北京觐见顺治皇帝图》、《达赖十三世拜见光绪皇帝与慈禧太后图》等。另外,也有相当部分展现了西藏诸如赛马、骑射、摔跤等生活场面,都生动活泼。

华严寺壁画位于大同市西部,始建于辽代。辽保大二年(1122),寺内部分建筑毁于兵火,后重建。明清时期寺院复遭摧折,几经修缮,今天所存建筑多为清代所建。华严寺壁画位于大雄宝殿内,画面高达6.4米,面积887.25平方米,如此鸿篇巨制,为全国所少有。据壁画上题记,作者系清光绪年间(1875—1908)大同民间画工董安。画有释迦牟尼传记、说法图"七地九会"、善财童子五十三参、罗汉及千手眼观音等。采用山石、云树、楼阁隔联的传统手法,设色也以传统的石青、石绿为主,并附以沥粉贴金,画面富丽壮观。

创作寺院壁画的民间画工,多不见于画史记载,事迹不详,姓名多有已散逸,但他们的作品更多地反映了当时民间社会的生活风貌。徐沁在《明画录》中记载了当时擅长佛道题材的画师,包括:蒋子诚、胡隆、阮福海、张伦、倪端、马俊、董常、顾应文、张靖、熊茂松、朱多燨、束章孟、苏遯。① 此外,一些当时比较著名的画家也参与了寺院壁画的创作,其中丁云鹏为代表。

丁云鹏(1547—1628),字南羽,号圣华居士,董其昌赠印章曰"毫生馆",安徽休宁人。为鉴赏名家詹景凤的入室弟子。善画人物、佛像,得吴道子法;白描学李公麟,设色学钱选,以精细见长,丝发之间而眉目意态毕现。中年以前用笔细秀,设包明艳古雅,略近文徵明、仇英的画法;晚年所作佛教绘画一变为粗厚苍劲,现存《大士像轴》已近晚年风格。曾为当时著名的墨工程君房、方于鲁画墨模,《程氏墨苑》《方氏墨谱》中的图绘,很多出于其手。清代姜绍书《无声诗史》卷四说他"画大士罗汉,功力靓深,神彩焕发,展对间恍觉身入维摩室中,与诸佛菩萨对语,眉睫鼻孔皆动",足见佛像艺术之神妙。丁云鹏存世的佛教绘画作品还有《释迦牟尼像轴》(天津市艺术博物馆藏)、《设色观音像轴》(辽宁省博物馆藏)、《设色佛像轴》(西泠印社藏)、《维摩说法图轴》(四川大学博物馆藏)等。

传承丁云鹏佛像画法者有熊茂松、李麟、吴廷羽等。

另有画家作品多已不存,仅存画目散见于文献记载中:

马良,临安(今浙江杭州)人,晚居江苏昆山,画《四天王像》于僧寺,甚奇特。②

盛著(生卒年未详),字叔彰。元末画家盛懋侄,明初职业画家,兼善人物、山水、花鸟各画科。能修复古画,补绘处运笔着色,与古不殊。明

---

① 徐沁:《明画录》卷一,《中国书画全书》第十卷,第 6 页,上海,上海书画出版社,1996。
②《吴中人物志》。

洪武中(1368—1398)供事内府,得到赏遇,待遇优厚。后画天界寺影壁,以水母乘龙背,不合旨意,被杀。①

金润甫,洪武初谪云南大理,绘武安王庙壁,大理人工画,自润甫始。②

卓迪,善水墨山水,永乐中召入翰林,南京报恩寺涌壁有他的画。③

解琮,福建兴化人,能靠手腕旋转画佛光而不以规矩,明成祖选他绘报恩寺廊壁。④

戴进(1388—1462),字文进,号静庵,又号玉泉山人,浙江杭州人。早年为制作金银首饰工匠,后工书画,以卖画为生。宣德间(1426—1435)官直仁殿待诏,绘画临摹精博,得唐宋诸家之妙。其山水源出李唐、马远、夏圭等南宋诸家,技巧纵横,俱水墨苍劲。画神像、花鸟,都极精致。戴进在明中叶影响较大,其开创的"浙派"追随者甚众,成为明代前期画坛主流。

他的人物画师法吴道子、李公麟传统,兼长工笔、写意,创蚕头鼠尾描,行笔顿挫,笔法豪放。所画神像的威仪、鬼怪的勇猛、衣纹的设色,均驾轻就熟。工笔用铁线描和兰叶描,写意从马远变化而来,笔墨简括。花鸟画工笔、写意、没骨兼长。有《达摩至慧能六代像》等传世,当时南京报恩寺殿壁、杭州花藏寺和潮鸣寺也都有他的手迹。

吴伟(1459—1508),字次翁,又字士英、鲁夫,号小仙。江夏(今湖北武汉)人,流寓金陵。画院待诏,孝宗时授锦衣卫百户及赐"画状元"的图章。善画水墨写意、人物、山水。取法南宋画院体格,笔墨恣肆,神韵俱足,早年画法比较工细,中年后变为苍劲豪放、泼墨淋漓一格。吴伟是戴进之后的"浙派"名将,追随者众,形成兴盛一时浙派山水中的"江夏派"。

---

① 徐沁:《明画录》卷二,《中国书画全书》第十卷,第10页。
② 《云南府志》。
③ 《宁波志》。
④ 《兴化志》。

吴伟在南京昌化寺画《五百罗汉》,还在南京灵谷寺壁上画《白乐天参禅》、《东坡参禅》、《达摩折芦渡江》、《孔老释三人》等。

顾寅,苏州人,善画山水松石,半塘寺有他画的松壁,孙宁有"妙趣直与韦偃同"之句。①

张德辉,工画龙,可追踪陈所翁,今祠宇梵壁遗迹犹有存者。②

宋旭,绘白雀寺壁,时称妙绝。③

张仙童,安化(今湖南安化)人。善画,少从罗理。凡寺庙墙壁经其画者,咸称神妙。兴教寺有罗汉图十八幅,并寒山、拾得像,俨然如生。④

上官伯达,邵武(今福建邵开)人。永乐间(1403—1424)召诣京师,直仁智殿,作百鸟朝凤图,帝悦之,除官不受,以年老请归。善写山水。作神佛人物,傅色既精,神采亦备,能使人起敬。《明画录》卷一载:"上官伯达,福唐人。所画神佛傅色精彩。南京极恩寺画廊独绝一时。"⑤

二、文人画家的佛教绘画

董其昌(1555—1636),字玄宰,号思白,又号香光居士,华亭(今上海松江)人。"华亭派"的主要代表。明万历十六年(1588)进士,官至礼部尚书,卒谥文敏。董其昌在书画理论方面论著颇多,著有《画禅室随笔》、《容台集》、《画旨》等文集。

从能见的作品目录来看,董其昌几乎没有直接的佛教绘画方面的创作,但在书画理论方面,其"南北宗"的画论对晚明以后的画坛影响深远。在《画禅室随笔》卷二中,他借鉴禅宗的南北分宗,将唐至元代的绘画发展,按画家的身份、画法、风格分为两大派别,认为南宗是文人之画,而北

---

① 《列朝诗志》。
② 徐沁:《明画录》卷五,《中国书画全书》第十卷,第26页。
③ 徐沁:《明画录》卷四,《中国书画全书》第十卷,第20页。
④ 《庆阳府志》。
⑤ 徐沁:《明画录》卷一,《中国书画全书》第十卷,第7页。

宗是行家画,崇南贬北,提倡文人画的南宗,贬抑行家画的北宗。认为北宗则李思训父子着色山水,流传而为宋之赵㐌、赵伯驹、赵伯骕以至马(远)夏(圭)辈。南宗则王摩诘(王维)始用渲淡,一变勾斫之法,其传为张璪、荆(浩)、关(仝)、董(源)、巨(然)、郭忠恕、米家父子,以至元之四大家。与董其昌同时的陈继儒、莫是龙、沈颢等人亦倡导或赞成南北宗论,他们彼此呼应。虽然作为一种绘画理论,南北宗论有很多内在缺陷,但是作为一种艺术主张,它对明末及清代的绘画发展产生了深远的影响。

清代的文人画家中,金农、闵贞、贾全、丁观鹏、罗聘、苏长亭、苏六朋、张釜、沈韶、徐漳、任伯年等人都创作过佛教题材的绘画。其中较有代表性的有:

丁观鹏,乾隆时期(1736—1795)供奉内廷,善画道释人物,学其同宗丁云鹏笔,有出蓝之誉。《石渠宝笈》著录其作品83件,其中多模仿古人之作,作品面貌工细谨细,然对艺术有着自己的体悟,画风并不流于僵滞。画面常以人物为主体,配以精致的背景。人物线条用笔细如毫发,用色明净雅丽,深浅适度。

《无量寿佛图轴》为丁观鹏的代表作,纵99.3厘米,宽61.9厘米,现藏北京故宫博物院。画面金线描于黑色底上,格调高雅,细致谨密。画面中央绘无量寿佛,面容安详,身披袈裟,袒右肩,双手禅定印,跏趺坐。须弥座两旁各侍立一佛弟子。座前有菩萨作女相,盛装朝拜。四周有天王与诸菩萨,皆庄严肃穆。整幅画渲染细致,用笔流畅。

金农(1687—1764),字寿门、司农、吉金,号冬心先生,又号稽山留民、曲江外史、昔耶居士、苏伐罗吉苏罗等,浙江仁和(今杭州)人,久居扬州,是扬州画派的代表人物。金农生活的时代,扬州商品经济发达,与以皇室赞助为背景的宫廷画家不同,扬州画派的赞助多来自当时的富商群体。除了画家个人的性情之外,艺术赞助人的不同也造就了他们狂怪的画风。但金农在强调个人面貌的同时有着深厚的传统文化修养。他少年时代在家乡读书,与杭世骏、厉鹗、丁敬为同窗砚友。乾隆元年

(1736),仕途不顺,抑郁不用志,于是周游四方,遍访齐、鲁、燕、赵、粤等地名山大川,眼界开阔,胸襟广大。他在50岁左右才正式作画,但由于他精于书法,文学修养较深,平生所见古人画迹甚多,所以"涉笔即古,脱尽画家时习",所作书画均气概不凡。除佛像外,梅竹、鞍马、人物、山水无不擅长,尤精墨梅。佛教绘画有《佛像图》、《四大菩萨像》、《菩萨妙相图》、《十六罗汉像》、《佛院冰姿图》。

《佛像图轴》是金农佛教绘画的代表作,纵117厘米,横47.2厘米,现藏山东烟台博物馆。画面中央绘释迦牟尼,神情肃穆,身披红袈裟,袒右臂,拱手肃立。面部和手臂用淡赭石施染,显得丰润;与之相对,用渴墨绘衣纹,沉稳而不呆滞。

此外,画史上还记录有两位女性画家:"崔绣天,闽人,十三岁即解写佛,所作观音像妙相庄严位置山水云烟造微入妙。""周禧,江阴人,周仲荣第三女也,其两姊俱长于丹青,喜写观音大士最工,心通意彻,非师受所可思议。"①像这样的"名媛"画家历史上少有记载,惜画迹不存。

三、僧人的佛家绘画

《无声画史》和《图绘宝鉴》中记录了明代僧可浩、僧日章、僧照庵、僧温日观、僧草庵常莹等僧人画家,他们所擅长的题材多为山水花鸟,僧画迹不传。进了清代以后,以"四大画僧"为代表的僧人画家形成了佛教艺术中的特殊群体。他们出家原因各异,但都具有很高的艺术修养。他们的作品无论从题材,还是从画面特质看,均没有浓郁的宗教气息,而更多地体现出文人笔墨修养及精神追求。

八大山人(1626—1705),原名朱耷,明宗室朱元璋第十七子宁献王朱权的后裔。明末,他应举中秀才;19岁(1644)明亡,遂奉母携弟避难南昌之西新建洪崖;于顺治五年(1648)剃发为僧;顺治十八午

---

① 徐沁:《明画录》卷一,《中国书画全书》第十卷,第6页。

（1661）返南昌为道士，并在市郊修构青云谱道院。他既当和尚又当道士，为自己起了不少名号，最为常用的是"八大山人"。陈鼎《八大山人传》曰："八大者四方四隅，皆我为大，而无大于我也。"又曰："余每见山人书画款题'八大'二字，必连续其画，'山人'二字亦然。类哭之笑之，意盖有在焉。"他自题咏怀诗，亦有"无聊哭笑漫流传"之句。其一生佯狂装哑，借酒悲歌，时而哭笑，则此名所含寓意，最能寄以国破家亡之痛。

八大山人从小受到家庭熏陶，八岁即能诗，善书法，工于篆刻绘画，山水、花鸟兼善。山水画受董其昌影响，但与清初宫廷画家代表"四王"①所走的保守道路不同，八大山人并非以模拟为最终目的，而是通过董画而上追元代黄公望、倪瓒直至五代北宋董源、巨然。从"南宗"②绘画中汲取精华，以滋养自己，因此学董的同时打破董的藩篱而形成了自己独特的面貌。笔墨恣意而清雅，以行书入画，线条率性而不失章法；水墨相生，淋漓而秀逸。构图多险峻奇崛，并不完全避讳画面中几何形状的出现，往往随机变化，充满生机。他所创造的山水形象，一反明末清初画坛上主流的山川清丽、温静娴雅，呈现出一种苍茫寂寞的境界。由于他的身世和独立不倚的孤傲个性，画间常有"零碎山河颠倒树，不成图画更伤心"的情怀。存世作品有《秋山图轴》、《山水图轴》、《山水屏》、《设色山水轴》、《荷塘戏禽图卷》、《杂花图卷》以及《杨柳浴禽图轴》、《芙蓉芦雁图轴》、《古梅图轴》、《墨松图轴》、《秋荷图轴》、《芭蕉竹石图轴》。

---

① 清初画家王时敏、王鉴、王翚、王原祁四人的合称。他们之间有师友或亲属关系，在绘画风尚和艺术思想上，直接或间接受董其昌影响，技法严谨，画风崇尚摹古，不少作品趋于程式化。
② 董其昌关于绘画的"南北宗论"，为明代董其昌、陈继儒、莫是龙共同提倡。董其昌在《画禅室随笔》一书中具体记载，他将唐至元代的绘画发展，按画家的身份、画法、风格分为两大派别，并且类比于禅宗的南北二宗。他认为北宗则李思训父子着色山水，流传而为宋之赵伯驹、赵伯骕以至马（远）夏（圭）辈。南宗则王摩诘（王维）始用渲淡，一变勾斫之法，其传为张璪、荆（浩）、关（仝）、董（源）、巨（然）、郭忠恕、米家父子，以至元之四大家。认为南宗是文人之画，而北宗是行家画，提倡文人画的南宗，贬抑行家画的北宗。这一主张对后来明清画坛产生了深远影响。具体介绍见本节文人画家的佛教绘画部分。

石涛(1642—约1718),原名朱若极,广西全州人。明藩靖江王朱守谦子、悼僖王朱赞仪的十世孙。父朱亨嘉于南明隆武(1645—1646)时在广西自称"监国",后被杀。他年龄尚幼,后隐蔽为僧,法名原济,亦作元济,号石涛,又号苦瓜和尚、大涤子、清湘老人等。早年屡游安徽敬亭山、黄山;中年住南京,曾在南京、扬州两次见康熙帝;晚年定居扬州。

石涛擅画山水、兰竹、花果、人物,而以山水成就最为突出。他重视学习传统,虽师法元人笔意,但并非泥古不化,更注重深入自然,写生创作。所画黄山、庐山、江南水乡、平原风光,布局新颖,笔墨千变万化,不拘泥于一种形体,而是将多种多样的用笔,根据淮阳山水阴暗明灭、烟云变幻、寒暑交替的自然景象灵活运用,淋漓尽致地加以描绘,表现了虚实相生的万千情态,形成了他自己独特多样化的风格。他的代表作品有《余杭看山图卷》、《山水清音图轴》(以上上海博物馆藏)、《黄山图轴》(辽宁省博物馆藏)、《狂壑晴岚图轴》、《淮扬洁秋图轴》(以上南京博物院藏)、《泼墨山水卷》(苏州市博物馆藏)等,可以看出所表现的不同面貌和不同风格。他在山水画创作上的许多精辟见解,记录于《石涛画语录》中,有很多仍被现在的艺术家奉为圭臬。

弘仁(1610—1664),俗姓江,名韬,字六奇,又名舫,字鸥盟,安徽歙县人。明亡,清兵入歙,他即移居福建。此后他在建阳生活了很多年,从建阳古航禅师为僧,名弘仁,字浙江,云游武夷等地,晚年回到歙县,去世后人称"梅花古衲"。

弘仁常往来于黄山、雁荡间。工山水,多写黄山松石,兼长梅竹。其山水早年学孙无修,师从萧云从。《图绘宝鉴》卷七说他:"初师宋人,及为僧,其画悉变为元人一派,于倪、黄两家,尤其擅场也。"[①]他自己生前的自况诗文中透露,对他影响最深是元四家中的倪瓒。但是他并未照搬倪云林画太湖的一套技法来表现层峦叠嶂的黄山,而是根据自己对黄山的

---

① [日]近藤秀实、何庆先:《〈图绘宝鉴〉校勘与研究》,第111页,南京,江苏古籍出版社,1997。

理解,创造出自己的艺术语言。他的画构图新奇,境界开阔,落笔甚少而线条刚劲,以垂直的体势、雄放的姿态和独有的横解索皴法,刻画了黄山诸峰之美,看似清简谈远,实则伟峻沉厚,寓伟峻沉厚于情简淡远之中,被视为清代的倪瓒。

髡残(1612—1673),本姓刘,字介邱,号石谿、石道人、残道者、电住道人等,湖南武陵(今常德)人。年轻时与顾炎武友好,参加过抗清斗争,抗清失败后,愤而为僧,表示不臣服于清。多游名山,后住南京牛首祖堂山幽栖寺。

山水画继承巨然、元四家、沈周等人的传统,更师法生活,将平生所见名山大川,经过概括提炼,创造出独特的艺术形象。构图繁密,山重水复,多写高远、深远,奥境奇辟,缅貌幽深,峰峦浑厚。技法主要从王蒙脱变而出,山石多用披麻、解索皴,以书法入画,善用秃笔、渴笔,长于乾笔皴擦,粗而放;喜欢在山石轮廓上用焦墨钩提,山石树木常以赭石复钩,用浓墨作苔点。作品大都是浅绛山水,有时染山石用赭石很重,水墨的较少,多巨幅。存世作品有《云洞流泉图轴》(故宫博物院藏)、《苍翠凌天图轴》(南京博物院藏)、《苍山结茅图轴》(上海博物馆藏)、《溪桥策杖图轴》(苏州市博物馆藏)等。

普荷(1593—1683),本姓唐,名泰,字大来,云南晋宁人。秀才,董其昌门生。明亡,出家为僧,法名普荷、通荷,号担当,住鸡足山。工诗书画。著有《修园维》、《橛庵草》。善画山水,掺合黄公望、倪瓒两家,笔致放纵,风格枯淡,在继承传统写意画的基础上有所创造。他的画在云南、贵州、四川省很有影响。作品有《山水轴》(故宫博物院藏)、《山水册》(云南省博物馆藏)等。

虚谷(1824—1896),俗姓朱,名虚白,字怀仁,号紫阳山民,原籍安徽歙县,家扬州。曾任清军参将,后因对太平军战争中"意有所触,遂被缁入山",在九华山出家为僧,但"不礼佛号,惟以书画自娱"。常往来于扬州、苏州、上海间。工花卉、蔬果、虫鱼、山水,画法喜作枯笔偏锋,尤擅以破笔作松鼠和金色,常常是夸张了所写对象的特点,明快挺劲,生动传神。

弘一法师,本名李叔同(1880—1942),1918年出家,为当时音乐、诗词、话剧等诸多领域的先锋人物,在"五四"新文化运动中卓有影响。1905年,李叔同赴日本,进入东京上野国立美术专门学校学习西洋画,老师黑田清辉是当时日本重要的外光派画家,因此,他的绘画受印象派艺术的影响,而又兼有古典主义写实派艺术之长。回国后,李叔同先在天津直隶模范工业学堂任图画教员,民国元年(1912)在上海主编《太平洋报》的副刊《太平洋画报》,并与柳亚子等人创办"文美会",刊行《文美杂志》。此后相继任浙江两级师范、南京高等师范学校的美术、音乐教师。他不但是中国西画运动的开拓者,也对中国近代早期美术教育有着卓越的贡献,民国美术史上一代名流丰子恺、吴梦非、潘天寿等人都出自他的门下。

弘一法师的绘画活动大多在出家前,尤其善于捕捉神态来刻画人物的心境,现存有大量油画和素描作品。

此外,《明画录》与《图绘宝鉴》中记载的明清两代的僧人画家还有:僧朴中、僧昇、僧普、僧日章、僧碧峰、僧峰、僧端、僧大澍、僧钦义、僧常莹、僧炤远、僧七处、僧未然、僧山语、僧扫叶、僧雪笠、僧豁堂、僧半山、僧无可、僧戒开、僧弘瑜、僧觉徵、僧照远、僧焉文、僧智力。这些僧人画家大都擅长山水和花鸟题材,较少涉及佛教题材。在师承上,也多取法宋元以来的文人画传统。

四、明代的佛教版画艺术

明代是中国版画的鼎盛时期,万历时期更被称为古版画的黄金时代。明代印刷由内府刻书内司礼监主管,全国"两京十三省"无不刻书,坊间书肆得到了极大的发展。南北两京外,虽然开封、成都、平阳的出版不如以前,但浙江杭州、福建建阳刻书业仍然长久不衰。此外,还产生了徽州、苏州、吴兴等一批新的出版中心。

宗教版画,尤其是佛教版画,在明初发展到了高潮。明初,由于统治者组织了大规模的佛经刻印活动,佛教版画在艺术上达到了很高的境界。嘉靖时期(1522—1566),其风格由浑厚豪放,渐趋工细绵密、精致生动。在晚明,艺术欣赏性的版画大量兴起,佛教版画也逐渐衰落。

洪武五年(1372)朱元璋命刻《大藏经》于南京,是为《洪武南藏》,中有《玄奘法师译经图》颇为珍贵。洪武二十四年(1391)刊《七佛所说神咒经》,扉画五面连式,亦颇精工。《观音普门品经》有洪武二十八年(1395)京都应天府沙福智刻经牌记,图41幅,刻工为金陵陈声,《中国版刻图录》收《现婆罗门身说法图》一幅,极为精美。而洪武版《天竺灵讖》,杭州众安桥杨家经坊刻本,图较为粗率,反映了明朝前期的雕印水准。

永乐年间(1403—1424),由于统治者崇信佛教,佛教版画得到了较大发展。所刻版画工细精致,却没有拥挤板涩的感觉,而显得生动活泼、气魄宏大,其艺术感染力不亚于大幅的宗教壁画。

永乐元年(1403)有《佛说摩利支菩萨经》,三年(1405)有《劝念佛诵经西方净土公据》,五年(1407)有《圣妙吉祥真实名经》,十五年(1417)有《诸佛如来菩萨名称歌曲》,十七年(1419)有《金光明经》,十八年(1420)有《弥陀往生净土忏仪》和《太上说天妃救苦灵应经》,二十一年(1423)有《金刚经集注》、《妙法莲华经观音普门品》,还有永乐刊印的《释氏源流》、《佛说阿弥陀经》、《礼三十五佛忏悔法门》、《鬼子母揭钵图》等。《摩利支天经》,为航海家郑和施刻,扉画精美。《天妃经》是随郑和下西洋的僧人胜慧施刻的,刻经以求海神天妃的保佑。版画六面连式,有天妃像和航海的船队,气势磅礴。《诸佛菩萨尊者神僧名经》为明成祖撰,引首画极为富丽精工。《鬼子母揭钵图》为《金刚经》扉画,十面连式,大有移山填海、剑拔弩张之势,堪称佳作。中国佛教协会文物馆收集有内府司礼监永乐九年(1411)刻《圣妙吉祥真实名经》,十年(1412)刻《大悲观自在菩萨总持经咒》,十八年(1420)刻《妙法莲花经》、永乐刊本《仁王护国般若经陀罗尼》,其精美程度证明出于宫廷画师高手。

洪熙至天顺间(1425—1464),先后有《佛顶心大陀罗尼经》、《金刚般若波罗蜜经》、《出相佛顶心大陀罗尼经》、《广大圆满无碍大悲心大陀罗尼神咒》、《白衣观音五印心陀罗尼经》、《观音救难诸咒》等作品。其中《妙法莲华经观音普门品》及宣德三年刻本《佛母大孔雀明王经》,插图风格都上承永乐,成就颇高。由明成祖倡,正统五年(1440)刻成的大藏经《北藏》,插图也极其富丽。

佛教版画在成化年间达到了顶峰。成化间(1465—1487),有宪宗作序的《出相观音普门品经》首冠图十面连式。北京刻本《佛说金轮佛顶大威德炽盛光如来陀罗尼经》冠图四面连式。这时的佛教版画不仅限于经卷首尾插图,而且产生了整本的宗教版画画册,如成化六年(1470)所刻的《天神灵鬼像册》包罗甚广,似为水陆道场画稿本;成化二十二年(1486)内府经厂刻本《释氏源流应化事迹》图像之多、雕刻之精都令人赞叹。

第三节 明清时期的佛教书法

明代在继承元代书法文化的基础上,进行了总结和发展。禅宗思想对佛教书法的影响进一步深入,禅意书法日趋成熟与多样,出现了董其昌这样的一代大家。且文人士大夫书家在这一时期产生了很多自己的理论,也是在充分吸收禅宗思想后,对书法创作和品评提出一些独特思考。这一时代也出现了具有代表性和典范意义的禅僧书家,他们的书法理论对以后书法的发展影响深远。总而言之,明代是禅与书法深入结合达到高度成熟的时期。

对于禅与书法的关系,专家学者对之不乏探讨和阐扬。有人认为二者是一种体用关系:"禅为书之体,是书法的创作源泉;书为禅之用,是禅的最恰当的表现方式之一,二者的关系非常紧密。首先,禅与书法都十分注重人心的作用,其结果便要突破千仞之规矩,一言以蔽之:反对执着。其次,从思维方式和开悟过程来看,禅与书法均排斥知性和逻辑的认识,去除二元论的思维法则,主要运用'静默观照','潜心冥想'的方式和凭借意识流去把握物象背后的真理。再者,禅和书法在审美境界上非常相近,禅所要达到的淡薄、孤绝、空灵、含蓄的理想境界也正是书法所始终追求的最高审美情趣"。① 基于这样的一种认识来观照整个明代的佛教书法,可以从总体上勾勒出明代佛教书法艺术的特质。

清代的佛教书法艺术除了延续明代的禅意书风的特点以外,其发展也是遵循着清代书法的历史分期和发展轨迹。康有为在《广艺舟双楫》中有言:"国朝书法,凡有四变:康、雍之世,专仿香光(董其昌);乾隆之代,竞讲子昂;率更(欧阳修)贵胜于嘉、道之间;北碑萌芽于咸、同之际。"从这段话可以了解清代书法发展的脉络,即清代书法大致可分为两个时期:一是嘉庆、道光以前的帖学期;二是嘉庆、道光以后的碑学期。帖学又可分为宗董(其昌)期和宗赵(孟頫)期;碑学又可分为宗唐期和宗北朝期。

清末至民国初期,几位高僧和士人的推动,使民国佛教书法达到一个高度,虽未形成潮流,却也取得不凡的成就,如弘一法师及其"弘一体"等。民国书法既是整个中国书法史中承前启后的一段联系的环节,又是在特定的历史条件下积蓄力量谋求发展的环节;它的许多方面是中国古代书法史的自然延续,但也有许多方面是具有开创性的,成为古代书法向现当代书法的转折点。民国书法发展演变的特殊性,既有其由清代衍生而来的历史背景,也有清末民初新出现的时代背景,更有书法艺术自身发展的规律性。

一、僧人书法

高僧们特立独行的品格往往在他们富于个性的书法作品中显现出

---

① 何劲松:《禅与书法艺术》,《世界宗教研究》1990年第1期,第105页。

来。明清时代的佛教书法,面貌趋于多样化,并且与绘画联系紧密,大多佛教书家同时也是佛教画家。清初的僧人书家和画家可谓英才辈出,出现了弘仁、髡残、八大和石涛这样的"四僧",其中尤以八大和石涛在佛教书法史上影响广泛。除此之外,其他僧人书家也都各具特色,各有千秋。明清时代的僧人书家才情卓越、个性迥异,他们的书法风貌也呈现出丰富性和多样性,虽然很难用某一种书风统摄,但总体却呈现出这一时代的特殊风貌。

雪浪洪恩(1545—1608),明代贤首宗高僧,字三怀,金陵人,俗家姓黄。一生致力于弘扬华严经教。据说相貌威仪,身形高大,且好学深思,博学能诗。文献记载其"中起世俗念,学世间技艺,涉俗利。尝言:'不读万卷书,不知佛法。'博综外典,旁及唐诗、晋字。帷灯画被,日夜不置。丹黄纷披,几案尽黑"。他认为:"理观为入法之门,文字为障道之具,佛法奥义,不可在章句间求。"①其书法体貌遒媚,用书结体,醇雅之极,堪称佳品。其书风雅正古秀,神情澄朗,高谢风尘,有元末隐士书风,无一点俗气,诚然是释家之妙笔。

憨山德清(1546—1623),字澄印,晚年自号憨山,全椒(今安徽)人,俗姓蔡。12岁投报恩寺依住持西林和尚剃染,后来博通三藏,思想融禅宗和华严于一炉,修行上念佛与参话头并重,主张禅净无别,为四大高僧之一。与当时的文人士大夫董其昌等交游,成为座上宾。在诗文书法方面,皆有造诣,尤其书法艺术在僧人书家中颇为突出。用笔不愠不火,圆转流丽,钱谦益在为其所列小传中提到"大师少时与雪浪洪恩翰墨交游,晚年展纸信笔,一一出自光明藏,都无思议"。其书法师尚唐人欧阳询、虞世南,下笔平稳、含蓄凝练、秀润中和,于平淡中见功力,这与他参禅净业有很大的关系。其佛教书法《行书六言偈语条幅》,无纪年,纸本,内容为"一念忘缘寂寂。孤明独照惺惺。看破空中闪电。非同日下飞萤"。

---

① 钱谦益:《列朝诗集小传》,第704页,上海,中华书局,1959。

整幅作品气韵高雅,出笔入笔间秀润非常,笔画不带丝毫火气,笔画与字距间都留有较大的空间。据明代董其昌《画禅室随笔》记载,他本人于万历戊子年(1588)曾与袁伯修等访憨山禅师,于龙华寺为禅悦之会。参看董其昌的书法风格,可以推论他的书风必定受到了憨山德清的影响。

担当普荷(1593—1673),明代高僧,也是知名书法家,云南晋宁人,俗姓唐,字大来,法名通荷,也作普荷,号担当,是万历秀才。熹宗天启年间,以明经入对朝廷,曾师事董其昌门下,钻研艺事,这里可以看出僧人书家与文人士大夫之间存在紧密联系和相互影响。明末之后,他落发为僧,从无住禅师受戒律。担当普荷的书法以行草为主,又以草书见长,有唐代怀素的风骨,在章法、布局、用墨上深得虚实相生的妙趣。尤其是晚年的狂草,大有"当其下手风雨疾,笔所来到气已吞"的气概。书法在这位禅僧的心目中是生命的活水。就如同担水、砍柴、炊饭作食般寻常,是直截了当的当下意识,是一种机锋妙道。所书:"老衲笔尖无墨水,要从白处想鸿蒙",使人领会到其书法的古意和禅境。担当于圆寂前书偈曰:"天也破,地也破,认着担当便错过,舌头已断谁敢坐?"其佛教书法作品《草书论交无绝条幅》,无纪年,纸本,内容为:"活火煮春泉。君子慎其前。初交淡若此。岁久宁不然"。此书运清凝健细之笔,或正或侧,或屈或折,字形或大或小,全以神行,随机所到,自然成文,无一毫矜意,直露清空本怀,其活活泼泼处若曲水流泉,其虚旷处若空林烟霏。赏此书,宜黑白同参,所贵者在虚白无笔之处。

隐元隆琦(1592—1673),福建福清人,俗家姓林。曾任黄檗山住持,广植田园,重修殿宇,使多年荒芜的黄檗山再度兴盛,蔚为一大禅林。顺治十一年(1654),应侨居日本长崎的兴福寺住持、中国僧人逸然的邀请,与弟子等去日本长崎传法,创立了日本黄檗宗。隐元隆琦长于诗文,更善书画。书法雄劲有力,转折之间婉转而带有圆意,点画之际,悠游自在。披露了高僧胸襟。行书运笔,全神贯注,流畅挥毫,凤神龙姿,自成一家。他曾写书告示弟子参禅的要领,要"直截",要"一念圆明",这既是书法,亦是禅家思想的体现。隆琦与弟子木庵、即非皆精书法,被称为"黄檗三笔",也称"隐木即",深得日本民众喜爱。

雪峤圆信(1571—1647),明代临济门下一代宗师。初号雪庭,后改雪峤。晚年自称语风老人。浙江人,俗姓朱。圆信与画史上"画中九友"之一的李流芳(长蘅)为方外友,谈禅作画,相互倾倒,李氏有诗云:"我常爱君机锋如剑芒,君亦爱我笔墨如风雨。"由于经常观看李氏"泼墨快爽",早就有了弄笔作画之念,直到有一次拾柴,"忽观白云斜来",才将平日的蕴蓄发掘出来,于是一发中的,终于在书法创作上自成一家面貌。

费隐通容(1593—1661),福建福清人,俗姓何,14岁出家。费隐和尚在明朝灭亡之际,被贼兵伤了手臂,因而改用左手进行书法创作,书体多为奔放不羁的行草,但是费隐亦能以左手创作工整端庄的楷书。

丈雪通醉(1601—1693),四川内江人,俗姓李,万历间善书高僧,博学强记,长于诗歌,其书法风格与憨山的疏朗相类,用笔较为方折,结字长扁相间,神情跌宕倔强,颇具个性。

独立性易(1596—1672),明末东渡日本的著名书僧。浙江杭州人,原来名叫戴笠,字曼公。擅长篆书和隶书,还能作诗并精通医术。他的书法宗法古人却不专一家,书风圆劲雄浑,绝妙飘逸,用笔轻灵,抑扬顿挫,姿态丰富并有粗细干湿的变化。更主要的是他对日本书法的影响,当时知名的日本书家深见玄岱、池田嵩山都是他的弟子,独立性易对日本书道起到巨大推动作用。

木庵性瑫(1611—1684),是继隐元隆琦之后,在日本弘扬黄檗宗的第二世祖。福建晋江人,俗姓吴,其书法学赵孟頫,留存下来的书迹很多,喜用粗笔写单行书,间以飞白,被尊为"黄檗三笔"之一,对当时江户时代的宗教文化有深远影响。

即非如一(1616—1671),日本黄檗宗禅僧,福建福清人,俗姓林。年少时即以善书扬名,行楷皆能,笔势雄健阔达,豪放不拘。书法上与隐元、木庵共尊为"黄檗三笔"。后来因为求书者日众,不堪烦扰,便自碎笔砚,以戒人们贪得无厌的要求。

另外还有自彦朗若、秋潭智舷、天然函昰、晦山戒显、弘智无可等皆有纸本书法墨迹传世。

淡归今释(1614—1680),明末进士、清初僧人。工诗文词,善书。面貌接近米芾和董其昌,可知是延续宋以降的帖学书风。今释用笔时,正锋偏锋兼施,转折提顿变化丰富,观其书法的落款"今释","用笔粗壮纯朴,笔断意连,字体结构上松下紧,上宽下窄,上疏下密,貌似稚拙而实为老道,提按起落,纵横开阖,颇具个性。落款今释两字,一任墨色自然变松,未竖先顺习惯斜势涩进。至中部折而垂直,造成'释'字有侧身回眸,意犹未尽之感"①。

阿字今无(1633—1681),广东番禺人,俗姓万。年少时就聪明好学,能言善辩,16岁出家为僧。一生弘教讲经,喜诗文书法,颇得四众拥戴,是岭南著名的高僧。存世作品有《白莲歌奉寿说翁大士并正之》。

东皋心越(1639—1695),金华浦阳人,俗姓蒋,字心越。10岁即落发为僧,曾隐居于西湖永福寺,其后东渡日本。善鼓琴,并精于书画、篆刻,有书法作品存世。

静伊愿庵(1645—1686),嘉兴清溪丁氏子,俗名穷躬,亦作元工,生性高迈风雅,洁身自好,因此也就无意仕途,不求功名,唯与妻子相濡以沫,清寒度日,毫无怨尤。擅长诗作,且工于绘画,尤其专山水人物,喜作巨幅人物和册页山水,论者评其书画风格:老而秀,工而不纤。曾经画关公神像,高丈八,令观者望而生畏,却步不前。晚年时值明朝灭亡,又逢妻丧,可谓国破家亡,万念俱灰,便于明因寺出家。愿庵因平时钟爱古铜器,时常摩挲把玩上面的铭文,并临写和精研,深得金文书法的旨趣,故其书法成就以金文古篆为最佳。

铁舟可韵(？—1818),可韶禅师,或作可韵、韵可,号铁舟、木石山

---

① 刘正成主编:《中国书法全集64·清代》,北京,荣宝斋出版社,1998。

人。湖北武昌人,俗姓黄,书香家世,能通儒典。出家离尘后,致力于佛学参修,后得大悟。继而云游于江南地区,随缘栖息,不拘禅律,备受世人所推重。善鼓琴、工书画,书法宗苏东坡和米芾,绘画师徐文长、陈淳,时人品论他的书法豪健洒脱,登宋人堂奥,绘画则逸笔草草,力破前贤藩篱。铁舟可韵的艺术名噪一时。其咏诗偈,也能随兴所至,有感而发,从不事推敲,但求自娱而已。

际祥主云(生卒年不详),际云法师,号主云。浙江吴兴人,曾任西湖南屏,素有"西湖第一丛林"之称的净慈寺住持。书、画俱学董其昌,工诗,曾书"南屏秋邑归诗脉,北宛春山证画禅"楹帖赠时任抚浙官员的清代经学家阮元,诗文书艺俱佳,一时传为佳话。撰有《敕建净慈寺志》。

六舟达受(1791—1858),命际仁,号六舟、寒泉、流浪僧,浙江海宁人,俗姓姚,稚龄出家,居白马寺。性豁达,学通内外,工诗善书画,尤精摩拓金石鉴别古物,士大夫都喜与之交游畅谈,晚年退居苏州沧浪寺,清阮元称之为"金石僧"。六舟达受曾收藏有释怀素的绢本小草书千字文,由于钟爱无比,他便于其上题长跋,并画上怀素小像,还将他的画室改名为"宝素庵"。六舟达受寂于咸丰八年(1858),著有《小绿天庵吟草》、《山野记事诗》、《宝素堂金石书画编年录》及语录四卷行世。

莲溪真然(1816—1884),号莲溪、野航、黄山樵者,扬州人,俗姓白。工于绘画,无论山水花鸟,皆所擅长,其书法亦为世人所重,用笔迟缓含蓄,用墨饱满,结体高迈,似有风神,堪称佳构。因此得到了当时人的推崇,被誉为神品。每天求画者络绎不绝,盈户塞途。这种现象引起当时一些士大夫的嫉妒,处心积虑对他进行侮蔑,甚至辱及先人,莲溪真然对此一概淡然置之,可见其修为达到很高境界。这些诽谤非但没有令他名誉扫地,反而使之声名大振,这是那些嫉妒他的人所始料未及的。

竹禅法师(1875—1908),人如其名,以画竹为其志趣所在,且富有禅意。他的书法可归类为画家字,以设计和章法取胜,用笔变化少,讲求行间布白,密不容风,通篇又疏落有致,具有整体感,这正是竹禅书法的个性特色所在。

八大山人(1626—1705),清初四僧中造诣和境界最高者,其书艺强调笔笔中锋,婉而不媚,转而不柔,结字往往出人意表,以奇为正,挪位敧侧,不失中正,独创出一种醇雅高古、雍容怪伟的个人风格。这一风格的形成也非一蹴而就的,而是经历了一个发展变化的过程。

八大山人早期也是从帖学入手,书法形似董其昌,后上追两宋,早期的作品如《刘伶酒德颂》模仿黄庭坚的痕迹较重,结体颀长,笔力矫健,点画顾盼得当,一股昂扬之态扑面而来。到了另一幅作品《唐张说诗轴》时,结体上于转折处已开始圆浑,气向内收,笔势开始内敛,凡勾、挑、撇、捺,均将笔势化强为弱。字与字也减弱联系,开始独立,笔画之间开始松动,结构松散疏淡,自成一体,似乎与通幅作品没有联系。有些字在最后收笔时往往不是一般性率意地飘出,感情自然流露,而是谨慎地收住,屏息凝神,力求毫无变化地分割空间而下,直至收尾,可谓波澜不惊。他的作品往往统一在谨慎、收缩、含蓄的状态中,毫无张扬跋扈之气,可以说是力求创作中的平淡、圆融。但是字里行间还是留有细微的痕迹,我们可以从一些点画的连接转折、墨色的轻重之中看到情绪变化。

八大后期作品线条粗细变化显得均匀、点画疏松自如。用笔已趋于圆转流畅,与早年颇多方折迥异,开始尽情简化并统一笔触。八大山人所抄《般若波罗蜜多心经》,笔画线条基本一致,点画疏淡松动不相连,字体楷行随性而无定法。基本将书法、书体还原到字的本来面目,将创作的波澜壮阔的情绪还归给意识的平缓流动。总之还是将自我压缩,退回到旁观的态度,一任意识在禅家修行精神的指引之下进行书写。这种旁观的态度就是无我之境,是将自我融于禅的精神境界。由此可见,如同八大山人这样的僧人书家,是在不断突破和超越自身原有的艺术面貌的基础上,逐渐确立自己独特的佛教书法样式。从书法形式语言上来评判和比较,唐代的释怀素找到了"线条",明末清初的八大山人则不仅找到线条,还找到了"结构"。

原济石涛(1640—1707)，是一位在艺术史上具有重要地位的清代书僧和画僧。其书法风格多变，字体广参六朝写经、钟繇小楷和倪云林笔法，行书时学苏东坡，时学黄山谷，充分显示了其好变的个性。在艺术史的研究上，学者们往往将之单纯作为艺术家进行个案研究，很少有人从其僧人书家的特殊身份以及佛教修行或禅的思维模式上去研究其艺术的生成。石涛有言："不可雕琢，不可板腐，不可沉泥，不可牵连，不可脱节，不可无理，在墨海中立定精神，笔锋下决出生活，尺幅上换去毛骨，混沌中放出光明。纵使笔不笔、墨不墨、画不画，自有我在。"这些论点充分体现了禅宗"明心见性"，返回本来面目的思想主体的影响。

石涛与八大同为明王朝宗室，与八大苦闷悲愤、孤傲不羁的精神世界不同，石涛内心充满幻想和热望，一生痴迷于对虚名的追求。石涛曾北上至京，出入于达官贵人府第，游走于富商巨贾门庭，为他们献诗作画，想谋求晋升之路，甚至以此得到皇家的重用。他曾自作诗曰："欲向皇家问赏心，好从宝绘问知音。"但遗憾的是他那种乱头粗服、野逸旷达却是才华横溢、自成面目的作品，在京津不受重视，几无立锥之地，以致后来境遇凄惨，有诗为证："诸方乞食苦瓜僧，戒行全无趋小乘。五十孤行成独往，一身禅病冷如冰。"

石涛的书法纵横开阖，墨气淋漓，腾挪跳跃且风格多变，字里行间体现了他积极入世的心态。石涛的《李白诗三百卷》，情感抱负倾注而下，笔画喜流连往返，回环缠绕，心绪无一刻宁静。早年字形喜欢一律向左上方斜送，墨色浓淡变化恣意、枯晕丰富、幻化模糊，再联系到石涛晚年凄惨的境况，似乎又可以体味出"墨点无多泪点多"的况味。

清末民初时期出现了一批高僧，他们不但德行修为被世人景仰，而且于书法上也有造诣，甚至在书法理论和书法样式上都有所总结和创造，对佛教书法史作出贡献。宋代释惠洪在题释昭默遗墨时说："道大德博，为丛林所宗仰，虽其片言只偈，翰墨游戏，学者争祕之非以其书词之美也，尊其道师之德耳……斯人德高，而名往就之耳，借使此老书不工，当秘实,况工乎?愈可实也!"①今天,面对民国时期这些高僧的书迹,我们也应作如是观,从其德行和艺术两方面去审视他们的价值。

虚云和尚(1840—1960),为近代第一高僧,享寿120岁,书法颇有个人风格,自成面目,用笔静穆沉厚,结字端正紧密,间有若干连笔牵丝或出锋,扭曲出锋,整体绝无板滞单调之感,堪称佳品。

圆瑛法师(1878—1953),德行持重,学问高深,喜亲翰墨,他的书法墨迹也同样显示出这位儒雅高僧的精神风范。

妙道(1872—1956),原名庄闲,字繁诗,江苏武进人,聪颖好学,长于北魏碑帖,1910年参加南洋第一次农工劝业会书法比赛,获得金牌,可见书艺非同一般。他曾经做过常州女子师范的书法老师,晚年出家,写《妙法莲花华经》四册,并出版面世,这对于佛教的传播教化具有很好的推动作用。

李叔同(1880—1942),幼名文涛,学名成蹊,又名广候、广平,号漱筒,又作瘦桐。别署甚多,可靠的有70余个。出家后法名演音,号弘一。对佛学律宗的贡献很大,为中国近代佛教律宗的代表人物。被佛门称为"重兴南山律宗第十一代祖师"。另外,他更为世人所熟知的是他多才多艺,善西画音律,于书法上成就最高。自清初以来,高僧善书自成一体者恐无出其右。

弘一法师在书法上的创造有一个变革的历程,是由原来的纯粹审美追求逐渐走向宗教精神统摄下的审美创作,最终形成平淡、恬静与冲逸的"弘一体"。法师自幼遍学大小篆、魏晋南北朝诸碑志造像,早年得益于魏碑,于《张猛龙碑》着力苦练,离俗修行后,诸艺皆废,唯独书法没有舍弃,而是用以结缘大众。此后他的书法改为潜心晋唐楷法,渐渐剔去北碑风貌,渐至安详平和、人书俱老的佳境,最终自成一体。

弘一法师在书法创作上从发强刚毅的魏碑书风一转而至恬静详和

---

① 连艾华主编:《明清近代高僧书法展》,第14页,台北,何创时基金会,1995。

的书风,这一大转变正是以皈依佛门为分界的。入佛初,弘一曾延续以前的书风并用书札体写经,或写佛号和大德法语。写佛经与写儒家经典、文学词章,在书法风格上应是有所不同的,当时的大德、后来被誉为近代四大高僧的印光法师见后,写信给他:"……今人书经,任意潦草,非为书经,特借此以习字,兼欲留其笔迹于世后耳。如此书经,非全无益,亦不过为未来得度之因,而其亵慢之罪,亦非浅鲜……写经不同写字屏,取其神趣,不必工整。若写经,宜如进士写策,一笔不容苟简。其体必须依正式体,若座下书札体格,断不可用。古今人多有以行草写经者,光绝不赞同……"①或许正是这封信使弘一法师的艺术开始由原来的纯粹审美自觉地走向了宗教精神统摄下的审美追求。

1926年7月弘一法师在庐山写《华严经》时,转方笔为圆笔,论书法有"七分章法,三分书法",就其单字而论,似乎也是结体重于笔势的。此后,他书法的个人风格愈趋成熟,字形上更形修长,笔画间的结构、字距和行间均愈趋疏朗,用笔浑朴庄凝,气韵恬淡虚和。执笔运肘时,顶礼恭谨、庄严肃穆、心气和平、谢绝尘世的禅定功夫,提升到这种宁静的境界,令人有出尘之想。

弘一法师的书法艺术是将佛教精神与审美原则逐渐相融合的结果。由于他早年学习过西画,故而在书法创造上不自觉地引用了美学的原则,以此出发而达到理想的形式。叶圣陶说:"弘一法师对于书法是用过苦功的。在夏丏尊先生那里,见到他许多习字的成绩。各体的碑刻他都临摹,写什么像什么。这大概因为他弄过西洋画的缘故。西洋画的基本练习是木炭素描,一条线条,一笔烘托,都得和摆在面前的实物不差分毫。经过这样训练的手腕和眼力,运用起来自然能够十分准确,达到得心应手的境界。于是写什么像什么了。"②

---

① 金梅:《悲欣交集——弘一法师传》,第633页,上海,上海文艺出版社,1997。
② 中国佛教协会编:《弘一法师》,第256页,北京,文物出版社,1984。

弘一法师在《致马海髯信》中曾说："朽人于写字时,皆依西洋画图案之原则,竭力配置调和全纸面之形状,于常人所注意之字画笔法、笔力、结构、神韵,乃至某碑、某贴、某派,皆一致屏除,决不用心揣摩。故朽人之字,应作一图案画观之,斯可矣……无论写字、刻印等亦然,皆足以表示作者之性格。"①可见弘一法师的书法主要在于"结体"的修炼上。叶圣陶进一步总结弘一法师的书法艺术有两点特色:一是"籍蕴有味",二是"全面调和"。就全幅看,许多字是互相亲和的,好比一堂谦恭温良的君子,不卑不亢,和颜悦色,在那儿从容论道。就一个字看,疏处不嫌其疏,密处不嫌其密,只觉得每一画都落在最适当的位置,移动一丝一毫不得。再就一笔一画看,无不叫人起充实之感、立体之感。有时候有点像小孩子写得那样天真,但一边是原始的,一边是纯熟的,这分别又显然可见,总括以上这些,就是所谓籍蕴。气韵、意境含蓄在笔墨之外,所以越看越有味。由这两段评价,我们可知弘一法师是通过对书法结构形式感的不断进行转化和提升,从而达到他理想的审美境界的。

另外,出家后的佛学修行对弘一书法产生了重要影响。"文字之相,本不可得。以分别心,云何测度!如是了知,斯为智者。"(弘一法师语)佛教说"诸法无相",因此他认为"文字之相,本不可得"。佛教谓有"分别心"就会产生"妄念",不能获得真理,所以他说:"以分别心,云何测度!"佛教谓修行至"空"的境界便无"能所"之区分,"能"即"所","所"即"能";故弘一认为书法的极致境界乃是"若风画空,无有能所"。心无"能所",毫无滞碍。这几句偈语充分说明了弘一法师书法艺术的追求。

弘一法师的书法,用笔运墨不求饱满圆通,结构也显得随意,然淡而丰腴,松而不散,瘦而不枯,圆转处不求势,横竖止笔不见力点,其冲淡萧然之气流溢于笔墨之外。马一浮曾评论说:"尝谓华亭(董其昌)于书颇得禅悦,如读王右丞诗。今观大师书,精严净妙,乃似宣律师文字,盖大

---

① 季伏昆编:《中国书论辑要》,第25页,南京,江苏美术出版社,2000。

师深究律学,于南山,灵艺撰述皆有阐明。内重之力,自然流露,非具眼者,未是以知之也……"之所以能进得此种境界,都是弘一法师在艺术探求中不断以宗教精神、佛教境界进行统摄、不断追求的结果,他在福建的演讲《出家人与书法》中说道:倘若只能写得几个好字,而不专心学佛法,虽然人家赞美他写字写得怎样的好,那不过是"人以字传"而已!我觉得出家人字虽然写得不好,若是很有道德,那么他的字是很珍贵的,结果都是能"字以人传"。① 他认为人的生活有三种状态:一种是物质生活,一种是精神生活,还有一种是灵魂生活。精神生活是我们知识分子的生活,灵魂生活则是宗教的境界。② 基于这样的精神追求,我们不难体悟出弘一法师的书法艺术为何会有这样一个转变历程。但是,弘一法师也不纯粹是一个遁于佛门、不关心世事的自了汉。1937年7月,卢沟桥事变发生,弘一法师激于民族义愤,到处书写"念佛不忘救国,救国不忘念佛"送人,勉励佛教信徒对宗教和国家二者应有同样深的爱护热忱。他说:"吾人所吃的是中华之粟,所饮的是温陵之水,身为佛子,与此之时不能纾国难于万一,自揣不如一支狗子。"可见其爱国热忱,也可见其书法还承载着号召民众的功用,成为救亡图存的方便法门。

太虚大师(1889—1947),俗名吕沛林,出家后法名唯心。幼年失去双亲,1905年于平望小九华出家,为我国近代著名高僧。太虚大师曾于1933年10月有《怎样建设人间佛教》的讲演。在讲演中,太虚大师指出:"人间佛教,是表明并非教人离开人类去做神做鬼,或皆出家到寺院山林里去做和尚的佛教,乃是以佛教的道理来改良社会,使人类进步、把世界改善的佛教。"③从而最早提出了"人间佛教"的理念。民国17年(1928)太虚大师在南京设立中国佛学会,历游欧美讲演佛学。他是一位重视人间践行、社会人生、国家民族的近代高僧。

---

① 秦启明编:《弘一大师李叔同讲演集》,中国广播电视出版社。
② 吴为山:《雕琢者说》,第52页,北京,中国社会科学出版社,2002。
③ 太虚:《怎样建设人间佛教》,《太虚大师全书》第47册,第431页,台北,善导寺佛经流通处。

太虚大师重视艺术,包括雕刻、书法、绘画等。大师曾经撰写了《美术与佛教》、《佛教美术与佛教》、《我之美术观》等重要论文。其中对美术的定义、分类作了相关论述,并通过美术与佛教的比较进一步探讨美术的本质内涵。他认为佛学与美术产生的根源有相同之处,但二者在效用和本质上却有云泥之别。美术是创造超现实世界以自我安慰,佛学则教人找到解决痛苦的根本方法,一为不究竟的世间法,一为究竟法。二者有假真之别。

太虚大师本人喜好书法,结体师宋人,行笔遒劲圆润,意欲追求超脱,其墨迹纵横跌宕,元气淋漓,雄奇古朴,遒劲洒脱,可以看出大师独特的革命践行精神。镇江焦山碑林存有大师手书的《焦山佛学院代办教务训练班记》的碑刻,颇能反映大师的书法风格。信手写来,不矜持、修饰,不作意,率性自然,字里行间折射出高僧的修为、学识、才情和魄力。

自太虚大师提出人间佛教思想之后,后来的践行者都在书法方面有很深的造诣,而他们的书法对于人间佛教的推行、人间净土的建设所能起到的特殊功用却鲜有提及,对书法与修行的关系也没有专文阐述,这一点是值得继续探究和思考的。

二、士人佛书

明代书法艺术深受佛教精神的影响,尤其是禅宗思想的浸入。我们从一些文人士大夫的名号上就可窥见其一斑,如唐寅字伯虎号六如居士,就是源自《金刚经》的"一切有为法,如梦泡影,如露亦如电。"再如云门僧陈洪绶、衡山道人文徵明、香光居士董其昌、慎娱居士李流芳等,字号都明显带有佛家的气息。受佛学的影响,明代士人们创作了一批优秀的佛教书法作品,也形成了饱含禅学思想的书学理论。清代士人佛书之代表者有邓石如、伊秉绶、阮元与赵之谦等。虽说他们的佛书作品数量并不可观,但均具艺术价值和文化价值,历来为研究者所重。

文徵明(1470—1559),初名壁,一作璧,以字行,更字徵仲,号衡山居士,长洲(今江苏苏州)人,曾一度为翰林待诏。他自称佛门弟子,淡泊名利,潜心诗画,与沈周、仇英、唐寅合称"明四家"。文徵明亦长于赋诗,可谓诗文书画精绝。他的书法无论是篆、隶、楷、行、草皆精。明代王世贞曾评论他:"待诏(文徵明)以小楷名海内,其所沾者隶耳,独篆不轻为人下,然亦自入能品。所书《千字文》四体,楷法绝精工,有《黄庭》《遗教》笔意,行体苍润,可称玉版《圣教》,隶亦妙得《受禅》三昧,篆书斤斤于阳冰门风,而楷有小法,可宝也。"陶宗仪《书史会要》说他小楷精妙,深得智永笔法。他每晚都临写《千字文》,以至于后来成为一种习惯和爱好,以写书法自娱而并非为他人。其佛教书法作品有《心经》、《金刚经》、《观音颂》。

董其昌(1555—1636),字玄宰,号思白,别署香光居士,华亭(今上海松江)人。他官至礼部尚书、太子太保,是明代著名的书画家。

董其昌的书法实践、书法理论不仅在明代标领一时,对后世更是影响深远,这是与他深受禅学影响分不开的。有史料记载,他曾在明代高僧紫柏真可、憨山德清门下参禅,"董其昌也曾游于德清之门。万历年间,以董其昌为首,包括在京的江南著名文人唐文(徵)、袁宏道、瞿洞观、吴观我、吴本如、萧玄圃,与德清组织社团,聚于龙华寺谈禅"。[①] "董其昌尚为诸生时,即'参紫柏老人,与密藏(道开)师激扬大事,遂博观大乘经,力究竹篦子话'。某日,舟过武塘,念香严击竹因缘,以手敲击张帆竹竿,乃'瞥然有省,自后不疑从上公案'。后读李长者(通玄)《华严合论》,作偈云:'帝网重珠遍刹尘,都来当念两言真。华严论主分明举,五十三参钝置人。'又云:'儒衣僧帽道人鞋,百劫庄严不受些。笑倒灵山临末会,生平伎俩一枝花。'"[②]

董其昌的书法创作和书学观念所体现的禅宗思想之影响主要有:首

[①] 葛兆光:《禅宗与中国文化》,第68页,上海,上海人民出版社,1986。
[②] 潘桂明:《中国居士佛教史》,第786页,北京,中国社会科学出版社。

先,在形式上,董其昌倡立了中国历史上第一个绘画流派说——"南北宗论"。这受禅宗南北宗之划分的影响而产生的理论,为中国书画的发展提供了新的理论基础,在以后产生了深远的影响。南北宗论的形成,无住在其文章《禅宗对我国绘画之影响》中总结道:"由于他们向深处探讨,不知不觉中发现了禅宗对画坛的影响,他们毫不隐饰地将所见说出,首先是莫是龙,他说:'禅家有南北二宗,唐时始分也,画之南北二宗,亦唐时分也。'……这种说法似尚嫌侧重形式的比拟……董其昌更进一步说:'行年五十,方知此一派(北宗)画殊不可学,譬之禅定,积劫方成菩萨,非如董、巨、米三家,可一超直入如来地也'。李日华与董其昌并世齐名,尝谓:'古人绘事,如佛说法,纵口极淡,总不越实际理地,所以人天悚听,无非议者。绘事不必求奇,不必循格,要在胸中实有吐出,便是矣。'又谓:'点墨落纸,大非细事,必须胸中廓然无物,然后烟云秀色,与天地生生之气自然凑泊。'"①虽然董其昌在书法风格上没有将历代书法也作一个南北和顿渐的分类,但他的书法创作论和书学观与其绘画思想必定是一脉相承、一以贯之的。

其次,从董其昌的书法理论中可以看出其所受禅学之影响:一是他经常以禅家语言论证书法理论。他说:"大慧禅师论参禅云:'譬如有人具万万资产,吾皆籍没尽,更与索债。'……米元章云:'如撑急水滩船,用尽气力,不离故处'。盖书家妙在能合,神在能离……哪吒拆骨还父,拆肉还母,若别无骨肉,说甚虚空粉碎,始露全身……余此语悟之《楞严》八还义。明还日月,暗还虚空,不汝还者,非汝而谁。然余解此意,笔不与意随也。""药山看经,曰:'图取遮眼,若汝曹看牛皮也须穿',今人看帖,皆穿牛皮之喻也"。② 二是他倡导的疏淡、平和意境实是脱胎于禅。"然

---

① 无住:《禅宗对我国绘画之影响》,张曼涛主编:《佛教与中国文化》,第226页,上海,上海书店,1987。
② 董其昌:《画禅室随笔》,华东师范大学古籍整理研究室选编校点:《历代书法论文选》,第547页,上海,上海书画出版社,1979。

余不好书名,故书中稍有淡意,此亦自知之。""余于虞、褚、颜、欧,皆曾仿佛十一,自学柳诚悬,方悟用笔古淡处。"①三是他所倡导的书法创作态度和宗旨与佛教的禅定是一致的:"余尝题永师《千文》后曰:'作书需提得笔起,自为起,自为结,不可信笔。后代人作书皆信笔尔。'信笔二字,最当玩味,吾所云需悬腕、须正锋者,皆为破信笔之病也。""笔画中须直,不得轻易偏软"。②

董其昌在对传统精确把握的基础上,融合自我性情,将宋、元以来文人书法的和谐优雅、轻松自然之审美理想表现到极致,成为继元代赵孟頫之后又一座书法高峰。董其昌书学理论的产生和提出,与他从晚明四大高僧之紫柏真可、憨山德清门下参禅以及他自身的修悟关系至为密切。

见于史册或留有书迹的明代士大夫作佛书者还有多人。例如朱铨、姜浚分别写《金刚经》,卞赛刺舌血写《法华经》,俞允文、严济、洪度、蔡氏、何镗、朱俸、杜大绶等人均写过佛经,而孙慎行则有佛书《佛家语》等留于后人,王问书写《示僧诗》,个性纷呈,各有千秋。书写寺庙碑铭志记的朝野士人亦不少,有凌晖、张天保、吴亮、陈(羽中)、吴谦、秦金、王礼、李璲、李时、于若瀛、李开藻、徐图等人。此外,据《书史会要》记载,明太祖朱元璋"默契书法。御书第一山三大字于凤阳龙兴寺,端严道劲,妙入神品",从中亦可看出帝王对佛书的倡导。③

邓石如(1743—1805),字顽伯,别号完白山人、笈游道人。工篆刻,精四体书。其篆刻融书法于其中,端庄清新而不失流利,从而创立了"邓派"篆刻之风。邓氏还擅长篆隶,是清朝篆书艺术集大成者,康有为称他:"集篆之大成,其隶楷专法六朝之碑,古茂浑朴"。其传世佛书有篆书

---

① 董其昌:《画禅室随笔》,华东师范大学古籍整理研究室选编校点:《历代书法论文选》,第547页,上海,上海书画出版社,1979。
② 同上书,第541页。
③ 参见赖永海主编《中国佛教百科全书·诗偈、书画卷》,第351页,上海,上海古籍出版社,2000。

《心经》。

伊秉绶(1754—1815),略晚于邓石如。伊秉绶字足似,号墨卿、默庵,汀州(今福建长汀)人,世称"伊汀州"。清高宗乾隆五十四年(1789)进士,后来任官于扬州。长于诗词古文,又兼能画山水梅竹,最为世人所称道的还是书法。他精于行草,擅长分隶,书写得秦汉遗法,字体彰显博厚壮伟之感,墨气淋漓。康有为《广艺舟双楫》评曰:清代之书集合之大成者四家,为邓石如、伊秉绶、刘墉、张裕钊,其中"集分书之成,伊汀州也",对其赞誉有加。伊秉绶的传世佛书有《拓庵》二字等。

阮元(1764—1849)字伯元,号芸台、怡性老人等,仪征(今属江苏)人。清高宗乾隆五十四年(1789)进士,官至体仁阁大学士,加太子太傅。博学多才,精于经籍训诂及书画鉴赏,工天文、地理、历算、文学,善诗文书画。他提倡碑学,著有《南北书派论》、《北碑南帖论》,并精隶,能作擘窠大字,虽非书法大家,亦显得郁勃飞动,清古醇雅。有瓷青纸金栏泥金隶书《无量寿佛经》传世。

赵之谦(1829—1884),初字益甫,号冷君,会稽(今浙江绍兴)人,清文宗咸丰九年(1859)举人,历任江西鄱阳、奉新、南城等知县。赵之谦博古通今,工诗文书画篆刻,书则篆隶楷行莫不精能,承邓石如而能变。他亦信佛,尝书"阿弥陀佛"篆体四字等。

康有为(1858—1927),又名祖诒,字广夏,号长素,又号更生,广东南海县银塘乡人。他的书法实践和书法理论,对嘉道以来的碑学潮流起了推波助澜的作用。他的《广艺舟双楫》使碑学成为当时书坛的主流,而影响到民国初年的书坛。他用笔浑圆遒劲、苍老,行笔快时,多见飞白,带燥方润,将浓遂枯。随意变化,元气淋漓。康有为对书法自视甚高,他曾作诗曰:"北碑南帖孰兼之,更铸周秦孕汉碑。昧昧千秋谁作者,小生有意在于斯。"他在《广艺舟双楫》中就说过:学书当得通人以为师,通人不可多得……他是以通人自许的。在《广艺舟双楫》中,叙述自己学书的经过。他说:"先祖始教以临《乐毅论》及欧、赵书,课之颇严。""将冠,学于朱九江先生……始学执笔,手强甚,昼作势,夜画被,数月乃少自然。""间及行、草,取孙过庭《书谱》及《阁帖》抚之,姜尧章最称张芝、索靖、黄象章草,以时人罕及,因力学之。自是流观诸帖,又堕苏、米窠臼中。"

康有为早年在家乡白云洞还习义理佛道之学,"养神明,弃渣滓。时或啸歌为诗文,徘徊散发,枕卧石窟瀑泉之间,席芳草,临清流,修柯遮云,清泉满听,常夜望弥月不睡,恣意游思,天上人间,极苦极乐,皆现身试之"。认为佛学如药能医人,可见其早年对于佛学是有过研究和体会的。后来政途失意以后,开始遍游祖国,参访了很多名山古寺,如长安兴教寺及终南山诸寺等,并且在这些地方题写匾额楹联,至今可见其墨宝遗存。

萧退庵(1875—1958),原名守忠,后改名嶙。早年字盅浮,一作中孚,后又更名蜕,号蜕庵、退庵、退暗,又号蜕公、无公。江苏常州人。自幼不耐举业,唯嗜书法,晚年移居苏州,以鬻书自给。萧退庵将禅理融入书法创作并形成自己的理论。他说:"学书如参禅,透一关,又一关,必至虚空粉碎,如桶脱底,万法圆融,一法不立,乃为成就。"立论是相当高的。但他自己谦虚地说:"余则于学中讨生活,宋、明、元书耳。"认为自己还远远没有达到禅书相融的境地。

梁启超(1873—1928),字卓如,号任公,饮冰室主人,广东新会人。举人出身,康有为弟子。著有《佛学研究十八篇》,对佛教典籍、义理、传播等都有研究并有独到见解。其书法宗法欧阳询以及北碑,后来又融合了唐代楷法、汉代隶书等,他曾于1927年在清华大学教职员书法研究会上作了《书法指导》的演讲,他认为各种美术之中,以写字,即书法为最高,他认为书法具有独特的民族美,并总结出有线的美、光的美、力的美等,在其《饮冰室专集》卷102中,他说道:"美术有一种要素,就是表现个性。个性的表现,各种美术都可以,即如图画、雕刻、建筑,无不有个性存乎其中。但是表现得最亲切、最真实,莫如写字。前人曾说:'言为心声,字为心画。'这两句话,的确不错。放荡的人,说话放荡,写字亦放荡;拘谨的人,说话拘谨,写字亦拘谨。一点不能做作,不能勉强。"

见于著录的清代写经士人尚有裘曰修、于敏中、吴拜、林则徐、董耀、许乃钊、吴芝瑛、吴熙载、沈善登、许宝蘅等士人、居士。诸如鄂容安书云南嵩明海潮寺楷书楹联"海暗云无叶,山寒雪有华"的佛寺碑刻、联句,散布于各地名山古刹中。有的是直接书写佛门偈语,有的以对联表达禅意。这些书法作品构成佛教书法的一个分支,不仅提升了佛教寺院的文化内涵,而且促进了佛法与普通信众的沟通,成为佛法弘传、扶世助化的载体和中介。

民国时期不少学者多是书法家,例如欧阳竟无、马一浮、熊十力、刘师培、陈垣等皆有很高的书法修养,他们在精研佛学的同时,喜爱并推动着民国佛教书法艺术。

欧阳渐(1871—1943),字竟无,近代著名佛学居士。欧阳渐生于一个普通官宦之家,6岁丧父,家贫,自幼刻苦攻读,后到金陵刻经处拜访了杨仁山居士,得到了杨氏的教导,从而对佛学信念坚定。曾奉杨氏之命,东渡日本,寻访佛教遗籍。在东京,结识了章太炎、刘师培等,常在一起讨论佛学。欧阳竟无一生从事佛法研究、佛典整理、佛学教育等事业,为中国近代佛学的振兴与发展作出了重要的贡献。他的书法也非常具有个性风格。1943年由沈子善、潘伯鹰、沈尹默等人发起的中国书学研究会在重庆中央图书馆内成立,创办刊物《书学》,该刊物以"阐扬中国书学,推动书学教育"为出版宗旨,就曾经聘请欧阳竟无先生撰稿,由此可见其于书学上的研究和成就。欧阳竟无曾写有《龚秋稣元明以来书法墨迹评传大观跋》,发表于《书学》第一期。1900年敦煌莫高窟千佛洞大量写经被发现,欧阳竟无受到这批唐代写经书风的影响,其书法从中汲取了一定的营养,晚年书法风格趋向于清和恬淡,超尘绝俗,在佛学界有较大影响。

吕澂(1805—1989),现代中国佛教学者。江苏丹阳人。原名吕渭,字秋逸、秋一、鹫子。早年涉猎的学术层面颇广,曾留学日本,专攻美术。1914年,至南京金陵刻经处佛学研究部随欧阳渐研究佛学,后又协助欧阳渐在南京筹办支那内学院。1922年该院成立后,先后出任教务长及院长。他曾于1918年《新青年》第6卷第1号针对"西画东输"、"全从引起肉感设想"这一美术问题致信主编陈独秀,引出陈独秀提出"美术革命"的主张,影响颇大。吕澂之书法亦颇见功力,具有学者气息。

马一浮(1883—1967),幼名福田,更名浮,字一浮,即取《楞严经》"如湛巨悔,流一浮沤,起灭无从"之义。又字一佛,号湛翁,被褐,晚号蠲叟、蠲戏老人,绍兴长塘(今属上虞)人,马一浮8岁学诗,9岁能诵《文选》、《楚辞》。曾留学美国,再留学日本,精通英、日、德、法等七国文字,为现代著名国学大师。辛亥革命后,潜心研究学术,于古代哲学、文学、佛学,无不造诣精深,又精于书法,造诣极深。他的字取法极广,真、行、隶、篆皆精,而尤以行、隶为最。他的隶书得力于《石门颂》。他的《石门颂》小篆婉转秀逸,沉着痛快,超逸绝俗。其书风古朴俊雅,实为佳品。

人名索引

斌宗 254,268—273
陈寅恪 135,137,168
陈垣 474
达赖五世 436,444
德清 137,196,225,457,458,469,471
谛闲 3,4,44,46,50,53—55,65,74—76,92,101,102,107,133,225,231,233—235,239,254,260—265,274,295—298,318,377
丁福保 87,95,283,284,377
费隐通容 459
龚自珍 254—260,338
弘一、李叔同 3,113,234,266,274,298,307,308,337,339—341,343—372,426,453,456,464—467
黄忏华 98,107,144,186,251
慧明 101,312,318
见月读体 354
敬安、寄禅、八指头陀 4,30,31,43,46—49,73,125,127,240,311,318,390,391,394—396,416,426

康熙 254,312,356,436,437,451
莲池大师 350
梁启超 13,39,57,58,65,74,133—138,140,391,392,396,397,426,473
吕澂 65—68,130,131,145,147,148,151,152,156,169,171,186,212—216,338,340,343,344,474,475
木村泰贤 58,62,63,376
南条文雄 132,151,221,222
欧阳渐、欧阳竟无 3,5,30,39,40,45,46,54,55,65—68,92,95,109,113,123,128—137,138,140—204,206—212,254,262,264,320,343,390,393,394,398,399,474,475
彭绍升 255
钱谦益 457
乾隆 254,312,338,400,417,436—439,448,456,472
石涛 451,457,463
顺治 436,444,449,458
苏曼殊 231,391,394
太虚 2,4,5,30,33,36,39,43,46,

49,50,53—55,58,59,61—65,69,70,72—80,82,91,92,94,98,99,103,107,109,110,113—117,120—125,127,133,150,153,171,199—208,210—212,215,216,237,239,245,251,264,268,270,304,311,321,337,339—341,363,373—376,378,380,386,387,390—429,467,468

谭嗣同 39,43,391,396,397,426

汤用彤 54,147

天然函罡 460

王恩洋 67,137,144

魏源 255,338

熊十力 54,144,149,168,169,208,209,212,216,474

虚云 3,4,49,79,82,119,123,236,249,269,292—294,298,311,312,322—336,340—342,464

徐蔚如、徐文蔚 224—227,262,277,339,349,354,380

雪浪洪恩 196,240,457

杨文会、杨仁山 1,39,40,65,66,68,86,87,89,95,128—131,133—135,138,139,143—145,150—153,156,163,195,198,218—224,230,231,252,254,274,275,300—302,304,362,390—394,397,398,401—403,474

隐元隆琦 458,459

印光 3,4,74,88,101,107,225,234,264,274—287,300,302,304,306—308,342,344,357—363,380,381,465

应慈 75,79,226,230,231,234,236,240—244,247—250,312

雍正 88,241,436

圆瑛 4,46,49,59,60,64,107,109,110,113,114,119,120,123,125—127,269,274,292,294,295,311,312,317—319,395,464

月霞 3,4,53,54,65,73—75,133,217,230—237,239—242,245,246,248,250,252,302,312,375,390

章太炎 39—41,43,56,57,74,133,134,138,139,171,231,391,396,397,401,426,474

真可 132,469,471

智光 67,74,75,80,109,230,232,240,245—249,393,394

蕅益智旭、智旭、蕅益 196,254,261,297,307,350—352,358,362,363,369,370

朱元璋 441,449,454,471

宗仰 33,39,41—44,86,133

参考书目

一、佛教典籍

大正新修大藏经

长阿含经.(后秦)佛陀耶舍.竺佛念译.大正藏.第1卷
中阿含经.(东晋)瞿昙僧伽提婆译.大正藏.第1卷
佛说四谛经.(东汉)安世高译.大正藏.第1卷
梵志頞波罗延问种尊经.(东晋)竺昙无兰译.大正藏.第1卷
佛为首迦长者说业报差别经.(隋)法智译.大正藏.第1卷
箭喻经.失译.大正藏.第1卷
杂阿含经.(刘宋)求那跋陀罗译.大正藏.第2卷
佛说八正道经.(东汉)安世高译.大正藏.第2卷
增一阿含经.(东晋)僧伽提婆译.大正藏.第2卷
六度集经.(吴)康僧会译.大正藏.第3卷
佛所行赞.(北凉)昙无谶译.大正藏.第4卷
摩诃般若波罗蜜经.(姚秦)鸠摩罗什译.大正藏.第8卷
道行般若经.(东汉)支娄迦谶译.大正藏.第8卷
小品般若波罗蜜经.(后秦)鸠摩罗什译.大正藏.第8卷
文殊师利所说般若经.(梁)曼陀罗仙译.大正藏.第8卷
金刚般若波罗蜜经.(姚秦)鸠摩罗什译.大正藏.第8卷
佛说仁王般若波罗蜜经.(后秦)鸠摩罗什译.大正藏.第8卷
般若波罗蜜多心经.(唐)玄奘译.大正藏.第8卷
妙法莲华经.(姚秦)鸠摩罗什译.大正藏.第9卷

大法鼓经.(刘宋)求那跋陀罗译.大正藏.第9卷
大方广佛华严经.(东晋)佛驮跋陀罗译.大正藏.第9卷
大方广佛华严经.(唐)实叉难陀译.大正藏.第10卷
大方广佛华严经.(唐)般若译.大正藏.第10卷
大宝积经.(唐)菩提流志译.大正藏.第11卷
胜鬘师子吼一乘大方便方广经.(刘宋)求那跋陀罗译.大正藏.第12卷
无量寿经.(魏)康僧铠译.大正藏.第12卷
佛说无量寿经.(魏)康僧铠译.大正藏.第12卷
佛说观无量寿佛经.(刘宋)畺良耶舍译.大正藏.第12卷
佛说阿弥陀经.(姚秦)鸠摩罗什译.大正藏.第12卷
大般涅槃经.(北凉)昙无谶译.大正藏.第12卷
大方等无想经.(北凉)昙无谶译.大正藏.第12卷
般舟三昧经.(后汉)支娄迦谶译.大正藏.第13卷
佛说观弥勒菩萨上生兜率天经.(刘宋)沮渠京声译.大正藏.第14卷
佛说弥勒下生经.(西晋)竺法护译.大正藏.第14卷
佛说弥勒大成佛经.(姚秦)鸠摩罗什译.大正藏.第14卷
维摩诘所说经.(姚秦)鸠摩罗什译.大正藏.第14卷
佛说大安般守意经.(东汉)安世高译.大正藏.第15卷
阴持入经.(东汉)安世高译.大正藏.第15卷
菩萨璎珞经.(姚秦)竺佛念译.大正藏.第16卷
佛说宝雨经.(唐)菩提流支译.大正藏.第16卷
大方等如来藏经.(东晋)佛陀跋陀罗译.大正藏.第16卷
佛说不增不减经.(元魏)菩提流支译.大正藏.第16卷
佛说无上依经.(梁)真谛译.大正藏.第16卷
楞伽阿跋多罗宝经.(刘宋)求那跋陀罗译.大正藏.第16卷
入楞伽经.(元魏)菩提流支译.大正藏.第16卷
大乘入楞伽经.(唐)实叉难陀译.大正藏.第16卷
解深密经.(唐)玄奘译.大正藏.第16卷
佛说解节经.(陈)真谛译.大正藏.第16卷
大乘密严经.(唐)地婆诃罗译.大正藏.第16卷
大毗卢遮那神变加持经.(唐)善无畏译.大正藏.第18卷
大毗卢遮那经广大仪轨.(唐)善无畏译.大正藏.第18卷
金刚顶一切如来真实摄大乘现证大教王经.(唐)不空译.大正藏.第18卷
金刚顶瑜伽中略出念诵经.(唐)金刚智译.大正藏.第18卷
金刚顶莲华部心念诵仪轨.(唐)不空译.大正藏.第18卷
苏悉地羯罗经.(唐)输迦婆罗译.大正藏.第18卷

金刚顶瑜伽护摩仪轨.(唐)不空译.大正藏.第18卷
受菩提心戒仪.(唐)不空译.大正藏.第18卷
苏婆呼童子请问经.(唐)输迦婆罗译.大正藏.第18卷
大佛顶如来密因修证了义诸菩萨万行首楞严经.(唐)沙门般剌蜜谛译.大正藏.
第19卷
金刚顶瑜伽金刚萨埵五秘密修行念诵仪轨.(唐)不空译.大正藏.第20卷
毗沙门仪轨.(唐)不空译.大正藏.第21卷
弥沙塞部和酰五分律.(刘宋)佛陀什.竺道生等译.大正藏.第22卷
五分戒本.(刘宋)佛陀什等译.大正藏.第22卷
弥沙塞五分戒本.(刘宋)佛陀什等译.大正藏.第22卷
五分比丘尼戒本.(梁)明徽集.大正藏.第22卷
弥沙塞羯磨本.(唐)爱同录.大正藏.第22卷
摩诃僧祇律.(东晋)佛陀跋陀罗共法显译.大正藏.第22卷
摩诃僧祇律大比丘戒本.(东晋)佛陀跋陀罗译.大正藏.第22卷
摩诃僧祇比丘尼戒本.(东晋)法显共觉贤译.大正藏.第22卷
四分律.(姚秦)佛陀耶舍共竺佛念等译.大正藏.第22卷
四分律比丘戒本.(姚秦)佛陀耶舍译.大正藏.第22卷
四分僧戒本.(姚秦)佛陀耶舍译.大正藏.第22卷
四本比丘尼戒本.(姚秦)佛陀耶舍译.大正藏.第22卷
昙无德律部杂羯磨.(曹魏)康僧铠译.大正藏.第22卷
羯磨.(曹魏)昙谛译.大正藏.第22卷
四分比丘尼羯磨法.(刘宋)求那跋摩译.大正藏.第22卷
十诵律.(姚秦)弗若多罗共罗什译.大正藏.第23卷
十诵比丘波罗提木叉戒本.(姚秦)鸠摩罗什译.大正藏.第23卷
十诵比丘尼波罗提木叉戒本.(刘宋)法显集.大正藏.第23卷
大沙门百一羯磨法.失译.大正藏.第23卷
十诵羯磨比丘要用.(刘宋)僧璩出.大正藏.第23卷
萨婆多毗尼毗婆沙.失译.大正藏.第23卷
萨婆多部毗尼摩得勒伽.(刘宋)僧伽跋摩译.大正藏.第23卷
根本说一切有部毗奈耶.(唐)义净译.大正藏.第23卷
根本说一切有部苾刍尼毗奈耶.(唐)义净译.大正藏.第23卷
根本说一切有部毗奈耶出家事.(唐)义净译.大正藏.第23卷
根本说一切有部毗奈耶安居事.(唐)义净译.大正藏.第23卷
根本说一切有部毗奈耶随意事.(唐)义净译.大正藏.第23卷
根本说一切有部毗奈耶杂事.(唐)义净译.大正藏.第24卷
根本说一切有部尼陀那目得迦.(唐)义净译.大正藏.第24卷

根本说一切有部百一羯磨.(唐)义净译.大正藏.第24卷
根本说一切有部戒经.(唐)义净译.大正藏.第24卷
根本说一切有部苾刍尼戒经.(唐)义净译.大正藏.第24卷
根本说一切有部略毗奈耶杂事摄颂.(唐)义净译.大正藏.第24卷
根本萨婆多部律摄.(唐)义净译.大正藏.第24卷
解脱戒经.(元魏)般若流支译.大正藏.第24卷
律二明了论.(陈)真谛译.大正藏.第24卷
善见律毗婆沙.(齐)僧伽跋陀罗译.大正藏.第24卷
毗尼母经.失译.大正藏.第24卷
鼻奈耶.(姚秦)竺佛念译.大正藏.第24卷
舍利弗问经.失译.大正藏.第24卷
优波离问佛经.(刘宋)求那跋摩译.大正藏.第24卷
佛说犯戒罪报轻重经.(后汉)安世高译.大正藏.第24卷
佛说目连所问经.(刘宋)法天译.大正藏.第24卷
佛说迦叶禁戒经.(刘宋)沮渠京声译.大正藏.第24卷
大比丘三千威仪.(后汉)安世高译.大正藏.第24卷
沙弥十戒并威仪.失译.大正藏.第24卷
沙弥威仪.(刘宋)求那跋摩译.大正藏.第24卷
佛说沙弥十戒仪则经.(宋)施护译.大正藏.第24卷
沙弥尼戒经.失译.大正藏.第24卷
沙弥尼离戒文.失译.大正藏.第24卷
佛说优婆塞五戒相经.(刘宋)求那跋摩译.大正藏.第24卷
佛说戒消灾经.(吴)支谦译.大正藏.第24卷
大爱道比丘尼经.失译.大正藏.第24卷
佛说苾刍五法经.(刘宋)法天译.大正藏.第24卷
佛说苾刍迦尸迦十法经.(宋)法天译.大正藏.第24卷
佛阿毗昙经出家相品.(陈)真谛译.大正藏.第24卷
佛说目连问戒律中五百轻重事.失译.大正藏.第24卷
佛说目连问戒律中五百轻重事经.失译.大正藏.第24卷
梵网经.(姚秦)鸠摩罗什译.大正藏.第24卷
菩萨璎珞本业经.(姚秦)竺佛念译.大正藏.第24卷
受十善戒经.失译.大正藏.第24卷
佛说菩萨内戒经.(刘宋)求那跋摩译.大正藏.第24卷
优婆塞戒经.(北凉)昙无谶译.大正藏.第24卷
清净毗尼方广经.(姚秦)鸠摩罗什译.大正藏.第24卷
菩萨藏经.(梁)僧伽婆罗译.大正藏.第24卷

佛说舍利弗悔过经.(后汉)安世高译.大正藏.第24卷
大乘三聚忏悔经.(隋)阇那崛多共笈多等译.大正藏.第24卷
佛说净业障经.失译.大正藏.第24卷
佛说正恭敬经.(元魏)佛陀扇多译.大正藏.第24卷
佛说大乘戒经.(宋)施护译.大正藏.第24卷
佛说八种长养功德经.(宋)施护等译.大正藏.第24卷
菩萨戒羯磨文.(唐)玄奘译.大正藏.第24卷
菩萨戒本.(北凉)昙无谶译.大正藏.第24卷
菩萨戒本.(唐)玄奘译.大正藏.第24卷
菩萨受斋经.(西晋)聂道真译.大正藏.第24卷
优婆塞五戒威仪经.(刘宋)求那跋摩译.大正藏.第24卷
大智度论.(后秦)鸠摩罗什译.大正藏.第25卷
十地经论.(后魏)菩提流支等译.大正藏.第26卷
佛地经论.(唐)玄奘译.大正藏.第26卷
阿毗达磨品类足论.(唐)玄奘译.大正藏.第26卷
阿毗达摩大毗婆沙论.(唐)玄奘译.大正藏.第27卷
阿毗昙毗婆沙论.(北凉)浮陀跋摩共道泰等译.大正藏.第28卷
阿毗昙心论.(晋)僧提婆共慧远译.大正藏.第28卷
杂阿毗昙心论.(刘宋)僧伽跋摩等译.大正藏.第28卷
入阿毗达磨论.(唐)玄奘译.大正藏.第28卷
五事毗婆沙论.(唐)玄奘译.大正藏.第28卷
阿毗达磨俱舍论.(唐)玄奘译.大正藏.第29卷
中论.(姚秦)鸠摩罗什译.龙树菩萨造.大正藏.第30卷
般若灯论释序.(唐)慧赜述.大正藏.第30卷
十二门论.(姚秦)鸠摩罗什译.大正藏.第30卷
百论.(姚秦)鸠摩罗什译.大正藏.第30卷
瑜伽师地论.(唐)玄奘译.大正藏.第30卷
瑜伽师地论释.(唐)玄奘译.大正藏.第30卷
决定藏论.(梁)真谛译.大正藏.第30卷
成唯识论.(唐)玄奘译.大正藏.第31卷
唯识论颂.(唐)玄奘译.大正藏.第31卷
转识论.(陈)真谛译.大正藏.第31卷
唯识论.(后魏)瞿昙般若流支译.大正藏.第31卷
大乘唯识论.(陈)真谛译.大正藏.第31卷
唯识论.(唐)玄奘译.大正藏.第31卷
摄大乘论.(陈)真谛译.大正藏.第31卷

摄大乘论本.(唐)玄奘译.大正藏.第31卷
摄大乘论释.(陈)真谛译.大正藏.第31卷
摄大乘论释论.(隋)笈多共行炬等译.大正藏.第31卷
摄大乘论释.(唐)玄奘译.大正藏.第31卷
中边分别论.(陈)真谛译.大正藏.第31卷
辩中边论.(唐)玄奘译.大正藏.第31卷
显扬圣教论.(唐)玄奘译.大正藏.第31卷
大乘庄严经论.(唐)波罗颇蜜多罗译.大正藏.第31卷
(唐)李百药.大乘庄严经论序.大正藏.第31卷
佛性论.(陈)真谛译.大正藏.第31卷
究竟一乘宝性论.(后魏)勒那摩提译.大正藏.第31卷
十八空论.(陈)真谛译.大正藏.第31卷
三无性论.(陈)真谛译.大正藏.第31卷
显识论.(陈)真谛译.大正藏.第31卷
观所缘缘论.(唐)玄奘译.大正藏.第31卷
大乘法界无差别论.(唐)提云般若等译.大正藏.第31卷
成实论.(姚秦)鸠摩罗什译.大正藏.第32卷
广释菩提心论.(宋)施护译.大正藏.第32卷
大乘起信论.(梁)真谛译.大正藏.第32卷
人本欲生经注.(东晋)道安注.大正藏.第33卷
(隋)吉藏.大品经游意.大正藏.第33卷
(隋)吉藏.金刚般若经疏.大正藏.第33卷
(唐)宗密.金刚般若经疏论纂要.大正藏.第33卷
(宋)子璿.金刚般若经纂要刊定记.大正藏.第33卷
(隋)智顗.仁王护国般若经疏.大正藏.第33卷
(隋)吉藏.仁王般若经疏.大正藏.第33卷
(唐)圆测.仁王经疏.大正藏.第33卷
(唐)窥基.般若波罗蜜多心经幽赞.大正藏.第33卷
(唐)圆测.佛说般若波罗蜜多心经赞.大正藏.第33卷
(唐)张说.般若心经赞序.大正藏.第33卷
(唐)法藏.般若心经略疏.大正藏.第33卷
(宋)师会.般若心经略疏连珠记.大正藏.第33卷
(隋)智顗.妙法莲华经玄义.大正藏.第33卷
(唐)法藏.般若波罗蜜多心经略疏.大正藏.第33卷
(隋)智顗.法华文句.大正藏.第34卷
(隋)吉藏.法华玄论.大正藏.第34卷

(隋)吉藏.法华义疏.大正藏.第34卷

(隋)吉藏.法华游意.大正藏.第34卷

(唐)窥基.妙法莲华经玄赞.大正藏.第34卷

(隋)智顗.观音玄义.大正藏.第34卷

(宋)知礼.观音玄义记.大正藏.第34卷

(隋)吉藏.华严游意.大正藏.第35卷

(唐)智俨.大方广佛华严经搜玄分齐通智方轨.大正藏.第35卷

(唐)法藏.华严经探玄记.大正藏.第35卷

(唐)法藏.华严经文义纲目.大正藏.第35卷

(唐)澄观.华严经随疏演义钞.大正藏.第36卷

(唐)澄观.华严经略策.大正藏.第36卷

(唐)澄观.华严经疏.大正藏.第36卷

(唐)李通玄.新华严经论.大正藏.第36卷

(唐)李通玄.华严经论.大正藏.第36卷

(唐)李通玄.华严经决疑论.大正藏.第36卷

(隋)吉藏.胜鬘宝窟.大正藏.第37卷

(隋)吉藏.无量寿经义疏.大正藏.第37卷

(隋)慧远.观无量寿经义疏.大正藏.第37卷

(隋)吉藏.观无量寿经义疏.大正藏.第37卷

(唐)善导.观无量寿佛经疏.大正藏.第37卷

(明)智旭.佛说阿弥陀经要解.大正藏.第37卷

(梁)宝亮等.大般涅槃经集解.大正藏.第37卷

(宋)知礼.观无量寿佛经疏妙宗钞.大正藏.第37卷

(隋)灌顶.大般涅槃经玄义.大正藏.第38卷

(新罗)元晓.涅槃宗要.大正藏.第38卷

(隋)吉藏.弥勒经游意.大正藏.第38卷

(隋)吉藏.涅槃经游意.大正藏.第38卷

(后秦)僧肇.注维摩诘经.大正藏.第38卷

(隋)智顗.维摩经玄疏.卷六大正藏.第38卷

(隋)吉藏.净名玄论.大正藏.第38卷

(隋)吉藏.维摩经义疏.大正藏.第38卷

(宋)智圆.请观音经疏阐义钞.大正藏.第39卷

(宋)知礼.金光明经玄义拾遗记.大正藏.第39卷

(隋)吉藏.金光明经疏.大正藏.第39卷

(唐)法藏.入楞伽心玄义.大正藏.第39卷

(唐)宗密.大方广圆觉修多罗了义经略疏.大正藏.第39卷

(唐)一行.大毗卢遮那成佛经疏.大正藏.第39卷

(宋)子璿.首楞严义疏注经.大正藏.第39卷

(唐)道宣.四分律删繁补阙行事钞.大正藏.第40卷

(宋)元照.四分律行事钞资持记.大正藏.第40卷

(唐)道宣.四分律比丘含注戒本.大正藏.第40卷

(唐)定宾.四分比丘戒本疏.大正藏.第40卷

(唐)道宣.四分律删补随机羯磨.大正藏.第40卷

(唐)怀素.僧羯磨.大正藏.第40卷

(唐)怀素.尼羯磨.大正藏.第40卷

(隋)智顗.菩萨戒义疏.灌顶记大正藏.第40卷

(唐)明旷.删补天台菩萨戒疏.大正藏.第40卷

(唐)法藏.梵网经菩萨戒本疏.大正藏.第40卷

(新罗)义寂.菩萨戒本疏.大正藏.第40卷

(新罗)太贤.梵网经古述记.大正藏.第40卷

(北魏)昙鸾.无量寿经优婆提舍愿生偈注.大正藏.第40卷

(隋)吉藏.中观论疏.大正藏.第42卷

(隋)吉藏.十二门论疏.大正藏.第42卷

(隋)吉藏.百论疏.大正藏.第42卷

(唐)遁伦.瑜伽论记.大正藏.第42卷

(唐)窥基.瑜伽师地论略纂.大正藏.第43卷

(唐)窥基.成唯识论述记.大正藏.第43卷

(唐)窥基.成唯识论掌中枢要.大正藏.第43卷

(唐)慧沼.成唯识论了义灯.大正藏.第43卷

(唐)窥基.辩中边论述记.大正藏.第44卷

(唐)法藏.大乘法界无差别论疏.大正藏.第44卷

(唐)窥基.因明入正理论疏.大正藏.第44卷

(隋)慧远.大乘起信论义疏.大正藏.第44卷

(新罗)元晓.大乘起信论别记.大正藏.第44卷

(唐)法藏.大乘起信论义记.大正藏.第44卷

(宋)子璿.起信论疏笔削记.大正藏.第44卷

(明)智旭.大乘起信论裂网疏.大正藏.第44卷

(隋)慧远.大乘义章.大正藏.第44卷

(唐)法藏.大乘起信论别记.大正藏.第44卷

(唐)澄观.华严经清凉疏.大正藏.第45卷

(唐)澄观.华严经清凉疏科.大正藏.第45卷

(隋)吉藏.三论玄义.大正藏.第45卷

485

(隋)吉藏.大乘玄义.大正藏.第45卷
(隋)吉藏.大乘玄论.大正藏.第45卷
(隋)吉藏.二谛义.大正藏.第45卷
《大乘大义章》.(东晋)慧远问.(姚秦)鸠摩罗什答.大正藏.第45卷
(后秦)僧肇.肇论.大正藏.第45卷
(陈)慧达.肇论序.大正藏.第45卷
(唐)元康.肇论疏.大正藏.第45卷
(元)文才.肇论新疏.大正藏.第45卷
(唐)窥基.大乘法苑义林章.大正藏.第45卷
(唐)慧沼.能显中边慧日论.大正藏.第45卷
(唐)法藏.华严一乘教义分齐章.大正藏.第45卷
(隋)杜顺.华严五教止观.大正藏.第45卷
(隋)杜顺.华严法界观门.大正藏.第45卷
(宋)净源.华严金师子章云间类解.大正藏.第45卷
(唐)智俨.华严一乘十玄门.大正藏.第45卷
(唐)智俨.华严要问答.大正藏.第45卷
(唐)智俨.华严经内章门等杂孔目章.大正藏.第45卷
(唐)法藏.华严经旨归.大正藏.第45卷
(唐)法藏.华严经策林.大正藏.第45卷
(唐)法藏.华严经明法品内立三宝章.大正藏.第45卷
(唐)法藏.华严经义海百门.大正藏.第45卷
(唐)法藏.华严游心法界记.大正藏.第45卷
(唐)法藏.华严发菩提心章.大正藏.第45卷
(唐)法藏.华严关脉义记.大正藏.第45卷
(宋)净源.金师子章云间类解.大正藏.第45卷
(宋)承迁.华严经金师子章注.大正藏.第45卷
(唐)澄观.三圣圆融观门.大正藏.第45卷
(唐)澄观.华严法界玄镜.大正藏.第45卷
(唐)宗密.注华严法界观门.大正藏.第45卷
(宋)本嵩.华严七字经题法界观门颂.大正藏.第45卷
(唐)宗密.原人论.大正藏.第45卷
(唐)李通玄.解迷显智成悲十明论.大正藏.第45卷
(新罗)明晶.华严海印三昧论.大正藏.第45卷
(宋)惟白.文殊指南图赞.大正藏.第45卷
(元)道殿.显密圆通成佛心要集.大正藏.第46卷
(隋)智顗.摩诃止观.大正藏.第46卷

(唐)湛然.止观辅行传弘决.大正藏.第46卷

(唐)湛然.止观义例.大正藏.第46卷

(唐)湛然.止观大意.大正藏.第46卷

(隋)智顗.童蒙止观.大正藏.第46卷

(陈)慧思.大乘止观法门.大正藏.第46卷

(唐)湛然.十不二门.大正藏.第46卷

(宋)知礼.十不二门指要钞.大正藏.第46卷

(隋)智顗.四教仪.大正藏.第46卷

(唐)湛然.金刚錍.大正藏.第46卷

(陈)慧思.南岳思大禅师立誓愿文.大正藏.第46卷

(隋)灌顶.国清百录.大正藏.第46卷

(宋)继忠.观心二百问.大正藏.第46卷

(宋)知礼.四明十义书.大正藏.第46卷

(宋)宗晓.四明尊者教行录.大正藏.第46卷

(元)怀则.天台传佛心印记.大正藏.第46卷

(明)智旭.教观纲宗.大正藏.第46卷

(辽)道㲀.显密圆通成佛心要.大正藏.第46卷

(隋)道绰.安乐集.大正藏.第47卷

(元)慧然.镇州临济慧照禅师语录.大正藏.第47卷

(唐)怀感.释净土群疑论.大正藏.第47卷

(隋)智顗.净土十疑论.大正藏.第47卷

(唐)迦才.净土论.大正藏.第47卷

(唐)窥基.西方要决释疑通规.大正藏.第47卷

(唐)道镜.善道.念佛镜.大正藏.第47卷

(唐)飞锡.念佛三昧宝王论.大正藏.第47卷

(宋)遵式.往生净土决疑行愿二门.大正藏.第47卷

(宋)宗晓.乐邦文类.大正藏.第47卷

(宋)宗晓.乐邦遗稿.大正藏.第47卷

(宋)王日休.龙舒增广净土文.大正藏.第47卷

(元)怀则.净土境观要门.大正藏.第47卷

(元)惟则.净土或问.大正藏.第47卷

(元)普度.庐山莲宗宝鉴.大正藏.第47卷

(明)妙叶.宝王三昧念佛直指.大正藏.第47卷

(明)传灯.净土生无生论.大正藏.第47卷

(明)袁宏道.西方合论.大正藏.第47卷

(唐)善导.转经行道愿往生净土法事赞.大正藏.第47卷

(唐)善导.往生礼赞偈.大正藏.第47卷

(宋)遵式.往生净土忏愿仪.大正藏.第47卷

筠州洞山悟本禅师语录.[日]慧印校.大正藏.第47卷

瑞州洞山良介禅师语录.(明)语风圆信.郭凝之集.大正藏.第47卷

(明)郭凝之编.抚州曹山本寂禅师语录.大正藏.第47卷

抚州曹山元证禅师语录.[日]慧印校.大正藏.第47卷

云门匡真禅师广录.(宋)守坚集.大正藏.第47卷

(南汉)雷岳.云门山光泰禅院匡真大师行录.大正藏.第47卷

潭州沩山灵祐禅师语录.(明)语风圆信.郭凝之集.大正藏.第47卷

袁州仰山慧寂禅师语录.(明)语风圆信.郭凝之集.大正藏.第47卷

金陵清凉院文益禅师语录.(明)语风圆信.郭凝之集.大正藏.第47卷

汾阳无德禅师语录.(宋)楚圆集.大正藏.第47卷

黄龙慧南禅师语录.(宋)惠泉集.大正藏.第47卷

(宋)仁勇编.杨岐方会和尚语录.大正藏.第47卷

杨岐方会和尚后录.大正藏.第47卷

(宋)才良编.法演禅师语录.大正藏.第47卷

(宋)惟盖竺编.明觉禅师语录.大正藏.第47卷

(宋)绍隆编.圆悟佛果禅师语录.大正藏.第47卷

(宋)蕴闻编.大慧普觉禅师语录.大正藏.第47卷

(宋)道谦编.大慧普觉禅师宗门武库.大正藏.第47卷

(宋)集成编.宏智禅师广录.大正藏.第48卷

(宋)义远编.天童山景德寺如净禅师续语录.大正藏.第48卷

(宋)绍隆等编.佛果圆悟禅师碧岩录.大正藏.第48卷

(元)行秀.万松老人评唱天童觉和尚颂古从容庵录.大正藏.第48卷

(宋)慧岩智照编.人天眼目.大正藏.第48卷

(唐)法海编.南宗顿教最上大乘摩诃般若波罗蜜经六祖惠能大师于韶州大梵寺施法坛经.大正藏.第48卷

(元)宗宝编.六祖大师法宝坛经.大正藏.第48卷

(唐)弘忍.最上乘论.大正藏.第48卷

黄檗山断际禅师传心法要.(唐)裴休集.大正藏.第48卷

黄檗断际禅师宛陵录.(唐)裴休集.大正藏.第48卷

(唐)宗密.禅源诸诠集都序.大正藏.第48卷

宗镜录.(宋)延寿集.大正藏.第48卷

万善同归集.(宋)延寿述.大正藏.第48卷

(宋)延寿.永明智觉禅师唯心诀.大正藏.第48卷

(高丽)知讷.真心直说.大正藏.第48卷

(高丽)知讷.诫初心学人文.大正藏.第48卷

(高丽)知讷.高丽国普照禅师修心诀.大正藏.第48卷

禅林宝训.(宋)净善集.大正藏.第48卷

(明)祩宏.禅关策进.大正藏.第48卷

(元)德辉编.敕修百丈清规.大正藏.第48卷

异部宗轮论.(唐)玄奘译.大正藏.第49卷

(隋)费长房.历代三宝纪.大正藏.第49卷

(宋)志磐.佛祖统纪.大正藏.第49卷

佛祖历代通载.(元)念常集.大正藏.第49卷

(元)觉岸编.释氏稽古略.大正藏.第49卷

(明)幻轮编.释鉴稽古略续集.大正藏.第49卷

婆薮槃豆法师传.(陈)真谛译.大正藏.第50卷

(唐)冥祥.大唐故三藏玄奘法师行状.大正藏.第50卷

(唐)慧立.大唐大慈恩寺三藏法师传.大正藏.第50卷

(梁)慧皎.高僧传.大正藏.第50卷

(唐)道宣.续高僧传.大正藏.第50卷

(宋)赞宁.宋高僧传.大正藏.第50卷

(明)如惺.大明高僧传.大正藏.第50卷

(梁)宝唱.比丘尼传.大正藏.第50卷

(明)朱棣.神僧传.大正藏.第50卷

(高丽)觉训.海东高僧传.大正藏.第50卷

(唐)义净.大唐西域求法高僧传.大正藏.第51卷

(唐)僧详.法华传记.大正藏.第51卷

(唐)法藏.华严经传记.大正藏.第51卷

(唐)惠英.大方广佛华严经感应传.大正藏.第51卷

(宋)道原.景德传灯录.大正藏.第51卷

(明)居顶.续传灯录.大正藏.第51卷

(宋)契嵩.传法正宗论.大正藏.第51卷

(唐)唐临.冥报记.大正藏.第51卷

(晋)法显.高僧法显传.大正藏.第51卷

(唐)玄奘.大唐西域记.大正藏.第51卷

(唐)道宣.释迦方志.大正藏.第51卷

[日]元开.唐大和上东征传.大正藏.第51卷

(北魏)杨衒之.洛阳伽蓝记.大正藏.第51卷

(唐)段成式.寺塔记.大正藏.第51卷

梁京寺记.大正藏.第51卷

(唐)慧祥.古清凉传.大正藏.第51卷
(宋)延一.广清凉传.大正藏.第51卷
(宋)张商英.续清凉传.大正藏.第51卷
(梁)僧祐.弘明集.大正藏.第52卷
(唐)道宣.广弘明集.大正藏.第52卷
(唐)道宣.古今佛道论衡.大正藏.第52卷
(唐)智升.续集古今佛道论衡.大正藏.第52卷
(唐)道宣.神州三宝感通录.大正藏.第52卷
(唐)彦悰.沙门不应拜俗等事.大正藏.第52卷
(唐)法琳.破邪论.大正藏.第52卷
(唐)法琳.辩正论.大正藏.第52卷
(唐)神清.北山录.大正藏.第52卷
(宋)张商英.护法论.大正藏.第52卷
(宋)契嵩.镡津文集.大正藏.第52卷
(元)祥迈.辨伪录.大正藏.第52卷
代宗朝赠司空大辩正广智三藏和上表制集.(唐)圆照集.大正藏.第52卷
(唐)窥基.说无垢称经疏.大正藏.第53卷
(梁)宝唱.经律异相.大正藏.第53卷
(唐)道世.法苑珠林.大正藏.第53卷
(晋)慧达.肇论疏.大正藏.第54卷
(明)德清.肇论略注.大正藏.第54卷
(唐)道世.诸经要集.大正藏.第54卷
(唐)李师政.法门名义集.大正藏.第54卷
(唐)义净.南海寄归内法传.大正藏.第54卷
(宋)赞宁.大宋僧史略.大正藏.第54卷
释氏要览.(宋)道诚集.大正藏.第54卷
(唐)义净.梵语千字文.大正藏.第54卷
(梁)僧祐.出三藏记集.大正藏.第55卷
(隋)法经.众经目录.大正藏.第55卷
(隋)彦琮.众经目录.大正藏.第55卷
(唐)道宣.大唐内典录.大正藏.第55卷
(唐)道宣.续大唐内典录.大正藏.第55卷
(唐)明佺.大周刊定众经目录.大正藏.第55卷
(唐)智升.开元释教录.大正藏.第55卷
(唐)智升.开元释教录略出.大正藏.第55卷
(唐)圆照.大唐贞元续开元释教录.大正藏.第55卷

(唐)圆照.贞元新定释教目录.大正藏.第55卷

(南唐)恒安.续贞元释教录.大正藏.第55卷

[日]圆超.华严宗章疏并因明录.大正藏.第55卷

[日]荣稳.律宗章疏.大正藏.第55卷

[日]永超.东域传灯目录.大正藏.第55卷

(高丽)义天.新编诸宗教藏总录.大正藏.第55卷

[日]良算.唯识论同学钞.大正藏.第66卷

[日]普寂.摄大乘论释略疏.大正藏.第68卷

[日]丰安.戒律传来记.大正藏.第74卷

律宗纲要.[日]凝然述.大正藏.第74卷

[日]法进.东大寺受戒方轨.大正藏.第74卷

[日]实范.东大寺戒坛院受戒式.大正藏.第74卷

[日]惠光.唐招提寺戒坛别受戒式.大正藏.第74卷

授决集.[日]圆珍述.大正藏.第74卷

(唐)智俨.华严经略疏.大正藏.第85卷

摄大乘论疏.大正藏.第85卷

摄大乘论抄.大正藏.第85卷

摄大乘论章卷第一.大正藏.第85卷

摄论章卷第一.大正藏.第85卷

摄大乘义章卷第四(大屋德城氏藏写本).大正藏.第85卷

(唐)昙旷.大乘起信论广释.大正藏.第85卷

观心论.大正藏.第85卷

大乘无生方便门.大正藏.第85卷

(唐)净觉.楞伽师资记.大正藏.第85卷

(唐)杜胐.传法宝记.大正藏.第85卷

大方广佛华严经普贤菩萨行愿王品.大正藏.第85卷

大藏新纂卍续藏经

(后魏)灵辨.华严经论.续藏经.第3册

(唐)澄观.华严经入法界品问答.续藏经.第3册

(唐)慧苑.续华严经略疏刊定记.续藏经.第3册

(唐)李通玄.大方广佛新华严经合论.续藏经.第4册

(明)李贽.大方广佛华严经合论简要.续藏经.第4册

(明)方泽.大方广佛华严经合论纂要.续藏经.第5册

(唐)澄观.华严经普贤行愿品疏.续藏经.第5册

(唐)宗密.大方广佛华严经普贤行愿品疏科文.续藏经.第5册

491

(唐)宗密.大方广佛华严经普贤行愿品别行疏钞.续藏经.第5册
(唐)宗密.大方广佛华严经普贤行愿品别行疏科文.续藏经.第5册
(唐)澄观.大方广佛华严经疏科文.续藏经.第5册
(唐)澄观.华严经疏钞悬谈.续藏经.第5册
(宋)净源.大方广佛华严经疏.经续藏经.第7册
(辽)鲜演.华严经谈玄抉择.续藏经.第8册
(辽)鲜演.大方广佛华严经谈玄决择.续藏经.第8册
(宋)戒环.大方广佛华严经要解.续藏经.第8册
(宋)戒环.华严经要解.续藏经.第8册
(宋)道通.大方广佛华严经吞海集.续藏经.第8册
(明)德清.大方广佛华严经纲要.续藏经.第8册
(唐)宗密.大方广圆觉经疏.续藏经.第9册
(唐)宗密.大方广圆觉经大疏钞科.续藏经.第9册
(唐)宗密.圆觉经大疏钞.续藏经.第9册
(唐)宗密.圆觉经大疏释义钞.续藏经.第9册
(唐)宗密.大方圆觉经略疏科.续藏经.第9册
(唐)宗密.大方广圆觉经略钞.续藏经.第9册
(宋)观复.圆觉经钞辨疑误.续藏经.第10册
(元)清远.圆觉经疏钞随文要解.续藏经.第10册
(宋)子璿.首楞严经义疏注经科.续藏经.第10册
(宋)怀远.首楞严经义疏释要钞.续藏经.第11册
(宋)仁岳.首楞严经集.解熏闻记.续藏经.第11册
(宋)德洪.首楞严经合论.续藏经.第12册
(明)袾宏.楞严摸象记.续藏经.第12册
(明)德清.首楞严经悬镜.续藏经.第12册
(明)传灯.首楞严经圆通疏.续藏经.第12册
(明)传灯.首楞严经玄义.续藏经.第13册
(明)智旭.首楞严经玄义.续藏经.第13册
(明)智旭.首楞严经文句.续藏经.第13册
(明)钱谦益.首楞严经疏解蒙钞.续藏经.第13册
(明)大韶.楞严经击节.续藏经.第14册
(宋)慧洪.楞严经合论.续藏经.第18册
(唐)窥基.胜鬘经述记.续藏经.第19册
(唐)法藏.大乘密严经疏.续藏经.第21册
(唐)圆测.解深密经疏.续藏经.第21册
(清)续法.念佛圆通章疏钞.续藏经.第22册

(清)彭际清.无量寿经起信论.续藏经.第22册
(清)王耕心.摩诃阿弥陀经衷论.续藏经.第22册
(清)续法.观无量寿经直指疏.续藏经.第22册
(明)传灯.弥陀略解圆中钞.续藏经.第22册
(明)袾宏.佛说阿弥陀经疏钞.续藏经.第22册
(明)袾宏.弥陀经疏钞.续藏经.第22册
(明)袾宏.阿弥陀经疏钞事义.续藏经.第22册
(明)袾宏.阿弥陀经疏钞问辩.续藏经.第22册
(明)古德.弥陀经疏钞演义定本.续藏经.第22册
(清)达默.阿弥陀经要解便蒙钞.续藏经.第22册
(清)续法.阿弥陀经略注.续藏经.第22册
(清)彭际清.阿弥陀经约论.续藏经.第22册
(唐)一行.毗卢遮那成佛神变加持经义释.续藏经.第23册
(辽)觉苑.大日经义释演密钞.续藏经.第23册
(唐)佛陀波利.佛顶尊胜陀罗尼经释.续藏经.第23册
(宋)仲希.般若心经略疏显正记.续藏经.第26册
(明)传灯.妙法莲华经玄义辑略.续藏经.第28册
(明)一如.妙法莲华经科注.续藏经.第31册
(明)如愚.妙法莲华经知音.续藏经.第31册
(明)无相.法华大意.续藏经.第31册
(明)德清.妙法莲华经击节.续藏经.第31册
(明)德清.妙法莲华经通义.续藏经.第31册
(明)焦竑.大乘妙法莲华经精解评林.续藏经.第31册
(明)通润.法华大窾.续藏经.第32册
(明)智旭.妙法莲华经纶贯.续藏经.第32册
(明)智旭.妙法莲华经台宗会义.续藏经.第32册
(明)袾宏.梵网经义疏发隐.续藏经.第38册
(明)袾宏.戒疏发隐事义.续藏经.第38册
(明)袾宏.菩萨戒问辩.续藏经.第38册
(唐)传奥.梵网经记.续藏经.第38册
(明)智旭.佛说梵网经菩萨心地品玄义.续藏经.第38册
(明)智旭.佛说梵网经菩萨心地品合注.续藏经.第38册
(明)弘赞.佛说梵网经菩萨心地品下略疏.续藏经.第38册
(明)弘赞.半月诵菩萨戒仪式注.续藏经.第38册
(明)寂光.梵网经直解.续藏经.第38册
(明)寂光.梵网经直解事义.续藏经.第38册

(清)书玉.佛说梵网经初津.续藏经.第38册
(清)读体.毗尼止持会集.续藏经.第39册
(宋)允堪.四分律比丘含注戒本疏发挥记.续藏经.第39册
(宋)元照.四分律比丘含注戒本疏行宗记.续藏经.第39册
(明)弘赞.四分戒本如释.续藏经.第39册
(宋)允堪.四分律随机羯磨疏正源记.续藏经.第40册
(宋)元照.四分律删补随机羯磨疏济缘记.续藏经.第41册
(唐)法砺.四分律疏.续藏经.第41册
(唐)怀素.四分律开宗记.续藏经.第42册
(唐)定宾.四分律疏饰宗义记.续藏经.第42册
(唐)大觉.四分律行事钞批.续藏经.第42册
(五代)景霄.四分律行事钞简正记.续藏经.第43册
(元)照录.释四分律行事钞科.续藏经.第43册
(宋)则安.资持记序解并五例讲义.续藏经.第44册
(宋)慧显.行事钞诸家记标目.续藏经.第44册
(宋)道标.资持立题拾义.续藏经.第44册
(唐)道世.毗尼讨要.续藏经.第44册
(明)弘赞.四分律名义标释.续藏经.第44册
(明)智旭.四分律藏大小持戒犍度略释.续藏经.第44册
(唐)道宣.四分律拾毗尼义钞.续藏经.第44册
(明)智旭.佛说斋经科注.续藏经.第44册
(明)性祇.佛说目连问戒律中五百轻重事经略解.续藏经.第44册
(明)永海.佛说目连五百问戒律中轻重事经释.续藏经.第44册
(宋)元晓.大乘起信论疏记会本.续藏经.第45册
(明)通润.大乘起信论续疏.续藏经.第45册
(明)德清.大乘起信论疏略.续藏经.第45册
(明)德清.大乘起信论直解.续藏经.第45册
(明)续法.起信论疏记会阅册首总目.续藏经.第45册
(明)续法.起信论疏记会阅.续藏经.第45册
(辽)法悟.释摩诃衍论赞玄疏.续藏经.第45册
(辽)志福.释摩诃衍论通玄钞.续藏经.第46册
(唐)均正.大乘四论玄义.续藏经.第46册
(宋)普观.法界无差别论疏领要钞科.续藏经.第46册
(宋)普观.法界无差别论疏领要钞.续藏经.第46册
(宋)文才.肇论新疏游刃.续藏经.第54册
(明)德清.肇论略注.续藏经.第54册

(明)道衡.物不迁正量论证.续藏经.第54册
(明)真界.物不迁论辩解.续藏经.第54册
(元)云峰.唯识开蒙.续藏经.第55册
(明)德清.八识规矩通说.续藏经.第55册
(明)广益.八识规矩颂.续藏经.第55册
(明)智旭.八识规矩直解.续藏经.第55册
(明)明昱.相宗八要解.续藏经.第55册
(明)智旭.六离合释法式略解.续藏经.第55册
(宋)源清.十不二门示珠指.续藏经.第56册
(宋)智圆.金刚錍显性录.续藏经.第56册
(宋)宗晓.宝云振祖集.续藏经.第56册
(宋)元悟.螺溪振祖集.续藏经.第56册
(宋)智圆.闲居编.续藏经.第56册
(宋)智圆.中庸子传.续藏经.第56册
(宋)遵式.金园集.续藏经.第57册
(宋)遵式.天竺别集.续藏经.第57册
(宋)可观.山家义苑.续藏经.第57册
(宋)可观.竹庵草录.续藏经.第57册
(宋)法登.圆顿宗眼.续藏经.第57册
(宋)法登.议中兴教观.续藏经.第57册
(宋)善月.山家绪余集.续藏经.第57册
(明)传灯.传佛心印记注.续藏经.第57册
(明)传灯.性善恶论.续藏经.第57册
(明)智旭.教观纲宗释义.续藏经.第57册
(宋)从义.四教仪集.续藏经.第57册
(清)性权.天台四教仪注汇补辅宏记.续藏经.第57册
(唐)法藏.华严经普贤观行法门.续藏经.第58册
(宋)净源.华严还源观科.续藏经.第58册
(宋)净源.华严妄尽还源观疏钞补解.续藏经.第58册
(宋)道亭.华严一乘教义分齐章义苑疏.续藏经.第58册
(宋)观复.遗教经论记.续藏经.第58册
(宋)师会.华严融会一乘义章.续藏经.第58册
(宋)师会.华严一乘教义分齐章焚薪.续藏经.第58册
(宋)师会.华严一乘教义分齐章科.续藏经.第58册
(宋)师会.华严一乘教义分齐章复古记.续藏经.第58册
(宋)希迪.华严一乘教义分齐章集.续藏经.第58册

(宋)希迪.评复古记.续藏经.第58册

(唐)澄观.五蕴观.续藏经.第58册

(唐)澄观.圭峰宗密注.答顺宗心要法门.续藏经.第58册

(唐)宗密.注华严法界观科文.续藏经.第58册

(唐)宗豫.注华严法界观科.续藏经.第58册

(宋)道通.华严法相盘节.续藏经.第58册

(宋)道通.法界观披云集.续藏经.第58册

(高丽)义天.圆宗文类.续藏经.第58册

(宋)希迪.师会.注同教一乘策.续藏经.第58册

(宋)师会.注同教问答.续藏经.第58册

(宋)善熹.评金刚錍.续藏经.第58册

(宋)善熹.辨非集.续藏经.第58册

(宋)善熹.斥谬.续藏经.第58册

(清)续法.贤首五教仪.续藏经.第58册

(清)续法.贤首五教仪开蒙.续藏经.第58册

(清)续法.贤首五教断证三觉拣滥图.续藏经.第58册

(清)续法.华严镜灯章.续藏经.第58册

(清)彭际清.一乘决疑.续藏经.第58册

(清)彭际清.华严念佛三昧论.续藏经.第58册

(宋)净源.华严原人论发微录.续藏经.第58册

(元)圆觉.华严原人论解.续藏经.第58册

(元)圆觉.华严原人论合解.续藏经.第58册

持诵准提真言法要.(明)弘赞辑.续藏经.第59册

(清)法藏.于密渗施食旨槩.续藏经.第59册

(陈)慧思.受菩萨戒仪.续藏经.第59册

(唐)湛然.授菩萨戒仪.续藏经.第59册

(宋)延寿.受菩萨戒法.续藏经.第59册

(宋)彦起.释门归敬仪护法记.续藏经.第59册

(宋)允堪.净心诫观发真钞.续藏经.第59册

(宋)允堪.衣钵名义章.续藏经.第59册

(宋)允堪.新受戒比丘六念五观法.续藏经.第59册

(宋)道询.芝园遗编.续藏经.第59册

(宋)元照.芝苑遗编.续藏经.第59册

(宋)元照.芝园集.续藏经.第59册

(宋)元照.补续芝园集.续藏经.第59册

律宗新学名句.(宋)怀显集.续藏经.第59册

律宗问答.[日]俊芿法师问.(宋)了然律师.智瑞律师.妙音律师答.续藏经.第59册

(宋)守一.律宗会元.续藏经.第60册

(元)省悟.律苑事规.续藏经.第60册

(清)读体.毗尼日用切要.续藏经.第60册

(清)书玉.毗尼日用切要香乳记.续藏经.第60册

(清)弘赞.沙门日用.续藏经.第60册

(清)弘赞.沙弥律仪要略增注.续藏经.第60册

(清)书玉科.沙弥律仪要略述义.续藏经.第60册

(明)袾宏.沙弥律仪毗尼日用合参.续藏经.第60册

(明)智旭.沙弥十戒威仪录要.续藏经.第60册

(清)读体.沙弥尼律仪要略.续藏经.第60册

(明)智旭.在家律要广集.续藏经.第60册

(明)智旭.律要后集.续藏经.第60册

(明)元贤.律学发轫.续藏经.第60册

(明)法藏.弘戒法仪.续藏经.第60册

(明)法藏.弘法戒仪.续藏经.第60册

(明)法藏.传授三坛弘戒法仪.续藏经.第60册

(清)读体.三坛传戒正范.续藏经.第60册

(明)弘赞.归戒要集.续藏经.第60册

(明)弘赞.八关斋法.续藏经.第60册

(明)如馨.经律戒相布萨轨仪.续藏经.第60册

(明)智旭.梵网经忏悔行法.续藏经.第60册

(清)周思仁.戒杀八问.续藏经.第60册

(清)彭绍升.体仁要术.续藏经.第60册

(明)大祐.净土指归集.续藏经.第61册

(明)道衍.净土简要录.续藏经.第61册

(明)宗本.归元直指集.续藏经.第61册

(明)李贽.净土决.续藏经.第61册

(明)袾宏.答净土八问.续藏经.第61册

(明)袾宏.西方愿文解.续藏经.第61册

(明)袾宏.净土资粮全集.续藏经.第61册

(明)一念.西方直指.续藏经.第61册

(明)智旭.净土十要.续藏经.第61册

(明)元贤.净慈要语.续藏经.第61册

(明)传灯.净土生无生论注(并科).续藏经.第61册

(明)受教.净土生无生论亲闻记.续藏经.第61册
(清)程兆鸾.莲修起信录.续藏经.第62册
(清)省庵.西方愿文注.续藏经.第62册
(清)为霖.净土旨诀.续藏经.第62册
(清)行策.净土警语.续藏经.第62册
(清)行策.起一心精进念佛七期规式.续藏经.第62册
(清)济能.角虎集.续藏经.第62册
(清)省庵.东海若解.续藏经.第62册
(清)省庵.省庵法师语录.续藏经.第62册
(清)彻悟.彻悟禅师语录.续藏经.第62册
(清)古昆.净土随学.续藏经.第62册
(清)古昆.净土必求.续藏经.第62册
(清)沈善登.报恩论.续藏经.第62册
(唐)文益.宗门十规论.续藏经.第63册
(元)云岫.宝镜三昧玄义注.续藏经.第63册
(宋)慧霞.曹洞五位显诀.续藏经.第63册
(清)仪润.百丈清规证义记.续藏经.第63册
(元)明本.幻住庵清规.续藏经.第63册
(唐)宗密.中华传心地禅门师资承袭图.续藏经.第63册
(宋)善卿.祖庭事苑.续藏经.第64册
(明)法藏.五宗原.续藏经.第65册
(明)圆悟.辟妄救略说.续藏经.第65册
(清)雍正.御制拣魔辨异录.续藏经.第65册
(清)性统.五家宗旨纂要.续藏经.第65册
(明)圆澄.湛然禅师慨古录.续藏经.第65册
(明)通容.祖庭钳锤录.续藏经.第65册
(宋)延寿.观心玄枢.续藏经.第65册
禅宗颂古联珠通集.(宋)法应集.(元)普会续集.续藏经.第65册
(宋)克勤.佛果击节录.续藏经.第67册
(元)行秀.万松老人评唱天童觉和尚拈古请益录.续藏经.第67册
(宋)宗杲.正法眼藏.续藏经.第67册
(宋)颐藏主.古尊宿语录.续藏经.第68册
(清)世宗皇帝.御选语录.续藏经.第68册
马祖道一禅师广录.续藏经.第69册
百丈怀海禅师语录.续藏经.第69册
百丈怀海禅师广录.续藏经.第69册

雪峰义存禅师语录. 续藏经. 第 69 册
庞居士语录. 续藏经. 第 69 册
石霜楚圆禅师语录. 续藏经. 第 69 册
宝觉祖心禅师语录. 续藏经. 第 69 册
死心悟新禅师语录. 续藏经. 第 69 册
超宗慧方禅师语录. 续藏经. 第 69 册
白云守端禅师语录. 续藏经. 第 69 册
白云守端禅师广录. 续藏经. 第 69 册
佛果克勤禅师心要. 续藏经. 第 69 册
笑隐欣禅师语录. 续藏经. 第 69 册
雪岩祖钦禅师语录. 续藏经. 第 70 册
高峰大师语录. 续藏经. 第 70 册
高峰原妙禅师语录. 续藏经. 第 70 册
高峰原妙禅师禅要. 续藏经. 第 70 册
高峰和尚禅要. 续藏经. 第 70 册
天目明本禅师杂录. 续藏经. 第 70 册
天目中峰广慧禅师语. 续藏经. 第 70 册
师子林天如和尚语录. 续藏经. 第 70 册
天如惟则禅师语录. 续藏经. 第 70 册
恕中和尚语录. 续藏经. 第 71 册
呆庵庄禅师语录. 续藏经. 第 71 册
元叟端禅师语录. 续藏经. 第 71 册
元叟行端禅师语录. 续藏经. 第 71 册
楚石禅师语录. 续藏经. 第 71 册
愚庵及禅师语录. 续藏经. 第 71 册
南石和尚语录. 续藏经. 第 71 册
丹霞子淳禅师语录. 续藏经. 第 71 册
博山禅警语. 续藏经. 第 72 册
云外云岫禅师语录. 续藏经. 第 72 册
无明慧经禅师语录. 续藏经. 第 72 册
晦台元镜禅师语录. 续藏经. 第 72 册
寿昌见如谧禅师语录. 续藏经. 第 72 册
无异元来禅师广录. 续藏经. 第 72 册
永觉元贤禅师广录. 续藏经. 第 72 册
为霖道霈禅师秉拂语录. 续藏经. 第 72 册
为霖道霈禅师餐香录. 续藏经. 第 72 册

为霖道霈禅师还山录.续藏经.第72册
为霖道霈禅云山法会录.续藏经.第72册
为霖禅师旅泊庵稿.续藏经.第72册
宗宝道独禅师语录.续藏经.第72册
湛然圆澄禅师语录.续藏经.第72册
圣箭堂述古.续藏经.第73册
玄沙师备禅师广录.续藏经.第73册
玄沙师备禅师语录.续藏经.第73册
智林宗本禅师别录.续藏经.第73册
紫柏老人集.续藏经.第73册
紫柏尊者别集.续藏经.第73册
云谷和尚语录.续藏经.第73册
憨山老人梦游集.续藏经.第73册
云门怀禅师宗门设难.续藏经.第73册
宗门宝积录.续藏经.第73册
(宋)延寿.三时系念佛事.续藏经.第74册
(元)明本.中峰国师三时系念佛事.续藏经.第74册
(元)明本.中峰三时系念仪范.续藏经.第74册
(唐)慧觉.华严经海印道场忏仪.续藏经.第74册
(宋)智肱.华严清凉国师礼赞文.续藏经.第74册
(宋)净源.华严普贤行愿修证仪.续藏经.第74册
(唐)宗密.圆觉经道场修证仪.续藏经.第74册
(宋)净源.圆觉经道场略本修证仪.续藏经.第74册
(宋)净源.首楞严坛场修证仪.续藏经.第74册
(明)释禅.依楞严究竟事忏.续藏经.第74册
(宋)宗鉴.释门正统.续藏经.第75册
续佛祖统纪.续藏经.第75册
古今图书集成·释教部.续藏经.第77册
(明)明河.补续高僧传.续藏经.第77册
(明)袾宏.续武林西湖高僧事略.续藏经.第77册
(清)续法.法界宗五祖略记.续藏经.第77册
(明)袾宏.大方广佛华严经感应略记.续藏经.第77册
(清)弘璧.华严感应缘起传.续藏经.第77册
(清)周克复.华严经持验记.续藏经.第77册
(清)周克复.观音持验记.续藏经.第77册
(清)周克复.法华经持验记.续藏经.第78册

(宋)王古.新修往生传.续藏经.第78册
(明)道衍.诸上善人咏.续藏经.第78册
(清)彭际清.净土圣贤录.续藏经.第78册
(宋)悟明.联灯会要.续藏经.第79册
(宋)慧洪.禅林僧宝传.续藏经.第79册
(清)自融.南宋元明禅林僧宝传.续藏经.第79册
(宋)祖琇.僧宝正续传.续藏经.第79册
(清)自融.性磊.南宋元明禅林僧宝传.续藏经.第79册
(清)自融.性磊.南宋元明僧宝传.续藏经.第79册
(宋)普济.五灯会元.续藏经.第80册
(明)静柱.五灯会元续略.续藏经.第80册
(明)通容.五灯严统.续藏经.第80册
(明)通容.五灯严统解惑篇.续藏经.第81册
(清)超永.五灯全书.续藏经.第82册
(明)文秀.增集续传灯录.续藏经.第83册
(明)瞿汝稷.指月录.续藏经.第83册
(宋)晓莹.罗湖野录.续藏经.第83册
(清)聂先.续指月录.续藏经.第84册
(明)袾宏.皇明名僧辑略.续藏经.第84册
(清)性统.续灯正统.续藏经.第84册
(明)通问.续灯存稿.续藏经.第84册
(明)元贤.建州弘释录.续藏经.第84册
(清)达珍.正源略集.续藏经.第85册
(清)如纯.黔南会灯录.续藏经.第85册
(明)朱时恩.佛祖纲目.续藏经.第85册
(清)弘储.南岳单传记.续藏经.第86册
定应大师布袋和尚传.续藏经.第86册
曹溪大师别传.续藏经.第86册
(清)纪荫.宗统编年.续藏经.第86册
(明)道忞.禅灯世谱.续藏经.第86册
(明)元贤.继灯录.续藏经.第86册
(明)朱时恩.居士分灯录.续藏经.第86册
(明)德清.八祖传赞.续藏经.第86册
(宋)晓莹.云卧纪谈.续藏经.第86册
(宋)道融.丛林盛事.续藏经.第86册
(宋)昙秀.人天宝鉴.续藏经.第87册

枯崖和尚漫录.续藏经.第 87 册
(明)无愠.山庵杂录.续藏经.第 87 册
(宋)慧洪.林间录.续藏经.第 87 册
(明)心泰.佛法金汤编.续藏经.第 87 册
(清)周克复.金刚经持验记.续藏经.第 87 册
(清)彭际清.居士传.续藏经.第 88 册
(明)夏树芳.名公法喜志.续藏经.第 88 册
慈云伯亭大师古希纪.续藏经.第 88 册
上竺灌顶大师嘱法语.续藏经.第 88 册
古今图书集成·神异典释教部纪事.续藏经.第 88 册
(清)守一.宗教律诸家演派.续藏经.第 88 册

嘉兴藏

(明)沈士荣.续原教论.嘉兴藏.第 20 册
(明)智旭.偶拈问答.嘉兴藏.第 20 册
(明)智旭.周易禅解.嘉兴藏.第 20 册
(明)鲍宗肇.天乐鸣空集.嘉兴藏.第 20 册
(明)德清.憨山老人梦游全集.嘉兴藏.第 22 册
(明)钟始声.天学初征.嘉兴藏.第 23 册
云门匡真禅师语录.嘉兴藏.第 24 册
天真毒峰善禅师要语.嘉兴藏.第 25 册
寿昌无明和尚录.嘉兴藏.第 25 册
天界觉浪盛禅师语录.嘉兴藏.第 25 册
(清)道忞.北游集.嘉兴藏.第 25 册
(清)道忞.布水台集.嘉兴藏.第 25 册
破山禅师语录.嘉兴藏.第 26 册
费隐禅师语录.嘉兴藏.第 26 册
万如禅师语录.嘉兴藏.第 26 册
雪窦石奇禅师语录.嘉兴藏.第 26 册
牧云和尚七会余录.嘉兴藏.第 26 册
浮石和尚语录.嘉兴藏.第 26 册
林野和尚语录.嘉兴藏.第 26 册
天童弘觉忞禅师语录.第 26 册
瑞白禅师语录.嘉兴藏.第 26 册
博山无异大师语录集要.嘉兴藏.第 27 册
雪关禅师语录.嘉兴藏.第 27 册

雪关和尚语录.嘉兴藏.第 27 册
尔瞻禅师语录.嘉兴藏.第 27 册
紫竹林颛愚衡和尚语录.嘉兴藏.第 27 册
蕅益大师佛学十种.嘉兴藏.第 28 册
(清)行策.金刚般若经疏论纂要刊定记会编.嘉兴藏.第 31 册
天界觉浪盛禅师全录.嘉兴藏.第 34 册
天界觉浪盛禅师嘉禾语录.嘉兴藏.第 34 册
(清)弘赞.木人剩稿.嘉兴藏.第 35 册
庐山天然禅师语录.嘉兴藏.第 38 册

藏外佛典
黄永武主编.敦煌宝藏.台北:新文丰出版公司.1985
蓝吉富主编.大藏经补编.华宇出版社.1984
明复法师主编.台北禅门逸书(初编).台北:汉声出版社.1987
相应部经典二·因缘相应.汉译南传大藏经.第 14 册
增支部经典一.汉译南传大藏经.第 19 册
长部经典一.梵网经.汉泽南传大藏经.高雄:台湾妙林出版社.1994
长阿含经.北京:宗教文化出版社.1999
龙树六论.北京:民族出版社.2000
敦煌本.对根起行法.大藏经补编.第 26 册
敦煌本.三阶佛法.大藏经补编.第 26 册
敦煌残本.普法四佛.大藏经补编.第 26 册
(梁)释僧祐.出三藏记集.北京:中华书局.1995
高僧传合集.上海:上海古籍出版社.1991
(唐)智俨等.华严义海.西安:三秦出版社.1995
华严孔目章发悟记.卷十四、十五、十六、十八.道基.摄论章;凝然.大日本佛教全书.第 122 册
郑炳林.敦煌地理文书汇辑校注.兰州:甘肃教育出版社.1989
(南唐)静、筠二禅师编.祖堂集.孙昌武、衣川贤次、西口芳男点校.北京:中华书局.2007
契嵩.夹注辅教编.日本东洋文库藏本
赞宁.宋高僧传.范祥雍点校.北京:中华书局.1996
赜藏主编.古尊宿语录.萧萐夫、吕有祥、蔡兆华点校.北京:中华书局.1996
神会和尚禅话录.杨曾文编校.北京:中华书局.1996
(元)念常.佛祖历代通载.扬州:江苏广陵古籍刻印社.1993
(辽)鲜演.金泽文库资料全书·佛典.第二卷

净源.肇论中吴集解.宸翰楼丛书
义天.大觉国师全集.韩国佛教全书.第 4 册
全室和尚语录.日本京都大学附属图书馆藏抄本
(宋)吕夷简等.景祐新修法宝录.宋藏遗珍下集.第十二函
蓝吉富主编.天童密云禅师语录(年谱附.1643).禅宗全书.第 52 册
笑岩德宝.南北集.清光绪十二年(1886)刊本
(明)德清.憨山老人梦游集.金陵刻经处本
(清)彭际清.二林居集.光绪七年(1881)刊本
(清)彭际清.净土圣贤录.台北:新文丰公司.1987
(清)彭际清.一行居集.金陵刻经处本.台北:佛陀教育基金会.1921
(清)彭际清.居士传.扬州:江苏广陵古籍刻印社.1991
云栖法汇.金陵刻经处本.光绪二十五年(1899)冬十月刻本
莲池大师全集.莆田:福建莆田广化寺.1972
莲池大师全集.台北:东初出版社.1992
蕅益大师全集.福建莆田广化寺本
灵峰宗论.金陵刻经处本
紫柏真可.紫柏尊者全集.福建莆田广化寺本
憨山老人梦游集.台北:新文丰出版公司.1992
憨山大师法汇初集.香港:香港佛经流通处.1997
憨山大师法汇贰集.香港:香港佛经流通处.1998
黄贞.皇明辟邪集.清光绪刊本
彭绍升.一行居集.金陵刻经处本.1921
见月读体.一梦漫言.台北:新文丰出版公司.1990
空谷景隆.尚直编.大正藏补编.第 24 册
慧寂.中峰和尚广录.碛砂藏.第 37 册
最澄.法华秀句.日本大藏经.第 42 卷
肇论令模钞.2 卷.日本驹泽大学佛教学部研究纪要.第 42 号翻刻本
大觉普济玉琳琇国师语录.龙藏.第 158 册
明道正觉森禅师语录.龙藏.第 158 册
弘觉忞禅师语录.龙藏.第 159 册
明觉聪禅师语录.龙藏.第 161 册
归元镜.据武林云栖禅寺藏版重刊.台北:台湾刻经处.1974
费隐通容.五灯严统.台北:新文丰出版公司.1977
三峰汉月藏禅师语录(1644 年).台北:台北新文丰出版公司.1993
玉林通琇.大觉普济能琇禅师语录.台北:台北新文丰公司.1993
屠隆.佛法金汤.台北:新文丰出版公司.1993

雍正御制佛教大典.北京:中国社会科学出版社.2004

沈榜.宛署杂记.北京:中华书局.1997

安士全书.台南:和裕出版社.1998

江少虞.宋朝事苑类编.上海:上海古籍出版社.1985

廓诺·讯鲁伯.青史.郭和卿译.拉萨:西藏人民出版社.1985

布顿大师.佛教史大宝藏论.郭和卿译.北京:民族出版社.1986

达仓宗巴·班觉桑布.汉藏史集.陈庆英译.拉萨:西藏人民出版社.1986

释迦仁钦德.雅隆尊者教法史.汤池安译.拉萨:西藏人民出版社.1989

拔塞囊.拔协.佟锦华、黄布凡译注.成都:四川民族出版社.1990

洛珠加错.莲花生大师本生传.俄东瓦拉译.西宁:青海人民出版社.1990

第五世达赖喇嘛.西藏王臣记.郭和卿译.北京:民族出版社.1993

索南坚错.西藏王统记.刘立千译注.北京:民族出版社.2000

彭绍升.居士传.赵嗣沧点校.成都:成都古籍书店印行.2000

米拉日巴大师集.张澄基译.北京:民族出版社.2001

宗喀巴.宗喀巴大师集.北京:民族出版社.2001

蔡巴·贡嘎多吉.红史.东嘎·洛桑赤列校注.陈庆英、周润年译.拉萨:西藏人民出版社.2002

班钦索南查巴.新红史.黄颢译.拉萨:西藏人民出版社.2002

觉音尊者.清净道论.叶均译.中国佛教协会.1991

二、中国传统典籍

道藏.北京:文物出版社;上海:上海书店;天津:天津古籍出版社.1988

成玄英.道德真经注疏.道藏.第13册

李荣.道德真经注.道藏.第14册

王玄览.玄珠录.道藏.第23册

成玄英.南华真经注疏.道藏.第16册

赵道一.历世真仙体道通鉴.道藏.第5册

河上公.老子河上公章句.道藏.第12册

葛洪.抱朴子内篇.道藏.第28册

孟安排.道教义枢.道藏.第24册

潘师正.道门经法相承次序.道藏.第24册

司马承祯.坐忘论.道藏.第22册

张伯端.悟真篇.道藏.第4册

张伯端.青华秘文.道藏.第4册

薛道光.还丹复命篇.道藏.第24册

白玉蟾.修仙辨惑论.道藏.第4册

白玉蟾.海琼白真人语录.道藏.第33册

白玉蟾.海琼问道集.道藏.第33册

周无所住.金丹直指.道藏.第24册

王喆.重阳全真集.道藏.第25册

王喆.重阳教化集.道藏.第25册

王喆.立教十五论.道藏.第32册

王志谨.盘山语录.道藏.第23册

尹志平.清和真人北游语录.道藏.第33册

吕洞宾.敲爻歌.藏外道书.第15册.成都:巴蜀书社.1994

赵秉文.道德真经集解.老子解.北京:中华书局.1983

德清.道德经注.一卷.金陵刻经处本

德清.庄子内篇注.四卷.金陵刻经处本

张君房.云笈七籖.永晟点校本.北京:中华书局.2003

郭庆藩.庄子集释.4册.北京:中华书局.1961

王先谦.庄子集解.诸子集成.北京:中华书局.1954

高诱注.吕氏春秋.诸子集成.北京:中华书局.1954

周振甫.周易译注.北京:中华书局.1991

王锦文.礼记译解.北京:中华书局.2001

司马迁.史记.北京:中华书局.1963

班固.汉书.北京:中华书局.1964

范晔.后汉书.北京:中华书局.1965

陈寿.三国志.北京:中华书局.1964

房玄龄等.晋书.北京:中华书局.1974

魏收.魏书.北京:中华书局.1974

李百药.北齐书.北京:中华书局.1972

令狐德棻.周书.北京:中华书局.1971

沈约.宋书.北京:中华书局.1974

萧子显.南齐书.北京:中华书局.1972

姚思廉.梁书.北京:中华书局.1973

姚思廉.陈书.北京:中华书局.1972

李延寿.南史.北京:中华书局.1975

李延寿.北史.北京:中华书局.1974

魏徵等.隋书.北京:中华书局.1973

刘昫等.旧唐书.北京:中华书局.1975

欧阳修.宋祁.新唐书.北京:中华书局.1975

薛居正等.旧五代史.北京:中华书局.1976

欧阳修等.新五代史.北京:中华书局.1974
脱脱等.宋史.北京:中华书局.1977
脱脱等.辽史.北京:中华书局.1974
脱脱等.金史.北京:中华书局.1975
宋濂等.元史.北京:中华书局.1976
张廷玉等.明史.北京:中华书局.1974
赵尔巽等.清史稿.北京:中华书局.1977
王鸣盛.十七史商榷.上海:上海书店.2005
赵翼.廿二史札记.北京:中同书店.1987
焦竑.国朝献征录.上海:上海书局.1987
严可均.全上古三代秦汉三国六朝文.北京:中华书局.1958
李邕.大照禅师塔铭.全唐文.卷二六二.北京:中华书局.1983
王维.六祖能禅师碑铭.全唐文.卷三二七.北京:中华书局.1983
张说.大通禅师碑.文苑英华.卷八五六.北京:中华书局.1966
段成式.酉阳杂俎.北京:中华书局.1981
阎凤梧.全辽金文.太原:山西古籍出版社.2002
阎凤梧.康成金.全辽金诗.太原:山西古籍出版社.2003
全明文.上海:上海古籍出版社.1992
吴任臣.十国春秋.北京:中华书局.1983
全唐文.上海:上海古籍出版社.1990
全唐文.北京:中华书局.1983
陆游.南唐书.上海:毛氏汲古阁(刻版)
彭定求等编.全唐诗.延吉:延边人民出版社.2004
王溥.唐会要.上海:上海古籍出版社.2006
司马光.资治通鉴.北京:中华书局.2007
李焘.续资治通鉴长编.北京:中华书局.1979—1995
陈述.朱子方.辽会要.上海:上海古籍出版社.2009
龙文彬.明会要.北京:中华书局.1998
明会典.北京:中华书局.1998
郦道元.水经注.北京:中华书局.2009
刘义庆.世说新语.刘孝标注.北京:中华书局.1962
周应谷.景定建康志.清嘉庆六年刊本.台北:成文出版社.1984
宋敏求.长安志.四库全书
潜说友撰.咸淳临安志.四库全书
阮元.两浙金石志.光绪浙江书局刻本
陆增祥.八琼室金石补正.卷一三.北京:文物出版社.1985

光绪栖霞县续志.中国地方志集成.第51册.山东府县志辑

民国霞浦县志.刘以臧修.徐友梧等纂.中国地方志集成.第13册.福建府县志辑

光绪宜兴荆溪县新志.中国地方志集成.第40册

顺天府志.北京:北京大学出版社.1983

招宝山志.道光二十七年(1847)刻本

华阴山志.同治五年(1866)刻本

太姥山志.光绪十五年(1889)刻本

李豢.慧因寺志.杭州:杭州出版社.2007

陈作霖.南朝佛寺志.台北:明文书局.1980

杨勇.洛阳伽蓝记校笺.北京:中华书局.2006

宝华山志合帙.金陵刻经处刊本

新编金山志.金陵刻经处刊本

沈莹.临海水土志.张崇根辑注.北京:中央民族大学出版社.1998

常熟三峰清凉寺志.光绪重修

理安寺志.乾隆二十七年(1762)刻本

天童寺志.嘉庆十六年(1811)刻本

宝华山志.中国佛寺史志汇刊.台北:明文出版社.1980

杜洁祥主编.中国佛教寺史汇刊·杭州上天竺讲寺志.台北:明文书局.1980

王亨彦.普陀山志.扬州:江苏广陵古籍刻印社.1993

俞清源.径山史志.杭州:浙江大学出版社.1995

释镇澄.五台山志.扬州:江苏广陵古籍刻印社.1997

陈文达撰.台湾县志.庙宇.台北:台湾通达书局.1997

许止净.峨眉山志.扬州:江苏广陵古籍刻印社.1997

德森.九华山志.扬州:江苏广陵古籍刻印社.1997

濮一乘编著.武进天宁寺志.中华大典编会印行.1973

葛寅亮.金陵梵刹志.台北:广文书局有限公司.1976

温睿临.南疆逸史.卷二一.北京:中华书局.1959

吴广成.西夏书事校证.龚世俊等校证.兰州:甘肃文化出版社.1995

张鉴.西夏纪事本末.龚世俊.陈广恩.朱巧云校点.兰州:甘肃文化出版社.1998

北京图书馆古籍珍本丛刊.史部.地理类.福建通志

[日]成寻参.天台五台山记.白化文.李鼎霞校点.石家庄:花山文艺出版社.2008

[日]圆仁.入唐求法巡礼行记.上海:上海古籍出版社.1986

[意]利玛窦.利玛窦中国札记.全2册.何高济等译.北京:中华书局.1983

马可波罗游记.冯承钧译.上海:上海世纪出版集团.2001

陶宗仪.南村辍耕录.北京:中华书局.1959
赵孟頫.松雪斋文集.四部丛刊本.台北:台湾学生书局.1985
陈基.夷白斋稿.上海:上海书店.1986
辛文房.唐才子传.舒宝璋校注.郑州:中州古籍出版社.1987
郑思肖.郑思肖集.上海:上海古籍出版社.1991
许有壬.至正集.集部.北京:书目文献出版社.1995
吴师道.礼部集.集部.北京:书目文献出版社.1995
苏天爵.滋溪文稿.北京:中华书局.1997
黄溍.金华黄先生文集.北京:北京图书馆出版社.2005
马端临.文献通考.北京:中华书局.2006
苏洵.嘉祐集.文渊阁四库全书.影印本
苏轼.东坡全集.文渊阁四库全书.影印本
苏颂.苏魏公文集.文渊阁四库全书.影印本
苏辙.栾城集.文渊阁四库全书.影印本
王安石.临川文集.文渊阁四库全书.影印本
黄庭坚.山谷集.山谷外集.山谷别集.文渊阁四库全书.影印本
晁说之.景迂生集.卷20.文渊阁四库全书.集部.第1118册
杨亿.武夷新集.文渊阁四库全书.影印本
张方平.乐全集.文渊阁四库全书.影印本
张耒.何山集.文渊阁四库全书.影印本
赵抃.清献集.文渊阁四库全书.影印本
真德秀.西山文集.文渊阁四库全书.影印本
赵璘.因话录.四库全书
张镃.南湖集.四库全书
叶梦得.避暑录话.四库全书
程钜夫.雪楼集.文渊阁四库全书
张养浩.归田类稿.文渊阁四库全书
陈高.不系舟渔集.文渊阁四库全书
顾祖禹.读史方舆纪要.四库全书
顾宪成.顾端文公遗书.四库全书
高攀龙.高子全书.四库全书
洪恩.雪浪集.二卷.四库全书存目丛书.第190册
道衍.逃虚子集.二卷.四库全书存目丛书.第190册
黄六鸿.福惠全书.四库未收书目辑刊.第19册.北京:北京出版社
纪昀等总纂.钦定四库全书.子部一.圣谕广训序
四库全书总目提要.海口:海南出版社.1999

管志道.辨学疏牍.四库全书存目丛书
钦定四库全书荟要.第350册.世宗宪皇帝御制文集.卷一六
傅以渐.曹本荣.易经通注.文渊阁四库全书.第37册
近溪子全集.24卷.耿定向辑评.四库存目丛书.第129、130册
邓元锡.潜学编.十二卷.四库全书存目丛书.第130册
许孚远.敬和堂集.8卷,存4卷.四库全书存目丛书.第136册
张阳和.不二斋文选.四库存目丛书.第154册
吕坤.去伪斋文集.10卷.四库全书存目丛书.第161册
冯梦祯.快雪堂集.64卷.四库全书存目丛书.第164、165册
邓以赞.邓定宇先生文集.6卷.四库全书存目丛书.第165册
周汝登.东越证学录.6卷.四库全书存目丛书.第165册
周汝登.周海门先生文录.四库全书存目丛书.第165册
董其昌.容台文集.诗集.别集.17卷.四库全书存目丛书.第171册
谢肇淛.小草斋集.30卷.四库全书存目丛书.第175册
谢肇淛.小草斋文集.28卷.四库全书存目丛书.第176册
屠隆.由拳集.23卷.四库全书存目丛书.第180册
屠隆.白榆集.28卷.四库全书存目丛书.第180册
瞿汝稷.瞿迵卿集.14卷,附录1卷.四库全书存目丛书.第187册
洪皓.松漠纪闻.辽海丛书.沈阳:辽沈书社.1985
刘祁.归潜志.北京:中华书局.1983
赵秉文.闲闲老人滏水文集.上海:上海书店.1989
李纯甫.鸣道集说.近世汉籍丛刊.东京:中文出版社.1977
耶律楚材.湛然居士集.谢方点校.北京:中华书局.1986
胡汝砺编.嘉靖宁夏新志.管律重修.陈明猷校勘.银川:宁夏人民出版社.1982
王世贞.弇州续稿.四库全书.全4册.北京:中华书局.1985
宋濂.宋学士文集.民国四部丛刊本
杨士奇.历代名臣奏议.明崇祯八年(1635)刻本
高宗敕.续文献通考.上海:商务印书馆.1936
徐松辑.宋会要辑稿.北京:中华书局.1957
赵翼.陔余丛考.北京:中华书局.1963
丁文焕.历代诗话.北京:中华书局.1981
王聘珍.大戴礼记解诂.王文锦点校.北京:中华书局.1983
王琦.李贺全集.王步离.刘林辑校汇评.珠海:珠海出版社.2002
冯浩.李商隐全集.王步高.刘林辑校汇评.珠海:珠海出版社.2002
张彦远.历代名画记.中国书画全书.上海:上海书画出版社.1993—1998
朱景玄.唐朝名画录.中国书画全书.上海:上海书画出版社.1993—1998

郭若虚.图画见闻志.中国书画全书.上海：上海书画出版社.1993—1998
黄复修.益州名画录.中国书画全书.上海：上海书画出版社.1993—1998
汤垕.画鉴.中国书画全书.上海：上海书画出版社.1993—1998
陈建.学蔀通辨.12卷.丛书集成初编本
王塘南先生自考录及续补.清刻本
灵岩退翁和尚近录.抄本四册
江藩.宋学渊源记.汉学师承记
全祖望.鲒埼亭集.卷二七.四部丛刊本
吴元柄.正谊堂集.北京图书馆古籍珍本丛刊.集部
虞淳熙.虞德园集.四库禁毁书丛刊.集部.第43册
王宗沐.敬所王先生集.30卷.日本内阁文库藏本
杨复所全集.续刻杨复所家藏文集.日本内阁文库藏本
邓文洁公佚稿.文洁集.10卷.明万历万尚列等校刻本.中国公共图书馆古籍文献珍本汇刊.丛部.天津图书馆藏孤本秘籍丛书.集部.第11册
袁枚.小仓山房尺牍（随园藏版）
袁枚.小仓山房集.80卷
袁枚.随园诗话.16卷
袁枚.补遗.10卷
徐枋.居易堂集.卷六.上虞罗氏刊本.1919
学统.全10册.丛书集成.上海：商务印书馆.1936
沈榜.宛署杂记.北京：人民出版社.1961
王夫之.读通鉴论.北京：中华书局.1975
王夫之.船山全书.长沙：岳麓书社.1996
白居易集.顾学颉校点.北京：中华书局.1979
刘侗.于奕正.帝京景物略.北京：北京古籍出版社.1980
陆九渊.陆九渊集.北京：中华书局.1980
朱国祯.涌幢小品.北京：中华书局.1980
余继登.典故纪闻.北京：中华书局.1981
袁宏道集笺校.全3册.上海：上海古籍出版社.1981
袁宗道.白苏斋类集.钱伯城标点本.上海：上海古籍出版社.1989
何心隐集.容肇祖整理本.北京：中华书局.1981
傅若金.傅与砺诗文集.北京：文物出版社.1982
董其昌.画禅室随笔.台北：新文丰出版公司.1982
汤显祖.汤显祖诗文集.徐朔方笺校.上海：上海古籍出版社.1982
袁中道.珂雪斋近集.上海：上海书店.1982
钱谦益.列朝诗集小传.全2册.上海：上海古籍出版社.1983

钱谦益.牧斋初学集.四部丛刊本
钱谦益.牧斋有学集.全3册.钱仲联标校本.上海:上海古籍出版社.1996
王国维.水经注校.上海:上海人民出版社.1984
康熙起居注.第1册.北京:中华书局.1984
二十二子.上海:上海古籍出版社.1985
黄宗羲.明儒学案.全2册.北京:中华书局.1985
诸子集成.共8册.上海:上海书店出版社.1986
黄宗羲.宋元学案.全4册.北京:中华书局.1986
马其昶.韩昌黎文集校注.上海:上海古籍出版社.1986
任国绪.卢照邻集编年笺注.哈尔滨:黑龙江人民出版社.1989
吴梅村全集.全3册.上海:上海古籍出版社.1990
罗钦顺.困知记.北京:中华书局.1990
陆九渊.象山先生文集.北京:中国书店.1992
王阳明.王阳明全集.上海:上海古籍出版社.1992
沈善洪主编.黄宗羲全集.杭州:浙江古籍出版社.1992
钟惺.隐秀轩集.李先耕.崔重庆标校.上海:上海古籍出版社.1992
马建石.杨育棠主编.大清律例通考校注.北京:中国政法大学出版社.1992
雍正起居注.第2册.北京:中华书局.1993
施闰章.施愚山集.文集卷九.合肥:黄山书社.1993
世说新语笺疏.余嘉锡笺注.上海:上海古籍出版社.1993
王利器.颜氏家训集解.北京:中华书局.1993
朱熹.朱子语类.全8册.北京:中华书局.1994
管志道.从先维俗议.5卷.太昆先哲遗书.济南:齐鲁书社.1995
管志道.问辨牍.4卷.北京图书馆古籍珍本丛刊
管志道.续问辨牍.4卷.北京图书馆古籍珍本丛刊
杜甫全集.高仁标点.上海:上海古籍出版社.1996
戴琏璋.吴光主编.刘宗周全集.全6册.台北:中研院文哲所.1996
颜钧集.黄宣民点校本.北京:中国社会科学出版社.1996
李贽文集·焚书续焚书.北京:燕山出版社.1996
张建业主编.李贽文集.全7册.北京:社会科学文献出版社.2000
沈德符.万历野获编.全3册.北京:中华书局.1997
杜牧全集.陈允吉校点.上海:上海古籍出版社.1997
焦竑.澹园集.全2册.北京:中华书局.1998
宋濂.宋濂全集.全4册.杭州:浙江古籍出版社.1999
汤显祖.汤显祖全集.全4册.徐朔方笺校本.北京:北京古籍出版社.1999
官长驰编.赵贞吉诗文集注.成都:巴蜀书社.1999

刘禹锡全集.瞿蜕园校点.上海:上海古籍出版社.1999
苏轼文集.集部经典丛刊版.长沙:岳麓书社.2000
朱子文集.全10册.陈俊民校订.台北:德富文教基金会.2000
谢肇淛.五杂俎.北京:中华书局.2001
程颢.程颐.二程集.北京:中华书局.2004
顾炎武.日知录集释.全3册.上海:上海古籍出版社.2006
王龙溪集.吴震点校.南京:凤凰出版社.2007
郎瑛.七修类稿.上海:上海古籍出版社.2007
罗汝芳集.方祖猷点校.南京:凤凰出版社.2007
邓豁渠.南询录.邓红校注.武汉:武汉理工大学出版社.2008
洪秀全.太平天国印书.南京:江苏人民出版社.1979
明实录.台北:中央研究院历史语言研究所影印本.1962
宫中档康熙朝奏折.第七辑.台北:故宫博物院.1976
宫中档雍正朝奏折.第二十四辑.台北:故宫博物院.1979
魏源.魏源集.北京:中华书局.1983
魏源.圣武记.卷五.北京:中华书局.1984
清实录.北京:中华书局.1985
王汲.事物原会.卷六.扬州:江苏广陵古籍刻印社.1989
康熙朝修.大清会典.台北:文海出版社.1992
大元圣政国朝典章.北京:中国广播出版社.1998
曾国藩.曾文正公全集.文集.大达图书供应社.1936
大元通制条格.北京:中国法律出版社.2000
江苏省宗教志.南京:江苏古籍出版社.2001
王钦若等.册府元龟.南京:江苏古籍出版社.2006
杭州上天竺讲寺志.杭州:杭州出版社.2007
宫中杂件·南书房记注.中国第一历史档案馆藏
内国史院满文档案(满文老档).中国第一历史档案馆藏
江苏山东等七省教育厅长致教育部呈.中国第二历史档案馆馆藏档案.全宗号1(1).案卷号1768

教育部致行政院呈.中国第二历史档案馆馆藏档案.全宗号1(1).案卷号1768

四川省佛教会为修改寺庙管理条例事致国民政府电(1929年3月27日).台北"国史馆"馆藏档案.档案号0121—40000.01(1).微卷号323—1799

蔡元培致国民政府呈(1928年6月12日).中国第二历史档案馆馆藏档案.全宗号1(1).案卷号1765

中国第二历史档案馆编.中华民国史档案资料汇编.第二辑.南京:江苏古籍出版社.1991

中国第二历史档案馆编.中华民国史档案资料汇编.第三辑文化.南京：江苏古籍出版社.1991

中国第二历史档案馆编.中华民国史档案资料汇编.第五辑第一编文化.南京：江苏古籍出版社.1991

中国第二历史档案馆编.中华民国史档案资料汇编.第五辑第一编文化(二).南京：江苏古籍出版社.1994

中国第二历史档案馆编.中华民国史档案资料汇编.第三辑文化.南京：江苏古籍出版社.1994

中国第二历史档案馆编.中华民国史档案资料汇编.第五辑第二编文化(二).南京：江苏古籍出版社.1998

新文丰出版公司编辑部编.《石刻资料新编》第一辑.台北：新文丰出版公司印影本.1982

三、近现代论著

[日]阿部肇一.中国禅宗史.关世谦译.台北：东大图书公司.1996

阿底峡发掘.柱间史——松赞干布遗训.卢亚军译.兰州：甘肃人民出版社.1997

阿旺贡嘎索南.萨迦世系史.陈庆英、高禾福、周润年译注.拉萨：西藏人民出版社.2002

阿旺罗追扎巴.觉囊派教法史.许德存译.拉萨：西藏人民出版社.1993

蔼亭法师.华严一乘教义分齐章集解.10卷.台北：台湾华严莲社.1998

[日]安慧阿遮梨耶造中边分别论释疏.山口益译注.京都：破尘阁书房.1935

[日]安藤俊雄.惠心僧都与四明知礼.上、下.佛教学论集.第8、9号

[日]安藤俊雄.天台性具思想论.台北：天华出版公司.1989

[日]安藤俊雄.天台学——根本思想及其开展.苏荣焜译.台北：慧炬出版社.1998

[美]A.J.巴姆.巴姆哲学文集.成都：四川人民出版社.1996

[澳]A.L.巴沙姆主编.印度文化史.北京：商务印书馆.1997

A. K. Warder. *Indian Buddhism*. Delhi: Motilal Banarsidass Publishers. 2000

Alex. Hideko Wayman. *The Lion's Roar of Queen Srimala*: *A Buddhist Scripture on the Tathagatagarbha Theory*. Delhi: Motilal Banarsidass Publishers Private Limited. 1990

A. von Gabain. Maitrisimit. Faksimile der alttürkischen Version eines Werkes der Geng Shimin-H. J. Klimkeit. Das Zusammentreffen mit Maitreya. Die esten fünf Kapitel der Hami-Version der Maitrisimit. Bd. 1—2. Wiesbaden. 1988

巴卧·祖拉陈哇.贤者喜宴.黄颢译注.西藏民族学院学报.1980(4)—1987(3)

白滨编.西夏史论文集.银川：宁夏人民出版社.1984

白化文.汉化佛教与佛寺.北京:北京出版社.2003

白寿彝.中国通史.第13卷.上海:上海人民出版社.1997

白文固.金代官卖寺观名额和僧道官政策探究.中国史研究.2002(1)

白文固.赵春娥.中国古代僧尼名籍制度.西宁:青海人民出版社.2002

班班多杰.藏传佛教思想史纲.上海:上海三联书店.1992

[日]坂本幸男.华严教学之研究.慧岳译.台北:台湾中华佛教文献编撰社.1974

[日]坂本幸男编.法华经の思想と文化.京都:平乐寺书店.1974

薄文泽.东南亚大陆地区民族的源流与历史分布变化.东南亚研究.2006(12)

鲍志成.高丽寺与高丽王子.杭州:杭州大学出版社.1998

鲍志成.慧因高丽寺.杭州:西泠印社出版社.2006

[加]卜正民.为权力祈祷.张华译:佛教与晚明中国士绅社会的形成.南京:江苏人民出版社.2005

В. В. Радлов-С. Е. Малов. Suvarnaprabhāsa. Сутра золотого Блеска. Текст уйгурской редакши. Delhi. 1992

Brian Edward Brown. *The Buddha Nature*: *A Study of the Tathagatagarbha and Alayavijñana*. Delhi: Motilal Banarsidass Publishers Private Limtted. 1994

Brook Ziporyn. *Evil and/or/as Good*: *Omnicentrism*, *Intersubjectivity and value paradox in Tiantai Buddhist thoughts*. Harvard University Press. 2000

Buddhistischen Vaibhāsika-Schule. Wiesbaden. 1957; Berlin. 1961

Bunyiu Nanjio(ed.). *The Lankavatara Sūtra*. Kyoto. 1956

蔡尚思.方行编.谭嗣同全集.北京:中华书局.1981

曹宝麟.中国书法史.宋辽金卷.南京:江苏教育出版社.1999

曹道衡.傅刚.萧统评传.南京:南京大学出版社.2001

曹道衡.兰陵萧氏与南朝文学.北京:中华书局.2004

曹允源.李根源纂.民国吴县志.南京:江苏古籍出版社.1991

曹中建主编.1997—1998中国宗教学年鉴.北京:宗教文化出版社.1998

岑学吕.虚云和尚法汇.虚云大师开示录.虚云和尚自述谱.台北:和裕出版社.2003

常惺法师集.台北:新文丰出版公司.1988

[日]长谷部幽蹊.明清佛教研究序说.台北:新文丰出版公司.1978

[日]长谷部幽蹊.明清佛教研究资料.禅研究所纪要.第15号.1987

[日]长谷部幽蹊.明清佛教の性格を考ぇる.日本爱知学院大学禅研究所纪要.第18、19合并号.1990

[日]长谷部幽蹊.明清佛教教团史研究.京都:同明舍.1993

陈兵.邓子美.二十世纪中国佛教.北京:民族出版社.2000

陈炳应.西夏文物研究.银川:宁夏人民出版社.1985

陈德芝.蒙元史研究丛稿.北京:人民出版社.2005
陈凤鸣.康有为戊戌条陈汇录.故宫博物院院刊.1981(1)
陈高华.元史研究新论.上海:上海社会科学院出版社.2005
陈焕章.孔教会序.孔教会杂志.第1卷第1号.1912
陈坚.谭嗣同与佛学.华梵大学第七次儒佛会通学术研讨会论文集.2003(9)
陈坚.无明即法性——天台宗止观思想研究.北京:宗教文化出版社.2004
陈坚.心悟转法华——智顗"法华"诠释学研究.北京:宗教文化出版社.2007
陈捷先.略论清初三朝与喇嘛教之关系.陈捷先.清史杂笔.第八辑.台北:学海出版社.1987
陈捷先.清史论集.上、下册.北京:人民出版社.2006
陈景富.中韩佛教关系一千年.北京:宗教文化出版社.1999
陈楠.藏史丛考.北京:民族出版社.1998
陈来.宋明理学.沈阳:辽宁教育出版社.1991
陈来.有无之境.北京:人民出版社.1991
陈来.朱熹哲学研究.北京:中国社会科学出版社.1993
陈来.古代宗教与伦理——儒家思想的根源.北京:三联书店.1996
陈来.朱子哲学研究.上海:华东师范大学出版社.2000
陈庆坤.中国近代启蒙哲学.长春:吉林大学出版社.1988
陈庆英.帝师八思巴传.北京:中国藏学出版社.2007
陈荣富.浙江佛教史.北京:华夏出版社.2001
陈荣捷.王阳明与禅.台北:学生书局.1984
陈荣捷.现代中国宗教的趋势.廖世德译.台北:文殊出版社.1987
陈荣捷.中国哲学文献选编.全2册.杨儒宾等译.台北:巨流图书公司.1993
陈荣捷.朱子学新探索.上海:华东师范大学出版社.2007
陈少丰.中国雕塑史.广州:岭南美术出版社.1993
陈时龙.明代中晚期讲学运动(1522—1626).上海:复旦大学出版社.2007
陈士强.佛典精解.上海:上海古籍出版社.1992
陈士强.居士传采微.法音.总第五十一期
陈独秀.吾人最后之觉悟.青年杂志.第1卷第6号.1915
陈庆英等编著.历辈达赖喇嘛生平形象历史.北京:中国藏学出版社.2006
陈卫东主编.沧源佤族自治县统战史.昆明:云南民族出版社.2006
陈小强.清代中央政府对西藏行政管理的财政支出.西北民族研究.2001(5)
陈旭麓.近代中国社会的新陈代谢.上海:上海人民出版社.1998
陈扬炯.冯巧英.昙鸾集评注.太原:山西人民出版社.1992
陈扬炯.中国净土宗通史.南京:江苏古籍出版社.2000
陈英善.天台性具思想.台北:东大图书股份有限公司.1997

陈英善.天台缘起中道实相论.台北:法鼓文化事业股份有限公司.1997
陈寅恪.隋唐制度渊源略论稿.北京:中华书局.1963
陈寅恪.魏晋南北朝史讲演录.万绳楠整理.合肥:黄山书社.1987
陈寅恪.陈寅恪史学论文选集.上海:上海古籍出版社.1992
陈寅恪.金明馆丛稿初编.北京:北京三联书店.2001
陈寅恪.金明馆丛稿二编.北京:北京三联书店.2001
陈永革.晚明佛学的复兴与困境.高雄:台湾佛光山文教基金会.2001
陈永革.儒学名臣.刘宗周传.杭州:浙江人民出版社.2005
陈永革.晚明佛教思想研究.北京:宗教文化出版社.2007
陈永革.阳明学派与晚明佛教.北京:中国人民大学出版社.2009
陈垣.释氏疑年录.北京:中华书局.1964
陈垣.中国佛教史籍概论.上海:上海书店.1999
陈垣.明季滇黔佛教考.石家庄:河北教育出版社.2000
陈垣.清初僧诤记.石家庄:河北教育出版社.2000
陈垣.明季滇黔佛教考.现代佛学大系.台北:弥勒出版社.1982
陈垣.元西域人华化考.上海:世纪出版集团上海古籍出版社.2008
陈肇璧.雍正皇帝与清代佛教.台湾师范大学历史系硕士论文.1994
陈自力.释惠洪研究.北京:中华书局.2005
陈中浙.苏轼书画艺术与佛教.北京:商务印书馆.2004
承天禅寺编印.广公上人事迹初编.佛陀教育基金会印赠.2002
成中英.知识与价值.北京:中国广播电视出版社.1996
呈国民政府立法院请另订宗教法文.海潮音.第10卷第8期.1929
程亚林."松风吹解带.明月照弹琴"别解.名作欣赏.2004(10)
持松法师论著选集.荆门市政协学习文史委员会.1999
持松.密教通关.上海佛学书局印行本
褚柏思.中国禅宗史话.高雄:佛光出版社.1990
[日]储户立雄.中国佛教制度史的研究.东京:平河出版社.1990
传印.印度学讲义.北京:宗教文化出版社.1996
慈怡主编.佛光大辞典.北京:北京图书馆出版社.1989
慈舟大师法汇.台北:大乘精舍印经会.2005
崔广彬.金代佛教发展述略.黑河学刊.1996(5)
[英]崔瑞德.[美]牟复礼.剑桥中国明代史.北京:中国社会科学出版社.2006
[日]村田靖子.佛像的系谱.上海:上海辞书出版社.2002
[日]村上专精.日本佛教史纲.杨曾文译.汪向荣校.北京:商务印书馆.1999
措如·次郎.藏传佛教噶举派史略.王世镇译.北京:宗教文化出版社.2002
С.Е.Малов. Памятник Древнетюркской Письменности. Тексты и исследования. М.

Л. 1951

Chun-fang Yu. *Kuan-yin*: *The Chinese Transformation of Avalokitesvara*. Columbia university press. 2001

C. W. Huntington. Jr. Geshe Namgyal Wangchen. *The Emptiness of Emptiness*: *An Introduction to Early India Madhyamika*. Honolulu: University of Hawaii Press. 1989

［日］大村西崖.中国美术史.陈彬和译.北京:商务印书馆.1928

［日］大村西崖.密教发达志.台北:华宇出版社.1985

大司徒·绛求坚赞.朗氏家族史.赞拉·阿旺等译.拉萨:西藏人民出版社.1989

大唐西域记.季羡林校注.北京:中华书局.1985

［日］大松博典.宋代时对首楞严经的受容.宗学研究.第29号.1987

［日］大松博典.关于楞严要解.宗学研究.第29号.1987

［日］大松博典.关于楞严经义疏注经.宗学研究.第29号.1987

［日］大松博典.首楞严经注释书考.宗学研究.第29号.1987

［日］大松博典.宋代时期首楞严经受容的问题点.日本驹泽大学禅研究所年报.第8号.1997

［法］戴密微.吐蕃僧诤记.耿昇译.拉萨:西藏人民出版社.2001

刀述仁.南传上座部佛教在云南.法音.1985(1)

［日］岛田虔次.中国における近代思维の挫折.东京:筑摩书房.1987

［日］岛田虔次.中国思想史の研究.京都:京都大学出版会.2002

稻叶君山.清朝全史.上海:上海社会科学院出版社.2006

［日］道端良秀.中国佛教思想史の研究——中国民众の佛教受容.京都:平乐寺书店.1979

［日］道端良秀.唐代佛教史の研究.京都:法藏馆.1983

［日］道端良秀.佛教与儒教伦理.世界佛学名著译丛.第48册.台北:华宇出版社.1987

德勒格编著.内蒙古喇嘛教史.呼和浩特:内蒙古人民出版社.1998

邓殿臣.南传佛教简史.中国佛教协会.1991

邓克铭.法藏之心识观的特色.台湾中华佛学学报.1996(9)

［日］荻须纯道.宋代禅的影响与日本文化.印度学佛教学研究.第14卷第2号.1966

第穆·图丹晋美嘉措.九世达赖喇嘛传.王维强译.北京:中国藏学出版社.2006

第穆呼图克图·洛桑图丹晋美嘉措.八世达赖喇嘛传.冯智译.北京:中国藏学出版社.2006

谛闲大师语录.台北:和裕出版社.1999

谛闲大师遗集.台北:佛陀教育基金会.2003

丁福保.佛学大辞典.上海:上海书店出版社.1995

丁文江.赵丰田.梁启超年谱长编.上海:上海人民出版社.1983

东初.民国肇兴与佛教新生.张曼涛主编.现代佛教学术丛刊.民国佛教篇.台北:大乘文化出版社.1978

东嘎·洛桑赤列.论西藏政教合一制度.唐景福译.兰州:甘肃民族出版社.1984

东嘎·洛桑赤烈.论西藏政教合一制度.北京:民族出版社.1987

东嘎·洛桑赤列.论西藏政教合一制度.陈庆英译.北京:中国藏学出版社.2001

东华录.朱寿朋纂修.北京:中华书局.1980

董平.天台宗研究.上海:上海古籍出版社.2002

董群.融合的佛教——圭峰宗密的佛学思想研究.北京:宗教文化出版社.2000

董群.虚云禅师的修行观述评.南京林业大学学报(人文社会科学版).2004(1)

董玉祥.梵宫艺苑——甘肃石窟寺.兰州:甘肃教育出版社.1999

董志翘.观世音应验记三种译注.南京:江苏古籍出版社.2002

都兴智.金代女真人与佛教.北方文物.1997(3)

杜斗城.正史佛教资料类编.兰州:甘肃人民出版社.2006

杜洁祥主编.中国佛寺史志汇刊.第一辑、第二辑.台北:明文书局.1980

杜洁祥主编.中国佛寺史志汇刊.第三辑.台北:丹青图书公司.1985

杜继文主编.佛教史.北京:中国社会科学出版社.1991

杜继文.大乘起信论全译·导读.成都:巴蜀书社.1992

杜继文.魏道儒.中国禅宗通史.南京:江苏古籍出版社.1993

杜继文.华严宗形成的思想渊源与社会背景.中国佛教与中国文化.北京:宗教文化出版社.2003

杜继文.中国佛教与中国文化.北京:宗教文化出版社.2003

杜继文.佛教史.南京:江苏人民出版社.2006

杜建录.西夏与周边民族关系史.兰州:甘肃文化出版社.1995

敦煌愿文集.黄征.吴伟校注.长沙:岳麓书社.1995

敦煌吐蕃文献选.王尧.陈践译注.成都:四川民族出版社.1983

敦珠法王等.九乘次第论集.许锡恩译.西宁:青海人民出版社.2005

多罗那他.印度佛教史.张建木译.北京:中国佛教协会.1983

多识·洛桑图丹琼排.佛理精华缘起理赞.成都:四川民族出版社.2000

Dan Lusthaus. *Buddhist Phenomenology: A Philosophical Investigation of Yogācāra Buddhism and the Ch'eng Wei-shih lun*. London: Routledge Curzon. 2002

David K. Wyatt. Aroonrut Wichienkeeo (tr.). *The Chiang Mai Chronicle*. Chiang Mai: Silkworm Books. 1995

Diana Paul. *Philosophy of Mind in Sixth-Century: Paramartha's "Evolution of Consciousness"*. Stanford University Press. 1984

D. Maue. *Alttürkische Handschriften*. Teil 1. Stuttgart. 1996

D. T. Suzuki. *The Lankavatara Sūtra*. Delhi: Motilal Banarsidass Publishers Private Limited. 1999

D. T. Suzuki. *Studies in the Lankavatara Sūtra*. Delhi: Motilal Banarsidass. Publishers Private Limited. 1999

俄罗斯科学院东方研究所圣彼得堡分所.中国社会科学院民族研究所.上海古籍出版社合编.俄藏黑水城文献.13册.上海:上海古籍出版社.1996—2007

Е. И. Кычанов. Каталог тангутских буддийских памятников. Киото: Университег Киото. 1999

法清.闽南菜姑的起源和地位.闽南佛学院学报.1991(2)

法王周加巷.至尊宗喀巴大师传.郭和卿译.西宁:青海人民出版社.1988

法尊法师佛学论文集.中国佛教协会.佛教文化教育基金委员会.1990

范宏贵.壮、傣、佬、泰族的渊源研究.广西民族学院学报.2002(3)

范希曾.书目答问补正.上海:上海古籍出版社.1983

范观澜编.华严文汇.全2册.北京:宗教文化出版社.2007

方东美.中国大乘佛学.台北:黎明文化事业股份有限公司.1991

方东美.华严宗哲学.上、下册.台北:黎明文化事业股份有限公司.1993

方广锠主编.藏外佛教文献.第二辑.北京:宗教文化出版社.1996

方广锠主编.藏外佛教文献.第八辑.北京:宗教文化出版社.2003

方豪.中国天主教史人物传.全3册.北京:中华书局.1988

方豪.方豪六十自定稿.全2册.台北:学生书局.1988

方立天.魏晋南北朝佛教论丛.北京:中华书局.1982

方立天.华严金师子章校释.北京:中华书局.1983

方立天.法藏.台北:台湾东大图书公司.1991

方立天.佛教哲学(增订本).北京:中国人民大学出版社.1991

方立天.法藏评传.北京:京华出版社.1994

方立天.中国大陆佛教研究的回顾和展望.世界宗教研究.2000(4)

方立天.中国佛教哲学要义.上、下卷.北京:中国人民大学出版社.2002

方立天.华方田.中国佛教简史.北京:宗教文化出版社.2004

方龄贵.元史丛考.北京:民族出版社.2004

方铁.云南跨境民族的分布、来源及其特点.广西民族大学学报(哲学社会科学版).2007(9)

冯承钧.中国南洋交通史.上海:上海古籍出版社.2005

冯达庵.佛法要论.北京:宗教文化出版社.2006

冯焕珍.回归本觉——净影寺慧远的真识心缘起思想研究.北京:中国社会科学出版社.2006

冯家昇.回鹘文写本《菩萨大唐三奘法师传》研究报告.北京：科学出版社.1953

冯家昇.程溯洛.穆广文编著.维吾尔族史料简编.上、下.北京：民族出版社.1981

冯家昇.冯家昇论著辑粹.北京：中华书局.1987

冯友兰.中国哲学简史.北京：北京大学出版社.1996

冯友兰.中国哲学史.上海：华东师范大学出版社.2005

佛化新青年.第2卷第5—6合号

佛化新青年.第2卷第2号.1924

符芝瑛.星云大师传.北京：北京十月文艺出版社.2006

傅恩.马涛.范缜《神灭论》发表年代的考辨.复旦学报.1995(1)

[德]傅海波.[英]崔瑞德.剑桥中国辽夏金元史.北京：社会科学出版社.1998

傅伟勋.从西方哲学到禅佛教.北京：北京三联书店.1989

傅伟勋主编.从传统到现代——佛教伦理与现代社会.台北：东大图书公司.1990

傅伟勋.从创造的诠释学到大乘佛学.台北：东大图书股份有限公司.1999

F. Th. Stcherbatsky. *Buddhist Logic*. New Delhi：Oriental Books Reprint Corporation. 1984

Florin Giripescu Sutton. *Existence and Enlightenment in the Lankavatara Sūtra：A study in Ontology and Epistemology of the Yogacara School of Mahayana Buddhism*. Albany：State University of New York Press. 1991

尕藏加.西藏佛教神秘文化——密宗.拉萨：西藏人民出版社.1996

尕藏加.雪域的宗教.北京：宗教文化出版社.2003

甘肃省文物考古研究所.河西石窟.北京：文物出版社.1987

[日]冈部和雄.田中良昭.中国佛教研究入门.东京：大藏出版社.2006

[日]冈部和雄.田中良昭.禅学研究入门.东京：大东出版社.2006

[日]冈崎精郎.タングート古代史研究.京都：东洋史研究会.1972

[日]冈田武彦.王阳明与明末儒学.吴光等译.上海：上海古籍出版社.2000

高华平.谢灵运佛教著述研究.中国文化研究.2006(4)

高令印.中国禅学通史.北京：宗教文化出版社.2004

高敏主编.魏晋南北朝经济史.上、下册.上海：上海人民出版社.1996

[日]高峰了州.华严思想史.京都：百花苑.1942

[日]高峰了州.华严论集.东京：国书刊行会.1976

[日]高峰了州.禅と华严の通路.台北：中华佛教文献编撰社.1979

[日]高崎直道.如来藏思想の形成——インド大乘佛教思想研究.东京：春秋社.1974

[日]高崎直道等.唯识思想.李世杰译.世界佛学名著译丛.第67册.台北：华宇

出版社.1985

[日]高崎直道等.如来藏思想.李世杰译.世界佛学名著译丛.第68册.台北:华宇出版社.1986

高僧传.汤用彤校注.北京:中华书局.1992

高执德.高雄州下巡讲演记.南瀛佛教.第14卷第4号.1936

高执德.朱子之排佛伦.南瀛佛教.第14卷第7号.1936

高振农.刘新美.中国近现代高僧与佛学名人小传.上海:华东师范大学出版社.1990

高振农.大乘起信论校释.北京:中华书局.1992

葛兆光.禅宗与中国文化.上海:上海人民出版社.1986

葛兆光.七世纪前中国的知识、思想与信仰世界.中国思想史.第一卷.上海:复旦大学出版社.1998

葛兆光.中国思想史.第二卷.上海:复旦大学出版社.2000

耿世民.敦煌突厥回鹘文书导论.台北:新文丰出版公司.1994

耿世民.新疆文史论集.北京:中央民族大学出版社.2001

耿世民.维吾尔古代文献研究.北京:中央民族大学出版社.2003

耿世民.回鹘文哈密本《弥勒会见记》研究.北京:中央民族大学出版社.2008

宫大中.洛都美术史迹.武汉:湖北美术出版社.1991

龚隽.近代佛学从经世到学术的命运走向.哲学研究.1997(5)

龚鹏程.晚明思潮.台北:里仁书局.1994

龚鹏程.书艺丛谈.济南:山东画报出版社.2007

龚自珍全集.上海:上海人民出版社.1975

[日]沟口雄三.中国前近代思想之曲折与展开.陈耀文译.上海:上海人民出版社.1997

谷川道雄.中国中世社会与共同体.马彪译.北京:中华书局.2004

顾净缘.净土奥义.北京:中国藏学出版社.2004

顾卫民.中国天主教编史.上海:上海书店出版社.2003

观世音应验记三种.孙昌武点校.北京:中华书局.1994

[日]龟川教信.华严学.印海译.高雄:佛光出版社.1997

郭朝顺.天台智顗的诠释理论.台北:里仁书局.2004

郭朋.宋元佛教.福州:福建人民出版社.1981

郭朋.明清佛教.福州:福建人民出版社.1982

郭朋.坛经校释.北京:中华书局.1983

郭朋.廖自力等.中国近代佛学思想史稿.成都:巴蜀书社.1989

郭朋.隋唐佛教.福州:福建人民出版社.1994

郭朋.中国佛教思想史.下卷.福州:福建人民出版社.1995

郭朋.中国佛教思想史.全3册.福州:福建人民出版社.1998

国家民委主编.民族五种问题丛书.云南少数民族社会历史调查资料.昆明:云南人民出版社.1985

国家民委主编.民族五种问题丛书.傣族社会调查资料.昆明:云南人民出版社.1985

国内近十年来之宗教思潮.张钦士辑.燕京华文学校.1927

[挪威]G.希尔贝克.N.伊耶.西方哲学史——从古希腊到二十世纪.童世骏.郁振华.刘进译.上海:上海译文出版社.2004

Grinstead(ed.). *The Tangut Tripitaka*. 9 vols. New Delhi: Sharada Rani. 1971

韩焕忠.天台判教论.成都:巴蜀书社.2005

韩廷杰.三论玄义校释.北京:中华书局.1987

韩小忙.孙昌盛.陈悦新.西夏美术史.北京:文物出版社.2001

杭州佛学院编.吴越佛教学术研讨会论文集.北京:宗教文化出版社.2004

郝春文.唐后期五代宋初敦煌僧尼的社会生活.北京:中国社会科学出版社.1998

和甯修.卫藏通志.台北:文海出版社.1965

何劲松.禅与书法艺术.世界宗教研究.1990(1)

何劲松.韩国佛教史.北京:社会科学文献出版社.2008

何绵山.近代四大高僧与福建佛教.法音.2000(1)

何平.泰语民族的迁徙与现代傣、老、泰、掸诸民族的形成.广西民族研究.2005(2)

何平.缅族先民的迁徙与现代缅族的形成.东南亚研究.2006(6)

何孝荣.明代南京寺院研究.北京:中国社会科学出版社.2001

何孝荣.明代北京寺院研究.天津:南开大学出版社.2007

贺云翱编.佛教初传南方之路文物图录.北京.文物出版社.1993

[日]横超慧日.中国佛教の研究.京都:法藏馆.1958

[日]横超慧日.中国佛教の研究第三.京都:法藏馆.1979

[日]横超慧日.涅槃经と净土教.京都:平乐寺书店.1981

洪金莲.太虚大师佛教现代化之研究.台湾:东初出版社.1995

洪修平.中国禅学思想史纲.南京:南京大学出版社.1994

洪修平.禅宗思想的形成与发展.南京:江苏古籍出版社.2000

洪修平.国学举要·佛卷.武汉:湖北教育出版社.2002

弘一大师全集.福州:福建人民出版社.1991

弘一大师文集(讲演卷).呼和浩特:内蒙古人民出版社.1996

弘学编著.净土探微.成都:巴蜀书社.1999

侯外庐主编.中国思想史第四卷.上、下册.北京:人民出版社.1960

侯外庐主编.宋明理学史.全2册.北京:人民出版社.1984
侯旭东.五、六世纪北方民众佛教信仰.北京:中国社会科学出版社.1998
[日]忽滑谷快天.韩国禅教史.朱谦之译.北京:中国社会科学出版社.1995
[日]忽滑谷快天.中国禅学思想史.上、下册.上海:上海古籍出版社.2002
[日]忽滑谷快天.中国禅学史.朱谦之译.上海:上海古籍出版社.2004
胡传志.李纯甫考论.社会科学战线.2000(2)
胡建次."四唐说"历史分期三步曲.阴山学刊.2005(4)
华人德.白谦慎主编.兰亭论集.苏州:苏州大学出版社.2000
华人德主编.历代笔记书论汇编.南京:江苏教育出版社.2001
[日]荒木见悟.明代思想研究.东京:创文社.1972
[日]荒木见悟.明末宗教思想研究——管东溟の生涯とその思想.东京:创文社.1979
[日]荒木见悟.阳明学的心学特质.中国文哲研究通讯.第2卷第4期.1984
[日]荒木见悟.阳明学の开展と佛教.东京:研文社.1984
[日]荒木见悟.阳明学与佛教.杨白衣译.世界佛学名著译丛.台北:华宇出版社.1987
[日]荒木见悟.易经与楞严经.如实译.世界佛学名著译丛.台北:华宇出版社.1987
[日]荒木见悟.明末佛教之性格.日本驹泽大学佛教学报论集.第21号.1990(10)
[日]荒木见悟.李通玄在明代.日本中国学会报.第45集.1994
[日]荒木见悟.觉浪道盛初探.廖肇亨译.中国文哲研究通讯.第9卷第4期.1999
[日]荒木见悟.明清思想论考.东京:研文社.1992
[日]荒木见悟.阳明学の位相.东京:研文社.1992
[日]荒木见悟.明代るおける李通玄.日本中国学会报.第55辑.1993
[日]荒木见悟.佛教と儒教——中国思想を形成するもの.东京:平乐寺书店.1993
[日]荒木见悟.心学与佛学.李凤全译.复旦大学学报.1998
[日]荒木见悟.禅与名教.西戈译.闽南佛学院学报.1999(2)
[日]荒木见悟.忧国烈火禅.禅僧觉浪道盛のたたかい.东京:研文出版社.2000
[日]荒木见悟.近世中国佛教的曙光——云栖袾宏之研究.周贤博译.台北:慧明文化事业有限公司.2001
[日]荒木见悟.佛教与儒教.杜勤等译.郑州:中州古籍出版社.2005
[日]荒牧俊典编著.北朝隋唐佛教思想史.京都:法藏馆.2000
黄布凡.马德.敦煌藏文吐蕃史文献译注.兰州:甘肃教育出版社.2000

黄忏华.中国佛教史.上海:上海文艺出版社.1990

黄凤岐.辽代契丹族宗教述略.社会科学辑刊.1994(2)

黄俊威.华严"法界缘起观"的思想探源.法藏文库(第93册).高雄:台湾佛光山文教基金会.2001

黄启江.北宋佛教史论稿.台北:商务印书馆.1997

黄丽镛编著.魏源谱.长沙:湖南人民出版社.1985

黄连忠.宗密的禅学思想.台北:新文丰出版公司.1995

黄敏枝.宋代佛教社会经济史论集.台北:台湾学生书局.1989

黄仁宇.万历十五年.北京:中华书局.1982

黄心川.印度哲学史.北京:商务印书馆.1989

黄心川.东方佛教论.北京:中国社会科学出版社.2002

黄夏年主编.胡适集.北京:中国社会科学出版社.1995

黄夏年主编.欧阳竟无集.北京:中国社会科学出版社.1995

黄夏年主编.吕澂集.北京:中国社会科学出版社.1995

黄夏年主编.太虚集.北京:中国社会科学出版社.1995

黄夏年主编.印顺集.北京:中国社会科学出版社.1995

黄夏年主编.巨赞集.北京:中国社会科学出版社.1995

黄夏年主编.周叔迦集.北京:中国社会科学出版社.1995

黄夏年主编.圆瑛集.北京:中国社科出版社.1995

黄夏年主编.章太炎集.北京:中国社会科学出版社.1995

黄夏年主编.民国佛教期刊集成.全国图书馆文献缩微复制中心影印.2006

黄侬妹.彭际清与戴震的儒佛论辩.东方宗教研究.1990(2)

黄侬妹.清乾隆时期江南士大夫的佛教信仰.中兴大学历史学报.1991(2)

黄有福.陈景富.海东入华求法高僧传.北京:中国社会科学出版社.1994

黄运喜.清末民初庙产兴学运动对近代佛教的影响.国际佛学研究.1991(12)

黄震云.论辽代宗教文化.民族研究.1996(2)

黄震云.论辽代宗教文化(续).民族研究.1996(3)

黄征.张涌泉.敦煌变文校注.北京:中华书局.1997

会典馆.钦定大清会典事例.赵云田点校.光绪重修本.北京:中国藏学出版社.2006

慧岳.天台教学史.青岛湛山寺印行.2004

霍韬晦.安慧《三十唯识释》原典译注.香港:香港中文大学出版社.1980

霍韬晦.绝对与圆融——佛教思想论集.台北:东大图书股份有限公司.1994

Holmes Welch. *The Practice of Chinese Buddhism（1900—1950）*. Harvard University Press.1967

Holmes Welch. *The Buddhist Revival in China*. Cambridge. Massachusetts：

Harvard University Press. 1968

Iso kern. *Buddhstische Kritik am Christentum im China*. des 17. Jahehunderts. Peter Lang. 1992

嵇文甫. 左派王学. 民国丛书. 第二编第七册. 上海:开明书店. 1941

嵇文甫. 晚明思想史论. 民国经典学术文库本. 北京:东方出版社. 1996

[日]吉津宜英. 华严禅の思想史的研究. 东京:大东出版社. 1985

[日]吉津宜英. 法藏大乘起信论义记之成立与展开. 平川彰主编. 如来藏与《大乘起信论》. 东京:春秋社. 1990

[日]吉津宜英. 华严一乘思想の研究. 东京:大东出版社. 1991

[日]吉田刚. 关于师会与观复一乘义之论争. 印度学佛教学研究. 第44卷第2号. 1996

[日]吉田刚. 融会一乘义章明宗记之成立背景. 印度学佛教学研究. 第45卷第1号. 1997

[日]吉田刚. 笑庵观复的四义同教说. 驹大大学院佛教研究会年报. 第31号. 1998

[日]吉田刚. 北宋时期佛教兴隆之经纬:子璿在华严教学史中的地位. 日本驹泽大学禅研究所年报. 第9号. 1998

[日]吉田刚. 晋水净源与宋代华严. 禅学研究. 第77号. 1999

[日]吉田刚. 师会同教解释之特征. 印度学佛教学研究. 第47卷第2号. 2000

[日]吉田刚. 长水子璿之于宗密华严教学的受容与展开. 南都佛教. 第81号. 2001

[日]吉田刚. 宋代时期华严礼忏仪轨的成立. 印度学佛教学研究. 第52卷第1号. 2004

寄禅. 八指头陀诗文集. 长沙:岳麓书社. 1984

季伏昆编. 中国书论辑要. 南京:江苏美术出版社. 2000

纪华传. 江南古佛:中峰明本与元代禅宗. 北京:中国社会科学出版社. 2006

贾题韬. 坛经讲座. 成都:四川人民出版社. 1993

贾题韬. 论开悟. 成都:四川人民出版社. 1993

贾原:论清代喇嘛教寺庙经济收入的来源. 前沿. 2008(1)

[日]间野潜龙. 明代文化史研究. 京都:同朋舍. 1979

[日]菅野博史. 中国法华思想の研究. 东京:春秋社. 1994

[日]菅原昭英. 江南四川僧与日本僧之交往. 宗学研究. 第40号. 1998

[日]键主良敬. 木村清孝. 法藏. 东京:大藏出版社. 1991

见栋. 虚云和尚对当代禅宗之影响. 宗教学研究. 2004(4)

江灿腾. 晚明丛林改革与佛学争辩之研究. 台北:新文丰出版公司. 1990

江灿腾. 人间净土的追寻——中国近世佛教思想研究. 台北:稻乡出版社. 1989

江灿腾.明清民国佛教思想史论.北京:中国社会科学出版社.1996

江灿腾.中国近世佛教思想的诤辩与发展.台北:南天书局.1998

江灿腾.晚明佛教改革史.桂林:广西师范大学出版社.2006

江灿腾.新视野下的台湾近现代佛教史.北京:中国社会科学出版社.2006

江嘎主编.大圆满.北京:中国藏学出版社.2005

江应梁.傣族史.成都:四川民族出版社.1984

姜伯勤.唐五代敦煌寺户制度.北京:中华书局.1987

姜伯勤.石濂大汕和澳门禅史——清初岭南禅学史研究初篇.上海:学林出版社.1999

姜生.郭武.明清道教伦理及其历史流变.成都:四川人民出版社.1999

姜义华.胡适学术文集·中国佛学史.北京:中华书局.1997

蒋维乔.中国佛教史.上海:上海书店.1989

蒋维乔.邓子美导读.中国佛教史.上海:上海古籍出版社.2004

蒋维乔.中国佛教史.上海:上海世纪出版集团.2007

蒋忠新编注.梵文《妙法莲华经》写本.北京:中国社会科学出版社.1988

[日]结城令闻.唯识学典籍志.东京:大藏出版社.1985

[日]金龙泰.笑庵观复之华严思想与祖统说.印度学佛教学研究.第51卷第2号.2003

金山穆昭.弘法大师之密教观.海潮音文库.第10册

金维诺.中国美术史论集.北京:人民美术出版社.1981

金维诺.罗世平.中国宗教美术史.南昌:江西美术出版社.1995

净海.南传佛教史.北京:宗教文化出版社.2002

净空.如何才能往生

净心.天台山家山外论争之研究.台北:弥勒出版社.1983

[日]久保田量远.中国儒道佛三教论史.东京:国书刊行会.1986

[日]酒井忠夫.中国善书の研究.东京:国书刊行会.1990

J. Hamilton. *Manuscrits ougours du IXe-Xe siècle de Touen-Houang*. tome. 1—2. Paris. 1986

阚正宗.台湾佛教史论.北京:宗教文化出版社.2008

康有为.请尊孔圣为国教立教部教会以孔子纪而废淫祀折.戊戌变法资料汇编.第二卷

康有为.康南海自编年谱.北京:中华书局.1992

康有为.康南海自订年谱.台北:文海出版社.1972

康有为全集.上海:上海古籍出版社.1987

康有为.康子内外篇.北京:中华书局.1988

[意]柯毅霖.晚明基督论.王志成等译.成都:四川人民出版社.1999

［日］袴谷宪昭．本觉思想批判．东京：大藏出版株式会社．1998

Kahar Barat. *The Uigur-Turkic Biography of the Seventh-Century Chinese Buddhist Pilgrim Xuanzang*. Ninth and Tenth Chapters. Bloomington. 2000

拉科·益西多杰编译．藏传佛教高僧传略．西宁：青海人民出版社．2007

［美］拉·莫阿卡宁．荣格心理学与西藏佛教．江亦丽．罗照辉译．北京：商务印书馆．1994

［波斯］拉施特主编．史集．于大钧．周建奇译．北京：商务印书馆．1985

赖贤宗．法藏《大乘起信论义记》及元晓与见登的相关述记关于一心开二门的阐释．台湾中华佛学学报．2001(14)

赖贤宗．佛教诠释学．台北：新文丰出版公司．2003

赖永海．中国佛性论．上海：上海人民出版社．1988

赖永海．佛学与儒学．杭州：浙江人民出版社．1992

赖永海．湛然．台北：台湾东大图书公司．1993

赖永海．中国佛教文化论．北京：中国青年出版社．1999

赖永海主编．中国佛教百科全书．1—8卷．上海：上海古籍出版社．2001

蓝日昌．六朝判教论的发展与演变．台北：文津出版社．2003

蓝吉富．杨仁山与现代中国佛教．华冈佛学学报(2)

蓝吉富．隋代佛教史述论．台北：台湾商务印书馆股份有限公司．1993

劳政武．佛教戒律学．北京：宗教文化出版社．2003

［奥地利］勒内·德·内贝斯基·沃杰科维茨．西藏的神灵和鬼怪．谢继胜译．拉萨：西藏人民出版社．1993

雷润泽主编．中国建筑·西夏佛塔．北京：文物出版社．1995

［泰］黎道纲．泰国古代史地丛考．北京：中华书局．2000

李安．童蒙止观校释．北京：中华书局．1988

李安．对金陵刻经处的回顾与前瞻．金陵刻经处创办130周年学术会议论文

李宝嘉．官场现形记．北京：人民文学出版社．1957

李长莉等．近代中国社会文化变迁录．杭州：浙江人民出版社．1998

李范文．西夏研究论集．银川：宁夏人民出版社．1983

李范文主编．西夏通史．银川：宁夏人民出版社．2005

李范文主编．中国国家图书馆藏西夏文文献．14册．上海：上海古籍出版社．2005

李芳民．唐五代佛寺辑考．北京：商务印书馆．2006

李富华．何梅．汉文佛教大藏经研究．北京：宗教文化出版社．2003

李进新．新疆宗教演变史．乌鲁木齐：新疆人民出版社．2003

李泰玉主编．新疆宗教．乌鲁木齐：新疆人民出版社．1989

李尚英．中国清代宗教史．北京：人民出版社．1994

李四龙．天台智者研究．北京：北京大学出版社．2003

李世杰.华严哲学要义.台北:佛教出版社.1990

李淞.长安艺术与宗教文明.北京:中华书局.2002

李淞.陕西佛教艺术.北京:文物出版社.2008

李文海.太平天国统治区社会风习素描.太平天国学刊.第3辑.北京:中华书局.1987

李锡厚.辽史.北京:人民出版社.2006

李希凡主编.中华艺术通史.北京:北京师范大学出版社.2006

李焘.慧因寺志.杭州:杭州出版社.2007

李向平.救世与救心.上海:上海人民出版社.1993

李小荣.敦煌密教文献论稿.北京:人民文学出版社.2003

李小荣.弘明集、广弘明集述论稿.成都:巴蜀书社.2005

李杏九(道业).关于华严净土与弥陀净土.印度学佛教学研究.第51卷第2号.2004

李逸友编著.黑城出土文书.汉文文书卷.北京:科学出版社.1991

李映辉.唐代佛教地理研究.长沙:湖南大学出版社.2004

李圆净等重编.华严疏钞.北京刻经处.1944

李再钤.中国佛教雕塑.台北:台湾历史博物馆.1998

李泽厚.中国思想史论.合肥:安徽文艺出版社.1998

李治安.忽必烈传.北京:人民出版社.2004

连艾华主编.明清近代高僧书法展.台北:何创时基金会.1995

连横.星云大师讲演集.北京:商务印书馆.1983

连瑞枝.钱谦益的佛教生涯与理念.中华佛学学报.1994(7)

连瑞枝.汉月法藏与晚明三峰宗派的建立.中华佛学学报.1996(9)

[日]镰田茂雄.中国华严思想史の研究.东京:东京大学出版会.1965

[日]镰田茂雄.华严普贤行愿修证仪之研究.禅研究所纪要.第6、7合并号.1976

[日]镰田茂雄.华严教学研究资料集成.东京:大藏出版社.1982

[日]镰田茂雄.禅典籍内华严资料集成.东京:大藏出版社.1982

[日]镰田茂雄.中国佛教通史.1—4卷.关世谦译.高雄:佛光出版社.1985

[日]镰田茂雄.简明中国佛教史.上海:上海译文出版社.1986

[日]镰田茂雄.新罗佛教史序说.东京:东京大学东洋文化研究所.1988

[日]镰田茂雄.华严学研究资料集成.东京:大藏出版社.1993

[日]镰田茂雄.华严思想的接受形态:中国朝鲜、日本华严的特点.中日佛教学术会议论文集.北京:中国社会科学出版社.1997

[日]镰田茂雄.中国佛教史.第6卷.隋唐の佛教(下).东京:东京大学出版会.1999

镰田茂雄博士还历纪念论集.中国の佛教と文化.东京:大藏出版社.1988
镰田茂雄博士古稀纪念会编.华严学论集.东京:大藏出版社.1997
梁满仓.汉唐间政治与文化探索.贵阳:贵州人民出版社.2000
梁启超.大乘起信论考证.上海:商务印书馆.1924
梁启超.饮冰室合集.北京:中华书局.1989
梁启超.陈士强导读.佛学研究十八篇.上海:上海古籍出版社.1998
梁启超.夏晓虹点校.清代学术概论.北京:中国人民大学出版社.2004
梁思成.中国雕塑史.天津:百花文艺出版社.1997
了然.般若净土中道实相菩提论.净土丛书.第4—13册.香港:香港佛学书局.1988
了然.入香光室.台北:佛陀教育基金会.2000
廖明活.华严宗性起思想的形成.台湾中国文哲研究集刊.1995(6)
廖明活.净影慧远思想述要.台北:台湾学生书局.1999
廖明活.法藏的种性观.台湾中国文哲研究集刊.2001(18)
廖阅鹏.净土三系之研究.高雄:佛光出版社.1989
廖肇亨.雪浪洪恩初探.汉学研究.第14卷第2期.1996(12)
林大志.卢盛江."蜡鹅事件"真伪与昭明太子后期处境.文学遗产.2004(6)
林国平.林兆恩与三一教.福州:福建人民出版社.1992
林其贤.李卓吾的佛学与世学.台北:文津出版社.1992
林秋梧.和尚也利用经济侵略.台湾民报.第149号.1927年3月20日
林世田主编.国家图书馆藏西夏文献中汉文文献释录.北京:北京图书馆出版社.2005
林子青编著.弘一法师年谱.北京:宗教文化出版社.1995
临沧地区民族宗教事务局编.临沧地区民族志.昆明:云南民族出版社.2002
临时政府公报.第三十七号.教育部批僧界全体代表敬安等请创设佛教总会呈.1912
临时政府公报.第四十七号.令教育部准佛教会立案文.1912年3月24日
[日]铃木哲雄.关于五代时期浙江禅宗之推移.禅研究所纪要第6、7合并号.1976
[日]铃木哲雄.云门文偃与南汉.印度学佛教学研究.第33卷第1号.1984
刘长东.宋代佛教政策论稿.成都:巴蜀书社.2005
刘建.求法请益与朝圣巡礼—九至十一世纪中日佛教交流史略考.世界宗教研究.2000(1)
刘锦藻.清朝续文献通考.北京:商务印书馆.1936
刘立夫.弘道与明教——弘明集研究.北京:中国社会科学出版社.2004
刘梦溪主编.中国现代学术经典.太虚卷.真现实论.楼宇烈校.石家庄:河北教

育出版社.1996

刘梦溪主编.中国现代学术经典·熊十力卷.石家庄:河北教育出版社.1996

刘立千.印藏佛教史.北京:民族出版社.2000

刘立千.藏传佛教各派教义及密宗漫谈.北京:民族出版社.2000

刘凤君.考古学与雕塑艺术史研究.济南:山东人民美术出版社.1991

刘浦江.辽金的佛教政策及其社会影响.佛学研究.1996

刘晓.元史研究.福州:福建人民出版社.2006

刘昭瑞.说"天宫"与寇谦之的"静轮天宫".宗教学研究.2004(3)

刘正成主编.中国书法全集64·清代.北京:荣宝斋出版社.1998

楼筱环、张家诚.元代普陀山高僧一山一宁.北京:宗教文化出版社.2009

楼宇烈.佛学与中国近代哲学.世界宗教研究.1986(1)

楼宇烈.中国近代佛学的振兴者——杨文会.世界宗教研究.1986(2)

卢辅圣主编.中国书画全书.上海:上海书画出版社.1994

卢国龙.道教哲学.北京:华夏出版社.1997

陆宝千.乾隆时代之士林佛学.张曼涛主编.现代佛教学术丛刊.中国佛教史论集六.明清佛教史篇.台北:大乘文化出版社.1977

逯钦立.先秦汉魏晋南北朝诗.北京:中华书局.1983

吕澂.复熊十力书二.中国哲学.第十一辑

吕澂.中国佛学源流略讲.北京:中华书局.1979

吕澂.吕澂佛学论著选集.1—5卷.济南:齐鲁书社.1991

吕澂.华严教义章略解.吕澂集.北京:中国社会科学出版社.1995

吕澂.印度佛学源流略讲.上海:上海世纪出版集团.2002

吕大吉.西方宗教学说史.北京:中国社会科学出版社.1994

吕大吉.中国现代宗教学术研究一百年的回顾与展望.江苏社会科学.2002(3)

吕建福.中国密教史.北京:中国社会科学出版社.1995

吕建福:杨仁山与金陵刻经处.法音.1997(3)

吕碧城.观无量寿佛经释论.香港:聚珍印务书局.1942

罗桑却吉.刘立千译注.尼玛土观宗派源流.北京:民族出版社.2000

[英]罗森.中国古代的艺术与文化.孙心菲等译.北京:北京大学出版社.2002

罗同兵.太虚对中国佛教现代化道路的抉择.四川大学博士学位论文.2002

罗贤佑.元代民族史.成都:四川民族出版社.1996

Л. Н. Меньшиков. Описание китайской части коллекции из Хара-хото. Москва. 1984

Л. Ю. Тугушева. Уйгуская Версия биографии сюанан-зана. Москва. 1991

麻天祥.汤用彤评传.南昌:百花洲文艺出版社.1993

麻天祥.中国禅宗思想史.长沙:湖南人民出版社.1998

麻天祥.20世纪中国佛学问题.长沙:湖南教育出版社.2001
马西沙.韩秉方.中国民间宗教史.上海:上海人民出版社.1992
毛汉光.中国中古政治史论.上海:上海书店出版社.2002
毛汉光.中国中古社会史论.上海:上海书店出版社.2002
毛忠贤.中国曹洞宗史.南昌:江西人民出版社.2006
蒙思明.元代社会阶级制度.上海:上海人民出版社.2006
妙舟法师.蒙藏佛教史与李翊灼.西藏佛教史合刊.全国图书馆缩微复制中心.1993
妙舟编撰.蒙藏佛教史.扬州:江苏广陵古籍刻印社.1993
茗山法师.妙法莲华经观世音菩萨普门品讲记.南京:金陵刻经处.1999
明复.中国僧官制度研究.台北:台湾明文书局.1981
明旸主编.圆瑛大师谱.北京:中华书局.2004
明旸.先师圆瑛法师事略.上海文史资料选辑.第45辑
牟宗三.佛性与般若.台北:学生书局.1977
牟宗三.道德理想主义的重建.北京:中国广播电视出版社.1992
牟宗三.中国哲学十九讲.上海:上海古籍出版社.1997
牟宗三.心体与性体.全3册.上海:上海古籍出版社.1999
牟宗三.从陆象山到刘蕺山.上海:上海古籍出版社.2001
[日]木宫泰彦.日中文化交流史.胡锡译.北京:商务印书馆.1980
[日]木村清孝.初期中国华严思想史の研究.东京:春秋社.1977
[日]木村清孝.觉苑关于法界缘起思想之受容.佛教思想诸问题之研究(平川彰博士纪念论集).东京:春秋社.1985
[日]木村清孝.北宋佛教的《大乘起信论》——长水子璇与四明知礼.平川彰主编.如来藏与《大乘起信论》.东京:春秋社.1990
[日]木村清孝.中国华严思想史.京都:平乐寺书店.1992
[日]木村英一编.慧远研究·研究篇.东京:创文社.1962
[日]牧田谛亮.六朝古逸观世音应验记の研究.京都:平乐寺书店.1970
[日]牧田谛亮.中国佛教史研究第一.东京:大东出版社.1981
[日]牧田谛亮.中国近世佛教史研究.索文林译.台北:台湾华宇出版社.1983
[日]牧田谛亮.中国佛教史研究第二.东京:大东出版社.1984
Mikhail Piotrovesky(ed.). *Lost Empire of the Silk Road*：*Buddhist Art from Khara Khoto*（X-XIII th Century）. Electa：Thyssen-Bornemiza Foundation. 1993
南炳文主编.佛道秘密宗教与民间社会.天津:天津古籍出版社.2001
南怀瑾.禅海蠡测.北京:中国世界语出版社.1994
南瀛佛教.第14卷第3号.1936
南瀛佛教会之沿革.南瀛佛教会会报.第1卷第1号

宁夏文物考古研究所.拜寺沟西夏方塔.北京:文物出版社.2005

宁夏大学西夏学研究中心.中国国家图书馆.甘肃省古籍文献整理编译中心编.中国藏西夏文献.20册.兰州:甘肃人民出版社.敦煌文艺出版社.2005—2007

宁夏文物考古研究所.山嘴沟西夏石窟.上、下.北京:文物出版社.2007

牛达生.西夏活字印刷研究.银川:宁夏人民出版社.2004

牛达生.西夏遗迹.北京:文物出版社.2007

牛汝极.回鹘佛教文献——佛典总论及巴黎所藏敦煌回鹘文佛教文献.乌鲁木齐:新疆大学出版社.2000

Neal Donner and Daniel B. Stevenson. *The Great Calming and Contemplation: A Study and Annotated Translation of the First Chapter of Chih-I's Mo-Ho Chih-Kuan*. Honolulu: University of Hawaii Press. 1993

欧阳渐.解节经真谛义.南京:金陵刻经处.1924

欧阳渐.竟无小品.南京:金陵刻经处.1943

欧阳渐.内学杂著.南京:金陵刻经处.1943

欧阳渐.唯识抉择谈.聂耦庚记录本

欧阳竟无.竟无诗文.南京:金陵刻经处

潘桂明.中国禅宗思想历程.北京:今日中国出版社.1992

潘桂明.智顗评传.南京:南京大学出版社.1996

潘桂明.中国居士佛教史.上、下册.北京:中国社会科学出版社.2000

潘桂明.吴忠伟.中国天台宗通史.南京:江苏古籍出版社.2001

潘桂明.中国佛教思想史.全6册.南京:江苏人民出版社.2009

彭国翔.良知学的展开.台北:学生书局.2003;北京:三联书店.2004

彭孙贻.客舍偶闻.上海:上海古籍出版社.1996

[日]平川彰编.如来藏と大乘起信论.东京:春秋社.1990

[日]平川彰.日本佛教と中国佛教.平川彰著作集.第8卷.东京:春秋社.1991

[日]平川彰等.法华思想.林保尧译.高雄:佛光出版社.1998

[日]平井俊荣.中国般若思想史研究——吉藏と三论学派.东京:春秋社.1976

蒲文成.拉毛扎西.觉囊派通论.西宁:青海人民出版社.1993

普布觉活佛洛桑楚臣强巴嘉措.十二世达赖喇嘛传.熊文彬译.北京:中国藏学出版社.2006

Paul L. Swanson. *Foundation of T'ien-t'ai Philosophy: The Flowering of the Two Truths Theory in Chinese Buddhism*. Asian humanities press. 1989

Peter N. Gregory. Daniel A. Getz. Jr. (ed.). *Buddhism in the Sung*. Honolulu: University of Hawaii Press. 1999

P. Zieme. *Buddhistische Stabreimdichtungen der Uiguren*. Berlin. 1985

P. Zieme. *Die Stabreimtexte der Uiguren von Turfan und Dunhuang*. Budapest.1991

齐思和.魏源与晚清学风.燕京学报.1950(12)
祁志祥.佛教美学.上海：上海人民出版社.1997
恰白·次旦平措等.西藏通史.陈庆英等译.拉萨：西藏古籍出版社.2004
[日]千叶正.关于宋代时期密教之展开.驹泽大学禅研究所年报.第8号.1997
钱明.阳明学的形成与发展.南京：江苏古籍出版社.2002
钱明.王阳明及其学派论考.北京：人民出版社.2009
钱穆.朱子新学案.全3册.成都：巴蜀书社.1986
钱穆.中国近三百年学术史.北京：商务印书馆.1997
钱穆.朱子学提纲.上海：三联书店.2005
钱锺书.管锥篇.北京：中华书局.1997
[日]浅井纪.明清时期民间宗教结社の研究.东京：研文出版.1990
钦则旺布.卫藏道场胜迹志.刘立千译注.北京：民族出版社.2000
秦启明编.弘一大师李叔同讲演集.北京：中国广播电视出版社.1993
秦家懿.孔汉思.中国宗教与基督教.吴华译.北京：三联书店.1990
秦孝仪编.抗战前国家建设史料——内政方面.台北：中国国民党中央委员会党史委员会.1977
清朝开国方略.阿桂等修.台北：文海出版社.1967
清世宗关于佛学谕旨.年羹尧奏折续.文献丛编.第七辑.北平：故宫博物院文献馆
卿希泰主编.中国道教史.全4册.成都：四川人民出版社.1988—1995
卿希泰.续中国道教思想史纲.成都：四川人民出版社.1999
邱高兴.华严宗祖法藏及其思想.法藏文库.第18册.高雄：台湾佛光山文教基金会.2001
邱敏捷.参禅与念佛.袁宏道佛教思想研究.台北：商鼎文化出版社.1993
邱树森主编.中国历代职官辞典.南昌：江西教育出版社.1998
屈大成.大乘《大般涅槃经》研究.台北：文津出版社.1994
屈大成.中国佛教思想中的顿渐观念.台北：文津出版社.2000
全国政协文史资料委员会宗教组编.名僧传.北京：中国文史出版社.1988
冉云华.宗密.台北：东大图书公司.1988
冉云华.中国禅学研究论集.台北：东初出版社.1992
冉云华.永明延寿.台北：东大图书公司.1998
日本学者研究中国史论著选译.第7卷.思想宗教.北京：中华书局.1993
[日]壬生台舜编.龙树教学の研究.东京：大藏出版社.1973
任继愈主编.中国佛教史.1—3卷.北京：中国社会科学出版社.1985
任继愈主编.中国道教史.上海：上海人民出版社.1990

任继愈.汉唐佛教思想论集.北京:人民出版社.1998
任树民.清朝入关前的通藏文书译稿之评述.西藏大学学报.2002(3)
任宜敏.中国佛教史·元代.北京:人民出版社.2005
任宜敏.元代佛教史.北京:人民出版社.2006
任宜敏.明代佛教史.北京:人民出版社.2009
容肇祖.明代思想史.民国丛书.第二编第七册.上海:上海书店据开明书店.1941
容肇祖.容肇祖集.山东:齐鲁书社.1989
阮荣春.佛教南传之路.长沙:湖南美术出版社.2000
赛仓·罗桑华丹.藏传佛教格鲁派史略.王世镇译.北京:宗教文化出版社.2002
[日]三上次男.东山健吾.护雅夫.西田龙雄监修.シルヶロードの美と神秘——敦煌·西夏王国展.1988
[日]三枝充悳.佛典讲座27·三论玄义.东京:大藏出版株式会社.1979
桑耀华主编.德昂族文化大观.昆明:云南民族出版社.1999
[日]森克己.东大寺僧奝然入宋之志向.日本驹泽大学禅研究所纪要.第6、7合并号.1976
[日]山井涌.明清思想史の研究.东京:东京大学出版会.1980
[日]山崎宏.支那中世佛教の展开.东京:清水书店.1942
[日]山崎宏.隋唐佛教史の研究.京都:法藏馆.1967
[日]山田龙城.梵语佛典导论.许洋主译.世界佛学名著译丛.第79册.台北:华宇出版社.1988
[日]山田熊太郎等.华严思想.李世杰译.台北:法尔出版社.1989
上海社科院宗教研究所编.宗教问题探索.上海社会科学院宗教研究所.上海市宗教学会.1983
上海书画出版社编.历代书法论文选.上海:上海书画出版社.1979
[俄]舍尔巴茨基.大乘佛学——佛教的涅槃概念.立人译.北京:中国社会科学出版社.1994
[俄]舍尔巴茨基.小乘佛学——佛教的中心概念和法的意义.立人译.北京:中国社会科学出版社.1994
[俄]舍尔巴茨基.佛教逻辑.宋立道.舒晓炜译.北京:商务印书馆.1997
沈去疾.应慈法师谱.真禅法师审订.上海:华东师范大学出版社.1990
圣空法师.清世宗与佛教.中华佛学研究所硕士论文.2000
圣凯.摄论学派研究.北京:宗教文化出版社.2005
圣严.明末佛教研究.台北:东初出版社.1987
圣严.明末中国佛教之研究.关世谦译.台北:学生书局.1988
圣严.明末中国佛教の研究.台北:法鼓文化出版社.2001

圣严.戒律学纲要.北京:宗教文化出版社.2006

圣严法师编著.印度佛教史.台北:法鼓文化事业股份有限公司.1997

[日]胜又俊教.佛教における心识说の研究.东京:山喜房佛书林.1974

施德昌.台湾佛教名迹宝鉴.台中:民德写真馆.1941

十地经论.魏常海释译.高雄:佛光出版社.1997

[日]石井公成.华严思想の研究.东京:春秋社.1996

[日]石井教道.华严教学成立史.京都:平乐寺书店.1964

石峻.楼宇烈等编.中国佛教思想资料选编.4卷8册.中华书局.1981—1991

石硕.吐蕃政教关系史.成都:四川人民出版社.2000

[法]石泰安.西藏的文明.耿昇译.王尧审校.北京:中国藏学出版社.1999

史金波.西夏佛教史略.银川:宁夏人民出版社.1988

史金波.聂鸿音.白滨译注.天盛改旧定新律令.北京:法律出版社.2000

史金波.雅森·吾守尔.中国活字印刷术的发明和早期传播——西夏和回鹘活字印刷术研究.北京:社会科学文献出版社.2000

史金波.西夏出版研究.银川:宁夏人民出版社.2004

史金波.西夏社会.上、下册.上海:上海人民出版社.2007

史景迁.追寻现代中国:1600—1912的中国历史.黄纯艳译.上海:上海远东出版社.2005

史全生主编.中华民国文化史.长春:吉林文史出版社.1990

史卫民.元代社会生活史.北京:中国社会科学出版社.1996

史岩.中国雕塑史图录.上海:上海人民美术出版社.1983

史仲文主编.中国艺术史·书法篆刻卷.石家庄:河北人民出版社.2006

[日]矢吹庆辉.三阶教之研究.东京:岩波书局.1927

[日]矢崎正见.西藏佛教史考.张建世译.拉萨:西藏人民出版社.1990

释成一.华严文选.台北:万行杂志社.1993

释大寂.华严法藏大师的佛种性论.大专学生佛学论文集(12).台北:台湾华严莲社.2002

释大睿.天台忏法之研究.台北:法鼓文化事业股份有限公司.2000

释道昱.止观在中国佛教初期弥陀信仰中的地位——以南北朝之前为探讨中心.圆光佛学学报.第二期.1997

释东初.中日佛教交通史.台北:中华佛教文化馆.中华大典编印会合刊.1970

释东初.中国佛教近代史.台北:东初出版社.1974

释果祥.紫柏大师研究.台北:东初出版社.1990

释恒清.佛性思想.台北:东大图书股份有限公司.1997

释见晔.以蕅益智旭为例探究晚明佛教之"复兴"内涵.中华佛学研究.1999(3)

释见一.汉月法藏之禅法研究.中华佛学学报.1998(11)

释觉华.性具与性起思想之比较研究.法藏文库.第97册.高雄:台湾佛光山文教基金会.2001

释昭慧.人间佛教的播种者.台北:东大图书公司.1997

[日]水谷幸正.佛教思想と净土教.京都:思文阁出版社.1998

[英]斯坦因斯坦因.西域考古记.上海:上海书店.1987

[日]松本史朗.禅思想の批判的研究.东京:大藏出版株式会社.1994

[日]松尾刚次.官僧和遁世僧:镰仓新佛教的成立和日本授戒制.史学杂志.第3号.1985

[日]松元文三郎.弥勒净土论.张元林译.北京:宗教文化出版社.2001

宋德华.戊戌奏稿考略.华南师范大学学报社科版.1988(1)

宋德全.金史.北京:人民出版社.2006

苏发祥.清代治藏政策研究.北京:民族出版社.2001

苏发祥:论清朝治理西藏地方的经济政策.西藏研究.1997.(6)

苏日嘎拉图.满蒙文化关系研究.中央民族大学博士学位论文.2003

苏树华.洪州禅.北京:宗教文化出版社.2005

苏树华.中国佛学各宗要义.北京:中华书局.2007

宿白主编.中国石窟.北京:文物出版社.1980

宿白.中国石窟寺研究.北京:文物出版社.1996

孙宝瑄.忘山庐日记.上海:上海古籍出版社.1983

孙伯君编.国外早期西夏学论集(一、二).北京:民族出版社.2005

孙伯癸.候惠勤主编.马克思主义哲学的历史和现状.第一卷.南京:南京大学出版社.1988

孙昌武.道教与唐代文学.北京:人民文学出版社.2001

孙昌武.佛教与中国文学.上海:上海人民出版社.2007

孙尚扬.明末儒学与基督教.北京:东方出版社.1994

孙洵.民国书法史.南京:江苏教育出版社.1998

孙中曾.明末禅宗在浙东兴盛之缘由探讨.国际佛学研究.1992(2)

索南才让.西藏密教史.北京:中国社会科学出版社.1998

索南才让.民国年间(1912—1949年)汉藏佛教文化交流.西藏研究.2006(4)

Samuell Woodbridge. *China's Only Hope*: *An Appeal by the Greatest Victroy Chang Chih-tung*. New York. 1900

Sung-pen Hsu. *A Buddist leader in Ming China*: *The Life and Thought of Han-Shan Te-Ch'ing*, 1546—1623. The Pensylvania State University Press. 1979

台南联横雅堂.台湾通史.台湾文献丛刊.台北:台湾大通书局.1984

台湾宗教调查报告.第1卷.江灿腾译.台北:台湾总督府.1919

邰爽秋.庙产兴学——一个教育经费政策的建议.现代僧伽.1928(5)

邰爽秋.中华民国庙产兴学促进会宣言.正觉杂志.1930(7)
太平天国学刊编委会编.太平天国.第四辑.北京:中华书局.1987
太虚.太虚大师全书.财团法人印顺文教基金会:善导寺佛经流通处.1980
太虚.太虚法师归国后在上海佛教居士林演讲词.海潮音.第10卷第4期.1929
太虚.法相唯识学概论.太虚大师选集.台北:正闻出版社.1982
泰山子.佛教会馆建设に就て.圆通.第75号.1928年7月10日
谈玄.清代佛教之概略.张曼涛主编.现代佛教学术丛刊.中国佛教史论集六.明清佛教史篇.台北:大乘文化出版社.1977
谭蝉雪.敦煌岁时文化导论.台北:新文丰出版公司.1998
谭世保.汉唐佛史探真.广州:中山大学出版社.1991
倓虚大师精华录.台北:原泉出版社.1997
倓虚.影尘回忆录.上海佛学书局.1993;北京:宗教文化出版社.2003
汤一介.郭象与魏晋哲学.北京:北京大学出版社.2000
汤用彤.隋唐佛教史稿.北京:中华书局.1982
汤用彤.魏晋南北朝佛教史.上、下册.北京:中华书局.1983
汤用彤.理学·佛学·玄学.北京:北京大学出版社.1991
汤用彤.汤用彤全集.全7卷.石家庄:河北人民出版社.2000
汤志钧.章太炎年谱长编.北京:中华书局.1979
汤志钧编.康有为政论集.北京:中华书局.1981
汤志钧.近代经学与政治.北京:中华书局.1989
唐大潮.明清之际道教"三教合一"思想论.北京:宗教文化出版社.2000
唐景福编著.中国藏传佛教名僧录.兰州:甘肃民族出版社.1991
唐长孺.魏晋南北朝史论拾遗.北京:中华书局.1983
唐长孺.魏晋南北朝隋唐史三论.武汉:武汉大学出版社.1993
唐长孺.魏晋南北朝史论丛.石家庄:河北教育出版社.2000
陶希圣等.明代宗教.包遵彭主编.明史论丛.台北:学生书局.1968
土观·罗桑却季尼玛.土观宗派源流.刘立千译注.拉萨:西藏人民出版社.1984
Thomas A. Kochumuttom. *A Buddhist Doctrine of Experience: A New Translation and Interpretation of the Works of Vasubandhu the Yogacarin*. Motilal Banarsidass Publishers Private Limited. Delhi. 1999
Timothy Translation. *The Awakening of Faith in the Mahayana Doctrine*. Shanghai: China and the United States Book Company. 1918
[日]窪德忠.道教史.上海:上海译文出版社.1987
汪荣祖.陈寅恪评传.南昌:百花洲文艺出版社.1992
汪宗衍.天然和尚年谱.台北:台北新文丰出版公司.1986
王邦维.南海寄归内法传校注.北京:中华书局.1995

王邦维.大唐西域求法高僧传校注.北京:中华书局.2000

王伯敏主编.中国美术通史.济南:山东教育出版社.1996

王恩洋.追念亲教大师.欧阳竟无大师纪念特刊

王尔敏.清廷圣谕广训之颁行及民间之宣讲拾遗.近代史研究所集刊.第6辑.1993

王辅仁编著.西藏佛教史略.西宁:青海人民出版社.1982

王海涛.云南佛教史.昆明:云南美术出版社.2001

王广西:佛学与中国近代诗坛.开封:河南大学出版社.1995

王国维.观堂集林.卷二三.石家庄:河北教育出版社.2003

王家葵.陶弘景丛考.济南:齐鲁书社.2003

王建光.中国律宗思想研究.成都:巴蜀书社.2004

王雷泉编选.欧阳渐文选:悲愤而后有学.上海:上海远东出版社.1996

王晶辰主编.辽宁碑志.沈阳:辽宁人民出版社.2002

王静如.西夏研究.第1—3辑.北京:国立中央研究院历史语研究所.1932—1933

王启龙.八思巴评传.北京:民族出版社.1998

王庆生.李纯甫生平事迹考略.晋阳学刊.2001(4)

王尧编著.吐蕃金石录.北京:文物出版社.1982

王尧.陈践编著.吐蕃简牍综录.北京:文物出版社.1986

王俊中.救国、宗教抑哲学?——梁启超早年的佛学观及其转折(1891—1912).史学集刊.1996(6)

王荣国.福建佛教史.厦门:厦门大学出版社.1997

王荣国.吴越国割据时期的福州佛教.中国思想与文化.长沙:岳麓书社.2004

王森.西藏佛教发展史略.北京:中国社会科学出版社.1997

王颂.义和《无尽灯序》中澄观、宗密之影响.印度学佛教学研究.第52卷第2号.2004

王颂.关于华严普贤行愿修证仪甲本之著者.印度学佛教学研究.第53卷第2号.2005

王颂.从日本华严宗的两大派别反观中国华严思想史.世界宗教研究.2005(4)

王颂.宋代华严思想研究.北京:宗教文化出版社.2008

王文颜.佛典疑伪经研究与考录.台北:台湾文津出版社.1997

王骧陆居士全集.北京:中国藏学出版社.1993

王亚荣.长安佛教史论.北京:宗教文化出版社.2005

王伊同.五朝门第.香港:香港中文大学出版社.1978

王煜.明清思想家论集.台北:联经出版社.1981

王元军.六朝书法与文化.上海:上海书画出版社.2002

王月清.中国佛教伦理研究.南京:南京大学出版社.1999
王志远.宋初天台佛学窥豹.北京:中国建设出版社.1989
王仲荦.魏晋南北朝史.上、下册.上海:上海人民出版社.1980
王子云.中国雕塑艺术史.北京:人民美术出版社.1988
王仲尧.隋唐佛教判教思想研究.成都:巴蜀书社.2000
[日]望月良晃.大乘涅槃经の研究——教团史的考察.东京:春秋社.1988
[日]望月信亨.佛教经典成立史论.京都:法藏馆.1978
[日]望月信亨.中国净土宗教理史.释印海译.台北:华宇出版社.1987
[日]望月信亨.净土教概论.释印海译.台北:华宇出版社.1988
魏崇武.金代理学发展初探.历史研究.2000(3)
魏道儒.宋代禅宗文化.郑州:中州古籍出版社.1995
魏道儒.中国华严宗通史.南京:江苏古籍出版社.1998
魏道儒.从华严宗学到华严宗学.中华佛学学报.1999(12)
魏磊.净土宗教程.北京:宗教文化出版社.1998
魏特.汤若望传.杨丙辰译.台北:台湾商务印书馆.1949
温玉成.中国石窟与文化艺术.上海:上海人民美术出版社.1993
[英]渥德尔.印度佛教史.王世安译.北京:商务印书馆.1987
吴凤霞.金士巨擘——赵秉文.社会科学辑刊.1991(2)
吴光主编.中华文化研究集刊之二阳明学研究.上海:上海古籍出版社.2000
吴平.藏传佛教在近代上海的流传与发展.中国藏学.2002(3)
吴立民主编.中国禅宗宗派源流.北京:中国社会科学出版社.1998
吴汝钧.唯识哲学——关于转识成智理论问题之研究.高雄:台湾佛光出版社.1987
吴汝钧.佛教的概念与方法.台北:台湾商务印书馆.1989
吴汝钧.中国佛学的现代诠释.台北:文津出版社.1995
吴汝钧.印度佛学的现代诠释.台北:台湾学生书局.1995
吴汝钧.佛学研究方法论.台北:台湾学生书局.1996
吴汝钧.天台智𫖮的心灵哲学.台北:台湾商务印书馆.1999
吴汝钧.法华玄义的哲学与纲领.台北:文津出版社.2002
吴天墀.西夏史稿.成都:四川人民出版社.1980
吴熙钊.邓中好校点.康南海口述.广州:中山大学出版社.1985
吴相湘编.天主教东传文献初编.台北:学生书局.1965
吴相湘编.天主教东传文献续编.台北:学生书局.1969
吴相湘编.天主教东传文献三编.台北:学生书局.1969
吴晓丁.流失海外中国佛教造像.天津:天津人民美术出版社.2001
吴震.阳明后学研究.上海:上海人民出版社.2002

吴忠伟.智圆佛学思想研究.高雄:台湾佛光山文教基金会.2001

吴忠伟.圆教的危机与谱系的再生——宋代天台宗山家山外之争研究.长春:吉林人民出版社.2007

吴桭臣.闽海偶记.明朝宁靖王府邸典台南大天后宫.台南大天后宫管委辑.2005

吴振棫.养吉斋丛录.卷一四.北京:中华书局.2005

吴宗慈.中华民国临时约法及其缘起.台北:正中书局.1978

五部遗教.北京:民族出版社.1986

五朝小说大观·魏晋小说.卷七.上海:上海文艺出版社.1926

五灯会元.全3册.苏渊雷点校.北京:中华书局.1994

武延康.纯一编.杨仁山居士年谱初稿(未刊本)

[日]武邑尚邦.佛性论研究.京都:百花苑.1977

Wing-tsit Chan. *Religious Ttrends in Modern China*. Columbia University Press.1953

W. Radloff. *Uigurische Sprachdenkm*. Leningrad. 1928

西北第二民族学院.英国国家图书馆.上海古籍出版社编.英藏黑水城文献.4册.上海:上海古籍出版社.2005

西北第二民族学院.上海古籍出版社编.法藏敦煌西夏文文献.2册.上海:上海古籍出版社.2007

[日]西本照真.三阶教の研究.东京:春秋社.1998

西双版纳少数民族研究所.首届全国贝叶文化学术研讨会论文集.下册.西双版纳.2001

奚传绩.中外美术史大事对照表.南京:江苏美术出版社.1988

[日]西田龙雄.西夏文华严经(1—3).京都大学文学部.1975—1977

西藏社会科学院西藏学汉文文献编辑室编.西藏学汉文文献丛书.第二辑.全国图书馆文献缩微复制中心.1991

席裕福.沈师徐辑.皇朝政典类纂.卷一七.近代中国史料丛刊续编.第八十八辑.台北:文海出版有限公司.1982

夏清瑕.憨山大师佛学思想研究.上海:学林出版社.2007

香港中文大学中国语言文学系主编.魏晋南北朝文学论集.台北:文史哲出版社.1995

香光庄严杂著.天津刻经处刊刻.1931

向达.唐代俗讲考.唐代长安与西域文明.北京:三联书店.1987

肖萐父.许苏民.明清启蒙学术流变.沈阳:辽宁教育出版社.1995

萧登福.道教与佛教.台北:东大图书股份有限公司.1995

萧登福.道家道教与中土佛教初期经义发展.上海:上海古籍出版社.2003

[日]小川弘贯.中国如来藏思想研究.东京:佛教书林中山书房.1976

[日]小川一乘.佛性思想.京都:文荣堂.1991

[日]小岛毅.中国近世における礼の言说.东京:东京大学出版会.1996

[日]小林正美.六朝佛教思想の研究.东京:创文社.1993

谢重光.白文固.中国僧官制度史.西宁:青海人民出版社.1990

谢重光.晋唐寺院与寺院经济研究.法藏文库.高雄:佛光出版社.2001

谢重光.中古佛教僧官制度和社会生活.北京:商务印书馆.2009

谢国祯.明末清初的学风.北京:人民出版社.1982

谢国祯.明清之际党社运动考.北京:中华书局.1982

[法]谢和耐.中国和基督教.耿升译.上海:古籍出版社.1991

谢和耐.中国5—10世纪的寺院经济.上海:上海古籍出版社.2004

谢继胜.西夏藏传绘画——黑水城出土西夏唐卡研究.石家庄:河北教育出版社.2002

谢继胜.沈卫荣等主编.汉藏佛教艺术研究.北京:中国藏学出版社.2006

谢路军.梁武帝对"神明观"的阐释及论证特色.南京社会科学.2005(8)

心皓法师.天台教制史.厦门:厦门大学出版社.2007

[日]辛嶋静志.正法华经词典.东京:创价大学国际佛教学高等研究所.1998

星云八十.台北:佛光山宗务委员会.2006

星云大师讲演集.1—3册.高雄:佛光出版社.1991

星云主编.佛光大辞典.北京:北京图书馆出版社.2000

熊秉明.书法与中国文化.上海:文汇出版社.1999

熊清元.梁武帝天监三年"李老道法"事证伪.黄冈师专学报.1998(2)

熊十力.与梁漱溟论宜黄大师.中国哲学.第十一辑

熊十力.佛家名相通释.上海:上海书店出版社.2007

熊琬.宋代理学与佛学关系之探讨.台北:文津出版社.1991

修明.明末清初禅门"异端"——关于临济三峰宗的几点研究.闽南佛学.2002(1)

虚云.开示:虚云老和尚说法.西安:陕西师范大学出版社.2007

[日]须山长治.宋末时期禅僧之交流.宗学研究.第42号.2000

徐峰.南京国民政府宗教政策研究(1927—1937).山东师范大学硕士学位论文.2001

徐金龙.《四分律比丘戒相表记》对后世的影响.浙江佛教.1997(3)

徐利明.中国书法风格史.郑州:河南美术出版社.1997

徐清祥.王国炎.欧阳竟无评传.南昌:百花州文艺出版社.1995

徐绍强.华严五教章哲学思想述评.法藏文库.第18册.高雄:台湾佛光山文教.2001

徐蔚如.李圆净等.华严经疏钞科文表解.10卷.北京刻经处.1938

徐跃.清末庙产兴学政策的缘起和演变.社会科学研究.2007(4)
徐小跃.罗教·佛教·禅学.南京:江苏人民出版社.1999
徐宗泽.明清间耶稣会士译著提要.北京:中华书局.1989
许抗生.僧肇评传.南京:南京大学出版社.1998
[荷]许里和.佛教征服中国.李四龙、裴勇等译.南京:江苏人民出版社.1998
薛宗正.吐蕃王国的兴衰.北京:民族出版社.1997
牙含章编著.达赖喇嘛传.北京:人民出版社.1984
牙含章编著.班禅额尔德尼传.拉萨:西藏人民出版社.1987
严耀中.江南佛教史.上海:上海人民出版社.2000
严耀中.中国东南佛教史.上海:上海古籍出版社.2007
颜尚文.隋唐佛教宗派研究.台北:新文丰出版股份有限公司.1998
颜尚文.梁武帝.台北:东大图书股份有限公司.1999
颜思久.云南宗教概况.昆明:云南大学出版社.2000
阎文儒.麦积山石窟.兰州:甘肃人民出版社.1984
阎文儒.莫高窟的石窟构造及其塑像.兰州:兰州大学出版社.1989
阎文儒.炳灵寺石窟.兰州:甘肃人民出版社.1993
阎文儒.龙门石窟研究.北京:书目文献出版社.1995
阎文儒.云冈石窟研究.桂林:广西师范大学出版社.2003
阎文儒.中国雕塑艺术纲要.桂林:广西师范大学出版社.2003
阎文儒.中国石窟艺术总论.桂林:广西师范大学出版社.2003
杨步伟.一个女人的自传.台北:传记文学出版社.1969
杨富学.回鹘之佛教.乌鲁木齐:新疆人民出版社.1998
杨富学.西域敦煌宗教论稿.兰州:甘肃文化出版社.1998
杨富学.印度宗教文化与回鹘民间文学.北京:民族出版社.2006
杨国平.紫柏真可佛学思想研究.南京大学博士论文.2002
杨国荣.心学之思.上海:上海人民出版社.1995
杨国荣.良知与心体.王阳明哲学研究.台北:洪叶出版公司.1999
杨惠南.吉藏.台北:东大图书股份有限公司.1989
杨惠南.当代佛教思想展望.台北:东大图书公司.1991
杨惠南.佛教思想发展史论.台北:东大图书股份有限公司.1997
杨健.清王朝佛教事务管理.北京:社会科学文献出版社.2008
杨君.杨素行年及其他.文学遗产.2004(6)
杨启樵.雍正帝及其密折制度研究.上海:上海古籍出版社.2003
杨启樵.明清皇室与方术.上海:上海书店出版社.2004
杨清.现代西方心理学主要派别.沈阳:辽宁人民出版社.1980
杨树藩.元代中央政治制度.北京:商务印书馆.1987

杨仁山居士文集.合肥:黄山书社.2006
杨仁山全集.周继旨校点.合肥:黄山书社.2000
杨廷福.玄奘年谱.北京:中华书局.1988
杨维中.经典诠释与中国佛学.北京:宗教文化出版社.2006
杨维中.中国佛教心性论研究.北京:宗教文化出版社.2007
杨维中.中国唯识宗通史.南京:凤凰出版社.2008
杨维中.华严经的形成、汉译、基本思想及其修行论意义.台湾普门学报.2005(26)
杨文会.杨仁山遗著.金陵刻经处本
杨学政主编.云南宗教史.昆明:云南人民出版社.1999
杨懿之主编.贝叶文化论.昆明:云南人民出版社.1990
杨毓华主编.持松大师选集(六).北京:华夏出版社.2009
杨曾文.唐五代禅宗史.北京:中国社会科学出版社.1999
杨曾文.方广锠.佛教与历史文化.北京:宗教文化出版社.2000
杨曾文.宋元禅宗史.北京:中国社会科学出版社.2006
杨曾文.中国佛教史论.北京:中国社会科学出版社.2002
杨曾文.弘忍及记述其禅法的《修心要论》.中国文化.1996(1)
杨政河.华严经教与哲学研究.台北:慧炬出版社.1982
阳明学大系编集部编.阳明学入门.东京:明德出版社.1997
姚卫群.佛教般若思想发展源流.北京:北京大学出版社.1996
姚卫群.佛学概论.北京:宗教文化出版社.2002
[日]野口铁郎.明代中期的佛教界.东洋史学论.第7集.1965
[日]野口铁郎.明代白莲教史の研究.东京:雄山阁出版.1986
[日]野口善敬.明代前期禅门的一个断面:毒峰本善与空谷景隆考察.日本中国学会报.第34集.1982
[日]野口善敬.明末虎丘派之源流:笑岩德宝与幻有正传.日本九州岛岛大学哲学年报.第42辑.1983
[日]野口善敬.元代禅宗史研究.禅文化研究所.2005
[日]野村耀昌.法华经信仰的诸形态.京都:平乐寺书店.1976
[日]野上俊静.辽金之佛教.东京:平乐寺书店.1953
[日]野上俊静等.中国佛教史概说.释圣严译.台北:台湾商务印书馆.1968
叶阿月.唯识思想の研究——根本真理としての三性说を中心にして.东京:国书刊行会.1975
伊斯拉菲尔·玉素甫.多鲁坤·阚白尔.阿不都克由木·霍加研究整理.回鹘文弥勒会见记(1).乌鲁木齐:新疆人民出版社.1987
[日]伊东贵之.思想史としての中国近世.东京:东京大学出版会.2005

［日］伊滕隆寿.宋代华严学与《肇论》.印度学佛教学研究.第32卷第1号.1983
［日］伊藤隆寿.中国佛教の批判的研究.东京:大藏出版株式会社.2002
［日］伊藤松辑.邻交征书.王宝平.郭万平等译.上海:上海世纪出版公司.上海辞书出版社.2007
尹伟先.明代藏族史研究.北京:民族出版社.2000
殷荪.论欧阳询.书法研究.1986(1)
印光法师文钞全集.增广正编卷.台北:新文丰出版社.1983
印光集.北京:中国社会科学出版社.1996
印光法师文钞.北京:宗教文化出版社.2000
印顺.大乘起信论讲记.1950
印顺.初期大乘之起源与开展.台北:正闻出版社.1981
印顺.性空学探源.妙云集.中编之四.台北:正闻出版社.1981
印顺.空之探究.台北:正闻出版社.1985
印顺.禅与净土.妙云集.下编之四.台北:正闻出版社.1992
印顺.如来藏之研究.台北:正闻出版社.1992
印顺.华雨集.1—5册.台北:正闻出版社.1993
印顺.印度佛教思想史.台北:正闻出版社.1993
印顺法师.净土与禅.台北:正闻出版社.1995
印顺编著.太虚法师年谱.北京:宗教文化出版社.1995
印顺.佛法概论.上海:上海古籍出版社.1998
印顺.中国禅宗史.南京:江苏人民出版社.1999
游彪.宋代寺院经济史稿.保定:河北大学出版社.2003
尤惠贞.天台性具思想研究.嘉义:南华大学出版社.1998
余日昌.实相本体与涅槃境界——梳论竺道生开创的中国佛教本体理论.成都:巴蜀书社.2003
余英时.方以智晚节考.北京:三联书店.2004
于本源.清王朝的宗教政策.北京:中国社会科学出版社.1999
于化民.明中晚期理学的对峙与合流.台北:文津出版社.1993
于凌波.杨仁山居士评传.台北:新文丰出版公司.1995
于凌波.中国近现代佛教人物志.北京:宗教文化出版社.1995
［日］羽田亨.羽田博士史学论文集.上、下.京都:同朋舍.1975
［日］羽溪了谛.西域之佛教.贺昌群译.北京:商务印书馆.1999
［日］宇井伯寿.安慧、护法唯识三十颂释论.东京:岩波书店.1979
［日］宇井伯寿.四译对照唯识二十论研究.东京:岩波书店.1979
袁焕仙.榴窗随判.成都:维摩精舍丛书.1944
袁焕仙.黄叶闲谈.成都:维摩精舍丛书.1944

袁焕仙.中庸胜唱.成都:维摩精舍丛书.1944
袁焕仙.灵岩语屑.成都:维摩精舍丛书.1944
袁焕仙.酬语.成都:维摩精舍丛书.1944
袁世凯奏折专辑.台北:故宫博物院.1970
圆瑛法师演讲集.上海佛教居士林.1988
圆瑛.一吼堂文集.上海佛教居士林.1988
圆瑛大师圆寂四十周纪念文集.苏州:古吴轩出版社.1993
圆瑛.大佛顶楞严经讲义.台北:三慧学处.1999
圆瑛.住持禅宗语录.圆瑛法汇丛书(八).北京:北京广济寺.1999
元史论丛.第十辑.北京:中国广播电视出版社.2005
元音老人.佛法修证心要.北京:宗教文化出版社.2004
[日]远藤孝次.华严性起论考.印度学佛教学研究.第14卷第1号.1965
[日]远藤孝次.华严性起论考(续).印度学佛教学研究.第15卷第2号.1967
月溪.禅宗修持法.禅定指南.北京:中国人民大学出版社.1990

Yang.C.K. *Religion in Modern Society*. Berkeley：University of California Press.1967

Yu-Jun Fang. *The Renewal of Buddhism in China Chu-hung and the Late Ming Synthesis*. New York：Columbia University.1981

藏族简史编写组.藏族简史.拉萨:西藏人民出版社.1985
曾景来.台湾佛教资料——赤山·龙湖岩——大岗山·超峰寺.南瀛佛教.第16卷第1号
曾景来.台湾佛教资料——赤山·龙湖岩——大岗山·超峰寺.南瀛佛教.第16卷第12号
曾其海.天台宗佛学导论.北京:今日中国出版社.1993
曾其海.天台佛学.上海:学林出版社.1999
曾枣庄.舒大刚主编.三苏全书.北京:语文出版社.2001
湛如.敦煌佛教律仪制度研究.北京:中华书局.2003
张宝海.徐峰.南京国民政府(1927—1937)宗教法规评析.泰安师专学报.2001(5)
张伯伟.禅与诗学.杭州:浙江人民出版社.1996
张岱年.中国哲学大纲.北京:中国社会科学出版社.1982
张岱年.中国哲学史方法论发凡.北京:中华书局.2003
张国庆.辽代燕云地区佛教文化.民族研究.2001(2)
张国庆.论辽代家庭生活中佛教文化的影响.北京师范大学学报(社会科学版).2004(6)
张国庆.辽代社会史研究.北京:中国社会科学出版社.2006

张国庆.阚凯.辽代佛教赈灾济贫活动探析.内蒙古社会科学(汉文版).2007(3)
张弓.汉唐佛寺文化史.上、下册.北京:中国社会科学院出版社.1997
张弓主编.敦煌典籍与唐五代历史文化.北京:中国社会科学出版社.2006
张华.杨文会与中国近代佛教思想转型.北京:宗教文化出版社.2004
张建章.德宏宗教.德宏民族出版社.1992
张岂之主编.中国思想学说史.明清卷.上、下册.桂林:广西师范大学出版社.2007
张立文.中国哲学逻辑结构论.北京:中国社会科学出版社.2002
张曼涛主编.中国佛教史论集(七).台北:大乘佛教文化出版社.1978
张曼涛.台湾佛教史.台北:大乘佛教文化出版社.1979
张曼涛主编.现代佛教学术丛刊.净土宗专集.台北:大乘文化出版社.1979
张曼涛主编.现代佛教学术丛刊.台湾的佛教.台北:大乘文化出版社.1979
张曼涛主编.现代佛教学术丛刊.天台思想论集.台北:大乘文化出版社.1980
张曼涛主编.现代佛教学术丛刊.明清佛教史篇.台北:大乘文化出版社.1980
张曼涛主编.中国佛教的特质与宗派.台北:大乘文化出版社.1980
张曼涛主编.净土思想论集.台北:大乘文化出版社.1980
张曼涛主编.净土宗概论.台北:大乘文化出版社.1980
张曼涛主编.律宗思想论集.台北:大乘文化出版社.1980
张曼涛主编.佛教与中国思想及社会.台北:大乘文化出版社.1980
张曼涛主编.佛教与中国文化.台北:大乘文化出版社.1980
张曼涛主编.清廷圣谕广训之颁行及民间之宣讲拾遗.现代佛教学术丛刊.第35册.台北:大乘文化出版社.1981
张曼涛主编.华严学概论(华严学专集之一).现代佛教学术丛刊.第32册.台北:台湾大乘文化出版社.1981
张曼涛主编.华严思想论(华严学专集之二).现代佛教学术丛刊.第33册.台北:台湾大乘文化出版社.1981
张曼涛主编.华严宗之判教及其发展(华严学专集之三).现代佛教学术丛刊.第34册.台北:台湾大乘文化出版社.1981
张曼涛主编.佛教与中国文化.上海:上海书店.1987
张曼涛.关于华严经论纂要.印佛研.第13卷第1号
张培锋.杜甫"身许双峰寺.门求七祖禅"新考.文学遗产.2006(2)
张培锋.宋代士大夫佛学与文学.北京:宗教文化出版社.2007
张荣铮.金懋初.刘勇强编.钦定理藩部则例.天津:天津古籍出版社.1998
张卫红.罗念庵思想研究.北京:三联书店.2009
张文良.雍正与禅宗.台北:老古文化事业公司.1997
张学智.明代哲学史.北京:北京大学出版社.2006

张毅.往五天竺国传笺释.北京:中华书局.1994
张羽新.清政府与喇嘛教.拉萨:西藏人民出版社.1988
张之洞.张文襄公全集.卷二〇三.台北:文海出版社.1971
张总.永恒的寺庙——石窟艺术.长春:吉林美术出版社.1999
章嘉·若贝多杰.七世达赖喇嘛传.蒲文成译.北京:中国藏学出版社.2006
章太炎.章太炎全集.上海:上海人民出版社.1982
章巽.《法显传》校注.上海:上海古籍出版社.1985
赵声良.隋代敦煌写本的书法艺术.敦煌研究.1995(4)
赵汀阳.走出哲学的危机.北京:中国社会科学出版社.1993
赵以武.关于梁武帝"舍道事佛"的时间及其原因.嘉应大学学报.1995(5)
赵园.明清之际士大夫研究.北京:北京大学出版社.1999
赵轶峰.明代国家宗教管理制度与政策研究.北京:中国社会科学出版社.2008
真禅法师.玉佛丈室集.全10册.上海:百家出版社.1996;上海:上海社会科学院出版社.1994
郑安德.明末清初天主教与佛教的护教辩论.高雄:台湾佛光山文教基金会.2001
郑焜仁.斌宗法师略传.台北:三慧学处.2003
郑僧一.观音——半个亚洲的信仰.郑振煌译.台北:华宇出版社.1987
郑淑莲.清入关后顺治帝的宗教政策.弘光通识学报.2002(1)
郑筱筠.佛教与云南民族文学.北京:新华出版社.2001
郑筱筠.历史上中国南传上座部佛教的组织制度与社会组织制度之互动.世界宗教研究.2007(4)
郑振满.丁荷生编.福建宗教碑铭汇编.泉州府分册.上、中、下.福州:福建人民出版社.2003
郑志明.中国善书与宗教.台北:学生书局.1988
郑志明.明代三一教主研究.台北:学生书局.1988
支那内学院编.内学刊.第一辑.第二辑
[日]中村元编.华严思想.京都:法藏馆.1960
[日]中村元.笠原一男.金冈秀友编集.汉民族の佛教——佛教传来から隋唐へ.东京:佼成出版社.1976
[日]中村元.笠原一男.金冈秀友编集.大乘佛教——新しい民众佛教の诞生.东京:佼成出版社.1980
[日]中村元主编.中国佛教发展史.台北:天华出版事业股份有限公司.1984
[日]中村元.大乘佛教の研究.中村元选集.第21卷.东京:春秋社.1995
[日]中村元.原始佛教から大乘佛教へ.中村元选集.第20卷.东京:春秋社.1998

［日］中村瑞隆.梵汉对照究竟一乘宝性论研究.译丛编委会译.世界佛学名著译丛.第76册.台北:华宇出版社.1988

［日］中嶋隆藏.六朝思想の研究——士大夫と佛教思想.京都:平乐寺书店.1985

中国佛教协会编.中国佛教.1—4辑.北京:知识出版社.1980

中国佛教协会编.弘一法师.北京:文物出版社.1984

中国佛教协会编.中国佛教.上海:东方出版中心.1989

中国人民大学清史研究所编.清史编年.北京:中国人民大学出版社.2000

中国社会科学院历史研究所等合编.孙中山全集.北京:中华书局.1982

中国书法家协会山东分会.山东石刻艺术博物馆编.北朝摩崖刻经研究.济南:齐鲁书社.1991

中国学研究中心等编.元以来西藏地方与中央政府关系档案史料汇编.北京:中国藏学出版社.1994

中华民国庙产兴学促进会成立大会纪事.海潮音.第12卷第8期.1931

［日］中山正晃.赵宋净土教与泉涌俊芿.日本《龙谷大学论集》

［日］中条道昭.华严の性起.印度学佛教学研究.第36卷第2号.1988

［日］中条良昭.明宗记所见之同别二教论.宗教研究.第53卷第3号.1988

［日］塚本善隆.中国近世佛教の诸问题.冢本善隆著作集.第五卷.东京:大东出版社.1975

钟智翔.缅甸的佛教及其发展.东南亚研究.2001(2)

周贵华.唯心与了别——根本唯识思想研究.北京:中国社会科学出版社.2004

周加巷.至尊宗喀巴大师传.郭和卿译.西宁.青海人民出版社.1988

周叔迦.周叔迦佛学论著全集.1—7册.北京:中华书局.2006

周霞.中国近代佛教史学名家评述.上海:上海社会科学出版社.2006

周齐.明代佛教与政治文化.北京:人民出版社.2005

周齐.佛教的经济理念与中国历史上的佛教经济问题之审视.王志远主编.宗风·春之卷.北京:宗教文化出版社.2009

周一良.唐代密宗.钱文忠译.上海:上海远东出版社.1996

周一良.魏晋南北朝史论集.北京:北京大学出版社.1997

周一良.周一良集.第1卷.魏晋南北朝史论.沈阳:辽宁教育出版社.1998

周裕锴.禅宗语言.杭州:浙江人民出版社.1999

周祖谟.洛阳伽蓝记校释.北京:中华书局.1963

朱德宣.康熙思想研究.北京:中国社会科学出版社.1990

朱封鳌.中国佛学天台宗发展史.北京:汉语大词典出版社.1996

朱关田.中国书法史隋唐五代卷.南京:江苏教育出版社.1999

朱子方.王承礼.辽代佛教的主要宗派和学僧.世界宗教研究.1990(1)

［日］竺沙雅章.辽代华严宗之一考察.大谷大学学报.第49集.1997

［日］竺沙雅章.元代华北的华严宗——行育及其后继者们.南都佛教.第74、75号.1997

庄吉发.清朝宗教政策探讨.台北:文史哲出版社.2000

［日］庄垣内正弘.古代ウイグル文阿毗达磨俱舍论实义疏の研究(1—3).京都:松香堂.1991—1993

宗白华.中国美学史论集.合肥:安徽教育出版社.2006

［日］诹访义纯.中国中世佛教史研究.东京:大东出版社.1988

［日］诹访义纯.中国南朝佛教史の研究.京都:法藏馆.1997

［日］足立喜六.《法显传》考证.何健民.张小柳译.北京:商务印书馆.1937

［日］佐藤成顺.中国佛教思想史の研究.东京:山喜房佛书林.1985

［日］佐藤楚材编辑.清朝史略.东京:东京青木嵩山堂.1881

［日］佐藤达玄.戒律在中国佛教的发展.上、下册.释见憨等译.台北:香光书乡出版社.1997

［日］佐藤秀孝.季潭宗泐与《全室和尚语录》.日本驹泽大学佛教学部研究纪要.第56号.1998

［日］佐藤秀孝.直翁可举与南宋末元初的曹洞宗.宗学研究.第46号.2004

［日］佐藤秀孝.关于圣一派入宋、入元僧:圆尔之东福寺僧团与宋元禅宗.印度学佛教学研究.第53卷第2号.2004

［日］佐佐木教悟.崎直道等.印度佛教史概说.杨曾文.姚长寿译.上海:复旦大学出版社.1989